Y2 39246

Paris
1874

Goethe, Johann Wolfgnag von

Wilhelm Meister

Tome 2

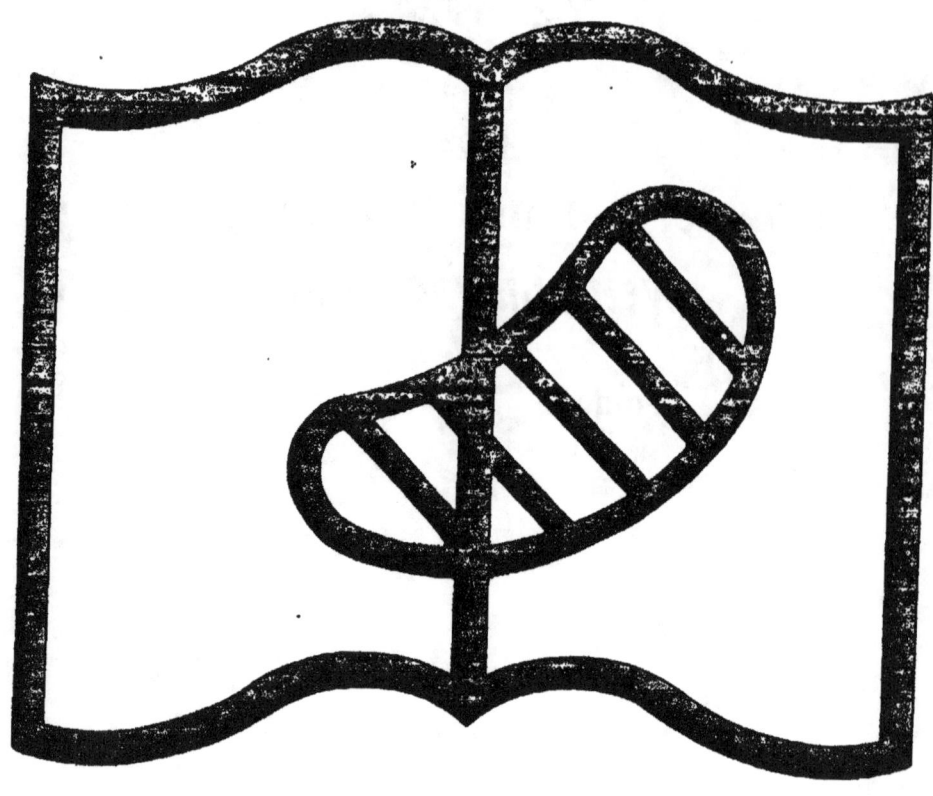

**Symbole applicable
pour tout, ou partie
des documents microfilmés**

Original illisible

NF Z 43-120-10

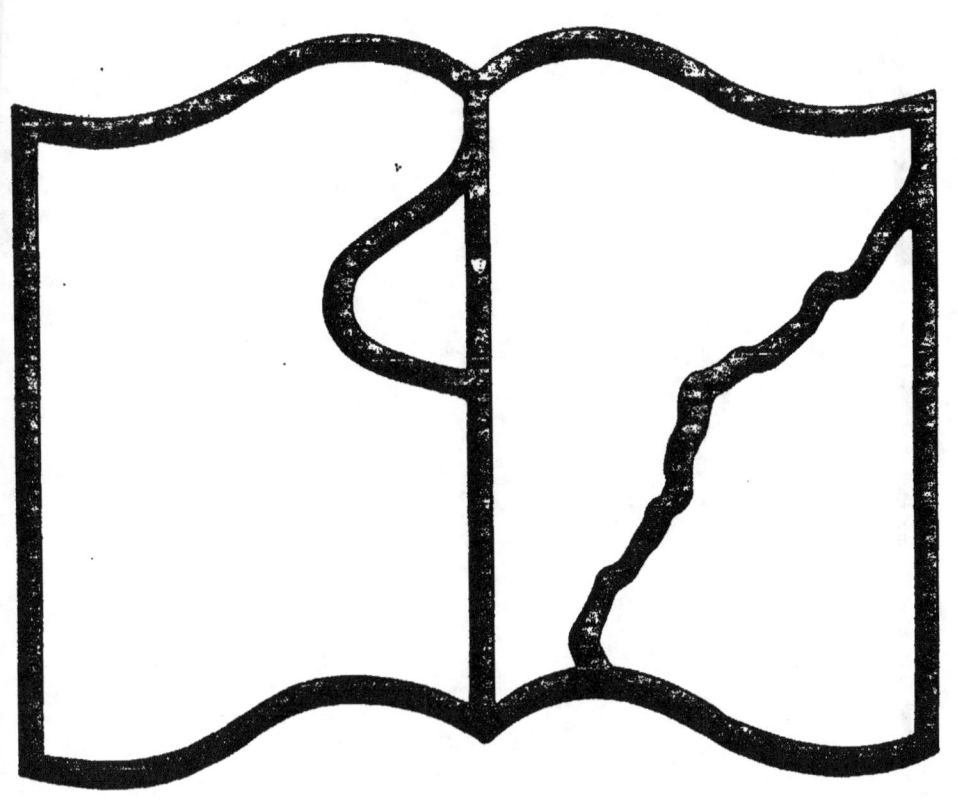

**Symbole applicable
pour tout, ou partie
des documents microfilmés**

Texte détérioré — reliure défectueuse

NF Z 43-120-11

WILHELM MEISTER

TOME DEUXIÈME

CORBEIL. — Typ. et stér. de CRETE fils.

GŒTHE

WILHELM MEISTER

TRADUIT

PAR

THÉOPHILE GAUTIER FILS

TOME DEUXIÈME

PARIS
CHARPENTIER ET Cie, LIBRAIRES-ÉDITEURS
28, QUAI DU LOUVRE

1874

WILHELM MEISTER

PREMIÈRE PARTIE

ANNÉES D'APPRENTISSAGE

(SUITE)

LIVRE VIII
CHAPITRE PREMIER

Félix avait couru au fond du jardin. Wilhelm, plein de ravissement, le suivit. Une admirable matinée donnait à chaque objet un nouvel attrait, et Wilhelm goûtait une sérénité parfaite. La magnifique nature était chose nouvelle pour Félix, et Wilhelm n'en savait pas beaucoup plus long que lui sur les objets au sujet desquels il ne se lassait pas de le questionner. Ils finirent par trouver un jardinier qui leur énuméra les noms et les usages d'une foule de plantes. Wilhelm voyait la nature par un nouvel organe, la curiosité de l'enfant lui faisait sentir quel faible intérêt il avait pris jusque-là aux choses extérieures, combien ses connaissances étaient bornées. Dans ce jour, le plus doux de sa vie, il lui semblait que sa propre éducation ne faisait que commencer. Il sentait la nécessité de s'instruire, puisqu'il allait être obligé d'enseigner.

Il n'avait encore revu ni l'abbé ni Jarno ; ils reparurent le soir avec un étranger. Wilhelm, tout surpris, courut au-devant de lui, il n'en pouvait croire ses yeux ; c'était Werner, qui hésita également un instant à le reconnaître. Ils s'embrassèrent tendrement, et ne purent se cacher qu'ils se trouvaient mutuellement changés. Werner prétendait que son ami était plus grand, plus fort, plus droit, qu'il avait une meilleure tournure et des manières plus aimables.

« Je regrette en lui un peu de son ancienne cordialité, ajouta-t-il.

— Elle reparaîtra, dit Wilhelm, lorsque nous serons revenus de notre première surprise. »

Il s'en fallait de beaucoup que Werner eût fait sur Wilhelm une impression aussi favorable. Le brave garçon semblait avoir plutôt perdu que gagné. Il était beaucoup plus maigre qu'autrefois, son visage paraissait plus anguleux, son nez plus long, son front et son crâne étaient dégarnis de cheveux ; sa voix claire, dure et criarde, sa poitrine enfoncée, ses épaules projetées en avant, ses joues décolorées, dénotaient le travailleur hypocondriaque.

Wilhelm eut la discrétion de s'exprimer en termes très-modérés sur ce changement, tandis que l'autre donnait un libre cours à sa joie amicale. « Ma foi ! s'écria-t-il, si tu as mal employé ton temps, et si, comme je le suppose, tu n'as rien gagné, tu es devenu une vraie personne, qui peut et qui doit faire son chemin ; ne va pas gaspiller ces avantages ; avec cette figure-là, tu dois nous acheter une belle et riche héritière.

— Tu ne démentiras donc jamais ton caractère ! répondit Wilhelm en souriant. A peine as-tu retrouvé ton ami, dont tu es séparé depuis si longtemps, que tu le traites déjà comme une marchandise, comme un objet de spéculation, sur lequel il y a à gagner. »

Jarno et l'abbé ne parurent nullement surpris de cette reconnaissance, et laissèrent les deux amis s'étendre à loisir sur le passé et le présent. Werner tournait autour de son ami, l'examinait de tous les côtés, au point de l'embarrasser. « Non, s'écriait-il, je n'ai jamais rien vu de pareil, et cependant je sais bien que je ne suis pas la dupe d'une illusion. Ton regard est plus profond, ton front plus large, ton nez plus délicat, ta bouche plus gracieuse. Voyez comme il se tient ! Comme tout cela est élégant et harmonieux ! Comme la fainéantise profite ! Tandis que moi, pauvre diable — il se regarda dans la glace — si pendant ce temps-là je n'avais pas gagné beaucoup d'argent, je ne vaudrais plus grand'chose. »

Werner n'avait pas reçu la dernière lettre de Wilhelm ; il appartenait à cette maison de commerce étrangère avec laquelle Lothaire voulait acheter les biens en commun. C'était cette affaire qui amenait Werner, et il ne s'attendait pas à rencontrer Wilhelm.

Le bailli arriva, on examina les papiers, et Werner trouva les propositions acceptables. « Si, comme il me paraît, dit-il, vous êtes bien disposés pour ce jeune homme, faites vous-même en sorte que notre part ne soit pas la plus mal traitée ; car il ne dépend que de mon ami de prendre ces terres et d'y employer une portion de sa fortune. »

Jarno et l'abbé assurèrent qu'ils n'avaient pas besoin de cette recommandation. Dès que le gros de l'affaire fut terminé, Werner demanda à faire une partie d'hombre, ce que l'abbé et Jarno acceptèrent aussitôt; c'était son habitude, il ne pouvait vivre sans faire sa partie le soir.

Après le souper, lorsque les deux amis se trouvèrent seuls, ils se questionnèrent et s'entretinrent vivement de tout ce qui les intéressait. Wilhelm vantait sa situation et son bonheur d'avoir été reçu parmi de si excellents hommes. Werner secoua la tête et dit : « On ne devrait croire que ce que l'on voit de ses propres yeux ! plus d'un obligeant ami m'avait assuré que tu vivais avec un jeune gentilhomme libertin, que tu lui procurais des comédiennes, que tu l'aidais à dissiper son argent, et que tu étais cause qu'il s'était brouillé avec tous ses parents.

— Cela me chagrinerait, pour moi et pour mes braves amis, qu'on nous ait méconnus à ce point, répondit Wilhelm, si ma carrière dramatique ne m'avait rendu familières toutes ces médisances. Comment les hommes peuvent-ils juger des actions qui ne leur apparaissent qu'isolées et par fragments, dont ils ne voient que la moindre partie, parce que le bien et le mal se font en secret, et que le côté indifférent est généralement le seul qui se montre ? Qu'on leur mette des comédiens et des comédiennes sur des planches, qu'on allume les chandelles, la pièce est jouée en quelques heures, et il est rare que quelqu'un sache bien ce que cela veut dire. »

Puis ils parlèrent de la famille, des amis d'enfance, de leur ville natale. Werner raconta avec volubilité les changements, ce qui restait encore et ce qui s'était passé.

« Les femmes, dit-il, sont satisfaites et heureuses à la maison : l'argent ne manque jamais ; elles passent la moitié du temps à faire leur toilette, et l'autre moitié à la montrer. Elles sont aussi bonnes ménagères qu'il faut. Mes enfants promettent d'être des garçons intelligents. Je les vois déjà, en idée, assis à leur bureau, compter, courir, vendre et troquer ; dès qu'il aura l'âge, chacun aura son industrie particulière ; pour ce qui est de notre bien, je crois que tu en seras content ; lorsque tout sera réglé au sujet de ces terres, tu reviendras avec moi à la maison, car tu me parais maintenant en état de t'occuper avec assez d'intelligence de ces affaires humaines. Rendons grâces à tes nouveaux amis de t'avoir mis dans le droit chemin. Je suis un fou, et je découvre aujourd'hui combien je t'aime, car je ne puis assez te regarder, admirer ta bonne tournure. Ce n'est plus ce portrait que tu envoyas un jour à ta sœur, et qui souleva de grands débats dans la maison. La mère et la fille trouvaient charmant ce jeune homme avec son col nu, sa poitrine découverte, son grand jabot, ses cheveux tombant sur les épaules, son chapeau rond, son gilet court et son pantalon flottant, tandis que moi je prétendais qu'il n'y avait qu'un pas entre ce costume et celui de paillasse. Aujourd'hui tu as l'air d'un homme, il ne te manque que la queue ; rattache tes cheveux, je t'en prie, sinon on te prendrait pour un juif, et on te ferait payer l'escorte et le péage. »

Pendant ce temps Félix était entré dans la chambre, et, comme on ne s'occupait pas de lui, il s'était couché et endormi sur le canapé. « Quel est ce bambin ? » demanda Werner. Wilhelm n'eut pas le courage de dire la vérité ; il ne tenait pas à raconter une histoire, toujours douteuse au fond, à un homme qui n'était rien moins que crédule.

Toute la société se rendit sur les terres pour les inspecter et terminer l'affaire. Wilhelm, en pensant à Félix, considérait ce domaine avec une vive satisfaction. L'enfant courait après les cerises et les baies qui commençaient à mûrir; cela rappela à Wilhelm le temps de sa jeunesse; et les devoirs du père de famille, qui doit préparer, créer et conserver la fortune des siens. Avec quel intérêt il examinait les pépinières et les bâtiments! Avec quelle ardeur il se proposait de réparer ce qui se dégradait, de relever ce qui était tombé en ruine! Il ne voyait plus le monde comme un oiseau de passage, il ne considérait plus un bâtiment comme un berceau de verdure qui se fane avant qu'on l'ait quitté. Tout ce qu'il comptait entreprendre devait grandir en même temps que l'enfant, tout ce qu'il bâtissait devait durer plusieurs *générations*. Dans ce sens son apprentissage était terminé, et il avait acquis avec les sentiments d'un père toutes les vertus d'un citoyen. Il le sentait, et rien n'eût pu égaler sa joie. « O inutile rigueur de la morale! s'écriait-il, la nature ne nous façonne-t-elle pas de la plus aimable façon à ce que nous devons être? O singulières prétentions de la société civile, qui commence par nous troubler et nous égarer, et exige ensuite de nous plus que ne le fait la nature! Malheur à cette éducation, qui détruit les moyens efficaces de la véritable éducation, et nous indique le but au lieu de nous rendre heureux sur le chemin qui y mène! »

Quoiqu'il eût déjà beaucoup vu, dans sa vie, la nature humaine se dévoilait pour la première fois à ses yeux par l'observation de l'enfance. Le théâtre, comme le monde, n'avait été pour lui qu'une poignée de dés tombés du cornet, dont chacun porte à sa face supérieure un certain chiffre plus ou moins élevé, et dont le total donne une certaine somme. Aujourd'hui, l'enfant lui représentait, pour ainsi dire, un dé unique, sur les faces multiples duquel sont nettement gravés les qualités et les défauts de la nature humaine.

Le désir de se rendre compte de toutes choses augmentait chaque jour chez l'enfant. Lorsqu'il eut appris que les objets avaient des noms, il voulut connaître le nom de chaque chose : il était persuadé que son père savait tout, l'embarrassait de questions, et l'obligeait à s'enquérir de détails auxquels il n'avait jusqu'alors prêté qu'une faible attention. L'instinct naturel de savoir l'origine et le but des choses se montra de bonne heure chez l'enfant. Quand il demandait d'où vient le vent et où va la flamme, son père sentait vivement sa propre insuffisance ; il désirait savoir jusqu'à quel point l'homme peut s'élever par la puissance de ses pensées, et par quels moyens il peut arriver à rendre compte de tout à lui et aux autres. Les emportements de l'enfant, lorsqu'il voyait un être vivant victime d'une injustice, réjouissaient le père, qui y trouvait la preuve d'un excellent cœur. Félix battit un jour la cuisinière, qui avait coupé le cou à quelques pigeons ; mais il fut bien désillusionné, lorsqu'une fois il trouva l'enfant écrasant sans pitié des grenouilles et déchirant des papillons. Ce trait le fit penser combien il y a d'hommes qui paraissent pleins d'équité lorsqu'ils ne sont point possédés par la passion, et qu'il s'agit des actions d'autrui.

L'agréable sentiment qu'il éprouvait en voyant l'heureuse et réelle influence que produisait l'enfant sur sa propre personnalité fut bientôt un moment troublé ; car Wilhelm s'aperçut que l'enfant faisait l'éducation du père plutôt que le père celle de l'enfant. Il n'avait rien à reprendre chez Félix ; il n'était pas en état de lui donner une direction que l'enfant ne pouvait prendre de lui-même ; aussi les mauvaises habitudes, contre lesquelles Aurélie avait si souvent lutté, avaient-elles repris leurs anciens droits aussitôt après la mort de cette amie.

L'enfant ne fermait jamais les portes, il ne voulait pas manger dans son assiette, et rien n'égalait sa joie lorsqu'on lui permettait de prendre directement au plat, de laisser son verre, et de boire à la bouteille. Il était charmant, lorsqu'il se plaçait dans un coin avec un livre, en disant très-sérieusement : « Il faut que je repasse ma leçon ! » quoiqu'il fût loin encore de pouvoir et de vouloir distinguer ses lettres.

Lorsque Wilhelm considérait combien peu il avait fait jusqu'alors pour l'enfant et de combien peu il était capable, il se sentait pris d'une inquiétude qui contrebalançait tout son bonheur. « Sommes-nous donc si foncièrement égoïstes, nous autres hommes, se disait-il, qu'il nous soit impossible de nous occuper d'un être en dehors de nous ? Ne suis-je pas, à l'égard de mon fils, dans la voie où j'étais à l'égard de Mignon ? J'ai attiré à moi cette chère enfant, sa présence faisait ma joie, et, après cela, je l'ai abandonnée cruellement. Qu'ai-je fait pour son éducation, dont elle était si avide ? Rien ! Je l'ai laissée à elle-même, aux hasards auxquels elle pouvait être exposée au milieu d'une société grossière ; et ce petit garçon, que tu admirais tant avant de le chérir, ton cœur t'a-t-il jamais dit de faire la moindre chose pour lui ? Ce n'est plus le moment de gaspiller tes années et celles des autres ; recueille-toi, et pense à ce que tu dois à toi et à ces bonnes créatures, que l'affection et la nature ont si intimement liées à ton existence. »

Ce monologue n'était proprement qu'une préparation, qui l'amenait à se prouver qu'il avait déjà fait ses réflexions, ses recherches, pris ses précautions, et arrêté son choix ; il ne pouvait tarder plus longtemps à se l'avouer à lui-même. Après avoir versé maintes larmes superflues sur la perte de Marianne, il ne sentait que trop clairement qu'il lui fallait chercher une mère à Félix, et qu'il n'en trouverait pas de meilleure que Thérèse. Il connaissait à fond cette excellente créature. Une telle compagne lui paraissait la seule à laquelle il pût se confier, lui et les siens. Sa noble inclination pour Lothaire ne l'arrêtait point. Un étrange hasard les séparait pour toujours : Thérèse se considérait comme libre, et avait parlé de se marier, avec indifférence il est vrai, mais comme d'une chose qui va de soi.

Après s'être longtemps consulté, il résolut de lui dire sur lui-même tout ce qu'il savait. Il fallait qu'elle le connût comme il la connaissait, et il commença à repasser sa propre histoire ; elle lui sembla si vide d'événements, et, en somme, si peu avantageuse, qu'il fut plus d'une fois sur le point de renoncer à son projet. Enfin, il se décida à demander à Jarno le rouleau de ses années d'apprentissage, qui se trouvait dans la tour ; Jarno les lui donna en lui disant : « C'est fort à propos ! »

C'est un moment terrible pour un noble cœur que celui où, de sa propre volonté, il va être éclairé sur lui-même. Toutes les transitions sont des crises, et une crise, n'est-ce pas une maladie ? Comme on répugne à se regarder dans le miroir après une maladie ! On sent qu'on va mieux, et l'on ne voit que les effets produits par un mal déjà guéri. Cependant Wilhelm était suffisamment préparé, les circonstances avaient parlé assez haut, ses amis ne l'avaient pas épargné, et, s'il mit quelque précipitation à dérouler le parchemin, le calme lui revint à mesure qu'il lut. Il trouva l'histoire détaillée de sa vie tracée à grands traits ; pas d'événements isolés, pas de sentiments étroits qui troublassent son regard ; des observations générales et bienveillantes qui le guidaient sans l'humilier. Pour la première fois il voyait son image hors de lui, non pas un second lui-même, comme il l'eût vu dans un miroir, mais comme dans le portrait d'un second lui-même ; on ne retrouve sans doute pas tous ses traits, mais on est heureux de voir qu'un esprit réfléchi nous a si bien compris, qu'un grand talent nous a si bien représentés, qu'il existe encore une image de ce que nous étions, qui durera plus longtemps que nous-même.

Wilhelm s'occupa alors de rédiger pour Thérèse l'histoire de sa vie, maintenant que toutes les circonstances lui en étaient remises en mémoire par le manuscrit ; il avait honte de ne pouvoir opposer à toutes les vertus de son amie rien qui témoignât d'une activité productive. Autant il fut explicite dans son récit, autant il fut bref dans la lettre d'envoi ; il demandait à Thérèse son amitié, son amour, s'il était possible ; il lui offrait sa main, et espérait une prompte décision.

Après avoir quelque temps débattu en lui-même s'il consulterait Jarno et l'abbé sur ce grave sujet, il prit le parti de garder le silence. Sa résolution était trop inébranlable, la chose était trop importante pour lui, pour qu'il lui fût possible de la soumettre au jugement de l'homme le plus sage et le mieux intentionné ; il eut même la précaution de porter sa lettre à la poste voisine. Peut-être aussi la pensée que, dans tant de circonstances de sa vie où il avait agi librement et en secret, il avait été épié, souvent même guidé, ainsi que cela résultait clairement du manuscrit, peut-être cette pensée lui avait-elle fait éprouver une impression désagréable ; il voulait aujourd'hui parler directement de son cœur au cœur de Thérèse, n'attendre son sort que de la décision de cette femme ; il ne se fit donc pas scrupule de se dérober, dans cette grave circonstance, à ses gardiens et à ses surveillants.

CHAPITRE II

La lettre était à peine expédiée que Lothaire revint. Chacun se réjouit de voir arrangées, et bientôt conclues, les affaires importantes qu'on avait préparées ; Wilhelm était impatient de voir comme ces fils nombreux seraient, les uns renoués, les autres rompus, et sa propre situation serait fixée pour l'avenir. Lothaire se montra fort satisfait de les revoir tous ; il était complétement remis, plein de gaieté, il avait l'air d'un homme qui sait ce qu'il a à faire, et qui n'a pas à craindre d'obstacles dans l'accomplissement de sa volonté.

Wilhelm ne put lui rendre son cordial accueil. « C'est là, se disait-il en lui-même, l'ami, le bien-aimé, le fiancé de Thérèse, à la place duquel tu comptes te glisser. Crois-tu pouvoir jamais éteindre ou bannir ce souvenir? » Si la lettre n'avait pas été déjà loin, il n'aurait peut-être pas eu le courage de l'envoyer. Heureusement le dé était jeté, Thérèse décidée peut-être, et la distance seule couvrait encore de son voile une heureuse conclusion. Il allait bientôt savoir s'il avait perdu ou gagné. Il cherchait à se calmer par ces réflexions, mais malgré cela son cœur était agité de mouvements fiévreux. Il ne put accorder que peu d'attention à l'affaire importante de laquelle dépendait pour ainsi dire l'avenir de sa fortune. Ah ! comme dans les heures de passion l'homme trouve insignifiant tout ce qui l'entoure, tout ce qui le touche !

Par bonheur pour lui Lothaire fit l'affaire grandement, et Werner, de son côté, y mit de la complaisance. Dans son amour du gain celui-ci éprouvait une vive joie de la belle acquisition que lui ou plutôt son ami venait de faire. Lothaire semblait préoccupé de réflexions toutes différentes. « Ce qui peut me réjouir, dit-il, ce n'est pas tant la possession que la légitimité de la possession.

— Grand Dieu ! s'écria Werner, notre possession n'est-elle pas assez légitime ?

— Pas absolument ! répondit Lothaire.

— Ne la payons-nous pas argent comptant?

— Sans doute ! dit Lothaire, aussi prendrez-vous pour un vain scrupule ce que j'ai à vous faire observer. Je ne trouve de possession légitime, et entièrement nette, que celle qui paye sa dette à l'État.

— Quoi ! dit Werner, vous voudriez que mes biens achetés libres fussent imposables ?

— Oui, dit Lothaire, jusqu'à un certain point; car ce n'est que de cette égalité avec les autres possessions que peut naître la sécurité complète de la possession. De nos jours, où tant de notions sont ébranlées, quelle est la principale raison qu'a le paysan de considérer la possession du seigneur moins fondée que la sienne? c'est que rien ne pèse sur celui-ci, et que celui-ci pèse sur lui.

— Mais que deviendront alors les intérêts de notre capital? répliqua Werner.

— Ils ne s'en trouveraient pas mal, si l'État, en échange d'un impôt convenable et fixe, nous faisait remise de ces simagrées féodales, nous permettait de disposer de nos terres à notre gré, de façon que nous ne soyons pas obligés de les concentrer en si grandes masses, que nous puissions les partager plus également entre nos enfants, leur fournissant les moyens d'exercer librement leur activité, au lieu de ne leur transmettre que des privilèges gênés et gênants dont nous ne pouvons jouir qu'en invoquant à chaque instant les mânes de nos ancêtres. Combien d'hommes et de femmes seraient plus heureux s'ils pouvaient promener librement leurs regards autour d'eux, et, sans avoir à s'arrêter à mille considérations, anoblir par leur choix soit une estimable jeune fille, soit un digne jeune homme ? L'État aurait de plus nombreux et peut-être de meilleurs citoyens, et il ne serait pas si souvent à court de têtes et de bras.

— Je puis vous assurer, dit Werner, que je n'ai jamais de ma vie pensé à l'État : j'ai payé les impôts, les droits de douanes et d'escorte, parce que c'est l'usage, voilà tout.

— Eh bien, dit Lothaire, j'ai l'espoir de faire de vous un bon patriote : car, de même qu'un bon père doit à table servir ses enfants les premiers, un bon citoyen doit, avant toute autre dépense, mettre de côté ce dont il est redevable envers l'État. »

Ces réflexions générales ne retardèrent point les affaires, elles en accélérèrent plutôt la conclusion. Lorsque tout fut à peu près arrangé, Lothaire dit à Wilhelm :

« Je vais vous envoyer dans un endroit où vous êtes plus nécessaire qu'ici. Ma sœur vous fait prier d'aller la trouver au plus tôt : la pauvre Mignon semble dépérir, et l'on croit que votre présence pourra arrêter le mal. Ma sœur m'envoie ce billet, qui vous prouve quel intérêt elle lui porte. » Wilhelm, qui avait écouté Lothaire avec le plus grand embarras, reconnut aussitôt, dans ces mots rapidement tracés au crayon, la main de la comtesse ; il ne sut que répondre.

« Emmenez Félix, dit Lothaire ; ces enfants s'égayeront ensemble. Il faut vous mettre en route demain matin. La voiture de ma sœur, dans laquelle sont revenus mes gens, est encore ici ; je vous donnerai des chevaux qui vous conduiront à moitié route, puis vous prendrez la poste. Adieu, et saluez tout le monde de ma part. Dites à ma sœur que je la reverrai bientôt, et qu'elle doit se préparer à recevoir quelques hôtes. L'ami de mon grand-oncle, le marquis Cipriani, va arriver chez moi ; il espérait trouver le vieillard encore en vie ; ils comptaient repasser ensemble leurs anciens souvenirs, et s'entretenir d'art, leur occupation favorite. Le marquis était beaucoup plus jeune que mon oncle ; il nous faut faire notre possible pour combler le vide qu'il trouvera, et le meilleur moyen pour y parvenir, c'est de réunir une nombreuse société. »

Là-dessus Lothaire passa dans son cabinet avec l'abbé. Jarno était déjà parti en avant chez la comtesse. Wilhelm courut à sa chambre ; il n'avait personne à qui se confier, personne pour le détourner d'une démarche qui l'effrayait si fort. Le petit domestique vint et l'invita à préparer ses malles, parce qu'on voulait les charger le soir même, pour partir au lever du jour. Wilhelm ne savait ce qu'il devait faire ; enfin il s'écria : « Commence d'abord par sortir de cette maison. Tu réfléchiras en route à ce que tu as à faire ; tu t'arrêtes à moitié route, tu envoies un messager, tu écris ce que tu n'as pas le courage de dire, et advienne que pourra. » Malgré cette résolution, il passa la nuit sans dormir. La vue de Félix, reposant doucement, put seule le calmer un peu. « Hélas ! s'écriait-il, qui sait quelles nouvelles épreuves m'attendent ? qui sait quels tourments vont me coûter des fautes passées, quel échec vont subir mes plans d'avenir si bien raisonnés ? Mais conserve-moi au moins ce trésor que je possède maintenant, pitoyable ou impitoyable sort ! S'il était possible que cette meilleure partie de moi-même fût détruite, que ce cœur fût arraché de mon cœur, adieu raison et sagesse, adieu soins et sollicitude, adieu instinct de la conservation ! Que tout ce qui nous distingue de la bête disparaisse ! Et, puisqu'il n'est pas permis de disposer librement de ses jours, qu'une démence précoce abolisse en moi la conscience de moi-même, avant que la mort, qui la détruira pour toujours, me pousse dans la longue nuit ! »

Il prit Félix dans ses bras, le baisa, le serra contre son cœur et l'arrosa de larmes abondantes. L'enfant se réveilla; son œil limpide, son regard affectueux, émurent profondément son cœur. « Quelle scène, s'écria-t-il, lorsque je te présenterai à la comtesse, lorsqu'elle te serrera contre ce cœur que ton père a si profondément blessé ! Ne dois-je pas craindre qu'elle te rejette en poussant un cri, en sentant se renouveler à ton contact une douleur vraie ou imaginaire? »

Le cocher ne lui laissa pas le loisir de réfléchir ou d'hésiter plus lontemps; il le fit monter en voiture avant le jour. Wilhelm enveloppa soigneusement son Félix; la matinée était froide, mais claire; l'enfant voyait, pour la première fois de sa vie, le soleil se lever. Sa surprise, aux premiers feux du matin, à la puissance toujours croissante de la lumière, sa joie et ses bizarres remarques, charmaient le père, et lui permettaient de jeter un regard dans ce cœur au-dessus duquel, comme sur une mer calme, le soleil s'élevait et planait.

Arrivé à une petite ville, le cocher détela et s'en retourna. Wilhelm prit aussitôt une chambre, et se demanda s'il devait rester là ou continuer sa route. Au milieu de cette irrésolution, il tira le billet qu'il n'avait pas eu jusqu'à ce moment le courage de lire. Voici ce qu'il contenait : « Envoie-moi tout de suite ton jeune ami ; l'état de « Mignon empire depuis deux jours. Si triste que soit « cette occasion, je n'en serai pas moins heureuse de « faire sa connaissance. »

Ces derniers mots, Wilhelm ne les avait pas remarqués d'abord. Ils l'effrayèrent, et il résolut de ne pas aller chez la comtesse. « Comment, s'écria-t-il, Lothaire, qui connaît l'affaire, ne lui a-t-il pas dit qui je suis? Celui qu'elle attend, le cœur tranquille, ce n'est pas une ancienne connaissance qu'elle aimerait mieux ne pas revoir; elle attend un étranger, et c'est moi qui arrive! Je la vois reculer d'effroi, je la vois rougir! Non, il m'est impossible de m'exposer à une pareille scène. » Pendant ce temps on avait amené et attelé les chevaux : Wilhelm était résolu à faire décharger ses malles et à rester. Il était extrêmement agité. Lorsqu'il entendit monter la fille qui venait lui annoncer que tout était prêt, il chercha rapidement un motif qui le décidât à rester ; ses yeux s'arrêtèrent machinalement sur le billet qu'il tenait à la main. « Au nom de Dieu! s'écria-t-il, qu'est cela? Ce n'est pas l'écriture de la comtesse, c'est celle de l'amazone. »

La fille entra, le pria de descendre, et emmena Félix. « Est-ce possible? s'écriait-il, est-ce vrai? Que dois-je faire? Rester, attendre, éclaircir? ou bien courir? courir et me jeter au-devant d'un dénoûment? Tu es sur sa trace et tu hésites? Ce soir, tu la verras, et tu voudrais t'enfermer volontairement dans cette prison! C'est sa main, oui ce l'est! Elle t'appelle, cette main; sa voiture est là, qui doit te conduire auprès d'elle; l'énigme s'explique maintenant : Lothaire a deux sœurs. Il connaît ma liaison avec l'une; mais il ignore ce que je dois à l'autre. Elle non plus ne sait pas que le vagabond blessé qui lui doit sinon la vie, du moins la santé, a reçu dans la maison de son frère un accueil si généreux et si peu mérité. »

Félix, qui était déjà à se balancer dans la voiture, lui cria : « Viens, père, viens; vois les beaux nuages, les belles couleurs.

— Oui, je viens, dit Wilhelm en descendant rapidement l'escalier ; toutes les splendeurs du ciel, qui te ravissent encore, cher enfant, ne sont rien à côté du spectacle que j'attends. »

Une fois en voiture, il repassa dans sa mémoire toutes ces circonstances. «Ainsi donc cette Nathalie est l'amie de Thérèse ? Quelle découverte ! quelle espérance ! quelles perspectives ! Quelle bizarrerie que la crainte d'entendre parler d'une sœur m'ait complétement caché l'existence de l'autre ! » Avec quelle joie il contemplait son Félix ; il espérait le meilleur accueil pour l'enfant et pour lui.

La nuit venait, le soleil s'était couché ; la route n'était pas bonne, le postillon allait lentement. Félix s'était endormi ; de nouvelles inquiétudes et de nouveaux doutes s'élevèrent dans l'esprit de notre ami. « Quelle folie, quelles idées te possèdent ? se disait-il ; une vague ressemblance d'écriture te rassure subitement, et là-dessus tu bâtis le conte le plus étrange. » Il reprit le billet, et à la lueur du crépuscule il lui sembla reconnaître de nouveau l'écriture de la comtesse. Ses yeux ne voulaient point retrouver dans le détail ce que son cœur lui avait dit en voyant l'ensemble... «Ainsi ces chevaux te mènent à une terrible scène ! Qui sait si dans quelques heures ils ne vont pas te ramener ? Et si au moins tu la trouvais seule ! Mais son mari est peut-être là, peut-être la baronne ! Comme elle doit être changée ! Oserai-je paraître devant elle ? »

Une faible espérance que c'était son amazone qu'il allait trouver perçait, par instants, à travers ses sombres réflexions. Il faisait nuit. La voiture roula sur le pavé d'une cour et s'arrêta ; un domestique, tenant une torche, sortit d'un riche portail, descendit le large escalier et s'approcha de la voiture. « On vous attend depuis longtemps, » dit-il en soulevant le tablier de la voiture. Wilhelm, après être descendu, prit sur son bras Félix endormi, et le premier domestique cria à un second qui se tenait sur la porte, un flambeau à la main : « Conduis tout de suite monsieur auprès de la baronne. »

Un éclair traversa l'âme de Wilhelm : « Quel bonheur ! soit par hasard, soit à dessein, la baronne est ici ! C'est elle que je verrai la première ! La comtesse est sans doute déjà couchée ! Vous, mes bons génies, faites que ce moment de terrible perplexité se passe sans trop de douleur ! »

Il pénétra dans la maison, et se trouva dans le lieu le plus sévère, le plus saint où il fût jamais entré. Une lanterne suspendue et éblouissante de lumière éclairait un escalier large à pente douce, qui se dédoublait à partir du premier palier. Des statues et des bustes de marbre garnissaient les piédestaux et les niches : il lui sembla qu'il en reconnaissait quelques-uns. Les impressions d'enfance sont ineffaçables, même dans leurs plus petits détails. Il reconnut un buste qui avait appartenu à son grand-père, non pas, il est vrai, à sa figure et à son mérite, mais à un bras restauré et à une pièce rajoutée à la draperie. Cela avait l'air d'un conte. L'enfant lui pesait sur le bras; il chancela sur les degrés, et s'agenouilla pour le replacer plus commodément. Il avait besoin de se remettre, car il eut de la peine à se relever. Le domestique qui l'éclairait voulut prendre l'enfant, mais Wilhelm ne pouvait s'en séparer. Il arriva dans une antichambre, et, à son grand étonnement, il aperçut, suspendu à la muraille, le tableau bien connu du prince malade. Il eut à peine le temps d'y jeter un regard ; le domestique lui fit traverser deux chambres et l'amena dans un cabinet. Derrière un écran qui l'abritait, une femme était assise et lisait. « Oh ! si c'était-elle ! » se dit Wilhelm, dans cet instant suprême. Il posa à terre l'enfant, qui semblait s'éveiller, et allait s'approcher de la dame ; mais l'enfant, ivre de sommeil, se laissa tomber. La dame se leva et vint au-devant de lui. C'était l'amazone ! Il ne put se contenir ; il tomba à genoux et s'écria : « C'est elle ! » il lui saisit la main et la baisa avec un ravissement infini. L'enfant était étendu entre eux deux sur le tapis, et dormait doucement.

On porta Félix sur le canapé, Nathalie se plaça près de lui, et pria Wilhelm de s'asseoir sur une chaise qui se trouvait à côté. Elle lui offrit quelques rafraîchissements qu'il refusa, tout occupé qu'il était de s'assurer que c'était bien elle, de considérer ses traits, que l'écran tenait dans l'ombre, et de les reconnaître avec certitude. Elle lui décrivit en détail la maladie de Mignon : l'enfant était lentement consumée par quelques sentiments profonds ; son extrême sensibilité, qu'elle essayait de dissimuler, causait à son pauvre cœur des crampes violentes et dangereuses : les émotions imprévues arrêtaient subitement le mouvement de cet organe indispensable, et l'on ne pouvait plus discerner dans le sein de cette bonne créature aucune trace de battement ; dès que la crise était passée, la force vitale se manifestait par de violentes pulsations, et l'enfant souffrait alors de l'excès comme elle avait souffert tout à l'heure de l'insuffisance de la circulation.

Wilhelm se souvint d'un accident semblable, et Nathalie s'en remit au médecin, qui lui parlerait plus longuement de la chose et lui exposerait plus en détail les raisons pour lesquelles on avait fait venir l'ami et le bienfaiteur de l'enfant. « Vous trouverez en elle, continua Nathalie, un changement singulier : elle porte maintenant des habits de femme, elle qui paraissait autrefois les avoir tant en horreur.

— Comment avez-vous obtenu cela d'elle? demanda Wilhelm.

— Si toutefois c'est un changement favorable, c'est au hasard que nous en sommes redevables. Écoutez comment la chose s'est passée. Vous savez que j'ai toujours autour de moi un certain nombre de jeunes filles que je tâche de former au bien et à l'honnêteté, tandis qu'elles grandissent sous mes yeux. Elles n'entendent rien de ma bouche que je ne tienne moi-même pour vrai; cependant je ne peux ni ne veux les empêcher d'apprendre par d'autres sources les erreurs et les préjugés de ce monde. Si elles me questionnent à ce sujet, je cherche autant que possible à rattacher ces idées étrangères à quelque idée juste, pour les rendre, sinon utiles, du moins inoffensives. Depuis quelque temps déjà, mes petites filles avaient entendu raconter par les enfants du village, mainte histoire sur les anges, le valet Ruprecht et Jésus-Christ, qu'à certaines époques ils apparaissent en personne, récompensent les enfants sages et punissent les méchants. Elles soupçonnèrent que ce devaient être des personnes déguisées, je les confirmai dans cette supposition, et, sans entrer dans de longues explications, j'eus l'idée de leur donner, à la première occasion, un spectacle de ce genre. Il se trouva justement qu'on approchait de l'anniversaire de naissance de deux jumelles qui s'étaient toujours bien conduites. Je leur promis qu'un ange leur apporterait les petits cadeaux qu'elles avaient si bien mérités. Elles attendaient l'apparition avec une extrême anxiété. J'avais choisi Mignon pour remplir ce rôle; au jour indiqué, on l'avait revêtue d'une longue et légère robe blanche. On n'avait pas oublié la ceinture d'or sur la poitrine, ni le diadème dans les cheveux. Je voulus d'abord supprimer les ailes, mais les femmes qui l'habillaient en avaient fait une paire, dorée, dont elles tinrent absolument à l'affubler. Ainsi vêtue, la merveilleuse apparition, un lis dans une main et dans l'autre une corbeille, s'avança au milieu des jeunes filles, et me remplit moi-même de surprise.

« Voici l'ange ! » criai-je. Les enfants firent toutes un pas en arrière ; enfin elles s'écrièrent : « C'est Mignon ! » mais elles n'osaient pas s'approcher de la miraculeuse image.

« Voilà vos cadeaux, » dit-elle en tendant la corbeille. On s'empressa autour d'elle, on l'examina, on la tâta, on la questionna.

« — Es-tu un ange ? demanda un des enfants.

« — Je voudrais en être un, répondit Mignon.

« — Pourquoi portes-tu un lis ?

« — Je serais heureuse si mon cœur était aussi pur
« et aussi ouvert.

« — Comment sont faites tes ailes ? Laisse-nous voir.

« — Elles en représentent de plus belles qui ne sont pas encore déployées. »

« Elle répondit avec cette gravité à toutes les questions innocentes et légères que lui firent ses camarades. Lorsque la curiosité de la petite société fut satisfaite et que l'impression produite par cette apparition commença à s'affaiblir, on voulut déshabiller Mignon. Elle s'y opposa, prit une guitare, se plaça sur la haute table que voici, et chanta un lied avec une grâce incroyable.

« Laissez-moi paraître, en attendant que je sois ;
Ne me retirez pas ce vêtement blanc !
Je m'enfuis de la belle nature
Pour descendre dans la solide demeure.

« Là je sommeillerai un peu,
Puis mon œil renouvelé s'ouvrira,
Alors je quitterai cette pure tunique,
Et la ceinture et la couronne.

« Les célestes personnages
Ne me demanderont pas si je suis homme ou femme,

Aucun vêtement, aucun voile
N'enveloppera mon corps radieux.

« Il est vrai que je vivais sans peines et sans soucis ;
Cependant j'ai senti d'assez profondes douleurs.
De chagrin, j'ai vieilli avant l'âge,
Refaites-moi jeune pour l'éternité !

« Je résolus aussitôt, continua Nathalie, de lui laisser son costume, et de lui en faire faire d'autres de même genre, qu'elle porte toujours maintenant, et qui lui donnent, à ce qu'il me semble, une tout autre expression. »

Comme il était déjà tard, Nathalie quitta Wilhelm, qui s'éloigna assez inquiet. « Est-elle mariée ou non ? » se demandait-il. Au moindre bruit il craignait de voir une porte s'ouvrir et entrer le mari. Le domestique qui le conduisit à sa chambre était parti avant que Wilhelm se fût décidé à le questionner à ce sujet. L'inquiétude le tint encore longtemps éveillé ; il ne cessait de comparer l'image de l'amazone avec celle de sa nouvelle amie ; il ne pouvait parvenir à les confondre en une seule ; il avait, pour ainsi dire, formé l'une, tandis que l'autre semblait devoir le transformer.

CHAPITRE III

Le lendemain matin, tandis que tout reposait, il sortit pour visiter le château. C'était la plus pure, la plus belle, la plus noble architecture qu'il eût jamais vue. Il en est donc de l'art véritable comme de la bonne société ; il nous oblige, par les plus aimables moyens, à reconnaître la mesure d'après laquelle et pour laquelle est formée notre nature intime ? Les statues et les bustes provenant de son grand-père firent sur lui une impression des plus agréables. Il courut devant le tableau du prince malade ; il le trouva toujours aussi gracieux, aussi touchant. Le domestique lui ouvrit plusieurs autres chambres. Il vit une bibliothèque, une collection d'histoire naturelle, un cabinet de physique ; il se sentit étranger à toutes ces belles choses. Félix s'était réveillé et avait couru après lui. Wilhelm était inquiet de savoir quand et comment il recevrait la lettre de Thérèse. Il redoutait la rencontre de Mignon, et, jusqu'à un certain point, celle de Nathalie. Quelle différence entre sa disposition d'esprit actuelle et le moment où il cachetait la lettre pour Thérèse et s'était livré avec joie tout entier à cette noble créature !

Nathalie l'envoya avertir que le déjeuner était prêt. Il entra dans une chambre où plusieurs petites filles, proprement vêtues, et paraissant toutes avoir moins de dix ans, mettaient le couvert, tandis qu'une personne âgée apportait différentes sortes de boissons.

Wilhelm considérait avec attention un portrait placé au-dessus du canapé ; il y reconnaissait le portrait de Nathalie, quoiqu'il fût loin d'en être satisfait. Nathalie entra, et la ressemblance disparut. Le portrait était orné d'une croix de chanoinesse ; Nathalie en portait une semblable.

« Je viens de regarder ce portrait, lui dit-il, et je m'étonne qu'un peintre puisse être à la fois aussi vrai et aussi faux. Cette peinture vous ressemble parfaitement dans l'ensemble, et cependant ce ne sont ni vos traits ni votre caractère.

— Il y aurait plutôt lieu de s'étonner de cette ressemblance, dit Nathalie ; car ce n'est pas mon portrait, c'est celui d'une tante qui me ressemblait encore étant âgée, tandis que je n'étais qu'une enfant. Elle avait à peu près l'âge que j'ai lorsque ce portrait a été peint, et au premier coup d'œil tout le monde croit me reconnaître. Je voudrais que vous eussiez connu cette excellente personne ; je lui dois beaucoup. Une santé faible, un retour excessif sur elle-même, une inquiétude morale et religieuse, ne lui ont pas permis d'être pour le monde ce qu'elle aurait pu être dans des conditions différentes. C'était une lumière qui ne brillait que pour quelques amis, et surtout pour moi.

« Serait-il possible, répondit Wilhelm après un moment de réflexion, comme frappé du concours soudain de tant de circonstances diverses, serait-il possible que cette belle et noble âme, dont la paisible confession m'a été communiquée, soit votre tante?

— Vous avez lu le manuscrit? demanda Nathalie.

— Oui, répliqua Wilhelm, avec le plus grand intérêt; et il n'a pas été sans influer sur toute ma vie. Ce qui m'a le plus frappé dans cet écrit, c'était, si je puis m'exprimer ainsi, la netteté de l'individualité, non pas seulement d'elle-même, mais de tout ce qui la touchait; l'indépendance de sa nature, l'impossibilité d'admettre quelque chose qui ne fût pas en harmonie avec ses sentiments nobles et tendres.

— Vous êtes plus bienveillant, répondit Nathalie, je pourrais dire plus juste envers cette belle nature, que beaucoup d'autres personnes qui ont pris également connaissance de ce manuscrit. Tout homme cultivé sait quels rudes combats il a eus à soutenir contre lui et contre les autres, combien son éducation lui coûte, et comment dans certains cas il ne pense qu'à lui-même, oubliant ce qu'il doit aux autres. Un honnête homme n'a-t-il pas souvent à se reprocher d'avoir agi sans délicatesse? cependant si une belle nature travaille à devenir délicate et scrupuleuse jusqu'à l'absolu, jusqu'à l'excès, si l'on veut, le monde ne lui accorde pour cela ni tolérance ni indulgence. Les natures de ce genre sont pour l'extérieur ce qu'est l'idéal à l'intérieur, des modèles non pour l'imitation, mais pour l'émulation. On rit de la propreté des Hollandaises, mais notre amie Thérèse serait-elle ce qu'elle est, si un pareil modèle n'avait toujours flotté devant son esprit au milieu des soins de son ménage?

— Je trouve donc, s'écria Wilhelm, dans l'amie de Thérèse cette Nathalie à laquelle cette précieuse tante était si attachée, cette Nathalie si compatissante, si affectueuse, si secourable dès son enfance! Il n'y a que dans une pareille famille que l'on pouvait rencontrer une pareille nature! Quelle perspective s'ouvre devant moi, quand j'embrasse d'un coup d'œil vos ancêtres et tout le cercle auquel vous appartenez!

— En effet, répliqua Nathalie, vous ne pouviez, dans un certain sens, être mieux éclairé à l'endroit de notre famille que par le récit de notre tante; son amitié pour moi lui a peut-être fait dire trop de bien de l'enfant qu'elle chérissait. Lorsqu'on parle d'un enfant, on ne dit jamais la chose même, on dit toujours ce qu'on espère. »

Un raisonnement rapide avait fait voir à Wilhelm qu'il connaissait également maintenant l'origine et l'enfance de Lothaire; il revoyait la belle comtesse petite fille et se mettant au col le collier de perles de sa tante; il les avait touchées, ces perles, le jour où les lèvres tendres et amoureuses de la comtesse s'étaient appuyées sur les siennes. Il s'efforça de chasser ces doux souvenirs par des pensées d'un autre genre. Il passa en revue les connaissances que cet écrit lui avait fait faire. « Ainsi donc, s'écria-t-il, je suis dans la maison du vénérable oncle! Ce n'est pas une maison, c'est un temple, et vous en êtes la prêtresse, le génie; je me souviendrai toute ma vie de l'impression d'hier soir, lorsque j'entrai et me trouvai en face des vieux chefs-d'œuvre de mon enfance.

« Je me rappelai les compatissantes statues du lied de Mignon ; mais ces statues n'avaient pas à pleurer sur moi, elles me regardaient d'un air grave, et me reportaient sans transition à mes premières années. Ce vieux trésor de famille, ces délices de mon grand-père, je les retrouve ici, au milieu de tant d'autres œuvres d'art, et moi, que mon caractère avait rendu le favori de cet excellent vieillard ; moi l'indigne, je me retrouve aussi ici, mon Dieu ! et dans quelles circonstances, dans quelle société ! »

Les jeunes filles avaient successivement quitté la chambre pour vaquer à leurs petits travaux. Wilhelm, qui était resté seul avec Nathalie, dut lui expliquer plus clairement le sens de ses dernières paroles. La découverte que la plus précieuse partie de cette collection avait appartenu à son grand-père l'avait rendu gai et expansif. Le manuscrit lui avait fait faire connaissance avec toute la famille, et, au milieu de tous ces objets, il se retrouvait pour ainsi dire comme chez lui. Il désirait voir Mignon ; son amie le pria de prendre patience jusqu'à l'arrivée du médecin qu'on était allé chercher dans le voisinage. On a deviné que c'était ce petit homme actif que nous connaissons déjà, et dont parlent les *Confessions d'une belle âme.*

« Puisque je me trouve, reprit Wilhelm, au milieu de votre famille, l'abbé dont parle le manuscrit est sans doute cet homme singulier et inexplicable que j'ai retrouvé chez votre frère, après les aventures les plus étranges ? Peut-être pourrez-vous me donner quelques détails à son égard ? »

Nathalie répondit : « Il y aurait beaucoup à dire sur son compte ; ce que je sais de plus clair, c'est qu'il a exercé une grande influence sur notre éducation. Il était persuadé, pendant un temps du moins, que l'éducation ne doit dépendre que des passions ; ce qu'il pense aujour-

d'hui, je ne pourrais le dire. Il prétendait que la première
et la dernière chose chez l'homme, c'est l'activité, et
qu'on ne peut rien faire si l'on n'a des dispositions à
l'activité, un instinct qui nous y pousse. «On accorde, di-
« sait-il souvent, que l'on naît poëte, on accorde cela à tous
« les arts, parce qu'il le faut, et parce que ces opérations
« de la nature humaine ne semblent pas pouvoir être con-
« trefaites; mais pour l'observateur attentif, nos facultés
« les plus insignifiantes naissent avec nous, il n'existe pas
« de faculté indéterminée. C'est notre éducation vague,
« équivoque, qui rend les hommes indécis; elle éveille des
« désirs au lieu de faire éclore des vocations ; au lieu de
« seconder les véritables dispositions, elle dirige nos ef-
« forts vers des objets qui ne concordent pas à la nature qui
« les poursuit. J'aime mieux un enfant, un jeune homme
« qui s'égarent sur leur propre route, que tant d'autres qui
« marchent droit dans une voie qui n'est pas la leur. Ceux-
« là, soit d'eux-mêmes, soit par les soins d'un guide, re-
« prennent le bon chemin, c'est-à-dire celui qui est con-
« forme à leur nature, et ils ne l'abandonneront plus,
« tandis que ceux-ci sont à chaque instant exposés à la
« tentation de secouer un joug étranger, et de se livrer à
« une liberté illimitée. »

— Il est étrange, dit Wilhelm, que cet homme singulier se soit aussi intéressé à moi, et qu'il m'ait, sinon
engagé, du moins fortifié pendant si longtemps dans mes
erreurs. Comment se justifiera-t-il, plus tard, de s'être
pour ainsi dire joué de moi, lui et plusieurs des siens?
j'attends patiemment sa réponse.

— Je n'ai pas à me plaindre de cette fantaisie, si c'en
est une, dit Nathalie; car, de tous mes frères et sœurs,
c'est encore moi qui m'en suis trouvée le mieux. Je ne
vois pas non plus que mon frère Lothaire eût pu être

mieux élevé. Il aurait peut-être fallu s'y prendre autrement à l'égard de la comtesse, ma bonne sœur : elle aurait eu besoin qu'on imprimât à son caractère un peu plus de gravité et de force. Quant à ce que deviendra mon frère Frédéric, il est impossible de le deviner ; je crains bien qu'il ne soit la victime de cette expérience pédagogique.

— Vous avez donc encore un frère ? dit Wilhelm.

— Oui, répondit Nathalie, un caractère gai et léger ; et, comme on ne l'a pas retenu de courir le monde, je ne sais ce que deviendra cette nature décousue et vague. Voilà bien longtemps que je ne l'ai vu ; mais, ce qui me rassure, c'est que l'abbé et l'entourage de Lothaire savent toujours où il est et ce qu'il fait. »

Wilhelm s'apprêtait à demander à Nathalie ce qu'elle pensait de ces paradoxes, et à obtenir d'elle quelques détails sur la société mystérieuse, lorsque le médecin entra, et, après les salutations d'usage, se mit aussitôt à parler de la santé de Mignon.

Nathalie, ayant pris Félix par la main, dit qu'elle allait chercher Mignon et la préparer à recevoir son ami.

Le docteur, resté seul avec Wilhelm, poursuivit en ces termes : « J'ai à vous raconter des choses étranges, et que vous ne soupçonnez pas. En s'éloignant, Nathalie nous permet de parler plus à notre aise de choses qu'il nous serait difficile de traiter devant elle, quoique ce soit d'elle que je les tienne. Le caractère principal de la pauvre enfant dont il s'agit ici est une extrême langueur ; le désir de revoir sa patrie, et le désir de vous revoir, mon ami, sont, je puis le dire, tout ce qu'il y a de terrestre en elle. Ces deux objets sont rejetés dans un lointain infini, et sont deux points inaccessibles à cette pauvre âme. Elle parait appartenir à une famille des environs de Milan, et avoir été enlevée toute jeune à ses parents par une troupe de saltimbanques. On n'a pu en apprendre davantage, d'abord parce qu'elle était trop jeune alors pour avoir le souvenir des noms et des lieux, mais surtout parce qu'elle a juré de ne révéler son origine à personne au monde ; car ces gens qui la trouvèrent égarée, et auxquels elle décrivit exactement sa demeure en les suppliant de la reconduire chez elle, l'enlevèrent avec d'autant plus de rapidité, et la nuit, à l'auberge, croyant qu'elle dormait, plaisantèrent sur la bonne capture qu'ils venaient de faire, assurant qu'elle ne retrouverait assurément pas son chemin. La pauvre créature était en proie à un affreux désespoir, lorsque enfin la mère de Dieu lui apparut et lui promit sa protection. Elle fit alors le serment de ne se plus jamais confier à personne, de ne jamais raconter son histoire, de vivre et de mourir dans l'attente d'un secours venant directement de Dieu. Tout ce que je vous rapporte là, elle ne l'a pas avoué expressément à Nathalie ; notre excellente amie a reconstitué cette histoire d'après des phrases isolées, des chansons et des indiscrétions enfantines, qui trahissent précisément ce qu'elles veulent cacher. »

Wilhelm s'expliquait maintenant bien des chants, bien des mots de cette pauvre enfant. Il pria instamment son ami de ne lui rien cacher de ce que les chansons et les aveux de cet être singulier pouvaient lui avoir révélé.

« Préparez-vous, dit le médecin, à entendre la confidence d'une étrange aventure, dont, sans le savoir, vous êtes complice, et qui, je le crains, décidera de la vie ou de la mort de cette excellente créature.

— Parlez, dit Wilhelm, mon impatience est extrême.

— Vous souvenez-vous, dit le médecin, d'une visite mystérieuse, nocturne et féminine, après la représentation d'*Hamlet* ?

— Oui, je m'en souviens ! dit Wilhelm en rougissant ;

mais je ne croyais pas avoir à m'en souvenir dans ce moment.

— Savez-vous qui c'était ?

— Non ! vous m'effrayez ! Au nom de Dieu, ce n'était pas Mignon ? Qu'était-ce ? dites-le-moi.

— Je ne le sais pas moi-même.

— Alors ce n'était pas Mignon ?

— Non, assurément non. Mais Mignon était sur le point de se glisser auprès de vous, et, d'un coin où elle était cachée, elle subit le supplice de voir entrer une rivale.

— Une rivale ! s'écria Wilhelm, expliquez-vous, vous me confondez !

— Félicitez-vous, dit le docteur, de pouvoir apprendre si vite l'issue de cet événement. Nathalie et moi, quoique nous ne prenions à cette affaire qu'un intérêt éloigné, nous avons été fort tourmentés, jusqu'au jour où nous avons pu nous rendre clairement compte de l'état de trouble de ce pauvre être que nous voulions guérir. Les propos légers de Philine, une certaine chanson, lui avaient fait trouver ravissante l'idée de passer la nuit à côté de son ami, sans qu'elle imaginât autre chose qu'un intime et commun repos. Son affection pour vous, mon ami, était déjà vive et violente dans son jeune cœur ; entre vos bras l'enfant aurait trouvé l'apaisement de ses douleurs, et elle aspirait à ce bonheur dans toute sa plénitude. Elle résolut d'abord de vous le demander franchement, puis une frayeur secrète l'en empêcha. Enfin, cette soirée joyeuse, l'excitation du vin, lui donnèrent le courage de tenter l'entreprise, et de se glisser cette nuit-là chez vous. Elle était partie en avant pour se cacher dans votre chambre, qui était restée ouverte ; mais elle avait monté l'escalier lorsqu'elle entendit un léger bruit ; elle se jeta de côté, et vit une femme vêtue de blanc se glisser dans votre chambre. Vous arrivâtes quelques instants après, et elle vous entendit pousser le verrou.

« Mignon souffrit des tortures atroces : les sentiments véhéments d'une jalousie passionnée se mêlèrent aux élans inconnus d'un désir vague, et attaquèrent violemment son tempérament à demi développé. Son cœur, qui jusque-là avait battu de langueur et d'espérance, s'arrêta tout d'un coup, et pesa sur sa poitrine comme un morceau de plomb ; elle ne pouvait plus respirer ; elle ne savait que faire ; elle entendit la harpe du vieillard, elle courut le trouver au grenier, et passa la nuit à ses pieds dans d'affreuses convulsions. »

Le médecin s'arrêta un instant, et, comme Wilhelm restait silencieux, il reprit : « Nathalie m'a assuré qu'elle n'avait jamais vu de sa vie rien de plus effrayant que l'état de Mignon quand elle raconta cette histoire ; notre noble amie se reprochait même de lui avoir arraché cet aveu par ses questions et d'avoir si cruellement renouvelé par ce souvenir la vive douleur de la pauvre enfant.

« La bonne créature, me disait Nathalie, à peine ar-
« rivée à ce moment de son récit ou plutôt de ses réponses
« à mes questions toujours plus pressantes, s'affaissa tout
« d'un coup devant moi, et, la main sur la poitrine, se
« plaignit d'éprouver la même douleur que dans cette
« terrible nuit. Elle se roulait par terre comme un ver,
« il me fallut toute ma fermeté pour me rappeler et
« mettre en usage les moyens que je connaissais capables
« en pareil cas de soulager le cœur et l'esprit. »

— Vous me plongez dans une angoisse extrême, en me faisant sentir tous mes torts envers cette chère créature au moment où je vais la revoir. Si je dois la voir, pourquoi m'ôtez-vous le courage de m'avancer franchement vers elle ? et, faut-il vous l'avouer, si tel est l'état de son âme, je ne comprends pas en quoi ma présence pourra la soulager. Si vous êtes persuadé comme médecin que cette double passion l'ait si profondément minée qu'il y ait à craindre pour sa vie, pourquoi par ma présence renouveler sa douleur et peut-être hâter sa fin ?

— Mon ami, dit le médecin, quand nous ne pouvons pas guérir, notre devoir est au moins de soulager, et souvent la présence d'un objet aimé enlève à l'imagination sa puissance destructive, transforme la passion en une paisible contemplation ; nous en avons des exemples concluants. Mais de la mesure, et ne perdons pas de vue notre but ! Car la présence peut aussi ranimer une passion éteinte. Voyez l'aimable enfant, soyez affectueux avec elle, et attendons le résultat. »

Nathalie rentra, et pria Wilhelm de la suivre auprès de Mignon. « Elle paraît tout heureuse d'avoir Félix, j'espère qu'elle recevra bien son ami. » Wilhelm se décida avec peine à l'accompagner ; il était très-agité de ce qu'il venait d'apprendre, et s'attendait à une scène terrible. Ce fut tout le contraire.

Mignon était assise en longue robe blanche, ses longs cheveux bruns moitié flottants, moitié tressés ; elle tenait Félix sur ses genoux et le pressait contre son cœur ; elle avait l'air de l'esprit séparé du corps ; Félix paraissait la vie même ; on eût dit le ciel et la terre qui s'embrassaient. Elle tendit en souriant la main à Wilhelm, et lui dit : « Je te remercie de m'avoir ramené l'enfant, ils l'avaient enlevé, Dieu sait comment, et je ne pouvais plus vivre. Tant que mon cœur aura besoin de quelque chose sur la terre, c'est lui qui doit en remplir le vide. »

Le calme avec lequel Mignon avait accueilli son ami causa une grande satisfaction à la société. Le médecin désira que Wilhelm la vît souvent, et qu'on tâchât de maintenir l'équilibre dans son esprit et dans son corps. Il partit en promettant de revenir bientôt.

Wilhelm eut alors le loisir d'observer Nathalie dans le cercle de ses occupations. Il n'aurait rien tant désiré que de vivre auprès d'elle. Sa présence avait la plus heureuse influence sur les jeunes filles et les femmes de tout âge qui habitaient le château, ou qui, restant dans le voisinage, venaient de temps en temps la voir.

« Le cours de votre existence, lui dit une fois Wilhelm, a dû être toujours très-égal ? car la peinture que votre tante fait de vous quand vous étiez enfant paraît, si je ne me trompe, être exacte encore aujourd'hui. Vous n'avez jamais dévié, on le sent à vous voir, vous n'avez jamais été forcée de faire un pas en arrière.

— J'en suis redevable, répondit Nathalie, à mon oncle et à l'abbé, qui ont su si bien apprécier mes dispositions naturelles ; je ne me souviens pas d'avoir éprouvé, depuis mon enfance, d'impression plus forte que celle produite par le spectacle des misères humaines : je sentais un désir invincible de les soulager. L'enfant qui ne peut pas encore se tenir sur ses pieds, le vieillard qui ne le peut plus, les regrets d'une riche famille qui n'a pas d'enfants, l'impossibilité où se trouve le pauvre d'entretenir les siens, le désir d'exercer une industrie, la vocation, l'aptitude à se livrer à mille petits travaux indispensables, mes yeux semblaient destinés par leur nature à découvrir tout cela ; je découvrais là où personne ne me disait de chercher ; mais aussi je paraissais née uniquement pour découvrir. Les charmes de la nature inanimée, auxquels tant d'hommes sont si extraordinairement sensibles, ne me faisaient aucun effet, encore moins le charme des beaux-arts ; ma plus douce sensation était, et est encore, lorsque je vois un manque, un besoin, d'y trouver aussitôt un remède, un secours, un dédommagement.

« Si je voyais un mendiant en haillons, je pensais aux vêtements inutiles qui pendaient dans les armoires des miens ; lorsque j'apercevais des enfants s'étioler faute de soins, je me rappelais telle ou telle dame que j'avais vue s'ennuyer au milieu des richesses et des commodités de la vie ; des gens entassés dans une étroit espace me faisaient penser qu'il faudrait les loger dans les vastes salles de maint palais. Cette façon de voir était tout à fait naturelle chez moi, et complétement indépendante de la réflexion, au point qu'étant enfant, cela me faisait faire les traits les plus étranges, et que plus d'une fois, par les propositions les plus bizarres, j'embarrassais les gens. J'avais encore ceci de particulier, c'est que je ne considérai que difficilement et fort tard l'argent comme un moyen de satisfaire les besoins. Toutes mes libéralités avaient lieu en nature, et je sais qu'on s'est bien souvent moqué de moi pour cela. L'abbé seul semblait me comprendre, il m'éclairait sur moi-même, sur ces désirs et ces penchants, et m'apprenait à les satisfaire avec mesure.

— Avez-vous donc adopté, demanda Wilhelm, pour l'éducation de votre petit monde, les principes de ces hommes singuliers ? Laissez-vous à leurs caractères le soin de se former eux-mêmes? Les laissez-vous, ces enfants, chercher et s'égarer, se méprendre, atteindre heureusement le but, ou bien se perdre misérablement en route ?

— Non, dit Nathalie, ces procédés sont entièrement opposés à mes opinions. Celui qui ne porte pas secours dans le moment même ne secourra jamais ; celui qui ne donne pas le conseil à l'instant même ne conseillera jamais. Il me paraît également indispensable d'établir quelques lois, et d'en inculquer le respect aux enfants; cela donne une certaine tenue à la vie. Je ne suis même pas loin d'affirmer qu'il vaut mieux s'égarer selon la règle que de s'égarer en se laissant ballotter par des fantaisies de notre nature, et, de quelque façon que je voie les hommes, il me semble qu'il reste toujours chez eux un vide qui ne peut être comblé que par une loi expressément définie.

— Ainsi, votre méthode, dit Wilhelm, est toute différente de celle que pratiquent nos amis ?

— Oui, répondit Nathalie; mais vous pouvez juger de leur extrême tolérance, en ce qu'ils ne cherchent pas à me détourner de ma ligne, précisément parce que c'est ma ligne, et qu'au contraire ils vont au-devant de tous mes désirs. »

Nous réservons pour une autre circonstance le récit détaillé de la méthode à laquelle Nathalie soumettait les enfants.

Mignon demandait souvent à se mêler à la société, et on le lui accordait avec d'autant plus de plaisir qu'elle paraissait s'accoutumer de plus en plus à Willhelm, à lui ouvrir son cœur, et semblait redevenir plus gaie et plus animée. Comme elle se fatiguait vite, elle s'appuyait sur son bras. « Maintenant, disait-elle, Mignon ne grimpe et ne saute plus, et cependant elle sent toujours le désir d'aller se promener sur le sommet des montagnes, de s'élancer d'arbre en arbre, de maison en maison. Comme j'envie les oiseaux, surtout quand ils bâtissent leurs nids, si gentils et si confiants ! »

Elle prit bientôt l'habitude d'inviter plus souvent son ami à venir dans le jardin. S'il était occupé, ou ne se trouvait pas là, il fallait que Félix le remplaçât, et si dans certains moments la pauvre enfant semblait tout à fait détachée de la terre, dans d'autres elle paraissait s'attacher plus fortement au père et au fils, et craindre plus que tout de se voir séparée d'eux.

Nathalie était rêveuse. « Nous avons désiré, par votre présence, rouvrir cet excellent cœur, dit-elle, et je ne sais si nous avons bien fait. » Elle se tut, et parut attendre une réponse de Wilhelm. Il songea que, dans les circonstances présentes, son union avec Thérèse ferait beaucoup de mal à Mignon ; mais, dans l'incertitude où il se trouvait, il n'osait lui parler de ce projet ; il ne supposait pas que Nathalie en fût informée.

Il ne fut guère plus à son aise lorsque sa noble amie en vint à parler de sa sœur, vanta ses bonnes qualités et plaignit son état. Il fut très-troublé lorsque Nathalie lui annonça qu'il allait bientôt voir la comtesse. « Son mari, dit-elle, n'a plus aujourd'hui d'autre pensée que de remplacer dans l'association morave le feu comte de Zinzendorf, de soutenir et de relever cette grande institution par ses lumières et son activité. Il vient avec elle nous faire, pour ainsi dire, ses adieux ; il ira ensuite visiter les différents endroits où la communauté s'est établie ; on lui laisse faire ce qu'il veut, et je ne suis pas loin de croire qu'il va tenter avec sa femme un voyage en Amérique, pour ressembler en tous points à son prédécesseur ; et, comme il est persuadé qu'il lui manque peu de choses pour être un saint, il n'y a pas de doute qu'il ne désire, au fond de l'âme, conquérir les palmes du martyre. »

CHAPITRE IV

On avait jusqu'alors assez souvent parlé de mademoiselle Thérèse, on avait souvent fait mention d'elle dans la conversation, et, à chaque fois, Wilhelm avait été sur le point d'avouer à sa nouvelle amie qu'il avait offert son cœur et sa main à cette excellente femme. Un certain sentiment, qu'il ne pouvait s'expliquer, le retenait ; il tarda si longtemps, qu'à la fin Nathalie, avec ce sourire divin, modeste et serein qui lui était habituel, lui dit : « Il faut donc que je rompe le silence, et que je pénètre de force dans votre confidence ? Pourquoi me faites-vous un secret, mon ami, d'un événement si important pour vous, et qui me touche moi-même de si près ? Vous avez offert votre main à mon amie ; je ne m'immisce pas indûment dans vos affaires : voici mes titres ! voici la lettre qu'elle vous écrit, qu'elle m'envoie à votre adresse.

— Une lettre de Thérèse ! s'écria-t-il.

— Oui, Monsieur ! Votre sort est décidé, vous êtes heureux ! Permettez-moi de vous faire mes félicitations, à vous et à mon amie. »

Wilhelm resta muet, les yeux fixes. Nathalie le regarda ; elle vit qu'il pâlissait. « Votre joie est trop forte, continua-t-elle, elle prend l'aspect de la frayeur et vous ôte l'usage de la parole. La part que je prends à votre bonheur n'en est pas moins sincère quoiqu'elle ne m'empêche pas de parler. J'espère que vous serez reconnaissant, car mon influence sur la décision de Thérèse n'a pas été médiocre ; elle me demandait conseil, et par un hasard singulier vous vous trouviez ici ; je pouvais triompher des quelques doutes qui retenaient encore mon amie, des courriers se croisaient et se succédaient. Voilà la décision, voici le dénoûment ! Et maintenant vous allez lire toutes ses lettres ; il faut que vous jetiez un regard libre et satisfait dans le noble cœur de votre fiancée. »

Wilhelm déplia le papier qu'elle lui présenta non cacheté ; il contenait ces affectueuses paroles :

« Je suis à vous telle que je suis et telle que vous me

connaissez. Vous êtes à moi tel que vous êtes et tel que je vous connais. Les changements que le mariage pourra amener en nous-mêmes, en nos relations, la raison, la bonne volonté, le courage, nous les feront supporter. Comme ce n'est pas la passion, mais la sympathie et la confiance, qui nous unissent, nous risquons moins que beaucoup d'autres. Vous m'excuserez sans doute de me souvenir souvent de mon ancien ami ; en échange, je presserai votre fils sur mon cœur comme si j'étais sa mère. Voulez-vous dès à présent partager ma petite maison? vous en êtes le maître et seigneur ; pendant ce temps nous terminerons l'achat du domaine. Je désire qu'on n'y innove rien sans moi ; je veux vous montrer tout d'abord que je suis digne de la confiance dont vous m'honorez. Adieu! cher, cher ami ! fiancé aimé ! mari vénéré ! Thérèse vous presse sur son sein, pleine d'espoir et de joie. Mon amie vous en dira davantage, elle vous dira tout. »

Cette lettre, qui rappelait si vivement à Wilhelm sa Thérèse, l'avait fait rentrer en lui-même. Pendant la lecture les pensées les plus rapides se succédaient dans son esprit. Il fut effrayé de découvrir dans son cœur les traces manifestes d'une inclination pour Nathalie ; il se blâma lui-même, il se démontra qu'une pareille pensée était une folie, il se représenta Thérèse avec toutes ses perfections, il relut la lettre, et redevint plus calme, ou plutôt fut assez maître de lui pour le paraître. Nathalie lui montra les lettres qu'elles avaient échangées ; nous en extrairons quelques passages.

Après avoir dépeint son fiancé à sa manière, Thérèse ajoutait :

« C'est ainsi que je me représente l'homme qui m'offre aujourd'hui sa main. Ce qu'il pense de lui-même, tu l'apprendras par les feuilles où il se décrit à moi en toute franchise; je suis persuadée que je serai heureuse avec lui. »

« Pour ce qui est de la condition sociale, tu sais quelles sont mes idées à cet égard. Quelques personnes sont extrêmement sensibles aux mésalliances extérieures, et ne peuvent les souffrir. Je ne veux convaincre personne, mais je veux agir selon ma conviction. Je ne puis pas te donner des exemples, quoique je ne manque pas d'exemples qui m'autorisent. Ce qui m'inquiète, ce sont les mésalliances intérieures, un vase qui ne convient pas au liquide qu'il doit contenir; beaucoup de luxe et peu de satisfaction, richesse et avarice, noblesse et grossièreté, jeunesse et pédanterie, misère et ostentation, ce sont là des rapprochements qui me tueraient ; que le monde les estampille et les estime comme il voudra ! »

« Quand j'espère que nous nous conviendrons, je me fonde surtout sur ce qu'il te ressemble à toi, ma chère Nathalie, que j'estime et que j'apprécie infiniment. Oui, comme toi il a cette noble recherche, cette aspiration au perfectionnement, qui fait que nous produisons nous-mêmes le bien que nous croyons découvrir. Combien de fois t'ai-je blâmée en moi-même de traiter tel ou tel homme de telle ou telle façon, d'agir dans tel ou tel cas autrement que je l'aurais fait ! Et cependant le résultat prouvait, la plupart du temps, que tu avais raison. « Si
« nous prenons les hommes tels qu'ils sont, disais-tu
« souvent, nous les rendons pires; si nous les traitons
« comme s'ils étaient ce qu'ils devraient être, nous les

« amenons aussi loin qu'on peut les amener. » Je ne puis ni voir ni agir ainsi, je le sais bien. L'intelligence, l'ordre, la discipline, le commandement : voilà mon affaire. Je me souviens encore du mot de Jarno : « Thérèse dresse ses élèves, Nathalie forme les siens. » Il alla même un jour jusqu'à me refuser ces trois belles vertus : la foi, l'amour et l'espérance. « Au lieu de la foi, disait-il, elle a « l'intelligence ; au lieu de l'amour, la constance ; au « lieu de l'espérance, la confiance. » Je t'avouerai qu'avant de te connaître, je ne savais rien au monde qui fût supérieur à la raison et à la sagesse ; tu m'as convaincue, animée, subjuguée, et je cède volontiers le pas à ton âme noble et élevée. C'est dans le même sens que j'estime mon ami ; la description de sa vie est une recherche perpétuelle et un désappointement perpétuel ; mais ce n'est pas une recherche vaine, c'est une recherche admirable et naïve. Il s'imagine qu'on peut lui donner ce qui ne peut venir que de lui. Ainsi, ma chère, ma perspicacité ne me nuira pas non plus cette fois-ci ; je connais mon mari mieux qu'il ne se connaît lui-même, et je ne l'en apprécie que davantage. Je le vois, mais je ne le vois pas au delà, et toute mon intelligence ne parvient pas à supposer ce qu'il peut faire. Lorsque je pense à lui, son image se mêle à la tienne, et je me demande si je suis digne d'appartenir à deux pareils êtres. Mais je veux m'en rendre digne en accomplissant mon devoir, en faisant ce qu'on peut attendre et espérer de moi. »

« Si je pense à Lothaire ? Vivement et chaque jour. Je ne peux me passer de lui un moment, au milieu de la société que je me suis faite dans mon esprit. Oh ! que je plains cet homme excellent, qu'une faute de jeunesse a

fait mon parent, et que la nature a placé si près de toi!
Un être tel que toi serait encore plus digne de lui que
moi. C'est à toi seule que je pourrais, que je devrais le
céder. Soyons à lui autant que nous le pouvons, jusqu'à
ce qu'il trouve une digne épouse, et alors encore soyons
et restons unis ! »

« Mais que diront nos amis ? reprit Nathalie. — Votre
frère ne sait rien de tout cela ?— Rien, pas plus que vos
parents ; la chose s'est traitée entre femmes. Je ne sais
quelles niaiseries Lydie a mises dans la tête de Thérèse ;
elle paraît mal disposée pour l'abbé et pour Jarno. Lydie
lui a inspiré quelque défiance à l'endroit de certaines relations et de certains projets secrets, dont j'ai bien entendu parler, mais que je n'ai jamais cherché à pénétrer,
et, dans cette démarche décisive, elle n'a voulu accorder
d'influence qu'à moi seule. Ils sont convenus depuis longtemps, elle et mon frère, de s'annoncer simplement leur
mariage sans se consulter davantage. »

Nathalie écrivit une lettre à son frère, et invita Wilhelm
à y ajouter quelques mots, Thérèse l'avait priée de le
faire. On allait cacheter la lettre, lorsque tout à coup
on annonça Jarno. On lui fit l'accueil le plus affectueux,
il paraissait gai et badin, et finit par dire : « Je viens vous
apporter une nouvelle très-extraordinaire, quoique fort
agréable : elle concerne notre Thérèse. Vous nous avez
mainte fois blâmés de nous préoccuper de tant de
choses ; mais vous allez voir qu'il est bon d'avoir des es-
pions partout. Devinez, et faites-nous voir votre sa-
gacité. »

L'air satisfait avec lequel il prononça ces mots, le regard malicieux qu'il jeta sur Wilhelm et sur Nathalie,

leur firent croire que leur secret était découvert. Nathalie répondit : « Nous sommes encore plus habiles que vous, nous avons déjà couché sur le papier le mot de l'énigme avant même qu'on nous l'ait proposé. »

En disant cela, elle lui présenta la lettre destinée à Lothaire, ravie de devancer ainsi la petite surprise et l'embarras que l'on comptait lui causer. Jarno, assez étonné, prit la lettre, la parcourut, la laissa échapper, les regarda tous deux fixement avec une expression de surprise, d'effroi même, qu'on n'était pas habitué à voir sur son visage. Il ne dit pas un mot.

Wilhelm et Nathalie n'étaient pas moins saisis. Jarno allait et venait dans la chambre. « Que dois-je dire ? s'écria-t-il, ou dois-je le dire ? Cela ne peut rester secret, l'embarras est inévitable. Ainsi, secret contre secret ! Surprise pour surprise ! Thérèse n'est pas la fille de sa mère ! l'obstacle est levé ; je venais ici pour vous prier de préparer la jeune femme à s'unir avec Lothaire. »

Jarno voyait la consternation des deux amis, qui baissaient les yeux. « Cet accident est de ceux, dit-il, où la société nous gêne. Les réflexions qu'ils inspirent, on les fait mieux dans la solitude ; quant à moi, du moins, je demande la permission de me retirer pour une heure. » Il courut au jardin, Wilhelm le suivit machinalement, mais à quelque distance.

Une heure après ils se trouvèrent de nouveau réunis. Wilhelm prit la parole, et dit : « Autrefois, quand sans but ni plan je menais une vie légère, dissipée même, l'amitié, l'amour, la confiance, venaient au-devant de moi les bras ouverts, se jetaient à ma tête ; maintenant que ma vie est devenue sérieuse, le sort paraît suivre une autre ligne de conduite à mon égard. La résolution que j'ai prise d'offrir ma main à Thérèse est peut-être la première qui vienne uniquement de moi. J'ai médité mon plan, ma raison l'approuvait pleinement, et le consentement de cette excellente femme avait mis le comble à mes espérances. Maintenant l'événement le plus extraordinaire vient s'appesantir sur ma main étendue. Thérèse me tend la sienne dans le lointain, comme dans un rêve, et je ne peux la saisir, et cette belle vision m'abandonne pour toujours. Oui, adieu, belle vision! adieu, visions de félicité parfaite qui l'environnez! »

Il se tut un instant, les yeux fixés à terre; Jarno ouvrit la bouche : « Laissez-moi dire encore un mot, s'écria Wilhelm, car il s'agit ici du sort de toute ma vie. Ce qui me soutient en ce moment, c'est l'impression que m'a faite Lothaire la première fois que je le vis, impression qui est restée vivement gravée dans mon esprit. Cet homme mérite qu'on s'attache à lui et qu'on lui donne son amitié, et l'idée d'amitié est inséparable de celle de sacrifice. Pour lui, j'ai pu duper une malheureuse jeune fille, et pour lui je pourrai renoncer à la plus digne fiancée. Allez le trouver, racontez-lui cette étrange aventure, et dites-lui ce que je suis prêt à faire. »

Jarno lui répondit : « En pareil cas, mon avis est que tout s'arrange si l'on ne se presse point. Ne faisons aucune démarche sans l'assentiment de Lothaire! Je retourne auprès de lui, attendez tranquillement mon retour ou sa réponse. »

Il partit, laissant nos deux amis plongés dans la tristesse. Ils eurent tout le loisir de repasser sous toutes leurs faces ces événements, et de faire leurs observations. Alors, seulement, ils se rappelèrent qu'ils avaient accueilli simplement la révélation de Jarno, sans s'enquérir d'aucun détail. Wilhelm commençait à élever quelques doutes; mais leur surprise, leur trouble même fut porté à son comble, lorsque, le lendemain, arriva un courrier de Thérèse qui apportait à Nathalie la lettre suivante :

« Si étrange que cela puisse paraître, je dois faire suivre immédiatement ma lettre précédente de ce billet pour te prier de m'envoyer au plus vite mon fiancé. Il faut qu'il devienne mon époux, quelques projets qu'on puisse faire pour me l'enlever. Donne-lui la lettre ci-incluse, mais sans témoin, quel qu'il puisse être ! »

Voici ce que contenait la lettre à Wilhelm : « Qu'allez-vous penser de votre Thérèse, si subitement elle presse avec passion une union qui paraissait n'avoir été conclue que par la calme raison ? Ne vous laissez retenir par rien, mettez-vous en route au reçu de cette lettre. Venez, cher, cher ami, trois fois cher, maintenant qu'on veut me ravir, ou du moins me disputer votre possession. »

« Que faire? s'écria Wilhelm après avoir lu la lettre.

— Jamais, répondit Nathalie après quelques instants de réflexions, mon cœur et ma raison n'ont été aussi muets qu'en ce moment ; je ne saurais que faire, comme je ne sais que conseiller.

— Serait-il possible, s'écria Wilhelm avec véhémence, que Lothaire lui-même ne sache rien, ou, s'il sait quelque chose, qu'il soit en même temps que nous le jouet de desseins cachés? Jarno n'a-t-il pas improvisé ce conte en voyant notre lettre? Nous aurait-il dit autre chose si nous n'avions été si légers et si prompts ? Que peut-on vouloir ? Quels projets peut-on avoir ? Quel peut être le plan de Thérèse ? Oui, cela est clair, Lothaire est entouré d'influences et d'affiliations secrètes, je l'ai éprouvé moi-même, on agit, on s'occupe dans un certain sens des actions et du sort des individus, et on sait les mener où l'on veut. Je ne comprends pas le but de ces mystères, mais ce que je vois clairement, c'est qu'on a le projet de m'enlever Thérèse. D'un côté, on me représente que le bonheur de Lothaire dépend de moi, peut-être n'est-ce que pour me leurrer; d'un autre côté, je vois ma bien-aimée, ma noble fiancée, dont le cœur m'appelle. Que faire ? Que ne pas faire ?

— Un peu de patience ! dit Nathalie, un instant de réflexion ! Dans cette étrange complication, je ne vois qu'une chose, c'est que nous ne devons pas précipiter une résolution irrévocable. Contre une fable, contre un plan artificieux, nous avons pour nous la persévérance et la prudence ; nous allons bientôt savoir si la chose est vraie ou feinte. Si mon frère a véritablement l'espérance de s'unir à Thérèse, ce serait cruel de lui ravir à jamais ce bonheur, au moment où il lui apparaît. Attendons qu'il nous apprenne s'il sait quelque chose, s'il croit, s'il espère. »

Une lettre de Lothaire vint heureusement à l'appui des raisonnements de Nathalie : « Je ne te renvoie pas Jarno, écrivait-il, une ligne de ma main t'en dira plus que les détails que pourrait te donner un messager. J'ai la certitude que Thérèse n'est point la fille de sa mère, je ne puis renoncer à l'espoir de la posséder, avant qu'elle en soit elle-même persuadée, et qu'elle ait alors décidé, dans tout le calme de la réflexion, entre notre ami et moi. Je t'en prie, ne le laisse pas s'éloigner de toi. Le bonheur et la vie de ton frère en dépendent. Je te le promets, cette incertitude ne sera pas de longue durée. »

« Vous voyez où en sont les choses, dit-elle affectueusement à Wilhelm : donnez-moi votre parole d'honneur de ne pas quitter cette maison.

— Je vous la donne, s'écria-t-il en lui tendant la main ; je ne sortirai pas d'ici contre votre volonté. Je remercie Dieu et mon bon génie d'avoir été guidé cette fois, et de l'avoir été par vous. »

Nathalie écrivit à Thérèse tout ce qui s'était passé, et lui déclara qu'elle ne laisserait pas partir son ami ; elle lui envoya en même temps la lettre de Lothaire.

Thérèse répondit : « Je suis fort surprise que Lothaire lui-même soit convaincu, — car il n'userait pas d'une pareille dissimulation envers sa sœur. — Je suis fâchée, très-fâchée. Il vaut mieux que je n'en dise pas davantage. Ce que j'ai de mieux à faire, c'est de venir te trouver lorsque j'aurai placé cette pauvre Lydie, avec laquelle on agit cruellement. Je crains que nous ne soyons tous trompés, et si bien trompés, que nous ne nous y reconnaîtrons jamais. Si notre ami avait la même idée que moi, il se soustrairait à la surveillance, et viendrait se jeter dans les bras de sa Thérèse, que personne alors ne pourrait lui ravir ; mais je crains bien de le perdre, et de ne pouvoir regagner Lothaire. On lui enlève Lydie en faisant luire de loin à ses yeux l'espérance de me posséder. Je n'en dirai pas davantage ; cela ne ferait que compliquer les choses. Le temps nous apprendra si les plus douces relations ne seront pas ébranlées, minées et différées au point de ne plus pouvoir y porter remède, lorsque tout sera éclairci. Si tu ne rends pas la liberté à mon ami, j'arrive ici dans quelques jours, pour le chercher près de toi et m'en emparer. Cela t'étonne de voir la passion maîtresse de Thérèse ! Ce n'est pas la passion, c'est la conviction que, Lothaire ne pouvant être à moi, ce nouvel ami fera le bonheur de ma vie. Dis-lui cela, au nom du petit garçon qui était assis avec lui au pied du chêne, et qui était si content de le voir s'intéresser à son histoire ! Dis-lui cela au nom de Thérèse, qui est venue si franchement au-devant de sa proposition ! Mon premier rêve, la vie que j'aurais menée avec Lothaire, est banni loin de ma pensée. La vie que je rêve de mener avec mon nouvel ami m'est encore toute présente. M'estime-t-on si peu pour croire que ce soit si facile d'échanger à l'improviste celui-ci pour celui-là ? »

« Je m'en remets à vous, dit Nathalie à Wilhelm en lui donnant la lettre de Thérèse ; vous ne vous enfuirez pas. Pensez que vous tenez entre vos mains le bonheur de ma vie ! mon existence est si intimement liée à celle de mon frère, qu'il ne peut éprouver de douleur sans que je la ressente, de joie que je ne la partage. Je puis le dire, c'est par lui que j'ai compris que le cœur peut être ému, élevé ; qu'il existe au monde de la joie, de l'amour, un sentiment qui satisfait complètement nos besoins. »

Elle s'arrêta, Wilhelm lui prit la main et s'écria : « Oh ! continuez ! c'est le moment de nous confier franchement l'un à l'autre, nous n'avons jamais plus eu besoin de nous mieux connaître.

— Oui, mon ami ! dit-elle en souriant avec une dignité calme, douce, indéfinissable ; il n'est peut-être pas hors de propos de vous dire que tout ce que les livres, tout ce que le monde nous offre sous le nom d'amour ne m'a jamais paru qu'un conte.

— Vous n'avez donc jamais aimé ? s'écria Wilhelm.

— Jamais,... ou toujours ! » répondit Nathalie.

CHAPITRE V

Pendant cette conversation ils se promenaient dans le jardin ; Nathalie avait cueilli différentes fleurs de forme rare, qui étaient complètement inconnues à Wilhelm et dont il demanda les noms.

« Vous ne soupçonnez pas sans doute pour qui je cueille ce bouquet ; c'est pour mon oncle, à qui nous allons faire une visite. Le soleil brille vivement au-dessus de la *Salle du passé*, c'est le moment de vous y conduire, et je n'y vais jamais sans apporter quelques-unes des fleurs que mon oncle préférait. C'était un homme singulier, et susceptible des plus bizarres impressions. Il avait pour certaines plantes et certaines bêtes, pour certains hommes et certains pays, et même pour certaines sortes de pierres, une inclination marquée, et difficilement explicable. « Si je « n'avais pas résisté à moi-même pendant ma jeunesse, di- « sait-il souvent, si je ne m'étais efforcé d'appliquer mon « intelligence à l'ensemble et au général, je serais devenu « l'homme le plus étroit et le plus insupportable du « monde. » Car rien n'est plus insupportable qu'une singularité mesquine chez un homme dont on peut exiger une activité pratique. Et pourtant, il était obligé de se l'avouer à lui-même, il aurait perdu pour ainsi dire le souffle et la vie, s'il ne s'était pas relâché de temps en temps, et ne s'était permis de goûter avec passion des satisfactions qu'il ne pouvait ni louer ni excuser. « Ce n'est pas ma faute, « disait-il, si je n'ai pu mettre parfaitement d'accord mes « goûts et ma raison. » Dans ces occasions, il avait l'habitude de plaisanter sur mon compte et de dire : « On peut « considérer Nathalie comme jouissant en ce monde de « la béatitude ; sa nature ne lui demande que des choses « que le monde emploie et produit. »

En causant ainsi, ils étaient revenus au bâtiment principal. Elle le conduisit, par une galerie spacieuse, à une porte, que gardaient deux sphinx de granit. La porte était également dans le style égyptien, un peu plus étroite en haut qu'en bas, ses battants de bronze préparaient à un spectacle sévère, et même sinistre. Mais comme on était agréablement surpris lorsqu'une pure satisfaction venait remplacer cette crainte, dès qu'on pénétrait dans cette salle où l'art et la vie faisaient oublier la mort et le tombeau ! Dans la muraille étaient creusées des arcades symétriques, où se trouvaient de grands sarcophages; dans les piliers étaient ménagées des ouvertures plus petites, ornées de vases et d'urnes cinéraires; le reste de la muraille et de la voûte était divisé en panneaux réguliers, sur lesquels étaient peints, au milieu d'encadrements de guirlandes et d'ornements variés, des personnages de différentes grandeurs. Les membres d'architecture étaient revêtus d'un beau marbre jaune, tirant sur le rouge; des filets bleus, auxquels une ingénieuse composition chimique donnait l'aspect du lapis-lazuli, reliaient et complétaient l'ensemble, tout en satisfaisant l'œil par une aimable opposition de couleurs. Tout ce luxe et toute cette ornementation se présentaient dans les plus pures proportions architecturales, et, lorsqu'on entrait dans cette salle, on se sentait élevé au-dessus de soi-même; l'aspect de ces combinaisons artistiques apprenait ce qu'est et ce que peut être l'homme.

Vis-à-vis de la porte on voyait, au-dessus d'un riche sarcophage, la statue en marbre d'un homme vénérable s'appuyant sur un coussin. Il tenait un rouleau à la main, et semblait le considérer avec attention. Ce rouleau était placé de façon qu'on pût y lire facilement les mots qui y étaient tracés : *Souviens-toi-de vivre*.

Nathalie enleva un bouquet fané, plaça celui qu'elle venait de cueillir au pied de la statue de l'oncle, car c'était lui que représentait cette figure, et Wilhelm crut reconnaître les traits du vieillard qu'il avait vu une fois dans la forêt. « Nous avons passé bien des heures ici, dit Nathalie, à l'époque où l'on construisait cette salle. Pendant les dernières années de sa vie, il avait réuni autour de lui quelques artistes habiles, et sa principale occupation était de les inspirer et de les guider dans le choix des dessins

II.

et des cartons d'après lesquels ont été faites ces peintures. »

Wilhelm ne pouvait assez admirer les objets qui l'entouraient. « Quelle vie, s'écriait-il, dans cette salle du passé ! On pourrait aussi bien l'appeler la salle du présent et de l'avenir. Tout a été ainsi, et tout sera ainsi ! Tout reste, excepté celui qui jouit et qui regarde. Ce tableau, cette mère qui presse son enfant sur son cœur, survivra à bien des générations d'heureuses mères. Dans plusieurs siècles peut-être un père verra avec attendrissement cet homme à longue barbe qui, mettant de côté sa gravité, joue avec son fils. De tous temps la jeune fiancée rougira, et malgré ses vœux secrets aura besoin qu'on la console, qu'on l'encourage; et le fiancé impatient écoutera sur le seuil pour savoir s'il doit le franchir. »

Les yeux de Wilhelm erraient sur les innombrables tableaux qui ornaient cette salle. Depuis les premiers efforts de l'enfant qui apprend dans ses jeux à se servir de ses membres, jusqu'à la sereine gravité du sage, on pouvait voir dans cette suite de belles et vivantes peintures qu'il n'existe dans l'homme aucune disposition, aucun talent, dont il ne sache tirer parti. Depuis l'aimable sentiment de satisfaction de la jeune fille qui contemple avec complaisance son image dans la claire fontaine d'où elle tarde à retirer sa cruche, jusqu'à ces grandes solennités où les rois et les peuples prennent, au pied de l'autel, les dieux à témoin de leurs unions, tout était représenté d'une façon forte et saisissante.

C'était un monde, c'était un ciel, qui enveloppait dans ce lieu le spectateur, et, outre les pensées qu'éveillaient ces figures, outre les sentiments qu'elles inspiraient, il y avait encore en elles quelque chose qui s'emparait de l'homme tout entier. Wilhelm éprouva cette sensation, sans pouvoir s'en rendre compte. « Quelle est donc cette impression, s'écria-t-il, qui, en dehors de tout sens précis, en dehors de la sympathie que nous inspirent les événements et les circonstances se rapportant à l'humanité, agit sur moi si vivement et en même temps si agréablement ? Elle me parle par l'ensemble, elle me parle par les détails, sans que je puisse embrasser le premier, sans que je puisse m'assimiler les autres ! Je devine je ne sais quelle magie dans ces surfaces, dans ces lignes, dans ces dimensions, dans ces masses, dans ces couleurs ! Qu'est-ce qui fait de ces figures, même considérées superficiellement, une décoration si saisissante ? Je sens qu'on pourrait rester ici, s'y reposer, tout embrasser du regard, se trouver heureux, sentir et penser toute autre chose que ce que paraît devoir inspirer ce qu'on a devant les yeux. »

Et assurément, si nous pouvions décrire l'heureuse disposition de cette salle, combien tout s'harmonisait par liaison ou par contraste, par unité ou variété de couleur, comment chaque chose, étant mise dans son vrai jour, produisait un effet aussi complet qu'intelligible, nos lecteurs se trouveraient transportés dans un lieu qu'ils ne quitteraient qu'à regret.

Quatre grands candélabres de marbre occupaient les coins de la salle; au milieu, quatre, plus petits, étaient placés aux angles d'un sarcophage du plus beau travail, qui, à en juger par ses dimensions, renfermait le corps d'un individu de taille moyenne.

Nathalie s'arrêta devant ce monument, et, posant la main dessus, elle dit : « Mon bon oncle avait une préférence pour cette œuvre de l'antiquité. Il répétait souvent : « Il
« n'y a pas que les premières fleurs qui tombent, celles
« que vous conservez dans ces petites niches ; ils tombent

« aussi, les fruits qui, suspendus à la branche, nous don-
« naient les plus belles espérances, tandis qu'un ver
« intérieur leur prépare une maturité précoce et tra-
« vaille à leur destruction. » Je crains, continua-t-elle,
qu'il n'ait prophétisé sur cette aimable enfant qui semble
se soustraire peu à peu à nos soins et se diriger lentement
vers cette paisible demeure. »

Comme ils étaient sur le point de se retirer, Nathalie dit
à Wilhem : « Il y a encore quelque chose sur quoi je
veux attirer votre attention. Remarquez là-haut, sur les
côtés, ces deux hémicycles; on peut y cacher des chanteurs. Ces ornements de bronze placés au-dessous de la
corniche servent à fixer les tentures qui, d'après l'ordre
de mon oncle, doivent recouvrir les murs pour chaque
enterrement. Il ne pouvait vivre sans musique, surtout
sans musique vocale, et avait en outre cette singularité de
de pas vouloir voir les chanteurs. Il disait habituellement:
« Le théâtre nous gâte, la musique n'y est faite, pour
« ainsi dire, que pour les yeux; elle accompagne les
« mouvements et non les sentiments. Dans les oratorios
« et les concerts la personnalité du musicien nous trou-
« ble; la vraie musique n'est que pour l'oreille; une belle
« voix est ce que l'on peut imaginer de plus universel, et,
« lorsque l'individualité bornée qui la produit paraît de-
« vant nos yeux, cet effet d'universalité est complètement
« détruit. J'ai besoin de voir celui avec qui je parle, parce
« que c'est un homme isolé; son allure et sa physionomie
« donnent de la valeur à ce qu'il dit. Au contraire, celui
« qui chante doit être invisible; il ne faut pas que sa per-
« sonne me séduise ou me trompe. C'est un organe qui
« parle à un organe, et non plus un esprit qui parle à un
« esprit; ce n'est pas le monde infini qui se déroule de-
« vant les yeux, le ciel qui s'offre à l'homme. Je voudrais

« également que dans la musique instrumentale on « dissimulât autant que possible l'orchestre, car les mou-« vements mécaniques, les gestes indispensables mais « bizarres des musiciens, nous troublent et nous inquiè-« tent. » Il n'écoutait jamais la musique que les yeux fermés, pour concentrer tout son être dans la pure et unique jouissance de l'oreille. »

Ils s'apprêtaient à quitter la salle lorsqu'ils entendirent les enfants courir de toutes leurs forces dans la galerie et Félix crier : « Non, c'est moi ! c'est moi ! »

Mignon atteignit la porte la première ; elle était toute hors d'haleine et ne pouvait parler. Félix, qui était resté en arrière, cria : « Mère, Thérèse est là ! » Les enfants avaient lutté apparemment à qui apporterait le premier la nouvelle. Mignon était tombée dans les bras de Nathalie ; son cœur battait violemment.

« Méchante enfant, lui dit Nathalie, tu sais bien que tout mouvement excessif t'est interdit. Vois comme ton cœur bat !

— Qu'il se brise ! dit Mignon en soupirant profondément ; voilà trop longtemps qu'il bat. »

On avait à peine eu le temps de se remettre de ce trouble, de ce saisissement, que Thérèse arriva. Elle se jeta au-devant de Nathalie et l'embrassa ainsi que l'enfant. Puis elle se tourna vers Wilhelm, le regarda de son regard limpide, et lui dit : « Eh bien, mon ami, comment cela va-t-il ? Vous ne vous êtes donc pas encore laissé tromper ? »

Il fit un pas vers elle ; elle s'élança dans ses bras et se suspendit à son cou. « O ma Thérèse ! s'écria-t-il.

— Mon ami, mon adoré, mon époux ! Oui, ta Thérèse pour toujours ! » s'écria-t-elle en le couvrant de baisers.

Félix la tira par sa robe en lui disant : « Mère Thérèse, je suis là ! » Nathalie était debout, les yeux fixés à terre.

Tout d'un coup Mignon porta la main gauche à son cœur en roidissant le bras gauche, poussa un cri et tomba inanimée aux pieds de Nathalie.

L'effroi fut grand : on ne discernait plus ni battement ni pulsation. Wilhelm la prit sur son bras et l'emporta aussitôt ; le corps pendait par-dessus son épaule. Le médecin donna peu d'espérance ; lui et le jeune chirurgien, que nous connaissons déjà, firent d'inutiles efforts ; il n'était plus en leur pouvoir de rappeler à la vie cette chère créature.

Nathalie fit un signe à Thérèse, qui prit son ami par la main et l'emmena hors de la chambre. Il ne pouvait parler et n'avait pas le courage de lever les yeux sur elle. Il s'assit auprès d'elle sur le canapé où, le premier jour, il avait trouvé Nathalie. Il pensa avec une grande rapidité à tous les événements qui s'étaient succédé, ou plutôt il ne pensa pas, il laissa agir sur son âme des sentiments qu'il ne pouvait en chasser. Il y a des moments dans la vie où les circonstances, semblables à des navettes mêlées, montent et descendent devant nous et achèvent un tissu que nous avons nous-mêmes plus ou moins tramé et ébauché. « Mon ami, mon bien-aimé ! dit Thérèse en rompant le silence et en lui prenant la main, tenons-nous fermes et unis dans ce moment, comme nous serons obligés de l'être souvent encore peut-être dans de semblables circonstances. Voilà les événements qu'il faut être deux pour supporter. Songe, mon ami, sens bien que tu n'es pas seul ; montre que tu aimes ta Thérèse, en commençant par partager ta douleur avec elle. » Elle l'embrassa et le serra doucement sur son sein ; il l'enlaça de ses bras et la pressa avec ardeur sur son cœur.

« La pauvre enfant ! s'écria-t-il, dans ses instants de tristesse elle venait chercher abri et protection sur mon cœur mal assuré ; laisse-moi en cet affreux moment me réfugier dans la fermeté du tien ! » Ils se tenaient étroitement embrassés, il sentait contre sa poitrine battre le cœur de son amie, mais le vide et la solitude étaient dans son esprit ; les images de Mignon et de Nathalie flottaient seules comme des ombres au-devant de son imagination.

Nathalie entra. « Donne-nous ta bénédiction ! s'écria Thérèse ; que dans ce triste moment nous soyons unis devant toi ! » Wilhelm s'était caché le visage entre le col de Thérèse ; il pouvait enfin pleurer. Il n'avait pas entendu venir Nathalie, il ne la voyait pas, mais le son de sa voix fit redoubler ses larmes. « Je ne veux pas séparer ce que Dieu a assemblé, dit Nathalie en souriant, mais je ne puis vous unir ni admettre que la douleur et l'amour chassent à ce point de vos cœurs le souvenir de mon frère. » A ces mots, Wilhelm s'arracha des bras de Thérèse. « Où allez-vous ? demandèrent les deux femmes. — Je vais voir, s'écria-t-il, l'enfant que j'ai tuée ! Le malheur est moindre lorsque nous l'avons sous les yeux que lorsque l'imagination l'imprime violemment dans notre cœur. Allons voir cet ange envolé ! son visage serein nous dira qu'il est heureux ! » Les deux amies, ne pouvant retenir Wilhelm, le suivirent, mais le bon médecin vint au-devant d'eux avec le chirurgien, et les empêcha de s'approcher de la morte. « Tenez-vous éloignés de ce triste spectacle, et permettez-moi de donner, autant que cela est possible à mon art, quelque durée aux restes de cette étrange créature. Je vais employer pour cette chère enfant un admirable procédé qui consiste, non-seulement à embaumer le corps, mais à lui conserver une apparence de vie. Prévoyant sa mort, j'ai tout préparé, et, avec l'assistance du chirurgien, j'espère réussir. Accordez-moi quelques jours, et ne demandez pas à revoir la chère enfant avant qu'elle ait été transportée dans la salle du passé. »

Le jeune chirurgien avait entre les mains la fameuse trousse. « De qui la tient-il ? demanda Wilhelm au chirurgien. — Je la connais fort bien, répondit Nathalie, il la tient de son père, qui vous a pansé dans la forêt.

— Je ne m'étais pas trompé, s'écria Wilhelm, j'ai reconnu le ruban sur-le-champ ! Cédez-le-moi ! c'est ce ruban qui m'a remis sur la trace de ma bienfaitrice ! A combien de maux et de biens a survécu cet objet inanimé ! Combien de souffrances a dû voir ce ruban, et ses fils subsistent toujours ! A combien d'agonies a-t-il dû assister, et ses couleurs ne sont pas encore passées ! Il était présent à l'un des plus beaux moments de ma vie, alors que, blessé, je gisais à terre, que votre beauté secourable m'apparut, que l'enfant, les cheveux tachés de sang, me soignait avec la plus tendre sollicitude, cette enfant dont nous pleurons maintenant la mort prématurée ! »

Nos amis n'eurent pas le loisir de s'entretenir longtemps de ces tristes événements, et de renseigner mademoiselle Thérèse sur l'enfant et sur la cause probable de sa mort, car on annonça des étrangers; lorsqu'ils entrèrent, on vit bien que ce n'en était pas : c'était Lothaire, Jarno et l'abbé. Nathalie alla au-devant de son frère. Il y eut un moment de silence général. Thérèse dit en souriant à Lothaire : « Vous ne vous attendiez pas sans doute à me trouver ici ; il n'est peut-être pas raisonnable de chercher à nous rapprocher dans ce moment ; cependant soyez le bienvenu après une si longue absence. »

Lothaire lui tendit la main et répondit : « S'il nous faut un jour souffrir et renoncer, que ce soit au moins en présence de l'objet désirable et chéri. Je ne prétends nullement influencer votre résolution, j'ai assez de confiance dans votre cœur et dans votre raison pour remettre entre vos mains mon sort et celui de mon ami. »

La conversation passa aussitôt à des matières générales et même insignifiantes. Puis on se sépara pour aller se promener deux à deux ; Nathalie était avec Lothaire, Thérèse avec l'abbé, Wilhelm était resté au château avec Jarno.

L'arrivée des trois amis, au moment où Wilhelm était sous le poids d'une violente douleur, avait empiré son humeur au lieu de le distraire, il était chagrin et défiant, et ne put ni ne voulut s'en cacher ; quand Jarno lui demanda la cause de ce silence morose : « Que vous faut-il encore ? s'écria Wilhelm. Lothaire arrive avec ses assistants, et il serait étonnant que les puissances mystérieuses de la tour, toujours si actives, n'agissent pas sur nous, et n'accomplissent pas par nous et sur nous quelque dessein étrange. Autant que je connais ces saints personnages, leur louable but semble être de séparer ce qui est uni et d'unir ce qui est séparé. Quel tissu sortira de là ? ce sera probablement une énigme pour nos yeux profanes !

— Vous êtes amer, dit Jarno, c'est parfait. Si vous pouviez vous mettre bien en colère, ce serait encore mieux.

— Votre conseil est peut-être bon, répondit Wilhelm, et je crains fort que l'on ait envie de pousser à bout cette fois la patience que m'ont donnée la nature et l'éducation.

— Je pourrais donc, dit Jarno, en attendant que nous voyions ce qu'il adviendra de toutes ces histoires, vous apprendre quelque chose au sujet de cette tour pour laquelle vous paraissiez manifester une si grande méfiance.

— Qu'à vous ne tienne, répliqua Wilhelm, si vous

voulez essayer de me distraire! Mon esprit est occupé d'une façon si multiple, que je ne sais si je pourrai donner à votre récit l'attention qu'il mérite.

— Sans me laisser effrayer, dit Jarno, par votre aimable disposition, je vous éclairerai sur ce point. Vous me tenez pour un homme habile, et vous me tiendrez aussi tout à l'heure pour un honnête homme, et, qui plus est, j'ai aujourd'hui mission pour cela.

— Je voudrais bien, répliqua Wilhelm, vous entendre parler de votre propre mouvement, et avec l'intention de m'éclairer ; et, comme je ne puis vous écouter sans me défier de vous, pourquoi vous écouterais-je ?

— Si je n'ai rien de mieux à faire, dit Jarno, que de vous réciter des contes, vous avez bien le temps aussi de prêter quelque attention. Peut-être y serez-vous plus disposé, si je vous dis, avant de commencer : « Tout ce « que vous avez vu dans la tour n'est proprement que les « débris d'une entreprise de jeunesse, à laquelle les ini- « tiés apportèrent d'abord un grand sérieux, et dont au- « jourd'hui nous sourions. »

— Ainsi ces signes, ces paroles pleines de dignité, ne sont qu'un jeu! s'écria Wilhelm. On nous conduit solennellement dans un endroit qui nous inspire le respect, on nous fait passer devant les yeux les apparitions les plus étranges ; on nous donne des rouleaux pleins de sentences pompeuses et mystérieuses auxquelles, il est vrai, nous ne comprenons pas grand'chose ; on nous révèle que nous n'avons été jusque-là que des apprentis ; on nous affranchit, et nous en savons tout autant qu'avant !

— N'avez-vous pas sur vous le parchemin ? lui demanda Jarno, il renferme beaucoup de bon ; ces maximes générales ne sont pas prises en l'air ; elles ne paraissent vides et obscures qu'à ceux à qui elles ne rappellent le souvenir d'aucune expérience. Donnez-moi cette lettre d'apprentissage, si vous l'avez sous la main.

—Comment donc ! dit Wilhelm, on devrait porter toujours sur sa poitrine une pareille amulette.

—Qui sait, dit Jarno en souriant, si ce qu'elle contient ne trouvera pas place un jour dans votre tête et votre cœur ? »

Jarno parcourut des yeux la première moitié de la lettre. « Cette partie, dit-il, se rapporte à la culture du sens artistique ; d'autres en parleront ; la seconde partie traite de la vie, et là je suis chez moi. »

Il se mit à lire des passages, s'interrompant pour parler, et reliant ses observations au récit. « Le goût de la jeunesse pour le mystère, les cérémonies, les grands mots, est extraordinaire, et est souvent le signe d'une certaine profondeur de caractère. A cet âge on veut sentir tout son être saisi et ému, ne serait-ce que d'une manière obscure et indéterminée. Le jeune homme qui pressent beaucoup croit trouver beaucoup de choses dans un mystère, et y trouver un grand moyen d'action. Telles sont les idées dans lesquelles l'abbé fortifia une société de jeunes gens ; c'était chez lui une suite de ses principes autant qu'affaire de goût et d'habitude, car il avait autrefois été en relations avec une société qui avait dû exercer une grande influence. Ces mystères ne me convenaient nullement. J'étais plus âgé que les autres ; j'étais naturellement clairvoyant, et je demandais avant toutes choses la netteté. La seule chose qui m'intéressât était de connaître le monde tel qu'il est ; je communiquai cette manie aux meilleurs de nos compagnons, et peu s'en fallut que je ne donnasse une fausse direction à notre éducation, car nous commencions à ne plus voir que les fautes et les faiblesses des autres, et à nous considérer nous-mêmes comme des êtres accomplis. L'abbé vint à notre secours, et nous apprit qu'on ne doit pas observer les hommes sans s'intéresser à leur perfectionnement, et que l'activité seule nous met en état de nous observer et de nous connaître nous-mêmes. Il nous conseilla de rester fidèles aux premières formes de la société ; et de là la discipline qui régnait dans nos réunions. On discernait dans l'organisation de l'ensemble les traces du mysticisme des premières impressions ; puis, par une sorte d'allégorie, cet ensemble prit la forme d'un métier, qui s'élevait jusqu'à l'art. De là les dénominations d'apprentis, de compagnons et de maîtres. Nous voulions voir de nos propres yeux, nous former des archives de nos connaissances étendues ; c'est ce qui a donné lieu à ces nombreuses confessions que nous avons écrites nous-mêmes en partie, ou que nous poussions les autres à rédiger, et qui plus tard ont servi à former cette collection d'années d'apprentissage. Tous les hommes ne s'occupent pas de leur perfectionnement ; beaucoup ne demandent que des moyens pour arriver au bien-être, des recettes pour se procurer la richesse et toutes sortes de satisfactions. Ces gens qui ne voulaient pas se laisser conduire par nous, nous les arrêtions ou nous nous en débarrassions par des mystifications ou quelque autre mauvais tour. Nous n'affranchissions que ceux qui sentaient vivement et qui reconnaissaient clairement pour quoi ils étaient nés, et qui avaient assez d'expérience pour continuer leur route gaiement et facilement.

— Vous vous êtes, en ce cas, bien pressés avec moi, répondit Wilhelm, car précisément, depuis ce jour, je sais moins que jamais ce que je connais, ce que je veux ou ce que je dois.

— Ce n'est pas notre faute si nous nous sommes mis ainsi dans l'embarras ; la bonne fortune peut nous en tirer. Cependant écoutez bien ceci : celui chez lequel il reste beaucoup à développer sera éclairé plus tard sur lui-même et sur le monde ; peu de gens ont l'idée en même temps que l'action. L'idée agrandit, mais elle paralyse ; l'action vivifie, mais elle restreint.

— Je vous en prie, interrompit Wilhelm, cessez de me lire ces étranges sentences ! Ces phrases m'ont déjà assez troublé. — Je m'en tiendrai donc au récit, dit Jarno en déroulant le parchemin et en y jetant de temps en temps les yeux. J'ai été fort peu utile à la société et aux hommes ; je suis un très-mauvais précepteur, c'est un supplice pour moi de voir des gens faire des tentatives maladroites ; lorsqu'un homme s'égare, je ne puis m'empêcher de l'avertir aussitôt, serait-ce un somnambule que je verrais en danger de se rompre le cou. C'était là mon éternel sujet de discussion avec l'abbé, qui prétend que l'erreur ne peut se guérir que par l'erreur. Nous avons souvent aussi discuté à votre sujet. Il vous avait pris en affection, et c'est déjà quelque chose que d'attirer à ce point son attention. Vous m'accorderez au moins que partout où je vous ai rencontré je vous ai toujours dit la pure vérité.

— Vous ne m'avez pas ménagé, dit Wilhelm, et vous êtes resté fidèle à vos principes.

— Quels ménagements doit-on garder lorsqu'on voit un jeune homme plein de bonnes dispositions prendre une direction complétement fausse ?

— Pardonnez-moi, mon cher, dit Wilhelm : vous m'avez refusé toute aptitude pour le théâtre, et je vous avoue que, bien que j'aie entièrement renoncé à cet art, il m'est impossible de me reconnaître tout à fait incapable de l'exercer.

— Quant à moi, il m'est parfaitement prouvé que celui qui ne sait que se jouer lui-même n'est pas un comédien. Celui qui ne sait transformer son esprit et sa personne de différentes manières ne mérite pas ce nom. Ainsi, par exemple, vous avez très-bien joué Hamlet et quelques autres rôles qui rentraient dans votre caractère, dans votre tournure, dans la disposition d'esprit du moment. Cela suffirait peut-être pour un amateur ou pour quelqu'un qui ne verrait pas d'autre carrière ouverte devant lui. Il faut, continua Jarno en regardant le parchemin, se méfier d'un talent qu'on n'a pas l'espérance de porter à la perfection. Qu'on l'amène aussi loin qu'on voudra, lorsqu'on aura reconnu le mérite du maître, on finira toujours par regretter amèrement le temps et les forces qu'on a perdus à une pareille besogne.

— Ne lisez pas! dit Wilhelm, je vous en prie, continuez de parler, racontez, éclairez-moi. Ainsi c'est l'abbé qui m'a secondé pour la représentation, en me procurant un spectre?

— Oui, car il affirmait que c'était le seul moyen de vous guérir si vous étiez encore guérissable.

— Et c'est pour cela qu'il m'a laissé le voile et me disait de fuir?

— Oui! il espérait que cette représentation d'*Hamlet* vous dégoûterait du théâtre; il prétendait qu'après cela vous abandonneriez la scène; je soutins le contraire et j'eus raison. Le soir même après la représentation nous eûmes une longue discussion.

— Vous m'avez donc vu jouer?

— Certainement!

— Et qui fit le spectre?

— Je ne puis le dire moi-même; c'était ou l'abbé ou son frère jumeau, je crois cependant que c'était ce dernier, qui est un peu plus grand que lui.

— Vous avez donc des secrets entre vous?

— Les amis peuvent et doivent avoir des secrets l'un pour l'autre ; mais ils ne sont pas un secret l'un pour l'autre.

— Le souvenir de cette confusion suffit à me confondre. Faites-moi mieux connaître l'homme à qui je suis redevable, et à qui j'ai tant de reproches à faire.

— Ce qui nous le rend si cher, répondit Jarno, ce qui lui donne une sorte d'empire sur nous tous, c'est le coup d'œil indépendant et pénétrant qui lui est tout particulier, et qui lui permet de découvrir les facultés qui résident chez l'homme, ainsi que les moyens à employer pour les développer suivant leur nature. La plupart des hommes, même les plus distingués, sont bornés ; chacun n'apprécie chez lui et chez les autres que certaines qualités ; ce sont celles-là seulement qu'il favorise, qu'il cherche à développer. L'abbé procède tout autrement : il a l'intelligence et le désir de tout découvrir et de tout encourager. Mais reprenons le parchemin : la totalité des hommes a pour résultante l'humanité, l'ensemble des forces a pour résultante le monde. Ces forces sont souvent en opposition, et, tandis qu'elles cherchent à se détruire, la nature les maintient et les remet en jeu. Depuis le plus infime travail matériel, jusqu'à la plus haute expression de l'art spirituel, depuis le bégayement et les cris de l'enfant jusqu'aux plus parfaits accents de l'orateur et du chanteur, depuis les querelles des écoliers jusqu'à ces énormes préparatifs par lesquels on conquiert les empires, depuis la plus légère bienveillance et l'amour le plus frivole jusqu'à la plus violente passion et les attachements les plus sérieux, depuis le plus simple sentiment de la présence matérielle jusqu'à la prescience et l'espérance la plus indéfinissable de l'avenir spirituel le plus éloigné, tout cela est plus ou moins contenu dans l'homme et demande à être perfectionné ; non pas dans un seul, mais dans le plus grand nombre. Toute faculté est importante et doit être développée. Si celui-ci ne s'occupe que du beau, celui-là que de l'utile, ces deux hommes ne font qu'un homme complet. L'utile s'encourage de lui-même, il se dégage de la foule, et personne ne peut s'en passer ; le beau veut être encouragé, car peu de gens le possèdent, et peu de gens en ont besoin.

— Arrêtez-vous, dit Wilhelm, j'ai déjà lu cela !

— Encore quelques lignes, ici je retrouve l'abbé tout entier : une force domine l'autre, mais une force ne peut développer l'autre ; l'aptitude porte en elle-même la force qui doit servir à la perfectionner ; c'est ce que ne comprennent pas les hommes, qui cependant veulent enseigner et agir.

— Moi non plus, je ne le comprends pas! dit Wilhelm.

— Vous entendrez souvent l'abbé reprendre ce texte. Continuons à voir clairement et à maintenir ce qui est en nous, et ce que nous pouvons perfectionner en nous : soyons justes envers les autres, car nous ne méritons l'estime qu'autant que nous savons apprécier.

— Au nom de Dieu ! plus de sentences. Je sens que c'est un mauvais remède pour un cœur blessé. Dites-moi plutôt, avec votre cruelle exactitude, ce que vous attendez de moi, comment et de quelle façon vous voulez m'immoler.

— Vous nous demanderez plus tard pardon de vos soupçons, je vous le jure. Votre affaire est d'examiner et de choisir, la nôtre de vous assister. L'homme n'est pas heureux tant que ses aspirations indéfinies n'ont pas atteint leurs limites. Ne vous attachez pas à moi, mais à l'abbé ; ne pensez pas à vous, mais à ce qui vous entoure. Apprenez, par exemple, à connaître les excellentes qualités de

Lothaire ; voyez comme sa perspicacité et son activité sont intimement liées, comme il est toujours en progrès, comme il s'étend et entraîne chacun à sa suite. Où qu'il soit, il mène un monde avec lui ; sa présence anime et enflamme. Voyez, par contre, notre bon docteur. Son caractère semble être tout opposé. L'un n'agit que dans l'ensemble et dans des vues éloignées, celui-ci n'applique son coup d'œil clairvoyant que sur les objets les plus rapprochés, il fournit plutôt des moyens d'activité qu'il ne provoque et n'éveille l'activité ; sa manière est celle d'un bon administrateur ; son influence est secrète, car il se contente de pousser chacun dans la voie qui lui est propre ; sa science est une récolte et une distribution perpétuelle, il prend et rend en détail. Lothaire détruirait peut-être en un seul jour ce que l'autre aura mis dix ans à bâtir ; mais aussi Lothaire pourra en un instant communiquer des forces capables de reconstruire au centuple ce qu'il aura détruit.

— C'est une triste occupation, dit Wilhelm, de penser aux purs mérites des autres dans un moment où l'harmonie n'existe pas en nous-mêmes ; ces réflexions conviennent à l'homme calme, et non pas à celui que troublent la passion et l'irrésolution.

— Cela ne peut jamais nuire de réfléchir avec calme et logique ; en nous habituant à méditer sur les mérites des autres, les nôtres viennent insensiblement se ranger à leur véritable place, et nous nous dégageons alors volontiers de cette fausse activité vers laquelle nous entraîne notre imagination. Chassez de votre esprit, s'il est possible, tout soupçon et toute inquiétude ! Voici l'abbé qui vient, soyez aimable avec lui, en attendant que vous appreniez combien vous devez lui être reconnaissant. Le coquin ! Le voilà entre Thérèse et Nathalie, je jurerais qu'il médite quelque chose ! Il aime à jouer le rôle du sort, et a quelquefois aussi la fantaisie de marier. »

Wilhelm, dont la surexcitation et la mauvaise humeur n'avaient été nullement calmées par les bonnes et sages paroles de Jarno, trouva fort intolérant de la part de son ami de parler de pareilles choses en ce moment, et dit avec un sourire contraint : « Je croyais qu'on laissait la fantaisie de se marier aux personnes qui ont la fantaisie de s'aimer. »

CHAPITRE VI

La société s'était de nouveau rassemblée, et nos amis se virent forcés d'interrompre leur entretien. Quelques instants après on vint annoncer un courrier qui avait à remettre en mains propres une lettre à Lothaire. On amena cet homme ; il avait bonne façon, sa livrée était riche et de bon goût. Wilhelm crut le reconnaître, et il ne se trompait pas : c'était ce même individu qu'il avait autrefois envoyé à la poursuite de Philine et de la prétendue Marianne, et qui n'était pas revenu. Il allait lui adresser la parole, lorsque Lothaire, après avoir lu cette lettre, lui demanda d'un air sérieux et presque fâché : « Comment se nomme votre maître ?

— C'est de toutes les questions, répondit le courrier d'un ton respectueux, celle à laquelle il m'est le plus difficile de répondre. Je pense que la lettre doit vous apprendre ce que vous désirez savoir ; je n'ai reçu aucune commission verbale.

— N'importe, reprit Lothaire en souriant, puisque ton maître a assez de confiance en moi pour m'écrire de pareilles bouffonneries, qu'il soit le bienvenu chez nous.

— Il ne se fera pas attendre longtemps, répliqua le courrier, qui s'éloigna après avoir salué.

— Maintenant écoutez, dit le comte, ce fol et absurde message. Voici ce que m'écrit l'inconnu : « Comme de « tous les hôtes, la bonne humeur est toujours la mieux « venue, et que je la promène toujours avec moi comme « compagnon de voyage, je suis persuadé que la visite que « je me suis proposé de faire à Votre Dilection et Seigneu- « rie ne sera pas vue d'un mauvais œil ; j'espère même « arriver et m'en aller à la complète satisfaction de toute « l'illustre famille, dont j'ai l'honneur d'être, etc.; — « Comte DE LA LIMACE. »

— C'est une famille nouvelle, dit l'abbé.

— Ce doit être un comte du vicariat, répliqua Jarno.

— Le secret est facile à deviner, dit Nathalie ; je parie que c'est notre frère Frédéric, qui depuis la mort de l'oncle nous menace d'une visite.

—Justement, belle et sage sœur!» cria une voix partie d'un buisson voisin. Et en même temps on vit apparaître un jeune homme d'un air agréable et riant. Wilhelm eut peine à retenir une exclamation. « Comment ! s'écria-t-il, c'est notre blondin que je retrouve ici ? » Frédéric le regarda et dit : « J'avoue que j'aurais été moins étonné de retrouver dans le jardin de mon oncle les fameuses pyramides, qui sont cependant bien fixées en Égypte, ou le tombeau du roi Mausole, qui, à ce qu'on m'a assuré, n'existe plus depuis longtemps, que de vous rencontrer ici, mon vieil ami, mon bienfaiteur de tant de façons. Recevez mes plus vives et plus expresses salutations ! »

Après avoir salué et embrassé tout le monde, il revint à Wilhelm et s'écria : « Voyez là ce héros, ce général d'armée, ce philosophe dramatique ! Le jour que nous fîmes connaissance, je l'ai bien mal peigné, je puis dire comme on peigne le chanvre et, malgré cela, il m'a épargné une bonne volée de coups de bâton. Il est généreux comme Scipion, grand comme Alexandre, amoureux par occasion, mais sans en vouloir à ses rivaux. Ce n'est pas lui qui amasserait des charbons sur la tête de ses ennemis, ce qui serait, je crois, leur rendre un bien mauvais service ; non, il aime mieux envoyer aux amis qui lui enlèvent sa belle de bons et fidèles serviteurs, afin que leur pied ne se heurte à aucune pierre d'achoppement. »

Il continua ainsi à plaisanter sans que personne fût en état de l'arrêter, et, comme personne ne pouvait lui donner la réplique sur ce ton, il garda la parole. « Ne soyez pas surpris de mon immense érudition en fait d'auteurs sacrés et profanes ; il faut que vous sachiez de quelle façon j'ai acquis ces belles connaissances. » On aurait voulu savoir ce qu'il était devenu, d'où il venait ; mais de ses maximes et de ses vieilles histoires on ne put parvenir à tirer une explication intelligible.

Nathalie dit tout bas à Thérèse : « Cette gaieté me fait mal, je parierais qu'il n'est pas heureux. »

Frédéric, s'apercevant qu'à l'exception de quelques plaisanteries que lui renvoya Jarno, les bouffonneries ne trouvaient pas d'écho dans la société, reprit ainsi : « Il ne me reste plus qu'à devenir sérieux avec ma sérieuse famille, et, comme en de si graves circonstances le poids de tous mes péchés s'appesantit sur mon âme, je me décide à faire une confession générale, mais dont vous ne saurez rien, mes dignes dames et seigneurs. Ce noble ami que voici, qui connaît déjà un peu ma vie, doit seul tout apprendre, d'autant plus que lui seul a quelques droits de me demander des comptes. N'êtes-vous pas curieux de savoir, continua-t-il en se retournant vers Wilhelm, où, comment et qui ? quand et pourquoi ? où en est la conjugaison du verbe grec *phileo, philô,* ainsi que des dérivés de ce charmant vocable? »

Il prit Wilhelm par le bras et l'emmena, en l'embrassant et lui serrant les mains.

A peine arrivé dans la chambre de Wilhelm, Frédéric aperçut sur l'appui de la fenêtre un couteau à poudre avec cette inscription : *Pense à moi* « Vous conservez bien vos souvenirs, dit-il, c'est bien le couteau de Philine ; elle vous le donna le jour où je vous ai si fort tiré les cheveux. J'espère que vous avez souvent pensé depuis à cette charmante femme, et je vous assure qu'elle ne vous a pas non plus oublié ; et si depuis longtemps je n'avais pas effacé toute trace de jalousie, je ne pourrais m'empêcher de vous envier.

— Ne me parlez pas de cette créature ! répliqua Wilhelm. J'avoue que j'ai gardé longtemps l'impression que m'avaient produite ses charmes, mais voilà tout.

— Fi, c'est honteux ! s'écria Frédéric ; qui peut renier une maîtresse ? Vous l'avez aussi parfaitement aimée qu'on peut le désirer. Il ne se passait pas de jour que vous ne fissiez quelque cadeau à la demoiselle et lorsqu'un Allemand donne, c'est qu'il aime. Je n'avais qu'une chose à faire, c'était de vous la souffler, et le petit officier rouge y est enfin parvenu.

— Comment? vous étiez l'officier que nous surprîmes chez Philine, et avec lequel elle est partie ?

— Oui, répondit Frédéric, celui que vous preniez pour Marianne. Nous avons assez ri de votre erreur !

— Quelle cruauté ! s'écria Wilhelm ; m'avoir laissé dans une pareille incertitude !

— Et prendre à notre service le courrier que vous envoyiez à notre poursuite ! répliqua Frédéric. C'est un garçon précieux ; il ne nous a pas quittés un instant. Je suis toujours aussi fou de Philine. Elle a tant fait, que je crains de me trouver bientôt dans une situation mythologique, et je redoute à tout moment une métamorphose.

— Dites-moi donc où vous avez puisé cette vaste érudition ! J'admire la bizarre habitude que vous avez prise de parler en faisant toujours allusion à la fable et à d'anciennes histoires !

— C'est de la façon la plus drôle, dit Frédéric, que je suis devenu savant, très-savant. Philine est maintenant avec moi. Nous avons loué, d'un fermier, un vieux château où nous menons joyeuse vie, comme les Kobolds. Nous y avons trouvé une bibliothèque compendieuse, quoique choisie, contenant une Bible in-folio, la chronique de Godefroi, deux volumes du *Theatrum europœum*, les *Acerra philologica*, les écrits de Gryphius, et plusieurs autres livres de moindre importance. Comme, après avoir fait notre vacarme, il nous arrivait souvent de nous ennuyer, nous pensâmes à lire, mais, avant d'avoir commencé, l'ennui nous reprenait de plus belle. Enfin Philine eut la merveilleuse idée de placer tous les livres ouverts sur une grande table ; nous nous mettions l'un en face de l'autre et nous lisions alternativement, mais seulement des passages, pris tantôt dans un livre, tantôt dans un autre. C'était un vrai amusement ! Il nous semblait être dans la bonne société, où l'on regarde comme impoli de s'étendre trop longuement sur un sujet, ou de vouloir l'approfondir ; ou bien encore dans une société animée où personne ne veut céder la parole. Nous reprenions régulièrement ces entretiens chaque jour, et nous devînmes d'une science à nous surprendre nous-mêmes. Nous ne trouvons plus rien de nouveau sous le soleil, et notre érudition nous fournit des documents dans toutes les circonstances. Nous variions notre procédé de différentes façons : souvent nous réglions notre lecture sur un vieux sablier hors d'usage, qui se vide en quelques minutes. On tourne le sablier, et l'un de nous commence à lire dans un livre ; puis, dès que le sable est passé dans le verre inférieur, l'autre reprend sa lecture ; de cette façon nous étudions d'une manière vraiment académique, avec cette différence que nos cours sont moins longs et que nos leçons sont plus variées.

— Je comprends bien cette folie, dit Wilhelm, quand un joyeux couple vient à s'unir ; mais ce que j'ai plus de peine à comprendre, c'est qu'un ménage aussi décousu puisse rester si longtemps uni.

— C'est précisément là, s'écria Frédéric, le bonheur et le malheur ! Philine n'ose plus se montrer, elle ne peut même plus se voir elle-même ; elle est enceinte. Je n'ai rien vu au monde de plus informe et de plus ridicule. Quelques jours avant mon départ, elle s'aperçut par hasard dans une glace : « Oh ! quelle horreur ! dit-elle « en détournant la tête, madame Mélina en personne ! « La vilaine personne ! On a l'air ignoble ainsi ! »

— J'avoue, répondit Wilhelm en souriant, que cela doit être fort comique de vous voir tous les deux père et mère.

— C'est une vraie folie, dit Frédéric, de vouloir me faire passer pour le père. Elle le soutient, et les époques s'accordent. Dans le commencement j'étais un peu troublé de cette maudite visite qu'elle vous fit après la représentation d'*Hamlet*.

— Quelle visite ?

— Vous ne devez pas en avoir complétement perdu le souvenir. Le spectre aimable et palpable de cette nuit-là, si vous ne le saviez pas encore, c'était Philine. Cette aventure était assurément une triste dot ; mais, quand on ne sait pas se soumettre à ces choses-là, il ne faut pas aimer.

La paternité se fonde principalement sur la conviction ; je suis convaincu, donc je suis père. Vous voyez que je sais à propos appliquer la logique. Et si l'enfant, en venant au monde, n'en meurt pas de rire, cela deviendra certainement un agréable sinon un utile citoyen du monde. »

Tandis que nos amis s'entretenaient plaisamment de sujets frivoles, le reste de la société avait commencé une conversation sérieuse. A peine Frédéric et Wilhelm s'étaient-ils éloignés, que l'abbé avait insensiblement amené ses amis dans un cabinet de verdure, et, quand tout le monde fut assis, il parla de la sorte : « Nous avons affirmé, dit-il, d'une façon sommaire, que mademoiselle Thérèse n'était pas fille de sa mère. Il est nécessaire maintenant de donner des détails à ce sujet. Voici l'histoire que je m'offre à prouver et à démontrer sous tous les points.

« Madame de *** passa les premières années de son mariage en parfaite intelligence avec son époux ; ils eurent le malheur de voir leurs enfants mourir en venant au monde ; au troisième, le médecin fut sur le point de condamner la mère, en lui prédisant qu'elle ne survivrait pas à un quatrième. Il fallut se décider. On ne voulut pas rompre le mariage, il était trop avantageux au point de vue des convenances sociales. Madame de *** chercha dans les exercices de l'esprit, dans la représentation, dans les satisfactions d'amour-propre, une sorte de compensation à ce bonheur maternel que la nature lui refusait. Elle souffrit avec une grande tranquillité l'inclination de son mari pour une femme qui dirigeait la maison, belle personne, d'un caractère ferme. Madame de *** prêta elle-même les mains à un arrangement, à la suite duquel cette fille s'abandonna au père de Thérèse, conserva la conduite du ménage, et se montra plus serviable et plus respectueuse que jamais à l'égard de la maîtresse de la maison.

« Au bout de quelque temps elle se déclara enceinte, et les deux époux, quoique dans des vues toutes différentes, s'accordèrent dans le même dessein. Monsieur de *** désirait introduire dans sa famille, comme légitime, le fils de sa maîtresse, et madame de ***, humiliée de voir son état divulgué dans le voisinage par l'indiscrétion de son médecin, comptait se relever dans l'opinion au moyen de cette supposition d'enfant et, grâce à cette complaisance, conserver dans la famille une influence qu'elle craignait de perdre. Elle fut plus habile que son mari ; elle devina son désir, et sut, sans lui faire d'avances, lui faciliter une explication. Elle posa ses conditions, et obtint à peu près tout ce qu'elle demanda ; c'est de cette époque que date le testament où l'enfant paraît avoir été si défavorablement traité. Le vieux médecin étant mort, on prit un homme jeune, actif et adroit, on le paya bien, et il put même se vanter d'avoir mis en lumière et réparé la maladresse et la précipitation de son collègue défunt. La vraie mère avait donné son consentement sans répugnance : la comédie fut parfaitement jouée, Thérèse vint au monde, et fut livrée à une belle-mère, tandis que sa véritable mère, victime de cette comédie, mourut pour être sortie trop tôt après ses couches, laissant le pauvre homme inconsolable.

« Madame de ***, cependant, avait atteint son but ; elle avait aux yeux du monde une aimable enfant, dont elle faisait parade ; elle était en même temps délivrée d'une rivale dont elle était jalouse et dont elle redoutait l'influence, surtout pour l'avenir ; elle accablait l'enfant de caresses, et sut tellement gagner son époux, en s'apitoyant, pendant les heures d'épanchement, sur cette douloureuse perte, qu'il s'abandonna pour ainsi dire tout entier à elle, remit entre ses mains son propre bonheur et celui de ses enfants, et ce ne fut que quelque temps avant sa mort que, sa fille étant devenue grande, il redevint un peu le maître chez lui. C'était sans doute là, belle Thérèse, ce que votre père malade voulait vous révéler, c'est là ce que je voulais vous exposer tout au long pendant l'absence de notre jeune ami, qui, par suite du plus étrange enchaînement de circonstances, est devenu votre fiancé. Voici les papiers qui confirment irréfutablement ce que j'ai avancé. Vous y verrez en même temps que j'étais depuis longtemps sur les traces de cette découverte, mais que je ne suis arrivé que tout récemment à la certitude; que je n'osai pas parler à mon ami de la possibilité de ce bonheur, il aurait trop souffert si cette espérance s'était une seconde fois évanouie. Vous vous expliquerez les soupçons de Lydie; car j'avoue que j'étais loin de favoriser le penchant de notre ami pour cette brave fille, depuis que j'entrevoyais une union avec Thérèse. »

On ne fit aucune objection à ce récit. Les femmes rendirent les papiers quelques jours plus tard, sans plus en faire mention.

On ne manquait pas de moyens d'occuper la société lorsqu'elle se trouvait réunie, la contrée offrait tant de charmes, qu'on se plaisait à la parcourir, tantôt seul, tantôt en compagnie, à cheval, en voiture ou à pied. Dans une de ces promenades, Jarno remplit sa commission auprès de Wilhelm, il lui fit voir les papiers, mais sans paraître lui demander de se décider.

« Dans la situation étrange où je me trouve, lui dit Wilhelm, je n'ai qu'à vous répéter ce que je vous ai dit dès le commencement, en présence de Nathalie et en toute franchise : Lothaire et ses amis peuvent exiger de moi toute espèce de sacrifices; je dépose entre vos mains toutes mes prétentions au cœur de Thérèse, procurez-moi en échange mon congé formel. Je n'ai pas besoin, mon ami, de réfléchir longtemps pour me décider. J'ai déjà senti que depuis quelques jours Thérèse avait de la peine à conserver un semblant de cette vivacité qu'elle m'avait d'abord témoignée. Son amour est détourné de moi, ou plutôt je ne l'ai jamais possédé.

— De pareilles situations s'éclaircissent mieux à la longue par le silence et la patience que par des paroles qui produisent toujours une sorte d'embarras et d'animosité.

— Je serais plutôt de l'avis, dit Wilhelm, que ce cas peut se résoudre de la façon la plus calme et la plus claire. On m'a si souvent reproché l'hésitation et l'irrésolution, pourquoi, aujourd'hui que je suis décidé, me rendrais-je coupable envers moi-même d'une faute que l'on blâmait chez moi ? Le monde ne prend-il tant de peine à nous former que pour nous faire sentir qu'il ne peut se former ? Oui, accordez-moi au plus vite la satisfaction de me dégager d'une fausse position où je me suis jeté avec les plus honnêtes intentions du monde. »

Malgré cette prière, plusieurs jours se passèrent sans qu'il entendit parler de rien ni qu'il remarquât aucun changement chez ses amis ; la conversation ne roulait guère que sur des questions générales et sur des banalités.

CHAPITRE VII

Un jour que Nathalie et Jarno étaient assis ensemble, Nathalie prit la parole : « Vous êtes pensif, Jarno, je l'ai remarqué depuis quelques jours déjà.

— Je le suis, en effet, répondit-il ; je suis préoccupé d'une affaire importante, que nous avons préparée depuis longtemps et qu'il est aujourd'hui nécessaire de terminer. Vous en savez déjà quelque chose, et je puis bien en parler devant notre jeune ami, car il ne tient qu'à lui d'y prendre part, si cela lui plaît. Vous ne me verrez plus de longtemps, car je suis sur le point de m'embarquer pour l'Amérique.

— Pour l'Amérique, répondit Wilhelm en souriant; je n'aurais jamais attendu une pareille équipée de votre part, et encore moins que vous me choisissiez pour vous accompagner.

— Quand vous connaîtrez notre plan, répliqua Jarno, vous lui donnerez un nom plus flatteur, et peut-être vous en enthousiasmerez-vous. Il n'est pas nécessaire de connaître à fond les affaires du monde pour prévoir que de grands changements nous menacent et que la propriété n'est désormais rien moins que sûre.

— Je n'ai pas une idée bien nette des affaires du monde, dit Wilhelm, et il n'y a que peu de temps que je m'occupe de mes propriétés. Peut-être aurais-je bien fait de continuer à les laisser de côté, car je remarque que le souci de les conserver engendre l'hypocondrie.

— Écoutez-moi jusqu'au bout, dit Jarno. Le souci convient au vieillard, afin que la jeunesse puisse se bien installer quelque temps dans l'insouciance. L'équilibre des affaires humaines ne peut malheureusement se maintenir que par des contrastes. Aujourd'hui il n'est rien moins que prudent d'avoir des propriétés dans un seul endroit, de placer son argent dans une seule entreprise; d'un autre côté, il est difficile de pouvoir étendre sa surveillance sur plusieurs points; aussi nous avons imaginé quelque chose de nouveau : de notre vieille tour va sortir une société qui se répandra sur toutes les parties du monde, et dans laquelle on pourra entrer de toutes les parties du monde. Nous mettons notre existence sous le régime de l'assurance mutuelle, pour le cas seulement où une révolution enlèverait ses biens à l'un de nous. Je pars pour l'Amérique afin d'y utiliser les bonnes relations que notre ami y a formées pendant son séjour en ce pays. L'abbé veut aller en Russie, et vous vous avez le choix, si vous voulez vous joindre à nous, ou de rester en Allemagne auprès de Lothaire, ou de m'accompagner. Je suppose que vous prendrez ce dernier parti, car un grand voyage est un immense bienfait pour un jeune homme. »

Wilhelm se recueillit et répondit : « La proposition mérite une sérieuse réflexion, car ma devise sera bientôt : *Le plus loin est le mieux.* J'espère que vous me développerez votre plan ; cela tient peut-être à mon ignorance du monde, mais une pareille association me semble devoir rencontrer des difficultés insurmontables.

— Qui seront presque toutes levées, répliqua Jarno, car nous ne sommes que des gens honnêtes, habiles, résolus et peu nombreux, ayant tous l'esprit d'universalité, qui seul produit l'esprit d'association. »

Frédéric, qui avait écouté tranquillement jusque-là, s'écria : « Et si vous m'encouragez, je pars aussi avec vous. »

Jarno secoua la tête.

« Voyons, qu'avez-vous à redire en moi ? continua Frédéric ; pour fonder une nouvelle colonie, il faut de jeunes colons ; j'en emmène avec moi, et ils sont gais, je vous en réponds. Je sais encore une bonne jeune fille qui n'a plus de place ici, la douce et charmante Lydie. Que va devenir la pauvre enfant avec sa douleur et sa détresse, si elle ne profite de cette occasion pour les jeter à la mer et si un brave garçon ne se charge d'elle ? J'espère, mon jeune ami, puisque vous êtes en train de consoler les délaissées, que vous vous déciderez ; chacun prendrait sa belle sous son bras et nous suivrions le vieux chef. »

Cette proposition blessa Wilhelm. Il lui répondit avec une feinte tranquillité : « Je ne sais seulement pas si elle est libre, et, comme je ne parais pas être heureux en affaires de mariage, je ne risquerai pas une tentative de ce genre.

— Frédéric, mon frère, dit à son tour Nathalie, tu crois que, parce que tu agis si légèrement pour toi-même, tes principes peuvent convenir aux autres? Notre ami mérite un cœur de femme qui lui appartienne tout entier, qui, à ses côtés, ne batte pas à des souvenirs étrangers ; c'était avec une nature raisonnable et pure comme celle de Thérèse qu'il pouvait tenter une entreprise si hasardeuse.

— Hasardeuse! s'écria Frédéric ; tout est hasard en amour. Sous la feuillée ou devant l'autel, avec des embrassements ou des anneaux d'or, au chant des grillons ou au bruit des trompettes et des timbales, tout n'est que hasard, c'est le hasard qui fait tout.

— J'ai toujours vu, répliqua Nathalie, que nos principes ne sont que le supplément de notre existence. Nous étendons volontiers au-devant de nos défauts le voile d'une loi valable. Fais attention au chemin où t'entraînera la belle qui t'a si fortement séduit et qui te tient enchaîné.

— Elle est elle-même en très-bon chemin, répondit Frédéric, sur le chemin de la sainteté. Elle fait le grand tour, il est vrai, mais la route n'en est que plus gaie et plus sûre. Marie-Madeleine y a bien passé, et Dieu sait combien d'autres. Au surplus, ma sœur, quand il est question d'amour, tu ferais mieux de ne pas te mêler à la conversation. Je crois que tu ne te marieras que s'il manque une fiancée quelque part, et, avec ta bonté accoutumée, tu te donneras comme supplément d'une existence quelconque. Laisse-nous donc arranger notre affaire avec ces marchads d'âmes, et nous entendre pour le voyage.

— Vos propositions viennent trop tard, dit Jarno; Lydie est pourvue.

— Et comment? demanda Frédéric.

— Je lui ai offert ma main, répondit Jarno.

— Mon cher Monsieur, dit Frédéric, vous faites là un trait auquel, si on le considère comme substantif, on peut appliquer différents adjectifs, et, conséquemment, plusieurs attributs si on le considère comme sujet.

— J'avoue sincèrement, dit Nathalie, que c'est une tentative périlleuse, de prendre une fille dans le moment où elle désespère d'amour pour un autre.

— Je l'ai risqué! répliqua Jarno; elle sera à moi sous certaines conditions. Et, croyez-moi, il n'y a rien de plus précieux au monde qu'un cœur qui est capable d'amour et de passion. Qu'il ait aimé, qu'il aime encore, cela importe peu. L'amour avec lequel on en aime un autre me charme presque plus que celui avec lequel je serai aimé; je vois la force, la puissance d'un beau cœur; sans que l'amour-propre me trouble ce beau spectacle.

— Avez-vous parlé à Lydie ces jours-ci? » demanda Nathalie.

Jarno fit en souriant un signe affirmatif. Nathalie secoua la tête, et se leva en disant : « Je ne sais plus que faire, avec vous, mais vous ne me tromperez pas. »

Elle allait se retirer, lorsque l'abbé entra avec une lettre à la main et lui dit : « Restez, j'ai à vous faire une proposition pour laquelle je réclame vos conseils. Le marquis, l'ami de feu votre oncle, que vous attendez depuis quelque temps, arrive ici sous peu. Il m'écrit que la langue allemande ne lui étant pas très-familière, ainsi qu'il l'aurait cru, il a besoin d'un compagnon qui possède bien cette langue ainsi que plusieurs autres; car, comme il désire former des relations scientifiques et politiques, un tel interprète lui est indispensable. Je ne vois personne qui puisse mieux remplir cet office que notre jeune ami; il connaît plusieurs langues, son instruction est variée, et il lui sera fort avantageux de parcourir l'Allemagne en si bonne compagnie et dans des conditions si favorables. Qui ne connaît point sa patrie n'a pas de terme de comparaison pour juger les pays étrangers. Qu'en dites-vous, mes amis? Qu'en dites-vous, Nathalie ? »

Personne n'eut rien à objecter à cette proposition. Jarno ne parut pas considérer comme un obstacle le projet de voyage en Amérique, d'autant plus qu'il ne devait pas partir de sitôt : Nathalie se tut, et Frédéric cita diverses maximes sur l'utilité des voyages.

Wilhelm fut dans le fond du cœur si irrité de cette proposition qu'il ne put le dissimuler. Il ne voyait que trop clairement qu'on s'entendait pour se débarrasser de lui au plus vite, et, ce qui était pis, on le lui laissait voir ouvertement, sans ménagements. Les soupçons que lui avait inspirés Lydie, ce qu'il avait appris par lui-même, lui revenaient en mémoire, et l'explication toute naturelle que lui avait donnée Jarno ne lui sembla plus qu'un artificieux étalage.

Il se recueillit un instant, et répondit : « Cette proposition mérite une mûre réflexion.

— Une prompte résolution serait nécessaire, répondit l'abbé.

— Je n'y suis pas préparé maintenant, répliqua Wilhelm. Attendons l'arrivée du marquis, et nous verrons alors si nous nous convenons. Mais je pose pour condition première et essentielle qu'il me soit permis de prendre mon Félix, et de l'emmener partout avec moi.

— C'est ce qu'on vous accordera difficilement, dit l'abbé.

— Je ne vois pas pourquoi, dit Wilhelm, je me laisserais imposer des conditions par qui que ce soit? et pourquoi j'ai besoin de la compagnie d'un Italien pour visiter mon pays?

— Parce qu'un jeune homme, répondit l'abbé avec un sérieux imposant, a toujours des raisons pour s'attacher à quelqu'un. »

Wilhelm, qui sentait qu'il n'était pas en état de se contenir plus longtemps, car la présence de Nathalie suffisait à peine à le calmer, ajouta avec précipitation : « Qu'on m'accorde encore un peu de temps, et j'espère qu'il sera bientôt décidé si j'ai des raisons de maintenir les liens qui m'attachent, ou bien si le cœur et la prudence ne m'ordonnent pas de briser ces liens, qui me menacent d'un éternel et misérable esclavage. »

Il avait dit ces mots avec une vive émotion. Un regard jeté sur Nathalie l'apaisa un peu; dans ce moment d'agitation, sa beauté et son mérite lui firent une impression profonde.

« Oui, se dit-il à lui-même lorsqu'il se trouva seul, avoue-le, tu l'aimes, et tu sens de nouveau ce que c'est que d'aimer de toutes les forces de son cœur. C'est ainsi que j'aimai Marianne, et elle fut victime de ton affreuse erreur; que j'aimai Philine, et elle me força à la mépriser. J'estimais Aurélie, mais je ne pouvais l'aimer; je vénérais Thérèse, et l'amour paternel se transforma en inclination pour elle; et maintenant que ton cœur va s'ouvrir à tous les sentiments qui doivent rendre un homme heureux, tu es obligé de fuir! Ah! pourquoi faut-il qu'à ces sentiments s'associe l'invincible désir de la possession! Et pourquoi, sans la possession, ces sentiments, ces assurances, ruinent-ils de fond en comble toute autre félicité?

« Pourrai-je jouir maintenant du soleil, du monde, de la société, ou de tout autre bien? Ne te diras-tu pas à tout instant : Nathalie n'est pas là! et malheureusement l'idée de Nathalie te sera toujours présente. Si tu fermes les yeux, ton imagination te dessinera son image; si tu les ouvres, tu la verras flotter devant chaque objet, comme une apparition qui laisse dans notre œil une image éblouissante. La figure si fugitive de l'amazone n'était-elle pas déjà toujours présente à ta pensée? et cependant tu n'avais fait que l'entrevoir, tu ne la connaissais pas. Maintenant que tu la connais, que tu l'as approchée, qu'elle t'a témoigné tant d'intérêt, ses qualités sont aussi profondément gravées dans ton cœur que son image l'était alors dans tes sens. Il est douloureux de toujours chercher, mais plus douloureux encore d'avoir trouvé et d'être forcé d'abandonner. Que puis-je demander maintenant au monde? De quel côté diriger mes recherches? Quel pays, quelle ville renferme un trésor comparable à celui-ci? Faut-il voyager pour trouver toujours moins bon? La vie n'est-elle donc qu'un champ de course, où l'on doit revenir sur ses pas lorsqu'on a atteint l'extrémité? Le bien, l'idéal est-il toujours comme un but immobile et fixe, loin duquel vos chevaux emportés vous entraînent, lorsque vous croyez l'avoir atteint, tandis que celui qui ne s'occupe que des marchandises terrestres peut se les procurer sous tous les climats, voire même à la foire et au marché?

« Viens, cher enfant, dit-il à son fils qui accourait vers lui, tu es et tu seras tout pour moi ! Tu m'as été donné en dédommagement de ta mère chérie, tu remplaceras la seconde mère que je t'avais destinée, tu auras encore bien des vides à remplir. Occupe mon cœur, occupe mon esprit par ta beauté, par ta grâce, par ton désir d'apprendre, par tes heureuses dispositions. »

L'enfant s'amusait avec un nouveau jouet; le père le perfectionna, le corrigea et le régularisa ; mais aussitôt l'enfant perdit l'envie de s'en servir : « Tu es bien un homme ! s'écria Wilhelm; viens, mon enfant, allons jouer sans but dans le monde, aussi bien que nous pourrons ! »

Il était maintenant fermement décidé à s'éloigner, à emmener l'enfant, et à se distraire en parcourant le monde. Il écrivit à Werner de lui faire passer de l'argent et des lettres de crédit, et lui expédia le courrier de Frédéric, avec la recommandation expresse de venir au plus tôt. S'il était indisposé contre ses amis, ses bons rapports avec Nathalie n'en avaient nullement souffert. Il lui confia son projet; il reconnut qu'il pouvait et devait partir et, quoiqu'il fût affligé de la voir si indifférente en apparence, sa présence et son amabilité le rassurèrent complétement. Elle lui désigna plusieurs villes où il devrait s'arrêter pour y voir quelques-unes de ses connaissances. Le courrier revint, apportant ce que Wilhelm avait demandé, quoique Werner ne parût pas satisfait de cette nouvelle excursion. « Il faut renoncer pour longtemps à l'espoir de te voir devenir raisonnable, écrivait-il. Où errez-vous donc ? Où est passée cette femme dont tu me promettais l'assistance pour l'administration de mes biens? Tout le reste de la société est parti, toute l'affaire reste sur les bras du bailli et de moi. Heureusement qu'il est aussi fort en droit que moi en finances, et que nous sommes habitués à tirer les affaires en longueur. Adieu ! Il faut te pardonner tes extravagances, puisque sans elle notre position dans ce pays n'aurait pas été aussi avantageuse. »

Au point de vue matériel rien n'empêchait Wilhelm

de partir; mais deux obstacles arrêtaient encore son cœur. On ne voulait absolument pas lui laisser voir le corps de Mignon avant les funérailles que l'abbé lui destinait, et dont les préparatifs n'étaient pas encore terminés. Le médecin avait été rappelé par une lettre singulière du pasteur : il s'agissait du harpiste sur le sort duquel Wilhelm voulait être éclairé d'une façon précise.

Dans cette situation, il ne trouvait ni la nuit ni le jour de repos pour son esprit ni pour son corps. Quand tout dormait, il errait dans le château. Les vieux objets d'art qu'il contenait l'attiraient et le repoussaient. Il ne pouvait ni s'arrêter à ce qui l'entourait, ni l'abandonner; tout lui rappelait tout, il embrassait d'un coup d'œil le cercle de son existence, il le voyait brisé à ses pieds, et semblait ne devoir jamais se reformer. Ces œuvres d'art vendues par son père lui paraissaient un symbole qui lui disait que lui aussi se verrait exclu de la possession tranquille et assurée des biens les plus désirables, ou qu'il en serait dépouillé par sa propre faute ou par celle des autres. Il se laissa entraîner si loin par ces étranges et tristes réflexions, que par instants il se faisait l'effet d'une ombre, et que, même lorsqu'il touchait et tâtait des objets extérieurs, il avait peine à se rendre compte qu'il était bien vivant.

Seule, la violente douleur qui le saisissait par moments à l'idée qu'il fallait fatalement quitter tout ce qu'il avait trouvé et retrouvé, seules, ses larmes lui rendaient le sentiment de l'existence : en vain, se représentait-il l'heureux état dans lequel, au bout du compte, il se trouvait. « Tout n'est rien, s'écriait-il, lorsqu'il nous manque cette chose unique qui donne du prix à tout le reste ! »

L'abbé annonça à la société l'arrivée du marquis. « Vous êtes sans doute décidé, dit-il à Wilhelm, à partir seul avec votre enfant; mais faites du moins la connaissance de cet homme qui pourra vous être utile de bien des façons, si vous le rencontrez sur votre chemin. Le marquis parut. C'était un homme d'un âge encore peu avancé, de bonne tournure, une belle tête lombarde. Dans sa jeunesse, il s'était lié à l'armée avec mon oncle, beaucoup plus âgé que lui; ils avaient visité ensemble une grande partie de l'Italie, et les œuvres d'art que le marquis retrouvait ici avaient été pour la plupart achetées et trouvées en sa présence, au milieu de circonstances qu'il se rappelait encore.

Les Italiens possèdent à un plus haut degré que les autres nations le sentiment de la dignité de l'art; tout individu qui exerce une industrie quelconque s'intitule artiste, maître et professeur, et prouve au moins, par cette manie de titres, qu'il ne lui suffit pas de se guider sur la routine ou d'acquérir par la pratique une certaine habileté; il reconnaît que chacun est capable de réfléchir sur ce qu'il fait, de poser des principes, d'expliquer clairement à lui-même et aux autres la raison pour laquelle il faut faire ceci ou cela.

L'étranger fut ému de retrouver toutes ces richesses sans leur possesseur, en même temps qu'il était heureux d'entendre l'esprit de son ancien ami parler par la bouche de ses héritiers. Ils examinèrent tout, et jouirent de la satisfaction de pouvoir se comprendre les uns les autres. Le marquis et l'abbé conduisaient la conversation; Nathalie, qui croyait se sentir en présence de son oncle, savait fort bien rentrer dans ses idées et ses opinions; Wilhelm, pour comprendre quelque chose à leurs dissertations, était obligé de les traduire en langage théâtral; on avait peine à contenir l'esprit facétieux de Frédéric. Jarno était rarement présent.

Comme on faisait observer que les bons ouvrages sont rares dans les temps modernes, le marquis dit : « On ne se rend pas facilement compte de ce que les circonstances doivent faire pour l'artiste ; même avec le plus grand génie, le talent le plus complet, ce qu'il doit exiger de lui-même est infini, incroyable l'application qu'exige son développement. Si les circonstances font peu pour lui, s'il s'aperçoit que le monde est facile à contenter, ne demande qu'une apparence agréable et facile, il y aurait lieu de s'étonner que la nonchalance et l'amour-propre ne le maintiennent pas dans la médiocrité ; il serait étrange qu'il n'aimât pas mieux échanger des articles de mode contre de l'argent et de la réputation, plutôt que de suivre le droit chemin qui n'aboutit presque toujours qu'à un douloureux martyre. C'est pour cela que les artistes d'aujourd'hui offrent toujours pour ne rien donner ; ils veulent charmer et ne satisfont pas ; ils se contentent d'indiquer, on ne trouve nulle part ni fonds ni exécution. Il suffit de passer quelques heures dans un musée, et d'observer vers quelles œuvres se porte la foule, celles qu'elle apprécie et ce qu'elle néglige, pour avoir peu de goût pour le présent et peu d'espoir dans l'avenir.

— Oui, dit l'abbé, et c'est ainsi que l'amateur et l'artiste s'influencent réciproquement ; l'amateur ne cherche qu'une jouissance générale et vague ; il veut que l'œuvre d'art lui plaise comme si c'était une œuvre de la nature ; et les hommes croient que les organes par lesquels on perçoit l'art se forment d'eux-mêmes comme la langue et le palais, et qu'on juge une œuvre d'art comme on juge un mets. Ils ne comprennent pas qu'il faut une tout autre culture pour s'élever à la pure jouissance artistique. Le plus difficile, à mon avis, c'est la sorte d'abstraction que l'homme doit opérer en lui-même, s'il veut arriver à se développer entièrement ; c'est pour cela que nous voyons tant d'individus développés partiellement, et qui n'en veulent pas moins prononcer sur l'ensemble.

— Je ne saisis pas bien clairement ce que vous dites là, interrompit Jarno qui venait d'entrer.

— Il est difficile, en effet, de s'expliquer là-dessus d'une façon à la fois claire et brève. Je me contenterai de dire ceci : Dès que l'homme aspire à une activité multiple ou à une jouissance multiple, il doit être en même temps capable de développer en lui-même des organes multiples qui soient pour ainsi dire indépendants les uns des autres. Celui qui veut tout faire et tout goûter avec la plénitude de ses sens, qui veut tout rattacher à sa personnalité pour arriver à une pareille jouissance, celui-là dépensera son temps en efforts éternels et sans résultat. Qu'il est difficile — chose qui paraît si simple — de contempler un beau caractère, un bon tableau en lui-même et pour lui-même, d'écouter le chant pour le chant, d'admirer l'acteur dans l'acteur, de considérer un édifice pour son harmonie propre et pour sa solidité ! Mais la plupart des hommes traitent les différentes œuvres d'art, comme si ce n'était qu'une molle argile. Il faut que le marbre intelligent se modèle sur leurs passions, leurs préjugés, leurs fantaisies, que l'édifice aux solides murailles s'étende ou se resserre ; un tableau doit les instruire, un acteur les corriger, et tout doit être tout ! Mais comme les hommes sont eux-mêmes pour la plupart sans forme, incapables qu'ils sont de donner une figure à leur personne et à leur existence, ils s'efforcent de prendre aux objets leur figure, afin que tout s'assimile à cette matière vague et molle dont ils sont pétris. Ils finissent par tout réduire à ce qu'ils nomment de l'effet ;

tout est relatif, et de cette façon tout devient réellement relatif, excepté la déraison et l'absurdité qui règne de la manière la plus absolue.

— Je vous comprends, dit Jarno, ou plutôt je devine comment ce que vous venez de dire se relie aux principes auxquels vous êtes si attaché ; mais je ne puis être aussi absolu que vous à l'égard de ces pauvres diables d'hommes. J'en connais beaucoup, il est vrai, qui, en présence des plus grandes œuvres de l'art ou de la nature, pensent à leurs plus misérables besoins ; qui conduisent à l'Opéra leur conscience et leur morale, n'oublient pas leurs haines et leurs amours en contemplant une colonnade, et cherchent à rabaisser au niveau de leur conception les grandes et belles choses qui leur sont présentées, pour les relier autant que possible à leur misérable nature. »

CHAPITRE VIII

Le soir l'abbé invita ses amis aux funérailles de Mignon. La société se rendit dans la salle du passé et la trouva éclairée et décorée de la façon la plus singulière. Les murs étaient tapissés du haut en bas de tentures bleu de ciel, qui ne laissaient voir que la plinthe et la frise. De grands cierges brûlaient dans les quatre candélabres des angles, ainsi que dans les plus petits qui entouraient le sarcophage placé au centre. Auprès de ce sarcophage se tenaient quatre jeunes garçons vêtus d'une étoffe bleu de ciel et argent, et paraissaient agiter l'air avec de larges éventails de plumes d'autruche, autour d'une figure posée sur le sarcophage. Tout le monde s'assit, et deux chœurs invisibles commencèrent par demander avec un chant mélodieux :

« Qui amenez-vous dans notre paisible demeure ? »

Les quatre jeunes garçons répondirent d'une voix douce:

« Nous vous amenons un compagnon fatigué ; laissez-le reposer parmi vous, jusqu'à ce que les cris d'allégresse de ses frères célestes viennent le réveiller.

LE CHŒUR.

Premier fruit de la jeunesse dans notre société, sois le bienvenu ! avec tristesse nous te disons, sois le bienvenu ! Qu'aucun garçon, qu'aucune fille ne te suive ! Que la vieillesse seule s'approche, calme et résignée, de notre salle silencieuse, et que l'enfant, la chère enfant, repose dans cette grave société !

LES JEUNES GARÇONS.

Hélas ! comme à regret nous l'avons amenée ! Hélas ! Et elle doit rester ici ! Restons-y aussi, pleurons, pleurons sur son cercueil !

LE CHŒUR.

Voyez ces ailes puissantes ! voyez ce voile pur et léger ! comme elle rayonne autour de sa tête la bandelette d'or ! Voyez ce beau, ce digne sommeil !

LES JEUNES GARÇONS.

Hélas ! les ailes ne se déploient pas ! Le voile ne se joue plus en plis légers ; quand nous couronnions sa tête de roses, elle nous regardait, douce et affectueuse.

LE CHŒUR.

Regardez en haut avec les yeux de l'esprit. Qu'elle vive en vous cette force créatrice, qui porte au delà des étoiles ce qu'il y a de plus beau, de plus élevé, la vie.

LES JEUNES GARÇONS.

Mais, hélas ! elle nous manque ici, elle ne court plus dans le jardin, elle ne cueille plus les fleurs de la prairie. Pleurons, nous la laissons ici ! Pleurons et restons auprès d'elle !

LE CHŒUR.

Enfants, retournez dans la vie. L'air frais qui se joue autour du ruisseau sinueux essuiera vos larmes. Fuyez la nuit ! Le jour, le plaisir, la stabilité sont le partage des vivants.

LES JEUNES GARÇONS.

Allons, retournons dans la vie. Que le jour nous donne plaisir et travail, jusqu'à ce que le soir nous apporte le repos, et que le sommeil de la nuit répare nos forces.

LE CHŒUR.

Enfants, montez rapidement le chemin de la vie ; que sous le pur vêtement de la beauté l'amour vienne au-devant de vous, vous ouvrant une perspective céleste et vous tendant la couronne de l'immortalité. »

Les jeunes garçons s'étant retirés, l'abbé se leva de son siége et passa derrière le cercueil. «C'est, dit-il, la volonté de l'homme qui a construit cette paisible demeure, que tout nouveau venu y soit reçu avec solennité. Après lui, fondateur de cet édifice, la première personne que nous apportons ici est une jeune étrangère ; ainsi, ce petit espace renferme déjà deux victimes bien différentes de la sévère, capricieuse et inexorable déesse de la mort. Des lois fixes règlent notre entrée dans la vie. Ils sont comptés les jours au bout desquels nous sommes assez mûrs pour arriver à la lumière ; mais il n'y a pas de loi qui régisse la durée de la vie. Les fils les plus faibles s'étendent indéfiniment ; les plus solides sont tranchés violemment par une parque qui semble se plaire aux contradictions. Nous n'avons que peu de chose à dire de l'enfant à qui nous donnons ici la sépulture. On ignore encore le lieu de sa naissance : nous ne connaissons pas ses parents, et nous ne pouvons que présumer le nombre de ses années. Son cœur profond et concentré ne nous a pas laissé pénétrer ses secrets ; rien de clair en elle, rien de marqué, si ce n'est son amour pour l'homme qui la sauva des mains d'un barbare. Cette tendre affection, cette ardente reconnaissance paraît être la flamme qui a consumé l'huile de sa vie. L'habileté du médecin n'a pu conserver cette belle existence ; la sollicitude de l'amitié a été impuissante à la prolonger. Mais si l'art n'a pas réussi à enchaîner l'âme qui s'envolait, il a déployé toutes ses ressources pour conserver le corps et le préserver des ravages du temps. Un baume puissant a pénétré dans toutes les veines et colore maintenant, à la place du sang, ses joues sitôt pâlies. Approchez, mes amis, et contemplez la merveille de l'art et de la sollicitude ! »

Il souleva le voile, et l'on vit l'enfant étendue comme si elle dormait, revêtue de ses habits d'ange. Tous approchèrent et admirèrent cette apparence de vie. Wilhelm seul resta assis ; il n'avait plus de force ; il n'osait songer à ce qu'il ressentait, et chaque pensée bouleversait sa sensibilité.

Le discours avait été prononcé en français par égard pour le marquis. Il s'approcha comme les autres et considéra attentivement la morte. L'abbé continua :

« Ce cœur si fermé aux hommes était constamment tourné vers son Dieu avec une sainte confiance. L'humilité, le penchant pour l'abaissement extérieur, paraissaient innés en elle. Elle était attachée à la religion catholique, dans laquelle elle était née et avait été élevée. Souvent elle avait manifesté le désir de reposer en terre sainte, et nous avons consacré, selon les usages de l'Église, ce sarcophage de marbre et la poignée de terre renfermée dans son oreiller. Avec quelle ferveur, dans ses derniers moments, elle baisait l'image du divin crucifié qui se trouve tatouée sur son bras délicat. »

En disant cela, il souleva l'étoffe qui recouvrait le bras droit de Mignon, et l'on vit sur la peau blanche un crucifix, dessiné en bleu, entouré de lettres et de signes divers.

Le marquis considéra de tout près ce nouveau détail. « Grand Dieu ! s'écria-t-il en se redressant et en levant les mains au ciel, pauvre enfant ! malheureuse nièce ! je te retrouve ici ! Quelle joie douloureuse de te revoir ici, toi à qui nous avions renoncé depuis longtemps ; de retrouver, mort, il est vrai, mais conservé, ce cher corps que nous croyions avoir été la proie des poissons du lac ! J'assiste à tes funérailles si solennelles par l'appareil, plus solennelles encore par la présence de ces nobles personnes qui t'accompagnent à ta dernière demeure. Et lorsque je pourrai parler, dit-il d'une voix entrecoupée, je les remercierai. »

Ses larmes l'empêchèrent de continuer. L'abbé, en poussant un ressort, fit disparaître le corps dans le sarcophage. Quatre jeunes hommes, vêtus comme les jeunes garçons, sortirent de derrière la tapisserie, posèrent sur le cercueil le lourd couvercle et chantèrent :

LES JEUNES HOMMES.

« Il est bien gardé maintenant le trésor, belle image du passé ! Intact il repose dans le marbre, il vit, il agit encore dans vos cœurs. Retournez, retournez dans la vie, emportez-y la sainte gravité, car la sainte gravité seule fait de la vie l'éternité. »

Le chœur invisible reprit sur ces derniers mots ; mais personne ne fit attention à ces fortifiantes paroles : on était trop préoccupé de ses propres sentiments et de cette singulière reconnaissance. L'abbé et Nathalie emmenèrent le marquis ; Thérèse et Lothaire entraînèrent Wilhelm, et ce ne fut que lorsque les chants ne retentirent plus à leurs oreilles que leur douleur, leurs réflexions, leurs pensées, les assaillirent avec violence et leur firent regretter de s'éloigner de cet imposant milieu.

CHAPITRE IX

Le marquis évita de parler de la reconnaissance ; mais il eut en secret de longues conversations avec l'abbé. Lorsque la société se trouvait réunie, il demandait souvent de la musique. On s'y prêtait d'autant plus volontiers qu'on était par là dispensé de causer. On vécut quelque temps de la sorte, jusqu'au moment où le marquis commença à faire ses préparatifs de départ. Un jour il dit à Wilhelm : « Je ne demande pas à troubler les restes de la chère enfant. Qu'elle reste aux lieux où elle a aimé et souffert, mais que ses amis me promettent de venir me visiter dans sa patrie, à la place où la pauvre créature naquit et fut élevée ; il faut qu'ils voient les colonnes et les statues dont sa mémoire avait conservé un vague souvenir.

« Il faut que je vous mène sur ces rives où elle aimait à ramasser des cailloux. Vous ne pouvez, cher jeune homme, vous soustraire à la reconnaissance d'une famille qui vous doit tant. Je pars demain ; j'ai confié toute l'histoire à l'abbé ; il vous la racontera. Il m'excusait quand la douleur m'interrompait, et un tiers mettra plus de suite dans le récit de ces événements. Si vous êtes encore dans l'intention de m'accompagner dans mon voyage en Allemagne, vous serez le bienvenu. Amenez votre Félix ; chaque fois qu'il nous gênera, nous nous rappellerons les soins que vous a coûtés ma pauvre nièce. »

Le soir même la comtesse arriva. Wilhelm tremblait de tous ses membres lorsqu'elle parut, et, elle, quoique préparée à cette rencontre, fut obligée de s'appuyer sur sa sœur, qui se hâta de la faire asseoir. Sa mise était extrêmement simple ; elle-même était fort changée. Wilhelm osa à peine lever les yeux vers elle ; elle le salua affectueusement, et les banalités qu'elle lui adressa ne purent dissimuler ses sentiments. Le marquis était allé se coucher de bonne heure, et la société n'était pas disposée à se séparer. L'abbé tira de sa poche un manuscrit. « J'ai immédiatement couché par écrit cette singulière histoire, telle qu'elle m'a été racontée. On ne doit pas économiser son encre ni ses plumes lorsqu'il s'agit de tracer les circonstances détaillées d'événements remarquables. » On mit la comtesse au courant de l'affaire et l'abbé lut ce qui suit :

« Si bien que je connaisse le monde, dit le marquis, je ne cesse de considérer mon père comme l'homme le plus extraordinaire que j'aie connu. Son caractère était noble et droit, ses idées larges, grandes même ; il était sévère vis-à-vis de lui-même ; tous ses projets portaient l'empreinte d'une logique irréprochable ; ses actions, celle d'une mesure constante. Aussi, autant d'un côté il était agréable de vivre et d'avoir affaire avec lui, autant il s'accommodait difficilement au monde, précisément à cause de ces qualités ; car il exigeait de l'État, de ses voisins, de ses enfants, de ses amis, l'observation de toutes les lois qu'il s'était imposées à lui-même. Ses exigences les plus modérées se trouvaient exagérées par sa sévérité, et il arrivait à ne jouir de rien, parce que rien ne se passait de la façon qu'il avait imaginée. A l'époque où il bâtissait un palais, plantait un jardin et achetait un vaste domaine admirablement situé, je l'ai vu intimement persuadé que le sort l'avait condamné à souffrir et à vivre de privations. Dans son extérieur, il observait la plus grande retenue ; s'il plaisantait, ce n'était que pour montrer la supériorité de son intelligence ; le blâme lui était insupportable, et une seule fois dans ma vie je l'ai vu s'emporter, c'était un jour qu'il entendit ridiculiser quelqu'une de ses constructions. C'est dans cet esprit qu'il avait disposé de ses enfants et de son bien. Mon frère aîné avait reçu l'éducation d'un homme qui avait à espérer de grands biens. J'étais destiné à l'état ecclésiastique, et le cadet devait être militaire. J'étais vif, plein de feu, actif, emporté, adroit dans tous les exercices du corps. Mon plus jeune frère paraissait plus disposé à une sorte de calme rêveur, adonné aux sciences, à la musique et à la poésie. Ce ne fut qu'après la lutte la plus violente, après s'être bien convaincu de l'impossibilité de donner suite à ses projets, que mon père nous accorda d'échanger nos vocations, et, tout en nous voyant satisfaits l'un et l'autre, il ne pouvait en prendre son parti et prétendait que tout cela n'amènerait rien de bon. Son éloignement pour la société augmentait avec l'âge; il finit par vivre presque entièrement seul; son unique compagnie était un vieil ami, qui avait été au service allemand, avait perdu sa femme pendant une campagne, et vivait avec sa fille, âgée d'environ dix ans. Il avait acheté une jolie propriété dans le voisinage, et venait voir mon père à certains jours et certaines heures de la semaine; il amenait souvent sa fille. Il ne contredisait jamais mon père, qui finit par s'habituer à lui, et le souffrait comme le seul compagnon qu'il pût supporter. A la mort de notre père, nous vîmes que cet homme avait été fort bien traité par le vieillard et qu'il n'avait pas perdu son temps. Il agrandit son domaine, et sa fille put compter sur une belle dot. Elle grandissait et devenait d'une beauté remarquable. Mon frère aîné me disait souvent en plaisantant que je devrais demander sa main.

« Cependant mon frère Augustin avait passé ses premières années de couvent dans un singulier état; il s'abandonnait tout entier aux jouissances d'une sainte exaltation, à ces sensations moitié spirituelles, moitié physiques qui, après l'avoir élevé d'abord jusqu'au troisième ciel, le firent bientôt après tomber dans un abîme de faiblesse et de misère intellectuelle. Tant que vécut notre père, il n'y avait pas à espérer de rien pouvoir changer, et du reste qu'aurait-on pu proposer? Après la mort du vieillard, Augustin nous vint voir plus souvent ; son état, qui nous avait affligés dans les commencements, s'améliorait de jour en jour, car la raison avait repris le dessus. Mais, à mesure qu'elle lui promettait satisfaction et guérison en le remettant dans la voie de la nature, il n'en désirait que plus ardemment d'être relevé des vœux ; il nous avoua que ses vues se portaient sur Spérata, notre voisine.

« Mon frère aîné avait trop eu à souffrir de la sévérité de notre père pour rester insensible à la situation de notre cadet. Nous en parlâmes au confesseur de la famille, vieillard vénérable ; nous lui découvrimes le double projet de notre frère et le priâmes de conduire l'affaire. Contre sa coutume, il hésitait, et, comme à la fin, pressés par Augustin, nous recommandâmes plus vivement la chose au prêtre, il dut se résoudre à nous découvrir le plus étrange secret.

« Spérata était notre sœur, et sœur de père et de mère. La passion et les sens s'étaient ranimés chez le vieillard à un âge où l'on aurait cru prescrits les droits du mari. Un événement analogue, survenu peu auparavant, avait donné à rire dans le pays, et mon père, pour ne pas s'exposer de la sorte au ridicule, avait résolu de dissimuler ce fruit tardif et légitime de l'amour, avec le même soin qu'on met à cacher les fruits précoces et accidentels de la passion. Notre mère accoucha en secret ; l'enfant fut porté à la campagne, et le vieil ami de la maison, qui, avec le confesseur, était seul dans le secret, consentit à faire passer cet enfant pour sa fille. Le confesseur s'était seulement réservé de découvrir le secret dans un cas extrême. Mon père était mort : la tendre jeune fille vivait sous la surveillance d'une vieille femme. Nous savions que le chant et la musique avaient ouvert à notre frère l'accès de sa maison, et, comme il nous pressait toujours de rompre ses premiers liens pour qu'il pût en former de nouveaux, nous fûmes forcés de l'avertir immédiatement du danger qu'il courait.

« Il nous lança un regard de fureur et de mépris. « Gardez vos contes invraisemblables, s'écria-t-il, pour les « enfants et les fous crédules ; vous n'arracherez pas Spé« rata de mon cœur ; elle est à moi ! Désavouez sur-le-« champ votre affreux fantôme, qui ne ferait que me tour« menter inutilement. Spérata n'est pas ma sœur, elle est ma « femme ! » Il nous décrivit avec ravissement comment la céleste jeune fille, le tirant de son isolement contre nature, l'avait introduit dans la vie véritable ; comme les deux cœurs étaient d'accord comme les deux voix, et combien il bénissait ses souffrances et ses aberrations, qui, l'ayant tenu jusqu'alors éloigné des femmes, lui permettaient de se donner tout entier à la plus aimable des jeunes filles.

« Cette révélation nous épouvanta ; sa situation nous désolait, nous ne savions que faire, et il nous jurait avec passion que Spérata portait dans son sein un gage de son amour. Notre confesseur fit tout ce que lui inspirait son devoir, mais cela ne fit qu'empirer le mal. Les liens de la nature et de la religion, les devoirs sociaux et moraux furent attaqués par mon frère de la façon la plus violente. Rien n'était saint pour lui que le lien qui l'attachait à Spérata, et rien de noble que les noms d'époux et de père. « Ces titres-là sont les seuls qui soient conformes à la na« ture, les autres ne sont que fantaisies et imaginations.

« De grands peuples n'ont-ils pas admis le mariage en-
« tre frère et sœur ? Ne me parlez pas de vos dieux, s'é-
« cria-t-il, vous n'invoquez jamais leurs noms que pour
« nous tromper, nous détourner des voies de la nature,
« et pour transformer en crime, par une infâme crainte,
« les plus nobles instincts. Vous réduisez aux plus
« grands désordres de l'esprit, aux plus honteux abus
« du corps les victimes que vous enterrez vivantes.

« Je puis parler, car j'ai souffert comme personne, de-
« puis les enivrements les plus doux et les plus suprêmes
« de l'exaltation jusqu'à la plus affreuse désolation de
« l'impuissance, du vide, de l'anéantissement, du déses-
« poir, depuis la plus sublime prescience de la créature
« céleste, jusqu'à l'incrédulité la plus complète, l'incré-
« dulité en soi-même ! J'ai vidé jusqu'à la lie amère la
« coupe aux bords emmiellés, et tout mon être en a été
« empoisonné. Maintenant, la nature m'a guéri par ses
« plus grands bienfaits, par l'amour, je sens de nouveau,
« dans le sein d'une femme divine, que je suis, qu'elle
« est, que nous sommes *un*, et que de cette union résul-
« tera un *troisième* qui nous sourira, et vous venez me
« montrer les flammes de votre enfer, de votre purga-
« toire, qui ne peuvent brûler qu'une imagination ma-
« lade, et vous les opposez aux jouissances vives, vraies,
« indestructibles de l'amour pur ! Venez, voyez-nous
« sous ces cyprès dont la cime sévère s'élève vers le ciel,
« près de ces espaliers où les citroniers et les orangers
« fleurissent à côté de nous, où le myrte élégant nous
« offre ces tendres fleurs, et osez alors nous jeter vos
« sombres filets tressés de la main des hommes ! »

« Il resta pendant longtemps obstinément incrédule à
notre récit; enfin, comme nous lui jurâmes qu'il était
vrai, comme le confesseur lui-même l'affirmait, sans se

déconcerter, il s'écria : « N'interrogez pas les échos de
« vos cloîtres, ni vos parchemins moisis, ni vos ordon-
« nances, ni vos fantaisies compliquées! Interrogez la na-
« ture et votre cœur, elle vous apprendra ce dont vous
« devez avoir horreur ; elle vous indiquera d'un doigt sé-
« vère ce qui mérite sa malédiction éternelle et irrémis-
« sible. Voyez les lis ; l'époux et l'épouse ne naissent-ils
« pas sur la même tige ? La fleur qui les a engendrés
« tous deux, ne les réunit-elle pas tous deux, et le lis
« n'est-il pas l'emblème de l'innocence, son accouple-
« ment fraternel n'est-il pas fécond ?

« Quand la nature réprouve une chose, elle le dit, elle
« le dit hautement; la créature qui ne doit pas exister
« n'existera pas ; la créature qui vit en dehors de ses lois
« sera promptement détruite. La stérilité, une existence
« misérable, une caducité précoce : voilà sa malédiction,
« les signes de sa colère, sa punition immédiate. Regar-
« dez autour de vous, et vous verrez ce qui est défendu,
« ce qui est maudit. Dans le silence du cloître et dans le
« tourbillon du monde, il existe mille actions qu'on sanc-
« tifie et qu'on honore sur lesquelles repose sa malédic-
« tion. Son regard plein de tristesse s'arrête sur la com-
« mode oisiveté, aussi bien que sur le travail forcé, sur
« l'abus de la force et de la richesse comme sur la misère
« et la détresse ; ce qu'elle veut, c'est la modération ; tou-
« tes les relations qu'elle établit sont vraies, tout ce qu'elle
« fait, elle le fait avec calme. Celui qui, comme moi, a
« souffert a le droit d'être libre. Spérata est à moi, la mort
« seule pourra me l'enlever. Comment je la conserverai !
« comment je pourrai être heureux ! c'est là votre souci !
« Je cours auprès d'elle pour ne plus m'en séparer. »

«Il voulut prendre un bateau pour traverser le lac ; nous
le retînmes et le suppliâmes de s'abstenir d'une démar-

che qui pouvait avoir les conséquences les plus terribles. Nous lui dîmes de réfléchir qu'il ne vivait pas dans le monde indépendant de ses opinions et de son imagination, mais sous le joug d'une constitution sociale dont les lois et les rapports avaient acquis la force invincible d'une loi naturelle. Nous promîmes au confesseur de ne pas perdre de vue un seul instant notre frère, et encore moins de le laisser sortir du château ; sur cette assurance, le prêtre nous quitta et nous dit qu'il reviendrait dans quelques jours. Ce que nous avions prévu arriva ; la raison avait fait la force de notre frère, mais son cœur était faible ; les premières impressions religieuses se ravivèrent, et les doutes les plus affreux s'emparèrent de lui. Il passa deux jours et deux nuits terribles ; le confesseur vint à son secours, mais en vain ! la raison libre, indépendante l'absolvait ; mais le sens moral, la religion, le déclaraient coupable.

« Un matin nous trouvâmes sa chambre vide ; sur la table était une lettre où il nous déclarait que, retenu prisonnier par nous, il avait le droit de ressaisir sa liberté ; qu'il s'échappait, qu'il allait rejoindre Spérata, qu'il espérait fuir avec elle, et qu'il était décidé à tout risquer, si on essayait de les séparer.

« Nous étions épouvantés, mais le confesseur nous dit de ne pas nous inquiéter. Notre pauvre frère était surveillé de près. Les bateliers, au lieu de le conduire chez Spérata, l'avaient ramené à son couvent. Épuisé par une veille de vingt-quatre heures, il s'était endormi, dès que la nacelle eut commencé à se balancer au clair de lune ; il ne s'était réveillé qu'une fois entre les mains de ses frères spirituels ; avant qu'il fût revenu à lui, les portes du cloître s'étaient déjà refermées derrière lui.

« Douloureusement affectés du sort de notre frère, nous

fîmes au confesseur les plus vifs reproches ; mais cet homme vénérable nous démontra bientôt, en s'appuyant sur les raisonnements du chirurgien, que notre pitié était mortelle pour le pauvre malade; qu'il n'avait point agi d'après sa propre inspiration, mais sur l'ordre de l'évêque et du conseil supérieur. On voulait éviter tout scandale public, et couvrir du voile de la discipline ecclésiastique ce déplorable événement. Il fallait épargner Spérata, il fallait qu'elle ignorât que son amant était en même temps son frère. On la confia à un prêtre auquel elle avait déjà avoué son état. On tint cachées sa grossesse et ses couches. Elle remplit noblement ses devoirs de mère envers l'enfant. Ainsi que la plupart de nos jeunes filles, elle ne savait ni écrire ni lire l'écriture ; le prêtre était chargé de faire ses commissions auprès de son amant. Le brave ecclésiastique se croyait obligé à une fraude pieuse envers une mère qui nourrissait, il lui donnait des nouvelles de notre frère qu'il n'avait jamais vu, l'exhortait de sa part à être calme, la priait de prendre soin d'elle-même et de l'enfant, et de se fier à Dieu pour l'avenir.

« Spérata était de sa nature portée à la religiosité ; sa position, son isolement, ne firent qu'augmenter ce penchant ; le prêtre l'entretenait, dans l'espoir de la préparer par degrés à une éternelle séparation. Dès que l'enfant fut sevré, dès qu'il supposa la mère assez forte pour supporter les plus cruelles souffrances morales, il commença à lui dépeindre sa faute sous les plus noires couleurs ; cette faute, s'être donnée à un prêtre, il la considérait comme une sorte de crime contre nature, comme un inceste. Car il avait imaginé de lui inspirer un remords égal à celui qu'elle aurait éprouvé si elle avait connu les circonstances véritables de cette liaison. Il lui remplit le cœur de tant de douleurs et d'angoisse, il exalta si fort dans son esprit l'Église et son chef, il lui fit voir quelles terribles conséquences s'ensuivraient pour le salut de son âme, si on pardonnait dans de pareils cas, et si on récompensait en quelque sorte les coupables en les favorisant d'une union légitime, il lui démontra si bien combien il serait salutaire d'expier au plus vite cette faute, pour gagner un jour la couronne de la grâce, que la pauvre pécheresse finit par tendre volontairement son cou à la hache, et supplia qu'on l'éloignât à tout jamais de mon frère. Après avoir obtenu d'elle cet important résultat, on lui accorda, sous certaines conditions, la liberté d'habiter tantôt sa maison, tantôt le couvent, selon qu'il lui conviendrait.

« L'enfant grandissait, et ne tarda pas à se distinguer par une nature singulière. De bonne heure elle sut marcher, elle se montrait très-adroite dans tous ses mouvements ; elle apprit toute seule pour ainsi dire à jouer de la guitare. Toutefois elle ne pouvait pas prononcer les mots, et l'obstacle paraissait provenir plutôt de l'intelligence que des organes de la parole. La mère, cependant, nourrissait de tristes sentiments à l'égard de l'enfant; les manœuvres du prêtre avaient tellement troublé son bon sens, que, sans être folle, elle se trouvait dans la plus étrange situation. Sa faute lui paraissait chaque jour plus horrible et plus criminelle, cette comparaison avec l'inceste, sans cesse renouvelée par le prêtre, avait amené dans l'esprit de Spérata une horreur égale à celle qu'aurait produite la vérité. Le confesseur était fort satisfait de l'artifice qu'il employait pour déchirer le cœur de la malheureuse créature. C'était pitié de voir l'amour maternel, si porté à mettre sa joie dans l'existence de l'enfant, lutter avec cette affreuse pensée que cet enfant n'aurait pas dû naître. Tantôt ces deux sentiments

LES ANNÉES D'APPRENTISSAGE.

se combattaient, tantôt l'horreur l'emportait sur l'amour.

« On avait depuis longtemps éloigné l'enfant, qu'on avait confiée à de braves gens qui habitaient au bord du lac, et, grâce à la liberté dont elle jouissait, on vit se développer bientôt un goût singulier ; elle aimait extraordinairement à grimper : escalader les cimes les plus élevées, courir sur les bordages des bateaux, répéter les tours des saltimbanques qui passaient souvent dans le pays, était chez elle un instinct naturel.

« Pour se faciliter ces exercices, elle se plaisait à changer de costume avec les garçons, et, quoique cela parût inconvenant à ses parents nourriciers, nous ordonnions qu'on la laissât autant que possible vivre à sa guise. Ses promenades et ses gambades la menaient souvent fort loin, elle se perdait, restait longtemps absente, mais revenait toujours. Le plus souvent, dans de pareils cas, elle se plaçait sous les colonnes du portail d'une maison voisine : on ne prenait plus la peine de la chercher, on l'attendait. Là elle semblait se reposer sur les degrés, puis courait dans la grande salle, examinant les statues, et, si on ne la retenait pas, elle rentrait à la maison.

« Mais notre négligence finit par avoir sa punition. Un jour l'enfant ne revint pas. On trouva son chapeau flottant sur l'eau non loin d'un endroit où un torrent se déversait dans le lac. On supposa qu'il lui était arrivé un malheur en grimpant entre les rochers : malgré toutes les recherches, on ne put retrouver son corps.

« Le bavardage imprudent des compagnes de Spérata ne tarda pas à lui apprendre la mort de son enfant ; elle resta calme et sereine, et donna clairement à entendre qu'elle était satisfaite que Dieu eût rappelé à lui la pauvre créature, et l'eût ainsi préservée d'être la victime ou la cause d'un plus grand malheur.

« A cette occasion, on reproduisit toutes les fables qu'on a coutume de raconter sur notre lac. C'est-à-dire qu'il faut chaque année au lac un enfant innocent; qu'il ne garde point les corps morts, et que tôt ou tard il les rejette sur le bord, et que tout doit revenir jusqu'au plus petit ossement, fût-il tombé au fin fond de l'eau. On raconta l'histoire d'une mère inconsolable dont l'enfant s'était noyé dans le lac, et qui avait supplié Dieu et ses saints de lui renvoyer au moins les ossements pour qu'elle pût les ensevelir; la première tempête avait amené le crâne, la seconde le tronc, et, après avoir tout rajusté, la femme avait mis les ossements dans un drap et les avait portés à l'église. Mais, ô merveille! à mesure qu'elle avançait dans le temple, le paquet devenait de plus en plus lourd, et enfin, au moment où elle le déposait sur les marches de l'autel, l'enfant s'était mis à crier, et à la grande surprise des assistants s'était débarrassé de son drap. Il ne manquait qu'une phalange au petit doigt; à force de recherches, la mère finit par la retrouver, et en souvenir de cet événement on la plaça dans l'église à côté d'autres reliques.

« Ces histoires impressionnèrent vivement la pauvre Spérata. Son imagination, favorisant ses sentiments maternels, prit un nouvel essor. Elle se persuada que l'enfant avait expié sa faute et celle de ses parents, que la malédiction et la punition qui jusqu'alors avaient pesé sur elle étaient levées maintenant; que, si elle parvenait à recueillir les ossements de l'enfant pour les envoyer à Rome, sa fille ressusciterait devant le peuple sur les marches du grand autel de Saint-Pierre, revêtue d'une belle et nouvelle enveloppe. Elle reconnaîtrait son père et sa mère, et le pape, convaincu du consentement de Dieu et des saints, au milieu des acclamations de la foule, pardonnerait aux parents, leur donnerait l'absolution et les unirait.

« Dès lors ses regards et son attention se dirigèrent uniquement sur le lac et sur la rive. La nuit, quand les flots se heurtaient à la lueur de la lune, il lui semblait que chaque vague scintillante lui amenait son enfant ; il fallait alors que quelqu'un courût au rivage pour recueillir le corps.

« Le jour, elle se tenait, infatigable, aux endroits où la grève se prolonge en pente douce sous les eaux ; elle rassemblait dans une corbeille tous les ossements qu'elle trouvait ; personne n'osait lui dire que c'étaient des os d'animaux ; elle enterrait les plus gros, et mettait de côté les petits. Cette occupation l'absorbait perpétuellement. Le prêtre qui par son implacable zèle l'avait mise en cet état se consacra dès lors entièrement à elle. Grâce à son influence, elle passa dans le pays non pas pour une folle, mais pour une illuminée ; on se signait lorsqu'on la voyait passer, et les enfants lui baisaient les mains.

« Sa vieille amie et suivante n'obtint du confesseur la rémission de la faute qu'elle avait commise en facilitant l'union des deux malheureux, qu'à la condition de consacrer fidèlement toute sa vie à l'infortunée. Elle a rempli son devoir jusqu'au bout avec une patience et une abnégation admirables.

« Nous n'avions cependant pas perdu de vue notre frère ; ni le médecin ni le supérieur du couvent ne voulurent nous autoriser à le voir : mais, pour nous assurer qu'il allait aussi bien que possible, on nous permit de l'observer aussi souvent qu'il nous plairait, dans le jardin, dans les cloîtres, et même par une lucarne qui donnait dans sa chambre.

« Après beaucoup d'effrayantes et d'étranges vicissitudes que je passe sous silence, il en était arrivé à un singulier état de calme intellectuel et d'agitation corporelle.

« Il ne s'asseyait presque jamais, si ce n'est pour jouer de la harpe, avec laquelle il s'accompagnait. Excepté dans ces moments, il était toujours en mouvement, et fort docile en toutes choses, car toutes ses passions semblaient s'être résumées dans un seul sentiment, la crainte de la mort. On aurait pu tout lui faire faire, en le menaçant de la mort ou d'une maladie grave.

« Outre cette singularité de circuler perpétuellement dans le couvent et de faire entendre assez clairement qu'il aimerait encore mieux errer de la sorte par monts et par vaux, il parlait souvent d'une vision qui le poursuivait. Il assurait que, à toute heure de la nuit, lorsqu'il veillait, un jeune garçon apparaissait au pied de son lit, le menaçant d'un couteau étincelant. On le transporta dans une autre chambre, mais il affirma que là aussi, et dans d'autres endroits du cloître, il retrouvait encore l'enfant qui le guettait. Ses courses devenaient toujours plus inquiètes, on se souvint même qu'à cette époque il s'était tenu à la fenêtre plus souvent qu'autrefois et qu'il avait considéré le lac.

« Notre pauvre sœur cependant se consumait de plus en plus dans son unique pensée, dans sa monotone occupation; le médecin proposa de mêler aux épaves qu'elle avait recueillis les ossements d'un squelette d'enfant, pour ranimer par là son espérance. La tentative était hasardée, mais on y gagnait au moins, une fois qu'on aurait rassemblé toutes les parties, l'espoir de la détourner de ses éternelles recherches et de la décider à aller à Rome.

« La chose se fit; la suivante remplaça insensiblement

les ossements trouvés par ceux du squelette qu'on lui avait remis, une joie indicible pénétra la pauvre malade lorsqu'elle vit se rajuster tous les fragments et qu'on put désigner ceux qui manquaient encore. Elle avait soigneusement fixé chaque morceau à sa place au moyen de fils et de bandelettes, et rempli les espaces vides avec de la soie et de la broderie, comme on le fait en l'honneur des corps des bienheureux.

« On avait ainsi reconstitué le squelette, il ne manquait que quelques extrémités. Un matin qu'elle dormait encore, et que le médecin était venu demander de ses nouvelles, la vieille tira les précieuses reliques de la caisse, qui se trouvait dans la chambre à coucher, pour lui faire voir à quoi s'occupait la malade. Quelques instants après elle sauta du lit ; leva le linceul et trouva la caisse vide. Elle tomba à genoux, on accourut, et on l'entendit prononcer une fervente prière de reconnaissance : « C'est
« donc vrai, disait-elle, ce n'était pas un rêve ! Réjouissez-
« vous avec moi, mes amis ! Je l'ai revue en vie, la belle,
« la bonne créature ! Elle s'est relevée, elle a rejeté le lin-
« ceul, son éclat illuminait la chambre, sa beauté était
« radieuse, elle ne pouvait et ne voulait pas sans doute
« toucher le sol. Elle s'est envolée légèrement, sans pou-
« voir seulement me tendre la main. Elle m'a appelée à
« elle, elle m'a montré le chemin que je devais prendre.
« Je vais la suivre ! je vais bientôt la suivre ! je le sens,
« et mon cœur en est soulagé. Mon affliction a disparu, et
« la vue de mon enfant retrouvé m'a donné un avant-goût
« des joies célestes ! »

Depuis ce moment son cœur ne fut plus préoccupé que des plus sereines espérances, les objets terrestres n'attiraient plus son attention, elle mangeait à peine, et son esprit se dégageait peu à peu des liens du corps. Un jour enfin, sans qu'on s'y attendît, on la trouva pâle et privée de sentiment; elle ne rouvrit plus les yeux, elle était... ce que nous appelons morte.

« Le bruit de sa vision s'était rapidement répandu dans le pays, la considération et le respect dont elle avait joui pendant sa vie firent qu'après sa mort on ne tarda pas à la considérer comme une bienheureuse, et même comme une sainte.

« Lorsqu'on la porta en terre, la foule se pressa autour de sa bière, on voulait toucher ses mains, ou au moins ses vêtements. Dans cette exaltation, plusieurs malades cessèrent de ressentir les maux dont ils étaient affligés auparavant; ils se tinrent pour guéris, et le proclamèrent, bénissant Dieu et la nouvelle sainte. Le clergé fut obligé d'exposer le corps dans une chapelle; le peuple demandait à y faire ses dévotions, l'affluence fut immense; les gens de la montagne, enclins naturellement aux sentiments religieux, descendaient de leurs vallées; la ferveur, les miracles, l'adoration, augmentaient de jour en jour; les ordonnances épiscopales, tendant à diminuer et à supprimer peu à peu ce nouveau culte, ne purent être mises à exécution; l'enthousiasme populaire redoublait à chaque obstacle, prêt à maltraiter les incrédules. Saint Borromée, disaient-ils, n'a-t-il pas vécu aussi parmi nos aïeux? Sa mère n'a-t-elle pas eu le bonheur d'assister à sa béatification? Sa statue colossale n'a-t-elle pas été placée sur le rocher d'Arona pour nous rendre sensible sa grandeur morale? Est-ce que les siens ne vivent pas encore au milieu de nous? Et Dieu n'a-t-il pas promis de renouveler ses miracles chez un peuple croyant?

« Comme, au bout de quelques jours, le corps ne donnait aucun signe de décomposition, et devenait plutôt plus blanc et comme transparent, la confiance du peuple s'en accrut encore davantage; on signala plusieurs cures fort extraordinaires, que l'observateur le plus attentif était incapable d'expliquer, et qu'il était impossible de traiter d'impostures. Tout le pays était en mouvement, et ceux qui ne venaient pas eux-mêmes n'entendirent pas du moins, pendant quelque temps, parler d'autre chose.

« Le couvent où se trouvait mon frère retentit, comme toute la contrée, du bruit de ce miracle ; et l'on prit d'autant moins garde d'en parler devant lui, que d'ordinaire il ne prêtait attention à rien, et que son histoire n'était connue de personne. Mais cette fois il avait écouté avec un grand intérêt ces récits ; il combina son évasion avec une telle habileté qu'on n'a jamais pu s'expliquer comment il est parvenu à s'échapper du couvent. On apprit, dans la suite, qu'il avait traversé le lac avec un convoi de pèlerins, et qu'il avait seulement prié les bateliers — qui ne remarquaient pas en lui d'autre singularité — de ne pas faire sombrer la barque. La nuit était avancée lorsqu'il entra dans la chapelle où sa malheureuse amante se reposait de ses souffrances ; quelques rares fidèles étaient agenouillés dans les coins ; parmi eux se trouvait la vieille amie de Spérata. Il s'approcha d'elle, lui dit bonjour et lui demanda comment allait sa maîtresse. « La voici ! » répondit la vieille toute troublée. Il regarda le cadavre à la dérobée et hésita un instant à lui prendre la main. Épouvanté par l'impression de froid, il la laissa retomber, jeta autour de lui un regard inquiet, et dit à la femme : « Je « ne peux aujourd'hui rester auprès d'elle, j'ai encore « beaucoup de chemin à faire ; mais je reviendrai à temps : « dites-le-lui lorsqu'elle se réveillera. »

« Il partit. Nous ne fûmes informés qu'assez tard de cet événement ; on fit des recherches pour savoir ce qu'il était devenu, mais ce fut en vain ! Comment a-t-il pu traverser monts et vallées, cela est incompréhensible. Longtemps après nous retrouvâmes enfin quelques traces de son passage dans les Grisons, mais il était trop tard, et nous les perdîmes bientôt. Nous supposons qu'il a passé en Allemagne, mais la guerre a complétement effacé les faibles vestiges qu'il a pu laisser derrière lui. »

CHAPITRE X

L'abbé cessa de lire ; personne, en l'écoutant, n'avait pu retenir ses larmes. La comtesse avait tenu constamment son mouchoir sur ses yeux ; elle finit par se lever et par quitter la chambre, accompagnée de Nathalie. Les autres auditeurs se taisaient, et l'abbé dit : « Maintenant la question est de savoir s'il faut laisser partir le marquis sans lui faire part de notre secret. Car il n'y a pas à douter un instant qu'Augustin et notre harpiste ne soient une seule et même personne. Réfléchissons à ce que nous devons faire, autant dans l'intérêt de ce malheureux que dans celui de sa famille. Mon avis serait de ne rien précipiter, et d'attendre les nouvelles que nous rapportera le médecin, qui va revenir de là-bas. »

Tout le monde se rangea à cette idée et l'abbé continua : « Une autre question qui demande à être résolue plus promptement se présente en même temps. Le marquis est fort touché de l'hospitalité que sa pauvre nièce a rencontrée parmi nous, et surtout auprès de notre jeune ami. Je lui ai raconté plusieurs fois cette histoire dans tous ses détails, et il a témoigné la plus vive reconnaissance. Lorsque ce jeune homme, a-t-il dit, a refusé de voyager avec moi, il ne connaissait pas le lien qui nous attache. Maintenant je ne suis plus pour lui un étranger, des manières et de l'humeur duquel il puisse douter : nous sommes alliés, —

parents, si vous voulez ; — son fils qu'il ne voulait pas quitter était le principal obstacle qui l'empêchait de se joindre à moi : faisons aujourd'hui de cet enfant le lien qui nous unira plus étroitement l'un à l'autre. Après toutes les obligations que je lui ai, qu'il veuille encore m'être utile dans ce voyage ; qu'il revienne avec moi, mon frère aîné le recevra avec joie ; qu'il ne dédaigne pas l'héritage de son enfant adoptif : car, d'après une convention secrète passée entre mon père et son ami, la fortune qu'il avait léguée à sa fille doit nous revenir, et nous ne ferons certainement pas tort au bienfaiteur de notre nièce de ce qu'il a mérité. »

Thérèse prit la main de Wilhelm et lui dit : « Ce bel exemple nous prouve encore une fois qu'un bienfait désintéressé est payé avec usure. Suivez cet étrange appel, et, en rendant le marquis doublement obligé vis-à-vis de vous, allez visiter cet admirable pays vers lequel vous ont si souvent porté votre imagination et votre cœur.

— Je m'en remets entièrement à mes amis et à leur direction, dit Wilhelm ; c'est en vain qu'en ce monde on veut suivre sa propre volonté. Ce que je désirais ardemment posséder, il me faut l'abandonner, et un bienfait que je n'ai pas mérité vient s'imposer à moi. »

Wilhelm lâcha la main de Thérèse en la pressant. « Je m'en remets entièrement à vous, dit-il à l'abbé, faites de moi ce que vous voudrez : du moment que je ne suis pas obligé de me séparer de mon Félix, je suis prêt à aller partout, et à entreprendre tout ce qu'on jugera bon. »

D'après cette déclaration, l'abbé proposa aussitôt le plan suivant : on laisserait partir le marquis ; Wilhelm attendrait les nouvelles qu'apporterait le médecin et alors, après avoir bien combiné ce qu'il y avait à faire, il partirait à son tour avec Félix. Il conseilla au marquis de ne pas attendre que les préparatifs de voyage de son jeune ami fussent terminés, et de profiter de cet intervalle pour visiter les curiosités de la ville. Le marquis partit, non sans exprimer l'assurance répétée de sa vive reconnaissance, qu'il appuya de nombreux cadeaux, joyaux, pierres gravées, et étoffes brodées.

Wilhelm était prêt à se mettre en route, on était d'autant plus inquiet de ne pas recevoir de nouvelles du docteur; on craignait qu'un malheur ne fût arrivé au pauvre harpiste, au moment où l'on avait l'espoir de voir sa situation s'améliorer. On dépêcha le courrier; mais à peine était-il parti, qu'on vit arriver le soir même le médecin accompagné d'un étranger à l'extérieur grave, sérieux et imposant, et que personne ne connaissait. Les deux arrivants gardèrent quelques instants le silence; enfin, l'étranger s'avança vers Wilhelm, lui tendit la main et lui dit : « Ne reconnaissez-vous plus votre vieil ami ? » C'était la voix du harpiste, mais il ne restait plus aucune trace de son aspect. Il portait un costume ordinaire de voyage propre et convenable; sa barbe avait disparu, ses cheveux étaient bouclés avec quelque soin, et ce qui le rendait méconnaissable, c'est que sa figure expressive ne portait plus les traces de l'âge. Wilhelm l'embrassa avec la joie la plus vive, on le présenta à la société, et il se montra fort raisonnable; il ne savait pas que tout ce monde le connût si bien. « Vous aurez quelque indulgence, dit-il avec un grand calme, pour un homme qui, si âgé qu'il paraisse, se retrouve dans le monde après un long martyre, comme un enfant inexpérimenté. C'est à cet excellent homme que je dois pouvoir me présenter dans la société. »

On lui souhaita la bienvenue, et le médecin proposa de

faire une promenade pour couper court à la conversation et l'amener sur des sujets indifférents.

Lorsqu'il fut seul avec son ami, le médecin donna l'explication de ce changement. « Le hasard le plus singulier a favorisé la guérison de cet homme. Nous l'avons tenu longtemps soumis à un traitement physique et moral, cela réussissait, jusqu'à un certain point, parfaitement ; mais la peur de la mort était toujours extrême, et il ne voulait pas nous faire le sacrifice de sa barbe et de sa longue robe ; du reste, il s'intéressait toujours davantage aux choses extérieures, ses chants comme sa conversation redevenaient plus humains. Vous savez la lettre singulière par laquelle le pasteur me rappela d'ici. En arrivant, je trouvai notre malade complétement changé ; il avait renoncé de lui-même à sa barbe, il avait souffert qu'on lui taillât les cheveux ; il demandait ses habits ordinaires, et paraissait être devenu tout d'un coup un tout autre homme. Nous étions fort curieux de découvrir la raison de ce changement et nous n'osions pas le sonder lui-même à ce sujet ; enfin le hasard nous éclaira. Un flacon contenant une dissolution d'opium manquait dans la pharmacie du pasteur ; on fit les recherches les plus minutieuses pour le retrouver, chacun cherchait à se mettre à l'abri du soupçon, il y eut des scènes violentes entre les gens de la maison. Enfin, le harpiste vint nous avouer que c'était lui qui l'avait. On lui demanda s'il en avait pris, il répondit que non, puis il ajouta : « C'est à la possession de ceci que je dois le retour de ma raison. Il dépend de vous de me reprendre ce flacon, mais alors vous me verrez retomber dans mon ancien état pour y rester toujours. Le sentiment qu'il serait désirable de voir la mort apporter un terme à mes souffrances fut un premier pas sur la voie de la guérison : puis l'idée me vint de les faire cesser par le suicide, et c'est dans ce dessein que je pris ce flacon. La possibilité de pouvoir, un instant et pour l'éternité, mettre fin à mes douleurs me donna la force de les supporter, et c'est ainsi que, depuis que je possède ce talisman, l'approche de la mort m'a ramené dans la vie. Ne craignez pas, dit-il, que j'en fasse usage, mais en hommes qui connaissez le cœur humain, attachez-moi à la vie en m'accordant de pouvoir m'en débarrasser. » — Après mûre réflexion, nous n'insistâmes pas davantage auprès de lui, et maintenant il porte sur lui, dans un flacon solide et bien bouché ce poison, qui est son contre-poison à lui-même. »

On instruisit le médecin de tout ce qu'on avait appris depuis son départ, et on décida de garder le plus profond silence vis-à-vis d'Augustin. L'abbé prit sur lui de ne pas le quitter, et de le pousser dans la bonne voie où il venait d'entrer.

Pendant ce temps, Wilhelm accomplirait avec le marquis son voyage d'Allemagne, et si on pouvait réveiller chez Augustin le désir de revoir sa patrie, on découvrirait son état à ses parents, et Wilhelm le ramènerait auprès d'eux.

Notre ami avait terminé tous ses préparatifs de voyage. On fut fort surpris de voir Augustin manifester de la joie en apprenant que son ami et bienfaiteur était sur le point de s'éloigner ; l'abbé ne tarda pas à découvrir sur quoi se fondait ce singulier sentiment. Augustin n'avait pu dominer l'effroi que lui avait toujours inspiré Félix, et il désirait voir l'enfant s'éloigner le plus tôt possible.

Il était arrivé successivement tant de personnes qu'on pouvait à peine les loger dans le château et dans les ailes, d'autant plus que, ne s'attendant pas à cette affluence, on n'avait pas fait d'avance les installations nécessaires. On déjeunait, on soupait en commun, et l'on aurait pu se persuader qu'on vivait dans un agréable et parfait accord, tandis que chacun, pour ainsi dire, aspirait secrètement à s'isoler des autres. Thérèse sortait à cheval souvent avec Lothaire, plus souvent seule ; elle avait déjà fait connaissance avec tous les fermiers et toutes les fermières des environs : c'était un de ses principes d'économie domestique — et elle n'avait peut-être pas tort — qu'on doit toujours se maintenir au mieux avec ses voisins et ses voisines, et être toujours en échange de bons procédés. Il ne semblait nullement être question d'une union entre elle et Lothaire. Les deux sœurs avaient beaucoup de choses à se dire ; l'abbé était toujours occupé du harpiste ; Jarno avait de fréquentes conférences avec le médecin ; Frédéric se ralliait à Wilhelm, et Félix était partout où cela lui convenait. On se réunissait ainsi la plupart du temps par couples à la promenade, lorsque la société se disséminait ; et, lorsque l'on se trouvait rassemblé, on avait aussitôt recours à la musique, qui réunissait tout le monde, en rendant chacun à soi-même.

Le comte arriva à l'improviste pour augmenter la société ; il venait chercher sa femme, et prendre solennellement congé des parents qu'il avait en ce monde. Jarno courut le recevoir à la descente de voiture, et comme le nouveau venu lui demandait quelle société il allait trouver, Jarno lui répondit, dans un de ces accès d'humeur folle qui lui prenaient toujours dès qu'il voyait le comte : « Vous trouverez ici réunie toute la noblesse du monde, marquises, marquis, lords et barons ; il nous manquait un comte jusqu'à présent. » Ils montèrent l'escalier et Wilhelm fut la première personne qu'il rencontra dans l'antichambre. « Milord, lui dit le comte en français, après l'avoir considéré un instant, je suis fort heureux de renouveler connaissance avec vous, car je me trompe fort si je ne vous ai vu dans mon château à la suite du prince.

— J'ai eu à cette époque le bonheur de faire ma cour à Votre Excellence, répondit Wilhelm ; mais vous me faites trop d'honneur de me prendre pour un Anglais, et pour un Anglais de distinction ; je suis Allemand, et...

— Et un excellent jeune homme, » interrompit Jarno.

Le comte regarda Wilhelm en souriant, et s'apprêtait à lui répondre, lorsque le reste de la société arriva et lui fit l'accueil le plus amical. On s'excusa de ne pouvoir lui offrir une chambre convenable, et on lui assura qu'on allait y mettre ordre sur-le-champ.

« Eh ! eh ! dit-il en riant, je vois bien qu'on a chargé le sort de distribuer les billets de logements ; avec de la prévoyance et de l'ordre, que ne peut-on faire ? Mais, je vous en prie, ne dérangez pas une pantoufle pour moi, car autrement, je le vois bien, cela causerait de l'embarras. Tout le monde serait mal logé, et je ne voudrais pas qu'à cause de moi personne le fût un instant. Vous êtes témoins, dit-il à Jarno, et vous aussi, Meister, ajouta-t-il en se tournant vers Wilhelm, de la quantité de monde que j'ai logé commodément dans mon château. Donnez-moi la liste des hôtes et des domestiques, indiquez-moi comment chacun est installé maintenant, je vais vous faire un plan qui permettra, sans peine, de donner à chacun un logement spacieux, et même de réserver de la place pour un nouvel hôte, si par hasard il se présentait. »

Jarno se fit aussitôt l'aide de camp du comte, lui fournit les renseignements nécessaires, s'amusant de temps en temps à lui donner de fausses indications. Malgré cela le triomphe du vieux seigneur fut complet. L'installation terminée, il fit écrire en sa présence les noms sur chaque porte, et l'on dut avouer qu'avec peu de changements et d'embarras le but avait été parfaitement atteint. Jarno s'était, du reste, arrangé de façon à loger ensemble les personnes qui, dans le moment, pouvaient désirer se trouver réunies.

Après avoir tout ordonné, le comte dit à Jarno : « Aidez-moi à me remettre ce jeune homme que vous appelez Meister et qui est Allemand ! » Jarno garda le silence, car il savait bien que le comte était de ces gens qui ne vous questionnent que pour vous renseigner ; en effet, sans attendre sa réponse, le comte poursuivit : « Vous me l'avez présenté autrefois et vivement recommandé au nom du prince. Si sa mère était Allemande, son père était Anglais, j'en réponds, et Anglais de qualité ; on ne peut calculer la quantité de sang anglais qui, depuis trente ans, coule dans les veines allemandes. Je n'insisterai pas davantage, vous avez toujours des secrets de famille de ce genre ; mais ce n'est pas là-dessus qu'on m'en fait accroire. » A ce sujet il raconta différentes choses qu'avait dû faire Wilhelm dans le château. Jarno continua à garder le silence, quoique le comte fût complétement dans l'erreur, et confondît Wilhelm avec un jeune Anglais qui se trouvait dans la suite du prince. Le brave seigneur avait eu dans le temps une excellente mémoire, il se faisait encore gloire de se rappeler les plus petites circonstances de sa jeunesse, mais il lui arrivait souvent de donner pour vrai, à côté de faits réels, des combinaisons bizarres et des fables que son imagination lui suggérait, à mesure que sa mémoire s'affaiblissait. Il était, du reste, devenu extrêmement doux et obligeant, et sa présence produisait la meilleure influence sur la société. Il demandait qu'on fît ensemble quelque lecture utile ; il organisait aussi de petits jeux auxquels il prenait quelquefois part, et, comme on admirait son affabilité, il répondait que c'était un devoir pour celui qui se retire des grandes affaires de se prêter d'autant plus aux choses indifférentes.

Au milieu de ces amusements, Wilhelm avait plus d'un moment d'angoisse et de chagrin; le léger Frédéric ne manquait pas une occasion de faire allusion au penchant de Wilhelm pour Nathalie. Comment en était-il venu à cette idée ? Qu'est-ce qui l'autorisait à agir ainsi ? Et la société ne devrait-elle pas croire que, se trouvant presque toujours avec Frédéric, Wilhelm avait eu l'imprudence de lui faire cette confidence !

Un jour que ces plaisanteries les avaient égayés plus que de coutume, Augustin, ouvrant la porte avec fracas, s'élança dans la chambre en gesticulant ; il avait la face pâle, les yeux égarés, il voulait parler, et la voix lui manquait. La société fut saisie de frayeur; Lothaire et Jarno, craignant un accès de folie, se jetèrent sur lui. D'une voix d'abord sourde, puis éclatante et furieuse, il s'écria : « Ne me retenez pas ! courez ! sauvez l'enfant ! Félix est empoisonné ! »

On le lâcha, il courut vers la porte, et la société, remplie d'effroi, se précipita derrière lui. On appela le docteur ; Augustin se dirigea vers la chambre de l'abbé, et on trouva l'enfant qui fut effrayé et embarrassé, quand on lui cria de loin : « Qu'as-tu fait ? »

— Cher père, dit Félix, je n'ai pas bu à la bouteille, j'ai bu au verre, j'avais si soif ! »

Augustin joignit les mains en s'écriant : « Il est perdu ! » puis il se fit jour à travers les assistants et s'enfuit.

On trouva sur la table un verre de lait d'amande, et à côté une carafe plus qu'à moitié vide ; le médecin arriva ; on lui raconta ce qu'on savait, et il aperçut avec effroi le flacon d'opium, qu'il connaissait bien, vide sur la table ; il fit aussitôt chercher du vinaigre, et mit en usage toutes les ressources de l'art.

Nathalie fit porter l'enfant dans une autre chambre ; pleine d'inquiétude, elle lui prodiguait ses soins. L'abbé s'était élancé à la poursuite d'Augustin, pour lui arracher quelques éclaircissements. Le malheureux père avait déjà fait d'inutiles recherches, et ne trouva à son retour que des visages bouleversés. Cependant le médecin avait examiné le lait d'amande qui se trouvait dans le verre ; il contenait un très-fort mélange d'opium ; l'enfant, étendu sur un lit de repos, paraissait très-malade, il demandait à son père qu'on ne lui fît plus rien avaler, et qu'on le laissât tranquille. Lothaire avait expédié ses gens et était lui-même parti à cheval sur les traces d'Augustin. Nathalie était assise à côté de l'enfant, qui vint se réfugier sur ses genoux, la suppliant de le protéger, la suppliant de lui donner un morceau de sucre, le vinaigre était si amer. Le médecin le permit ; il dit qu'il fallait laisser un instant de repos à cet enfant qui paraissait en proie à une affreuse agitation ; on avait fait tout ce que commandait la prudence, lui, il ferait l'impossible. Le comte survint, il semblait mécontent ; d'un air grave et même solennel, il étendit les mains au-dessus de l'enfant, leva les yeux au ciel, et resta quelques instants immobile dans cette position. Wilhelm qui pleurait, assis sur une chaise, se leva, jeta à Nathalie un regard de désespoir, et sortit. Le comte ne tarda pas à quitter également la chambre.

« Ce que je ne puis concevoir, dit le médecin, c'est qu'il ne se déclare chez l'enfant aucun symptôme alarmant ; d'une seule gorgée il a dû avaler une dose effrayante d'opium, et l'accélération que je remarque dans le pouls ne peut être attribuée qu'à mes remèdes et à la frayeur que nous avons inspirée à l'enfant. »

Quelques instants après Jarno vint annoncer qu'on avait trouvé Augustin dans le grenier baigné dans son sang; il avait à côté de lui un rasoir, avec lequel il s'était vraisemblablement coupé la gorge. Le médecin y courut et rencontra sur l'escalier les gens qui descendaient le corps. On plaça le malheureux sur un lit, et on l'examina soigneusement. L'incision avait atteint la trachée-artère ; il en était résulté une violente hémorrhagie suivie d'un évanouissement ; mais il restait encore de la vie et de l'espoir. Le médecin plaça le corps convenablement, rapprocha les parties et appliqua un appareil. Personne ne put dormir cette nuit-là. L'enfant ne voulait pas se séparer de Nathalie. Wilhelm s'assit devant elle sur un tabouret, les pieds de l'enfant étaient sur ses genoux, tandis que sa tête et le haut de son corps reposaient sur ceux de Nathalie ; ils partageaient ce doux fardeau et ces soins douloureux, et jusqu'au lever du jour ils restèrent dans cette triste et incommode position. Nathalie avait donné la main à Wilhelm, ils ne disaient rien, regardaient l'enfant, et se regardaient l'un l'autre. Lothaire et Jarno étaient assis au fond de la chambre, engagés dans une grave conversation que nous aurions voulu communiquer à nos lecteurs, si nous n'étions si fort pressés par les événements. L'enfant dormait paisiblement, il se réveilla fort gai le lendemain matin, sauta à terre, et demanda une tartine de beurre.

Dès qu'Augustin fut un peu rétabli, on chercha à tirer de lui quelques éclaircissements. On apprit non sans peine, et seulement à force de questions, qu'à la suite de la réorganisation du comte il avait été logé dans la même chambre que l'abbé, et qu'il avait trouvé chez lui le manuscrit qui contenait son histoire ; l'horreur sans égale qu'elle lui avait inspirée l'avait décidé à mettre fin à ses jours ; il avait eu aussitôt recours à l'opium ; qu'il l'avait versé dans un verre de lait d'amande, et qu'en le portant à sa bouche, il avait eu un moment d'hésitation suprême ; qu'il l'avait posé sur la table pour courir au jardin et contempler une dernière fois l'univers, et qu'en revenant, il avait trouvé l'enfant occupé à remplir de nouveau le verre qu'il venait de vider.

On suppliait le malheureux de se calmer, il saisit convulsivement la main de Wilhelm : « Ah! s'écria-t-il, pourquoi ne t'ai-je pas quitté depuis longtemps ? je savais bien que je tuerais l'enfant et qu'il me tuerait !

— L'enfant n'est pas mort, » dit Wilhelm. Le médecin, qui avait écouté attentivement, demanda à Augustin si toute la boisson était empoisonnée.

« Non, répondit-il, il n'y avait d'empoisonné que ce qui était dans le verre.

— Ainsi, par le plus heureux des hasards, l'enfant a bu à la bouteille, dit le médecin, un bon génie a guidé sa main et l'a détourné de la mort qui se trouvait toute prête à côté de lui.

— Non, non, s'écria Wilhelm en portant la main à ses yeux, terrible déclaration ! L'enfant a dit expressément qu'il avait bu au verre et non pas à la bouteille. Sa santé n'est qu'une trompeuse apparence, il va mourir entre nos bras. » Il sortit en courant, le médecin le suivit, et, tout en caressant l'enfant, lui dit : « N'est-ce pas, Félix, que tu as bu à la bouteille, et non au verre ? » L'enfant se mit à pleurer. Le docteur raconta tout bas à Nathalie ce qu'il avait appris ; elle fit à son tour d'inutiles efforts pour savoir la vérité, l'enfant pleurait toujours plus fort, puis finit par s'endormir.

Wilhelm le veilla ; la nuit fut tranquille. Le lendemain matin on trouva Augustin mort dans son lit ; il avait trompé la vigilance de ses gardiens en feignant de sommeiller, arraché sans bruit l'appareil, et avait perdu tout son sang. Nathalie sortit se promener avec l'enfant, qui était gai comme dans ses meilleurs jours. « Tu es bien bonne, lui dit Félix, tu ne me gronderas pas, tu ne me battras pas ; je te le dirai à toi, j'ai bu à la bouteille ! Maman Aurélie me frappait toujours sur les doigts lorsque je prenais la carafe, et mon père avait l'air si méchant, que je croyais qu'il allait me battre. »

Nathalie vola au château; Wilhelm, encore plein d'angoisses, venait au-devant d'elle. « Heureux père, s'écria-t-elle en soulevant l'enfant et en le lui mettant entre les bras, voilà ton fils ! Il a bu à la bouteille ; c'est sa mauvaise habitude qui l'a sauvé. »

On raconta cet heureux événement au comte, qui écouta le récit avec ce calme, ce sourire et cet air confiant qu'inspire l'erreur de braves gens. Jarno, à qui rien n'échappait, ne pouvait trouver la raison de cette satisfaction personnelle. Enfin, après bien des détours, il découvrit que le comte était persuadé que l'enfant avait effectivement pris le poison, mais qu'il lui avait sauvé miraculeusement la vie par ses prières et par l'imposition de ses mains.

Le comte résolut de partir aussitôt. Selon son habitude, il eut fait ses malles en un instant. Au moment du départ, la belle comtesse prit la main de Wilhelm avant d'avoir quitté celle de sa sœur, pressa ces deux mains dans les deux siennes, se détourna vivement et monta en voiture.

Tant d'événements terribles et extraordinaires qui s'étaient succédé si rapidement, modifiant le genre de vie de la société, et mettant en toutes choses le désordre et l'embarras, avaient répandu dans le château une sorte d'agitation fiévreuse. Les heures des repas, du coucher, du lever, de réunion, étaient reculées ou interverties.

Hors Thérèse, personne n'était dans son assiette; les hommes cherchaient à ramener leur bonne humeur au moyen de boissons spiritueuses, et, en se procurant ainsi une gaieté factice, ils éloignaient la gaieté naturelle, qui seule nous donne une sérénité et une activité véritables.

Wilhelm était agité et secoué par les plus violentes passions; ces assauts affreux, inattendus, avaient porté un tel désordre dans son cœur, qu'il n'était plus en état de résister à l'amour qui s'en était emparé. Félix lui était rendu, et cependant il lui semblait que tout lui fît faute; les lettres de Werner étaient arrivées, il ne manquait plus rien pour le voyage, rien que le courage de s'en aller. Tout cependant devait le pousser à partir. Il pouvait deviner que Lothaire et Thérèse n'attendaient que son éloignement pour se marier. Jarno était silencieux contre son habitude, et l'on pouvait même dire qu'il avait perdu quelque chose de sa sérénité accoutumée. Heureusement le médecin vint tirer d'embarras notre ami, en le déclarant malade et lui prescrivant quelques remèdes.

La société se réunissait tous les soirs, et l'extravagant Frédéric, qui généralement avait bu plus qu'il ne convient, s'emparait de la conversation, mettait en gaieté la compagnie par mille citations et mille allusions bouffonnes, et l'embarrassait quelquefois en se permettant de penser tout haut.

Il ne paraissait nullement ajouter foi à la maladie de son ami. Un jour que tout le monde était rassemblé, il s'écria : « Docteur, comment appelez-vous le mal dont souffre notre ami? Ne pouvez-vous y appliquer une des trois mille dénominations dont vous affublez votre ignorance? Les cas de ce genre ne doivent pas manquer ; il s'en trouve un semblable, continua-t-il avec emphase, dans l'histoire égyptienne ou babylonienne. »

On se regarda en riant.

« Comment s'appelait ce roi ? s'écria-t-il en s'arrêtant un instant. Si vous ne voulez pas m'aider, reprit-il, je vais trouver moi-même mon affaire. » Il ouvrit la porte toute grande, et montra du doigt le grand tableau qui se trouvait dans l'antichambre. « Comment se nomme cette barbe couronnée qui se désole au pied du lit de son fils malade ? Comment se nomme la belle qui entre dans la chambre et qui porte dans ses yeux fripons et modestes le poison et le contre-poison ? Comment se nomme l'imbécile de médecin qu'un trait de lumière finit par éclairer dans ce moment, et qui, pour la première fois de sa vie, trouve l'occasion de prescrire une ordonnance raisonnable, de donner un remède qui guérit radicalement et qui est aussi agréable que salutaire ? »

Il continua sur ce ton ses plaisanteries. La société faisait aussi bonne contenance qu'elle pouvait, et cachait son embarras sous un rire forcé. Une légère rougeur colora les joues de Nathalie et trahit les mouvements de son cœur. Heureusement elle se promenait dans la salle avec Jarno. Quand elle fut arrivée devant la porte, elle passa dans l'antichambre, y resta encore quelques instants, puis s'enfuit dans sa chambre. Tout le monde se taisait. Frédéric se mit à danser et à chanter :

« Oh ! vous allez voir merveille ! Ce qui est fait est fait,
« ce qui est dit est dit. Avant qu'il fasse jour, vous verrez
« merveille ! »

Thérèse avait suivi Nathalie ; Frédéric amena le docteur devant le grand tableau, lui fit un éloge bouffon de la médecine et s'esquiva à son tour.

Pendant cette scène, Lothaire s'était tenu dans l'embrasure d'une fenêtre et n'avait cessé de regarder dans le jardin. Wilhelm était extrêmement agité, et, quoiqu'il se trouvât maintenant seul avec son ami, il resta quelques instants silencieux, il parcourut tout son passé d'un regard rapide, et envisagea avec effroi sa situation présente. Enfin il se leva et s'écria : « Si je suis coupable de ce qui se passe, de ce qui vous arrive ainsi qu'à moi, punissez-moi ! Ajoutez à mes autres douleurs en me retirant votre amitié, et laissez-moi errer sans consolation dans le monde où j'aurais dû disparaître depuis longtemps. Mais si vous voyez en moi la victime d'une cruelle et fortuite complication, dont je suis incapable de me tirer, accordez-moi l'assurance de votre affection, de votre amitié, avant que je parte pour ce voyage que je ne puis plus différer. Un jour viendra où je vous dirai ce qui s'est passé en moi aujourd'hui. Je suis peut-être puni maintenant de ne pas m'être assez tôt ouvert à vous, d'avoir hésité à me montrer à vous tel que je suis; vous m'auriez secouru, vous m'auriez délivré à propos. Mais lorsque j'ouvre les yeux sur moi-même, c'est toujours trop tard, toujours en vain. Combien je méritais la censure de Jarno ! Et je croyais l'avoir comprise ; j'étais résolu à la mettre à profit, à recommencer une vie nouvelle. Le pouvais-je ? le devais-je ? C'est en vain que nous autres hommes nous nous accusons nous-mêmes, que nous accusons le sort ! Nous sommes misérables et destinés à rester tels, et n'est-il pas indifférent que ce soit notre propre faute, une influence supérieure ou le hasard, la vertu ou le vice, la sagesse ou la folie qui causent notre ruine ? Adieu ; je ne resterai pas plus longtemps dans une maison où j'ai, malgré moi, si affreusement violé les lois de l'hospitalité. L'indiscrétion de votre frère est impardonnable ; elle met le comble à mon malheur ; elle me réduit au désespoir.

— Et si je vous disais, répondit Lothaire en lui prenant la main, que votre union avec ma sœur est la condition secrète sous laquelle Thérèse a résolu de me donner sa main ? La noble fille a voulu vous ménager ce dédommagement ; elle a juré que ce double couple marcherait le même jour à l'autel. Sa raison m'a choisie, a-t-elle dit ; son cœur veut Nathalie, et ma raison viendra au secours de son cœur. Nous nous entendîmes pour vous observer vous et Nathalie ; nous en fîmes la confidence à l'abbé, à qui nous dûmes promettre de ne faire aucune démarche, mais laisser les choses suivre leur cours. C'est ce que nous avons fait. La nature a agi, et notre fou de frère n'a fait que secouer le fruit mûr. Maintenant que nous voilà réunis d'une façon si singulière, ne nous laissons pas aller à une existence vulgaire ; déployons ensemble une noble activité ! On ne saurait croire ce qu'un homme éclairé peut faire pour lui et pour les autres, lorsque, sans chercher à dominer, il devient le tuteur des siens, les engage à faire en temps utile ce qu'ils sont capables et désireux de faire, et les amène à leur but, que la plupart voient bien, mais sans trouver la route qui y conduit. Formons une alliance ; ce n'est pas une rêverie, c'est une idée parfaitement exécutable, et qui a été plus d'une fois appliquée par des hommes de mérite, sans qu'ils en eussent nettement conscience. Ma sœur Nathalie en est un exemple frappant. Jamais on ne pourra égaler l'activité dont la nature a doué cette belle âme. Oui, c'est un titre qu'elle mérite plus que personne et, j'ose le dire, plus que notre noble tante qui, à l'époque où notre bon docteur intitulait son manuscrit comme vous le savez, était la plus belle nature que nous connussions. Depuis lors Nathalie s'est développée, et c'est aujourd'hui pour l'humanité une gloire qu'une telle femme. »

Il allait poursuivre lorsque Frédéric s'élança dans la chambre en poussant de grands cris : « Quelle couronne ai-je méritée, dit-il, et comment allez-vous me récompenser ? Tressez le myrte, le laurier, le lierre, le chêne, et le plus frais que vous pourrez trouver. Vous avez tant de mérites et de services à couronner en moi ! Nathalie est à toi ! Je suis l'enchanteur qui a découvert ce trésor !

— Il extravague ! dit Wilhelm ; je m'en vais.

— As-tu mission ? dit le baron en retenant Wilhelm.

— J'agis de ma propre autorité, répondit Frédéric, et aussi par la grâce de Dieu, si vous voulez. Tout à l'heure j'étais courtier de mariage, maintenant je suis ambassadeur ; j'ai écouté à la porte, elle a tout avoué à l'abbé.

— Impudent ! s'écria Lothaire, qui t'a dit d'écouter aux portes ?

— Qui leur a dit de s'enfermer ? répliqua Frédéric. J'ai tout entendu ; Nathalie était très-émue. Pendant cette nuit où l'enfant paraissait si malade et reposait sur ses genoux ; où, inconsolable, tu étais assis devant elle, partageant avec elle le cher fardeau, elle fit le vœu de t'avouer son amour si l'enfant mourait, et de t'offrir elle-même sa main ; aujourd'hui que l'enfant est vivant, pourquoi changerait-elle de sentiments ? Ce qu'on a promis de la sorte, on le tient malgré tout. Maintenant, l'abbé va arriver et croira nous surprendre ! »

L'abbé entra en effet. « Nous savons tout, s'écria Frédéric ; abrégez : ce que vous allez dire n'est plus que pour la forme ; on ne vous en demande pas davantage.

— Il a écouté, dit le baron.

— L'impertinent ! s'écria l'abbé.

— Allons, vivement ! dit Frédéric ; comment arrangeons-nous cela ? Comptons sur nos doigts : vous partez ; l'invitation du marquis arrive fort à propos. Une fois que vous aurez passé les Alpes, tout s'accommodera ici ; les gens vous sauront gré de faire quelque chose d'extraordinaire ; vous leur procurerez une distraction qui ne leur coûtera rien. C'est comme si vous donniez un bal public ; les gens de toutes classes peuvent y entrer.

— Vous avez déjà régalé personnellement le public de plus d'une fête de ce genre, répliqua l'abbé, et il paraît que je ne pourrai pas placer un mot aujourd'hui.

— Si tout n'est pas comme je le dis, répondit Frédéric, trouvez donc mieux ! Venez, venez ! allons la voir et nous réjouir. »

Lothaire embrassa son ami et le conduisit auprès de sa sœur ; elle vint au-devant de lui accompagnée de Thérèse. Tout le monde se taisait.

« Pas d'hésitation ! s'écria Frédéric. Dans deux jours vous pouvez être prêts à partir. Qu'en dites-vous, mon ami ? poursuivit-il en se tournant vers Wilhelm. Lorsque nous fîmes connaissance et que je vins vous demander votre bouquet, pensiez-vous que vous recevriez un jour de mes mains une pareille fleur ?

— Dans ce moment de suprême bonheur, pourquoi me rappeler ce temps-là ?

— Vous n'avez pas à en rougir, pas plus qu'on ne doit rougir de son origine. C'était le bon temps, et je ne puis m'empêcher de rire en te regardant. Tu me rappelles Saül, fils de Kis, qui était parti pour chercher les ânesses de son père et qui trouva un royaume.

— Je ne sais ce que vaut un royaume, répondit Wilhelm, mais je sais que j'ai obtenu un bonheur que je ne mérite pas, et que rien au monde ne saurait remplacer. »

FIN DES ANNÉES D'APPRENTISSAGE.

DEUXIEME PARTIE

ANNÉES DE VOYAGE[1]

LIVRE PREMIER

CHAPITRE PREMIER
LA FUITE EN ÉGYPTE

Wilhelm était assis à l'ombre d'un puissant rocher, dans un lieu imposant et sévère, où le sentier escarpé, tournant une saillie, se perd tout d'un coup dans le ravin. Le soleil, encore assez haut sur l'horizon, éclairait la cime des pins étagés à ses pieds au fond du précipice. Il écrivait quelques observations sur ses tablettes, lorsque Félix, qui avait grimpé aux environs, vint à lui tenant à la main une pierre. « Comment s'appelle cette pierre? dit l'enfant.

---

[1] Le titre exact est : *Les Années de voyage de Wilhem Meister, ou les Renonçants* (die Entsagenden).

— Je ne sais pas, dit Wilhelm.

— Ce qui brille là dedans, est-ce de l'or?

— Non, répondit Wilhelm, et je m'en souviens maintenant, c'est ce qu'on appelle or de chat (*Katzengold.*)

— De l'or de chat! dit l'enfant en souriant, pourquoi donc?

— Probablement parce qu'il est faux, et que l'on dit que les chats sont faux.

— Je m'en souviendrai, dit l'enfant en remettant la pierre dans son sac de cuir; puis il en tira d'autres et demanda à son père : Qu'est-ce cela?

— Un fruit qui, à en juger par ses écailles, doit être de la famille des pommes de pin.

— Il n'en a pas l'air, il est trop rond.

— Nous demanderons au garde ; ces gens-là connaissent toutes les essences et tous les fruits ; ils savent semer, planter, cultiver les arbrisseaux, puis ils les laissent pousser et grandir comme ils peuvent.

— Les gardes savent tout ; hier le guide m'a montré qu'un cerf avait traversé la route ; il m'a fait voir ce qu'ils appellent la piste, et, quoique j'eusse déjà marché dessus, j'ai bien vu imprimée sur le sol la marque de deux sabots ; ce devait être un grand cerf.

— Je t'ai bien entendu questionner le guide.

— Il sait beaucoup de choses, et cependant ce n'est pas un garde. Moi, je veux être garde, c'est si beau de se promener toute la journée dans la forêt, d'entendre les oiseaux, de savoir comment ils se nomment, où sont leurs nids, comment on enlève les œufs et les petits, comment on les nourrit et comment on prend les père et mère ! C'est si amusant ! »

A peine avait-il dit cela, qu'un singulier objet apparut sur l'escarpement du sentier. Deux jeunes garçons, beaux comme le jour, en jaquette de couleur, qu'on aurait plutôt pris pour des tuniques retroussées, sautaient l'un après l'autre sur les rochers, et comme ils s'arrêtaient un instant, saisis de surprise à la vue de Wilhelm, celui-ci put les observer de près. Sur la tête de l'aîné flottaient de riches boucles de cheveux blonds, le regard s'y portait tout d'abord, puis il s'arrêtait à ses yeux d'un bleu limpide, et se promenait ensuite complaisamment sur sa taille élégante. Le second, qui avait plutôt l'air d'être son ami que son frère, portait des cheveux noirs et lisses qui descendaient sur ses épaules; la couleur de ses yeux semblait être le reflet de sa chevelure.

Wilhelm n'eut pas le loisir de considérer plus longtemps ces deux personnages singuliers et tout à fait inattendus dans ce lieu sauvage : une voix d'homme, partie de derrière la saillie du rocher, leur cria d'un ton grave, mais affectueux : « Pourquoi vous arrêtez-vous ? ne nous barrez pas le chemin. »

Wilhelm leva les yeux, et si la vue de ces enfants l'avait étonné, le spectacle qui s'offrit alors à son regard le combla de surprise. Un jeune homme solide et vigoureux, de taille moyenne, court vêtu, au teint brun et aux cheveux noirs, descendait les rochers avec assurance et précaution, tenant en bride un âne, qui montra d'abord sa tête soigneusement brossée, et laissa voir ensuite l'aimable fardeau qu'il portait. Une femme, à la physionomie douce et agréable, était assise sur une grande selle bien rembourrée ; sous le manteau bleu qui l'enveloppait, elle tenait un enfant nouveau-né, qu'elle serrait contre sa poitrine et considérait avec une indicible tendresse. Le conducteur fit comme les enfants ; il s'arrêta un instant en apercevant Wilhelm. La bête ralentit le pas ; mais la descente était trop roide, les promeneurs ne purent s'arrêter, et Wilhelm, tout surpris, les vit disparaître derrière la muraille de rochers.

Il était bien naturel que cette singulière apparition l'arrachât à ses réflexions. Il se leva et, de sa place, plongea le regard dans le ravin, espérant voir repasser quelqu'un. Il était sur le point de descendre pour aborder ces étranges voyageurs, lorsque Félix remonta et lui dit : « Père, est-ce que je peux aller avec ces enfants chez eux? Ils veulent m'emmener. Il faut que tu viennes aussi; l'homme l'a dit. Arrive, père, ils nous attendent en bas.

— Je vais leur parler, » répondit Wilhelm.

Il les trouva arrêtés à un endroit où le chemin était moins rapide, et put alors contempler à son aise ces personnages qui avaient si fort éveillé sa curiosité, et les examiner en détail. Le jeune homme robuste avait sur l'épaule une hache et une longue équerre en fer; les enfants portaient des grosses bottes de roseaux qui avaient l'air de palmes, ce qui les faisait ressembler à des anges, tandis que les petites corbeilles pleines de provisions de bouche qu'ils traînaient derrière eux rappelaient ces messagers qui passent et repassent chaque jour dans la montagne. En considérant la mère de plus près, il vit qu'elle portait sous son manteau bleu une robe rose tendre; de sorte que notre ami trouvait dans la réalité la fuite en Égypte, qu'il avait si souvent vue représentée en peinture.

On se salua. L'étonnement ayant coupé la parole à Wilhelm, le jeune homme dit : « Nos enfants sont déjà bons amis; voulez-vous venir avec nous ? Nous verrons si les grandes personnes ne peuvent pas en faire autant. »

Après avoir réfléchi un instant, Wilhelm répondit : « L'aspect de votre petite caravane m'a inspiré confiance et intérêt, et, pardonnez-moi de l'avouer, m'a rendu curieux et désireux de faire plus ample connaissance avec vous; car, à première vue, on est en droit de se demander si vous êtes de simples voyageurs, ou bien des génies qui se plaisent à animer ces montagnes inhospitalières par d'aimables apparitions.

— Venez chez nous, dit l'homme.

— Venez, venez ! crièrent les enfants qui avaient déjà entraîné Félix.

— Venez, » dit la femme en détournant de l'enfant son aimable et affectueux regard pour le porter sur l'étranger.

Sans hésiter, Wilhelm répondit : « Je suis vraiment fâché de ne pouvoir vous suivre à l'instant ; mais il me faut passer au moins cette nuit à la maison de douane. J'y ai laissé ouverts et en désordre mon portemanteau, mes papiers et tous mes autres effets. Mais, pour vous prouver combien je désire faire honneur à votre aimable invitation, je vous laisse mon Félix en otage. Demain matin je serai chez vous. Est-ce loin d'ici ?

— Nous serons arrivés au logis avant le coucher du soleil, dit le charpentier, et de la douane vous avez à peine une lieue et demi. Votre enfant fait partie de notre famille pour cette nuit ; nous vous attendons demain matin. »

L'homme et la bête se remirent en marche. Wilhelm se réjouissait de voir son Félix en si bonne compagnie ; il le comparait aux deux petits anges avec lesquels il faisait un contraste frappant. Il n'était pas grand pour son âge, mais robuste, large de poitrine et d'épaules ; son caractère était un singulier mélange de commandement et de soumission. Il s'était déjà emparé d'un rameau et d'une corbeille qui semblait être l'emblème de ces deux sentiments. Le cortége était sur le point de disparaître derrière un pan de rocher, lorsque Vilhelm cria de toutes ses forces : « Qui dois-je demander ?

— Demandez saint Joseph, » lui répondit une voix du fond du ravin, et l'apparition se perdit dans l'ombre bleuâtre des rochers. Un chant pieux retentit dans le lointain, et Wilhem crut discerner au milieu des voix celle de son Félix.

Il regagna les hauteurs, ce qui retarda pour lui le coucher du soleil. L'astre, qu'il avait plusieurs fois perdu de vue, l'éclairait de nouveau à mesure qu'il montait, et il faisait encore jour lorsqu'il arriva à son gîte. Il jouit encore une fois du grand spectacle de ces montagnes, puis rentra dans sa chambre, prit la plume et passa une partie de la nuit à écrire.

Wilhelm à Nathalie

« Je suis enfin arrivé au sommet de ces montagnes qui vont placer entre nous une barrière plus puissante que toute l'étendue du pays qui nous sépare. A mon sentiment, nous ne sommes pas loin de nos amis tant que les rivières coulent de nous vers eux. Aujourd'hui encore je peux me le figurer : le rameau que je jette dans le torrent voguera vers toi, et dans quelques jours s'arrêtera devant ton jardin. De même les rêves de l'esprit, les sentiments du cœur, descendent plus facilement ; mais, une fois sur l'autre versant, une barrière s'élève devant notre imagination et notre sensibilité. Toutefois ce n'est peut-être qu'une inquiétude prématurée, car il en sera de même de l'autre côté comme de celui-ci. Qui pourrait me séparer de toi, de toi à qui j'appartiens pour l'éternité, quoiqu'un événement étrange me ferme le paradis où j'étais si près d'entrer ? J'ai eu le temps de me raffermir, et cependant je n'y serais point parvenu si, dans ce moment solennel, ta bouche, tes lèvres, ne m'avaient inspiré la fermeté. Comment aurai-je pu me séparer de toi si nous n'avions formé le lien indissoluble qui doit nous unir pour le présent et pour l'éternité ? Mais j'oublie que je ne dois pas parler de tout cela ; je n'enfreindrai pas la loi que tu m'as imposée ; que ce soit sur le sommet de ces montagnes que je prononce pour la dernière fois le mot de séparation. Ma vie doit être un pèlerinage ; j'ai à accomplir les devoirs singuliers d'un pèlerin, à subir les plus extraordinaires épreuves. Je souris quand je relis les prescriptions que m'a imposées notre association, que je me suis imposées moi-même. J'observe les unes, je viole les autres ; mais, dans ce second cas, le papier qui témoigne de ma dernière confession et de ma dernière absolution me guide et me tient lieu de conscience, et je me remets dans la bonne voie. Je m'observe, et mes fautes ne se précipitent plus les unes après les autres comme les eaux d'un torrent.

« Je t'avouerai cependant que je ne puis m'empêcher d'admirer ces instituteurs et ces guides de l'humanité, qui n'obligent leurs élèves qu'à des devoirs extérieurs et mécaniques ; ils facilitent la tâche à eux-mêmes et aux autres. Cette portion de mes obligations qui, au commencement, me paraissait la plus pénible et la plus étrange, je la brave aujourd'hui avec le plus de facilité et de plaisir.

« Je ne dois pas rester plus de trois jours sous le même toit. Le gîte où je m'arrête doit être au moins éloigné d'un mille de celui que je quitte. Ces prescriptions ont certainement pour but de faire de ma vie un voyage, et d'empêcher qu'il ne me prenne envie de me fixer quelque part. Je me suis jusqu'à présent strictement soumis à cette condition ; je n'ai même pas encore profité de la latitude qu'elle me laisse. Voici la première fois que je m'arrête, la première fois que je couche trois nuits de suite dans le même lit. Je t'envoie d'ici tout ce que j'ai appris, observé, recueilli ; demain je me remets en route, en commençant par visiter une singulière famille, je pourrais dire une sainte famille, au sujet de laquelle tu trouveras des détails dans mon journal. Adieu ! En lisant cette lettre, pense que je n'ai qu'une seule chose à te dire, qu'une seule chose à te répéter ; mais que je ne veux ni la dire ni la répéter qu'au moment où j'aurai le bonheur de me retrouver à tes pieds et de pleurer, en te baisant les mains, les privations qu'on m'impose. »

« Le lendemain matin.

« Les malles sont faites. Le guide attache le portemanteau sur son crochet. Le soleil n'est pas encore levé ; le brouillard s'élève en fumant du fond des ravins ; mais là-haut, le ciel est pur. Nous descendons dans les sombres vallées qui vont bientôt s'éclaircir à leur tour. Laisse-moi t'adresser mon dernier hélas ! Que mon dernier regard vers toi se remplisse de larmes involontaires ! Je suis décidé ; ma résolution est prise. Tu n'entendras plus mes plaintes ; ce ne sera plus désormais que le voyageur qui parlera. Et cependant, au moment où je veux fermer ma lettre, mille pensées, mille désirs, mille espérances se croisent dans ma tête. Heureusement, l'on me presse de partir ; le guide m'appelle ; l'hôtelier commence à ranger ma chambre en ma présence comme si j'étais déjà en route, semblable à ces héritiers durs et avides qui ne se donnent pas la peine de cacher au mourant les préparatifs qu'ils font pour se mettre en possession de ses biens. »

CHAPITRE II

SAINT JOSEPH II

Déjà le voyageur, marchant sur les pas de son guide, avait laissé derrière lui et au-dessus de lui les rochers escarpés; ils parcouraient un pays moins accidenté. Après avoir traversé des bois bien aménagés, de gracieuses prairies, ils arrivèrent enfin sur une déclivité d'où l'on découvrait une prairie soigneusement cultivée et cerclée de collines. Un grand monastère, dont une partie était en ruines et l'autre bien conservée, attirait tout d'abord l'attention. « Voilà Saint-Joseph, dit le guide; quel malheur que cette belle église soit dans cet état ! Voyez donc comme à travers les arbres et les buissons les colonnes et les piliers paraissent encore bien conservés ; il y a cependant bien des siècles que l'église s'est écroulée:

— En revanche le monastère me paraît être en bon état, dit Wilhelm.

— Oui, répondit le guide ; il est habité par un économe qui dirige l'exploitation et recueille les redevances et les dîmes. »

En parlant ainsi, ils avaient franchi la porte et pénétré dans une vaste cour entourée de bâtiments sévères, qui annonçaient la présence d'hôtes paisibles. Les premières personnes que Wilhelm aperçut furent Félix et les deux anges de la veille qui entouraient une corbeille qu'une paysanne avait placée devant elle. Ils étaient en train d'acheter des cerises ; c'était Félix qui marchandait, car il avait toujours quelque argent sur lui. Il distribua les fruits à ses camarades, et ce rafraîchissement fut même fort agréable à Wilhelm. Dans ces forêts moussues et stériles, c'était une rareté que ces fruits brillants et colorés. Pour excuser la cherté du prix, la marchande disait qu'elle était obligée d'aller les chercher fort loin, dans un jardin situé plus bas. Les deux enfants dirent à Wilhelm que leur père allait revenir bientôt, et l'invitèrent à passer dans la salle pour se reposer.

Quelle fut sa surprise lorsque les enfants l'introduisirent dans l'endroit qu'ils appelaient la salle! Après avoir franchi une grande porte donnant directement sur la cour, notre voyageur se trouva dans une chapelle très-propre et bien conservée, mais qui avait été appropriée aux usages de la vie domestique. D'un côté était une table, un fauteuil, des chaises et des bancs; de l'autre côté, un dressoir sculpté couvert de poteries de couleur, de cruches et de verres; çà et là des bahuts et des coffres. Si bien rangés que fussent tous ces objets, on y reconnaissait l'empreinte d'une existence simple et aisée. La lumière venait des hautes fenêtres percées sur les côtés. Mais ce qui attira le plus l'attention du voyageur, ce furent les fresques qui se déroulaient comme des tentures sur les trois parois libres de la chapelle au-dessous des fenêtres et descendaient jusqu'à une boiserie garnissant le reste de la muraille jusqu'au sol. Ces peintures représentaient l'histoire de saint Joseph. Ici on le voyait travailler à son établi de charpentier; là il rencontrait Marie et un lis sortait de terre entre eux deux, tandis que des anges voltigeaient alentour; puis c'est le mariage, suivi de la salutation angélique. Plus loin, il s'est arrêté au milieu de ses travaux, il dépose sa hache et pense aux moyens de répudier sa femme. Enfin l'ange lui apparaît en rêve; ses sentiments changent; il contemple avec dévotion l'enfant qui vient de naître dans l'étable de Bethléem et l'adore. Le tableau qui suit est merveilleusement beau; on y voit différentes pièces de bois travaillées et destinées à être assemblées. Le hasard fait que deux d'entre elles sont disposées en croix ; l'enfant est endormi sur cette croix ; la mère, assise à côté de lui, le considère avec amour, et le père nourricier suspend son travail pour ne pas troubler le sommeil de l'enfant. A ce tableau succède la Fuite en Égypte ; notre voyageur ne put s'empêcher de sourire, car il trouvait sur la muraille la répétition du tableau animé qui l'avait tant surpris la veille.

Il n'eut pas le loisir de continuer plus longtemps son examen, car le maître de la maison entra : c'était bien l'homme qui conduisait hier la sainte caravane. Ils se saluèrent cordialement et se mirent à causer de différentes choses ; mais l'attention de Wilhelm ne pouvait se détacher des peintures. Le jeune homme s'en aperçut et lui dit en souriant : « Je suis sûr que vous êtes surpris du rapport qui existe entre cette demeure et ceux qui l'habitent ; mais vous serez encore plus surpris si je vous dis que c'est proprement la maison qui fait les habitants ; car si un objet inanimé peut acquérir la vie, il peut également la produire.

— Oh, oui ! répondit Wilhelm, je serais fort étonné si l'esprit qui pendant des siècles a si puissamment agi dans la solitude de ces montagnes, a élevé ces majestueux bâtiments, a acquis tant de terres et de priviléges, et, en échange, a répandu les lumières et l'instruction dans ce pays, je serais étonné si cet esprit n'avait pas communiqué, du milieu de ces ruines, sa force vitale à un être vivant. Mais ne nous arrêtons pas aux généralités : racontez-moi votre histoire, pour que je sache comment il est possible que, sans jonglerie, sans artifice, vous soyez arrivés à faire ainsi revivre le passé.

« Au moment où Wilhelm s'apprêtait à recueillir l'intéressante réponse de son hôte, une voix amie prononça dans la cour le nom de Joseph. L'hôte prêta l'oreille et s'avança vers la porte.

« Il s'appelle Joseph! se dit Wilhelm : c'est assez singulier, mais moins singulier encore que de le voir dans sa vie représenter son patron. » En même temps il regarda du côté de la porte, et vit la madone de la veille causer avec son mari. Ils se séparèrent enfin, la femme se dirigea vers le bâtiment opposé. « Marie, lui cria l'hôte, encore un mot ! »

« Elle s'appelle Marie ! peu s'en faut que je ne me croie reporté à dix-huit siècles en arrière ! » Il se mit à songer à cette vallée sévère et isolée au milieu de laquelle il se trouvait, à ces ruines, à ce calme, à ce silence; il se sentit comme saisi par l'antiquité. Il était temps que l'hôte et les enfants rentrassent. Ceux-ci invitèrent Wilhelm à venir se promener avec eux, tandis que leur père terminerait quelques affaires. Ils parcoururent les ruines de l'église encombrées de colonnes. Le vent et les intempéries semblaient avoir consolidé les murs et les hauts pignons ; des arbres puissants avaient depuis longtemps pris racine dans les larges crevasses, et, en compagnie de gazon, de fleurs et de mousse, formaient comme un jardin suspendu. De petits sentiers remontaient doucement le long d'un ruisseau frémissant, et, du haut d'une éminence, le voyageur put contempler à son aise l'édifice et son emplacement, avec d'autant plus d'intérêt que les gens qui l'habitaient le surprenaient toujours davantage, et que la façon dont ils s'harmonisaient avec leur milieu excitait de plus en plus sa curiosité.

On rentra et on trouva le couvert mis dans la chapelle. Au bout de la table se trouvait un fauteuil où se plaça la maîtresse de la maison. Elle avait à côté d'elle une grande corbeille où reposait le petit enfant. Le père s'assit à sa gauche, et Wilhelm à sa droite. Les trois enfants occupaient le bas bout. Une vieille servante apporta un repas bien apprêté. Comme le reste, la vaisselle et les verres rappelaient le temps passé. Les enfants fournirent le sujet de la conversation, tandis que Wilhelm ne pouvait se rassasier d'observer la figure et les manières de la sainte hôtesse.

Après dîner la compagnie se dispersa, et l'hôte conduisit Wilhelm dans les ruines, à une place ombragée, d'où l'on pouvait embrasser tout le panorama de la vallée, et voir fuir les unes derrière les autres les collines inférieures, avec leurs penchants fertiles et leurs croupes boisées. « Il est juste, dit l'hôte, que je satisfasse votre curiosité, d'autant plus que je vous crois capable de prendre au sérieux le merveilleux, dès qu'il repose sur un fondement sérieux. L'établissement religieux dont vous voyez encore les débris était voué à la sainte Famille, des miracles nombreux en avaient fait un lieu de pèlerinage célèbre. L'église était sous l'invocation de la Mère et du Fils. Voilà plusieurs siècles qu'elle est détruite. La chapelle dédiée à saint Joseph s'est conservée, ainsi que les bâtiments d'habitation du couvent. Les revenus sont perçus depuis plusieurs années par un prince séculier, qui entretient ici un économe, et cet économe c'est moi, qui suis le fils du précédent, lequel avait également succédé à son père.

« Saint Joseph, quoique son culte soit aujourd'hui complétement abandonné dans ce pays, s'est toujours montré si bienfaisant envers notre famille qu'on ne doit pas être surpris si nous lui sommes particulièrement dévoués. De là mon nom de Joseph, qui jusqu'à un certain point m'a tracé ma vie. Je grandissais, et si j'accompagnais mon père dans ses tournées de recettes, j'aimais mieux encore suivre ma mère, qui distribuait autant d'aumônes que le lui permettaient ses revenus, et qui était connue et chérie dans la montagne pour son obligeance et sa bienfaisance. Elle m'envoyait tantôt ici, tantôt là, faire une commission, porter un secours, soigner un malheureux, et je me formai bien vite à ce pieux office.

« La vie de la montagne a quelque chose de plus humain que la vie de la plaine ; les habitants sont plus rapprochés, et en même temps plus éloignés ; les besoins sont moindres, mais plus pressants. L'homme est abandonné à lui-même, il lui faut être sûr de ses bras et de ses jambes. L'ouvrier, le guide, le portefaix, doivent se confondre en un seul individu ; on est plus près de son voisin, on vit avec lui dans une sorte de communion.

« Comme j'étais jeune, et que je n'avais pas encore les épaules assez solides pour porter de lourds fardeaux, j'imaginai de mettre mes paniers sur le dos d'un petit âne, et de parcourir les sentiers escarpés en le poussant devant moi. Dans la montagne, l'âne n'est pas un animal aussi dédaigné que dans la plaine, où le valet de charrue qui laboure avec des chevaux se croit bien supérieur à celui qui laboure avec des bœufs. J'avais d'autant moins de scrupule de marcher ainsi derrière mon âne, que j'avais déjà remarqué, sur les peintures de la chapelle, qu'il avait eu l'honneur de porter Dieu et sa mère. Cette chapelle n'était pas à cette époque dans l'état où vous la voyez maintenant. Elle servait de remise et presque d'écurie. On y entassait pêle-mêle bois à brûler, perches, tonneaux, échelles, ustensiles d'agriculture. Heureusement les peintures sont placées assez haut, et la boiserie était solide. Dès mon enfance, je m'amusais à grimper sur des tas de bois, et à considérer ces peintures dont personne ne pouvait me donner l'explication. Tout ce que je savais, c'est que le saint dont la vie était représentée là dedans était mon parrain, et je l'aimais comme s'il eût été mon oncle. Je grandissais, et comme une des conditions de l'emploi d'économe était de savoir un métier, je fus obligé, pour obéir à mes parents, qui désiraient que je pusse hériter un jour de leur place, d'apprendre un métier, qui eût en même temps l'avantage d'être utile à la maison.

« Mon père était tonnelier et fabriquait lui-même tout ce qui concerne cet état, ce qui était fort avantageux pour lui et pour les autres. Mais je ne pus me résoudre à me mettre avec lui. J'avais un penchant irrésistible pour la profession de charpentier, dont je voyais les outils représentés avec tant de détails à côté de mon patron. Je manifestai mon désir : on ne me fit point opposition, d'autant moins que pour nos nombreuses constructions nous avions souvent besoin du charpentier, et qu'entre les mains d'un ouvrier habile, cette profession, surtout dans nos pays de forêts, touche de bien près à la menuiserie et à la sculpture sur bois.

« Ce qui m'affermissait dans mes idées, c'était une peinture qui est malheureusement presque entièrement effacée. En sachant ce qu'elle représentait, vous parviendrez à y discerner quelque chose lorsque je vous la montrerai. Saint Joseph a été chargé de faire un trône pour le roi Hérode. Le siège doit s'élever entre deux colonnes indiquées d'avance. Joseph prend soigneusement la mesure de la hauteur et de la largeur, et se met à fabriquer un trône magnifique. Mais quel est son étonnement, son embarras, lorsqu'il veut mettre le trône en place ? il es trop haut et n'est pas assez large. Le roi Hérode, comme vous le savez, n'entendait pas la plaisanterie ; le pieux charpentier ne sait que faire. L'Enfant Jésus, qui l'accompagnait partout, s'amusant à lui porter humblement ses outils, voit sa détresse et vient aussitôt à son secours : il lui dit de prendre le trône d'un côté, lui-même le saisit de l'autre, et tous deux se mettent à tirer. Comme s'il était de cuir, le trône s'élargit, il perd de la hauteur en proportion, et s'adapte parfaitement à la place indiquée, à la grande joie du pauvre charpentier et à l'entière satisfaction du roi.

« On voyait encore très-bien ce trône dans mon enfance, et aux fragments qui subsistent vous pouvez juger qu'on n'y avait pas épargné les ornements, et qu'un charpentier eût été fort embarrassé d'exécuter ce qu'avait composé l'imagination du peintre.

« Mais cela ne m'arrêta pas, et ne fit qu'augmenter mon enthousiasme pour le métier auquel je m'étais voué ; aussi je n'eus pas de cesse qu'on ne m'eût mis en apprentissage ; cela fut facile, car il y avait dans le voisinage un maître charpentier qui travaillait pour tout le pays, et occupait un grand nombre de compagnons et d'apprentis. Je restai de la sorte auprès de mes parents, et je pus, jusqu'à un certain point, continuer mon genre de vie accoutumée, passant mes heures et mes jours de congé à faire les commissions charitables dont me chargeait ma mère. »

LA VISITATION.

« Ainsi se passèrent plusieurs années, poursuivit le narrateur. J'appris rapidement mon métier, et mon corps, fortifié et formé par le travail, fut bientôt en état d'entreprendre tout ce qu'on peut demander à un charpentier. Je n'en continuai pas moins à remplir mon ancien service vis-à-vis de ma bonne mère, ou plutôt de ses malades et de ses nécessiteux. Je parcourais la montagne, poussant ma bête devant moi, faisant ponctuellement ma distribution et achetant, pour recharger mon âne, les provisions dont nous manquions. Mon patron et mes parents étaient contents de moi. J'avais déjà le plaisir de voir, dans mes excursions, mainte maison que j'avais construite, que j'avais ornée. Car les sculptures de poutres, les découpures, les ornements gravés avec le fer rouge, les enluminures, ces ouvrages qui donnent un air de gaieté aux chalets m'étaient spécialement confiés, parce que j'y étais assez habile, ayant toujours en tête le trône d'Hérode avec ses ornements.

« Parmi les personnes nécessiteuses auxquelles ma mère s'intéressait particulièrement se trouvaient de jeunes femmes enceintes, comme je finis par le remarquer, quoique dans de pareils cas on usât de mystère à l'égard du messager. Je ne communiquais jamais directement avec elles, mais par l'entremise d'une vieille femme qui habitait plus bas dans la vallée, et se nommait madame Élisabeth. Ma mère, qui était elle-même experte dans l'art de conserver la vie aux nouveau-nés, était sans cesse d'intelligence avec madame Élisabeth, et j'entendais dire de tous côtés que nombre de nos robustes montagnards devaient la vie à ces deux femmes. Le mystère avec lequel me recevait Élisabeth, ses réponses laconiques aux questions énigmatiques que je lui apportais sans les comprendre moi-même, me remplissaient de vénération, et sa maison, qui était excessivement propre, me faisait l'effet d'un petit sanctuaire.

« Cependant mes connaissances et mon habileté d'ouvrier m'avaient donné une certaine influence dans ma famille. Comme tonnelier, mon père avait eu soin de la cave ; moi, je m'occupai des toitures, et je réparai mainte partie endommagée du vieux bâtiment. Je rendis aux usages journaliers plusieurs granges et remises tombées en ruine ; j'en profitai pour déblayer et nettoyer ma chère chapelle. En peu de jours elle fut en ordre, à peu de chose près, telle que vous la voyez aujourd'hui ; je fis mon possible pour rétablir et rassortir les portions absentes ou endommagées de la boiserie. Vous croyez peut-être que les battants de la grande porte d'entrée sont de l'époque ; ils sont cependant mon ouvrage. Pendant plusieurs années, j'ai passé mes heures de loisir à les sculpter, après avoir solidement assemblé ces forts madriers de chêne. Tout ce qui, en fait de peintures, n'était ni endommagé ni effacé à cette époque, subsiste encore aujourd'hui, et je prêtai gratuitement mes services au maître vitrier, à la condition qu'il rétablirait les vitraux de la chapelle.

« Si ces tableaux, ces souvenirs de la vie des saints, avaient occupé mon imagination, toutes ces impressions devinrent plus vives encore chez moi lorsque je pus considérer ce lieu comme un sanctuaire, y passer des journées, surtout en été, et rêver à mon aise à ce que je voyais ou imaginais. Un désir irrésistible me poussait à imiter ces saints ; et, comme il n'est pas facile de faire revivre les événements de leur vie, je voulais au moins leur ressembler en commençant par les petites choses, comme je l'avais fait depuis longtemps en me servant de mon âne. La pauvre bête ne me satisfaisait plus ; j'en cherchai une meilleure, lui fis faire une selle bien rembourrée, également commode pour monter et pour charger.

« Je me procurai une couple de paniers neufs ; un filet bigarré avec des houppes et des glands entremêlés de plaquettes métalliques ornèrent le col de la bête aux longues oreilles, qui était désormais en état de se montrer à côté de son modèle peint sur la muraille. Personne ne songeait à se moquer de moi en me voyant parcourir la montagne dans cet appareil, car on passe volontiers à la bienfaisance des dehors bizarres.

« Cependant la guerre, ou plutôt les inconvénients qu'elle amène, avaient pénétré dans nos montagnes. Des bandes de vagabonds s'étaient plusieurs fois livrées à des actes de violence et de désordre. La bonne organisation de notre milice, des battues bien dirigées eurent bientôt dissipé ces rassemblements ; mais on se départit trop tôt de cette vigilance, et, avant qu'on fût sur ses gardes, de nouveaux troubles se produisirent.

« La tranquillité était depuis longtemps rétablie dans le pays, et je parcourais paisiblement avec mon âne les sentiers accoutumés, lorsqu'un jour, traversant une clairière nouvellement ensemencée, je trouvai sur le bord du fossé une femme assise ou plutôt couchée, elle paraissait endormie ou évanouie. Je vins à son secours ; elle rouvrit les yeux, se souleva à demi et s'écria : « Où est-il ? l'avez-vous vu ?

« — Qui ? demandai-je.

« — Mon mari, » répondit-elle.

« Cette réponse me surprit, car cette femme avait l'air très-jeune. Cela me fit redoubler de soins. J'appris que les deux voyageurs, voulant éviter la longue côte de la route, avaient quitté leur voiture pour prendre par la traverse. Ils avaient été assaillis par des hommes armés ; son mari s'était écarté pendant la lutte, elle n'avait pu le suivre et s'était évanouie ; elle ne savait pas combien de temps elle était restée dans cet état. Elle me pria instamment de la quitter et de courir à la recherche de son mari. Elle se leva, et je vis devant moi la plus belle et la plus aimable personne ; mais il me fut facile de remarquer qu'elle se trouvait dans un état qui ne tarderait pas à exiger les secours de ma mère et de madame Élisabeth. Nous eûmes quelque peine à nous accorder : je voulais commencer par la mettre en sûreté, elle voulait avoir d'abord des nouvelles de son mari, et mes représentations auraient peut-être échoué si un détachement de notre milice, qui s'était mis en mouvement au bruit de nouveaux désordres, n'était passé près de nous. Je les mis au fait, nous prîmes les dispositions nécessaires, et nous fixâmes le point de rendez-vous. Je cachai mes paniers dans une grotte voisine qui m'avait souvent servi d'entrepôt, je disposai ma selle de façon à en faire un siége commode, et, non sans éprouver une singulière sensation, je plaçai l'aimable fardeau sur ma bête docile, qui prit aussitôt d'elle-même le sentier qu'il nous fallait suivre, ce qui me permit de marcher à côté de la jeune femme.

« Vous comprenez, sans que j'aie besoin de vous donner de longs détails, dans quelle singulière situation d'esprit je me trouvais. Ce que j'avais si longtemps cherché, je l'avais enfin rencontré. Je croyais rêver et je croyais sortir d'un rêve. Cette figure céleste, que je voyais pour ainsi dire planer dans les airs et se balancer au-devant des arbres verts, me paraissait une vision produite par le souvenir des peintures de la chapelle ; puis il me semblait que ces peintures n'avaient été elles-mêmes que des visions dont je voyais devant moi la séduisante réalité. Je lui faisais différentes questions, elle me répondait avec douceur et complaisance, en personne qui s'efforce de dominer son affliction. Lorsque nous arrivions à une éclaircie, elle me priait d'arrêter, de regarder de tous côtés, de prêter l'oreille ; et, dans ces moments, son regard profond sortait si suppliant d'entre ses longs cils noirs, que je faisais tout ce qui m'était possible pour la satisfaire, et que je finis par grimper à un vieux pin, haut et dépouillé de branches. Jamais je n'avais mis autant d'ardeur dans cet exercice, grâce auquel j'avais si souvent gagné des rubans et des foulards dans nos foires et nos réjouissances publiques. Malheureusement, cette fois je ne rapportai rien ; je ne vis et n'entendis rien. Enfin, elle me cria de descendre en me faisant signe de la main ; je me laissai glisser le long du tronc, et, lâchant prise à une assez grande hauteur, je sautai à terre ; elle poussa un cri, et un sourire de douce bienveillance éclaira son visage lorsqu'elle vit que je ne m'étais point fait de mal.

« Vous dirai-je les mille attentions par lesquelles j'essayai de la distraire pendant la route ? Comment le pourrais-je, car le propre des véritables attentions est de faire tout de rien. Les fleurs que je lui offrais, le paysage que je lui montrais, les montagnes, les forêts dont je lui disais les noms, étaient pour mon cœur autant de trésors que je mettais à ses pieds, en guise de présents, pour établir une intimité entre nous.

« J'étais pris pour la vie lorsque nous arrivâmes à la porte de la bonne dame Élisabeth et qu'il fallut nous séparer. Je parcourus encore une fois du regard toute sa personne, et, lorsque j'arrivai aux pieds, je m'inclinai comme pour serrer la sangle, et, sans qu'elle s'en aperçût, je baisai le plus joli soulier que j'eusse vu de ma vie. Je l'aidai à descendre, je montai l'escalier et je criai à la porte de la chambre : « Madame Élisabeth, voilà une « visite ! » La bonne dame sortit, et je vis la belle jeune femme gravir les degrés avec une tristesse touchante et une dignité douloureuse ; elle embrassa ma vieille amie et se laissa conduire dans la meilleure chambre. Elles s'enfermèrent, et moi, j'étais là devant la porte, avec mon âne, comme un roulier qui vient de décharger de précieuses marchandises et qui se retrouve aussi pauvre qu'auparavant. »

LA TIGE DE LIS.

« Indécis sur ce que j'avais à faire, j'hésitais à m'éloigner, quand madame Élisabeth reparut et me dit de prier ma mère de venir, puis de battre le pays et de rapporter, si cela était possible, des nouvelles du mari. « Marie « vous supplie de le faire, dit-elle.

« — Puis-je lui dire encore un mot ? demandai-je.

« — C'est impossible, répondit madame Élisabeth ; » et nous nous séparâmes.

« Je fus bientôt chez nous. Le soir même ma mère était prête à partir et à aller porter ses secours à la jeune étrangère. Je descendis dans la plaine, espérant apprendre quelque chose chez le bailli. Mais il ne savait rien encore, et, comme il me connaissait, il m'invita à coucher chez lui. Cette nuit me parut interminable ; j'avais toujours devant les yeux l'image de la jeune femme, je la voyais se balançant sur la bête, tournant vers moi son regard tendre et triste. A chaque instant j'espérais recevoir des nouvelles. Je ne souhaitais pas que le mari fût mort, et cependant j'aurais bien voulu la voir veuve. Le détachement qui s'était dispersé dans le pays revint à son point de rassemblement, et les bruits contradictoires que l'on recueillit nous démontrèrent que la voiture avait été sauvée, et que le mari avait succombé à ses blessures dans un village voisin. J'appris en outre que l'on était allé porter cette triste nouvelle à madame Élisabeth. Je n'avais donc plus rien à faire pour elle ; et cependant une inquiétude indéfinissable me ramena devant sa porte. Il faisait nuit, la maison était fermée ; je voyais de la lumière dans la chambre, les ombres s'agiter derrière les rideaux ; j'étais assis vis-à-vis de la porte, sur un banc, toujours sur le point de frapper, et toujours retenu par mille considérations.

« Mais pourquoi vous raconter avec détail ce qui n'est d'aucun intérêt pour vous ?

« Bref, le lendemain, lorsque je me présentai, on ne me reçut pas. On savait la nouvelle, et on n'avait plus besoin de moi ; on me renvoya chez mon père, à mon travail ; on ne répondait pas à mes questions, on voulait se débarrasser de moi.

« Au bout de huit jours, madame Élisabeth me fit appeler : « Entrez doucement, mon ami, me dit-elle, et « n'ayez pas peur. » Elle me conduisit dans une chambre fort propre, où je vis dans le coin, derrière les rideaux entr'ouverts, ma belle assise sur son lit. Madame Élisabeth s'approcha d'elle pour m'annoncer, et prit sur le lit un objet qu'elle me présenta; c'était un bel enfant emmailloté dans des langes d'une éclatante blancheur. Madame Élisabeth tenait l'enfant entre la mère et moi, et aussitôt je pensai à la tige de lis, qui, dans le tableau, surgit entre Marie et Joseph, comme signe de la pureté de leur union. » Dès ce moment mon cœur fut soulagé ; j'étais sûr de mon bonheur. J'eus la force de m'approcher d'elle, de lui parler, de soutenir son regard céleste, de prendre l'enfant dans mes bras, et de déposer un tendre baiser sur le front du nouveau-né.

« Que je vous remercie d'avoir ainsi pitié de ce pau-
« vre orphelin ! dit la mère.

« Je m'écriai aussitôt inconsidérément : « Il n'est plus
« orphelin, si vous le voulez. »

« Madame Élisabeth, plus prudente que moi, me reprit l'enfant, et trouva un prétexte pour m'éloigner.

« A travers mes courses dans nos montagnes et nos vallées, le souvenir de cette époque me sert encore aujourd'hui de compagnon de route. Je me souviens des plus petites circonstances ; mais je vous en épargnerai le récit.

« Les couches étaient terminées : Marie s'était rétablie, je pus la voir plus souvent ; nos relations n'étaient qu'un échange de bons services et d'attentions. Sa position vis-à-vis de sa famille lui permettait de vivre où bon lui semblait. Elle demeura d'abord quelque temps chez madame Élisabeth, puis elle vint nous voir pour nous remercier, ma mère et moi, des services que nous lui avions rendus. Elle se plaisait chez nous, et je me flattais d'être pour quelque chose dans ses visites. Je n'avais pas encore osé rien lui dire ; l'occasion se présenta un jour que je la conduisis dans la chapelle, dont j'avais déjà fait une salle habitable. Je lui montrai et lui expliquai les peintures les unes après les autres ; je parlai avec tant de chaleur et de vivacité des devoirs du père adoptif, que les larmes lui en virent aux yeux et que je ne pus achever l'explication des tableaux. Je me considérai comme assuré de son affection, sans avoir toutefois la présomption d'effacer si vite le souvenir de son mari. La loi impose aux veuves un deuil d'un an ; cet intervalle, suffisant pour comprendre tous les changements possibles de la vie humaine, est nécessaire à un cœur sensible pour adoucir les impressions douloureuses qu'une perte cruelle y a laissées. On voit se flétrir les fleurs et tomber les feuilles, mais on voit aussi mûrir les fruits, et les branches bourgeonner. La vie appartient aux vivants, et celui qui vit doit s'attendre au changement.

« Je me décidai à entretenir ma mère de la chose qui

me tenait tant au cœur. Elle me confia combien Marie avait été profondément affligée de la mort de son mari, et qu'elle n'avait été soutenue que par la pensée qu'elle devait vivre pour son enfant. Elles n'ignoraient pas mon affection, et Marie s'était déjà faite à l'idée de vivre avec nous. Elle habita encore quelque temps dans le voisinage, puis elle s'établit chez nous, et nous fûmes bientôt les plus pieux et les plus heureux des fiancés. Enfin on nous maria. Le premier sentiment qui nous avait rapprochés ne nous abandonna pas. Les devoirs et les joies de la paternité s'ajoutèrent à ceux de la paternité adoptive. Notre petite famille, en s'augmentant, ne tarda pas à dépasser en nombre ses modèles ; mais nous continuâmes à les imiter religieusement pour ce qui est de la fidélité et de la pureté d'âme. Nous prîmes l'habitude de conserver cette ressemblance extérieure, que nous devons au hasard, mais qui s'accorde si bien avec nos sentiments ; car, bien que nous soyons maintenant tous bons marcheurs et capables de porter de lourds fardeaux, l'âne reste toujours notre compagnon, et l'on a bien quelque chose à lui mettre sur le dos, lorsqu'une visite ou une affaire nous appelle dans la montagne ou dans la vallée. Tels vous nous avez vus hier, tels nous connaît toute la contrée, et nous sommes fiers de nous conduire de manière à ne pas faire honte aux saints personnages que nous nous efforçons d'imiter. »

CHAPITRE III
Wilhelm à Nathalie.

« Je viens de terminer une histoire charmante, à demi merveilleuse, que j'ai recueillie, à ton intention, de la bouche d'un brave homme. Si je n'ai pas rapporté précisément ses paroles, si j'ai mêlé par place mes appréciations aux siennes, cela tient à la sorte de parenté qui existe entre les sentiments de cet hommes et les miens. Cette vénération pour sa femme ne ressemble-t-elle pas à celle que tu m'inspires? La rencontre de ces deux amants n'a-t-elle pas quelque analogie avec celle qui nous a rapprochés? J'avoue que je lui envie le bonheur de marcher ainsi à côté de sa bête qui porte le fardeau doublement aimable à ses yeux, de rentrer chaque soir au vieux monastère escorté de toute sa famille, de se sentir inséparablement uni à son amie et aux siens; mais je n'ose pas me plaindre de mon sort, puisque je t'ai promis de me taire et de souffrir, comme tu te l'es promis à toi-même.

« Je suis forcé d'omettre maint beau trait de l'existence de ces gens heureux et pieux; tout cela ne peut s'écrire! J'ai passé ici deux jours agréables, mais le troisième m'avertit qu'il faut penser à me remettre en route.

« J'ai eu aujourd'hui une petite discussion avec Félix: il voulait presque me forcer à violer une de mes bonnes résolutions que je t'ai promis d'observer. Soit par ma faute, soit par un hasard malheureux, mon entourage tend toujours à s'augmenter avant que j'y prenne garde, et à m'imposer des charges nouvelles. Je ne veux pas aujourd'hui d'un tiers, compagnon assidu de notre pèlerinage. Nous voulons et nous devons rester deux, et voilà qu'un nouveau lien, assez désagréable, tendait à se former.

« Aux enfants de la maison, avec lesquels jouait Félix, s'était joint un pauvre petit garçon, fort alerte, qui se prêtait à toutes les exigences du jeu, et qui avait tout d'abord gagné les bonnes grâces de Félix. J'avais deviné que Félix songeait à s'en faire un compagnon pour la suite du voyage. Cet enfant est connu dans toute la montagne;

on le reçoit partout à cause de sa gentillesse, et on lui fait mainte aumône. Mais il ne me plaisait pas, et je priai Joseph de l'éloigner. Il l'a fait, et c'est ce qui a mécontenté Félix, et m'a valu une petite scène.

« A cette occasion, j'ai fait une découverte qui m'a été fort agréable. Dans un coin de la chapelle ou de la salle se trouvait une caisse pleine de pierres que Félix, devenu minéralogiste passionné depuis notre séjour dans la montagne, fouillait et retournait avec ardeur. C'étaient de belles pièces. Notre hôte nous dit que l'enfant pouvait y choisir celles qui lui plairaient. Ces pierres étaient le reste d'une grande collection qu'un de ses amis avait récemment expédiée d'ici. Ils l'appelait Montan ; tu penses quelle a été ma joie d'entendre prononcer ce nom, sous lequel voyage un de nos meilleurs amis, un homme à qui nous avons tant d'obligation ! J'ai demandé des renseignements sur l'époque et les circonstances de son passage, et j'espère le rencontrer bientôt dans mon pèlerinage. »

— —

En apprenant que Montan se trouvait dans le voisinage, Wilhelm pensa qu'il ne fallait pas abandonner au hasard le soin de lui faire revoir un si précieux ami ; il demanda à son hôte si l'on ne savait pas de quel côté le voyageur avait dirigé ses pas. Mais, personne ne pouvant le renseigner, il allait se décider à suivre son premier itinéraire, lorsque Félix s'écria : « Si le père n'était pas si obstiné, nous trouverions bien Montan.

— Et de quelle façon ? demanda Wilhelm.

— Le petit Fitz m'a dit hier qu'il découvrirait bien les traces du monsieur qui se connait si bien en pierres et qui en a de si belles. »

Après quelques explications, Wilhelm finit par se décider à faire cette tentative, tout en se promettant de surveiller de près le petit garçon. On l'eut bientôt trouvé. Lorsqu'il sut de quoi il s'agissait, il prit un maillet, une pince, un bon marteau et un petit sac, et se mit en route avec cet attirail de mineur.

La route qu'ils suivaient serpentait sur le flanc de la montagne. Les enfants sautaient de pierre en pierre, par-dessus les ruisseaux et les sources, et, sans se préoccuper du sentier, Fitz marchait toujours en avant, regardant à droite et à gauche. Comme Wilhelm et le guide qui portait les bagages ne pouvaient pas suivre, les enfants allaient et revenaient sur leurs pas, tout en chantant et en sifflant. La forme de plusieurs arbres nouveaux attirait l'attention de Félix, qui apprit à connaître le mélèze, le pin à cinq feuilles; il ne pouvait se lasser d'admirer la gentiane. Ces petits incidents venaient faire diversion à l'ennui de la course.

Tout à coup le petit Fitz s'arrêta et prêta l'oreille. Il fit signe aux autres d'approcher. « Entendez-vous frapper? dit-il, c'est le bruit d'un marteau contre le roc.

— Nous entendons, répondirent les deux autres.

— C'est Montan ou quelqu'un qui nous donnera de ses nouvelles. »

Se guidant au bruit, qui se répétait par intervalles, ils arrivèrent à une clairière, au pied d'un rocher nu et escarpé, qui s'élevait au-dessus des plus hauts arbres. Sur le sommet de ce rocher ils aperçurent un homme, mais la distance ne permettait pas de distinguer ses traits. Aussitôt les enfants se mirent en devoir d'escalader l'escarpement. Wilhelm les suivit avec peine et non sans courir quelque danger, car celui qui gravit le premier un rocher court moins de risques que celui qui le suit, ce dernier voyant seulement le point où l'autre est parvenu, sans savoir comment il y est parvenu. Les enfants eurent bientôt atteint le sommet, et Wilhelm les entendit pousser une joyeuse exclamation.

« C'est Jarno ! » cria Félix à son père ; Jarno arriva en effet sur le bord de la plate-forme et tendit la main à Wilhelm pour l'attirer vers lui. Ils s'embrassèrent et se souhaitèrent avec effusion la bienvenue dans cette atmosphère libre et pure.

Mais à peine avaient-ils fini de s'embrasser que Wilhelm se sentit pris de vertige, non pas tant pour lui-même que pour les enfants, qu'il voyait suspendus au-dessus de l'abîme.

Jarno s'en aperçut et fit asseoir tout le monde.

« Rien n'est plus naturel que d'être pris de vertige à l'aspect d'une immense perspective qui se déroule soudainement à nos yeux, nous faisant sentir à la fois et notre petitesse et notre grandeur. Au reste, la véritable jouissance ne commence qu'au vertige.

— Voilà donc, là-bas, ces grandes montagnes que nous avons gravies ! dit Félix ; comme elles paraissent petites ! Tiens ! ajouta-t-il en détachant du rocher une petite pierre, encore de l'or-de-chat ! il y en a donc partout ?

— Le pays en est plein, répondit Jarno, et, puisque tu t'intéresses à ces choses, je te ferai observer que tu te trouves en ce moment dans les plus anciennes montagnes, sur la plus vieille pierre du monde.

— Le monde n'a donc pas été fait d'un seul coup ? demanda Félix.

— Cela me paraît difficile. Les bons ouvrages demandent du temps.

— Et il y a d'autres pierres là-bas, et là-bas d'autres et toujours d'autres ? » dit Félix en montrant les montagnes les plus voisines jusqu'aux plus éloignées et enfin la plaine.

La journée était belle, et Jarno lui fit examiner en détail cette magnifique perspective. Çà et là se dressaient quelques cimes presque aussi hautes que celle qu'ils occupaient. Un contre-fort semblait vouloir s'élever jusqu'à eux, mais sans pouvoir y parvenir. Il allait rejoindre la plaine en s'abaissant graduellement; quelques rocs à formes étranges en jaillissaient par place. Enfin, dans le lointain on apercevait distinctement les lacs et les fleuves, et une contrée fertile qui s'étendait immense et unie comme une mer. Si l'on ramenait le regard autour de soi, ce n'était plus qu'un enchevêtrement d'abîmes effroyables où tourbillonnait la poussière des cascades.

Félix ne se lassait pas de questionner, et Jarno était assez complaisant pour lui répondre. Cependant Wilhelm crut remarquer que le maître n'était pas toujours véridique et sincère. Aussi, lorsque les enfants se furent éloignés, il dit à son ami : « Tu n'as pas dit à cet enfant ce que tu te serais dit à toi-même.

— C'est trop d'exigence, répondit Jarno. On ne se dit pas toujours à soi-même ce qu'on pense, et c'est un devoir de ne dire aux autres que ce qu'ils peuvent comprendre. L'homme ne conçoit que ce qui est à sa mesure. Maintenir l'attention des enfants sur l'objet présent, leur fournir un nom, une désignation, c'est ce qu'on peut faire de mieux ; ils n'en viendront que trop tôt à demander les causes.

— On ne saurait leur en faire un reproche, répliqua Wilhelm. La variété des objets met la confusion dans l'esprit, et, au lieu d'essayer de les débrouiller, il est bien plus commode de demander tout d'abord : D'où cela vient-il? où cela va-t-il?

— Mais, comme les enfants ne voient les objets que superficiellement, on ne peut également leur en indiquer la nature et le but que superficiellement.

— La plupart des hommes, dit Wilhelm, restent toute leur vie dans cet état, et n'arrivent jamais à cette période sublime où ce qui est saisissable nous paraît commun et vulgaire.

— Période sublime, en effet, car elle tient le milieu entre le désespoir et la béatitude.

— Mais, dit Wilhelm, occupons-nous de l'enfant qui, aujourd'hui, m'intéresse avant tout. Depuis que nous voyageons, il a pris goût à la minéralogie. Ne peux-tu point me donner quelques notions qui me mettent à même de répondre à ses questions ?

— Cela n'est pas possible, répondit Jarno ; chaque nouvel ordre d'idées demande, pour être étudié, qu'on redevienne enfant, qu'on y attache un intérêt passionné, qu'on aime l'écorce jusqu'à ce qu'on ait le bonheur d'arriver au noyau.

— Dis-moi donc, alors, comment tu as acquis ces hautes connaissances, car il n'y a pas si longtemps que nous sommes séparés.

— Mon ami, répondit Jarno, nous avons dû nous résigner, sinon pour toujours, du moins pour longtemps ; dans une pareille circonstance, la première pensée d'un honnête homme est de commencer une nouvelle vie. Des objets nouveaux ne lui suffisent pas ; ils ne servent qu'à le distraire ; il lui faut un nouveau tout dont il se fait le centre.

— Mais pourquoi aller choisir la plus singulière et la plus solitaire science du monde ?

— Précisément parce qu'elle isole. J'ai voulu éviter les hommes. On ne peut rien faire pour eux, et ils nous empêchent de rien faire pour nous-mêmes. S'ils sont heureux, ils veulent qu'on respecte leur sottise; s'ils sont malheureux, ils veulent qu'on les sauve sans toucher à cette sottise; et personne ne vous demande, à vous, si vous êtes heureux ou malheureux.

— Leur situation n'est pas si désespérée que tu le dis, répondit Wilhelm en souriant.

— Je ne veux pas t'enlever tes illusions. Marche, Diogène! garde toujours ta lampe allumée! Au delà de ces montagnes s'étend un monde nouveau pour toi; mais je te jure que tout s'y passe comme dans celui que tu vas quitter. Si tu ne peux leur procurer des plaisirs et payer leurs dettes, tu n'es bon à rien chez ces gens!

— Je le crois cependant plus intéressant que ces muets rochers.

— Non pas, car ces rochers, au moins, sont incompréhensibles.

— Tu cherches une défaite, répliqua Wilhelm; car il n'est pas dans ta nature de t'arrêter à des choses que tu ne peux espérer comprendre. Sois sincère, et dis-moi ce que tu as trouvé dans cette froide et muette fantaisie.

— C'est difficile à dire de toute fantaisie, et principalement de celle-ci, » répondit Jarno. Il réfléchit un instant et reprit : « Les lettres de l'alphabet sont une belle chose sans doute, mais elles sont insuffisantes pour exprimer les sons : les sons, nous ne pouvons nous en passer, et cependant il s'en faut de beaucoup qu'ils arrivent à rendre le sens propre; nous finissons par nous contenter des lettres et des sons, et nous ne sommes guère plus avancés que si nous n'avions rien de tout cela; ce que nous communiquons, ce qui nous est transmis, n'est jamais que la partie la plus vulgaire, celle qui n'en vaut pas la peine.

— Tu éludes la question, dit Wilhelm ; quel rapport cela a-t-il avec ces rochers et ces pierres ?

— Si ces fissures et ces crevasses étaient pour moi des lettres que je cherche à déchiffrer, dont je forme des mots et que je veux apprendre à lire couramment, qu'aurais-tu à m'objecter?

— Rien, sinon que ton alphabet me paraît un peu vaste !

— Moins que tu ne crois ; seulement il en est de celui-là comme des autres, il faut l'apprendre. La nature n'a qu'une écriture, et je n'ai pas besoin ici de m'exténuer sur de vains griffonnages ; je n'ai pas à craindre, comme il arrive souvent après avoir longtemps et avec amour travaillé sur un parchemin, qu'un critique subtil vienne me prouver que ce document est apocryphe. »

Wilhelm répondit en souriant : « On ne manquera cependant pas de critiquer ta nouvelle science.

— Aussi je n'en parle à personne, et je t'aime trop pour ne pas mettre fin à ce misérable échange de paroles menteuses et vides de sens. »

CHAPITRE IV

Les deux amis étaient descendus, non sans peine, pour rejoindre les enfants, qui s'étaient campés à l'ombre au pied du rocher. Les pierres recueillies par Montan et Félix furent déballées avec plus d'empressement peut-être que les provisions de bouche. Félix était heureux de s'entendre donner par Montan les noms de chaque objet, et les fixait aussitôt dans sa mémoire. Il amena une dernière pierre et dit : « Comment s'appelle celle-ci? »

Montan la considéra avec surprise et dit : « Où l'as-tu trouvée? »

Fitz répondit vivement : « Je l'ai trouvée ; elle est du pays.

— Elle n'est pas du pays, » dit Montan.

Félix était ravi de voir le savant embarrassé.

« Je te donnerai un ducat, reprit Montan, si tu me conduis à l'endroit où tu l'as trouvée.

— C'est facile à gagner, répondit Fitz ; mais pas pour l'instant.

— Indique-moi au moins la place assez clairement pour que je puisse ne pas me tromper. Mais cela est impossible ; c'est une pierre de la croix, qui vient de Saint-Jacques-de-Compostelle, et qu'un étranger aura perdue, si toutefois tu ne la lui as pas volée.

— Déposez votre ducat entre les mains de votre compagnon, et je vais vous dire d'où je tiens cette pierre. Dans les ruines de l'église de Saint-Joseph se trouve un autel également en ruine. Parmi les décombres des pierres supérieures, j'ai trouvé une assise de celles-ci, qui servent de fondement aux autres, et j'en ai retiré le plus que j'ai pu. Si l'on fouillait un peu, on en recueillerait assurément un grand nombre.

— Prends ta pièce d'or, répondit Montan, ta découverte la vaut bien. On aime à voir la nature inanimée reproduire l'image d'un objet que l'on vénère. C'est une sibylle qui nous montre par avance ce qui est résolu de toute éternité et ce qui ne devra s'accomplir que dans les temps. C'est pour cela que les prêtres avaient posé leur autel sur un lit de ces pierres saintes et merveilleuses. »

Wilhelm, qui avait écouté leur conversation et avait remarqué que plusieurs dénominations et descriptions revenaient souvent dans le discours, pria de nouveau Montan de lui donner quelques notions qui lui permissent de répondre aux questions de son fils.

« Renonce à cette idée, répondit Montan. Il n'y a rien de plus dangereux qu'un maître qui n'en sait pas plus que ses élèves. Celui qui veut enseigner peut bien taire la meilleure part de sa science, mais il ne doit pas savoir à demi.

— Où trouve-t-on donc des maîtres si accomplis ?
— Rien de plus facile.
— Où donc ? répondit Wilhelm d'un air d'incrédulité.
— Dans l'endroit où se trouve la chose que tu veux apprendre. L'enseignement n'est complet que lorsqu'on vit au milieu de la science qu'on veut connaître. Où apprends-tu une langue étrangère mieux que dans le pays où on la parle, où ton oreille n'entend que cette langue et nulle autre ?
— Ainsi, ce serait sur les montagnes que tu serais arrivé à la connaissance des montagnes ?
— Assurément.
— Sans communiquer avec les hommes ?
— Du moins pas avec d'autres que ceux qui tiennent à la montagne. Là où des pygmées, attirés par des veines le métal, fouillent les montagnes, sillonnent les entrailles de la terre et s'efforcent de résoudre les plus difficiles problèmes ; c'est là que doit se fixer le penseur avide de savoir. Il voit travailler, lutter, laisse faire et s'intéresse aux succès comme aux échecs. L'utile n'a qu'une importance partielle ; pour bien être maître d'une science, il faut l'étudier pour elle-même. Mais, tandis que je te parle du suprême et dernier degré, que l'on n'atteint que fort tard et par une longue suite de découvertes, je vois ces enfants qui l'entendent tout autrement. L'enfant voudrait tout entreprendre, parce que ce qui est exécuté avec perfection lui semble facile. Tout commencement est difficile. Cela peut être vrai dans un certain sens ; mais, au point

de vue absolu, on devrait plutôt dire : Tout commencement est facile et les derniers échelons sont les plus difficiles à franchir. »

Après quelques instants de réflexion, Wilhelm dit à Montan : «Serais-tu effectivement arrivé à cette conviction que nos facultés doivent se spécialiser dans l'instruction pratique comme elles le font dans l'éducation théorique ?

— A mon avis, il n'y a rien de mieux, il n'y a pas autre chose à faire. Ce que l'homme veut produire doit se dégager de lui comme un second *moi*, et comment arriverait-il à ce résultat si le premier *moi* n'en était pas absolument pénétré ?

— On regarde cependant une instruction variée comme nécessaire et avantageuse.

— Elle peut l'être en effet, mais en son temps. La variété des connaissances prépare pour ainsi dire l'élément dans lequel doit se mouvoir l'homme spécialisé. Le siècle est aux spécialités; heureux celui qui l'a compris et qui agira dans ce sens à son avantage et à celui des autres. Pour certaines branches, la démonstration est facile et frappante. Travaille à devenir un excellent violoniste, et sois assuré que le maître de chapelle sera heureux de te donner dans son orchestre la place que tu mérites; cultive dans ta personne un organe quelconque, et la société bienveillante ne tardera pas à te trouver l'emploi qui te convient. Mais brisons là ! Que celui qui ne croit pas à cela suive son chemin; il réussira peut-être, mais je maintiens qu'il est toujours et partout indispensable de commencer par le commencement. Rien de plus sage que de se consacrer à un métier. Pour les esprits bornés ce sera toujours un métier, pour les esprits élevés ce sera un art; et l'être le plus intelligent, en faisant une seule chose fera tout, ou, pour m'exprimer d'une façon moins paradoxale, trouve dans cette chose unique qu'il fait bien l'image de toutce qui se fait bien. »

Cette conversation, dont nous n'avons donné que les principaux traits, se prolongea jusqu'au coucher du soleil. Cet admirable spectacle fit songer aux voyageurs qu'ils n'avaient pas où passer la nuit.

« Je vous trouverai bien un gîte, dit Fitz ; si vous voulez venir vous reposer chez un bon vieux charbonnier que je connais, vous serez les bienvenus. » Il les conduisit par des sentiers accidentés dans un endroit retiré.

Au milieu d'un petite clairière fumait la pile de charbon, à côté d'une hutte faite de branches de sapin, devant laquelle brillait un feu clair. On s'assit et on s'installa. Les enfants se mirent aussitôt à l'ouvrage avec la charbonnière, qui, avec un empressement hospitalier, fit griller des tranches de pain qu'elle arrosa de beurre, friand régal pour les voyageurs affamés.

Tandis que les enfants jouaient à cache-cache dans les troncs de sapin, imitant les hurlements des loups et les aboiements des chiens avec une vérité qui eût fait trembler les plus courageux, nos deux amis s'entretenaient de leur situation. Mais, parmi les singulières obligations des Renonçants, il s'en trouvait une qui leur défendait, dans le cas où ils se rencontreraient, de parler ni du passé ni de l'avenir ; ils ne devaient s'occuper que du présent.

Jarno, qui avait la tête remplie de ses études sur les mines, des connaissances et des aptitudes qui s'y rapportent, exposait à Wilhelm en grands détails et avec chaleur tous les avantages qu'il se promettait de tirer de cette industrie; mais notre ami, qui n'avait jamais cherché la véritable richesse que dans le cœur humain, avait peine à comprendre Jarno, et finit par lui dire en souriant : « Tu te mets en contradiction avec toi-même, car tu commences à étudier, sur tes vieux jours, des choses auxquelles il faudrait être initié dès sa jeunesse.

— Tu te trompes, répondit Jarno ; j'ai été élevé chez un oncle, haut employé dans les mines : j'ai grandi avec les enfants qui travaillaient au bocard ; je me suis promené avec eux sur le fossé de la mine dans de petits bateaux d'écorce, et c'est cela qui m'a ramené à ces choses au milieu desquelles je me retrouve à mon aise. Cette fumée de charbon doit te plaire moins qu'à moi, qui suis accoutumé dès mon enfance à respirer cet encens. J'ai beaucoup essayé dans ma vie, et je suis toujours arrivé à me convaincre de ceci : la seule satisfaction de l'homme est dans l'habitude. La privation d'une chose désagréable nous est pénible si nous sommes accoutumés à cette chose. J'ai fait une longue maladie à la suite d'une blessure qui ne voulait pas se guérir, et, lorsque je revins à la santé, je fus fort contrarié de ne plus voir le chirurgien me panser et déjeuner avec moi.

— J'aimerais cependant que mon fils prît du monde une idée plus juste et plus indépendante que celle que pourra lui donner un métier borné. On a beau circonscrire l'homme, il finira toujours par observer son époque, et comment comprendra-t-il ce qui s'y passe, s'il ne sait pas ce qui a précédé ? La boutique d'un épicier le remplira d'étonnement s'il n'a aucune idée des pays d'où sont venues ces indispensables raretés.

— Pourquoi tant de façon ? répondit Jarno ; qu'il lise les gazettes comme les Philistins ; qu'il prenne son café comme les vieilles femmes. Mais, si tu ne veux pas abandonner ton idée, et si tu tiens absolument à donner à ton fils une éducation complète, je ne comprends pas que tu puisses être aveugle au point de ne pas voir qu'il y a là, tout près de nous, une excellente maison d'éducation.

— Tout près de nous ? dit Wilhelm en secouant la tête.

— Oui, que vois-tu là ?

— Où donc ?

— Au bout de ton nez. » Jarno lui désigna l'objet du doigt et s'écria impatienté : « Qu'est cela ?

— Cela ! une pile à charbon ; mais qu'importe ?

— Bon ! enfin ! une pile à charbon ! Comment s'y prend-on pour la construire ?

— On entasse les bûches.

— Et, cela fait, que se passe-t-il ?

— A ce qu'il me semble, dit Wilhelm, tu veux me faire l'honneur de me convaincre, par la méthode socratique, que je suis complétement absurde et stupide.

— Nullement, répliqua Jarno ; continue, mon ami, à me répondre exactement. Voyons : qu'arrive-t-il lorsque la masse de bois est entassée convenablement et de manière à laisser passer l'air ?

— Eh bien, on met le feu.

— Et, lorsque le feu est bien pris, lorsque la flamme sort par les ouvertures, comment fait-on ? est-ce qu'on le laisse aller ?

— Non pas ! on ferme bien vite le passage à la flamme avec du gazon, de la terre et du poussier, tout ce qu'on a sous la main.

— Pour éteindre le feu ?

— Non, pour le modérer.

— Et on ne lui laisse que juste assez d'air pour que la masse s'embrase, puis on bouche toutes les ouvertures ; puis, lorsque tout est éteint, carbonisé et refroidi, on démolit la pile, on vend le charbon au forgeron, au serrurier, au boulanger, au cuisinier, et, lorsqu'il a rendu sous cette forme assez de services à la chrétienté, il est utilisé, à l'état de cendres, par les blanchisseuses et les savonniers.

— Eh bien, dit Wilhelm en riant, quel rôle joues-tu dans cette parabole ?

— C'est bien simple à deviner : je me regarde comme un vieux panier de bon charbon de hêtre, mais j'ai cette particularité de ne brûler que pour moi-même, ce qui me fait passer pour un original.

— Et moi, reprit Wilhelm, qu'est-ce que je suis ?

— Tu me fais l'effet, surtout maintenant, d'un bâton qui a la merveilleuse propriété de fleurir partout où on le plante, mais qui ne pousse pas de racines. Achève toi-même la comparaison, et tu comprendras pourquoi un forestier, un jardinier, un charbonnier, un menuisier ou n'importe quel ouvrier ne pourra jamais rien faire de bon avec toi. »

Pendant cette conversation, Wilhelm tira de son sein, je ne sais pour quel usage, un objet qui ressemblait à la fois à un portefeuille et à une trousse, et que Montan salua comme une vieille connaissance. Wilhelm lui dit qu'il portait toujours sur lui cette espèce de fétiche, dans l'idée superstitieuse que son sort dépendait de la possession de cet objet.

Nous ne pouvons encore confier à nos lecteurs ce que c'était que cet objet; mais nous devons dire qu'il fut le point de départ d'un entretien dont voici le résultat : Wilhelm avoua qu'il avait depuis longtemps le désir de se consacrer à une occupation spéciale, à un art vraiment utile, et qu'il le ferait si Montan pouvait obtenir des associés qu'on levât à son égard la plus gênante des prohibitions, celle qui défendait de rester plus de trois jours dans le même endroit, et qu'on lui permît de s'établir où cela lui semblerait le plus favorable pour l'accomplissement de son but. Moutan promit d'agir en conséquence, après avoir fait jurer à Wilhelm de suivre incessamment le projet qu'il lui avait confié, et de s'en tenir fidèlement à la résolution qu'il venait de prendre.

Tout en causant de la sorte sur ces graves sujets, ils avaient quitté leur bivac, autour duquel s'était réunie peu à peu une société fort suspecte ; au lever du jour ils étaient arrivés à une clairière où ils aperçurent quelque gibier, ce qui réjouit fort le petit Félix. On se disposa à se séparer, car, du point où ils se trouvaient, les sentiers montaient dans différentes directions. On interrogea Fitz, qui parut troublé, et contre son habitude ne fit que des réponses embarrassées.

« Tu n'es qu'un vaurien, lui dit Jarno, tu connaissais tous les hommes qui nous entouraient cette nuit. C'étaient des bûcherons et des mineurs, soit ; mais quant aux derniers, je les tiens pour des contrebandiers et des braconniers, et ce grand qui traçait des signes sur le sable, et que les autres paraissaient traiter avec respect, c'était assurément un chercheur de trésor avec qui tu es d'accord.

— Ce sont tous de braves gens, répondit Fitz ; ils ont bien de la peine à vivre, et, si les pauvres diables se permettent parfois ce que défendent les autres, c'est pour avoir du pain. »

Le fait est qu'en voyant nos amis sur le point de se séparer, le petit fripon était devenu rêveur, il se demandait lesquels il devait suivre. Il calculait ses avantages : le père et le fils prodiguaient l'argent, mais Jarno n'épargnait pas l'or ; il pensa que le mieux était de s'attacher à ce dernier. Aussi, lorsque Jarno lui dit : « Je vais à Saint-Joseph, et je verrai bientôt si tu es honnête ; je chercherai la pierre de la croix, sous les ruines de l'autel; » l'enfant ne laissa pas échapper l'occasion, et répondit : « Vous ne trouverez rien, et je n'en serai pas moins honnête ; la pierre vient de là, mais j'en ai ramassé tous les fragments, et je les ai transportés dans la montagne. C'est un objet fort précieux, sans lequel on ne peut découvrir aucun trésor. On m'en paye un petit morceau très-cher. Vous aviez raison, c'est à cette occasion que je me suis mis en rapport avec ce grand homme maigre. »

On fit un nouveau marché : Fitz s'engagea vis-à-vis de Jarno à lui fournir, moyennant un second ducat, un beau morceau de ce minéral rare ; il les déconseilla d'aller visiter le château des Géants ; mais comme Félix insistait, il recommanda au guide de ne pas laisser les voyageurs s'y engager trop avant, car on risquait de se perdre dans ces cavernes et ces crevasses tortueuses. On se sépara, et Fitz promit de se retrouver à l'heure indiquée devant le château des Géants.

Le guide marchait en avant, Wilhelm et Félix le suivaient ; mais au bout de quelques instants Félix fit observer qu'il ne prenait pas le chemin indiqué par Fitz. Le guide répondit : « Je m'y connais mieux que lui ; un ouragan a bouleversé ces jours derniers la forêt voisine, les arbres renversés et entremêlés rendent le chemin impraticable ; suivez-moi, je vous mènerai où vous voulez aller. » Félix abrégeait la route en sautant de rocher en rocher, tout fier de sa science nouvelle, disant que maintenant il sauterait de granit en granit.

On montait toujours ; enfin l'enfant s'arrêta devant une rangée de sombres colonnes renversées pêle-mêle, et le château des Géants apparut tout d'un coup. Sur un pic isolé s'élevaient des faisceaux de colonnes formant portes contre portes, galeries contre galeries. Le guide recommanda aux voyageurs de ne pas s'égarer dans ce labyrinthe, et, remarquant sur une plate-forme d'où la vue s'étendait au loin, des traces de cendres laissées par ses devanciers, il se mit à allumer un feu pétillant. Tandis qu'il préparait, comme de coutume, un repas frugal, et que Wilhelm lui faisait différentes questions sur la contrée qu'on découvrait de cette hauteur et qu'il allait parcourir, Félix avait disparu ; il s'était sans doute perdu dans la grotte : on eut beau crier et siffler, il ne répondait ni ne reparaissait.

Wilhelm, qui, en sa qualité de pèlerin, était préparé à tout événement, tira de sa gibecière un peloton de ficelle, l'attacha soigneusement et s'abandonna au fil conducteur, avec lequel il avait eu l'intention de guider son fils. Il avançait ainsi, faisant par intervalles retentir son sifflet. Au bout de quelque temps, un sifflement aigu sorti des profondeurs lui répondit, et Félix parut sur le bord d'une crevasse : « Es-tu seul ? dit l'enfant aussi bas que possible.

— Tout seul, répondit le père.

— Passe-moi un morceau de bois, un bâton, » dit l'enfant. Wilhelm lui donna ce qu'il demandait, et Félix disparut en criant à son père : « Ne laisse entrer personne dans la grotte ! » Quelques instants après il revint chercher un bâton plus long et plus fort. Le père attendait avec anxiété l'explication de cette énigme. Enfin, l'enfant s'élança de la grotte, tenant une cassette pas plus grosse qu'un in-octavo; elle était vieille et magnifique et semblait d'or émaillé.

« Cache-la, père, et ne la montre à personne. » Puis il raconta, comment, poussé par un sentiment secret, il s'était glissé dans cette grotte et était ainsi arrivé à une place éclairée par une faible lumière. Il s'y trouvait, disait-il, un grand coffre de fer qui n'était pas fermé, mais dont on ne pouvait qu'entr'ouvrir le lourd couvercle. C'était pour en venir à bout qu'il avait demandé le bâton afin de soulever le couvercle et de le maintenir ouvert; il avait trouvé le coffre vide, mais il avait découvert dans un coin la précieuse cassette. Ils se promirent de garder le plus profond secret à l'endroit de cette trouvaille.

Midi était passé ; ils avaient pris quelque nourriture; Fitz n'était pas encore arrivé, mais Félix était inquiet, voulait quitter ce lieu où son trésor lui paraissait exposé à être revendiqué par les puissances terrestres ou souterraines. Les colonnes lui semblaient plus noires, les cavernes plus profondes. Il était sous le poids d'un secret, d'une propriété légitime ou illégitime, assurée ou incertaine. L'impatience le poussait à s'éloigner de cet endroit ; il espérait se débarrasser de ses inquiétudes en changeant de place.

Ils se dirigèrent vers les vastes domaines du grand propriétaire dont ils avaient entendu citer la richesse et l'originalité. Félix ne sautait plus comme il l'avait fait le matin; les voyageurs marchèrent tranquillement pendant plusieurs heures. De temps en temps l'enfant demandait à voir la cassette ; son père, lui montrant le guide, lui faisait signe de rester tranquille. Il se mit alors à regretter l'absence de Fitz : tantôt il craignait de se voir en face du petit drôle, tantôt il sifflait pour lui donner le signal, puis se repentait de l'avoir ainsi appelé. Ces hésitations durèrent jusqu'au moment où l'on entendit dans l'éloignement le sifflet de Fitz. Il s'excusa de son absence au château des Géants en disant que Jarno l'avait retenu et que les ravages causés par l'ouragan avaient retardé sa marche; puis il leur demanda ce qu'ils avaient fait dans les grottes et au milieu des colonnes du château, s'ils s'étaient aventurés bien avant dans ce dédale. Félix lui débita une série de contes tantôt avec assurance, tantôt avec embarras; il regardait son père en souriant, lui tirait le pan de son habit et faisait tout ce qu'il fallait pour laisser voir qu'il possédait et cachait quelque chose de mystérieux.

Ils étaient enfin arrivés sur une route carrossable qui devait les amener sans encombre au but de leur excursion, mais Fitz prétendit connaître un chemin plus court et meilleur; le guide refusa de les accompagner et continua à suivre la route droite et large. Les deux voyageurs se fièrent au petit vaurien et crurent avoir bien fait, car ils descendirent l'escarpement de la montagne à travers une forêt de hauts mélèzes qui, s'éclaircissant peu à peu, finit par leur laisser voir, illuminée par un brillant soleil, la plus belle propriété qu'on puisse imaginer.

Un grand jardin de rapport se développait à leurs pieds; quoiqu'il fût parsemé de nombreux arbres fruitiers, on remarquait des divisions régulières qui partageaient le terrain, incliné dans toute son étendue, mais agréablement accidenté. Plusieurs habitations étaient éparses çà et là, de sorte que le jardin paraissait appartenir à différents propriétaires. L'enfant assura qu'il était exploité par un seul maître. Au delà de ce jardin se déroulait à perte de vue une campagne admirablement cultivée; on distinguait nettement les rivières et les lacs.

Ils étaient arrivés au bas de la montagne et se croyaient près de pénétrer dans le jardin, lorsque Wilhelm s'arrêta surpris, et Fitz ne put s'empêcher de sourire malicieusement : un fossé profond s'ouvrait devant eux au pied de la montagne, tandis que, de l'autre côté, s'élevait un mur, qu'ils n'avaient pu voir jusqu'alors; ce mur, escarpé extérieurement, était au niveau du sol intérieur. Leurs regards seuls pouvaient pénétrer dans le jardin.

« Nous avons encore un assez long détour à faire, dit Fitz, si nous voulons gagner la route qui mène à la porte; mais je connais une entrée qui nous abrégera le chemin. Les voûtes par lesquelles les eaux de pluie sont amenées dans les canaux du jardin s'ouvrent de ce côté; elles sont assez élevées et assez larges pour qu'on puisse y circuler commodément. » Lorsque Félix entendit parler de voûte, il ne put résister au désir de passer par cette entrée. Wilhelm suivit les enfants, et ils descendirent tous trois les degrés, alors entièrement à sec, de ces conduits voûtés. Ils se trouvaient alternativement dans la lumière et dans l'obscurité, selon que le jour arrivait par les regards, ou qu'il était intercepté par des piliers et des murs. Ils étaient arrivés à une place assez large et unie; ils avançaient lentement, lorsque tout à coup une détonation se fit entendre, et deux grilles de fer leur barrèrent le passage des deux côtés, non pas à tous les trois : Wilhelm et Félix seuls étaient prisonniers; car, au moment où la détonation avait retenti, Fitz avait fait un bond en arrière, et la grille, en se refermant, n'avait pris que sa longue manche; se débarrassant rapidement de sa jaquette, il s'était enfui sans tarder.

Les deux prisonniers étaient à peine remis de leur surprise, qu'ils entendirent des voix qui semblaient s'approcher lentement. Quelques instants après des hommes armés et portant des torches s'avancèrent vers les grilles, pour reconnaître la prise qu'ils venaient de faire. Ils demandèrent si l'on voulait se rendre de bonne volonté. « Il ne peut pas être ici question de se rendre, répondit Wilhelm, nous sommes en votre pouvoir. Nous avons plutôt sujet de vous demander si vous comptez nous épargner. Voici la seule arme que nous ayons sur nous. » En disant cela, il passa à travers les barreaux son couteau de chasse. La grille s'ouvrit aussitôt ; sans leur faire aucune violence, on conduisit les prisonniers plus avant sous la voûte, et, après avoir gravi un escalier tournant, ils se trouvèrent dans un lieu assez étrange : c'était une chambre propre et spacieuse, éclairée par de petites fenêtres ménagées à la hauteur de la corniche, et qui donnaient assez de jour malgré de forts barreaux de fer. La pièce était garnie de chaises, de lits et de tout ce qu'on peut demander dans une chambre d'auberge, et celui qui s'y trouvait paraissait ne manquer d'autre chose que de la liberté.

Wilhelm s'était assis et réfléchissait à leur position ; mais Félix, lorsqu'il fut revenu de son premier saisissement, entra dans une violente colère. Ces grandes murailles, ces hautes fenêtres, ces portes solides, cet emprisonnement, étaient choses nouvelles pour lui. Il regardait autour de lui, courait de tous côtés, trépignait, pleurait, secouait les portes, les frappait du poing, et eût essayé de les rompre à coups de tête, si Wilhelm ne l'avait saisi et retenu de force.

« Accepte tout cela avec calme, mon fils, dit Wilhelm ; la violence et l'impatience ne nous tireront pas de cette position. Le mystère s'éclaircira ; mais, ou je me trompe fort, ou nous ne sommes pas tombés en de mauvaises mains. Regarde ces inscriptions :

« *Pour l'innocent, liberté et réparation ; pour l'égaré, pitié ; pour le coupable, justice sévère.* » Tout cela nous montre que c'est la nécessité et non pas la cruauté qui ont inspiré ces dispositions. L'homme n'a que trop de raisons de se défier de l'homme. Les malveillants sont nombreux, les malfaiteurs ne manquent pas, et, pour vivre en sûreté, ce n'est pas toujours assez d'être bienfaisant. »

Félix, qui s'était calmé, se jeta sur un des lits sans rien ajouter et sans rien répondre. Wilhelm continua : « Que cet événement, si inattendu, te soit une preuve du haut degré de civilisation du siècle dans lequel tu es né. Quel chemin n'a pas dû faire l'humanité pour arriver à être clémente envers le coupable, indulgente envers le criminel, humaine envers l'inhumain ! C'étaient assurément des êtres de nature divine ceux qui, les premiers, enseignèrent ces principes, qui y consacrèrent leur vie, qui en rendirent l'application facile. Les hommes sont rarement capables du beau, ils le sont plus souvent du bien ; et quel cas devons-nous faire de ceux qui cherchent à l'encourager au prix des plus grands sacrifices ! »

Ces paroles consolatrices et instructives, qui se trouvaient parfaitement dans l'esprit de ce lieu, furent perdues pour Félix : il était profondément endormi, plus beau et plus frais que jamais ; cette émotion, plus forte que celles qu'il avait jusqu'alors éprouvées, avait amené sur ses joues l'animation qui régnait dans son cœur. Son père le considérait avec complaisance, lorsqu'un jeune homme de bonne mine entra dans la chambre, et, après avoir observé quelque temps le prisonnier d'un air affable, l'interrogea sur les circonstances qui lui avaient fait prendre ce chemin et l'avaient fait tomber dans ce piége. Wilhelm lui rapporta la chose tout simplement, lui présenta quelques papiers qui pouvaient le faire connaître, et invoqua le témoignage du guide, qui ne devait pas tarder à arriver par la route ordinaire. L'affaire étant éclaircie, l'employé pria Wilhelm de le suivre. On ne put réveiller Félix, et les domestiques l'emportèrent sur son matelas comme on transporta jadis, à travers les airs, Ulysse assoupi.

Wilhelm suivit l'employé dans un beau pavillon, où on lui servit quelques rafraîchissements, tandis que le jeune homme allait faire son rapport en haut lieu. Lorsque, en se réveillant, Félix aperçut une table couverte de fruits, de vins, de biscuits, et surtout qu'il vit des portes ouvertes, sa joie fut extrême. Il s'élance dehors, il rentre, il croit avoir rêvé; en face de cette bonne chère, de cet aimable spectacle, la frayeur et les angoisses passées furent bientôt oubliées, comme un rêve pénible qui s'évanouit à la clarté du matin.

Le guide était arrivé. L'employé revint avec lui et un homme âgé, encore plus aimable que le premier. La chose s'expliqua de la façon suivante. Le maître de ce domaine, homme bienfaisant dans la plus noble acception du mot, puisqu'il encourageait tout autour de lui l'activité et la production, avait tiré de ses immenses pépinières de jeunes plants qu'il avait distribués gratuitement aux cultivateurs laborieux et soigneux ; aux cultivateurs négligents il les avait cédés à un certain prix, et à ceux qui désiraient en faire commerce, il les avait vendus à un taux modéré. Mais ces deux dernières catégories voulaient avoir pour rien ce que les bons seuls devaient avoir gratis, et, comme on le leur refusait, ils cherchaient à dérober les plants et y avaient réussi. Cela indignait d'autant plus le propriétaire, que non-seulement on pillait les pépinières, mais que dans leur précipitation les voleurs les ravageaient. On découvrit qu'ils s'introduisaient par les conduites d'eau, et on avait établi ces grilles et cette arme à feu qui, partant d'elle-même, donnait l'éveil aux gardiens. Le petit Fitz s'était souvent montré dans le jardin, et il était tout naturel que, par malice, il eût fait suivre aux étrangers ce chemin qu'il avait découvert dans un tout autre but. On aurait bien voulu prendre le petit drôle; on garda du moins sa jaquette, qui pouvait aider à le faire retrouver.

CHAPITRE V

En se rendant au château, notre ami fut surpris de ne rien trouver qui ressemblât à un ancien jardin ou à un parc moderne; des arbres fruitiers bien alignés, des champs de légumes, des planches d'herbes médicinales, enfin tout ce qui est considéré comme utile couvrait la plaine. Une place ombragée de hauts tilleuls servait de péristyle à l'important édifice ; une longue allée se reliant à cette place permettait de se promener au frais à chaque heure du jour. En entrant dans le château, il vit les murs du vestibule tapissés d'une façon toute particulière. De grands tableaux géographiques représentant les quatre parties du monde frappèrent ses yeux. Les parois de l'escalier contenaient les dessins des différents États, et, lorsqu'il pénétra dans la grande salle, il se trouva environné de vues des villes les plus remarquables encadrées de paysages représentant les contrées où elles se trouvaient situées, et tout cela disposé avec tant d'art, que les détails ressortaient nettement sans cependant que l'enchaînement de l'ensemble en souffrît.

Le maître de la maison, petit homme vif, d'un certain âge, souhaita la bienvenue à son hôte, et, sans autre préambule, lui demanda, en lui montrant les murailles, si par hasard il ne connaissait pas quelqu'une de ces villes, ou s'il n'y avait pas séjourné. Notre ami put parler pertinemment de plusieurs, et faire voir que non-seulement il avait vu les endroits, mais qu'il avait pu en observer les particularités.

Le maître sonna et donna l'ordre de préparer une chambre pour les deux voyageurs et de les faire souper; ce qui fut aussitôt exécuté.

En passant dans une grande salle du rez-de-chaussée, ils rencontrèrent deux dames, dont l'une dit à Wilhelm, d'un air aimable : « Vous trouverez ici une société peu nombreuse, mais choisie : moi, la plus jeune nièce du maître de la maison, je m'appelle Hersilie ; ma sœur aînée, que voici, se nomme Juliette; puis mon oncle et mon cousin, et enfin les deux employés que vous connaissez déjà ; ce sont les amis de la maison, et ils sont dignes de la confiance dont ils jouissent. Asseyons-nous. » Les deux dames mirent Wilhelm entre elles ; les employés s'établirent aux deux bouts, et Félix de l'autre côté, en face d'Hersilie, qu'il ne quitta pas des yeux.

On s'entretint d'abord de sujets indifférents, puis Hersilie saisit l'occasion de dire : « Pour que notre hôte puisse se mettre plus facilement au courant de notre conversation, je dois l'avertir qu'on lit beaucoup chez nous, et que le hasard, la variété des goûts et l'esprit de contradiction nous ont fait prendre parti pour différentes littératures. Mon oncle est pour les Italiens, mademoiselle ne trouve pas mauvais qu'on la prenne pour une Anglaise accomplie, moi je tiens pour les Français, à condition qu'ils soient gais et aimables. Papa bailli se complaît dans les antiquités germaniques, et le fils porte naturellement ses préférences sur la nouvelle et la jeune littérature allemande. Maintenant jugez-nous, prenez part à la discussion, approuvez ou discutez; votre opinion sera toujours la bienvenue. » En effet, la conversation s'anima et roula sur ce sujet.

Cependant Hersilie n'avait point laissé de remarquer les regards étincelants que lui lançait Félix; elle en était à la fois surprise et flattée, et lui envoyait les meilleurs morceaux, qu'il recevait avec joie et reconnaissance. Mais, comme au dessert il la regardait par-dessus une assiette de pommes, la jeune femme, voyant dans chaque fruit une rivale, prit bien vite une des pommes et la tendit à son amoureux en herbe; l'enfant la saisit avidement et se mit aussitôt à la peler ; mais, comme il avait sans cesse les yeux fixés sur sa charmante voisine, il se fit au pouce une profonde entaille. Le sang coula en abondance ; Hersilie se leva précipitamment, courut à lui, et, lorsqu'elle eût arrêté le sang, elle ferma la blessure avec du taffetas d'Angleterre qu'elle tira de son étui à ouvrage. Cependant l'enfant la serra dans ses bras et ne voulait pas la laisser partir. La confusion devint générale, on se leva de table, et on se disposa à se séparer.

« Vous lisez sans doute avant de vous endormir ? dit Hersilie à Wilhelm. Je vais vous donner un manuscrit, une traduction que j'ai faite du français, et vous me direz si vous avez jamais rien vu d'aussi joli. L'héroïne est une jeune folle ! Ce n'est peut-être pas une bonne recommandation : mais, si jamais je deviens folle, ainsi que j'en ai souvent l'envie, je souhaite de l'être de cette façon. »

LA FOLLE PÈLERINE.

M. de Révanne, riche particulier, possède le plus beau domaine de sa province. Il habite, avec son fils et sa sœur, un château qui serait digne d'un prince ; et, dans le fait, son parc, ses eaux, ses métairies, ses manufactures, son train de maison, qui font vivre la moitié du pays à douze lieues à la ronde, lui donnent la considération d'un prince, grâce au bien qu'il fait.

Il y a quelques années, il se promenait le long des murs de son parc sur la grande route, et il lui prit fantaisie d'aller se reposer dans un bosquet où s'arrêtent volontiers les voyageurs. Des hauts arbres s'élèvent au-dessus d'un épais taillis; on est à l'abri du vent et du soleil; une source gracieusement encadrée répand ses eaux au milieu des racines, des pierres et du gazon. M. de Révanne avait, selon son habitude, un livre et un fusil. Il se mit à lire, agréablement distrait par le chant des oiseaux, dérangé par instant par le bruit des passants.

La matinée était assez avancée, lorsqu'il vit approcher une jeune femme d'un extérieur aimable. Elle quitta la grande route, probablement dans l'intention de se reposer dans le bosquet où il se trouvait. Il fut tellement surpris, que le livre lui en tomba des mains. La pèlerine avait les plus beaux yeux du monde, son visage était gracieusement animé par la marche; sa tournure, son maintien, sa taille, avaient quelque chose de si distingué, que M. de Révanne se leva involontairement, et regarda du côté de la route croyant voir arriver les gens et les équipages qu'il supposait devoir suivre cette dame. Elle attira de nouveau son attention en lui faisant une noble révérence; il lui rendit respectueusement son salut. La belle voyageuse s'assit au bord de la source, sans prononcer un seul mot et en poussant un soupir.

« Singulier effet de la sympathie ! s'écria M. de Révanne lorsqu'il me raconta cette histoire : mon cœur répondit à ce soupir. Je restai immobile, ne sachant que dire ni que faire ; je n'avais point assez d'yeux pour contempler tant de perfections. Étendue sur le gazon, appuyée sur ses coudes, c'était la plus belle figure de femme que l'on puisse imaginer ! Ses souliers attirèrent mon attention, la poussière qui les couvrait indiquait qu'elle venait de faire une longue route, et cependant ses bas de soie étaient brillants comme s'ils sortaient du lissoir; sa robe retroussée n'était pas froissée; ses cheveux semblaient avoir été frisés le matin même; du linge fin, de fines dentelles, elle était habillée comme pour aller au bal. Rien en elle n'annonçait une vagabonde, et cependant c'en était une, mais bien malheureuse et bien respectable.

« Au premier regard qu'elle dirigea vers moi, je me hasardai à lui demander si elle voyageait seule.

« Oui, Monsieur, dit-elle, je suis seule au monde.

« — Comment, Madame, vous seriez sans parents, « sans connaissances?

« — Ce n'est pas cela que je voulais dire, Monsieur. « J'ai assez de parents et de connaissances; mais je n'ai « point d'amis.

« — La faute n'en est évidemment pas à vous, répli- « quai-je; vous avez une figure et sans doute un cœur « auxquels on peut beaucoup pardonner. »

« Elle sentit l'espèce de reproche que renfermait mon compliment, et j'en pris bonne opinion de son éducation. Elle leva vers moi deux yeux célestes du bleu le plus pur, diaphanes et brillants, puis elle répondit avec dignité qu'elle ne pouvait en vouloir à un honnête homme tel que je lui semblais de concevoir quelques soupçons sur une jeune fille qu'il rencontre seule sur une grande route; que cela lui était déjà arrivé plusieurs fois; mais, quoi- qu'elle fût étrangère et que personne n'eût le droit de la questionner, elle me priait de croire que le but de son voyage n'avait rien que de parfaitement honorable. Des raisons, dont elle ne devait compte à personne, la forçaient de promener sa douleur dans le monde. Elle avait reconnu que les dangers qu'on redoute pour son sexe sont pure- ment imaginaires, et que l'honneur d'une femme, même chez les voleurs de grand chemin, ne court de risque que lorsque le cœur est faible et les principes mal arrêtés.

« Au reste, elle ne voyageait que de jour et par les routes qu'elle supposait sûres, elle ne parlait pas avec le premier venu, et s'arrêtait de temps en temps dans des endroits convenables où elle pouvait gagner de quoi subvenir à son existence par des travaux en rapport avec son éducation. A ces mots, elle baissa la voix, ses paupières se fermèrent, et je vis quelques larmes couler le long de ses joues.

« Je lui répondis que je ne doutais nullement que sa naissance fût honorable et sa conduite respectable. Je lui exprimai le regret qu'une pareille nécessité la forçât de servir, elle qui semblait si digne de trouver des serviteurs ; je lui assurai que, malgré toute ma curiosité, je ne la presserais pas davantage ; qu'en faisant plus ample connaissance avec elle, je désirais me convaincre qu'elle prenait partout autant de soin de sa réputation que de sa vertu. Ces mots parurent la blesser de nouveau, car elle me répondit qu'elle cachait son nom et sa patrie par respect pour sa réputation, bien que la réputation, au bout du compte, repose bien plutôt sur des conjectures que sur des réalités. Quand elle offrait ses services, elle présentait les certificats des maisons où elle avait travaillé et ne cachait point qu'elle ne voulait pas être questionnée sur sa famille et sur sa patrie. C'était là-dessus qu'on devait se décider, et s'en remettre au ciel ou à sa parole pour ce qui était de son innocence et de son honnêteté. »

Ces discours écartaient tout soupçon de folie. M. de Révanne, qui ne pouvait pas bien comprendre cette résolution de courir le monde, s'imagina qu'on avait peut-être voulu la marier contre sa volonté. Il pensa qu'elle avait été poussée par un désespoir d'amour ; et, chose bizarre, quoique assez commune, en la supposant amoureuse d'un autre, il devint lui-même amoureux d'elle ; il aurait été très-fâché qu'elle eût poursuivi sa route. Il ne pouvait détourner les yeux de ce beau visage, qu'embellissaient encore les reflets verdâtres du feuillage. S'il existe des nymphes, on n'en vit jamais d'aussi belle étendue sur un gazon ; et le romanesque de cette rencontre ajoutait à l'aventure un charme auquel M. de Révanne ne put résister.

Sans s'inquiéter davantage de l'affaire, M. de Révanne invite la belle inconnue à le suivre dans son château. Elle ne fait aucune difficulté, et se conduit en personne accoutumée au grand monde. On apporte une collation qu'elle accepte sans fausse politesse et avec la plus franche gratitude. En attendant le dîner, on lui fait visiter la maison. Elle ne remarque que ce qui mérite l'attention, le mobilier, les peintures, l'ingénieuse disposition des appartements. On lui montre la bibliothèque, elle connaît les bons ouvrages, en parle avec goût et modestie. Point de bavardage, point d'embarras. A table, une tenue pleine de noblesse et de naturel, une conversation des plus aimables. Jusque-là tout est raisonnable dans ses discours, son caractère semble être aussi charmant que sa personne.

Après dîner, un léger badinage vint encore l'embellir. Se tournant avec un sourire vers mademoiselle de Révanne, elle lui dit qu'elle avait l'habitude de payer son dîner par quelque petit travail, et, à défaut d'argent, de demander des aiguilles à ses hôtesses. « Permettez-moi, ajouta-t-elle, de laisser une fleur sur votre métier à broder, pour qu'en la revoyant, vous vous souveniez de la pauvre inconnue. »

Mademoiselle de Révanne lui répondit qu'elle regrettait bien de n'avoir aucun ouvrage commencé, et d'être forcée de renoncer au plaisir d'admirer son adresse. La pèlerine se tourna alors vers le clavecin : « Eh bien ! dit-elle, je vais vous payer en monnaie aérienne, comme faisaient autrefois les ménestrels ambulants. » Elle frappa deux ou trois préludes qui annonçaient une main exercée. On ne douta plus que ce ne fût une demoiselle de condition qui possédait tous les talents d'agrément. Son jeu fut d'abord gai et brillant ; puis elle passa à des mélodies graves dont la profonde tristesse se répandit dans ses yeux, ils s'humectèrent de larmes, ses traits s'altérèrent, ses doigts s'arrêtèrent ; puis tout d'un coup, à la grande surprise des auditeurs, elle entonna gaiement et risiblement, avec la plus belle voix du monde, une folle chanson. Comme dans la suite on eut lieu de croire que ce burlesque roman la touchait de près, on me pardonnera de l'intercaler dans ce récit :

 D'où viens-tu si vite, en manteau,
Quand le jour, encore gris, se lève à l'orient ?
Avec ce vent glacé notre ami voudrait-il
Se mortifier par un pieux pèlerinage ?
Est-ce exprès qu'il marche pieds nus ?
Comment est-il venu dans cette forêt,
Sur ces cimes sauvages et neigeuses ?

 Il vient fort singulièrement d'une chaude demeure,
Où il se promettait de plus doux plaisirs,
Et, s'il n'avait pas son manteau,
Que sa honte serait affreuse !
Ainsi, la friponne s'est jouée de lui,
Et l'a débarrassé de son bagage :
Le pauvre ami s'en est allé,
Nu et dépouillé, à peu près comme Adam.

 Aussi, pourquoi est-il allé par ce chemin
Courir après cette pomme dangereuse,
Qui, il faut le dire, était aussi belle dans l'enclos du moulin
Qu'autrefois dans le paradis ?
Il ne recommencera pas de sitôt la plaisanterie !
Il s'est bien vite échappé de la maison,
Et, une fois libre, il éclate
En plaintes bruyantes et amères :

 Je ne lisais dans ses regards de feu
Pas une syllabe de trahison, cependant !
Elle semblait aussi enivrée que moi,
Et elle méditait une si noire action !

Pouvais-je rêver, dans ses bras,
Que son cœur battit si perfidement ?
Elle contint les élans de Cupidon,
Qui nous était si favorable.

Se jouer de mon amour
Pendant cette nuit qui ne finissait pas,
Et n'appeler sa mère
Que lorsque vint le matin !
Alors, entre une douzaine de parents,
Avec fracas, un vrai torrent humain !
Alors les frères arrivent, les tantes épient,
Il y avait aussi un cousin et un oncle !

C'était un vacarme, une rage !
On eût dit une collection de bêtes féroces.
Alors ils me demandent fleurs et couronne
Avec des cris sauvages.
Pourquoi vous jetez-vous comme des furieux
Sur l'innocent jeune homme ?
Car, pour conquérir de pareils trésors,
Il faut être beaucoup plus leste.

Cupidon sait, dans ses aimables jeux,
Arriver toujours à temps :
Il n'oublie certainement pas au moulin
Les fleurs de seize ans...
Ils m'ont volé mes habits,
Et voulaient encore me prendre mon manteau ;
Mais comment cette maudite canaille
A-t-elle pu se fourrer dans l'étroite maison ?

Alors je m'élançai, je tempêtai, je jurai,
Résolu à me faire jour à travers eux,
Je vis encore une fois la perfide.
Ah ! elle était toujours belle.
Ils reculèrent tous devant ma fureur :
Il éclate encore mainte grossière parole,
Mais, avec une voix de tonnerre
Je m'échappe enfin de cette caverne.

Vous, filles de la campagne,
Comme vous, filles de la ville, il faut vous fuir !
Laissez aux femmes de condition
Le plaisir de dépouiller leurs serviteurs.

Si vous êtes aussi des rusées
Et si vous ne savez ce que c'est qu'un tendre lien,
Changez d'amants,
Mais ne les trompez pas.

 C'est ainsi qu'il chante, aux heures d'hiver,
Alors que ne verdit pas le plus petit brin d'herbe.
Je ris de sa profonde blessure,
Car vraiment il l'a bien méritée ;
Qu'il en arrive autant à celui qui, le jour,
Abuse impudemment sa noble amante,
Et, la nuit, avec une hardiesse téméraire,
Se glisse au fallacieux moulin de Cupidon !

Qu'elle se fût oubliée à ce point, cela donnait à réfléchir, et cet incident pouvait passer pour l'indice d'un certain dérangement de cerveau. « Mais, me dit M. de Révanne, je ne sais comment cela se fit, nous oubliâmes toutes les réflexions que nous aurions pu faire. La grâce inexprimable avec laquelle elle avait débité cette farce nous avait fascinés. Elle jouait d'une façon bouffonne, mais intelligente. Elle était parfaitement maîtresse de ses doigts, et sa voix était enchanteresse. Lorsqu'elle eut fini, elle redevint aussi posée qu'avant, et nous pensâmes qu'elle avait simplement voulu égayer le moment de la digestion.

« Bientôt après, elle demanda la permission de se remettre en route ; mais je fis un signe à ma sœur, qui lui dit que, si elle n'était pas pressée et si notre hospitalité ne lui déplaisait pas, ce serait pour nous une fête de la garder encore quelques jours. Comme elle parut consentir volontiers à rester, je songeai à lui fournir une occupation. Mais ce jour et les suivants nous ne fîmes que nous promener. Elle ne se démentit pas un instant ; c'était la raison même douée de toutes les grâces. Son esprit était fin et juste ; sa mémoire ornée, et ses sentiments si beaux, qu'elle ne cessait d'exciter notre admiration et de captiver notre attention. Elle savait tout ce que prescrivent les convenances, et les observait si parfaitement vis-à-vis de nous et de plusieurs amis qui vinrent nous voir, que nous ne savions plus comment concilier ses singularités avec une éducation si soignée.

« Je n'osais véritablement plus lui offrir de servir dans ma maison. Ma sœur, à qui elle plaisait fort, se faisait également un devoir de ne point blesser la délicatesse de l'inconnue. Elles dirigeaient ensemble le ménage; la brave fille s'abaissait souvent à mettre elle-même la main à l'ouvrage, et savait aussitôt après se reporter à des occupations supérieures.

« En peu de temps elle fit régner au château un ordre dont jusque-là nous n'avions eu aucune idée. C'était une ménagère fort entendue; comme elle avait commencé à vivre avec nous et à s'asseoir à notre table, elle ne s'en retira point par une fausse modestie, elle continua à manger sans scrupule à côté de nous; mais elle ne touchait pas une carte, ne se mettait pas au clavecin avant d'avoir terminé tout ce qu'elle avait commencé.

« Je dois avouer franchement que le sort de cette jeune fille commençait à me toucher profondément.

« Je plaignais les parents qui, sans doute, regrettaient la perte d'une telle fille; je gémissais en pensant que de si douces vertus, de si précieuses qualités seraient perdues. Elle vivait avec nous depuis plusieurs mois, et j'espérais que la confiance que nous nous efforcions de lui inspirer déciderait ses lèvres à livrer son secret. Si elle était victime d'un malheur, nous étions prêts à la secourir; si elle avait commis une faute, elle pouvait espérer que notre intervention et notre témoignage lui obtiendraient le pardon d'une erreur passagère; mais nos protestations, nos prières mêmes, furent sans effet. Dès qu'elle s'apercevait que nous cherchions à obtenir d'elle une explication, elle se réfugiait derrière des maximes générales, se justifiant ainsi sans nous rien apprendre. Par exemple, lorsque nous lui parlions de son malheur : « Le malheur, disait-elle, tombe sur les bons et sur les « méchants. C'est une médecine violente qui agit en même « temps sur les humeurs saines et sur les mauvaises. »

« Quand nous cherchions à découvrir les raisons qui l'avaient déterminée à quitter la maison paternelle, elle répondit en souriant : « Le chevreuil est-il coupable parce « qu'il fuit? » Si nous lui demandions si elle avait été persécutée : « C'est le sort de mainte jeune fille de bonne « naissance d'être exposée aux persécutions. Celui qui « pleure une offense en essuiera plusieurs. » Mais comment avait-elle pu se décider à affronter la grossièreté de la foule, ou du moins à lui demander l'aumône? A cette question, elle se mettait à rire et disait : « Le pauvre « qu'un riche daigne recevoir à sa table ne manque ja- « mais d'esprit. » Un jour, que la conversation avait pris une tournure badine, nous lui parlâmes d'amoureux, et lui demandâmes si elle ne connaissait pas le héros transi de sa romance. Je me souviens que ce mot parut lui percer le cœur. Elle me jeta un regard si sérieux et si sévère, que mes yeux ne purent le supporter; et, depuis lors, chaque fois qu'on parlait d'amour, on pouvait s'attendre à voir s'altérer la grâce de sa personne et la vivacité de son esprit. Elle devenait aussitôt pensive; nous prenions cela pour de l'affection, c'était de la douleur. Cependant elle était en général gaie, mais sans grande vivacité; noble sans affectation, franche sans abandon, réservée sans fausse honte, patiente plutôt que douce, reconnaissante plutôt que touchée de nos caresses et de nos attentions. Assurément c'était une jeune femme habituée à diriger une grande maison ; et cependant elle ne paraissait pas avoir plus de vingt et un ans.

« C'est ainsi que se comporta cette personne inexplicable qui m'avait tout à fait captivé pendant les deux années qu'il lui plut de rester chez nous, pour finir par une folie plus extraordinaire que les brillantes qualités que nous avions admirées en elle. Mon fils est jeune, il s'en consolera ; quant à moi, je crains d'être assez faible pour la regretter toujours.

« Je vais vous raconter la folie d'une femme raisonnable pour vous prouver que la folie n'est souvent autre chose que la raison présentée sous une forme différente. On trouvera sans doute un étrange contraste entre le noble caractère de la voyageuse et la ruse comique dont elle se servit ; mais on connaît déjà deux de ses inégalités, le pèlerinage et la chanson. »

Il est évident que M. de Révanne était amoureux de l'inconnue. Il ne pouvait assurément pas compter sur son visage quinquagénaire, quoique sa bonne mine et sa vigueur n'annonçassent pas trente ans ; peut-être espérait-il plaire par sa belle santé, par la bonté, la sérénité, la douceur, la générosité de son caractère, peut-être aussi par son bien, quoiqu'il fût assez délicat pour sentir qu'on n'achète pas ce qui est sans prix.

Mais, d'un autre côté, le fils aimable, tendre, ardent, se jeta à corps perdu dans l'aventure sans y réfléchir plus que son père. Il chercha d'abord doucement à gagner l'inconnue, que les éloges et l'amitié de son père et de sa tante lui avaient fait dignement apprécier. Il s'efforça de plaire à une femme aimable que sa passion plaçait bien au-dessus de l'état où elle se trouvait. La sévérité de l'inconnue, plus encore que ses mérites et que sa beauté, l'enflamma ; il osa parler, entreprendre, promettre.

Le père, sans en avoir conscience, donnait toujours à ses démarches une allure paternelle. Il se connaissait et, lorsqu'il eut découvert quel était son rival, il n'espéra point de l'emporter sur lui, à moins d'avoir recours à des moyens qui ne conviennent point à un honnête homme. Malgré cela, il n'en continuait pas moins ses assiduités ; il n'ignorait cependant pas que la bonté, que la richesse même, sont des attraits auxquels une femme ne se laisse prendre qu'avec circonspection, et qu'ils ne comptent plus pour rien dès que l'amour paraît avec ses charmes et accompagné de la jeunesse. M. de Révanne fit d'autres fautes encore, dont il se repentit plus tard. Au milieu de ses respectueuses protestations d'amitié, il parla d'une union durable, secrète et légitime. Il se plaignit aussi, et prononça le mot d'ingratitude. Assurément, il ne connaissait pas celle qu'il aimait lorsqu'il lui dit un jour que beaucoup de bienfaiteurs recueillent le bien pour le mal. L'inconnue lui répondit avec simplicité que beaucoup de bienfaiteurs achèteraient volontiers à leurs obligés tous leurs droits pour un plat de lentille.

La belle étrangère, empêtrée dans la recherche des deux rivaux, et guidée par des motifs inconnus, ne paraît pas, en ayant recours dans ces circonstances graves à un étrange expédient, avoir eu d'autre projet que d'éviter à elle et aux autres de sottes affaires. Le fils la pressait avec toute l'audace de son âge, et menaçait, selon l'usage, de sacrifier sa vie pour l'inexorable. Le père était un peu moins insensé, mais tout aussi pressant : tous deux étaient de bonne foi. Cette aimable personne aurait pu à cette époque s'assurer l'existence qu'elle méritait : car les deux de Révanne affirment qu'ils avaient l'intention de l'épouser.

L'exemple de cette jeune fille prouvera aux femmes

qu'une personne honnête, eût-elle l'esprit égaré par la vanité ou la démence, ne doit pas entretenir des blessures qu'elle ne veut pas guérir. La pèlerine sentit qu'elle en était arrivée à une extrémité où il lui eût été difficile de prolonger la résistance. Elle se trouvait entre deux amants qui pouvaient excuser chaque importunité par la pureté de leurs intentions, puisqu'ils étaient résolus de réparer leur conduite téméraire par une union solennelle. Voilà où en étaient les choses, et elle le savait bien.

Elle aurait pu se retrancher derrière mademoiselle de Révanne ; elle ne voulait pas le faire, sans doute par égard, par respect pour ses bienfaiteurs. Elle ne se déconcerte point, elle imagine un moyen qui sauve la vertu des deux hommes en les faisant douter de la sienne.

Elle est folle par fidélité, fidélité que ne mérite pas son amant s'il ne sent pas le prix de son sacrifice, dût-il lui rester inconnu.

Un jour que M. de Révanne répondait un peu trop vivement à l'amitié, à la reconnaissance qu'elle lui témoignait, elle prit tout à coup un air de naïveté qui le surprit :

« Votre bonté m'inquiète, Monsieur, permettez-moi de vous en dire franchement la raison. Je sens bien que c'est vous seul qui avez droit à ma reconnaissance, mais je dois vous avouer...

— Fille cruelle ! dit M. de Révanne, je vous comprends. Mon fils a touché votre cœur.

— Hélas ! Monsieur, il ne s'en est pas tenu là. Je ne puis exprimer que par ma confusion...

— Comment, Mademoiselle, vous seriez...

— Je crois que oui, » dit-elle en s'inclinant, et en versant quelques larmes, car les femmes ont toujours une larme pour leur espièglerie, une excuse pour leurs torts.

Si amoureux que fût M. de Révanne, il ne put s'empêcher d'admirer ce nouveau genre d'innocente sincérité sous la coiffe de la maternité, et il trouva la révérence fort à sa place.

« Mais, Mademoiselle, je ne comprends vraiment pas...

— Ni moi non plus, » dit-elle ; et ses larmes coulèrent plus abondantes. Elles coulèrent jusqu'à ce que M. de Révanne, après un moment de fort pénible réflexion, reprit la parole et dit :

« Ceci m'éclaire ! je vois maintenant combien mes prétentions étaient ridicules. Je ne vous fais pas de reproches, et, pour unique punition de la douleur que vous me causez, je vous promets de vous donner sur sa légitime autant de bien qu'il faudra pour éprouver s'il vous aime autant que je le fais.

— Ah ! Monsieur, ayez pitié de mon innocence, et ne lui dites rien. »

Recommander le secret n'est pas le moyen de l'obtenir. Après cette scène, la belle inconnue s'attendait bien à voir arriver son amant. Il parut en effet, et son regard annonçait des paroles terribles. Mais il ne put que bégayer et s'écrier :

« Comment, Mademoiselle, est-il possible !

— Quoi donc, Monsieur ? dit-elle avec un sourire désespérant dans une pareille circonstance.

— Comment ! quoi donc ? Allez, Mademoiselle, vous êtes une jolie créature ! Mais, au moins, il ne faut pas déshériter les enfants légitimes ; c'est bien assez de les accuser. Oui, Mademoiselle, je devine le complot que vous avez ourdi avec mon père. Vous m'attribuez tous deux un fils, et ce fils est un frère, j'en suis sûr ! »

Sans se départir de son calme et de sa sérénité, la belle folle répondit :

« Vous n'êtes sûr de rien, ce n'est ni votre fils ni votre frère ; les garçons sont méchants : je n'en veux point ; c'est une pauvre petite fille, que j'emmènerai bien loin, bien loin des hommes, des méchants, des fous et des infidèles. »

Puis, soulageant son cœur : « Adieu, continua-t-elle, adieu, mon cher Révanne, la nature vous a donné un cœur honnête ; conservez vos principes de franchise. Ils ne sont pas dangereux lorsqu'on est riche. Montrez-vous bon pour les malheureux. Celui qui repousse la prière de l'innocence affligée sera un jour réduit à prier, et ne sera pas écouté. Celui qui ne se fait pas scrupule de mépriser les scrupules d'une fille sans défense deviendra la victime d'une femme sans scrupules. Celui qui ne sent pas ce que doit éprouver une fille honnête lorsqu'on la recherche en mariage n'est pas digne de l'obtenir. Celui qui forme des projets contraires à la raison, aux vues de la famille, uniquement dans le but de satisfaire ses passions, mérite de ne jamais jouir des fruits de sa passion et de l'estime de sa famille. Je crois que vous m'avez sincèrement aimée ; mais, mon cher Révanne, le chat sait bien à qui il lèche la barbe, et si vous devenez jamais l'amant d'une femme honnête, souvenez-vous du moulin de l'infidèle. Apprenez par mon exemple à vous en remettre à la constance et à la discrétion de votre maîtresse. Vous savez si je suis infidèle, votre père le sait aussi. J'ai résolu de courir le monde et de m'exposer à tous les dangers ; je n'en ai assurément rencontré nulle part de plus grands que dans cette maison. Mais, comme vous êtes jeune, je vous dirai à vous seul, et confidentiellement : Les hommes et les femmes ne sont infidèles que s'ils le veulent bien. C'est ce que j'ai voulu prouver à l'ami du moulin, qui me reverra peut-être un jour, si son cœur est assez pur pour regretter ce qu'il a perdu. »

Elle avait cessé de parler, et le jeune Révanne écoutait encore. Il était immobile, comme frappé de la foudre ; puis les larmes coulèrent à flots de ses yeux, et dans cet état d'agitation il courut auprès de sa tante, auprès de son père, en disant : « Mademoiselle s'en va! mademoiselle est un ange, ou plutôt un démon, qui parcourt le monde pour torturer les cœurs! » Mais la pèlerine avait si bien pris ses précautions, qu'on ne put la retrouver. Lorsque le père et le fils se furent expliqués, on reconnut son innocence, ses vertus, sa démence. Malgré toute la peine que s'est donnée, depuis cette époque, M. de Révanne, il a été impossible de se procurer le moindre renseignement sur cette belle personne, qui leur était apparue aussi aimable, aussi fugitive qu'un ange.

CHAPITRE VI

Après un long et profond sommeil, dont les voyageurs avaient grand besoin, Félix sauta vivement à bas de son lit et courut s'habiller. Son père crut remarquer qu'il mettait à sa toilette plus de soin que d'ordinaire ; rien n'était assez ajusté ni propre : il aurait voulu que tout fût neuf et frais. Il courut au jardin et goûta en passant à la collation qu'un domestique apportait aux hôtes, les dames ne devant descendre au jardin qu'une heure plus tard.

Le domestique était habitué à montrer le château aux étrangers. Il conduisait notre ami dans une galerie qui ne contenait que des portraits de personnages célèbres du dix-huitième siècle : nombreuse et noble compagnie ; ces œuvres étaient dues au pinceau et au ciseau des meilleurs artistes. « Vous ne trouverez pas dans tout le château, dit le gardien, un seul tableau qui ait rapport à la religion, à la tradition, à la mythologie, à la légende ou à la fable ; notre maître veut que l'imagination ne soit excitée que par la représentation du vrai. « Nous extra« vaguons déjà bien assez, dit-il souvent, sans qu'il soit « besoin de stimuler par des séductions extérieures cette « dangereuse faculté de notre esprit. »

Wilhelm ayant demandé quand il pourrait rendre ses devoirs, le domestique lui répondit que son maître était sorti de grand matin, selon son habitude. Il disait toujours : « L'attention, c'est la vie ! »

« Vous verrez cette maxime, ajouta le gardien, et d'autres encore où il se peint, inscrites au-dessus des portes ; lisez celle-ci par exemple : « *De l'utile, en passant* « *par le vrai, on va au beau.* »

Les dames avaient déjà fait préparer le déjeuner sous les tilleuls. Félix se livrait autour d'elles à milles espiègleries, et par ses folies cherchait à fixer l'attention, à s'attirer une réprimande d'Hersilie. Les deux sœurs cherchaient, par leur franche et aimable cordialité, à gagner la confiance de leur hôte silencieux qui leur plaisait fort ; elles lui parlaient d'un cousin à elles, absent depuis trois ans, et dont on attendait prochainement le retour ; d'une digne tante qui habitait un château voisin, et qu'elles considéraient comme l'ange gardien de la famille ; son corps était ruiné par la maladie, mais son esprit jouissait d'une brillante santé : on eût dit une sibylle invisible qui prononçait par sa bouche des paroles divines sur les choses humaines.

Wilhelm dirigea la conversation sur les objets présents. Il désirait connaître de plus près le caractère original et actif de l'oncle ; il pensait à cette maxime qui veut nous conduire au beau en partant de l'utile et en passant par le vrai ; il s'efforça d'interpréter ces mots à sa manière, ce qui lui réussit parfaitement et lui valut l'approbation de Juliette.

Hersilie, qui jusqu'alors était restée silencieuse et s'était contentée de sourire, répliqua : « Notre situation, à nous autres femmes, est assez singulière : nous entendons sans cesse répéter les maximes des hommes, nous les voyons inscrites en lettres d'or au-dessus de nos têtes, et cependant, nous autres jeunes filles, nous pourrions les intervertir qu'elles seraient encore justes, comme c'est ici le cas. La *belle* trouve des adorateurs, un fiancé, puis enfin un mari ; elle arrive alors au *vrai*, qui n'est pas toujours très-réjouissant, et, si elle a du bon sens, elle se consacre à l'*utile*, s'occupe de sa maison et de ses enfants, et s'en tient là. C'est du moins ce que j'ai vu bien des fois. Les jeunes filles ont le loisir d'observer et trouvent, la plupart du temps, ce qu'elles n'ont pas cherché. »

Un courrier de l'oncle vint annoncer que la compagnie était invitée à venir dîner à un rendez-vous de chasse voisin, et qu'elle pouvait y venir à cheval ou en voiture. Hersilie se décida pour la cavalcade ; Félix demanda instamment qu'on voulût bien lui donner un cheval. On décida que Juliette irait en voiture avec Wilhelm et que Félix ferait sa première course à cheval à côté de la dame de son jeune cœur.

Juliette et son nouvel ami traversèrent une longue suite de plantations toutes consacrées à l'utile et au rapport ; l'immense quantité d'arbres fruitiers faisait douter que toute cette production pût trouver un débouché.

« Vous êtes arrivé dans notre société par une singulière antichambre, et vous y avez rencontré tant de choses bizarres et étranges, que vous devez désirer, je suppose, connaître le fil qui enchaîne tout cela. Tout repose sur l'esprit et la pensée de mon excellent oncle.

« Les belles années de cet homme éminent se rattachent à l'époque de Beccaria et de Filangieri. Les maximes humanitaires agissaient alors en tous sens. Son esprit actif et son caractère rigide modifièrent ces tendances générales suivant des principes uniquement pratiques. Il ne nous a point caché qu'à son sens cette maxime libérale : « Au plus grand nombre ce qu'il y a de « mieux, » doit être remplacée par celle-ci : « A beaucoup « de gens ce qu'ils désirent. » *Le plus grand nombre* est un terme trop vague ; *ce qu'il y a de mieux* est encore plus difficile à découvrir ; tandis que nous avons toujours autour de nous *beaucoup de gens* ; nous pouvons apprendre *ce qu'ils désirent*, rechercher ce qu'ils doivent désirer ; il est de la sorte possible de faire beaucoup de bien. C'est dans cet esprit qu'on a planté, construit, établi tout ce qui vous entoure, en vue d'un but proche et facile à saisir. Tout cela s'est fait en faveur des nombreux habitants de la montagne.

« Cet excellent homme, ayant l'influence et la richesse, s'est dit : Il ne doit pas y avoir là-haut un seul enfant qui soit privé de cerises ou de pommes ; la ménagère doit pouvoir mettre dans sa marmite des choux, des raves ou quelque autre légume pour varier un peu la monotonie de la pomme de terre. Il s'efforce ainsi à rendre service à tous, ses richesses lui en fournissent la possibilité ; voilà plusieurs années que des revendeurs et des revendeuses se chargent de colporter les fruits dans les gorges les plus reculées de la montagne.

— J'en ai moi-même goûté avec une joie d'enfant, répliqua Wilhelm ; au milieu des sapins et des rochers, dans les endroits où je n'espérais rencontrer rien de pareil, j'ai été plus surpris de trouver ces fruits rafraîchissants que de me sentir venir une pensée pieuse. Les sens de l'esprit sont partout présents, les dons de la nature ne sont distribués sur le globe qu'avec parcimonie.

— Non content de cela, notre digne oncle a mis à la portée des montagnards les produits des pays lointains ; ils trouvent dans ces bâtiments, au pied des monts, des provisions de sel et d'épices. Quant au tabac et à l'eau-de-vie, il laisse ce soin à d'autres : « Ce ne sont pas des « besoins, dit-il, mais des objets de fantaisie ; il y aura « toujours assez de brocanteurs pour s'en occuper. »

On arriva au lieu du rendez-vous ; c'était une vaste maison de forestier ; la société était réunie et la table préparée.

« Asseyons-nous, dit Hersilie ; voici la chaise de mon oncle, mais comme d'habitude il ne viendra probablement pas. Je suis, jusqu'à un certain point, contente que notre nouvel hôte ne doive pas séjourner longtemps chez nous, car il serait fort ennuyeux pour lui de faire connaissance avec notre personnel, qui est l'éternel personnel des romans et des comédies : un oncle original, une nièce douce et l'autre étourdie, une tante sage, et les commensaux de rigueur. Si le cousin revenait, notre hôte verrait un voyageur fantasque qui amènerait peut-être quelques camarades non moins bizarres, et alors la pauvre comédie serait complète et transportée dans la réalité.

— Nous devons respecter les singularités de l'oncle, répondit Juliette ; elles ne gênent personne, elles mettent plutôt chacun à son aise. Rien ne lui est plus désagréable que de régler ses heures de repas, et il dit souvent que les dîners à la carte sont une des plus belles inventions des temps modernes. »

En causant de choses et d'autres, on en vint à parler

de la manie de cet excellent homme de placer partout des inscriptions.

« Ma sœur, dit Hersilie, sait les interpréter toutes ; elle est là-dessus presque aussi forte que le gardien ; quant à moi, je prétends qu'on peut les retourner toutes, et qu'elles sont alors tout aussi vraies, sinon plus vraies.

— J'avoue dit Wilhelm, que parmi ces maximes il y en a qui semblent se détruire elles-mêmes : par exemple, j'ai été fort surpris de lire : *Propriété et communauté*; ces deux idées ne sont pas incompatibles ?

— Il me semble, dit Hersilie en l'interrompant, que notre oncle a emprunté cette manie d'inscriptions aux Orientaux qui vénèrent beaucoup plus qu'ils ne les comprennent les maximes du Coran peintes sur leurs murailles. »

Sans se déconcerter, Juliette répondit à la question de Wilhelm : « Traduisez ces mots par une périphrase, et le sens en ressortira aussitôt. » Après quelques digressions et interruptions, Julie continua son explication. « Chacun cherche à conserver et à accroître les biens que lui ont donnés la nature, la fortune ; il met en œuvre toutes ses facultés, et les fait agir aussi loin que le permet son cercle d'activité ; mais il doit sans cesse se demander comment il fera profiter les autres de ses biens, car le riche n'est estimé qu'autant que les autres jouissent par lui. »

On chercha des exemples, et notre ami se trouva alors dans son élément. On lutta, on surenchérit à qui trouverait le vrai sens de ces mots laconiques. « Pourquoi, disait-on, vénère-t-on le prince, sinon parce qu'il peut provoquer, favoriser l'activité de chacun, et le faire participer, pour ainsi dire, à son pouvoir absolu ? Pourquoi tous les regards se tournent-ils vers le riche, si ce n'est parce qu'il a le plus besoin de rencontrer des gens avec qui il puisse partager son superflu ? Pourquoi tous les hommes envient-ils le poëte ? Parce que sa nature l'oblige à la communication ; qu'elle est la communication même. Le musicien est plus heureux que le peintre ; il dispense ses dons personnellement et immédiatement, tandis que ce dernier ne donne qu'en se séparant de l'objet. »

On passa ensuite aux considérations générales. L'homme doit maintenir fermement sa propriété quelle qu'elle soit ; il doit se faire le centre d'où pourra dériver la communauté ; il faut qu'il soit égoïste pour ne pas le devenir ; qu'il ménage pour pouvoir dépenser. A quoi bon donner son bien aux pauvres ? Ne vaut-il pas mieux se faire leur intendant ? Voilà le sens de ces mots : *Propriété et communauté*. Il ne faut jamais toucher au capital ; les intérêts, jetés dans la circulation, appartiendront à chacun.

On avait reproché à l'oncle, à ce qu'il paraît, de ne pas tirer de ses domaines le revenu dont ils étaient susceptibles. A cela il répondait : « Cette diminution de recettes, je la regarde comme une dépense agréable, puisqu'elle me permet de faciliter la vie à mes semblables. Cela m'évite la peine de recueillir un bénéfice pour le distribuer de nouveau ; et, de la sorte, la balance se fait. »

En s'entretenant ainsi avec leur nouvel ami, les dames touchèrent encore différents sujets, et la confiance qui s'établissait entre eux les amena à parler du cousin dont on attendait le retour.

« Nous supposons que son étrange conduite est concertée entre lui et mon oncle. Depuis plusieurs années, il ne nous donne pas la moindre nouvelle et nous envoie de temps à autre d'aimables présents, qui nous indiquent allégoriquement l'endroit où il se trouve. Tout d'un coup il nous écrit d'un lieu tout voisin d'ici ; mais il ne veut pas nous voir avant de savoir dans quelle situation nous sommes. Cette conduite n'est pas naturelle; il faut que nous connaissions avant son retour quel mystère se cache derrière ces précautions. Ce soir, je vous donnerai un paquet de lettres qui vous en apprendront davantage sur son compte. »

Hersilie ajouta : « Hier je vous ai fait faire connaissance avec une folle vagabonde ; aujourd'hui vous allez voir un voyageur extravagant.

— Avoue, dit Juliette, que tu as un but en faisant cette communication. »

Hersilie demandait le dessert avec quelque impatience, lorsqu'on vint annoncer que l'oncle l'avait fait servir sous le grand berceau, où il désirait le prendre avec la société. En traversant le jardin, Wilhelm remarqua une cuisine portative, dont on était en train d'emballer bruyamment les casseroles, les assiettes et les plats. On trouva le vieux seigneur sous un vaste berceau, assis devant une grande table ronde qu'on couvrit de fruits, de biscuits et de friandises dès que la société prit place. L'oncle demanda ce qui s'était passé, de quoi on avait parlé. Hersilie s'empressa de répondre : « Notre hôte serait assurément resté fort embarrassé en face de vos inscriptions laconiques, si Juliette n'était venue à son secours et ne les lui avait longuement commentées.

— Tu en as toujours à Juliette, dit l'oncle ; c'est une brave fille, qui cherche à s'instruire et à comprendre.

— Je voudrais bien oublier ce que je sais ; quant à ce que j'ai compris, je n'en fais pas non plus grand cas, » répondit Hersilie en riant.

A ces mots, Wilhelm prit la parole et dit : « Je sais apprécier des sentences concises, surtout lorsqu'elles m'amènent à méditer sur les contrastes et à en chercher les rapports.

— Parfaitement! répondit l'oncle, l'homme raisonnable n'a jamais eu de sa vie d'autre occupation. »

Cependant la table ronde se garnit peu à peu, en sorte que les derniers venus eurent de la peine à se placer. C'étaient les deux employés, des chasseurs, des écuyers, des jardiniers, des forestiers, et autres personnages dont il n'était pas facile de préciser les fonctions. Chacun avait quelque chose de nouveau à raconter ; le vieux seigneur les laissait dire, et provoquait même leurs récits par des questions bienveillantes. Puis il se leva, et, saluant la société qu'il pria de ne pas se déranger, il s'éloigna avec les deux employés. Tout le monde avait mangé des fruits, et les jeunes gens, tout sauvages qu'ils parussent, se régalèrent des sucreries. Les femmes, s'apercevant que leur hôte était assez étonné de tout ce qui se passait, lui donnèrent les explications suivantes : « Vous venez de voir l'application des bizarres principes de mon oncle. Il prétend que la plus admirable invention du siècle, c'est l'usage qui s'est établi de manger à la carte dans les auberges, à de petites tables séparées ; il s'est empressé d'introduire cet usage dans sa famille. Quand il est de bonne humeur, il s'amuse à décrire les horreurs d'un repas de famille, où chacun arrive avec des préoccupations différentes, écoute malgré lui, parle avec distraction, boude en silence, et, lorsque le malheur veut qu'il y ait des enfants, met le comble à la mésintelligence par ses observations pédagogiques. «On a assez d'ennuis à supporter, dit-il ; je me « suis débarrassé de celui-là. » Il paraît rarement à notre table, et ne s'assied que quelques instants sur la chaise qui reste toujours libre à son intention ; il se fait suivre partout de sa cuisine portative, mange habituellement seul et laisse les autres s'arranger. Lorsqu'il annonce d'avance un déjeuner ou une collation, tous ses employés se réunissent et y prennent part, ainsi que vous l'avez vu. Cela lui fait plaisir; mais il ne faut pas venir si l'on n'a pas bon appétit; on ne doit quitter la table que lorsqu'on est rassasié. De cette façon, il est toujours sûr d'être entouré de gens qui apprécient ce qu'ils mangent. « Lors-« qu'on veut rendre les hommes heureux, dit-il souvent, « il faut tâcher de leur procurer ce qu'ils ne peuvent se « procurer que rarement et peut-être jamais. »

Au retour, un accident imprévu causa quelque émotion à la société. Hersilie dit à Félix qui chevauchait à côté d'elle : « Vois donc, qu'est-ce que c'est que ces fleurs qui couvrent tout le côté méridional de la colline, je n'en ai jamais vu de semblables. » Félix lança aussitôt son cheval vers l'endroit indiqué, et revenait avec une poignée de fleurs qu'il agitait en l'air, lorsque tout d'un coup il disparut avec sa bête. Il était tombé dans un fossé. Deux cavaliers se détachèrent de la société et coururent sur la place.

Wilhelm voulut descendre de voiture, Juliette le retint. « On est déjà allé à son aide, et chez nous la règle est que ceux-là seuls doivent se déranger qui peuvent être d'un secours efficace. »

Hersilie arrêta son cheval. « Oui, dit-elle, les médecins sont rarement nécessaires, mais à tout moment on peut avoir besoin de chirurgiens. »

Quelques instants après Félix reparut la tête bandée, tenant son bouquet à la main. Il l'offrit glorieusement à sa souveraine, qui en échange lui tendit un léger fichu de couleur : « Ce bandeau blanc ne te va pas, dit-elle, ceci sera bien plus joli. » On revint au château sans inquiétude, mais disposé à de tendres épanchements.

Il était tard, on se sépara avec l'heureuse certitude de se revoir le lendemain matin. La lecture de la correspondance suivante tint une partie de la nuit notre ami éveillé et pensif.

Léonard à la Tante.

« Voici, depuis trois ans, la première lettre que vous recevez de moi, chère tante, conformément à nos conventions qui ne laissent pas que d'être singulières. Je voulais voir le monde, m'y livrer entièrement, oublier pendant tout ce temps la patrie d'où je venais et où j'espérais rentrer. Je voulais avoir l'impression tout entière, et il ne fallait pas que le détail vînt me troubler. Nous nous sommes cependant donné de temps en temps signe de vie. J'ai reçu votre argent, et vous ai envoyé de petits cadeaux pour mes parents. Les objets que je vous ai adressés ont dû vous indiquer où et comment je me trouvais. Les vins ont fait deviner à mon oncle les pays que je visitais; les dentelles, les colifichets, les objets d'acier ont marqué pour les dames mon passage par le Brabant, la France et l'Angleterre ; je retrouverai sur vos bureaux vos chiffonniers, vos tables à thé, dans vos négligés et vos robes de bal, mille souvenirs auxquels je rattacherai mes récits de voyage. Vous m'avez accompagné sans entendre parler de moi, et vous n'êtes peut-être pas curieuse d'en savoir davantage. Mais moi j'attends de votre bonté des renseignements sur le cercle où je suis sur le point de rentrer. Je voudrais revenir de l'étranger comme un étranger qui, pour être agréable, s'informe d'abord des goûts et des habitudes de la maison, et ne se figure pas qu'on va se plier à ses allures à lui pour l'amour de ses beaux yeux et de ses beaux cheveux. Parlez-moi donc du bon oncle, des chères nièces, de vous-même, des parents proches et éloignés, des anciens et des nouveaux serviteurs. Enfin laissez en faveur de votre neveu courir à sa fantaisie sur le papier votre plume exercée, qui est restée si longtemps inactive. Votre missive instructive sera la lettre de crédit avec laquelle je me présenterai dès que je l'aurai reçue. Il ne dépend donc que de vous de me serrer dans vos bras. On change beaucoup moins qu'on ne croit, et les circonstances ne varient guère. Ce n'est pas ce qui a changé, mais ce qui est resté, ce qui s'est peu à peu modifié, que je veux reconnaître du premier coup, et me revoir moi-même dans le miroir de l'amitié et de l'habitude. Saluez nos parents de tout cœur, et croyez bien que dans la bizarrerie de mon absence et de mon retour il y a autant de véritable chaleur que dans bien des témoignages assidus d'amitié et de dévouement. Mille salutations à tous et à chacun !

« *P. S.* N'oubliez pas, chère tante, de me dire un mot de nos hommes d'affaires, de nos baillis et de nos fermiers. Qu'est devenue Valérine, la fille de ce fermier que, peu de temps après mon départ, notre oncle a chassé, avec justice, mais à mon avis un peu trop durement? Vous voyez que je me souviens de bien des choses, je me souviens de tout. Vous pourrez m'interroger sur le passé, lorsque vous m'aurez mis au courant du présent. »

La Tante à Juliette.

« Enfin! chers enfants, une lettre après trois ans de silence. Comme les hommes bizarres sont bizarres! Il croit que ses marchandises et ses cadeaux valent une seule bonne parole que l'ami écrit à l'ami. Il se figure même être en avance sur nous, et veut que nous fassions les premiers ce qu'il a si durement refusé de faire pour nous. Je le satisferais cependant en lui envoyant une longue lettre, si je ne sentais pas venir ma migraine, qui me permet à peine d'aller jusqu'au bas de cette page. Nous désirons tous le revoir. Chargez-vous de le lui dire, chères nièces. Si je suis rétablie avant que vous ayez envoyé votre lettre, j'y mettrai mon mot. Distribuez-vous les personnes et les événements dont vous aimez le plus à parler. Vous ferez cela mieux que moi. Le messager me rapportera sans doute un mot de vous. »

Juliette à la Tante.

« Nous nous sommes empressées de lire votre lettre, nous avons réfléchi, et le messager vous donnera notre avis personnel ; mais nous avons tout d'abord déclaré que nous ne sommes pas aussi indulgentes que notre tante à l'égard de notre enfant gâté de cousin.

« Après qu'il nous a caché ses cartes pendant trois ans, faut-il lui montrer les nôtres, et jouer à jeu découvert contre jeu fermé ? Cela n'est pas juste, j'y consens cependant ; car le plus fin se trompe souvent, précisément parce qu'il est trop sur ses gardes. Mais nous ne sommes pas d'accord sur ce que nous devons lui dire, et sur la façon dont nous devons le faire. Écrire ce qu'on pense des siens, c'est pour nous une tâche au moins singulière. Ordinairement on n'a d'opinion sur eux que dans telle ou telle circonstance, lorsqu'ils nous causent du plaisir ou de la peine ; le reste du temps on se prend comme on est. Vous seule pouvez faire cela, chère tante ; vous possédez en même temps la pénétration et l'indulgence. Hersilie qui, comme vous le savez, est facile à s'enflammer, m'a improvisé une satire contre toute la famille ; je voudrais qu'elle fût couchée sur le papier, cela vous ferait rire même au milieu de vos souffrances ; mais il ne faudrait pas qu'on l'envoyât à Lénardo. Mon avis est de lui remettre la correspondance que nous avons échangée pendant ces trois années; qu'il la parcoure, s'il en a le courage ; ou qu'il vienne voir par lui-même ce qu'il n'aura pas lu. Vos lettres, chère tante, sont en ordre et à votre disposition. Hersilie n'est pas de mon avis, elle dit que ses papiers ne sont pas classés, etc., etc. Vous en jugerez par son billet. »

Hersilie à la Tante.

« Je veux et je dois être brève, chère tante, car le messager a l'impolitesse de s'impatienter. Je trouve qu'il serait déplacé et d'une bienveillance excessive de communiquer nos lettres à Lénardo. Qu'a-t-il besoin de savoir le bien et le mal que nous avons dit de lui ; le mal surtout, qui plus que le bien lui prouverait combien nous l'aimons ! Serrez-lui la bride, je vous en prie. Il y a quelque chose de circonspect et de présomptueux dans cette conduite, dans ces exigences ; ces messieurs qui reviennent de l'étranger n'en font jamais d'autres! Ils regardent comme des êtres incomplets ceux qui sont restés à la maison. Donnez votre migraine pour excuse. Soyez sûre qu'il viendra ; et s'il ne vient pas, nous attendrons encore un peu. Peut-être imaginera-t-il de s'introduire chez nous d'une façon mystérieuse et étrange, de nous revoir sans se faire connaître : Dieu sait ce qui peut entrer dans les plans d'un homme si sage. Voilà qui serait joli et singulier ! Cela amènerait une foule d'incidents qui n'auraient pas lieu s'il rentre dans sa famille par la voie diplomatique, ainsi qu'il en a le projet.

« Le messager ! le messager ! dressez donc un peu mieux vos domestiques, ou envoyez-en de jeunes. Celui-ci ne cède ni au vin ni aux cajoleries. Adieu, mille fois adieu!

« *P. S.* Au sujet du *P. S.* — Dites-moi, que signifie le post-scriptum du cousin, à l'endroit de Valérine? Cette question me choque doublement. C'est la seule personne qu'il nomme par son nom. Nous autres nous sommes des nièces, des tantes, des gens d'affaires, nous ne sommes pas des individus, mais des catégories. Valérine, la fille de notre bailli! Il veut sans doute parler de cette blonde enfant qui aura ébloui monsieur mon cousin avant son départ. Elle est mariée et heureuse. Je n'ai pas besoin de vous l'apprendre. Mais il n'en sait pas plus à ce sujet qu'à notre endroit. N'oubliez donc pas de lui annoncer, en post-scriptum, que Valérine est devenue plus belle de jour en jour, ce qui lui a permis de trouver un excellent parti, qu'elle est la femme d'un riche propriétaire, que la belle blonde est mariée. Dites-lui cela bien clairement. Mais ce n'est pas encore tout, chère tante. Comment se fait-il qu'il se souvienne si bien de la blonde beauté et qu'il la confonde avec la fille du mauvais fermier, une brune, étourdie, qui se nomme Nachodine, et qui s'est mariée Dieu sait où? Cela me dépasse et m'intrigue singulièrement; il me semble que monsieur mon cousin, qui se vante de sa bonne mémoire, confond d'une étrange façon les noms et les personnes. Peut-être a-t-il conscience de sa faiblesse et cherche-t-il à raviver ses souvenirs par les détails qu'il attend de vous. Serrez-lui la bride, je vous le répète; mais tâchez de savoir ce qu'il en est des Valérines et des Nachodines, et quelles sont les *Ines* et *Trines* qui paraissent occuper uniquement son imagination, tandis que les *Ettes* et les *Ilies* en sont complétement disparues!... Le messager!... Le maudit messager! »

La Tante aux Nièces.
(Ce billet a été dicté.)

« Pourquoi tant de dissimulation envers les personnes avec lesquelles on doit passer sa vie ? Lénardo, malgré toutes ses bizarreries, mérite notre confiance. Je lui envoie vos deux lettres : elles lui apprendront à vous connaître, et j'espère que nous autres nous trouverons bientôt une occasion de nous montrer à lui. Adieu, je souffre beaucoup. »

Hersilie à la Tante.

« Pourquoi tant de dissimulation envers les personnes avec lesquelles on doit passer sa vie ? Lénardo est un neveu gâté ! C'est affreux de lui avoir envoyé nos lettres. Elles ne lui apprendront nullement à nous connaître, et je ne désire qu'une occasion de me montrer à lui sous un tout autre jour. Vous faites souffrir les autres de vos souffrances et de votre aveuglement. Je vous souhaite prompte guérison de vos souffrances ; quant à votre tendresse aveugle, elle est incurable. »

La Tante à Hersilie.

« J'aurais envoyé à Lénardo ton dernier billet avec les autres, si j'avais persisté dans le projet que m'avaient inspiré mon incorrigible affection, mes souffrances et ma paresse. Vos lettres ne sont pas parties. »

Wilhelm à Nathalie.

« L'homme est un être sociable et bavard ; il est heureux de pouvoir user des facultés dont il est doué, même lorsqu'il ne doit rien en résulter. On se plaint, dans la société, de ceux qui ne laissent parler personne ; on pourrait se plaindre aussi de ceux qui ne vous laissent pas écrire, si écrire n'était pas un travail qui demande qu'on soit seul et isolé.

« La quantité de choses que les hommes écrivent est inconcevable. Je ne parlerai pas de ce qui est imprimé, quoique ce soit déjà assez. Mais ce qui circule sans bruit sous forme de lettres, de nouvelles, d'histoires, d'anecdotes, de descriptions traitant de la situation présente de certains individus, on ne peut s'en faire une idée si l'on ne vit pas quelque temps, comme je le fais, dans une famille cultivée. Dans la sphère où je me trouve actuellement, on passe, à communiquer à ses parents et à ses amis les choses dont on s'occupe, presque autant de temps qu'on en met à s'occuper de ces choses. Cette observation, qui me poursuit depuis plusieurs jours, je la fais d'autant plus volontiers que la manie d'écrire de mes nouveaux amis me fournit l'occasion de connaître promptement et sous toutes leurs faces les rapports qui existent entre eux. On me confie, on me donne un paquet de lettres, une couple de cahiers d'un journal de voyage, les confessions d'un cœur qui n'est pas encore d'accord avec lui-même, et me voilà de la maison. Je connais la société qui m'entoure, je connais les personnages que je vais voir bientôt, et j'en sais sur leur compte presque plus qu'eux-mêmes, parce qu'ils sont embarrassés dans leur situation, tandis que moi je plane au-dessus d'eux, ma main dans ta main, et discourant de tout cela avec toi. Aussi, ma première condition, avant d'accepter une confidence, est de pouvoir t'en faire part. Voici donc quelques lettres qui t'introduiront dans la famille où je séjourne actuellement sans pour cela rompre ni éluder mon vœu. »

CHAPITRE VII

Le lendemain de grand matin, notre ami se promena seul dans la galerie, et prit plaisir à considérer mainte figure connue ; un catalogue qui se trouvait là lui donna l'indication de celles qu'il ne connaissait pas. Le portrait, comme la biographie, offre un intérêt tout particulier : l'homme important, qu'on ne peut habituellement distraire de son entourage, se présente isolé et se pose devant nous comme devant un miroir. Nous portons sur lui toute notre attention, nous nous occupons exclusivement de lui, de même qu'il s'occupe complaisamment de sa personne lorsqu'il est en face de sa glace. Celui-ci est un général qui personnifie toute l'armée et qui laisse à l'arrière-plan les empereurs ou les rois pour lesquels il combat. Voici un habile courtisan qui semble nous faire la cour, car nous oublions le grand monde pour lequel il a façonné ses grâces. Ce qui surprenait surtout notre ami, c'était la ressemblance de plusieurs de ces personnages éteints depuis longtemps avec d'autres hommes vivants qu'il avait connus et vus de ses propres yeux, la ressemblance de ses personnages avec lui-même ! Et pourquoi des ménechmes-jumeaux ne naîtraient-ils que d'une seule mère ? La grande mère des dieux et des hommes ne peut-elle faire sortir de son sein fécond deux images semblables, simultanément ou à des intervalles éloignés ?

Enfin notre spectateur sensible ne put se dissimuler que, parmi les figures qui flottaient devant ses yeux, les unes attiraient, les autres inspiraient de l'antipathie.

Le maître de la maison le surprit dans cette contemplation ; Wilhelm s'entretint avec lui de ces objets, et cette franchise acheva de lui gagner les bonnes grâces de l'oncle. En effet, on le conduisit dans les chambres réservées, devant les portraits extrêmement précieux d'hommes célèbres du seizième siècle, représentés dans leurs costumes et leurs allures intimes; ils ne posaient ni devant un miroir ni devant le spectateur; ils étaient abandonnés à eux-mêmes, agissant par leur propre personnalité et non pas à dessein.

Le vieillard, charmé de voir son hôte apprécier ce passé si magnifiquement représenté, lui montra des autographes de plusieurs personnages dont il avait parlé dans la galerie, ainsi que différents objets d'une authenticité irrécusable et attestée.

« Voilà ma poésie, dit-il en souriant; mon imagination a besoin de s'arrêter sur quelque chose; j'ai peine à croire que ce qui n'est pas ait jamais été. Je cherche à me procurer les renseignements les plus rigoureux sur ces reliques du passé, autrement, je ne les admets pas. C'est surtout pour les traditions écrites que je suis sévère : car je crois bien que le moine a écrit la chronique, mais, quant à ce que dit la chronique, j'y crois rarement. » Enfin, il présenta à Wilhelm une feuille de papier blanc en le priant d'y tracer quelques lignes, mais sans signer; puis il souleva une tapisserie et le fit passer dans la salle où il trouva le gardien.

« Je suis charmé, lui dit cet homme, que vous plaisiez à notre maître ; ce qui le prouve, c'est que vous êtes passé par cette porte. Savez-vous pour qui il vous prend? Il croit que vous êtes un précepteur pratique, il soupçonne que l'enfant est d'une haute naissance, et confié à votre direction pour que vous l'initiiez de bonne heure et par principes au monde et à ses aspects variés.

— C'est trop d'honneur, dit Wilhelm, mais ces paroles ne seront pas perdues. »

A déjeuner, il trouva son Félix déjà empressé auprès des dames; elles exprimèrent le vœu, puisqu'on ne pouvait le retenir plus longtemps, qu'il se rendît auprès de la noble tante Macarie, et peut-être de là auprès du cousin, pour mettre un terme à cette singulière irrésolution et en connaître la cause. Il deviendrait ainsi membre de la famille, leur rendrait un service signalé, et se trouverait immédiatement et sans préliminaire en rapport intime avec Lénardo.

Wilhelm répondit : « Je suis prêt à aller partout où vous m'enverrez, je me suis mis en route pour voir et pour penser, j'ai appris auprès de vous plus que je ne pouvais espérer, et je suis persuadé qu'il en sera de même sur la route que vous venez de m'indiquer.

— Et toi, gentil vaurien, qu'apprendras-tu ? » dit Hersilie.

L'enfant répondit hardiment :

« J'apprendrai à écrire pour t'envoyer des lettres, et à monter à cheval pour venir te retrouver. »

Hersilie devint pensive et dit : « L'adoration de mes contemporains ne m'a jamais bien réussi, il semble que la génération suivante veuille me dédommager. »

Maintenant nous voyons, comme notre ami, s'approcher l'heure de la séparation avec un vif chagrin; nous désirerions nous faire une idée claire des singularités de cet homme extraordinaire, des événements qui ont marqué la vie de son excellent hôte. Pour ne pas être trompé dans notre appréciation, nous avons dû remonter aux sources, et diriger notre attention sur l'existence entière de cette vénérable personne. Voici le résultat de nos recherches :

Son grand-père avait été attaché à une ambassade en

Angleterre, pendant les dernières années de William Penn. L'extrême bonté, les nobles intentions, l'infatigable activité de ce grand homme, la lutte qu'il soutenait contre le monde entier, les dangers, les tourments sous lesquels il semblait succomber, intéressèrent vivement l'âme impressionnable du jeune homme. Il s'associa à l'entreprise, et partit pour l'Amérique. Le père de notre vieillard naquit à Philadelphie, et tous deux étaient fiers d'avoir contribué à établir dans les colonies la liberté du culte.

C'était l'application de ce principe, qu'une nation distincte, possédant des mœurs et une religion uniforme, doit se garder de toute innovation, de toute influence étrangère ; mais que, sur un sol vierge où l'on veut des gens de tous les pays, on doit favoriser l'activité illimitée de l'industrie et le libre développement des idées morales et religieuses.

Au commencement du dix-huitième siècle, on était très-vivement porté vers l'Amérique ; tout ce qui ne se trouvait pas à son aise de ce côté-ci comptait rencontrer là-bas l'indépendance ; on avait de plus l'espérance d'acquérir facilement d'immenses propriétés, à une époque où la population ne s'était pas encore portée vers l'Ouest. On trouvait à acheter, sur les limites des pays habités, de véritables principautés ; le père de notre vieillard s'était fait de ce côté un établissement considérable.

Mais les sentiments des enfants ne sont pas toujours d'accord avec ceux de leurs pères, et c'est ce qui eut lieu dans cette occasion. Le jeune homme, envoyé en Europe, se trouva dans un monde tout différent de l'autre : cette inappréciable civilisation, née depuis plusieurs milliers d'années, développée, répandue, étouffée, comprimée, mais jamais entièrement détruite, reprenant haleine, s'animant de nouveau, et se manifestant comme autrefois dans son activité infinie, lui inspira de tout autres idées sur le degré de perfectionnement que l'homme peut atteindre. Il aima mieux prendre sa part de ses immenses avantages, se perdre dans cette masse active et organisée, que de reculer de plusieurs siècles et d'aller jouer au delà des mers le rôle d'Orphée et de Lycurgue ; il disait : « L'homme a partout besoin de patience, il a partout des ménagements à garder, et je préfère m'arranger avec mon souverain, obtenir de lui telle ou telle liberté, transiger avec mes voisins pour qu'ils me fassent telle ou telle concession, plutôt que d'aller me battre avec les Iroquois, les exterminer, les leurrer par des traités, ou les chasser de leurs marais, où l'on est persécuté par les moustiques. »

Il se chargea des biens de la famille, les administra libéralement, les exploita avec intelligence, les accrut de terrains qui avaient jusqu'alors passé pour stériles, et dans ce monde civilisé, qui, dans un certain rapport, peut être considéré comme un désert, il sut acquérir et fertiliser un domaine qui, au milieu de tant d'entraves, est encore une assez belle utopie.

Dans ce domaine la liberté religieuse est chose naturelle ; le culte public est un libre aveu qui indique qu'on est uni à la vie et à la mort ; aussi veille-t-on soigneusement à ce que personne ne s'isole.

On remarque dans chaque exploitation des bâtiments de moyenne grandeur ; les propriétaires du fonds sont tenus de les construire au profit de la commune ; c'est là que se réunit le conseil des anciens, c'est là que se rassemblent les membres de la commune pour y recevoir des enseignements techniques et de pieuses exhortations. Ce lieu sert également aux réjouissances ; on y danse aux jours de noces, et on y fait de la musique.

Dans tout ceci la nature peut nous servir de guide.

Sous un ciel presque constamment serein, nous voyons se rassembler, sous le même tilleul, les anciens pour tenir conseil, le peuple pour s'édifier, les jeunes gens pour danser. La sainteté est si belle quand elle a pour base une vie sérieuse ! La gravité et la sainteté tempèrent le plaisir, et ce n'est que par la tempérance que nous nous conservons.

Si la commune ne partage pas ces sentiments et qu'elle soit assez riche, elle est libre de consacrer des bâtiments distincts à ces différentes occupations.

Voilà ce qu'on fait pour le culte extérieur et pour la décence publique; mais la religion propre n'en reste pas moins une chose intime, individuelle ; elle n'a affaire qu'à la conscience, qui doit être excitée ou calmée : excitée quand elle est émoussée, inactive, inefficace ; calmée lorsqu'elle menace d'empoisonner la vie par les angoisses du repentir. Car elle est bien voisine du chagrin, qui lui-même ne tarde pas à dégénérer en désespoir, lorsque nous avons causé, à nous ou aux autres, un malheur par notre propre faute.

Comme les hommes ne sont pas toujours disposés aux méditations du genre de celles qu'on exige ici de nous, on y consacre le dimanche, où l'on doit s'entretenir de tout ce qui nous inquiète, sous le rapport religieux, moral, social et économique.

« Si vous restiez quelques jours avec nous, dit Juliette, je suis sûre que notre dimanche ne vous déplairait point. Après-demain matin vous remarquerez un silence complet, chacun reste seul et se livre à une méditation prescrite. L'homme est un être borné, et le dimanche est consacré à réfléchir sur cette infériorité. A-t-on un mal physique, que les occupations de la semaine ont fait négliger, on doit, avant d'en commencer une nouvelle, consulter le médecin. Si nos embarras concernent nos affaires, nos employés sont tenus d'en délibérer sur-le-champ; s'ils sont relatifs à la religion, à la morale, nous devons aller trouver un ami, un sage, implorer ses conseils, son assistance : enfin, notre loi nous défend d'apporter dans la semaine qui commence une affaire qui nous inquiète ou nous tourmente. Le plus sûr moyen de se débarrasser de devoirs pénibles, c'est de les remplir consciencieusement, et, quant à ce que nous ne pouvons complétement résoudre, nous nous en remettons à Dieu, comme à l'Être essentiellement juste et essentiellement libérateur. Notre oncle lui-même se soumet à cette épreuve; dans certains cas il nous avoue avoir rencontré des difficultés qu'il ne pouvait pas surmonter au premier moment; la plupart du temps il s'adresse à notre tante, qu'il va voir souvent. Le dimanche soir, il ne manque pas de nous demander si nous avons bien tout confessé, tout réglé. Vous voyez que nous mettons tous nos soins à ne pas être compris dans votre ordre, dans la société des Renonçants.

— C'est une jolie vie ! s'écria Hersilie ; si je me résigne un jour sur sept, c'est autant à déduire des trois cent soixante-cinq.»

Au moment où Wilhelm allait partir, le jeune employé lui remit un paquet accompagné d'une lettre dont nous extrayons le passage suivant :

« Il me semble que chaque nation est dominée par un sens différent, dont la satisfaction peut seule la rendre heureuse; cela se remarque même chez les individus. Celui qui a l'oreille remplie de sons harmonieux et réguliers me saura-t-il gré de lui placer devant les yeux le plus excellent tableau ? Un amateur de peinture veut voir ; il n'admettra pas qu'une imagination puisse être excitée par un roman ou un poëme. Qui donc est assez bien doué pour jouir de différentes manières?

« Mais vous, ami passager, vous m'avez paru être de ce petit nombre, et, si vous avez su apprécier l'élégance d'une anecdote française, vous ne dédaignerez pas la simple et franche loyauté d'un intérieur allemand, et vous me pardonnerez si ma nature, ma manière de penser, ma naissance et ma position me font préférer à tout un tableau de la classe moyenne allemande, dans la pure sphère de la vie domestique.

« Lisez cela, et souvenez-vous de moi ! »

CHAPITRE VIII
QUEL EST LE TRAITRE.

« Non, non ! s'écria-t-il en entrant précipitamment dans la chambre à coucher qu'on lui avait indiquée et en déposant le flambeau, non ! c'est impossible ! Mais à qui m'adresser? C'est la première fois que je pense autrement que lui, la première que je sens que je veux autre chose... O mon père ! si tu pouvais me voir sans être vu, tu te convaincrais alors que je suis toujours le même, le même fils fidèle, soumis et tendre... Dire non ! résister au vœu le plus cher, si longtemps caressé de mon père ! Comment le lui avouer? comment dire : «Non, je ne puis « épouser Julie. » Je tremble rien qu'en prononçant ces mots : que sera-ce lorsque je les répéterai à mon bon, à mon cher père ! Il me regarde tout saisi et se tait, il secoue la tête. Cet homme si éclairé, si raisonnable, ne trouve pas un mot à me dire. Malheur à moi ! Oh! je sais bien à qui je voudrais confier mon tourment, mon désespoir ; qui je voudrais charger d'intercéder pour moi. C'est toi seule, Lucinde ! Je te dirais d'abord combien je t'aime, combien j'ai confiance en toi et, suppliant, je m'écrierais : « Défends-moi, et, si tu peux m'aimer, si « tu veux être à moi, défends-nous tous deux. »

Une longue explication est nécessaire pour rendre intelligible ce monologue court et passionné.

Le professeur N***, à N***, avait un fils d'une remarquable beauté, qu'il avait laissé jusqu'à l'âge de huit ans sous la direction de son épouse, la plus estimable des femmes ; elle avait consacré chaque jour, chaque heure de la vie de l'enfant à le préparer à recevoir une bonne éducation et une sérieuse instruction. Elle mourut, et le père sentit qu'il n'était pas capable de continuer l'œuvre de sa femme. Jusqu'alors les parents avaient été constamment d'accord sur le but qu'ils poursuivaient, ils étaient convenus de ce qu'il y avait à faire pour la suite, et la mère avait accompli tout avec sagesse. L'inquiétude du père fut doublée à la suite de ce triste événement ; car il savait bien que les fils des professeurs ne peuvent, à moins d'un miracle, faire de bonnes études dans les universités où se trouvent leurs pères.

Dans cette perplexité, il s'adressa à son ami, le grand bailli de R..., avec lequel il avait déjà combiné des plans d'alliance. Celui-ci l'aida de ses conseils, et fit entrer le jeune homme dans une de ces bonnes institutions qui florissaient en Allemagne, et où l'on formait l'homme tout entier, sous le rapport du corps, de l'âme et de l'esprit.

Le fils parti, le père se trouvait trop seul, séparé de sa femme, privé de la société de son enfant, qu'il avait vu élever d'une façon si satisfaisante, sans avoir eu à s'en occuper. Cette fois encore l'amitié du grand bailli vint à son secours ; la distance qui séparait leurs résidences disparut devant le désir et le besoin de se remuer et de se distraire. Le savant, veuf, trouva dans cette famille, qui avait également perdu sa mère, deux jeunes filles d'un caractère et d'une beauté tout à fait opposés, et les deux pères se confirmaient de plus en plus dans leur espoir de voir un jour leurs deux maisons heureusement alliées.

Ils vivaient dans une paisible principauté; l'emploi de l'excellent homme était inamovible, et il était à peu près sûr de pouvoir disposer de la survivance. Aussi, d'accord avec sa famille et le ministre, il fut résolu que Lucidor dirigerait ses études en vue de remplir un jour le poste important qu'occupait son futur beau-père. On ne négligea rien pour lui communiquer toutes les connaissances, pour développer en lui tous les talents qu'exige le service de l'État; les règles du droit étroit et celles du droit arbitraire qui se repose sur la sagesse et l'habileté du juge; le calcul pour les usages journaliers sans laisser cependant de côté les considérations plus élevées, mais seulement en tant qu'elles intéressent directement la vie.

Lucidor ayant achevé dans cet esprit les années d'école, son père et son protecteur lui firent aborder ses études universitaires. Il montrait en chaque chose les plus beaux talents, et avait reçu de la nature le don précieux d'appliquer ses facultés à l'objet vers lequel on le dirigeait; par amour pour son père, par respect pour son ami, il fit d'abord par obéissance, puis par conviction. On l'envoya dans une académie étrangère, et ses propres lettres, ainsi que le témoignage de ses maîtres et de ses surveillants, indiquèrent qu'il suivait bien la route qui devait le conduire au but. Le seul reproche qu'on pût lui faire, c'était de mettre dans ses études une ardeur trop impatiente. Là-dessus le père secouait la tête, et le grand bailli clignait de l'œil. Qui n'aurait désiré avoir un tel fils?

Cependant Juliette et Lucinde grandissaient. La cadette, espiègle, aimable, légère, amusante ; l'aînée, difficile à caractériser, car dans sa droiture et sa pureté elle présentait ce que nous désirerions trouver dans toutes les femmes. On se rendait de fréquentes visites, et Julie trouvait dans la maison du professeur d'inépuisables sujets d'amusement.

La géographie faisait l'objet de son cours, il savait la rendre intéressante en la mêlant de topographie ; et, dès que Julie s'était procuré un de ces volumes sortis de l'office de Homann et dont le professeur possédait la collection, elle passait en revue les différentes cités, les jugeant, les approuvant et les critiquant ; elle avait une préférence marquée pour les ports de mer ; les autres villes n'obtenaient son approbation qu'à la condition d'être hérissées de force tours, coupoles et minarets.

Son père la laissait des semaines entières chez cet ami éprouvé ; elle faisait de sensibles progrès, et connaissait fort passablement les traits distinctifs et les principales divisions du monde habité. Les costumes des nations étrangères attiraient surtout son attention, et lorsque le professeur lui demandait en riant si parmi tous ces jolis jeunes gens qui allaient et venaient devant la fenêtre, il ne s'en trouvait pas qui lui plussent plus que les autres, elle répondait : « Oui, sans doute, s'ils ont l'air bien étrange. » Comme nos jeunes étudiants ne sont jamais en défaut sur ce point, elle avait souvent occasion de s'intéresser à tel ou tel ; en le voyant, elle se rappelait un costume étranger quelconque, mais elle finissait par assurer qu'il faudrait au moins un Grec, en grande tenue nationale, pour qu'elle lui accordât une attention particulière. Aussi désirait-elle ardemment assister à la foire de Leipzig, où elle pourrait voir de pareilles gens dans les rues.

Après ses travaux arides et souvent ennuyeux, notre professeur n'avait pas de plus heureux moments que ceux où il instruisait Julie en badinant, triomphant en secret de se préparer en elle une bru toujours amusée, toujours amusante. Les deux pères étaient du reste convenus de ne rien laisser soupçonner de leur projet aux jeunes filles ; on garda également le secret vis-à-vis de Lucidor.

Les années s'étaient écoulées de la sorte, avec leur rapidité ordinaire : Lucidor, ayant achevé ses études, se présenta aux examens, les subit brillamment, à la grande joie de ses supérieurs, qui désiraient voir rempli en conscience l'espoir de vieux et dignes serviteurs.

L'affaire, qui avait suivi la marche régulière, en était arrivée à ce point que Lucidor, après s'être conduit d'une manière exemplaire dans les postes inférieurs, obtint selon ses vœux et son mérite une place très-avantageuse, dont la résidence se trouvait juste à moitié chemin entre la demeure du grand bailli et l'université où professait son père.

C'est alors que le père parla de Julie à son fils, non par allusion, mais comme d'une fiancée et d'une épouse, sans supposer que cela pût faire l'ombre d'un doute, s'estimant heureux de s'être assuré ce bijou vivant. Il voyait déjà en esprit sa bru venir à tout instant chez lui, s'occuper de ses cartes et de ses plans, de ses vues de villes. Le fils se rappelait l'aimable et joyeuse enfant dont les espiègleries et les grâces l'avaient toujours ravi. Lucidor partit chez le bailli, pour voir plus intimement l'enfant devenue jeune fille, et passer quelques semaines à étudier les habitudes de cet intérieur. Si les jeunes gens se convenaient, comme on devait l'espérer, on avertirait aussitôt le père, pour consolider ce bonheur tant désiré par des fiançailles solennelles.

Lucidor arrive : on le reçoit comme un ami, on lui donne une chambre, il fait sa toilette et paraît. En outre des membres de la famille que nous connaissons déjà, il trouve un jeune fils, enfant gâté, mais intelligent et aimable, de sorte que, si on veut le prendre pour le personnage plaisant de la société, il ne cadre pas mal avec l'ensemble. Il y avait également là un homme âgé, mais encore vert, bienveillant, silencieux, fin, sage et de bon conseil. Aussitôt après Lucidor survint un étranger qui n'était plus jeune; son aspect était plein de noblesse, ses manières exquises; sa connaissance des pays lointains rendait sa conversation fort intéressante. On l'appelait Antoni.

Julie reçut son futur d'un air modeste, mais prévenant; Lucinde fit les honneurs de la maison, comme sa sœur le faisait de sa personne. La journée se passa fort agréablement pour tout le monde, excepté pour Lucidor ; naturellement silencieux, il lui fallait de temps en temps faire des questions pour ne pas rester tout à fait muet ; et ce n'est pas le moyen de se montrer à son avantage.

Il était fort troublé : car, dès le premier moment, il avait ressenti non pas de l'antipathie ni de la froideur, mais de l'éloignement pour Julie. Lucinde, au contraire, l'attirait, et il tremblait lorsqu'elle le regardait avec ses grands yeux purs et calmes.

Ce fut dans cette disposition qu'il rentra le soir dans sa chambre à coucher, et qu'il s'épancha dans le monologue par lequel nous avons commencé ce récit. Mais, pour le rendre intelligible, et faire comprendre comment cet emportement et cette volubilité s'accordent avec ce que nous savons déjà du caractère des personnages, quelques éclaircissements sont indispensables.

Les sentiments de Lucidor étaient profonds, et il avait toujours dans la tête autre chose que ce qu'exigeait la situation présente ; aussi, était-il peu fait pour briller dans la conversation ; il le sentait, et se taisait, excepté lorsqu'il s'agissait des matières spéciales qu'il avait étudiées, et qu'il possédait à fond. Ajoutons à cela que dès l'école, puis plus tard à l'université, il avait éprouvé des déceptions de ses amis, et qu'il avait eu à se repentir de ses épanchements ; aussi hésitait-il toujours à se confier à quelqu'un, et l'hésitation rend la confidence impossible. Il s'était habitué à être toujours de l'avis de son père, et, dès qu'il était seul, il donnait carrière à son cœur dans de violents monologues.

Le lendemain, il était remis ; mais il manqua perdre de nouveau contenance, en voyant Julie redoubler d'amabilité, de gaieté et d'aisance. Elle le questionna sur ses voyages par terre et par eau, lorsque, en qualité d'étudiant, il parcourait la Suisse et traversait les Alpes à pied et le sac sur le dos. Elle voulait qu'il parlât de la belle île du grand lac méridional, puis, revenant en arrière, il fallait suivre le Rhin depuis sa source, à travers les contrées arides, les mille vicissitudes qui modifient son cours, jusqu'à Mayence et à Coblentz, où on le laissait s'élargir et continuer sa course à travers le monde pour aller se perdre dans la vaste mer.

Lucidor, se sentant plus à l'aise sur ce terrain, raconta ses voyages avec tant de chaleur, que Julie s'écria : « Il faut être à deux pour voir cela. » Nouvelle frayeur de Lucidor, qui crut découvrir dans ces paroles une allusion à leur voyage en commun à travers la vie.

Mais il fut bientôt déchargé de son rôle de narrateur, car l'étranger éclipsa en un instant sources, rochers, fleuves encaissés ou coulant librement dans les plaines :

il alla directement à Gênes ; Livourne n'était pas loin : on enleva d'assaut en passant ce que le pays contenait de plus intéressant ; on ne pouvait manquer de voir Naples avant de mourir ; il restait bien encore Constantinople, qui n'est cependant pas à dédaigner. La description que fit Antoni de ces pays lointains entraîna l'imagination de chacun, quoiqu'il mît lui-même peu de feu dans son récit. Julie, toute hors d'elle, n'était pas satisfaite ; elle voulait encore visiter Alexandrie, le Caire et surtout les Pyramides, sur lesquelles son beau-père présumé lui avait donné des idées fort détaillées.

Le soir même, Lucidor avait à peine fermé la porte derrière lui, qu'avant d'avoir posé son bougeoir, il s'écria : « Maintenant réfléchis, c'est sérieux ! Tu as appris et médité bien des choses graves ; à quoi bon ta science du droit, si tu n'agis pas comme un homme de loi ? Considère-toi comme un plénipotentiaire, oublie-toi toi-même, et faisce que tu te croirais tenu de faire pour un autre. La situation se complique d'une manière effrayante. Évidemment l'étranger est là pour Lucinde, elle a pour lui les plus nobles, les plus hospitalières attentions ; la petite folle ne demanderait qu'à courir le monde avec le premier venu, sans rime ni raison. Au reste, c'est une espiègle, et sa passion pour les villes et pour les pays étrangers n'est peut-être qu'une malice pour nous empêcher de parler d'autre chose. Mais pourquoi voir dans cette affaire tant d'embarras et de complications ? Le grand bailli n'est-il pas lui-même le plus raisonnable, le plus prévoyant, le plus bienveillant des intermédiaires ? Dis-lui ce que tu sens et ce que tu penses, il sentira et pensera avec toi. Il peut tout sur ton père. Et l'une n'est-elle pas sa fille comme l'autre ? Qu'est-ce qu'Antoni fera de Lucinde, qui est née pour vivre à la maison, pour y être heureuse et y faire le bonheur des autres ; que le vif-argent s'associe au Juif errant, cela fera un couple délicieux ! »

Le lendemain matin, Lucidor descendit avec la ferme résolution de s'entretenir avec le père, et de s'adresser à lui sans délai aux heures où il le savait libre. Quelle fut sa douleur, son désespoir, en apprenant que le grand bailli était parti pour affaire et qu'on ne l'attendait que pour le surlendemain ! Ce jour-là Julie était plus que jamais aux voyages ; elle s'attacha au coureur de pays, et abandonna Lucidor à Lucinde, en raillant les gens d'humeur casanière. Si notre ami s'était senti tendrement attiré vers la jeune fille de loin et sur une impression générale, en la voyant de près il découvrit deux ou trois fois mieux encore que ce qui l'avait tout d'abord charmé.

Le vieil ami de la maison prit la place du père absent. Lui aussi avait vécu, aimé ; et, après mainte étreinte du sort, il avait retrouvé auprès de son ami d'enfance le bien-être et le rajeunissement. Il anima la conversation, et la dirigea sur les méprises qu'on peut commettre dans le choix d'une compagne, citant de remarquables exemples. Lucinde parut dans tout son éclat ; elle convint que dans la vie et dans les mariages le hasard peut amener les meilleurs résultats : mais qu'il était plus beau, plus noble de se dire : « C'est à moi-même que je dois mon bonheur, à la ferme et calme conviction de mon cœur, à un noble dessein et à une résolution arrêtée. » Lucidor avait des larmes aux yeux en applaudissant à ces paroles. Les femmes ne tardèrent pas à s'éloigner ; le vieillard, qui présidait à la discussion, se mit à raconter différentes histoires d'échanges, et on en vint à rapporter des exemples divertissants qui avaient tant de rapport avec la situation de notre héros, qu'il n'y avait qu'un jeune homme aussi bien élevé qui pût s'empêcher d'éclater; aussi le fit-il dès qu'il se trouva seul.

« Je me suis contenu, s'écria-t-il, je ne veux point affliger mon bon père par mes hésitations. Je me suis contenu, car je vois dans ce vénérable vieillard le confident des deux pères; je vais lui parler, lui découvrir tout; il s'interposera certainement, il a pour ainsi dire exprimé ce que je désire. Pourrait-il blâmer dans un cas particulier ce qu'il reconnaît juste en général? Demain matin j'irai le trouver; il faudra que je me débarrasse de ce poids. »

Au déjeuner le vieillard ne parut point; il avait trop parlé la veille, était resté trop longtemps assis, et avait bu quelques gouttes de vin de plus qu'à l'ordinaire. On rapporta beaucoup de choses à sa louange, des actes et des discours qui mirent Lucidor au désespoir de ne pas s'être tout d'abord adressé à lui. Il fut encore plus désagréablement impressionné, lorsqu'on lui dit qu'après de pareilles indispositions, le bon vieillard restait quelquefois huit jours invisible.

Le séjour de la campagne présente de grands agréments pour la vie de société, surtout lorsque les propriétaires, en gens qui pensent et qui sentent, ont su, pendant plusieurs années, venir au secours de la nature pour embellir les environs. C'est ce qui avait eu lieu ici. Le grand bailli, d'abord avant son mariage, puis pendant le cours d'une longue et heureuse union, riche par lui-même, possédant une charge lucrative, avait fait ou laissé faire d'abord selon ses idées, puis à la fantaisie de sa femme, et enfin, selon les caprices et les désirs de ses enfants, des promenades grandes et petites réunies entre elles par des plantations et des chemins tracés avec goût, et qui présentaient une suite de scènes charmantes, variées, ayant toutes un caractère propre. La jeune famille ne manqua pas de faire faire à son hôte cet aimable pèlerinage, car on aime à montrer ses jardins aux étrangers ; il contemple avec étonnement ce qui nous est devenu familier, et en conserve toujours une impression favorable.

Les environs, comme les lieux plus éloignés, se prêtaient parfaitement à ces embellissements champêtres. Des collines fertiles alternaient avec des plaines abondamment arrosées, de sorte que par moment l'ensemble pouvait s'embrasser d'un coup d'œil, sans cependant être plat ; et si le sol paraissait consacré de préférence à l'utile, l'aimable et l'agréable n'en étaient cependant pas exclus.

Aux bâtiments d'habitation et d'exploitation se reliaient des jardins d'agrément, des vergers, des pelouses, d'où l'on se perdait insensiblement dans un petit bois que traversait en tous sens une large route carrossable. Au milieu du bois, sur une élévation, on avait construit une salle entourée de plusieurs chambres. En entrant dans la salle, on apercevait dans une grande glace la plus pittoresque perspective qu'offrît le pays, et l'on se retournait aussitôt pour se reposer de ce tableau inattendu en contemplant la réalité : car l'abord avait été habilement disposé, et on avait ingénieusement dissimulé l'artifice qui causait cette surprise. Personne, en entrant, ne pouvait s'empêcher de se tourner de la glace vers la nature et de la nature vers la glace.

Une fois, par un des plus beaux, des plus purs et des plus longs jours de la saison, on fit une promenade autour et au travers de ces beaux lieux. On passa au pied d'un hêtre majestueux où la femme du bailli aimait à se reposer le soir sur le gazon. Non loin de là Julie désigna, avec quelque malice, l'endroit où Lucinde venait se recueillir le matin. C'était au bord d'un ruisseau, au milieu des aunes et des peupliers ; des prairies s'étendaient d'un côté, tandis que de l'autre des champs s'élevaient doucement vers la colline. Le charme de ce lieu ne peut se décrire : il semblait qu'on l'avait vu partout, mais nulle part on n'aurait rencontré cette simplicité si expressive et si douce. En revanche Julie fut un peu vexée, lorsque le jeune garçon montra des petits berceaux et des jardins d'enfant presque perdus dans les bosquets qui dissimulaient un petit moulin ; ils se rapportaient aux heures où Julie, âgée d'environ dix ans, s'était mis en tête de devenir meunière, de se mettre à l'ouvrage après la mort du vieux couple, et d'épouser un brave garçon meunier.

« C'était à une époque où je n'avais pas encore entendu parler des villes baignées par des fleuves ou par la mer, de Gênes et de tant d'autres. Votre bon père m'a convertie, Lucidor, et, depuis lors, je ne viens pas souvent ici. » En disant cela, elle s'assit sur un petit banc, qui n'était plus assez solide pour elle, sous un bouquet de sureau, dont les branches descendaient trop bas. « Fi ! peut-on s'accroupir ainsi ! » s'écria-t-elle, et, se relevant, elle se mit à courir en avant avec son joyeux frère.

Le couple resté en arrière causait de choses sérieuses, et, dans un pareil milieu, la raison approche bien du sentiment. — Passer successivement en revue des objets simples et naturels, considérer avec calme le parti que sait en tirer l'intelligence de l'homme ; les merveilles que la connaissance de ce que nous offre la nature, unie au sentiment de nos besoins, enfante d'abord pour rendre le monde habitable, puis pour le peupler et l'encombrer : tel était le sujet de leur conversation. Lucinde expliquait tout, et, malgré sa modestie, elle ne pouvait cacher que c'était elle qui avait si agréablement relié entre elles toutes ces parties isolées, sous la direction, les indications et l'approbation de sa mère vénérée.

Mais comme le plus long jour finit toujours par atteindre le soir, il fallut penser à s'en retourner, et, comme on se disposait à faire un agréable détour, le frère demanda qu'on prît le chemin le plus court, quoiqu'il fût loin d'être attrayant, et même fort pénible. « Vous avez fait de l'effet, s'écria-t-il, avec vos promenades et vos plantations ; vous avez montré comment vous avez su embellir cette contrée de manière à flatter les yeux artistiques et les cœurs sensibles ; moi aussi je veux avoir mon tour. »

Il fallut le suivre à travers des terres labourées et des sentiers raboteux, traverser des marécages sur des pierres jetées au hasard ; on aperçut enfin, à une certaine distance, un amas confus de machines diverses. Lorsqu'on fut près, on vit une grande place destinée à toutes sortes de jeux et d'exercices gymnastiques, le tout disposé non sans intelligence et avec un certain sens pratique. On y voyait installés, à la distance convenable, la grande balançoire tournante, où, soit qu'on y monte, soit qu'on en descende, on se trouve toujours assis horizontalement, d'autres balançoires ordinaires, des jeux de quilles et de boules, et enfin tout ce qu'on peut imaginer pour occuper et divertir également et diversement une multitude sur un grand emplacement. « Voilà ma création, s'écria-t-il, mon établissement ! Et quoique mon père y ait mis son argent et un homme habile son talent, le talent et l'argent ne se seraient pas rencontrés sans moi, que vous traitez si souvent d'étourdi. »

Le soleil se couchait lorsqu'ils arrivèrent à la maison, où ils trouvèrent Antoni ; mais Julie, qui n'avait pas pris assez de mouvement de la journée fit atteler, et partit rendre visite à une amie, qu'elle était au désespoir de ne pas avoir vue depuis deux jours. Les quatre personnes qui restaient se trouvaient embarrassées sans trop savoir pourquoi ; on manifesta des inquiétudes sur l'absence prolongée du grand bailli. La conversation commençait à languir, lorsque le jeune frère sortit brusquement, et revint avec un livre dont il offrit de faire la lecture à la société. Lucinde ne put s'empêcher de lui demander d'où lui venait cette idée qu'il n'avait pas eue depuis un an. Il répondit gaiement : « Toutes mes idées me viennent à propos ; vous ne pourriez en dire autant des vôtres. » Puis il se mit à lire une suite de ces vrais contes qui arrachent l'homme à lui-même, flattent ses désirs, et lui font oublier les entraves qui, même dans les plus heureux moments, nous embarrassent toujours.

«Que faire maintenant? s'écria Lucidor, lorsque enfin il se trouva seul. Le temps presse. Je n'ai pas confiance dans Antoni, il m'est étranger, je ne sais qui il est, comment il est arrivé dans cette maison, ce qu'il veut; il semble aspirer à la main de Lucinde, que pourrais-je donc attendre de lui? Il ne me reste plus qu'à m'adresser à Lucinde elle-même ; elle doit tout savoir, et être la première à le savoir. C'était mon premier sentiment : pourquoi nous laissons-nous toujours détourner du chemin de la sagesse? mon premier sentiment sera mon dernier, et j'espère qu'il me mènera à mon but. »

Le samedi matin, Lucidor, qui s'était habillé de bonne heure, se promenait dans sa chambre, méditant sur ce qu'il avait à dire à Lucinde, lorsqu'il entendit une querelle badine devant sa porte qui s'ouvrit aussitôt. Le jeune frère poussa un domestique qui portait du café et des gâteaux pour l'hôte, lui-même s'était chargé d'une provision de mets froids et de vin. « Va toujours ! s'écriait le jeune homme, il faut d'abord servir notre hôte : moi, je suis habitué à me servir moi-même. J'arrive de bonne heure et un peu tumultueusement, dit-il à Lucidor. Déjeunons d'abord tranquillement et nous verrons ensuite ce que nous ferons, car pour aujourd'hui nous n'avons pas grand chose à attendre de la société. Julie n'est pas revenue de chez son amie ; elles ont besoin d'épancher réciproquement leur cœur au moins tous les quinze jours, sans cela il risquerait d'éclater. Lucinde n'est bonne à rien le samedi : elle rend ponctuellement ses comptes à notre père ; on avait voulu me mêler là dedans ; mais Dieu m'en préserve ! Lorsque je sais ce que coûte une chose, il m'est impossible de la trouver bonne. On attend des hôtes pour demain, le vieux n'est pas encore remis, Antoni est à la chasse, faisons comme lui. »

Fusils, carnassières et chiens étaient prêts lorsqu'ils arrivèrent dans la cour ; on partit à travers champs, tuant çà et là un levraut ou quelque pauvre oiseau inoffensif. Pendant ce temps, on parlait de la famille et des personnes qui se trouvaient à la maison. On prononça le nom d'Antoni, et Lucidor ne manqua pas de demander des détails sur son compte. Le joyeux jeune homme lui répondit d'un ton suffisant qu'il avait su pénétrer le mystère dont s'entourait cet homme singulier. « Je suis assuré, ajouta-t-il, que c'est le fils d'un riche marchand qui a fait faillite au moment où, dans la fleur de sa jeunesse, il s'apprêtait à consacrer aux grandes affaires son énergie et son intelligence, tout en se livrant aux plaisirs que sa position lui permettait de goûter. Tombé de toute la hauteur de ses espérances, il a mis au sevice des autres ce qu'il ne pouvait plus employer ni pour lui ni pour les siens De la sorte, il a parcouru le monde, apprenant à connaître les relations commerciales, sans oublier cependant ses intérêts. Son infatigable activité et son honnêteté éprouvée lui ont valu la confiance absolue de beaucoup de ses commettants. Il s'est fait partout des connaissances et des amis, et il est facile de remarquer que ses biens sont aussi dispersés dans le monde que ses relations sont étendues, ce qui rend de temps en temps sa présence nécessaire dans les quatre parties du monde. » L'espiègle avait raconté cela avec plus de détails et de naïveté, en y mêlant mainte observation bouffonne, comme s'il n'eût cherché qu'à allonger son récit.

« Il y a bien longtemps qu'il est en rapport avec mon père. Ils s'imaginent que je ne vois rien, parce que j'ai l'air de ne m'occuper de rien ; mais je vois d'autant mieux que la chose ne me regarde pas. Il a déposé beaucoup d'argent entre les mains de mon père, qui l'a placé sûrement et avantageusement. Hier même, il a remis au vieux un écrin ; je n'ai rien vu de plus simple, de plus beau et de plus précieux, quoique je n'aie eu le temps que d'y jeter un coup d'œil rapide, car c'est un mystère. C'est apparemment un cadeau, un gage de sa future constance, qu'il destine à sa fiancée. Antoni a donné son cœur à Lucinde ! Lorsque je les vois ensemble, je ne puis me mettre dans l'idée que ce sera un couple bien assorti. L'étourdie ferait bien mieux son affaire, et je crois qu'elle l'aime plus que ne fait l'aînée ; elle jette au barbon des regards aussi bienveillants et aussi tendres que si elle était prête à monter en voiture et à s'enfuir avec lui. »

Lucidor ne savait que répondre ; il applaudissait intérieurement à ces paroles. L'autre continua : « La jeune fille a un penchant pervers pour les vieux ; je crois qu'elle aurait épousé votre père aussi volontiers que vous. »

Lucidor suivit son compagnon, qui le conduisait à travers rochers et broussailles ; ils oubliaient tous deux la chasse, qui du reste ne pouvait être bien fructueuse ; ils arrivèrent à une ferme où l'on se mit à boire, à manger et à bavarder, l'autre se plongea dans ses pensées et ses réflexions, cherchant le moyen de tirer parti des révélations qu'il venait de recueillir.

Toutes ces histoires avaient tellement disposé Lucidor en faveur d'Antoni, qu'aussitôt de retour à la maison il demanda après lui, et courut au jardin où il devait se trouver. Il battit toutes les allées du parc, éclairé par le soleil couchant ; mais il ne rencontra âme qui vive ; enfin il arriva à la porte de la grande salle, et les derniers rayons du soleil se reflétant dans la glace l'éblouirent à ce point qu'il ne put reconnaître deux personnes assises sur le canapé ; mais il put discerner qu'un homme assis à côté d'une femme lui baisait la main avec transport. Quelle fut sa stupéfaction lorsque, sa vue s'étant remise, il vit devant lui Lucinde et Antoni. Il aurait voulu être à mille pieds sous terre ; mais il restait immobile et comme enraciné au sol, lorsque Lucinde lui souhaita le bonjour d'un air bienveillant et candide, s'avança vers lui et le pria de s'asseoir à sa droite. Il obéit machinalement, et il souffrait en entendant sa voix, lorsqu'elle l'interrogea sur l'emploi de sa journée, en s'excusant d'avoir été retenue par les soins du ménage. Antoni se leva et prit congé. Lucinde, après s'être remise, invita Lucidor à faire un tour de promenade avec elle. Il marchait à côté d'elle, silencieux et embarrassé ; elle aussi paraissait troublée, et, s'il avait eu le moins du monde de son sang-froid, sa respiration profonde et rare lui eût appris qu'elle cherchait à étouffer de tendres soupirs. Elle le quitta lorsqu'ils approchèrent de la maison. Quant à lui, il se dirigea d'un pas d'abord lent, puis rapide, vers la campagne. Le parc était trop étroit pour lui. Il courut à travers champs, n'entendant que la voix de son cœur, insensible aux beautés d'une admirable soirée. Lorsqu'il se vit seul, ses sentiments éclatèrent en un flot de larmes soulageantes, et il s'écria :

« J'ai déjà éprouvé dans ma vie, mais jamais aussi cruellement qu'aujourd'hui, la douleur qui me rend désormais tout à fait misérable : le bonheur ardemment désiré s'avance vers nous, nous sommes la main dans la main, le bras sous le bras, et en même temps il nous adresse un éternel adieu. J'étais assis près d'elle, je marchais à côté d'elle, sa robe flottante me frôlait, et je l'avais déjà perdue ! Ne te retrace pas tout cela, ne t'arrête pas là-dessus, tais-toi et décide-toi ! »

Il s'était imposé silence, il se tut et réfléchit, marchant à travers champs, prairies et bosquets, s'écartant souvent du bon chemin. La soirée était assez avancée lorsqu'il rentra ; n'y pouvant plus tenir, il s'écria : « Je pars demain matin, je ne veux pas passer une seconde journée comme celle-ci. »

Il se jeta tout habillé sur son lit. Heureuse et saine jeunesse ! Il dormait déjà ! La fatigue de la journée lui avait procuré le plus doux sommeil. Le soleil matinal le tira de ses joyeux rêves. C'était précisément le plus long jour de l'année, qui menaçait d'être désespérément long pour lui. S'il avait été insensible aux charmes de la gracieuse étoile du soir, il ne sentit la beauté vivifiante du matin que pour désespérer. La nature s'offrait à lui aussi belle que jamais ; elle l'était pour ses yeux, mais son cœur résistait ; rien de cela ne l'intéressait plus ; il avait perdu Lucinde !

CHAPITRE IX

Il eut bien vite paqueté son portemanteau qu'il ne voulait pas emporter ; il n'écrivit rien, il chargerait le garçon d'écurie, qu'il était obligé de réveiller, d'excuser en quelques mots son absence à table. Il trouva cet homme déjà levé, et se promenant à grands pas devant l'écurie. « J'espère que vous ne voulez pas monter à cheval, s'écria le brave homme d'un air de dépit. Il faut bien que je vous le dise, notre jeune monsieur devient tous les jours plus insupportable. Il a battu hier tout le pays, on aurait cru qu'il serait heureux de passer au lit son dimanche matin. Ne voilà-t-il pas qu'il sort avant le jour, bouleverse l'écurie, et, quand je m'éveille, je le vois qui selle et bride votre cheval, sans que mes représentations puissent le retenir ; il saute dessus et me crie : « Pense « à la bonne action que je fais ! Cette pauvre créature « ne va jamais que le petit trot de la justice, je veux « lui faire courir le grand galop de la vie. » C'est à peu près ce qu'il a dit, avec d'autres propos singuliers.

Lucidor fut extrêmement contrarié : il aimait son cheval, qui répondait à son caractère, à ses habitudes ; cela le fâchait de savoir cette bête raisonnable entre les mains d'un jeune fou. Son plan était détruit : il avait formé le projet d'aller se réfugier pendant cette crise auprès d'un camarade d'université avec lequel il avait vécu dans une étroite intimité. Les souvenirs de l'ancienne amitié s'étaient réveillés ; et, oubliant de compter les milles qui les séparaient, il s'était vu puisant des conseils et du soulagement auprès de son sage et bienveillant ami. Cette perspective lui était fermée maintenant ; mais non, elle ne l'était pas, s'il avait le courage de se mettre en route avec ses jambes de bon marcheur.

Il songea d'abord à quitter le parc et à sortir dans la campagne, pour regagner la route qui devait le mener chez son ami. Il n'était pas bien sûr de son chemin, lorsqu'il aperçut à main gauche, dominant un bouquet d'arbres, et posé sur une bizarre charpente, l'ermitage dont on lui avait jusqu'alors fait un secret et que, sur la galerie qui régnait au-dessous du toit chinois, il reconnut le bon vieillard, qu'il croyait malade depuis quelques jours. Celui-ci le salua amicalement et le pressa de venir le trouver ; Lucidor refusa en faisant le geste d'un homme pressé. Mais, le vieillard se hâtant de descendre d'un pas mal assuré l'escalier rapide, Lucidor se décida à aller au-devant de lui et à monter dans l'ermitage. Il fut tout surpris de se trouver dans une jolie petite salle ; elle n'était percée que de trois fenêtres qui encadraient de ravissants points de vue ; le reste de la muraille était orné ou plutôt couvert d'une foule de dessins et de gravures collées dans un certain ordre et séparées par des bandes de couleur.

« Vous êtes favorisé comme personne, mon ami ; c'est ici le sanctuaire où je me plais à passer mes derniers jours. C'est ici que je me remets des fautes que la société me fait commettre, que je rétablis l'équilibre de ma santé altérée par mes écarts de régime. »

Lucidor examina les gravures, et il était assez instruit pour reconnaître bientôt que le goût des études historiques avait présidé à cet arrangement.

« Là-haut, dans la frise, dit le vieillard, vous trouvez les noms des grands hommes de l'antiquité et, pour ceux des époques plus modernes, encore et seulement des noms, car il est difficile de s'en procurer des portraits fidèles. Mais sur cette paroi commence proprement ma vie, voilà les hommes dont j'ai encore entendu parler dans mon enfance. Car le nom d'hommes éminents reste une cinquantaine d'années dans la mémoire des peuples : passé ce temps il disparaît, ou passe dans la légende. Quoique de parents allemands, je suis né en Hollande, et pour moi Guillaume d'Orange, stathouder et roi d'Angleterre, est le type des grands hommes et des héros.

« Voici, à côté de lui, Louis XIV, qui... » Lucidor eût volontiers interrompu le vieillard si les convenances le lui avaient permis, comme elles nous le permettent à nous narrateur ; car il se voyait menacé de l'histoire moderne et contemporaine, ainsi qu'il pouvait le remarquer aux portraits du grand Frédéric et de ses généraux, qu'il regardait du coin de l'œil.

Tout en respectant le goût du vieillard pour son époque et pour le siècle précédent, tout en trouvant intéressants certains points de vue, certains traits individuels, notre bon jeune homme avait étudié suffisamment l'histoire moderne à l'université, et ce qu'on a entendu une fois, on croit le savoir pour toujours. Sa pensée était loin de là, il n'écoutait pas, il regardait à peine, et était sur le point de regagner impoliment la porte, et de dégringoler du haut et redoutable escalier, lorsqu'on entendit un battement de mains partir d'en bas.

Pendant que Lucidor se reportait en arrière, le vieillard mit la tête à la fenêtre, et une voix bien connue lui cria : « Au nom du ciel, descendez de votre salle historique, mon bon vieux monsieur ! finissez-en avec vos fastes, et aidez-nous à apaiser notre jeune ami, lorsqu'il saura... J'ai mené son cheval un peu étourdiment ; il a perdu un fer, et j'ai été forcé de le laisser en route. Que va-t-il dire ? C'est trop absurde d'être si absurde !

— Montez, dit le vieillard en se retournant vers Lucidor. Eh bien ! qu'en dites-vous ? » Lucidor ne répondit rien ; le jeune fou entra. Après une longue altercation, on décida d'envoyer aussitôt le palefrenier pour prendre soin du cheval.

Les deux jeunes gens quittèrent le vieillard et coururent à la maison où Lucidor se laissa ramener sans trop de résistance : peu lui importait ce qui arriverait, c'était dans ces murs que se trouvait l'unique objet de ses vœux. Dans les situations désespérées nous sommes souvent privés de l'usage de notre libre arbitre, et nous nous sentons comme soulagés, lorsqu'une impulsion ou une contrainte extérieure vient nous guider. Cependant lorsqu'il entra dans sa chambre, il se trouva dans la plus étrange situation ; il était comme un voyageur dont la voiture s'est rompue et qui se voit forcé de revenir à l'auberge qu'il vient de quitter.

Le jeune espiègle déboucla le portemanteau, déballa soigneusement tous les effets, choisit les plus beaux vêtements, força notre ami à changer de souliers et de bas, lui mit en ordre sa chevelure brune et bouclée, et l'ajusta de son mieux. Puis, se reculant pour contempler son ouvrage de la tête aux pieds, il s'écria : « Vous avez maintenant l'air d'un homme qui peut prétendre au cœur de quelque belle enfant, et qui est assez sérieux pour chercher à se pourvoir d'une fiancée. Un moment encore, et vous allez voir comme je sais me montrer, quand l'heure est venue. J'ai appris cela en étudiant les officiers que les jeunes filles ne manquent jamais de lorgner, je me suis enrôlé moi-même dans une certaine milice, et maintenant elles me regardent et me regardent encore, ne sachant au juste à quoi s'en tenir à mon égard. Ces échanges d'œillades, cette surprise, cette attention, amènent souvent de jolies aventures, qui, pour n'être pas durables, n'en méritent pas moins la peine qu'on leur consacre un moment.

« Mais, venez, mon ami, et rendez-moi le même service ! Lorsque vous me verrez passer pièce par pièce mon travestissement, vous ne refuserez au jeune espiègle ni l'esprit ni l'invention. »

Il entraîna Lucidor à travers des longs corridors du vieux château. « Je me suis isolé, dit-il ; sans vouloir me cacher, j'aime parfois à être seul : car on ne peut pas toujours être bien avec tout le monde. »

Lorsqu'ils passèrent devant la chancellerie, un domestique en sortit, portant une provision de papiers et une écritoire patriarcale, noire, haute et munie de tous ses accessoires.

« Je sais déjà ce qu'on va griffonner là-dessus, s'écria le jeune garçon ; va, et laisse-moi la clef. Jetez un coup d'œil dans cette salle, Lucidor ! cela vous occupera pendant le temps que je m'habillerai. Ce local est plus intéressant pour un jurisconsulte que pour un amateur de chevaux. »

En disant cela, il poussa Lucidor dans la salle d'audience.

Le jeune homme se trouva aussitôt dans un élément qui lui était familier ; il se souvint des jours où, acharné à l'ouvrage, il était assis à un semblable bureau, écoutant et écrivant. Il n'ignorait pas que cette salle était l'ancienne chapelle du château, affectée au service de Thémis à l'époque où la réformation vint modifier les idées religieuses. Sur les tablettes, il vit des titres et des actes qu'il connaissait depuis longtemps ; il avait travaillé, dans la capitale, à l'expédition de ces affaires. En ouvrant un dossier, il tomba sur une pièce qu'il avait mise au net lui-même, et sur une autre qu'il avait rédigée. Les manuscrits, le papier, le sceau de la chancellerie, la signature du président, tout le reportait à l'époque de ses jeunes espérances, de son honnête travail. Et, lorsqu'il regardait autour de lui, qu'il voyait le siége du grand bailli, qui lui était destiné et réservé, une si belle place, une si noble sphère d'activité, qu'il courait risque de laisser échapper, tout cela le tourmentait doublement, et il lui semblait en même temps voir l'image de Lucinde s'éloigner de lui.

Il voulut sortir au grand air, mais il était prisonnier : soit inadvertance, soit malice, son bizarre ami avait refermé la porte sur lui. Heureusement cette pénible angoisse ne se prolongea pas ; l'autre ne tarda pas à revenir, fit ses excuses à Lucidor et parvint même à le mettre de bonne humeur par l'étrangeté de son costume. La hardiesse de la coupe et des couleurs était tempérée par une certaine harmonie ; c'est ainsi que nous ne pouvons refuser notre approbation aux tatouages des Indiens.

« Aujourd'hui, s'écria-t-il, nous allons nous dédommager de l'ennui des derniers jours ; il nous est arrivé de bons amis, de joyeux amis, de jolies filles, espiègles et amoureuses ; puis mon père, et, merveilles sur merveilles ! votre père aussi. Quelle fête cela sera ! Tout le monde est déjà réuni dans la salle pour le déjeuner. »

Lucidor se crut tout d'un coup comme enveloppé d'un épais brouillard, où ces figures connues et inconnues qu'on venait de lui annoncer lui apparaissaient comme des fantômes : mais son caractère et son cœur pur le soutinrent, en quelques secondes il fut remis et prêt à tout. Il suivit d'un pas tranquille son impétueux ami, fermement résolu à attendre, quoi qu'il pût arriver, et à se déclarer, quoi qu'il pût en résulter.

Cependant il hésita sur le seuil de la salle. Dans un grand demi-cercle de personnes adossées aux fenêtres, il aperçut son père et le bailli, tous deux en grand costume. Il jeta un regard sur les sœurs, sur Antoni, sur la foule des inconnus, et sa vue faillit se troubler. Il s'avança chancelant vers son père, qui le salua affectueusement, mais avec une sorte de solennité qui n'était pas de nature à l'encourager. Debout devant tout ce monde, il cherchait une place convenable; il aurait voulu s'asseoir à côté de Lucinde, mais Julie fit un mouvement pour lui indiquer qu'il devait se placer auprès d'elle. Antoni resta à côté de Lucinde.

Dans cet instant décisif Lucidor se dit de nouveau qu'il devait se regarder comme un chargé d'affaires, et, fortifié par sa connaissance du droit, il se rappela cette belle maxime : « Nous devons gérer les affaires d'autrui comme si c'étaient les nôtres. Et pourquoi pas les nôtres dans le même esprit ? » Habitué au maniement des affaires, il passa rapidement en revue ce qu'il avait à dire. Cependant le demi-cercle s'était rétréci et régularisé, et semblait vouloir l'envelopper. Il savait bien ce qu'il avait à dire, mais il ne savait par où commencer. Il aperçut dans un coin la grosse écritoire sur une table derrière laquelle se tenaient des employés de la chancellerie. Le grand bailli fit un mouvement, comme pour annoncer qu'il allait prendre la parole ; Lucidor voulut le prévenir, mais au même moment Julie lui pressa la main. Cela le mit hors de lui, il se persuada que tout était décidé, que tout était perdu pour lui.

Il n'avait donc plus à ménager les rapports de famille ni les convenances sociales ; il dégagea sa main de celle de Julie et s'élança par la porte avec une telle rapidité, que la société ne s'aperçut d'abord pas de son absence, et que lui-même, arrivé dehors, ne savait plus où il en était.

Effrayé de la lumière du jour qui brillait au-dessus de lui dans toute sa splendeur, évitant le regard des gens qu'il rencontrait, craignant d'être poursuivi, il marcha droit devant lui, et arriva à la grande salle du jardin. Ses jambes faiblirent, et il s'affaissa sur le sofa placé en face de la glace, saisi, au milieu d'une société bourgeoise et polie, d'un pareil égarement qui soulevait une tempête autour de lui et dans lui! Son existence passée luttait contre l'heure présente, c'était un affreux moment.

Il resta quelque temps ainsi, le visage caché dans les coussins sur lesquels s'était posé la veille le bras de Lucinde. Abîmé dans sa douleur, il se releva tout d'un coup, ayant senti une main qui le touchait, sans qu'il eût entendu personne s'approcher : il vit Lucinde debout près de lui.

Supposant qu'on l'avait envoyée pour le chercher, qu'on l'avait chargée de le ramener en lui adressant des paroles de consolation, pour lui faire accepter une destinée contraire à ses vœux, il s'écria : « Ce n'est pas vous qu'on aurait dû envoyer, Lucinde, car c'est vous qui m'avez chassé ; je ne rentrerai pas ! si vous êtes capable de pitié, procurez-moi les moyens de fuir. Car, afin que vous puissiez attester qu'il est impossible de me ramener, apprenez de moi l'explication de ma conduite, qui doit paraître insensée à vous comme à tout le monde. Écoutez le serment que je me suis fait à moi-même, serment immuable que je répète ici à haute voix : C'est avec vous seule que je veux vivre, que je veux user et jouir de ma jeunesse, couler mes jours dans une existence de fidélité et de vertu. Jamais serment prononcé aux pieds des autels n'a été plus ferme, plus inébranlable que celui que prononce en ce moment, en vous quittant, moi, le plus malheureux des hommes ! »

Il fit un mouvement pour échapper à Lucinde, qui se tenait debout tout près de lui ; mais elle l'enlaça tendrement dans ses bras : « Que faites-vous ! s'écria-t-il.

— Lucidor, vous n'êtes pas à plaindre comme vous le croyez, vous êtes à moi, je suis à vous; je vous tiens dans mes bras, n'hésitez pas à m'entourer des vôtres. Votre père consent à tout, Antoni épouse ma sœur. »

Il recula surpris. « Serait-il vrai? » Lucinde sourit et fit un geste affirmatif; il se dégagea de ses bras : « Laissez-moi vous contempler encore une fois de loin, vous, qui allez m'appartenir et me toucher de si près. » Il lui saisit la main, et plongea son regard dans ses yeux : « Lucinde, vous êtes à moi! — Oui ! » Les plus douces larmes coulèrent des yeux de la plus fidèle amante. Il l'étreignit, et laissa tomber sa tête contre la sienne, comme un naufragé qui embrasse le rocher du rivage. Le sol tremblait encore sous lui. Tout à coup ses yeux ravis, se rouvrant, rencontrèrent le miroir : il la vit dans ses bras, il se vit enlacé dans les siens; il regardait et regardait encore. Ce sont là des sensations dont le souvenir suit l'homme toute la vie. En même temps il apercevait dans la glace tout ce paysage, hier si plein de tristes présages, aujourd'hui plus brillant, plus admirable que jamais; et lui, dans une telle position, avec un tel fond pour un tel tableau, quel dédommagement pour tout ce qu'il avait souffert !

« Nous ne sommes pas seuls, » dit Lucinde, et, avant qu'il se fût remis de son émotion, des jeunes filles et des jeunes garçons, portant des couronnes, vinrent encombrer la porte. « Tout cela devait s'arranger autrement, s'écria Lucinde; c'était si bien organisé, et voilà que tout va pêle-mêle! » Une marche joyeuse retentit dans le lointain, et l'on vit la société s'avancer solennellement par la grande avenue. Lucidor hésitait à marcher au-devant, il semblait avoir besoin du bras de son amante pour pouvoir se soutenir; elle resta à côté de lui, qui attendait la scène du revoir et de la reconnaissance pour un pardon déjà accordé.

Mais les dieux fantasques en avaient autrement ordonné. Le cor d'un postillon se fit entendre du côté opposé, et parut troubler tout le cérémonial. « Qui peut venir? » dit Lucinde. Lucidor craignait de voir arriver un étranger, et le fait est que la voiture était fort étrange. C'était une chaise de voyage toute neuve, à deux places. Elle s'avança jusque devant la salle ; un domestique, en élégante livrée, sauta à terre et ouvrit la portière, mais personne ne descendit, la chaise était vide ; le domestique monta dedans, rabattit la capote, et en un clin d'œil l'élégant objet fut disposé pour la promenade. Antoni s'avança et conduisit Julie auprès de la voiture. « Essayez, lui dit-il, cet équipage et voyez, s'il vous plaît assez pour courir là dedans le monde avec moi par les meilleurs chemins ; je ne vous mènerai que par ceux-ci, et si, parfois, nous sommes forcés de les quitter, nous saurons nous tirer d'embarras. Pour traverser les montagnes, nous nous ferons porter par des mulets, sur lesquels nous chargerons aussi la voiture.

— Vous êtes adorable ! » s'écria Julie. Le domestique s'avança, et, avec l'adresse d'un escamoteur, il lui fit admirer toutes les commodités, les agréments et les ressources de ce léger équipage.

« Ce n'est pas sur la terre que je veux vous remercier, dit Julie, c'est dans ce petit ciel mobile, dans ce nuage où vous me transportez que je veux vous exprimer ma gratitude. » Elle était déjà installée dans la voiture, lui jetant des baisers et de tendres regards. « Ne montez pas encore avec moi ; c'est un autre que je veux emmener dans cette course d'essai ; il a lui-même une épreuve à subir. » Elle appela Lucidor, qui causait à voix basse avec son père et son beau-père, et ne se fit pas prier pour prendre place dans la chaise ; il éprouvait un besoin invincible de se distraire d'une façon quelconque. Elle donna ses ordres au postillon, ils s'éloignèrent au galop, et disparurent dans un nuage de poussière aux yeux des assistants surpris.

Julie s'était commodément appuyée dans un coin. « Reculez-vous aussi, monsieur mon beau-frère, que nous nous voyions bien en face.

Lucidor. — Vous comprenez mon trouble, mon embarras ; je suis encore dans un rêve, aidez-moi à en sortir.

Julie. — Voyez ces bons paysans, avec quelle cordialité ils nous saluent ! Depuis que vous demeurez ici, vous n'êtes pas encore allé au village de là-haut. Ce sont tous des gens aisés qui me sont dévoués. Ils ne sont pas tellement riches que je ne puisse de temps en temps leur rendre service. Cette route sur laquelle nous roulons si commodément, c'est mon père qui l'a faite.

Lucidor. — Je le crois volontiers, mais que me font les objets extérieurs, dans le trouble de mon cœur !

Julie. — Patience ! Je veux vous montrer les richesses et les beautés de ce pays ; nous voilà au sommet de la côte. Voyez la plaine s'étendre au pied de la montagne. Tous ces villages doivent beaucoup à mon père, sans compter la mère et les filles. Le territoire de cette petite ville là-bas forme la limite du bailliage.

Lucidor. — Vous êtes dans une singulière disposition d'esprit ; vous ne semblez pas dire ce que vous voulez dire.

Julie. — Regardez par ici, à gauche, comme tout cela se déploie admirablement ! L'église avec ses grands tilleuls, la maison du bailli avec ses peupliers, adossée à la colline qui porte le village. Voici à nos pieds le jardin et le parc. »

Le postillon poussa ses chevaux plus vivement.

Julie. — Cette salle là-haut, vous la connaissez et on la

voit d'ici aussi bien que l'on voit la contrée lorsqu'on est dans la salle. C'est au pied de cet arbre que l'on s'arrête ; notre image se reflète dans la grande glace, on nous voit très-bien, mais nous ne pouvons nous reconnaître. — Fouette, postillon ! — Il n'y pas longtemps que deux personnes se sont mirées de plus près dans cette glace, et, si je ne me trompe, avec une satisfaction réciproque. »

Lucidor, contrarié, ne répondit rien ; ils restèrent quelque temps silencieux ; la voiture allait très-vite. « Ici, dit Julie, la route commence à devenir mauvaise, vous aurez peut-être le mérite de la refaire. Avant de redescendre, regardez encore une fois là-bas ; le hêtre de ma mère domine tout de sa cime magnifique. Suis la route, dit-elle au postillon, nous allons prendre le sentier qui traverse la vallée, nous serons en bas avant toi.

« Avouez, s'écria-t-elle en descendant de voiture, avouez que ce Juif errant, ce voyageur inquiet, qu'Antoni sait arranger assez ingénieusement ses pèlerinages, pour lui et ses compagnons ; c'est une belle et commode voiture. »

Elle était déjà arrivée au bas de la colline ; Lucidor la suivait pensif, et la trouva sur un banc : c'était la retraite de Lucinde. Elle le pria de s'asseoir à côté d'elle.

JULIE. — Nous voilà bien près et pourtant bien étrangers l'un à l'autre ; cela devait être ainsi. Le petit vif-argent ne pouvait vous aller. Vous ne pouviez pas aimer une pareille nature, elle vous était antipathique. »

L'étonnement de Lucidor allait toujours croissant.

JULIE. — Mais Lucinde ! Oh ! c'est le résumé de toutes les perfections, elle a complétement supplanté sa bonne petite sœur. Je vois poindre sur vos lèvres cette question : « Qui vous a si bien renseignée ? »

LUCIDOR. — Il y a une trahison là-dessous !

Julie. — Oui ! Il y a un traître en jeu !

Lucidor. Nommez-le.

Julie. — Il ne sera pas long à démasquer, c'est vous ! Vous avez la bonne ou la mauvaise habitude de causer avec vous-même, et je dois vous avouer, au nom de nous tous, que nous vous avons espionné tour à tour.

Lucidor (*bondissant*). — Jolie hospitalité ! Tendre un pareil piége aux étrangers !

Julie. — Nullement ; nous ne pensions pas plus à vous espionner qu'à espionner les autres. Vous savez que votre lit n'est séparé que par une cloison d'une chambre qui nous sert habituellement de débarras. Nous y avons installé depuis quelques jours le vieillard que nous étions inquiets de voir isolé dans son ermitage ; dès le premier soir vous avez débité un monologue passionné, qu'il n'a pas manqué de nous rapporter tout au long le lendemain matin. »

Lucidor n'essaya pas de l'interrompre ; il s'éloigna.

Julie (*se levant et le suivant*). — Combien cette découverte nous a servi ! Car, je l'avoue, quoique je n'eusse pas de répugnance pour vous, la position qui m'attendait ne me souriait guère. Être madame la baillive, quelle affreuse situation ! Avoir un brave mari, qui explique le droit aux gens, et qui, à force de connaître le droit, n'arrive pas à la justice ; car il ne contente ni ses supérieurs, ni ses inférieurs, ni lui-même, ce qui est pis. Je sais ce que ma mère a souffert de l'incorruptibilité, de la sévérité de mon père. Ce ne fut qu'après la mort de l'excellente femme qu'il finit par montrer quelque indulgence ; il sembla se réconcilier avec le monde, contre lequel il avait jusqu'alors vainement lutté.

Lucidor. (*Il s'arrête, fort mécontent de l'aventure, et piqué de la légèreté avec laquelle on l'a traité.*) — Pour le badinage d'une soirée, cela peut passer; mais poursuivre jour et nuit une telle mystification contre un hôte confiant, c'est impardonnable.

Julie. — Nous étions tous complices; nous avons tous écouté, et je suis seule à être punie!

Lucidor. — Tous! C'est d'autant plus impardonnable. Et comment pouviez-vous, sans rougir, me voir le jour, moi que vous aviez joué si indignement pendant la nuit? Je vois, maintenant, qu'il entrait dans vos occupations de la journée de vous moquer de moi. Honorable famille! Où est donc passée l'équité de votre père?... Et Lucinde!

Julie. — Et Lucinde! De quel ton vous avez prononcé ce nom! vous vouliez dire, n'est-ce pas, combien cela vous fait de la peine d'être obligé de mal penser de Lucinde, de la mettre dans la même catégorie que nous autres?

Lucidor. — Je ne comprends pas Lucinde.

Julie. — N'est-ce pas? cette âme noble et pure, cette nature paisible, la bienveillance, la bonté même, cette femme modèle se liguer avec une société frivole, avec une sœur étourdie, un frère espiègle, et certains personnages mystérieux! c'est incompréhensible.

Lucidor. — Oui certes, c'est incompréhensible.

Julie. — Vous allez le comprendre. Comme nous tous, Lucinde avait les mains liées. Si vous aviez pu voir son trouble, combien elle avait de peine à se retenir de tout vous avouer, vous l'auriez aimée deux fois davantage, si le véritable amour n'était pas par lui-même décuple et centuple. Mais je puis vous assurer que la plaisanterie finissait par nous fatiguer.

Lucidor. — Pourquoi donc n'y avoir pas mis un terme?

Julie. — C'est ce qu'il faut vous expliquer. Lorsque mon père eut connaissance de votre premier monologue et qu'il se fut assuré que ses enfants n'avaient rien à objecter à cet échange, il résolut d'aller aussitôt trouver votre père. La chose était grave. Un père seul sait le respect qu'on doit à un père. « Il doit être le premier informé, dit-il ; il ne faut pas que son consentement lui soit arraché par l'impossibilité de lutter contre notre ligue. Je le connais, je sais qu'il tient fortement à ses idées et à ses projets, et je ne suis pas sans inquiétude. Il a si bien associé dans son esprit Julie, ses cartes et ses dessins qu'il se proposait d'installer tout cela ici, quand viendrait le jour où le couple s'établirait définitivement pour ne plus changer de résidence : il comptait passer avec eux ses vacances, et maint autre aimable projet ! Il faut qu'il apprenne le tour que nous joue la nature avant que rien soit éclairci ni décidé. » Il nous fit ensuite jurer solennellement de vous observer et, quoi qu'il arrivât, de vous empêcher de partir. Les retards qu'a éprouvés son retour, l'adresse, la peine, la persévérance qu'il a dû employer pour obtenir le consentement de votre père, il vous le dira lui-même. Le fait est que tout est terminé. Lucinde vous appartient. »

Dans le feu de la conversation, ils avaient quitté le banc, et, continuant à marcher tout en causant, ils étaient arrivés, après avoir traversé une prairie, sur une autre route soigneusement construite. La voiture ne tarda pas à paraître. En même temps Julie attira l'attention de son compagnon sur un singulier spectacle. Toute la gymnastique dont le frère était si fier était en mouvement, une foule de jeunes gens montaient et descendaient dans la grande balançoire, les escarpolettes allaient et venaient, on grimpait aux mâts, et de hardis sauteurs s'élevaient au-dessus des innombrables têtes de la foule.

C'était le jeune garçon qui avait organisé ces réjouissances pour divertir les hôtes après le repas.

« Mène-nous par le village d'en bas, dit Julie au postillon; tous ces gens m'aiment, et je veux qu'ils voient comme je suis heureuse. »

Le village était désert; les jeunes gens s'étaient rendus en masse à la place des jeux; les femmes et les vieillards, attirés par le cor du postillon, se montraient aux portes et aux fenêtres, et saluaient en s'écriant « Oh! le beau couple ! »

— Julie. — Entendez-vous? Nous aurions peut-être fini par nous entendre ! qui sait si vous n'aurez pas des regrets.

Lucidor. — Mais maintenant, chère belle-sœur...

Julie. — Ah ! vous me dites « chère » à présent que vous êtes débarrassé de moi.

Lucidor. — Encore un mot ! Vous avez à vous décharger d'une grave responsabilité. Que signifiait ce serrement de main, quand vous deviez connaître et sentir mon affreuse situation? Je n'ai vu de ma vie une aussi profonde malice.

Julie. — Remerciez Dieu, j'ai mon absolution, tout est pardonné. Je ne voulais pas de vous, c'est vrai, mais que vous, vous n'ayez pas voulu de moi, c'est là une chose qu'une fille ne pardonne jamais; ce serrement de main était pour le fripon. J'avoue que c'était méchant, et je ne me pardonne qu'en vous pardonnant; que tout soit oublié ! Voici ma main. »

Lucidor y mit la sienne; Julie s'écria : « Nous voilà de retour! nous sommes dans notre parc : c'est ainsi qu'on parcourt le vaste monde, et qu'on revient; nous nous reverrons. »

Ils étaient arrivés devant la salle du jardin, elle était vide; la société, impatientée de voir l'heure du repas retardée outre mesure, était partie faire un tour de promenade. Antoni et Lucinde reparurent les premiers. Julie sauta de voiture et courut vers son ami, elle l'embrassa tendrement, en versant des larmes de joie. Les joues du noble étranger se colorèrent, ses traits s'épanouirent, ses yeux s'animèrent, et sous l'enveloppe de l'âge mûr on vit transparaître un beau et imposant jeune homme.

Et les deux couples rejoignirent la société avec des sensations que les plus beaux rêves ne sauraient donner.

CHAPITRE X

Le père et le fils venaient de traverser une agréable contrée, lorsque le domestique qui les accompagnait, s'arrêtant en vue d'une haute muraille qui paraissait entourer une assez vaste étendue de terrain, leur dit qu'il fallait se diriger à pied vers la grande porte, parce qu'on ne laissait pas pénétrer les chevaux dans cet enclos : ils sonnèrent, la porte s'ouvrit sans qu'aucune figure humaine se montrât, et ils se dirigèrent vers un vieil édifice qu'ils apercevaient à travers les troncs des chênes et des hêtres séculaires. Ce bâtiment avait un aspect étrange ; car, si antique qu'en parût la forme, on aurait dit qu'il sortait d'entre les mains des maçons et des tailleurs de pierre, tant les joints et les moulures semblaient neuves, nettes et fraîches.

Le lourd anneau de métal fixé à une porte de bois d'un beau travail les invitait à frapper; Félix s'en acquitta un peu rudement. La porte s'ouvrit et ils trouvèrent dans le vestibule une femme entre deux âges, assise devant un métier à broder. Elle salua les voyageurs comme des personnes qu'elle s'attendait à voir arriver, et se mit à chanter une gaie chanson ; aussitôt une petite porte donna passage à une autre femme, qu'au trousseau de clefs pendu à sa ceinture on ne pouvait manquer de prendre pour la concierge ou la femme de charge. Elle souhaita gracieusement le bonjour aux étrangers, leur fit monter un escalier, et leur ouvrit une grande salle d'un aspect imposant, vaste, haute, entourée de boiseries, au-dessus desquelles régnait une suite de peintures historiques. Deux personnes s'avancèrent au-devant d'eux, c'était une jeune femme et un homme âgé.

Celle-ci souhaita la bienvenue au voyageur. « Vous nous êtes annoncé comme l'un des nôtres, dit-elle ; mais comment vous présenterai-je celui que vous voyez ici ? C'est l'ami de la maison dans la plus belle et la plus complète acception du mot ; pendant le jour homme du monde instructif, astronome pendant la nuit, et médecin à toute heure.

— Et moi, répliqua l'ami, je vous présente cette jeune personne, infatigablement active pendant le jour, la nuit toujours prête à porter secours à ceux qui souffrent, et à toute heure compagne aimable et gracieuse. »

Angéla, — c'était le nom de cette personne si attrayante par son air et sa figure, — annonça l'arrivée de Macarie. Un rideau vert s'ouvrit, une vieille et vénérable dame apparut, amenée dans un fauteuil que poussaient deux jeunes et gentilles servantes, tandis que deux autres portaient sur une table ronde un déjeuner impatiemment attendu. Dans une encoignure on plaça des coussins sur les massifs bancs de chêne qui régnaient autour de la salle ; les trois personnes s'y assirent ; Macarie, dans son fauteuil, était en face d'elles. Félix déjeuna debout, circulant dans la salle et considérant curieusement les portraits de chevaliers suspendus au-dessus de la boiserie.

Macarie traita Wilhelm en ami intime, et se plut à lui faire une spirituelle description des membres de sa famille; on eût dit qu'elle pénétrait dans la nature intime de chacun à travers l'enveloppe du masque individuel. Les personnes que connaissait Wilhelm apparaissaient à son esprit comme transfigurées, l'intelligente bienveillance de l'inappréciable femme détachait l'écorce, ennoblissait et vivifiait le noyau.

Après avoir épuisé ces aimables sujets, elle dit à son vénérable compagnon : « La présence de ce nouvel ami ne doit pas vous fournir une nouvelle excuse pour retarder encore la conversation que vous nous avez promise. Il me paraît être homme à s'y intéresser. »

Le vieillard répondit : « Vous savez la difficulté qu'il y a à s'expliquer sur ces sujets, car il ne s'agit de rien moins que de l'abus de puissants et excellents moyens.

— J'en conviens, répondit Macarie; en effet, on se trouve dans un double embarras. Parle-t-on de l'abus, on semble attaquer la dignité du moyen, car il est toujours compris dans l'abus; parle-t-on du moyen, il est difficile d'admettre que sa solidité et sa dignité puissent donner lieu à un abus. Cependant, comme nous sommes entre nous, que nous ne voulons rien affirmer ni exercer notre influence au dehors, mais seulement nous éclairer, nous pouvons donner cours à cet entretien.

— Il faudrait peut-être, avant tout, dit cet homme circonspect, savoir si notre ami est disposé à s'occuper de matières aussi abstraites, et s'il ne préférerait pas prendre dans sa chambre un repos nécessaire. Ignorant l'enchaînement d'idées qui nous a amenés à parler de ce sujet, pourra-t-il se plaire à notre conversation ?

— Si, par une analogie, j'essaye de me rendre compte de ce que vous avez dit, je supposerai le cas où, attaquant l'hypocrisie, on est accusé d'avoir porté atteinte à la religion.

— Nous acceptons l'analogie, répondit l'astronome, car il s'agit ici d'une complication entre plusieurs hommes éminents, d'une haute science, d'un art imposant, en un mot, des mathématiques.

— Je n'ai jamais entendu parler des choses qui me sont le plus étrangères sans en tirer un avantage quelconque, car tout ce qui intéresse un homme trouvera de l'écho chez un autre.

— En supposant qu'il ait acquis une certaine liberté d'esprit, et, comme nous vous accordons cette qualité, je ne refuserai rien, pour ma part du moins, à votre insistance.

— Mais, dit Macarie, que ferons-nous de Félix qui a terminé l'examen des peintures, et qui a l'air de commencer à s'impatienter?

— Permettez-moi de dire quelque chose à l'oreille de cette demoiselle, » répondit l'enfant.

Il chuchota quelques mots à Angéla, qui sortit avec lui, elle reparut quelques instants après en souriant, et l'astronome prit la parole en ces termes :

Dans les cas, où il s'agit d'exprimer une désapprobation, un blâme, ou même une observation, je n'aime pas à prendre l'initiative, je cherche une autorité qui me donne de l'assurance, qui me prouve que j'ai quelqu'un de mon avis. Je loue sans restriction, car, lorsque quelque chose me plaît, pourquoi me taire? Quand même cet éloge dénoterait mon insuffisance, je n'aurais pas à en rougir; mais, si je blâme, il peut se faire que je nuise à quelque chose d'excellent; je m'attire la réprobation des personnes qui s'y entendent mieux que moi, et je suis parfois forcé de me rétracter quand je suis éclairé. C'est pour-

quoi je vous apporte ici quelques écrits et quelques traductions, car dans de pareils cas je me fie à ma nation aussi peu qu'à moi-même ; une adhésion qui vient de loin et d'un étranger me paraît présenter plus de garanties. »
Après en avoir demandé la permission, il lut ce qui suit.

. . . .

Mais si nous ne sommes pas disposé à laisser lire ce brave, nos lecteurs sont vraisemblablement du même avis que nous ; car ce qu'on a dit plus haut au sujet de la présence de Wilhelm à cet entretien s'applique d'autant plus au cas actuel. Nos amis ont ouvert un roman, et, s'il a déjà trop de fois pris une allure didactique, nous croyons prudent de ne pas mettre la patience de nos bienveillants lecteurs à une nouvelle épreuve. Les manuscrits que nous possédons seront imprimés ailleurs, et nous allons reprendre notre narration pour ne plus l'abandonner, impatient que nous sommes de voir enfin résolue l'énigme que nous nous sommes proposée.

Nous ne pouvons cependant ne pas rapporter les derniers mots que prononça cette noble société avant de se séparer pour aller se reposer. Wilhelm, après avoir suivi attentivement la lecture, s'exprima ainsi : « Je trouve dans tout cela de grandes qualités naturelles, des facultés, des aptitudes remarquables, mais dont l'application n'a pas toujours été exempte de reproches. S'il fallait résumer mon opinion, je m'écrierais : De grandes pensées et un cœur pur, voilà ce que nous devons demander à Dieu ! »

La société se sépara en approuvant ces sages paroles ; l'astronome promit à Wilhelm de lui montrer en détail dans cette admirable nuit les merveilles du ciel étoilé.

Quelques heures après, il fit monter à son hôte l'escalier de l'observatoire qui menait à une large plate-forme située au sommet d'une haute tour ronde. La nuit sereine, qui brillait et scintillait de toutes ses étoiles, enveloppait le spectateur ; il lui semblait que c'était la première fois qu'il lui était donné de compléter la voûte du ciel dans la plénitude de sa magnificence. Car, dans la vie ordinaire, sans compter les vicissitudes de la température qui nous dérobent l'enveloppe lumineuse de l'éther, nous sommes gênés à la ville par les toits et les pignons, à la campagne par les forêts et les rochers, et en tous lieux par les préoccupations secrètes du cœur, qui, plus que les nuages et l'orage, s'agitent en tous sens pour assombrir l'horizon à nos yeux.

Surpris et saisi, il ferma les yeux. L'immensité cesse d'être sublime, elle dépasse notre perception, elle menace de nous anéantir. « Que suis-je en face du tout ? se dit-il à lui-même. Comment puis-je subsister vis-à-vis de lui, au milieu de lui ? » Après quelques instants de réflexion, il reprit : « Le résultat de notre soirée d'aujourd'hui m'explique cette énigme. Comment l'homme peut-il se présenter en face de l'infini, si ce n'est en concentrant dans le plus profond de son être les forces spirituelles qui tendent toutes vers différentes directions, en se disant : Peux-tu te supposer agissant au milieu de cet ordre éternellement vivant, s'il ne se produit pas en même temps un sublime mouvement, qui gravite autour d'un centre pur ? Et lors même qu'il te serait difficile de trouver ce centre en toi-même, tu le reconnaîtrais à l'influence bienfaisante et bienveillante qui s'en dégage et prouve son existence. Qui peut jeter un regard sur son passé sans être en quelque sorte troublé en voyant que la plupart du temps sa volonté fut juste et ses actions furent mauvaises, ses désirs coupables et leur accomplissement agréable ? Combien de fois as-tu vu briller ces astres et ne t'ont-ils pas trouvé sans cesse différent? Eux sont restés toujours les mêmes, ils ont toujours répété la même chose : « Notre marche régulière « marque les jours et les nuits, demande-toi quel usage « tu fais de ces jours et de ces nuits? » Aujourd'hui je peux leur répondre : Je n'ai pas à rougir de ma situation présente; mon projet est de rétablir une union désirée entre tous les membres d'une digne famille; ma route est tracée. Il faut que je recherche les raisons qui empêchent ces nobles êtres de se rapprocher, que j'écarte les obstacles, quels qu'ils soient. Tu peux le déclarer en face de ces légions célestes : si elles te regardaient, elles souriraient sans doute de ta faiblesse, mais elles honoreraient assurément tes desseins, et en favoriseraient l'accomplissement. »

Au milieu de ces réflexions, il promena ses regards autour de lui; ses yeux tombèrent sur Jupiter, astre de bon augure, qui brillait plus éclatant que jamais; il en tira un pronostic favorable, et le contempla longtemps avec bonheur.

L'astronome l'invita à descendre, et au moyen d'une excellente lunette lui fit observer cet astre fort amplifié, accompagné de ses lunes, merveilles du ciel.

Après être resté longtemps plongé dans cette contemplation, Wilhelm se retourna vers l'astronome et lui dit : « Je ne sais si je dois vous remercier d'avoir à ce point mis cet astre à ma portée. Quand auparavant je le regardais, je le trouvais en rapport avec les innombrables constellations du ciel et avec moi-même; mais maintenant mon imagination le conçoit en dehors de toute proportion, et je ne sais si je dois désirer voir le reste de ces phalanges défiler ainsi devant moi; elles m'oppresseront, elles m'écraseront. »

C'est ainsi que notre héros s'épancha selon son habitude, et que cette occasion donna naissance à mainte réflexion inattendue. Aux arguments de l'astronome Wilhelm répondit : « Je comprends parfaitement que ce soit une extrême satisfaction pour vous autres, explorateurs du ciel, d'amener ainsi l'univers immense sous vos yeux, comme je viens de le faire pour cette planète. Mais, permettez-moi de vous le dire, j'ai remarqué qu'en moyenne, dans la vie, ces procédés qui viennent au secours de nos sens ne produisent pas l'effet moral qu'on en attend. Celui qui voit à travers des lunettes se croit plus sage qu'il ne l'est, car son sens externe cesse d'être en harmonie avec sa faculté intérieure de juger. Il faut une culture supérieure, accessible seulement aux hommes privilégiés, pour établir le rapport entre le vrai intérieur et le faux extérieur produit par ce rapprochement artificiel. Quand je regarde à travers des lunettes, je suis un autre homme, et je me déplais à moi-même ; je vois plus que je ne dois voir, le monde observé de trop près ne s'harmonise pas avec mes sensations ; je me hâte de déposer l'instrument dès que j'ai satisfait ma curiosité de savoir comment est fait tel ou tel objet éloigné. »

L'astronome interrompit Wilhelm par quelques observations badines. « Nous ne voulons pas dire, reprit Wilhelm, qu'il faille rejeter ces verres ni aucune espèce de machine ; mais l'observateur des mœurs doit rechercher attentivement comment tant d'inventions dont on se plaint se sont glissées dans la société. Je suis persuadé, par exemple, que l'usage de porter des lunettes doit être imputé à la vanité de nos jeunes gens. »

Pendant qu'ils causaient ainsi, la nuit s'était avancée ; l'astronome, habitué à veiller, engagea notre jeune ami à dormir un instant sur le lit de camp pour contempler et saluer, d'un œil plus reposé, Vénus qui devançait le lever du soleil, et promettait de se montrer dans tout son éclat.

Wilhelm, qui s'était tenu jusqu'alors éveillé et alerte,

s'aperçut, à l'invitation de cet homme prévenant, qu'il était en effet épuisé de fatigue ; il se coucha et s'endormit aussitôt.

Réveillé par l'astronome, Wilhelm sauta à bas du lit, courut à la fenêtre, resta un instant immobile de surprise, puis s'écria avec enthousiasme : « Quelle magnificence, quel miracle! » Il exprima en d'autres termes encore son admiration, mais ce spectacle restait toujours à ses yeux un miracle, un grand miracle.

« Que cet astre aimable, qui se montre aujourd'hui avec une splendeur inaccoutumée, vous saisit de surprise, je pouvais le prévoir ; mais je puis le dire sans craindre d'être accusé de froideur, je ne vois pas là de miracle !

— Comment en verriez-vous un, puisque je le porte en moi-même, que je le contiens, et que je ne sais comment il s'est produit? Laissez-moi regarder en silence, et puis vous saurez ! »

Au bout de quelques instants il reprit : « J'étais plongé dans un doux mais profond sommeil; puis je me trouvai transporté dans la salle d'hier, mais j'y étais seul. Le rideau vert s'écarta, et je vis le fauteuil de Macarie s'avancer de lui-même, comme un être animé ; il brillait avec l'éclat de l'or; les vêtements de la noble femme avaient quelque chose de sacerdotal, son regard brillait doucement ; je fus sur le point de me prosterner. Des nuages s'amoncelèrent sous ses pieds et soulevèrent sur leurs ailes la sainte figure, et à la place qu'elle venait de quitter j'aperçus, au milieu des nuages qui se séparaient, une étoile qui, montant toujours, alla rejoindre à travers le plafond entr'ouvert le firmament qui paraissait s'étendre et tout embrasser. C'est alors que vous m'avez réveillé ; encore dominé par l'ivresse du sommeil, je me dirige en chancelant vers la fenêtre, ayant toujours l'étoile devant les yeux ; je regarde et j'aperçois l'étoile du matin, d'une égale beauté, mais d'un moindre éclat ! L'astre réel prend la place de l'astre rêvé, il consume la magnificence de l'apparition, et cependant je contemple et vous contemplez avec moi ce qui aurait dû s'évanouir avec les vapeurs du sommeil. »

L'astronome s'écria : « Miracle, oui, miracle ! Vous ne vous doutez pas vous-même de ce qu'il y a de merveilleux dans ce que vous venez de dire. Puisse votre songe ne pas nous annoncer le prochain départ de cette sublime femme, à laquelle est réservée tôt ou tard une pareille apothéose ! »

Dès le matin, Wilhelm s'empressa de courir à la recherche de son Félix, qui s'était tout d'abord rendu au jardin ; à son grand étonnement il y trouva plusieurs jeunes filles occupées à le cultiver ; elles n'étaient pas toutes belles, mais il n'y en avait pas une de laide, aucune n'avait plus de vingt ans. La variété de leurs costumes annonçait qu'elles venaient de différentes contrées ; elles saluèrent gaiement Wilhelm en continuant de travailler.

Il rencontra Angéla, qui surveillait et ordonnait les travaux : notre hôte lui fit part de l'étonnement que lui causait cette jolie et active colonie. « Elle est immortelle, répondit Angéla, elle change et reste cependant toujours la même. Dès qu'elles ont vingt ans, ces jeunes filles, ainsi que toutes les habitantes de nos établissements, entrent dans la vie active, presque toujours par le mariage. Les jeunes garçons des environs qui ont besoin d'une bonne compagne observent le développement de nos élèves. Elles ne sont pas cloîtrées, elles se montrent aux foires, on les y remarque et elles y trouvent des fiancés ; aussi beaucoup de familles guettent-elles le moment où il se produit des vacances chez nous pour faire admettre leurs enfants. » Après avoir entendu ces détails, Wilhelm ne put cacher à sa nouvelle amie le désir de parcourir une seconde fois ce que l'astronome avait lu la veille. « J'ai bien saisi l'idée principale de cet entretien, dit-il, mais je voudrais étudier de plus près les détails.

— Je suis heureusement en état de satisfaire sur-le-champ ce désir. Les rapports intimes qui se sont immédiatement établis entre nous me permettent de vous dire que ces papiers se trouvent entre mes mains, et que je les conserve soigneusement avec d'autres manuscrits. Ma maîtresse, continua-t-elle, est convaincue de l'importance de ces conversations ; il s'y produit ce que les livres ne contiennent pas, et ce qu'ils contiennent de meilleur. C'est pourquoi elle m'a imposé de recueillir les pensées isolées qui jaillissent d'une conversation spirituelle comme la semence d'une plante féconde. Si l'on est exact à fixer le présent, dit-elle, c'est alors seulement qu'on prendra goût à la tradition, en retrouvant les meilleures pensées déjà formulées, les plus aimables sensations déjà exprimées. Par ce moyen nous obtenons cet accord auquel l'homme est appelé, et auquel il ne se soumet que trop souvent de mauvais gré, persuadé qu'il est que le monde commence avec lui. »

Angéla continua à faire ses confidences à son hôte ; elle lui dit que ces extraits formaient des archives assez considérables, et qu'elle y prenait souvent des feuilles pour les lire à Macarie dans ses nuits d'insomnie. « De ces lectures isolées on voit se dégager de nouveau mille particularités remarquables, de même qu'une masse de vif-argent produit, en tombant, une quantité innombrable de globules. »

Wilhelm lui demanda jusqu'à quel point ces archives étaient secrètes. Elle lui répondit que d'habitude les intimes seuls en avaient connaissance, mais qu'elle pouvait prendre sur elle de lui communiquer quelques cahiers, du moment qu'il en manifestait le désir.

Tout en causant de la sorte dans le jardin, ils étaient arrivés au château; Angéla, conduisant Wilhelm dans une chambre située dans les dépendances, lui dit en souriant: « J'ai encore à vous confier un secret auquel vous ne vous attendez assurément pas. » Elle souleva un rideau et lui fit regarder dans un cabinet, où il aperçut son Félix assis devant une table et écrivant, avec une application insolite dont le père ne pouvait se rendre compte. Angéla lui apprit que l'enfant consacrait à ce travail tout le temps pendant lequel il pouvait s'esquiver, et avait dit qu'il ne prenait plaisir qu'à écrire et à monter à cheval.

On conduisit ensuite notre ami dans une chambre tapissée d'armoires contenant des papiers rangés en bon ordre. La variété des titres dénotait la diversité du contenu. Wilhelm loua fort l'ordre et l'intelligence qui avaient présidé à ces arrangements; Angéla lui dit que le mérite en revenait à l'astronome : il possédait une justesse toute particulière, non-seulement pour déterminer la classification, mais, dans les cas difficiles, pour placer des intercalations. Puis elle prit les manuscrits qu'on avait lus la veille, et autorisa le voyageur curieux à en prendre connaissance et à y puiser des extraits, ainsi que de tous ceux qui faisaient partie de la collection.

Notre ami dut mettre de la mesure dans son travail, car il y avait surabondance de matières attrayantes et dignes d'êtres recueillies; il s'attacha principalement aux cahiers contenant des maximes courtes, à peine reliées entre elles. C'était de ces résumés qui, lorsque nous n'en connaissons pas le point de départ, semblent paradoxaux, mais qui nous forcent à revenir en arrière en faisant des recherches en sens inverse, et à reconstituer, de bas en haut, la filiation de ces pensées.

Les raisons que nous avons données plus haut ne nous permettent pas de placer ici ce travail. Nous profiterons cependant de la première occasion favorable pour mettre sous les yeux du lecteur un choix des trésors recueillis par Wilhelm.

———

Le matin du troisième jour, Wilhelm se rendit auprès d'Angéla, et lui dit avec quelque embarras : « Je dois partir aujourd'hui, et recevoir mes dernières instructions de l'excellente femme auprès de laquelle je n'ai malheureusement pas pu me présenter hier. Et, maintenant, j'ai dans le fond de mon cœur un point sur lequel je voudrais être éclairé. Rendez-moi ce service, si cela est possible.

— Je crois vous comprendre, dit Angéla ; continuez, cependant.

— Un rêve merveilleux, quelques paroles du grave astronome, un rayon séparé et fermé dans ces armoires accessibles, portant cette suscription : *Les particularités de Macarie;* ces éléments s'unissent à une voix secrète qui me dit que cette étude des astres n'est pas seulement un divertissement scientifique, un désir de connaître le firmament, mais qu'il faut plutôt supposer qu'il se cache là-dessous des rapports tout particuliers entre Macarie et les astres ; ces rapports, il m'importe extrêmement de les connaître. Je ne suis ni curieux ni importun ; mais le cas est si intéressant pour un observateur moral, que je ne puis m'empêcher de demander si après tant de marques de confiance on voudrait encore m'accorder celle-là.

— Je suis autorisée à le faire, répondit la complaisante

Angéla. Votre rêve merveilleux est resté un secret pour Macarie ; mais, avec l'astronome, j'ai apprécié et considéré votre singulière facilité d'assimilation, votre immédiate conception des plus profonds secrets; et nous ne craignons pas de vous mener plus avant. Permettez-moi de vous parler d'abord par figures ; c'est un procédé avantageux lorsqu'il s'agit de choses difficiles à saisir.

« De même qu'on dit du poëte qu'il contient intérieurement les éléments du monde moral, lesquels n'ont qu'à se développer en lui par degrés de façon que rien ne se présente à lui dans l'univers qu'il n'en ait déjà eu le pressentiment, de même, à ce qu'il paraît, les rapports de notre système solaire sont innés chez Macarie; d'abord latents, puis se développant successivement, puis enfin s'animant d'une façon manifeste. Elle commença par souffrir de ces phénomènes, puis elle y trouva du charme, et son enchantement ne fit que s'accroître avec les années. Mais elle n'a pu arriver à l'unité et au calme que lorsqu'elle eut trouvé l'appui, l'ami dont vous avez suffisamment apprécié les qualités.

« Incrédule en sa qualité de mathématicien et de philosophe, il a hésité longtemps, croyant que ce phénomène était une chose apprise : car Macarie lui avoua qu'elle avait dès sa jeunesse reçu des notions d'astronomie et qu'elle s'était livrée avec passion à l'étude de cette science. Mais elle l'informa aussi qu'elle avait pendant nombre d'années rapproché ses visions intérieures avec des faits extérieurs, et qu'elle n'avait jamais pu trouver de corrélation entre ces deux points.

« Le savant se fit exposer dans les plus grands détails ce qu'elle voyait d'une façon intermittente, fit ses calculs, et reconnut, non pas qu'elle portait en elle tout le système solaire, mais qu'elle s'y mouvait elle-même en esprit comme partie intégrante. Il procéda, en se basant sur cette supposition, et ses calculs furent confirmés par les déclarations de Macarie.

« Je ne puis vous en dire davantage, et je ne vous donne ces détails qu'en vous priant instamment de n'y jamais faire allusion ; car tout homme raisonnable et sensé, même avec la meilleure volonté du monde, ne sera-t-il pas porté à traiter ces assertions de fantaisies, de confuses réminiscences d'une science autrefois possédée ? La famille elle-même ne sent rien de tout cela : ces visions secrètes, ces images ravissantes, passent aux yeux des siens pour une maladie qui l'empêche momentanément de prendre part aux affaires du monde. Soyez discret, mon ami, et ne laissez rien paraître devant Lénardo. »

Le soir, notre voyageur fut reçu une seconde fois par Macarie ; l'entretien fut aussi agréable qu'instructif ; nous en extrairons ce qui suit :

« La nature ne nous a pas donné un seul défaut qui ne puisse être converti en vertu, pas une vertu qui ne puisse être convertie en défaut. Ces derniers sont précisément les plus dangereux. Mon singulier neveu fournit matière à des réflexions de ce genre ; vous avez entendu dans sa famille raconter mainte chose étrange sur son compte ; on vous a dit que je l'aime et que je l'épargne plus qu'il n'est juste.

« Dès son enfance il se développa en lui une certaine aptitude technique à laquelle il se livra tout entier, et qui lui permit d'apprendre avec succès différents métiers. Plus tard, tout ce qu'il nous envoyait pendant ses voyages était toujours du plus fin, du plus artistique, du plus délicat travail, se rapportant au pays où il se trouvait, et qu'il nous fallait deviner. On pourrait en conclure que c'est et que ce sera toujours un homme à cœur sec et froid, préoccupé des objets extérieurs; dans la conversation il n'était pas porté à entrer dans les considérations générales et morales; mais il possède, en dedans, un remarquable tact pratique du bien et du mal, de ce qui mérite l'éloge ou le blâme, au point que je ne l'ai jamais vu faillir envers les vieillards et les jeunes gens, envers ses supérieurs et ses inférieurs. Mais cette délicatesse innée, mal réglée comme elle l'était, dégénérait, lorsqu'elle s'appliquait aux petites choses, en une fantasque faiblesse; il s'imaginait des devoirs, et se reconnaissait débiteur sans nécessité.

« La conduite qu'il a menée pendant son voyage, et surtout les précautions qu'il prend à son retour, me font supposer qu'il croit avoir offensé autrefois quelque femme de notre entourage, dont le sort l'inquiète aujourd'hui; il se sentirait délivré du poids de ce remords dès qu'il apprendrait qu'elle est heureuse; Angéla vous dira le reste. Prenez cette lettre, et préparez à notre famille une douce réconciliation. Je vous avoue que je voudrais bien le revoir encore une fois sur cette terre, et pouvoir le bénir avant de quitter ce monde. »

CHAPITRE XI

LA BRUNE JEUNE FILLE.

Lorsque Wilhelm eut consciencieusement et en détail rempli sa commission, Lénardo lui répondit en souriant : « Tout ce que vous venez de m'apprendre augmente mon attachement pour vous, mais j'ai encore une question à vous faire. Ma tante ne vous a-t-elle pas chargé de m'annoncer une chose en apparence insignifiante? » Wilhelm réfléchit un instant. « Oui, dit-il, je m'en souviens. Elle m'a parlé d'une jeune femme, nommée Valérine. J'ai à vous dire qu'elle est heureusement mariée, et qu'elle se trouve dans une bonne position.

— Vous m'ôtez une montagne de dessus le cœur, répondit Lénardo. Je puis retourner content chez moi, je n'ai plus à craindre que le souvenir de cette jeune fille me poursuive comme un remords.

— Il ne m'appartient pas de vous demander quelles ont été vos relations avec elle, dit Wilhelm ; il suffit que vous soyez tranquillisé, si, d'une façon quelconque, vous vous intéressez à cette fille.

— Ce sont les relations les plus étranges du monde; ce n'est nullement une affaire d'amour, comme on pourrait le croire. Je peux parfaitement vous confier et vous raconter ce qui n'est pas à proprement parler une histoire. Mais que penserez-vous, si je vous dis que mes hésitations, ma crainte de rentrer à la maison, que ces préparations et ces questions bizarres sur ce qui se passait chez nous n'avaient d'autre motif que le désir de savoir ce que cette enfant était devenue?

« Car, croyez-le, je sais fort bien qu'on peut quitter pour longtemps les gens que l'on connaît sans les retrouver changés, et j'espère me sentir bientôt à mon aise parmi les miens. Je n'étais préoccupé que de cette créature, dont la situation devait être modifiée, et qui, grâce au ciel, l'est à son avantage.

— Vous excitez ma curiosité, dit Wilhelm, vous me faites supposer quelque chose de bien extraordinaire.

— C'est du moins mon avis, » répondit Lénardo ; et il commença son récit de la sorte :

« Faire le traditionnel tour d'Europe était chez moi dès mon enfance un projet arrêté ; mais, comme cela arrive toujours, j'en différai d'année en année l'exécution. Mon entourage m'attirait, m'enchaînait ; les objets éloignés perdaient de leur attrait à mesure que j'en lisais ou que j'en entendais des relations. A la fin, poussé par mon oncle, entraîné par mes amis, qui avaient parcouru le monde avant moi, je pris ma résolution, et même plus promptement que nous ne l'avions prévu.

« Mon oncle, qui devait me faciliter les moyens de faire ce voyage, ne s'occupa plus d'autre chose. Vous le connaissez, vous savez qu'il ne s'attache qu'à une chose à la fois, et qu'il laisse tout de côté, jusqu'à ce qu'il ait atteint son but, ce qui lui a permis d'exécuter des entreprises qui semblent au-dessus des ressources d'un particulier. Ce voyage le prit en quelque sorte à l'improviste ; cependant il ne perdit pas la tête. Il suspendit quelques constructions qu'il avait résolues et même commencées, et, comme il avait pour principe de ne jamais toucher à ses épargnes, en prudent financier, il chercha d'autres ressources. La plus simple était de faire rentrer les créances, et surtout l'arriéré des fermages ; car il était également dans ses idées de ménager ses débiteurs tant qu'il n'avait pas absolument besoin de son argent. Il donna la liste à son homme d'affaires, qui fut chargé de l'exécution. Nous ne fûmes pas informés des détails ; j'appris seulement qu'un de nos fermiers, pour lequel mon oncle s'était toujours montré fort indulgent, allait finir par être chassé, son cautionnement retenu comme faible dédommagement du déficit, et le bien affermé à un autre. Cet homme était un paysan paisible, mais il n'était pas, comme ses pareils, actif et prudent ; on l'aimait pour sa piété et sa bonté, mais on blâmait la faiblesse de son administration. Après la mort de sa femme, il était resté avec une fille, que l'on ne connaissait que sous le nom de la brune jeune fille ; elle promettait d'être solide et active, mais elle était beaucoup trop jeune pour se rendre utile; en un mot, les affaires de cet homme allèrent de mal en pis, sans que l'indulgence de mon oncle pût empêcher sa ruine.

« J'avais mon voyage en tête, et je devais approuver les moyens qui me le facilitaient. Tout était prêt, les malles fermées, les adieux faits, le temps pressait. Un soir, je parcourais une dernière fois le parc, pour prendre congé de mes arbres et de mes arbustes de prédilection, lorsque je me trouvai tout d'un coup en face de Valérine, — car c'était le vrai nom de la jeune fille; l'autre n'était qu'un sobriquet que lui avait valu la couleur foncée de sa peau. — Je me trouvai donc en face d'elle. »

Lénardo resta un instant rêveur. « Qu'est-ce que je dis donc? reprit-il, ne s'appelait-elle pas aussi Valérine? Mais le sobriquet était plus ordinairement employé. Bref, la brune jeune fille vint au-devant de moi, et me supplia, pour son père, pour elle, d'intercéder auprès de mon oncle. Comme je savais où en était l'affaire, et que je voyais bien que pour l'instant il serait difficile, impossible même de faire quelque chose pour eux, je le lui dis franchement, et je lui donnai à entendre que toute la faute en était à son père.

« Elle le justifia avec tant de clarté, et en même temps avec tant de ménagements et d'amour filial, qu'elle m'inspira le plus vif intérêt, et que, s'il se fût agi de mon argent, je lui aurais immédiatement accordé la remise qu'elle demandait. Mais il s'agissait des revenus de mon oncle; il avait donné ses ordres; d'après sa manière de voir, d'après ce qui s'était passé, il n'y avait rien à espérer. Une promesse a toujours été sacrée pour moi; me demander quelque chose, c'était me mettre dans l'embarras. Aussi m'étais-je si bien accoutumé à refuser, que je ne promettais même pas ce que j'avais l'intention de tenir.

Cette habitude me servit cette fois : Valérine invoquait les considérations personnelles et le sentiment; moi, le devoir et la raison, et j'avoue qu'à la fin je me trouvai moi-même trop dur. Nous nous étions déjà plusieurs fois répété les mêmes arguments sans pouvoir nous convaincre, quand la nécessité la rendit plus éloquente; la ruine inévitable dont elle se voyait menacée lui arracha des larmes. Elle ne perdit cependant pas contenance; mais elle parla avec passion, et, tandis que je continuai à feindre la froideur et l'indifférence, son âme tout entière se montra à découvert. Je désirais mettre fin à cette scène; mais tout d'un coup elle tomba à mes pieds; elle avait saisi ma main, elle la baisait, et me regardait d'un air si bon, si aimablement suppliant, que dans ce moment je ne pus plus me maîtriser. Je lui dis aussitôt, en la relevant : « Je ferai mon possible; calme-toi, mon en« fant; » puis je me dirigeai vers une allée latérale.

« Faites l'impossible ! » me cria-t-elle.

« Je ne sais plus ce que je voulais lui dire, mais je lui dire : « Je ferai... » et je ne terminai point.

« Faites l'impossible! » s'écriait-elle encore avec l'expression d'une céleste espérance. Je lui dis adieu et m'éloignai rapidement.

« Je ne voulus pas m'adresser d'abord à mon oncle : je le connaissais assez pour savoir qu'il ne fallait pas lui parler de détails lorsqu'il s'occupait d'un grand projet. Je me rendis auprès de l'homme d'affaires : il était sorti. Le soir, des amis vinrent me faire leurs adieux. On joua, on soupa fort avant dans la nuit. Ils restèrent le lendemain, et la distraction effaça l'image de la pauvre suppliante. L'homme d'affaires revint; il était plus occupé, plus pressé que jamais. Tout ce monde voulait lui parler. Il n'eut pas le temps de m'entendre : je fis une tentative pour m'emparer de lui ; mais à peine avais-je prononcé le nom du brave fermier, qu'il me repoussa vivement : « Au « nom du ciel, me dit-il, n'en parlez pas à votre oncle, « si vous ne voulez pas vous attirer des désagréments. »

« Le jour de mon départ était fixé ; j'avais des lettres à écrire, du monde à recevoir, des visites à faire dans le voisinage. Mes gens, qui suffisaient à mon service ordinaire, n'étaient pas en état de me seconder dans mes préparatifs. Tout reposait sur moi ; et cependant, l'homme d'affaires m'ayant accordé une heure dans la nuit pour régler mes arrangements pécuniaires, j'essayai encore d'intercéder en faveur du père de Valérine.

« Cher baron, me dit cet homme, comment pouvez- « vous penser à cela? J'ai déjà eu aujourd'hui une rude « séance avec votre oncle ; car la somme dont vous avez « besoin pour vous mettre en route dépasse de beaucoup « ce que nous avions supposé. Cela est bien naturel, mais « cependant fort désagréable. Notre maître n'aime pas « qu'une chose ait l'air d'être terminée, et qu'elle cloche « encore de maint côté ; il en est souvent ainsi, et c'est « nous qui payons les pots cassés. Il s'est fait une loi de « poursuivre impitoyablement les dettes arriérées ; en « cela il est conséquent avec lui-même ; il serait impos- « sible de l'amener à l'indulgence ; ne l'essayez pas, je « vous en prie, ce serait peine perdue. »

« Je cessai d'insister, mais je ne lâchai cependant pas prise. Je le priai, puisque l'exécution dépendait de lui, d'agir avec douceur. Il me le promit, comme font ces sortes de gens, pour avoir le repos. Il était débarrassé de moi ; je fus de plus en plus distrait ; je montai en voiture, et laissai derrière moi tout ce qui pouvait m'intéresser à ma maison, à ma famille.

« Il en est d'une impression violente comme de toute

autre blessure; on ne la sent pas quand on la reçoit. La douleur ne vient que plus tard. C'est ce qui eut lieu pour l'aventure du parc. Dès que j'étais seul, inoccupé, je revoyais l'image de cette jeune fille suppliante, avec tout l'entourage, les arbres, les bosquets, la place où elle s'était agenouillée, le sentier que j'avais pris pour m'éloigner; ce tableau se peignait avec une vivacité toujours nouvelle. C'était une impression indélébile, qui pouvait bien être troublée, voilée par d'autres images, d'autres intérêts, mais jamais être détruite. Elle reparaissait constamment aux heures de solitude, et, tant qu'elle était là, je sentais plus douloureusement la faute que j'avais commise contre mes principes, contre mes habitudes, quoique n'ayant rien promis expressément.

« Dans mes premières lettres à l'homme d'affaires, je ne manquai pas de lui demander où en était la chose. Il ne fit que des réponses dilatoires. Puis il omit de me répondre sur ce point; puis ses paroles devinrent ambiguës, et il finit par garder un silence complet. La distance qui me séparait des miens s'accroissait toujours; j'eus mille observations à faire, mille préoccupations; l'image disparut, j'oubliai la jeune fille, et presque son nom. Je pensai moins souvent à elle; ma fantaisie de correspondre avec les miens, non par lettres, mais par symboles, continua beaucoup à me détacher de mon ancienne situation et de mes précédents attachements. Mais aujourd'hui que je m'approche de ma maison, que je songe à rendre avec usure à ma famille ce dont elle s'est privée pour moi, je me sens repris de cet étrange remords, — car je le trouve moi-même étrange. — L'image de la jeune fille se ravive en même temps que celle des miens, et je ne redoutais rien tant que d'apprendre qu'elle était tombée dans l'abîme de misère où je l'avais poussée. Car ma négligence me semblait avoir dû être la cause de sa perte. Mille fois déjà je me suis dit que ce sentiment n'était au fond qu'une faiblesse, et je ne m'étais imposé cette loi de ne rien promettre que par crainte du remords et non par un plus noble sentiment. Maintenant ce repentir que je voulais éviter, le voilà qui vient se venger de moi, prenant ce cas entre mille pour me tourmenter. Mais, à côté de cela, cette image, qui me tourmente, est si douce, si aimable, que je ne puis m'empêcher de m'y arrêter; et, lorsque j'y pense, il me semble que le baiser qu'elle a imprimé sur ma main me brûle encore. »

Lénardo se tut, et Wilhelm lui répondit aussitôt d'un ton gai : « Je ne pouvais donc pas vous rendre un plus grand service que de vous donner le supplément de mon message, de même que souvent la partie la plus intéressante d'une lettre se trouve dans le post-scriptum. Je ne sais pas, à la vérité, grand'chose de Valérine : j'ai cependant recueilli par hasard quelques renseignements sur elle; je puis vous assurer qu'elle est la femme d'un propriétaire aisé, et qu'elle est heureuse; la tante me l'a encore rappelé au moment de mon départ.

— Fort bien! dit Lénardo; maintenant rien ne m'arrête plus. Vous m'avez donné l'absolution, rendons-nous immédiatement auprès des miens, que j'ai fait attendre plus qu'il n'est convenable.

— Je regrette de ne pouvoir vous accompagner, répondit Wilhelm; une obligation étrange me défend de séjourner nulle part plus de trois jours, et de revenir avant une année dans les endroits que je quitte. Excusez-moi si je ne vous explique pas le motif de cette singularité.

— Je suis bien fâché, dit Lénardo, de vous perdre sitôt, et de ne pouvoir rien faire pour vous. Mais, puisque vous êtes en chemin de m'obliger, vous me rendriez bien heureux si vous alliez voir Valérine, vous informer exactement de sa position et m'en instruire, soit par écrit, soit verbalement, — il sera difficile de trouver un lieu de rendez-vous, — cela me tranquilliserait. »

On examina aussitôt le projet. On avait nommé à Wilhelm l'endroit où demeurait Valérine. Il se chargea d'aller la voir; on fixa le rendez-vous; le baron devait y ramener Félix, qui était resté auprès des dames.

Lénardo et Wilhelm continuaient à chevaucher à travers d'agréables prairies en causant de choses et d'autres, lorsqu'ils arrivèrent à la grande route et atteignirent la voiture du baron, qui, escortée de son maître, allait enfin revoir le logis. Les amis allaient se séparer. Avec quelques paroles affectueuses Wilhelm prit congé de Lénardo, et lui promit de lui rapporter bientôt des nouvelles de Valérine.

« Mais, j'y pense, dit Lénardo, je n'aurais qu'un petit détour à faire pour vous accompagner; pourquoi n'irais-je pas moi-même voir Valérine, m'assurer par moi-même qu'elle est heureuse? Vous avez été assez bon pour vous faire mon messager, pourquoi ne seriez-vous pas mon compagnon? Car il me faut un compagnon, un conseil moral, comme on prend un conseil judiciaire lorsqu'on ne se sent pas capable de traiter un procès. »

Wilhelm lui représenta qu'on l'attendait depuis bien longtemps chez lui, que cela ferait un singulier effet de voir la voiture arriver seule; il ne put dissuader Lénardo, et dut se résigner à l'accompagner à contre-cœur, à cause des conséquences qu'il redoutait.

On instruisit les domestiques de ce qu'ils avaient à dire en arrivant au château, et les deux amis prirent le chemin qui conduisait à la demeure de Valérine. Le pays était riche et fertile, et semblait prédestiné pour l'agriculture.

Dans le territoire qui appartenait au mari de Valérine, le sol était particulièrement bon et soigneusement cultivé. Wilhelm eut tout le temps de considérer le pays en détail, tandis que Lénardo chevauchait silencieusement à côté de lui. Enfin, celui-ci s'écria : « Un autre, à ma place, aurait peut-être cherché à s'introduire incognito auprès de Valérine, car c'est toujours une sensation pénible de revoir ceux qu'on a offensés ; mais j'aime mieux m'exposer aux reproches, que je redoute de ses yeux, que de m'en garantir par un mensonge et un déguisement. Le mensonge peut nous mettre dans l'embarras tout comme la vérité, et, si l'on pèse les avantages de l'un et de l'autre, on trouve qu'on gagne toujours à s'attacher à la vérité. Marchons donc sans crainte, je me nommerai, et je vous présenterai comme mon ami et mon compagnon. »

Ils étaient arrivés dans la cour et mirent pied à terre. Un homme de bonne mine, simplement vêtu, et qu'on aurait pu prendre pour un fermier, vint au-devant d'eux, et se donna pour le maître de la maison. Lénardo se nomma ; l'homme parut fort satisfait de le voir et de pouvoir faire sa connaissance. « Que va dire ma femme, s'écria-t-il, en revoyant le neveu de son bienfaiteur ! Elle ne se lasse pas de raconter ce qu'elle et son père doivent à votre oncle. »

Les réflexions les plus étranges se croisèrent dans l'esprit de Lénardo. « Cet homme, qui paraît si franc, dissimule-t-il son amertume derrière l'aménité de son visage et l'humilité de son langage ? Mon oncle n'a-t-il pas fait le malheur de cette famille ? Et ce fait a-t-il pu lui rester inconnu ? ou bien, — pensa-t-il, et un rayon d'espoir traversa son cœur, — la chose a-t-elle mieux fini que tu ne croyais ? Car tu n'as jamais rien su de positif. » Pendant ce temps le maître faisait atteler pour envoyer chercher sa femme, qui était en visite dans les environs.

« En attendant que ma femme arrive, si vous me permettez de vous amuser à ma façon et de continuer en même temps mes travaux, venez faire un tour aux champs avec moi, et vous verrez comment je dirige mon exploitation ; car pour vous, grand propriétaire, rien ne doit être plus intéressant que la haute science, le noble art de l'agriculture. » Lénardo consentit ; Wilhelm aimait à s'instruire, et le campagnard connaissait à fond ses terres, qu'il possédait et administrait en maître absolu ; ce qu'il entreprenait était bien calculé ; ce qu'il semait, ce qu'il plantait, il le plaçait toujours au bon endroit ; il savait exposer avec tant de clarté les motifs et les causes de chaque opération, que chacun les comprenait et aurait cru pouvoir facilement en faire autant : erreur dans laquelle on tombe souvent, en voyant le maître tout exécuter avec aisance.

Les étrangers se montrèrent fort satisfaits, et ne trouvèrent qu'à louer et à approuver. Le maître leur en fut fort reconnaissant, mais il ajouta : « Il faut que je vous montre maintenant mon côté faible ; on en a toujours un lorsqu'on s'occupe d'un objet unique. » Il les conduisit dans sa cour, leur montra ses outils, et une collection d'ustensiles agricoles avec tous leurs accessoires.

« On m'a souvent reproché d'être allé trop loin à cet égard ; mais je ne puis m'en vouloir ; il est heureux, celui qui se fait un amusement de ses affaires, qui joue et se distrait avec les devoirs que lui impose son état. »

Les deux amis ne manquèrent pas de le questionner et de lui demander des renseignements. Wilhelm surtout se plaisait aux réflexions générales que cet homme paraissait aimer; Lénardo, plus concentré, se réjouissait en secret du bonheur de Valérine, qu'il regardait comme certain dans une pareille situation, tout en éprouvant un léger sentiment de malaise dont il ne se rendait pas bien compte.

On était déjà rentré dans la maison, lorsqu'arriva la voiture de la maîtresse. On courut au-devant d'elle ; mais quel fut l'étonnement, l'effroi de Lénardo, en la voyant descendre. Ce n'était pas elle, ce n'était pas la jeune fille brune, c'était tout l'opposé ; c'était une belle personne, svelte, mais blonde, avec tous les avantages d'une blonde.

Cette beauté, cette grâce, effrayèrent Lénardo. Ses yeux avaient cherché la brune jeune fille, une tout autre personne lui apparaissait. Cette figure cependant ne lui était pas inconnue, et quelques mots le tirèrent de son incertitude : c'était la fille du justicier, fort en faveur auprès de l'oncle, qui avait beaucoup fait pour l'établissement de la jeune fille, et avait protégé le nouveau couple. C'est ce qui ressortit des récits de Valérine, qui ne cacha point la joie que lui causait cette reconnaissance inattendue. On se demanda si on se reconnaissait ; on parla des changements survenus dans ces figures si sensibles chez les personnes de cet âge. Valérine était toujours agréable, mais plus charmante encore lorsque la joie la faisait sortir de son indolence habituelle. La vivacité de la conversation permit à Lénardo de se remettre et de cacher son trouble. Wilhelm, averti par un signe de son ami de ce singulier événement, faisait son possible pour le seconder ; Valérine, flattée dans son amour-propre que le baron se souvînt d'elle et vînt la visiter avant d'avoir vu ses parents, ne se douta pas un instant que Lénardo eût eu un autre dessein et qu'il y eût méprise.

On resta fort tard ensemble, quoique les deux amis désirassent vivement pouvoir causer confidentiellement ; aussi n'y manquèrent-ils pas, dès qu'ils se trouvèrent seuls dans la chambre qu'on leur offrit.

« Il paraît que je ne dois pas être débarrassé de ce tourment! dit Lénardo. Une malheureuse confusion de noms ne fait que le redoubler. J'ai vu souvent cette blonde beauté jouer avec la brunette, qui n'était pas une beauté ; quoique beaucoup plus âgé, je courais avec elles dans les champs et les jardins. Ni l'une ni l'autre ne firent d'impression sur moi ; j'ai seulement retenu le nom de l'une et oublié celui de l'autre. Mais je retrouve au comble du bonheur celle qui m'est indifférente, tandis que l'autre, Dieu sait ce qu'elle est devenue ! »

Le lendemain matin nos deux amis furent plus matinaux que les actifs campagnards. Le plaisir de revoir ses hôtes avait fait lever Valérine presque en même temps qu'eux. Elle ne soupçonna pas dans quelle disposition d'esprit ils se présentaient au déjeuner. Wilhelm, qui voyait bien que, manquant de nouvelles de la brune jeune fille, Lénardo souffrait véritablement, amena la conversation sur l'ancien temps, sur les jeux, sur ce pays, qu'il connaissait par lui-même, et sur d'autres souvenirs de ce genre, de façon que Valérine en vint tout naturellement à parler de la jeune fille brune et à l'appeler par son nom.

Dès qu'il eut entendu prononcer le nom de Nachodine, Lénardo se le rappela parfaitement ; mais en même temps il vit reparaître avec tant de vivacité l'image de la pauvre suppliante, qu'il put à peine supporter le récit que fit Valérine de l'expulsion du pieux fermier, de sa résignation et de la façon dont il partit soutenu par sa fille, qui portait un petit paquet de hardes. Lénardo se sentait anéanti. Heureusement et malheureusement Valérine entra dans une suite de détails qui, tout en déchirant le cœur de Lénardo, lui permirent, avec l'aide de son ami, de reprendre un peu contenance.

Au moment du départ, le couple les pria vivement de revenir bientôt les voir ; les deux hôtes ne le promirent qu'à demi. Et comme l'homme qu'une idée flatte interprète tout en bien, Valérine expliqua à son avantage le silence de Lénardo, son trouble visible, au moment de la séparation, son départ précipité, et l'aimable et fidèle épouse d'un honnête campagnard ne se put empêcher de trouver quelque charme dans l'inclination naissante ou réveillée de son ancien seigneur.

Après cette singulière aventure, Lénardo dit à Wilhelm : « Avec de si belles espérances, nous échouons au port ! mais ce qui me console un peu, ce qui me calme pour le moment, et me donne la force de me présenter devant les miens, c'est que le ciel vous a conduit près de moi, vous qu'une mission particulière laisse libre de diriger vos courses où il vous plaît. Chargez-vous de rechercher Nachodine et de me donner de ses nouvelles. Si elle est heureuse, je serai satisfait ; si elle ne l'est pas, secourez-la à mes frais ; faites les choses largement, n'épargnez rien, ne reculez devant rien.

— Vers quelle partie du monde, dit Wilhelm, dois-je diriger mes pas ? Si vous n'en avez aucune idée, comment puis-je le savoir ?

— Écoutez, répondit Lénardo : la nuit dernière, où vous m'avez vu me promener comme un désespéré, où mon cœur et ma tête étaient bouleversés par de cruelles angoisses, je me suis souvenu d'un vieil ami, d'un digne homme, qui, sans avoir été précisément mon précepteur, a eu une grande influence sur ma jeunesse. Je l'aurais volontiers pris pour compagnon de voyage, s'il n'avait pas été retenu chez lui par une admirable collection d'objets d'art et d'antiquité dont il ne peut s'éloigner. Cet homme, je le sais, possède des relations étendues avec tout ce qui est dans ce monde uni par un noble lien. Allez le trouver, racontez-lui ce que je vous ai dit, et j'espère que sa sensibilité vous indiquera une contrée, un lieu où vous aurez chance de la découvrir. Dans mon angoisse, je me suis rappelé que le père de Nachodine était dévot, et je me suis senti alors assez dévot moi-même pour m'adresser à l'ordre moral, et le prier de faire une manifestation miraculeuse en ma faveur.

— Il reste encore une difficulté à lever, dit Wilhelm. Que ferai-je de mon Félix? Ignorant absolument quelle route je vais suivre, je ne puis l'emmener avec moi, et je ne veux cependant pas l'abandonner, car, à mon avis, le fils ne se développe nulle part mieux qu'en présence du père.

— Nullement, répliqua Lénardo, c'est une douce erreur paternelle : le père conserve toujours une sorte d'influence despotique vis-à-vis de son fils, ne reconnaît pas ses qualités et s'applaudit de ses défauts ; c'est pourquoi les anciens avaient coutume de dire que les fils des héros sont des vauriens, et j'ai assez étudié le monde pour vérifier le fait. Heureusement, notre vieil ami, pour lequel je vais vous donner une lettre de recommandation, pourra vous guider parfaitement à ce sujet.

« La dernière fois que je le vis, il y a quelques années, il me parla beaucoup d'une association pédagogique, qui ne me parut qu'une sorte d'utopie, cachant sous un dehors de réalité une série d'idées, de pensées, de projets et de préceptes s'enchaînant bien, mais se coordonnant difficilement dans le cours ordinaire des choses. Mais, comme je le connais, et que je sais qu'il aime à personnifier par des images le possible et l'impossible, je ne discutai point son idée, et aujourd'hui elle va peut-être nous être utile; il vous indiquera, assurément, l'endroit et les conditions dans lesquels vous pourrez placer sans inquiétude votre enfant, et qui vous donneront l'assurance d'une sage direction. »

Comme ils chevauchaient en causant de la sorte, ils aperçurent une belle villa, des bâtiments d'un goût gracieux et noble, précédés d'une place libre et entourés d'arbres vénérables; mais les portes et les volets étaient soigneusement fermés, tout paraissait désert, quoique bien entretenu. Un homme âgé, qui travaillait à l'entrée, leur apprit que cette villa était l'héritage d'un jeune homme, qui le tenait de son père, mort récemment dans un âge très-avancé.

En questionnant le vieillard, ils apprirent que le jeune héritier trouvait tout cela trop fini, qu'il n'avait plus rien à y faire, et qu'il n'avait pas de goût à jouir de ce qui existe; il s'était établi dans la montagne, où il avait construit des huttes de mousse pour lui et ses camarades, et voulait former une sorte d'ermitage de chasse. Quant à l'homme qui leur donnait ces détails, il faisait, en sa qualité de concierge, partie de l'héritage, veillait à la conservation et à la propreté de la villa, afin qu'un jour quelque petit-fils, partageant les goûts de l'aïeul, trouvât tout comme l'avait laissé ce dernier.

Ils continuèrent leur chemin; après quelques moments de silence, Lénardo émit cette réflexion, qu'une des singularités de l'homme est de vouloir tout recommencer; à quoi son ami lui répondit que cela pouvait s'expliquer et s'excuser, car, à proprement parler, chacun recommence en effet. « Chaque homme, s'écria-t-il, est-il dispensé des maux qui ont pesé sur ses aïeux, et peut-on lui reprocher de ne pas vouloir de leurs plaisirs ? »

Lénardo répondit : « Vous m'encouragez à vous avouer que je ne puis proprement agir que dans ce que j'ai créé moi-même. Je ne voudrais jamais d'un serviteur que je n'aurais pas formé dès mon enfance, d'un cheval que je n'aurais pas dressé moi-même. Par suite de cette manière de voir, je suis attiré invinciblement par les situations primitives ; mes voyages à travers des pays et des peuples civilisés ne peuvent émousser ce sentiment, mon imagination se reporte au delà des mers, et des propriétés de famille, négligées jusqu'à présent dans ces contrées neuves me font espérer de pouvoir exécuter enfin un plan conçu en silence, conforme à mes désirs et mûri peu à peu.

— Je n'ai rien à objecter à cela, répondit Wilhelm ; une pareille pensée, appliquée au nouveau et à l'indéfini, a quelque chose de grand et d'original. Je vous ferai seulement remarquer qu'une pareille entreprise ne peut réussir qu'à une asociation. Vous passerez la mer et vous y trouverez, je le sais, des biens de famille ; mes amis ont les mêmes plans et sont déjà établis là-bas ; unissez-vous à ces gens énergiques et sages ; cela ne fera que faciliter les choses pour nous et pour eux. »

En causant ainsi, les deux amis étaient arrivés à l'endroit où ils devaient se séparer. Ils se mirent tous deux à écrire. Lénardo recommanda son ami à l'homme singulier dont nous avons parlé ; Wilhelm informa ses associés de la situation de son nouveau compagnon ; il finissait en rappelant à Jarno la promesse qu'il lui avait faite, et en lui exposant de nouveau les motifs qui lui faisaient désirer de se voir le plus tôt possible délivré de cette incommode obligation qui le transformait en Juif errant.

Au moment où ils échangeaient leurs lettres, Wilhelm ne put s'empêcher d'exprimer encore à son ami quelques scrupules.

« Eu égard à ma situation, je m'estime heureux d'être chargé de délivrer d'inquiétude un homme généreux, de tirer une créature humaine de la misère où elle se trouve peut-être. Un pareil cas est comme une étoile d'après laquelle on guide son vaisseau, même lorsqu'on ne sait pas les obstacles que l'on rencontrera sur la route. Je ne puis cependant me dissimuler le danger dans lequel je vais flotter dans tous les cas. Si vous n'étiez pas un homme qui s'est promis de ne jamais donner sa parole, j'exigerais de vous la promesse de ne jamais revoir cette femme qui vous est si chère, de vous contenter de savoir par moi qu'elle est heureuse, à supposer que je la trouve heureuse ou que je sois en état de la mettre à même de le devenir. Mais, comme je ne peux ni ne veux vous obliger à me faire une promesse, je vous conjure, par tout ce que vous avez de plus sacré et de plus cher, au nom de vous-même, de votre famille, de notre amitié récente, de ne pas chercher à vous rapprocher, sous quelque prétexte que ce soit, de cette femme que vous regrettez; de ne pas me demander le lieu où je l'ai trouvée, les contrées où je l'ai quittée, d'être satisfait lorsque je vous dirai : Croyez en ma parole, elle est heureuse; soyez absous et tranquille. »

Lénardo sourit et répondit : « Rendez-moi ce service, et je serai reconnaissant. Faites ce que vous voudrez et ce que vous pourrez, je m'en rapporte à vous; et, quant à moi, remettez-moi au temps, à la réflexion et, si c'est possible, à la raison.

— Pardonnez-moi, reprit Wilhelm; celui qui sait sous quelles formes étranges l'amour se glisse chez nous, celui-là doit s'alarmer lorsqu'il prévoit qu'un ami pourrait en venir à désirer des choses qui, dans sa position, ne lui apporteraient fatalement que désordre et malheurs.

— J'espère, dit Lénardo, que, lorsque je saurai cette fille heureuse, je serai délivré d'elle. »

Les amis se séparèrent, et chacun partit de son côté.

CHAPITRE XII

Après un court et agréable voyage, Wilhelm arriva à la ville où l'adressait sa lettre. Elle lui parut riante et bien bâtie; mais son aspect neuf n'indiquait que trop clairement qu'elle avait dû récemment être dévastée par un incendie. L'adresse de sa lettre le conduisit dans un quartier éloigné, que le feu avait épargné, à une maison d'une architecture ancienne et sévère, quoique propre et bien entretenue. Des vitraux sombres et bizarrement enchâssés indiquaient que, vus de l'intérieur, ils devaient présenter les plus brillantes couleurs. En effet, l'intérieur répondait parfaitement à l'extérieur. Les salles renfermaient une foule d'objets ayant dû servir à plusieurs générations et entremêlés de quelques autres plus modernes. Le maître de la maison reçut Wilhelm d'une manière amicale dans une salle meublée dans le même goût. Ces horloges avaient dû bien des fois sonner l'heure de la mort et de la naissance, et tout ce qu'on voyait rappelait que le passé peut s'unir au présent.

Le nouvel arrivé présenta sa lettre. Le vieillard, au lieu de l'ouvrir, la laissa de côté, et se mit à causer familièrement avec son hôte, afin de faire directement et par lui-même connaissance avec lui. Ils furent bientôt bons amis, et, comme Wilhelm promenait, contre l'usage reçu, ses regards sur les objets qui l'entouraient, le bon vieillard lui dit : « Ce qui m'environne éveille votre attention. Tout ce que vous voyez ici vous prouve combien de temps peuvent durer certaines choses; cela fait la balance avec tant d'autres choses qui passent et se modifient si rapidement Cette théière a servi à mes ancêtres, et a assisté à nos réunions de famille ; cet écran de cuivre me garantit encore aujourd'hui du feu attisé par ces vieilles et immenses pincettes, et ainsi du reste. J'ai donc pu m'intéresser et appliquer mon activité à beaucoup d'autres objets, n'ayant plus à me préoccuper de varier ces besoins extérieurs, qui absorbent le temps et les forces de la plupart des hommes. S'affectionner à ce qu'on possède, c'est s'enrichir, car c'est s'amasser un trésor de souvenirs qui se rattachent à des objets indifférents. J'ai connu un jeune homme qui, en prenant congé de sa bien-aimée, lui déroba une épingle dont il s'est servi pour attacher son jabot, et, après avoir voyagé plusieurs années, rapporta ce trésor précieusement gardé. Nous autres hommes, nous sommes si petits, que cela mérite bien de nous être compté comme une vertu.

— Il en est d'autres, répliqua Wilhelm, qui ont rapporté de leurs voyages une épine dans le cœur, dont ils voudraient bien être débarrassés. »

Le vieillard fit semblant de ne rien savoir de la situation de Wilhelm, — quoiqu'il eût ouvert et lu la lettre, — et en revint à ses premières réflexions. « La ténacité de la possession, continua-t-il, nous fournit dans certains cas une extrême énergie. C'est à cette opiniâtreté que je dois la conservation de ma maison. Quand la ville brûla, on voulut sauver et emporter mon mobilier ; je m'y opposai, je fis fermer portes et fenêtres, et avec quelques voisins je combattis le feu. Grâce à nos efforts ce bout de la ville fut préservé. Le lendemain tout était chez moi dans l'état que vous voyez, tel que c'est depuis un siècle.

— Vous conviendrez pourtant, dit Wilhelm, que l'homme ne résiste pas aux changements qu'apporte le temps.

— Sans doute, répondit le vieillard; mais celui qui se maintient le plus longtemps aux anciennes choses a néanmoins son mérite. Nous sommes capables de maintenir et de conserver au delà de la durée de notre existence; nous transmettons des connaissances, des pensées aussi bien que des richesses; mais, comme c'est de ces dernières que j'ai surtout à m'occuper maintenant, j'ai eu recours depuis longtemps à une précaution bizarre, j'ai pris des dispositions tout à fait particulières; je n'ai cependant réussi que bien tard à voir mes vœux accomplis.

« D'ordinaire le fils dissipe ce que le père a amassé, et amasse autre chose ou la même chose, mais d'une autre façon; mais, si l'on va jusqu'au petit-fils, jusqu'à une nouvelle génération, on voit reparaître les mêmes penchants, les mêmes idées. Je suis donc parvenu à me procurer, par les soins de notre association pédagogique, un excellent jeune homme qui tient aux traditions encore plus que moi, si cela est possible, et aime passionnément les choses rares. Il a gagné toute ma confiance par son énergie à lutter contre l'incendie; il a deux et trois fois mérité le trésor que je songe à lui transmettre; il le possède déjà et, depuis, notre collection s'est augmentée d'une façon merveilleuse. Et cependant rien de ce que vous voyez ici n'est à nous : de même que l'on trouve chez les prêteurs sur gage maint bijou étranger, de même vous remarquerez ici une masse d'objets précieux qui m'ont été confiés dans les circonstances les plus diverses. »

Wilhelm pensa à la cassette qu'il ne tenait pas à porter avec lui dans ses voyages, et ne put s'empêcher de la montrer au vieillard. Celui-ci la considéra attentivement, lui indiqua l'époque à laquelle elle remontait, et lui en montra une à peu près semblable. Wilhelm lui demanda s'il fallait l'ouvrir. Ce ne fut pas l'avis du vieillard : « Je crois qu'on pourrait le faire sans inconvénient, dit-il ; cependant, puisqu'elle est tombée entre vos mains par un si singulier hasard, vous devriez faire sur elle l'épreuve de votre bonheur ; si vous êtes né sous une bonne étoile, et si cette cassette a quelque importance, la clef vous viendra par hasard, et précisément au moment où vous vous y attendrez le moins.

— Cela s'est vu, dit Wilhelm.

— Cela m'est arrivé à moi-même, répondit le vieillard, et en voici un exemple des plus remarquables. Pendant trente ans je n'ai possédé de ce crucifix d'ivoire que la tête, le tronc et les pieds, faits d'un seul morceau ; je les gardais soigneusement dans ma plus précieuse cassette, tant pour la sainteté de l'objet que pour l'excellence du travail ; il y a dix ans, j'ai retrouvé la croix et l'inscription, et je me suis laissé aller à faire ajouter les bras par le plus habile sculpteur de l'époque ; mais combien l'artiste était-il resté au-dessous de ses prédécesseurs ; cependant c'était passable, quoique fait pour éveiller des sentiments de piété plutôt que de l'admiration artistique.

« Jugez de ma joie ! J'ai reçu récemment les véritables bras originaux, ceux que vous voyez là et qui s'harmonisent si bien avec l'ensemble. Ravi de cet heureux concours de circonstances, je ne puis m'empêcher de retrouver là-dedans l'image de la religion chrétienne, qui, si souvent démembrée et dispersée, finit toujours par se réunir sur la croix. »

Wilhelm admira l'objet et sa merveilleuse histoire. « Je suivrai votre conseil, dit-il ; que la cassette reste fermée jusqu'à ce que la clef soit retrouvée, quand elle ne devrait l'être qu'à la fin de ma vie.

— Celui qui vit longtemps, répondit le vieillard, voit bien des choses se réunir et bien des choses se disperser. »

Le jeune associé entra en ce moment, et Wilhelm lui déclara son intention de remettre la cassette à sa garde. On apporta un gros livre sur lequel on inscrivit l'objet déposé. On fit, après plusieurs cérémonies et conditions, un reçu valable à présentation, mais qui ne devait produire son effet que sur un signe particulier convenu avec le dépositaire.

Cette affaire terminée, on délibéra sur le contenu de la lettre. On s'occupa d'abord de l'endroit où l'on placerait le bon Félix ; à cette occasion, le vieillard émit quelques maximes qu'il regardait comme la base de l'éducation.

« Toute existence, toute activité, tout art doit être précédé par le métier, qui ne peut s'apprendre que dans la spécialité. Bien savoir et bien faire une chose est plus avantageux que d'en faire cent à demi. Dans l'endroit où je vous adresse, on a spécialisé toutes les facultés. A chaque pas les élèves sont soumis à des épreuves ; par ce moyen on s'assure de la direction vers laquelle les pousse leur nature, quoique, dans leurs désirs inconstants, ils se portent tantôt d'un côté, tantôt de l'autre. Des hommes sages veillent à ce que les enfants trouvent sous leurs mains ce qui leur convient ; ils abrègent les détours qui ne font qu'éloigner l'homme de sa destination.

« J'espère en outre, ajouta-t-il, que de ce noble centre on vous dirigera sur la voie où vous pourrez retrouver cette bonne jeune fille qui a produit une si singulière impression sur votre ami, à qui le sentiment moral et la réflexion ont fait estimer si haut le mérite de cette malheureuse et innocente créature, dont le bonheur est devenu l'objet et le but de sa vie. J'espère que vous pourrez le tranquilliser ! car la Providence a mille moyens de relever ceux qui sont tombés et de rendre le courage à ceux qui sont abattus. Notre destinée ressemble souvent à un arbre fruitier pendant l'hiver. Qui croirait, en le voyant si désolé, que ces branches roidies par le froid, que ces rameaux desséchés reverdiront au retour du printemps, fleuriront et se couvriront de fruits ; et cependant nous le savons, et nous espérons. »

LIVRE II

CHAPITRE PREMIER

Les deux voyageurs, suivant l'itinéraire marqué, arrivèrent enfin aux limites de la province dans laquelle ils devaient voir tant de choses extraordinaires. Ils se trouvèrent dans une contrée fertile : sur de douces collines l'agriculture, sur de hautes montagnes les moutons, dans de larges vallées les bêtes à cornes. On approchait de la moisson, et tout offrait le spectacle d'une extrême abondance. Mais ce qui leur causa un grand étonnement, ce fut de ne voir à l'ouvrage ni femmes ni hommes, mais seulement des enfants et des jeunes garçons qui se disposaient à recueillir une riche moisson et faisaient les préparatifs de la fête qui accompagne habituellement ces travaux. Ils saluèrent plusieurs de ces travailleurs et leur demandèrent où demeurait le chef, mais personne ne put le leur indiquer. Leur lettre portait cette inscription : *Au chef* ou *aux Trois*. On les adressa à un inspecteur qui allait monter à cheval ; ils lui expliquèrent ce qu'ils désiraient ; l'air franc et ingénu de Félix parut plaire à cet homme, et ils se mirent à cheminer ensemble.

Wilhelm avait déjà remarqué qu'il régnait une grande variété dans la coupe et la couleur des vêtements, ce qui donnait à tout ce monde un aspect singulier ; il était sur le point de questionner l'inspecteur, lorsqu'une particularité encore plus étrange vint le frapper: tous les enfants, quel que fût leur travail, l'interrompaient et se tournaient vers l'inspecteur avec des gestes particuliers, mais variés, et il était facile de voir que c'était une manière de saluer leur supérieur. Les plus jeunes croisaient les bras sur la poitrine, et levaient les yeux au ciel avec l'expression de la joie ; ceux d'âge moyen se plaçaient les bras derrière le dos et regardaient à terre en souriant ; les autres se redressaient avec un air de fierté : laissant pendre leurs bras, ils tournaient la tête à droite et se mettaient sur une file, tandis que les autres restaient isolés à la place où ils se trouvaient.

On s'arrêta et on mit pied à terre ; plusieurs enfants vinrent se présenter dans différentes attitudes devant l'inspecteur qui les passa en revue ; Wilhelm demanda ce que signifiaient ces gestes.

Félix l'interrompit et dit gaiement : « Quelle position dois-je prendre ?

— Commencez d'abord, répondit l'inspecteur, par vous croiser les bras sur la poitrine, et à regarder le ciel d'un air gracieux et doux, et d'un regard immobile. » L'enfant obéit, mais quelques instants après il s'écria : « Cela ne me plaît pas, je ne vois rien là-haut ; cela durera-t-il longtemps ? Mais si, je vois deux éperviers qui volent de l'ouest à l'est ; ce doit être un bon présage ?

— C'est selon comme tu le prendras, et selon la façon

dont tu te conduiras. Maintenant, mêle-toi à ces enfants. »
Il fit un signe, les enfants quittèrent leur attitude, reprirent leurs travaux ou se remirent à jouer comme auparavant.

« Voulez-vous et pouvez-vous, dit Wilhelm, m'expliquer ce qui cause ici mon étonnement ? Je vois bien que ces gestes, ces attitudes sont des manières de vous saluer.

— En effet, répondit l'inspecteur, des saluts qui m'indiquent aussitôt quel est le degré d'instruction de chacun de ces enfants.

— Mais pouvez-vous m'expliquer le sens de cette gradation ? car je vois bien qu'il y en a une.

— C'est à de plus hauts que moi de vous répondre; mais je puis vous assurer que ce ne sont point de vaines grimaces, et qu'au contraire on en donne aux enfants une explication, sinon complète, du moins juste et intelligible; qu'il est recommandé à chacun de garder pour lui ce qu'on juge convenable de lui répondre, et de s'y tenir; ils ne doivent en causer ni entre eux ni avec les étrangers, de sorte que l'enseignement se modifie de cent façons. Le secret a en outre de grands avantages ; car, si l'on donne toujours et tout d'abord à l'homme la raison des choses, il pense qu'il ne reste plus rien à découvrir. Certains secrets, même lorsqu'ils nous ont été révélés, doivent être sanctifiés par le mystère et le silence, cela influe sur la modestie et les bonnes mœurs.

— Je vous comprends, répondit Wilhelm; pourquoi n'appliquerions-nous pas aux choses de l'esprit ce qui est si nécessaire aux choses corporelles ? Mais il est un autre point sur lequel vous pourrez peut-être satisfaire ma curiosité. La grande variété des costumes m'a frappé ; et cependant je ne vois pas ici toutes les couleurs, mais seulement quelques-unes dans toutes leurs nuances, depuis la plus claire jusqu'à la plus foncée. Je remarque en même temps qu'on n'a nullement eu en vue de marquer une distinction d'âge ou de mérite, car des petits et des grands garçons portent des vêtements de même coupe et de même couleur, tandis que leurs manières de saluer sont différentes.

— A ce sujet, répliqua l'inspecteur, je suis encore obligé de me taire ; mais je me tromperais fort si vous nous quittiez sans avoir obtenu des éclaircissements sur tout ce que vous désirez savoir. »

Les voyageurs continuèrent à chercher le chef, dont ils finirent par découvrir les traces. Wilhelm remarqua avec surprise qu'à mesure qu'ils avançaient dans le pays ils entendaient un chant mélodieux se rapprocher d'eux. Quel que fût leur travail, les enfants l'exécutaient toujours en chantant; ces chants semblaient appropriés à chaque occupation, et toujours les mêmes, quand les circonstances étaient les mêmes. Lorsque plusieurs enfants se trouvaient ensemble, ils s'accompagnaient tour à tour. Vers le soir, ils rencontrèrent des danseurs dont les pas étaient animés et réglés par des chœurs. Félix, tout en chevauchant, unit sa voix à celle des enfants ; et Wilhelm prit plaisir à ce divertissement qui animait toute la contrée.

« Il est probable, dit-il à son compagnon de route, que l'on donne beaucoup de soins à cet enseignement; sans cela, ces talents ne pourraient être aussi répandus et aussi développés.

— Assurément, le chant est, chez nous, le premier échelon de l'éducation, tout s'y rattache et s'en trouve facilité. Les plus simples jouissances comme les plus simples enseignements sont inculqués et vivifiés, chez nous, au moyen du chant; l'instruction morale et religieuse elle-même est transmise par cette voie ; d'autres avantages s'y joignent encore pour produire des résultats indépendants ; en effet, en exerçant les enfants à noter par des signes sur le tableau les sons qu'ils émettent, et réciproquement à tirer de leur gosier ces sons d'après les signes, à y joindre le texte qu'ils écrivent sous la musique, nous leur exerçons en même temps la main, l'oreille et l'œil ; ils acquièrent plus vite qu'on ne croit une bonne et belle écriture. Et comme tout cela se fait suivant une mesure exacte et des nombres déterminés, ils arrivent à comprendre l'importance de la géométrie et de l'arithmétique beaucoup plus rapidement que par tout autre moyen. Voilà pourquoi nous avons choisi la musique entre toutes les autres sciences comme élément de notre éducation, car de ce point des routes faciles conduisent dans toutes les directions. »

Wilhelm cherchait à recueillir de nouveaux éclaircissements ; il ne cacha point sa surprise de ne point entendre de musique instrumentale. « Nous ne la négligeons pas, répondit l'inspecteur, mais elle se pratique dans un district spécial, au fond d'une aimable vallée ; on a même pris soin d'enseigner les différents instruments dans des lieux séparés. On a relégué les dissonances des commençants dans certaines solitudes où elles ne peuvent mettre personne au désespoir ; car vous m'avouerez qu'il n'y a pas dans une société civilisée de plus cruel supplice que le voisinage d'un élève flûtiste ou violoniste.

« Animés du louable sentiment de ne pouvoir être à charge à personne, nos commençants se retirent volontairement dans le désert, et s'efforcent, chacun séparément, de mériter le droit de rentrer dans le monde habité ; on leur accorde de temps en temps la permission de reparaître, et cet essai réussit presque toujours, car, dans cette branche comme dans toutes les autres, nous nous attachons à développer les sentiments de pudeur et de modestie. Je suis heureux de voir que votre fils possède une voix agréable. Cela lui rendra le reste plus facile. »

Ils étaient arrivés à l'endroit où Félix devait s'arrêter et s'essayer avec les autres enfants, jusqu'à ce qu'on se fût entendu sur son admission définitive ; ils entendirent dans le lointain un chant joyeux ; c'étaient les enfants qui égayaient l'heure de la récréation. Ils entonnèrent un chœur général, auquel chaque membre d'un cercle plus étendu répondait à son tour d'une voix claire et juste, en obéissant aux signes du directeur ; souvent aussi celui-ci les prenait à l'improviste, et, arrêtant tout d'un coup le chœur, il touchait avec son bâton un des enfants qui devait entonner aussitôt un chant qui se trouvât dans le ton et dans l'esprit du morceau. La plupart montraient déjà beaucoup d'habileté. Quelques-uns, qui n'avaient pas réussi, donnaient un gage, sans que personne se moquât d'eux. Félix, en vrai enfant, se mit de la partie, et ne se tira pas trop mal d'affaire. On lui fit faire ensuite le salut de la première classe ; il croisa les mains sur la poitrine et leva les yeux au ciel, mais d'un air malin qui montrait qu'il ne soupçonnait pas encore à cet acte un sens mystérieux.

Le charme du lieu, la cordialité de la réception, la gentillesse des petits compagnons, tout charma l'enfant au point qu'il ne se chagrina pas trop de voir partir son père ; il jeta un regard plus triste sur le cheval qu'on emmenait ; mais on lui fit comprendre qu'il ne pouvait le garder dans ce district, et on lui promit qu'il retrouverait, sinon celui-là, du moins un pareil, gentil et bien dressé, au moment où il ne s'y attendrait pas.

Comme on n'avait pu parvenir à trouver le chef, l'inspecteur dit à Wilhelm : « Il faut que je vous quitte pour aller à mes affaires ; cependant je vais vous conduire auprès des Trois, qui président à nos sanctuaires ; votre lettre leur est aussi adressée, et, réunis, ils représentent le chef. ». Wilhelm aurait désiré savoir par avance ce que c'était que ces sanctuaires, mais l'inspecteur lui dit : « Les Trois, en récompense de la confiance avec laquelle vous nous remettez votre fils, vous révéleront assurément ce qui est nécessaire, et ce que leur permettront leur sagesse et leur justice. Les objets matériels de vénération, ce que j'ai nommé les sanctuaires, sont situés dans un canton particulier ; ils ne sont mêlés à rien, troublés par rien ; à certaines époques de l'année on permet aux élèves d'en approcher, suivant leur degré de développement ; ils viennent y puiser une instruction historique et matérielle, de sorte qu'ils en emportent une impression qui les nourrit pendant quelque temps dans la pratique de leur devoir. »

Wilhelm venait d'arriver devant un portail à l'entrée d'un vallon enclos de hautes murailles ; à un signal, la petite porte s'ouvrit, et un homme d'un aspect grave et imposant vint recevoir notre ami, qui se trouva sur une vaste pelouse ombragée d'arbres et d'arbustes de diverses essences ; les murs et les bâtiments disparaissaient presque sous cette puissante végétation ; les Trois, qui arrivèrent successivement, lui firent un accueil amical, la conversation s'établit ; chacun y apporte son contingent ; nous nous contenterons d'en donner le résumé.

« Puisque vous nous confiez votre fils, dirent-ils, notre devoir est de vous initier plus intimement à notre méthode. Vous avez vu plusieurs signes extérieurs qui, au premier coup d'œil, ne s'expliquent pas d'eux-mêmes ; sur quel point désirez-vous être éclairé ?

— J'ai remarqué des gestes et des saluts convenables, mais étranges, dont je voudrais connaître la signification ; chez vous l'extérieur se rapporte sans doute à l'intérieur et réciproquement ; indiquez-moi ce rapport.

— Des enfants sains et bien nés apportent beaucoup avec eux ; la nature a donné à chacun tout ce qui lui est nécessaire pour le préserver dans l'avenir ; notre devoir est de développer ces dons ; la plupart du temps ils se développent mieux d'eux-mêmes. Mais il est une chose que personne n'apporte avec lui en venant au monde, et c'est précisément cette chose qui permet à l'homme de devenir un homme à tous égards. Si vous pouvez dire quelle est cette chose, dites-le. »

Wilhelm réfléchit un instant, puis secoua la tête. Les Trois, après lui avoir laissé le temps convenable, lui dirent : « Le respect. » Wilhelm parut étonné. « Le respect, reprirent-ils, il manque à tout le monde, à vous-même, peut-être.

« Vous avez vu trois sortes de gestes, et nous enseignons trois sortes de respect, qui, lorsqu'ils se réunissent et parviennent à former un tout, atteignent leur suprême degré de force et d'action. Le premier mode est le respect de ce qui est au-dessus de nous. Ce geste, les bras croisés sur la poitrine, le regard dirigé vers le ciel, nous le faisons faire aux petits enfants, nous leur demandons de témoigner qu'il y a là-haut un Dieu qui se reflète et se manifeste dans les parents, les maîtres, les précepteurs. Le second mode est le respect de ce qui est au-dessous de nous. Les mains jointes et comme liées derrière le dos, le regard abaissé et souriant disent qu'on doit contempler la terre d'un œil serein ; elle nous fournit notre nourriture ; elle nous procure des jouissances infinies, mais elle nous inspire aussi d'immenses douleurs.

Si un homme, par sa faute ou non, se fait quelque mal corporel, si d'autres hommes le blessent à dessein ou par hasard, si un objet inerte lui cause une souffrance quelconque, qu'il y réfléchisse bien : ce sont là des dangers qui le menacent pendant toute la vie. Nous délivrons le plus tôt possible notre élève de cette position, dès que nous sommes assurés que la leçon l'a suffisamment impressionné ; nous lui disons de prendre courage, de se tourner vers ses camarades et d'aller à eux. Il se tient debout, ferme et hardi, il n'est plus isolé ; ce n'est qu'étant uni avec ses semblables qu'il pourra faire face aux tempêtes du monde. Nous n'avons rien à ajouter à cela.

— Je vois clair maintenant ! s'écria Wilhelm ; la multitude n'est plongée dans un si misérable état que parce qu'elle s'est fait un élément de la malveillance et de la médisance ; celui qui s'y abandonne arrive bientôt à l'indifférence envers Dieu, au mépris du monde, à la haine de ses égaux ; tandis que le véritable, l'indispensable amour-propre, dégénère en vanité et en ambition.

« Malgré cela, permettez-moi de vous faire une seule objection : N'a-t-on pas de tout temps considéré la terreur qu'éprouvent les peuples sauvages en face des puissants phénomènes de la nature pour des événements inexplicables et mystérieux, ne l'a-t-on pas considérée comme le germe d'où doit sortir par degrés un sentiment plus élevé, une perception plus pure ? »

Les Trois répondirent : « La crainte est conforme à la nature, le respect ne l'est pas ; on craint un être puissant connu ou inconnu ; le fort cherche à le combattre, le faible à l'éviter ; tous les deux désirent s'en délivrer, et ne se sentent à leur aise que lorsqu'ils l'ont écarté, même momentanément, lorsque leur nature a recouvré sa liberté et son indépendance. L'homme naturel renouvelle cette opération mille et mille fois pendant sa vie; il passe de la crainte à la liberté, de la liberté à la crainte, et n'en est pas plus avancé. Il est facile mais pénible de craindre; respecter est difficile, mais doux. L'homme se résout à regret au respect, ou plutôt il ne s'y résout jamais ; c'est un sens supérieur qu'il faut ajouter à sa nature, et qui ne réside lui-même que chez les êtres privilégiés, qui sont alors considérés comme des saints, comme des dieux. Là est la dignité, là est le but des vraies religions, qui ne sont qu'au nombre de trois, distinguées par l'objet auquel elles appliquent la vénération. »

Les Trois avaient cessé de parler; Wilhelm se tut et resta un instant rêveur; mais, comme il ne se sentait pas assez hardi pour interpréter le sens de ces étranges paroles, il pria ces hommes vénérables de continuer l'exposé de leur doctrine, ce qu'ils firent aussitôt.

« Toute religion, dirent-ils, qui se base sur la crainte est indigne de notre estime. Par le respect qu'il laisse régner dans son âme, l'homme peut, en donnant l'honneur, conserver le sien; il n'est pas en désaccord avec lui comme dans l'autre cas. La religion qui repose sur le respect de ce qui est au-dessus de nous, nous l'appelons ethnique; c'est la religion des peuples, le premier degré d'affranchissement d'une misérable crainte; toutes les religions païennes, quel que soit leur nom, sont de cette espèce. La religion qui a pour base le respect de nos égaux, nous l'appelons philosophique ; car le philosophe qui se place dans la région moyenne fait descendre vers lui ce qui est au-dessus de lui, fait monter ce qui est au-dessous, et ce n'est que dans cette situation intermédiaire qu'il mérite le nom de sage. En se trouvant à même de juger ses rapports avec ses égaux, et par conséquent avec l'humanité entière, ses rapports avec toutes les choses terrestres, fatales ou accidentelles, on peut dire que, dans le sens cosmique du mot, il vit seul dans la vérité. Il nous reste à parler de la troisième religion, qui s'appuie sur le respect de ce qui est au-dessous de nous; nous l'appelons chrétienne, parce que c'est dans cette doctrine que ce sentiment se manifeste le plus clairement; c'est le point le plus extrême que puisse et que doive atteindre l'humanité. Mais quels efforts n'a-t-il pas fallu, non-seulement pour laisser la terre au-dessous de soi et en appeler à une céleste patrie, mais encore pour considérer comme choses divines la misère et l'abaissement, le mépris et le dédain, la honte et la désolation, la souffrance et la mort; pour vénérer et chérir le péché et le crime, comme n'étant pas des obstacles, mais des moyens de sanctification ! Nous trouvons, il est vrai, à toutes les époques des traces de cette doctrine, mais une trace n'est pas un but; une fois que ce but est atteint, l'humanité ne peut plus reculer; et l'on peut dire que la religion chrétienne, du moment qu'elle a paru, ne peut plus disparaître, et que, s'étant incarné la divinité, elle est désormais indestructible.

— Laquelle de ces religions professez-vous? dit Wilhelm.

— Toutes les trois, répondirent-ils, car leur réunion constitue proprement la vraie religion ; de ces trois respects résulte le respect suprême, le respect de soi-même, et réciproquement les trois premiers découlent de celui-ci, en sorte que l'homme s'élève au plus haut point qu'il soit capable d'atteindre, qu'il a le droit de se considérer comme l'ouvrage le plus parfait qu'aient créé Dieu et la nature, qu'il peut même se maintenir sur ce sommet sans que sa vanité ou son égoïsme le fassent retomber au niveau du vulgaire.

— Une pareille profession de foi, ainsi développée, ne me surprend point, dit Wilhelm ; elle s'accorde avec ce que j'ai entendu dire çà et là dans le monde: seulement vous unissez ce que les autres divisent. »

Les Trois répondirent : « Une grande partie du monde professe déjà cette doctrine à son insu.

— Où et comment?

— Dans le *Credo*. Car le premier article est ethnique et s'applique à tous les peuples ; le second est chrétien ; il est pour ceux qui luttent contre la souffrance, et que glorifie la souffrance ; le troisième enfin enseigne une communion spirituelle des saints, c'est-à-dire des meilleurs et des plus sages. Les trois personnes divines sous le nom et sous le symbole desquelles on enseigne ces révélations et ces dogmes ne devraient-elles pas plutôt être considérées comme la plus sublime des unités ?

— Je vous remercie d'avoir bien voulu m'expliquer si clairement et si logiquement ces choses, comme à un homme intelligent auquel ces trois doctrines ne sont pas étrangères ; et quand je pense que vous communiquez ces hauts enseignements aux enfants, d'abord sous une forme sensible, puis par des harmonies symboliques, je ne puis que vous approuver hautement.

— C'est précisément cela ; il vous reste cependant quelque chose à apprendre pour que vous soyez persuadé que votre fils est dans de bonnes mains. Réservons cela pour la matinée ; reposez-vous afin de pouvoir demain nous suivre au sanctuaire, satisfait et plein de bienveillance pour l'humanité. »

CHAPITRE II

Conduit par le plus âgé des Trois, Wilhelm entra, par un grand portail, dans une salle ronde ou plutôt octogone, si richement ornée de peintures, qu'il en resta frappé de surprise. Il comprenait bien que tout ce qu'il voyait devait avoir une haute signification, quoiqu'il ne pût la démêler d'abord. Il était sur le point d'interroger son guide, lorsque celui-ci l'invita à passer dans une galerie latérale, ouverte d'un côté sur un vaste jardin émaillé de fleurs. Toutes ces merveilles naturelles l'attiraient moins que les murailles, qui étaient couvertes de peintures ; il ne tarda pas à reconnaître que les livres des Hébreux en avaient fourni les sujets.

« C'est ici, dit l'ancien, que nous enseignons cette religion que par abréviation j'ai nommée ethnique. Son contenu est dans l'histoire du monde, comme son enveloppe est dans les événements. On en saisit l'idée en voyant les mêmes séries de faits se reproduire dans la destinée des différents peuples.

— Vous avez, à ce que je vois, fait l'honneur au peuple hébreu de prendre son histoire pour base de cette démonstration, ou plutôt vous l'avez pris pour objet.

— En effet, dit le vieillard ; car vous remarquerez que sur les frises et sur les plinthes on a représenté des faits symphronistiques plutôt que synchronistiques, parce qu'on retrouve chez tous les peuples des événements analogues. Ainsi, dans l'espace principal, vous voyez Abraham que ses dieux visitent sous la forme de beaux adolescents, et là-haut, dans la frise, Apollon au milieu des bergers d'Admète ; ce qui nous apprend que, lorsque les dieux apparaissent aux hommes, ils passent généralement au milieu d'eux sans en être reconnus. »

Ils continuèrent leur examen. Wilhelm retrouvait partout des sujets connus, mais ils étaient représentés plus vivement et plus intelligiblement que cela n'a lieu d'habitude ; il ne put s'empêcher de demander de nouveau pourquoi l'on avait choisi de préférence l'histoire des

Juifs. Le vieillard lui répondit : « Parmi toutes les religions païennes, car la religion juive n'est pas autre chose, celle-ci présente de grands avantages dont je ne citerai que quelques-uns. Devant le tribunal ethnique, devant le tribunal du Dieu des peuples, on ne demande pas si telle nation est la meilleure, mais si elle dure et se conserve plus longtemps que telle autre. Le peuple juif n'a jamais valu grand'chose, et ses chefs, ses juges, ses prophètes, le lui ont mille fois reproché ; il a peu de vertus, et presque tous les défauts des autres peuples ; mais ce qui est de l'individualité, de la solidité, du courage, et, si ce n'est pas assez de cela, de la ténacité, il attend son pareil. C'est le peuple le plus obstiné de la terre ; il est, il a été, il sera pour célébrer à travers les temps le nom de Jéhovah. C'est pourquoi nous en avons fait le modèle, la figure principale à laquelle les autres ne servent que de cadres.

— Il ne m'appartient pas de discuter avec vous, dit Wilhelm, puisque c'est à vous de m'instruire. Faites-moi donc connaître les autres avantages de ce peuple, ou plutôt de son histoire, de sa religion.

— Un des principaux avantages, c'est l'admirable collection de ses livres saints. Ils sont si heureusement assemblés, qu'avec les éléments les plus étrangers ils forment un tout qui fait illusion. Ils sont assez complets pour satisfaire, assez fragmentés pour piquer la curiosité ; suffisamment barbares pour irriter, suffisamment délicats pour calmer ; et combien d'autres qualités contradictoires ne trouverait-on pas à louer dans ces livres, dans ce livre ! »

Les peintures principales et les faits concordants tracés au-dessus et au-dessous absorbèrent tellement notre ami, qu'il entendit à peine les remarquables observations par lesquelles son guide semblait plutôt détourner son attention que la diriger sur ces objets. Entre autres choses il lui dit : « Je dois encore mentionner un des grands avantages de la religion juive : c'est qu'elle n'incorpore son Dieu dans aucune forme, et qu'elle nous laisse la liberté de lui donner une vénérable figure humaine, et, par opposition, de représenter l'idolâtrie par des figures de bêtes et de monstres. »

Une courte promenade dans cette galerie avait fait revivre à l'esprit de Wilhelm l'histoire du monde, tout en lui faisant connaître des événements qu'il ignorait. Ainsi, le rapprochement des peintures, les réflexions de son guide, lui ouvraient mainte vue nouvelle ; il se réjouissait en pensant qu'au moyen de cette représentation sensible Félix s'assimilerait ces grands et mémorables événements comme s'il eût vécu au milieu d'eux. Il finit par ne plus considérer ces images qu'avec les yeux de son enfant, et, dans ce sens, sa satisfaction fut complète.

Ils étaient arrivés à l'époque des troubles et des discordes, de la destruction de Jérusalem et du temple, des massacres, de l'exil, de l'esclavage, des désastres qui fondirent sur cette nation obstinée. Ses destinées subséquentes étaient représentées d'une façon allégorique, car le faire d'une façon historique et réelle eût été sortir des limites de l'art noble.

La galerie se terminait brusquement sur ce tableau, et Wilhelm fut fort surpris de se trouver arrivé à la fin. « Il me semble, dit-il à son guide, qu'il y a une lacune dans cette représentation historique. Vous avez détruit le temple de Jérusalem et dispersé le peuple, sans faire apparaître l'homme divin qui, peu de temps auparavant, enseignait dans ces lieux mêmes une doctrine qui n'y trouva point d'écho.

— Faire ce que vous demandez, c'eût été commettre une grande faute. La vie de l'homme divin dont vous voulez parler ne se rattache en aucune façon à l'histoire de son époque; sa vie était toute privée; ses enseignements s'adressaient à des individus isolés. Ce qui se passe publiquement chez les ensembles et les fractions de peuples appartient à l'histoire universelle, à la religion universelle, que nous regardons comme la première. Ce qui se passe intérieurement chez les individus isolés appartient à la seconde religion, à la religion des sages; telle était celle qu'enseignait et que pratiqua le Christ pendant son séjour sur la terre. C'est pourquoi l'extérieur se termine ici, et je vous fais pénétrer maintenant dans l'intérieur. »

Une porte s'ouvrit, et ils entrèrent dans une galerie semblable à la précédente, où Wilhem reconnut aussitôt les sujets du Nouveau Testament. Ils paraissaient être d'une autre main que les premiers: les figures, les mouvements, les accessoires, la lumière, la couleur, tout était plus doux.

« Vous voyez ici, dit le vieillard après qu'ils eurent passé devant un certain nombre de tableaux, non plus des faits, des événements, mais des miracles et des paraboles. C'est un monde nouveau, un nouvel aspect extérieur, avec un sens intérieur qui manque entièrement au précédent. Les miracles et les paraboles nous ouvrent un nouvel ordre de choses; les premiers rendent le commun extraordinaire, les secondes rendent l'extraordinaire commun.

— Ayez la complaisance, répondit Wilhelm, de m'expliquer ces paroles avec quelque détail; car je ne me sens pas assez habile pour le faire moi-même.

— Elles ont un sens naturel quoique profond; des exemples vont vous le faire saisir à l'instant. Rien n'est plus commun et plus ordinaire que de boire et de manger; mais, réciproquement, il est extraordinaire d'ennoblir une boisson, de multiplier un aliment de façon à nourrir une multitude. Rien n'est plus ordinaire que les maladies et les infirmités corporelles ; mais les guérir, les atténuer par des moyens spirituels, cela est extraordinaire, et le merveilleux du miracle provient précisément de ce que l'ordinaire et l'extraordinaire, le possible et l'impossible se confondent en un seul acte. Dans la parabole, c'est l'inverse qui a lieu ; ici c'est le sens, l'idée, le but, qui est élevé, extraordinaire, inaccessible. Quand elle s'incarne dans une forme commune, ordinaire, saisissable, de façon à s'offrir à nous vivante, présente et réelle, à ce que nous la gardions et nous nous l'assimilions, à ce qu'elle soit à notre portée, alors c'est une seconde sorte de miracle, qu'on peut placer à côté sinon au-dessus du miracle lui-même. Ici l'enseignement est vivant ; il ne peut soulever une objection ; ce c'est pas une opinion sur le juste et l'injuste ; c'est le juste ou l'injuste lui-même irrévocablement posés. »

Cette galerie était plus courte que la première, ou plutôt ce n'était que la quatrième partie du bâtiment qui donnait sur la cour intérieure. Mais, si l'on ne faisait que passer dans l'autre, on se plaisait à s'arrêter dans celle-ci : les peintures en étaient moins frappantes, moins variées, mais cela invitait d'autant plus à en rechercher et à en approfondir le sens mystérieux. Aussi, arrivés au bout de la galerie, Wilhelm et le vieillard revinrent sur leurs pas. Wilhelm fit l'observation qu'on s'était arrêté à la Cène et à la séparation du maître d'avec ses disciples ; il demanda où était la suite de l'histoire.

« Dans chaque enseignement, dit le vieillard, nous aimons à séparer autant que possible ce qui peut se séparer ; c'est le seul moyen de faire naître chez la jeunesse l'idée de l'importance des choses. La vie mêle et confond tout ; c'est pourquoi nous avons complétement séparé la vie et la mort de cet homme sublime. Dans sa vie, il nous apparaît comme un véritable philosophe — ne soyez pas choqué de cette expression — comme un sage, dans la plus haute acception du mot. Il reste fermement attaché à son objet; il poursuit sa route sans se détourner, élevant à lui les humbles tout en communiquant sa force, sa richesse et sa sagesse aux ignorants, aux pauvres et aux malades, en paraissant s'égaler à eux; d'un autre côté il ne dément pas sa divine origine; il ose s'égaler à Dieu, se dire lui-même Dieu. Par là, il étonne dès sa jeunesse ceux qui l'entourent, s'en attache une partie, soulève l'autre contre lui, et montre à tous ceux qui aspirent à un certain degré d'élévation dans la vie et dans l'instruction, ce qu'ils peuvent attendre du monde. Aussi, pour la partie intelligente de l'humanité, sa vie est-elle plus instructive encore que sa mort; car chacun est exposé à subir les épreuves de la première, et peu d'hommes seront soumis à celles de la seconde; et, sans tirer toutes les conséquences qu'amène cette réflexion, considérez seulement le touchant tableau de la Cène. Ici, le sage, comme toujours, va faire en partant autant d'orphelins de ses disciples, et, tandis qu'il s'alarme pour les bons, il nourrit au milieu d'eux un traître qui causera leur perte et la sienne. »

A ces mots le vieillard ouvrit une porte, et Wilhelm fut fort étonné de se retrouver dans la salle d'entrée. Ils avaient, en causant, fait le tour entier de la cour. « J'espérais, dit Wilhelm, que vous me conduiriez jusqu'au bout, et vous me ramenez au commencement.

— Pour cette fois je ne puis vous en montrer davantage, dit le vieillard; nous ne laissons voir à nos élèves, nous ne leur expliquons rien de plus que ce que vous venez d'examiner : l'humain, l'extérieur, le général à chacun dès son enfance; le spirituel, l'intime, à ceux-là seulement auxquels l'âge a donné la réflexion. Le reste, nous ne le montrons qu'une fois l'an ; nous n'y introduisons que les élèves qui prennent leur congé. Cette dernière religion, qui naît du respect de ce qui est au-dessous de nous, cette vénération de l'adversité de tout ce que nous devons fuir et éviter, nous ne la communiquons à chacun que comme un équipement à son entrée dans le monde, afin qu'il sache où il le retrouvera s'il en a besoin. Je vous invite à revenir ici dans un an pour assister à notre fête générale et constater les progrès de votre fils ; alors on vous introduira dans le sanctuaire de la douleur.

— Permettez-moi encore une question, répondit Wilhelm : de même que vous avez exposé comme modèle la vie de cet homme divin, avez-vous également représenté ses souffrances et sa mort comme un type de résignation sublime ?

— Sans doute. Nous n'en faisons pas un secret, mais nous tirons un voile sur ces souffrances, précisément parce que nous les vénérons profondément. C'est à nos yeux une témérité coupable que d'étaler l'instrument du martyre et le divin supplicié aux regards du soleil qui se voila la face lorsqu'un monde impie lui offrit ce spectacle, que de jouer et de badiner avec ces profonds mystères dans lesquels est ensevelie la profondeur divine de la douleur, et de tant faire, qu'on rende vulgaire et absurde la chose la plus sublime. En voilà assez cette fois pour vous tranquilliser à l'endroit de votre fils, et pour vous convaincre que vous le trouverez plus ou moins développé d'une façon ou d'une autre, mais assurément d'une façon désirable, et qu'en tous les cas l'ordre, la fixité et la limpidité régneront dans son esprit. »

Wilhelm s'arrêta devant les tableaux du vestibule ; il aurait voulu en connaître la signification. « C'est une dette que nous acquitterons l'année prochaine, dit le vieillard ;

nous n'admettons aucun étranger aux leçons que nous donnons aux élèves dans l'intervalle; mais revenez à l'époque que nous vous indiquons, et vous verrez ce que nos orateurs croient utile de dire publiquement sur ces objets. »

Quelques instants après, on entendit frapper à la petite porte. C'était l'inspecteur de la veille; il ramenait le cheval de Wilhelm. Notre ami prit congé des Trois, qui le recommandèrent en ces termes à l'inspecteur : « Cet étranger est maintenant au nombre de nos affidés, et tu sais ce que tu as à répondre à ses questions, car il désire sans doute être éclairé sur bien des choses qu'il a vues chez nous; tu connais les limites et le but! »

Wilhelm avait encore en effet quelques questions sur le cœur, qu'il s'empressa de présenter. A leur passage, les enfants prenaient les mêmes attitudes que la veille; mais il remarqua de loin en loin quelques élèves qui ne saluaient pas l'inspecteur, ne se dérangeaient pas de leur travail, et le laissaient passer sans faire attention à lui. Wilhelm demanda quelle était la cause et la raison de cette exception. L'inspecteur répondit : « Elle est d'une très-grande importance, car c'est la punition la plus grave que nous infligions aux élèves ; on les déclare indignes de témoigner du respect; on les force à paraître grossiers et mal élevés ; aussi font-ils leur possible pour sortir de cette situation et ne remplissent leurs devoirs qu'avec plus de zèle. Cependant, si quelque garçon incorrigible ne témoigne aucun repentir, on le renvoie à ses parents avec un rapport motivé, mais concis. Celui qui ne veut pas se soumettre aux lois du pays qu'il habite doit le quitter. »

Un autre objet excita, ce jour-là comme la veille, la curiosité du voyageur : c'était la variété de couleur et de coupe qu'il remarquait dans l'habillement des élèves, il ne paraissait exister là dedans aucune gradation ; ceux qui saluaient d'une même façon étaient différemment habillés, et réciproquement. Wilhelm demanda la raison de cette apparente contradiction. « Elle s'explique ainsi, dit l'inspecteur ; c'est un moyen de connaître le caractère des enfants. A côté de l'ordre sévère qui règne habituellement ici, nous leur laissons, dans ce cas, une certaine liberté. Les élèves peuvent choisir dans nos magasins d'étoffes et de garnitures la couleur qui leur plaît, et dans une certaine limite la coupe et la forme qu'ils préfèrent ; nous observons avec soin ce choix ; car à la couleur on juge le caractère, à la forme du vêtement, les habitudes. Mais une particularité de la nature humaine rend jusqu'à un certain point une appréciation exacte assez difficile : c'est l'esprit d'imitation, la tendance à se former en groupe. Il est rare qu'un élève prenne quelque chose qui ne soit déjà porté ; la plupart choisissent des étoffes qu'ils ont vues sur les autres. Cette remarque n'est cependant pas sans fruit pour nous ; par ces signes extérieurs, ils se rattachent à tel ou tel parti ; cela nous éclaire sur les dispositions générales ; nous apprenons de quel côté penche l'enfant, quel modèle il se propose.

« Il est arrivé souvent que les esprits tendent à se généraliser, qu'une mode s'impose, que les distinctions se perdent dans l'uniformité. Nous cherchons à combattre doucement ces tendances ; nous laissons s'épuiser nos provisions ; on ne peut plus se procurer telle ou telle étoffe, tel ou tel ornement ; nous montrons quelque chose de nouveau, d'attrayant ; avec des couleurs claires, des formes étroites et courtes nous réduisons les enfants gais ; les nuances sévères, les habits aisés et drapés charment les esprits réfléchis, et peu à peu l'équilibre se rétablit.

« Nous sommes tout à fait ennemis de l'uniforme; il dissimule le caractère et cache aux yeux des supérieurs l'individualité des enfants, plus que ne le ferait tout autre déguisement. »

En causant de la sorte, Wilhelm arriva sur les limites de la province, et à l'endroit où, selon les instructions de l'antiquaire, le voyageur devait la quitter pour continuer ses recherches.

En lui souhaitant un bon voyage, l'inspecteur le pria d'attendre l'époque où la grande fête serait annoncée aux intéressés. On y invitait tous les parents, et les meilleurs élèves y recevaient leur congé. Il pourrait alors visiter à loisir les autres parties de l'établissement, où l'on pratiquait et donnait l'instruction individuelle selon des principes particuliers, et dans un milieu approprié au genre d'étude.

CHAPITRE III

Pour flatter le goût de l'honoré public, qui depuis quelque temps se plaît aux morceaux détachés, nous avons d'abord pensé à donner l'histoire suivante en plusieurs fragments; mais l'intime relation des faits, des pensées, des sentiments, exigeait un récit suivi. Puisse-t-il atteindre son but, et montrer clairement, à la fin, que les personnages de cette aventure, en apparence isolés du reste, se rattachent intimement à ceux que déjà nous connaissons et nous aimons!

L'HOMME DE CINQUANTE ANS.

Le major venait d'entrer dans la cour du château, et déjà Hilarie, sa nièce, se tenait pour le recevoir au bas de l'escalier qui conduisait au château. Il la reconnut à peine, tant elle était devenue grande et belle. Elle vola au-devant de lui, il la pressa contre son cœur avec une joie paternelle, et ils se hâtèrent de monter auprès de sa mère.

La baronne reçut son frère avec la même tendresse et, lorsque Hilarie sortit pour faire préparer le déjeuner, le major dit d'un air joyeux : « Cette fois je puis t'annoncer que notre affaire est terminée. Le grand maréchal, notre frère, voit bien qu'il ne peut s'arranger ni avec les fermiers ni avec les intendants ; il abandonne de son vivant ses biens à nous et à nos enfants ; la rente qu'il stipule est assez forte, il est vrai, mais nous pouvons toujours la lui payer ; nous gagnons beaucoup pour le présent et tout pour l'avenir. Il faut que tout cela soit organisé promptement. J'attends ma retraite d'un moment à l'autre, et je vois s'ouvrir une nouvelle carrière d'activité qui aura pour nous et pour les nôtres un avantage décidé. Nous verrons sans inquiétude grandir nos enfants, et il ne dépend que de nous et d'eux-mêmes de hâter leur mariage.

— Tout cela serait parfait, dit la baronne, si je n'avais pas à te révéler un secret que je viens de découvrir. Le cœur d'Hilarie n'est plus libre ; de ce côté, ton fils n'a que peu ou point d'espoir à conserver.

— Que dis-tu ? s'écria le major ; est-il possible ! Pendant que nous travaillons à augmenter notre fortune, voilà les tours que nous joue l'amour ! Dis-moi, chère, dis-moi vite quel est celui qui a pu captiver le cœur d'Hilarie ? Mais est-ce vraiment si grave ? Ce n'est peut-être qu'une impression passagère, qu'on peut espérer d'effacer.

— Commence par réfléchir un peu, » répondit la baronne qui ne fit par là qu'augmenter l'impatience de son frère. Elle était au comble lorsque Hilarie entra suivie des domestiques qui apportaient le déjeuner ; sa présence retarda nécessairement la solution de l'énigme.

Le major ne semblait plus voir la belle enfant avec les mêmes yeux que tout à l'heure ; il se sentait presque jaloux de l'homme qui avait le bonheur de graver son image dans cet aimable cœur. Il ne fit point honneur au déjeuner, et ne remarqua pas qu'on avait tout servi selon son goût.

Ce silence et cet embarras firent perdre à Hilarie toute sa gaieté. La baronne se sentit gênée, et conduisit sa fille au clavecin ; mais son jeu, plein de sentiment et de vivacité, eut peine à arracher quelques éloges au major. Il désirait voir s'éloigner au plus tôt la belle enfant et le déjeuner ; la baronne finit par couper court à la situation en proposant à son frère de faire un tour de promenade au jardin.

Dès qu'ils furent seuls, le major réitéra sa question d'une façon pressante ; après un instant de silence, la baronne lui répondit en souriant : « Si tu veux trouver quel est l'heureux mortel qu'elle aime, tu n'as pas beaucoup de chemin à faire pour aller le chercher ; il est tout près d'ici, c'est toi qu'elle aime ! »

Le major s'arrêta muet de surprise, puis il s'écria : « Ce serait une plaisanterie bien déplacée de vouloir me faire croire une chose qui, si elle était sérieuse, m'embarrasserait autant qu'elle me rendrait malheureux. Car, bien qu'il me faille quelque temps pour me remettre de ma surprise, je vois bien, au premier coup d'œil, quel trouble un pareil événement apporterait dans nos rapports. La seule chose qui me rassure, c'est la certitude que de pareils penchants n'existent qu'en apparence, qu'ils cachent une illusion dont une âme bonne et honnête revient promptement, soit d'elle-même, soit par le secours de personnes raisonnables.

— Je ne suis pas de cette avis, dit la baronne ; car, d'après tous les symptômes que j'ai observés, c'est un sentiment sincère qui occupe le cœur d'Hilarie.

— Je n'aurais pas cru que son caractère si naturel fût capable de quelque chose d'aussi peu naturel.

— Plus naturel que vous ne le pensez, répondit la sœur. Je me souviens d'avoir éprouvé moi-même dans ma jeunesse une passion pour un homme plus âgé que toi. Tu as cinquante ans, ce n'est pas beaucoup pour un Allemand, car les autres nations, plus vives, vieillissent plus vite.

— Mais sur quoi se fonde ta supposition ?

— Ce n'est point une supposition, c'est une certitude. Tout ce qui va se passer t'en convaincra peu à peu. »

Hilarie les rejoignit, et, malgré lui, le baron sentit ses dispositions changer encore une fois. Elle lui paraissait plus chère et plus aimable que jamais ; ses manières lui paraissaient plus affectueuses, il commençait à ajouter foi aux aveux de sa sœur. Cette impression lui fut extrêmement agréable, quoiqu'il ne voulût pas se l'avouer. Le fait est qu'Hilarie était charmante ; elle savait confondre la réserve timide qu'on éprouve devant un amoureux et l'aimable aisance qu'on se permet devant un oncle ; car elle l'aimait réellement et de toute son âme. Le jardin était dans toute sa splendeur printanière, et le major, qui voyait reverdir tant de vieux arbres, pouvait se croire, lui aussi, au retour de son propre printemps. Et qui n'aurait pas cédé à une pareille illusion en présence de l'adorable jeune fille !

Ils passèrent ainsi la journée ensemble : toutes les petites circonstances de la vie se ressentirent de leurs heureuses dispositions ; le soir après souper, Hilarie se mit de nouveau au clavecin ; le major avait d'autres oreilles ; les mélodies s'enchaînaient, les chansons se succédaient, et il était plus de minuit lorsque la petite société se décida à se séparer.

Quand le major entra dans sa chambre, il trouva tout disposé selon ses anciennes habitudes ; on y avait fait transporter des gravures qu'il affectionnait ; tout, jusque dans les plus petits détails, indiquait le désir de lui plaire et de flatter ses goûts.

Il dormit peu ; ses forces vitales le firent lever de bonne heure ; mais il reconnut aussitôt qu'un nouvel ordre de choses entraîne toujours une foule d'inconvénients. Il n'avait jusqu'alors jamais rien eu à reprocher à son vieux palefrenier, qui remplissait en même temps l'office de valet de chambre ; car le service suivait rigoureusement son ordre accoutumé et quotidien ; les chevaux étaient pansés et les habits brossés à l'heure dite ; aujourd'hui le maître s'était éveillé un peu plus tôt que d'habitude, et rien n'était prêt.

Une autre circonstance vint augmenter l'impatience et la mauvaise humeur du major. Auparavant il avait toujours été satisfait de lui et de son serviteur ; mais aujourd'hui, en se regardant dans la glace, il ne se trouva pas tel qu'il aurait voulu être. Il ne pouvait nier quelques cheveux gris, et il crut même avoir découvert quelques rides. Il s'essuya et se poudra plus soigneusement que d'habitude. Ses vêtements ne lui parurent ni assez élégants ni assez propres. Il y avait des fils sur son habit, de la poussière sur ses bottes. Le vieux domestique ne savait que dire, et restait tout stupéfait de voir son maître si changé.

Malgré toutes ces petites calamités, le major descendit de bonne heure dans le jardin. Il espérait y rencontrer Hilarie, elle y était en effet. Elle lui offrit un bouquet, il n'osa point l'embrasser et la serrer contre son cœur, comme il faisait naguère. Il se trouvait dans le plus charmant embarras du monde, et il s'abandonna à ses sentiments sans songer où cela pourrait le conduire.

La baronne ne tarda pas à paraître, et, tendant un billet à son frère, elle s'écria :

« Tu ne devineras pas quelle visite nous annonce ce billet.

— Dis-le donc tout de suite, » répondit le major. C'était un ancien acteur, de ses amis, qui passait près de son domaine, et qui venait lui faire une courte visite. « Je suis curieux de le revoir, dit le major, il n'est plus jeune, et on m'a dit qu'il joue encore les jeunes premiers.

— Il doit avoir une dizaine d'années de plus que toi.

— Oui, pour le moins, d'après tous mes souvenirs. »

Peu de temps après on vit arriver un homme de bonne mine, d'un aspect agréable et gai. Les deux amis se reconnurent bientôt, et des souvenirs de toute espèce animèrent la conversation. On se raconta mainte histoire, on se questionna, on se répondit, on se mit au fait de la situation, et on ne tarda pas à se retrouver comme si l'on ne s'était jamais quitté.

La chronique secrète prétend que cet homme, alors qu'il était jeune, beau et aimable, avait eu le bonheur ou le malheur de plaire à une grande dame; qu'il s'était trouvé, par suite de cette liaison, jeté dans de grands embarras et de grands dangers d'où le major l'avait heureusement tiré au moment où il était menacé du plus triste sort. Il avait gardé une éternelle reconnaissance au frère et à la sœur, qui, par un avis opportun, l'avaient mis sur ses gardes.

Quelque temps avant de se mettre à table on laissa les deux hommes seuls. Le major avait considéré attentivement et avec admiration, avec surprise même, l'extérieur

27.

de son ancien ami. Il ne semblait nullement changé, et il n'y avait rien d'étonnant à ce qu'il eût continué à jouer les jeunes premiers.

« Tu me regardes plus attentivement qu'il ne convient, dit enfin cet homme ; je crains bien que tu ne trouves trop de différence entre l'ami d'aujourd'hui et l'ami d'autrefois.

— Nullement, répondit le major, je suis au contraire émerveillé de te trouver plus frais et plus jeune que moi ; car je me rappelle que tu étais déjà un homme fait, quand je t'assistai dans certains embarras, avec la témérité d'un blanc-bec.

— C'est ta faute, c'est la faute de tous tes pareils, et si vous ne méritez une réprimande, vous méritez au moins un reproche. On ne pense jamais qu'au nécessaire, on veut être, et non paraître. Cela est bon tant qu'on est quelque chose. Mais lorsqu'à la fin l'être appelle le paraître à son secours, et que le paraître fuit encore plus vite que l'être, chacun reconnaît alors qu'il n'aurait pas mal fait de ne pas négliger autant l'extérieur pour l'intérieur.

— Tu as raison, dit le major en étouffant un soupir.

— Je n'ai peut-être pas absolument raison, répondit le vieux jeune homme, car dans mon métier il serait évidemment impardonnable de ne pas soutenir le dehors aussi longtemps que possible. Mais vous autres, vous êtes guidés par des considérations plus hautes et plus sérieuses.

— Il y a cependant des cas où l'on se sent intérieurement jeune, et où l'on voudrait pouvoir rajeunir sa figure. »

Comme le visiteur ne pouvait se douter de la vraie situation d'esprit du major, il prit cette réflexion au point de vue du soldat, et s'étendit dans ce sens : il fit observer combien l'extérieur est important au militaire, et que l'officier, qui prend tant de soin de sa tenue, pourrait bien aussi donner quelque attention à sa peau et à ses cheveux. « Voici, par exemple, qui est impardonnable : vos tempes sont déjà grises, votre visage se marque de rides, et votre crâne commence à se dénuder. Tandis que moi, vieux drôle que je suis, regardez comme je me suis conservé ! Et tout cela sans sortilége, avec moins de soin et de peine qu'on n'en met chaque jour à se nuire ou du moins à s'ennuyer. »

Cette conversation intéressait trop le major pour qu'il songeât à la terminer ; mais il crut devoir agir avec prudence et circonspection, même vis-à-vis d'un ancien ami.

« C'est ce que j'ai malheureusement négligé de faire, s'écria-t-il ; et maintenant il est trop tard ; je n'ai plus qu'à me résigner, et vous n'en aurez pas plus mauvaise opinion de moi.

— Il ne serait pas trop tard, répondit l'acteur, si, vous autres gens sérieux, vous n'étiez si roides et si gourmés, si vous n'accusiez de prétention celui qui soigne son extérieur, et si par là vous ne vous enleviez volontairement l'agrément de vivre en aimable société et d'être aimables vous-mêmes.

— Si la manière dont vous vous conservez jeunes n'est pas un sortilége, répliqua le major en souriant, c'est au moins un mystère, un de ces arcanes que vantent les gazettes, et dont vous savez employer les meilleurs.

— Je ne sais si tu parles sérieusement ou si tu railles, mais, en tout cas, tu as trouvé. Entre les mille moyens qu'on a proposés pour entretenir l'extérieur, qui se détériore souvent beaucoup plus rapidement que l'intérieur, il en est quelques-uns d'inestimables, simples ou composés, que des camarades m'ont communiqués, que j'ai achetés de mon argent ou que le hasard m'a procurés, et que j'ai expérimentés sur moi-même. Je me tiens à ceux-là, tout en continuant mes recherches. Il me suffira de te dire, et je n'exagère pas, que je porte toujours avec moi un coffret de toilette, un coffret qui n'a pas de prix, un coffret dont je pourrais essayer les effets sur toi, si nous restions seulement quinze jours ensemble. »

La pensée qu'une pareille chose fût possible et que cette possibilité se trouvât précisément à sa portée au moment opportun, rasséréna à ce point l'esprit du major, qu'il en paraissait déjà plus joyeux et plus frais, et qu'animé par l'espérance de pouvoir mettre sa tête et sa figure en harmonie avec son cœur, par l'impatience de connaître ces merveilleux procédés, il était tout autre lorsqu'on se mit à table ; il répondit aux aimables attentions d'Hilarie, et regarda avec une certaine assurance celle qui, le matin même, lui était encore si étrangère.

Par ses récits, ses souvenirs, ses bons mots, l'acteur avait entretenu, animé, ravivé la bonne humeur de son ami ; le major n'en fut que plus perplexe lorsque le voyageur parla de se remettre en route aussitôt après le souper. Il fit tous ses efforts pour lui faire passer au moins la nuit au château, en lui promettant de faire préparer les relais pour le lendemain matin. Il ne voulait pas laisser la salutaire toilette sortir de la maison avant d'en connaître le contenu, et la manière de l'employer.

Le major voyait bien qu'il n'y avait pas de temps à perdre, et, en se levant de table, il prit à part son ancien ami. N'ayant pas le courage d'aller droit au fait, il s'y prit de loin, et, revenant sur leur première conversation, il lui assura qu'il prendrait volontiers plus soin de sa personne si les gens n'avaient pas coutume d'accuser de vanité celui chez lequel ils remarquent cette prétention, et s'ils ne retiraient pas à sa personne morale l'estime qu'ils sont forcés d'accorder à sa personne matérielle.

« Tu m'exaspères avec de pareilles absurdités ! répondit l'ami ; ce sont des propos que la société s'est habituée à tenir sans y attacher aucun sens, ou, pour mieux dire, ce n'est que l'expression de sa malignité et de sa malveillance. Prends la chose à son vrai point de vue. Qu'est-ce que ce prétendu travers qu'on nomme vanité ? Tout homme doit être content de lui-même, heureux celui qui en a les moyens ; et, lorsqu'il les a, pourquoi ne se laisserait-il pas aller à cet agréable sentiment ? Pourquoi, jouissant de la vie, se reprocherait-il d'être content d'en jouir ? Si la bonne société, car ce n'est que d'elle qu'il est question ici, ne trouvait ce sentiment blâmable que lorsqu'il devient trop vif, au point d'empêcher les autres d'être contents d'eux-mêmes et de le montrer, il n'y aurait rien à dire et c'est d'un pareil excès que le blâme a pris naissance. Mais qu'est-ce que cette étrange et envieuse sévérité qui attaque une chose inévitable ? Pourquoi ne pas admettre ces sentiments que chacun se permet plus ou moins et de temps en temps à lui-même, je dis plus, sans lesquels une société civilisée ne peut exister ? Car le plaisir qu'on prend à soi-même, le désir de faire partager aux autres cette satisfaction, la conscience de son amabilité, rendent l'homme agréable. Plût à Dieu que tous les hommes fussent vains, mais qu'ils le fussent avec mesure, et dans le vrai sens : nous serions, dans les sociétés polies, les plus heureuses gens du monde. Les femmes, dit-on, sont vaines de naissance, et cependant cela leur va bien, et ne nous en plaisent que davantage. Un jeune homme peut-il se former s'il n'est pas vain ? Une tête vide et creuse pourra au moins se donner un dehors quelconque, et l'homme de mérite se formera de l'extérieur l'intérieur. Quant à moi, j'ai des raisons de me tenir, sous ce rapport, pour l'homme le plus heureux du monde, parce que mon métier m'autorise à être vain et que, plus je le suis, plus je procure de plaisir au public. On me loue de ce dont on blâme les autres, et par ce procédé j'ai conservé le droit et la satisfaction de récréer et de charmer le public à un âge où les autres sont forcés de quitter le théâtre, ou ne s'y attirent plus que des affronts. »

Cette conclusion ne fut pas du goût du major. Ce petit mot de vanité, il l'avait mis en avant pour se ménager une transition qui lui permit d'exposer son désir à son ami; mais il craignait, si l'entretien se prolongeait, de voir encore s'éloigner son but, et il aborda franchement la question.

« Pour moi, dit-il, je ne serais pas éloigné de m'enrôler sous tes drapeaux, puisque tu ne crois pas qu'il soit trop tard pour regagner le temps perdu. Donne-moi de tes teintures, de tes pommades, de tes baumes, et je ferai un essai.

— Cela n'est pas aussi facile que tu penses. Ce n'est pas tout que de te verser quelques gouttes de mon flacon et de te passer la moitié des meilleurs ingrédients de ma toilette ; c'est l'emploi qui est difficile. On ne peut pas se mettre en quelques instants au courant de cela ; pour savoir si telle ou telle drogue convient, dans quelles circonstances, dans quel ordre il faut les appliquer, pour cela il faut de l'expérience et de la réflexion ; et tout cela même ne servira guère, si l'on n'a pas reçu de la nature une aptitude particulière pour ces sortes de soins.

— Tu recules maintenant, dit le major. Tu inventes des difficultés pour mettre à couvert tes assertions sans doute quelque peu fabuleuses. Tu n'as pas envie de me donner une occasion de mettre tes discours à l'épreuve.

— Mon ami, ces agaceries ne seraient pas de nature à me faire satisfaire à ton désir, si je ne m'étais pas maintenu dans les bonnes intentions que j'avais en commençant. Considère, en outre, que l'homme aime à faire des prosélytes, à reproduire chez d'autres et hors de lui ce qu'il estime chez lui, à les faire jouir de ce dont il jouit, à se retrouver et à se reproduire en eux. Certes, si c'est là de l'égoïsme, c'est un sentiment bien louable et bien aimable que celui qui fait de nous des hommes, et nous fait rester hommes. En dehors de l'amitié que j'ai pour toi, c'est cet égoïsme qui me décide à te prendre pour élève dans l'art du rajeunissement. Mais comme un maître tel que moi ne veut pas faire de mauvais élèves, je suis fort embarrassé de savoir par où commencer. Je te l'ai déjà dit : il ne suffit pas de posséder les drogues et les recettes ; la manière de les employer ne peut s'indiquer d'une manière générale. T'inoculer ma science par amitié pour toi, et pour ma propre satisfaction, c'est un sacrifice auquel je suis prêt, et je vais dès à présent t'offrir le plus grand que je puisse faire. Je te laisse mon domestique, une sorte de valet de chambre et de factotum, qui, s'il ne connaît pas toutes les préparations, s'il n'est pas initié à tous les secrets, et parfaitement au courant de l'ensemble et te sera de la plus grande utilité pour les commencements, en attendant que tu aies fait assez de progrès pour que je te révèle moi-même les mystères les plus rares.

— Quoi ! s'écria le major, tu mets des degrés et des distinctions dans l'art du rajeunissement ? Tu as des secrets pour les initiés ?

— Assurément, ce serait un pauvre art celui qui pourrait s'apprendre du premier coup, dont on aurait le dernier mot dès le premier jour. »

Sans perdre de temps, le valet de chambre fut remis au major qui promit de le bien traiter. La baronne dut fournir boîtes, flacons et verres, sans savoir pour quel usage. On fit le partage, et on resta jusqu'à la nuit à dire mille choses gaies et spirituelles. La lune s'étant levée, l'hôte se mit en route en promettant de revenir dans quelque temps.

Le major se retira fort fatigué dans sa chambre. Il s'était levé de bonne heure, ne s'était pas reposé un seul instant de toute la journée, et se flattait de pouvoir enfin se mettre au lit. Mais au lieu d'un domestique il en trouva deux ; le vieux palefrenier le déshabilla vivement, selon l'ancienne habitude; puis vint le nouveau domestique, qui lui fit observer que la nuit était le vrai moment d'appliquer les moyens de rajeunissement et d'embellissement, parce qu'un sommeil paisible en rendait l'action plus sûre. Le major dut se laisser oindre la tête, huiler le visage, teindre les sourcils, accommoder les lèvres. Il lui fallut passer encore par différentes cérémonies, il ne put mettre son bonnet de nuit qu'après qu'on l'eut coiffé d'un réseau et d'une fine calotte de peau.

Le major se mit au lit avec une sorte de sensation désagréable qu'il n'eut pas le temps d'analyser, car il s'endormit aussitôt. Si nous voulions exprimer ce qui se passait dans son esprit, nous dirions qu'il se faisait l'effet d'un être embaumé, quelque chose entre le malade et la momie. Mais la douce image d'Hilarie, enveloppée des plus riantes espérances, le plongea bientôt dans un sommeil réparateur.

Le lendemain, matin le palefrenier vint à l'heure ordinaire. Les habits de son maître étaient disposés sur les chaises dans l'ordre accoutumé ; le major allait descendre du lit, lorsque le nouveau domestique entra et protesta énergiquement contre une pareille précipitation. Il fallait rester en repos, si l'on voulait voir réussir l'entreprise et recueillir le prix de tant de soins. Il dit au major qu'il se lèverait plus tard, ferait un léger déjeuner et prendrait un bain qui était déjà préparé. Il n'y avait pas moyen de s'écarter de ces prescriptions ; plusieurs heures se passèrent à les mettre à exécution.

Le major abrégeait le temps du repos après le bain, et comptait s'habiller rapidement ; car il était expéditif de sa nature, et était, en outre, impatient de revoir Hilarie ; mais le valet de chambre l'arrêta encore, et lui fit comprendre qu'il lui fallait se déshabituer de cette vivacité. Tout ce qu'on faisait, il fallait l'exécuter lentement et à son aise, et considérer le temps de la toilette comme un moment d'agréable entretien avec soi-même.

La manière de procéder du domestique était parfaitement d'accord avec ses paroles. Aussi le major se trouvat-il réellement beaucoup mieux habillé qu'à l'ordinaire, lorsqu'il se regarda dans la glace, et se vit ajusté de la façon la plus coquette. Le valet de chambre, sans en demander la permission, avait passé une partie de la nuit à remettre l'uniforme à la mode. Cette métamorphose si prompte mit le major de fort bonne humeur, en sorte qu'il se sentit rajeuni au dedans et au dehors, et, brûlant d'impatience, courut auprès de la baronne et d'Hilarie.

Il trouva sa sœur devant leur arbre généalogique, qu'elle avait fait accrocher dans sa chambre, parce que, le soir précédent, il avait été question de quelques collatéraux, les uns célibataires, les autres établis dans des pays lointains, d'autres enfin complétement disparus, qui donnaient au major, à sa sœur, ou à leurs enfants, l'espérance de riches héritages. Ils s'entretinrent quelque temps de ce sujet, sans rappeler que jusqu'à ce jour toutes leurs préoccupations, tous leurs soucis de famille, n'avaient eu que leurs enfants pour objet. L'amour d'Hilarie avait, il est vrai, changé toutes ces vues, et cependant ils ne jugèrent pas à propos d'en parler.

La baronne s'éloigna, le major demeura seul devant la laconique peinture; Hilarie survint, s'appuya sur lui dans une pose enfantine, considéra le tableau et lui demanda s'il avait connu tous ces personnages, et lesquels vivaient encore.

Le major commença l'énumération par les plus âgés, qu'il se souvenait vaguement d'avoir connus dans son enfance. Puis il passa aux ascendants immédiats, parla de leur ressemblance et de leur dissemblance avec leur postérité, fit observer que le grand-père reparait souvent dans le petit-fils, ce qui l'amena à noter l'influence des femmes, qui, sorties de familles étrangères, modifient quelquefois le caractère de toute une race. Il célébra les vertus de plusieurs ancêtres et alliés, sans déguiser leurs défauts. Il passa sous silence ceux qui avaient fait honte à la famille. Il arriva enfin aux derniers rameaux : là se trouvaient son frère le grand maréchal, sa sœur et lui, puis, au-dessous, son fils, et, à côté de lui, Hilarie.

« En voilà deux qui se regardent de bien près, » dit le major, sans ajouter ce qu'il avait dans l'esprit. Après un instant de silence Hilarie répondit d'un air modeste, à demi-voix, et presque en soupirant :

« Et pourtant on ne blâmera jamais celui qui regarde en haut ! » En même temps elle leva vers le major deux yeux qui exprimaient toute sa tendresse.

« T'ai-je bien comprise ? dit le major en se tournant vers elle.

— Je n'ai pas besoin de vous dire ce que vous savez déjà, répondit Hilarie en souriant.

— Tu fais de moi l'homme le plus heureux qu'il y ait sous le soleil, s'écria-t-il en tombant à ses pieds. Veux-tu être à moi ?

— Au nom du ciel, relevez-vous ! je suis à vous pour la vie ! »

La baronne entra. Sans être surprise, elle resta un instant immobile.

« Si c'est un malheur, lui dit le major, la faute en est à toi ; si c'est un bonheur, nous t'en serons éternellement reconnaissants. »

Dès sa jeunesse la baronne avait aimé son frère au point de le préférer à tous les hommes, et l'inclination d'Hilarie avait été, sinon provoquée, du moins entretenue par cette préférence.

Tous trois, confondus dans un seul amour, une seule béatitude, passèrent ainsi les heures les plus heureuses. Mais le monde finit par leur rappeler qu'il existe, et qu'il est rarement en harmonie avec de tels sentiments.

Ils s'occupèrent du fils. On lui avait destiné Hilarie, et il le savait. Aussitôt après avoir terminé ses affaires avec le grand maréchal, le major devait aller voir son fils dans sa garnison, tout arranger avec lui, et préparer l'heureuse conclusion de la chose. Mais maintenant un événement imprévu venait déranger toute la situation ; les rapports amicaux qui existaient précédemment semblaient devenir hostiles, et il était facile de prévoir quelle tournure la chose allait prendre et quelle impression elle produirait.

Cependant le major dut se décider à se rendre auprès de son fils, auquel il avait annoncé sa visite, et ce ne fut pas sans hésitation qu'il se mit en route, non sans répugnance, non sans d'étranges pressentiments, non sans être affligé de se séparer pour quelques jours d'Hilarie. Il laissa ses chevaux et son palefrenier, et partit en voiture avec son valet de rajeunissement, dont il ne pouvait plus se passer, pour la ville où séjournait son fils.

Tous deux s'embrassèrent avec la plus vive tendresse, ils ne s'étaient pas vus depuis bien longtemps. Ils avaient bien des choses à se dire, et cependant ils n'abordèrent pas franchement ce qui leur était le plus à cœur. Le fils parla de ses espérances d'avancement ; de son côté, le père lui exposa en détail les arrangements survenus entre les chefs de la famille au sujet des différentes parties du patrimoine.

La conversation commençait à languir, quand le fils, s'armant de courage, dit à son père en souriant : « Vous me traitez avec beaucoup de tendresse, cher père, et je vous en remercie. Vous me parlez de propriété et de patrimoine, et vous ne me dites rien de la condition sous laquelle ces biens devront m'appartenir, au moins en partie : vous omettez le nom d'Hilarie ; vous attendez que je le prononce moi-même, que je vous fasse part de mon désir de me voir promptement uni à cette aimable enfant. »

Ces paroles mirent le major dans un grand embarras ; mais comme, moitié par nature, moitié par suite d'une vieille habitude, il scrutait toujours la pensée de ceux avec qui il avait des affaires à traiter, il se tut et jeta sur son fils un regard équivoque.

« Vous ne devinez pas, mon père, ce que j'ai à vous dire, poursuivit le lieutenant ; une fois pour toutes et franchement, je vais vous le déclarer. Je puis m'en reposer sur votre bonté, qui, en prenant tant de peine pour moi, ne doit avoir en vue que mon vrai bonheur, et, puisqu'il faut le dire, autant le dire tout de suite : Hilarie ne peut me rendre heureux ! Elle n'est pour moi qu'une aimable parente avec laquelle je vivrai toujours dans les meilleurs rapports d'amitié; mais une autre femme a enchaîné mon cœur. C'est un penchant irrésistible ! Vous ne voudrez pas faire mon malheur. »

Le major eut peine à cacher la joie qui était près de percer sur son visage, et demanda à son fils, avec une douce sévérité, quelle était la personne qui avait pu le captiver ainsi.

« Il faut que vous la voyiez, mon père; car elle est aussi indescriptible qu'incompréhensible. Je ne crains qu'une chose, c'est que vous ne soyez, comme tous ceux qui l'approchent, pris par ses charmes. Pardieu ! cela ne manquera pas, et je vous verrai le rival de votre fils.

— Qui est-ce donc? dit le major. Si tu n'es pas capable de me dépeindre sa personne, dis-moi au moins quelle est sa position sociale; cela n'est pas difficile à dire.

— Sans doute, mon père; mais cette position pourrait être, pour une autre, autre chose que ce qu'elle est pour elle. C'est une jeune veuve, héritière d'un vieux et riche mari, mort depuis peu, indépendante et méritant bien de l'être; autant d'hommes qui l'entourent, et ils sont nombreux, autant d'amis, autant de prétendants; mais, si je ne m'abuse, son cœur est à moi. »

Le père se taisant et ne donnant aucune marque d'improbation, le fils continua à exposer complaisamment la conduite de la belle veuve à son égard, à célébrer en détail cette grâce irrésistible, ces tendres démonstrations dans lesquelles le père ne voyait que la complaisance facile d'une femme très-recherchée, qui distingue peut-être quelqu'un dans la foule, sans pour cela se décider absolument en sa faveur. Dans d'autres circonstances, il aurait certainement cherché à mettre en garde un fils, un ami même, contre l'illusion dont il était vraisemblablement la victime ; mais, ici, il avait fort intérêt à ce que son fils ne s'abusât point, à ce que la veuve l'aimât réellement et se déclarât le plus tôt possible pour lui ; il ne conçut aucune défiance et écarta un pareil doute, ou peut-être le dissimula-t-il.

« Tu me mets dans un grand embarras, dit le major après un instant de silence. L'ensemble des arrangements conclus entre les membres survivants de notre famille se base sur la supposition que tu épouseras Hilarie. Si elle se marie avec un étranger, cette ingénieuse combinaison, qui réunissait toutes les parties d'une fortune considérable, serait détruite, et toi surtout tu serais assez maltraité. Il y aurait bien encore un moyen, mais qui paraîtrait peut-être un peu singulier et auquel tu ne gagnerais pas grand'chose : je pourrais, malgré mon âge avancé, épouser Hilarie ; mais je crois que cela ne te ferait sans doute pas grand plaisir.

— Le plus grand du monde ! s'écria le lieutenant. Peut-on éprouver une vraie passion, peut-on goûter ou espérer les joies de l'amour, sans souhaiter ce suprême bonheur à ses amis, à ceux qui vous sont chers ? Vous n'êtes point vieux, mon père ; et comme Hilarie est aimable ! Cette idée qui nous vient de lui offrir votre main témoigne de la jeunesse de votre cœur, de la fraîcheur de vos sentiments. Examinons à fond ce projet soudainement conçu. Je ne serai véritablement heureux que lorsque je vous saurai heureux, que je vous verrai dignement récompensé de la sollicitude que vous avez toujours montrée pour moi. Maintenant je puis sans crainte et en toute confiance vous mener auprès de ma belle. Vous approuverez mes sentiments, parce que vous les éprouvez ; vous ne mettrez pas obstacle au bonheur de votre fils, car vous allez vous-même au bonheur par une autre route. »

Avec ces discours pressants le fils ne laissa pas à son père le temps d'exprimer ses doutes; il courut avec lui chez la veuve, qu'ils trouvèrent dans une belle maison, causant gaiement avec une société peu nombreuse, mais choisie. C'était une de ces femmes auxquelles aucun homme n'échappe. Avec une incroyable habileté, elle fit du major le héros de la soirée. Le reste de la société semblait être de la famille, le major seul était l'hôte. Elle connaissait fort bien sa position, et eut l'esprit de l'interroger à ce sujet, comme si elle eût voulu tout apprendre de sa bouche, de sorte que tout le monde dut s'intéresser au nouveau venu. L'un avait connu son frère, l'autre avait visité ses domaines, de sorte que le major se sentait le centre de la conversation. Il était assis à côté de la belle veuve : elle n'avait d'yeux, de sourires que pour lui ; bref, il était si content, qu'il oublia presque le motif pour lequel il était venu. Elle dit à peine quelques mots au lieutenant, quoique le jeune homme prît une vive part à l'entretien. Il n'était là, comme tous les autres, que pour faire briller son père.

Les travaux d'aiguille, auxquels on se livre en société avec une apparente indifférence, prennent entre les mains d'une femme adroite et gracieuse une importante signification. Poursuivis assidûment, ils donnent à la belle un air de complète indifférence, et provoquent chez les personnes qui l'entourent une sorte de dépit silencieux. Puis, comme si elle se réveillait, un mot, un regard ramène l'absente au milieu de la compagnie : c'est une nouvelle venue ; mais, si elle laisse tomber son ouvrage sur ses genoux, si elle écoute attentivement un récit, une de ces instructives théories auxquelles s'abandonnent volontiers les hommes, celui à qui elle fait cet honneur s'en trouve infiniment flatté.

C'est de cette façon que notre belle veuve travaillait à un portefeuille aussi magnifique qu'élégant, qui se distinguait en outre par ses dimensions inusitées. Il était devenu le sujet de la conversation ; il était passé aux mains du plus proche voisin et avait circulé dans toute la société, qui se répandait en éloges, tandis que la veuve causait avec le major de choses plus sérieuses. Un vieil ami de la maison vanta d'une façon hyperbolique l'ouvrage presque achevé ; lorsqu'il arriva dans les mains du major, elle voulut le reprendre, sous prétexte qu'il n'était pas digne de fixer son attention ; le major sut néanmoins faire ressortir d'une manière obligeante les mérites de ce travail, tandis que l'ami de la maison prétendit y voir un travail merveilleux et digne de Pénélope.

On se dispersa dans l'appartement, et l'on se groupa au hasard. Le lieutenant s'approcha de la veuve : « Que dites-vous de mon père ? »

Elle répondit en souriant : « Je dis que vous pourriez bien le prendre pour modèle. Voyez comme il est bien mis ! Est-ce qu'il ne s'habille et ne se tient pas mieux que son cher fils ? » Elle continua à faire l'éloge du père au détriment du fils, et à faire naître dans le cœur du jeune homme un sentiment complexe de satisfaction et de jalousie.

Le fils ne tarda pas à rejoindre son père, et lui raconta en détail cet entretien. Le major ne s'en montra que plus empressé auprès de la veuve, et elle prit de son côté vis-à-vis de lui un ton d'aimable familiarité. Bref, on peut dire qu'à la fin de la soirée le major, comme tous les autres, lui appartenait et faisait partie de sa cour.

Une averse subite empêcha les personnes de la société de retourner chez elles comme elles étaient venues. Il y avait quelques voitures dans lesquelles on répartit ceux qui n'en avaient point. Le lieutenant, sous prétexte qu'il n'y avait pas de place, laissa partir son père et resta.

Rentré chez lui, le major se sentit comme pris de vertige, incertain de lui-même, comme il arrive à ceux qui passent brusquement d'une situation à une autre. Le sol semble se balancer sous les pieds de celui qui débarque d'un navire, la lumière vacille dans les yeux de celui qui est tout d'un coup plongé dans les ténèbres. C'est ainsi que le major se sentait comme environné de la présence de la belle veuve. Il voulait encore la voir, encore l'entendre, et puis la revoir, et puis l'entendre de nouveau ; il finit par pardonner à son fils, et l'estimer heureux d'oser prétendre à devenir le possesseur de tant de charmes.

Il fut arraché à ces sensations par son fils, qui s'élança dans la chambre avec transport, embrassa son père et s'écria : « Je suis l'homme le plus heureux du monde ! » Après plusieurs exclamations de ce genre, il finit par s'expliquer. Le père lui fit observer que la belle, dans la conversation qu'elle avait eue avec lui, n'avait pas dit un mot du lieutenant.

« C'est précisément là sa manière délicate, muette ou s'exprimant à demi, qui assure vos désirs, tout en vous laissant dans le doute. C'est ainsi qu'elle s'était conduite avec moi jusqu'à ce jour ; mais votre présence, mon père, a fait un miracle. J'avoue que je ne vous ai laissé partir que pour la revoir un instant. Je l'ai trouvée se promenant dans son appartement, encore éclairé ; car je sais que c'est son habitude : quand la société est partie, elle garde les bougies allumées, elle circule seule dans ces salles enchantées, après qu'elle a congédié les esprits qu'elle y avait évoqués. Acceptant le prétexte par lequel je justifiais mon retour, elle m'accueillit avec bonté, mais ne me parla que de choses indifférentes. Les portes étaient

ouvertes, et nous parcourions toute l'enfilade des appartements. Nous étions arrivés plusieurs fois jusqu'au bout, dans le petit boudoir, faiblement éclairé par une lampe d'albâtre. Si elle était belle lorsqu'elle se promenait à l'éclat des lustres, elle était cent fois plus séduisante à la douce clarté de la lampe. Nous étions revenus de cette pièce, et nous nous étions arrêtés un instant avant de reprendre notre promenade. Je ne sais ce qui a pu m'enhardir ainsi, je ne sais comment, au milieu d'une conversation insignifiante, j'eus la témérité de lui prendre tout d'un coup la main, de baiser cette main délicate et de la presser sur mon cœur. Elle ne la retira point. « Créature
« céleste ! m'écriai-je, ne dissimule pas plus longtemps !
« S'il y a dans ce noble cœur un tendre sentiment pour
« l'heureux homme qui est devant toi, cesse de le cacher,
« montre-le, avoue-le ! Le moment suprême est venu.
« Chasse-moi ou tombe dans mes bras ! »

« Je ne sais quelles paroles j'ai prononcées, quels gestes j'ai faits. Elle ne recula pas, elle ne fit point de résistance, elle ne répondit pas. Je la serrai dans mes bras, je lui demandai si elle voulait être à moi ; j'appuyai sur sa bouche mes lèvres enflammées. Elle me repoussa. « Oui,
« oui, » murmura-t-elle toute troublée. Je m'éloignai en lui disant : « Je vous envoie mon père, qui parlera pour
« moi ! — Pas un mot de tout cela, répondit-elle en
« faisant quelques pas vers moi ; partez, oubliez ce qui
« vient de se passer. »

Nous ne dévoilerons pas ce que pensa le major, mais il dit à son fils : « Que crois-tu qu'il faille faire maintenant ? La chose est assez heureusement brusquée pour que nous puissions procéder un peu plus dans les formes ; il serait peut-être bon que je me présentasse demain, et que je fisse la demande pour toi.

— Au nom de Dieu, mon père, vous gâteriez tout! Des formalités troubleraient, effaroucheraient cette délicatesse, cette réserve. C'est assez que votre présence hâte cette union, vous n'avez pas un mot à prononcer. C'est à vous que je dois mon bonheur. L'estime que vous inspirez à ma bien-aimée a vaincu toutes ses hésitations, et le fils n'eût jamais trouvé une occasion aussi favorable, si le père ne la lui avait préparée. »

Ils causèrent de la sorte assez avant dans la nuit. Ils arrêtèrent leur plan. Le major ne devait plus faire qu'une visite d'adieu à la belle veuve, et partirait ensuite pour conclure son union avec Hilarie ; le fils ferait tout ce qui lui paraîtrait possible et convenable pour arranger et accélérer son mariage.

CHAPITRE IV

Le lendemain matin, le major fit une visite à la belle veuve, pour prendre congé d'elle, et, s'il était possible, pour seconder habilement les vues de son fils. Il la trouva vêtue d'un élégant négligé, en compagnie d'une dame âgée dont les manières affables et polies le captivèrent tout d'abord. La grâce de la plus jeune, la dignité de l'autre, faisaient un aimable équilibre, et leur manière d'agir l'une envers l'autre indiquait qu'elles étaient étroitement unies.

La veuve venait de terminer le portefeuille que nous connaissons, et auquel elle paraissait avoir assidûment travaillé, car, après avoir remercié le major de sa visite, elle tendit l'objet à son amie, et lui dit, comme en reprenant une conversation interrompue : « Vous voyez que j'ai fini, malgré les longueurs et les obstacles qui semblaient devoir m'en empêcher.

— Vous venez à propos, monsieur le major, dit la vieille dame, pour être notre arbitre, ou du moins pour vous ranger d'un côté ou de l'autre : je prétends qu'on ne commence pas un travail si considérable sans penser à une personne à qui on le destine, et qu'on ne le termine pas sans avoir cette même pensée. Considérez vous-même cette œuvre d'art, — car on peut lui donner ce titre, — et ditez-moi si elle a pu être entreprise autrement que dans un pareil but. »

Le major fit de ce travail l'éloge qu'il méritait. En partie tressé, en partie brodé, il excitait en même temps l'admiration et le désir de savoir comment il avait été exécuté. L'or se mêlait à des soies de différentes couleurs ; enfin l'on ne savait ce qu'il fallait le plus louer, du bon goût ou de la magnificence.

« Il y a cependant encore quelque chose à y faire, dit la veuve en dénouant le ruban qui enveloppait le portefeuille et en l'ouvrant. Je ne veux pas recommencer la discussion, mais je veux vous dire à quoi je pense quand je travaille à des objets de ce genre. Jeunes filles, nous sommes accoutumées à occuper nos doigts et à laisser courir notre pensée. Nous conservons ces deux habitudes tout en apprenant peu à peu à exécuter les travaux les plus délicats et les plus difficiles, et j'avoue que j'ai toujours rattaché à ces sortes d'ouvrages des souvenirs de personnes, d'événements, de joies et de douleurs. Ainsi la chose commencée m'est précieuse et la chose finie précieuse, je puis le dire. A ce titre, l'objet le plus minime a pour moi de l'importance, le plus léger travail acquiert de la valeur ; si le plus difficile en avait davantage, c'est uniquement parce que les souvenirs qui s'y rattachent sont plus nombreux et plus complets. Aussi les ai-je toujours trouvés dignes d'être offerts à des amis, à des personnes que j'estime et que je vénère : elles m'en étaient reconnaissantes, car elles savaient que je leur donnais une partie de moi-même, quelque chose de multiple et d'inexprimable qui, se formulant en un aimable cadeau, était toujours bien venu, comme le salut d'un ami. »

A cette charmante confidence il n'y avait rien à répliquer ; cependant la vieille dame sut y répondre par quelques paroles affectueuses. Le major, habitué depuis longtemps à apprécier l'aimable sagesse des écrivains et des poëtes latins et à fixer dans sa mémoire leurs brillantes pensées, se souvint de quelques vers qui s'appliquaient parfaitement à la circonstance ; mais, de crainte de passer pour pédant, il ne voulut pas les citer ni même y faire allusion ; cependant, pour ne pas rester muet et ne point avoir l'air d'un sot, il essaya d'en improviser une paraphrase prosaïque, qui réussit assez mal, et fit languir la conversation. La vieille dame reprit le livre qu'elle avait posé lorsque le major était entré : c'était un recueil de poésies, que les deux amies étaient en train de lire. On se mit naturellement à parler poésie : mais on ne s'en tint pas longtemps aux généralités, car les dames avouaient qu'elles avaient connaissance des talents poétiques du major. Le lieutenant, qui ne cachait pas ses prétentions au titre de poëte, leur avait parlé des ouvrages de son père et leur en avait récité quelques-uns : c'était, au fond, pour constater son origine poétique, et se poser modestement, selon l'usage de la jeunesse, en fils destiné à surpasser les mérites de son père. Mais le major, qui ne voulait accepter que le titre de lettré et d'amateur, se voyant trop pressé, chercha une défaite et dit que le genre de poésie dans lequel il s'était exercé n'était qu'un genre tout à fait secondaire ; il avoua qu'il avait tenté quelques essais dans le genre descriptif et, dans un certain sens, didactique.

Les dames, la veuve surtout, prirent la défense de ce genre. « Si nous voulons mener une vie calme et raisonnable, ce qui, au fond, est le désir et la pensée de chacun, qu'avons-nous à faire de cette littérature exaltée qui nous excite capricieusement sans rien nous donner, qui nous trouble et nous abandonne ensuite à nous-mêmes? Tenant à ne me point passer de poésie, je trouve infiniment plus agréable celle qui me transporte dans de riantes contrées où je crois me reconnaître ; qui me fait sentir la primitive beauté et la simplicité rustique, qui me conduit à travers les bosquets et les bois sur une hauteur en vue d'un lac, au delà duquel s'étagent d'abord des collines cultivées, puis des sommets couronnés de forêts avec des montagnes bleuâtres pour fond de tableau. Si l'on me donne cela dans des vers bien rhythmés et agréablement rimés, de mon sofa je remercie le poëte d'avoir déroulé dans mon imagination une scène dont je jouis mieux que si je l'avais devant les yeux, après une excursion fatigante et peut-être au milieu de circonstances défavorables. »

Le major, qui ne cherchait dans cette conversation qu'un moyen d'arriver à son but, essaya de la ramener sur la poésie lyrique, dans laquelle son fils s'était exercé avec un vrai succès. Sans le contredire ouvertement, on chercha à le détourner par quelques plaisanteries, surtout lorsqu'il sembla vouloir faire allusion aux poésies passionnées où son fils avait essayé, avec assez de force et de talent, de peindre les ardents mouvements de son cœur à l'incomparable veuve.

« Je n'aime ni à entendre lire ni à entendre déclamer les chants des amoureux, dit la belle dame : malgré soi on envie les amants heureux, et en trouve ennuyeux les amants malheureux. »

La vieille dame, se tournant vers son amie, prit alors la parole et dit : « Pourquoi tant de détours, pourquoi perdre notre temps en vaines cérémonies avec un homme que nous aimons et que nous estimons? Disons-lui tout de suite que nous avons déjà eu le plaisir d'entendre des fragments de son aimable poëme où il dépeint dans tous ses détails la noble passion de la chasse, et que nous le prions de nous en faire admirer l'ensemble. Votre fils nous en a récité de mémoire quelques passages et nous a rendues curieuses de connaître le reste. »

Le major essaya de revenir sur les talents supérieurs de son fils ; mais les dames l'arrêtèrent en lui disant que c'était une défaite manifeste pour éviter indirectement de satisfaire leur désir. Il n'en fut quitte qu'en promettant d'envoyer le poëme ; la conversation prit alors une direction qui ne lui permit de rien dire de plus en faveur de son fils, d'autant que celui-ci lui avait recommandé de ne pas insister.

L'instant de se séparer était venu ; le major se préparait à saluer, lorsque la jeune veuve, avec une sorte d'embarras qui la rendait plus belle encore, lui dit en renouant soigneusement les rubans du portefeuille : « Les poëtes et les amoureux ont depuis longtemps la mauvaise réputation de mal tenir leurs promesses ; excusez-moi donc de me défier de la parole d'un galant homme, et non pas de lui demander, mais de lui donner un gage, un denier à Dieu. Prenez ce portefeuille ; il a quelque chose de commun avec votre poëme cynégétique ; beaucoup de souvenirs s'y rattachent, il m'a coûté beaucoup de temps, et il est enfin terminé ; qu'il soit le messager qui nous apportera votre aimable travail. »

Ce présent inattendu embarrassa fort le major. L'élégante richesse de ce cadeau était si peu en rapport avec les objets qui l'entouraient, dont il se servait habituellement, qu'il osait à peine l'accepter ; cependant il se recueillit un instant, et, comme sa mémoire ne lui refusait jamais ce qu'il lui avait confié, il se rappela aussitôt un passage classique. Mais, comme il eût été pédantesque de le citer, il eut l'heureuse idée d'en improviser une aimable paraphrase qu'il tourna en forme de compliment et de remerciment. C'est ainsi que se termina cette entrevue, à la satisfaction commune.

Le major se trouvait donc mêlé à une agréable aventure, mais cela ne faisait qu'augmenter son embarras. Il s'était engagé à écrire, à envoyer son poëme ; et, quoique cette obligation le gênât jusqu'à un certain point, il devait cependant s'estimer heureux de conserver d'aimables relations avec cette femme si richement douée qui était appelée à le toucher de si près. Il se retira donc avec une satisfaction secrète. Comment ne serait-il pas sensible à de pareils encouragements, le poëte dont les consciencieux travaux, après être longtemps restés inconnus, deviennent tout à coup l'objet d'une aimable attention ?

De retour chez lui, le major écrivit à sa sœur pour l'informer de tout ce qui s'était passé ; il était bien naturel qu'il lui laissât percer dans ses lettres une certaine exaltation qu'il ressentait par lui-même, et que ravivait son fils, qui venait à tous moments l'interrompre.

Cette lettre produisit sur la baronne une impression très-mélangée ; car, si l'événement qui devait faciliter et hâter le mariage de son frère avec Hilarie était de nature à lui faire grand plaisir, sans qu'elle pût s'en rendre compte, cette jeune veuve ne lui revenait point. A cette occasion, nous nous permettrons les réflexions suivantes.

Il ne faut jamais confier à une femme l'enthousiasme qu'une autre femme nous inspire : elles se connaissent trop bien entre elles pour se croire dignes de cette adoration exclusive. Les hommes leur font l'effet de chalands qui arrivent dans une boutique où se tient le marchand, qui connaît bien sa marchandise et peut saisir l'occasion de la présenter dans le jour le plus favorable ; l'acheteur, au contraire, est dans une sorte d'ignorance ; il a besoin de la marchandise, il la désire, et est rarement en état de la juger avec l'œil d'un connaisseur. L'un sait parfaitement ce qu'il donne, l'autre ignore presque toujours ce qu'il reçoit. Mais on ne peut rien changer à la vie ni à ses accidents ; c'est même une condition aussi bonne que nécessaire, car c'est là-dessus que se basent toute demande, tout achat, tout échange.

―――

Ces réflexions ou plutôt ces sensations firent que la baronne ne put être complétement satisfaite ni de la passion du fils, ni de la peinture favorable du père. Elle était surprise de l'heureuse tournure qu'avait prise la chose, mais elle ne pouvait se défendre d'un fâcheux pressentiment en considérant cette double disproportion d'âge : Hilarie était trop jeune pour le major, la veuve ne l'était pas assez pour le lieutenant ; mais la chose était avancée au point qu'il ne paraissait plus possible de l'arrêter. Un pieux désir de voir l'affaire réussir heureusement s'exhala avec un léger soupir. Pour soulager son cœur, elle prit la plume et écrivit à une amie pleine d'expérience ; après un préambule succinct, elle lui disait :

« Je connais le manége de cette jeune et séduisante veuve ; elle me semble éviter la société des femmes, et n'en souffre auprès d'elle qu'une seule qui ne peut lui faire de tort, qui la flatte, et fait valoir, par quelques mots et quelques observations adroites, les avantages de la belle, lorsqu'ils ne parlent pas suffisamment d'eux-mêmes. Une pareille comédie ne peut avoir que des hommes pour spectateurs et pour acteurs ; de là, la nécessité de les attirer, de les fixer. Je n'ai pas une mauvaise opinion de cette jeune femme ; elle a de la décence et de la réserve, mais sa vanité se laisse aller à sacrifier aux circonstances, et, ce qui est plus grave à mon avis, tout cela n'est ni réfléchi ni prémédité : une sorte d'heureux naturel la guide et la protége, et rien n'est plus dangereux chez une coquette née qu'une témérité inspirée par l'innocence. »

———

Le major, revenu dans ses domaines, consacra tout son temps à les visiter, à les étudier. Ces visites lui prouvèrent qu'un projet juste et bien combiné rencontre maint obstacle dans l'application, qu'il est traversé par tant d'incidents, que l'idée première disparaît presque entièrement et que par moment elle semble complétement abolie, puisqu'au milieu de ces perturbations la possibilité de réussir renaît dans notre esprit, lorsque le temps, ce fidèle allié de toute invincible constance, vient à notre aide.

C'est ainsi que l'affligeant spectacle de ces magnifiques domaines, entièrement abandonnés, aurait jeté le major dans un découragement complet, si d'intelligents intendants ne lui avaient fait prévoir qu'un certain nombre d'années, sagement employées, suffiraient pour ressusciter ce qui était mort, rendre le mouvement à ce qui languissait, et, à force d'ordre et d'activité, atteindre le but qu'on se proposait.

L'insouciant grand-maréchal était arrivé, accompagné d'un avocat; mais celui-ci inquiétait moins le major que ne le faisait son frère, un de ces hommes qui n'ont point de but, ou qui, s'ils en ont, repoussent les moyens qu'on leur donne pour l'atteindre. Un bien-être parfait était pour lui un indispensable besoin. Après de longues hésitations, il était décidé à se délivrer de ses créanciers, à se débarrasser du fardeau de ses domaines, rétablir l'ordre dans l'administration de sa fortune, et à dépenser en paix un revenu fixe et convenable, sans cependant renoncer à aucun des avantages et des commodités dont il avait joui jusqu'à présent.

Il accordait tout ce qui devait mettre son frère et sa sœur en paisible possession des biens, et surtout du domaine principal; mais il ne voulut pas céder aussi entièrement ses droits sur un pavillon où il avait l'habitude d'inviter tous les ans ses anciens amis et ses nouvelles connaissances pour célébrer l'anniversaire de sa naissance, non plus que sur un jardin d'agrément qui reliait ce pavillon au château. Les meubles devaient être conservés dans l'état actuel, les gravures rester suspendues à leurs murs. Il se réserva également les fruits des espaliers. On devait lui remettre fidèlement les pêches, les fraises les plus délicates, les poires et les pommes, et surtout une certaine espèce de petites pommes grises que, depuis nombre d'années, il avait coutume d'offrir humblement à la princesse douairière. Il ajouta encore quelques autres conditions peu importantes, mais fort gênantes pour le maître, les fermiers, les intendants et les jardiniers.

Le grand-maréchal était du reste de fort bonne humeur. Persuadé que tout s'arrangerait au gré de ses désirs, comme son esprit léger le lui faisait supposer, il veillait à ce que la table fût bien servie, passait sans se fatiguer quelques heures à la chasse pour se donner le mouvement nécessaire, racontait histoires sur histoires, et montrait le visage le plus gai du monde. Il partit dans les mêmes dispositions, fit remercier vivement le major de sa conduite, toute fraternelle ; lui demanda de l'argent, fit soigneusement emballer les petites pommes grises, dont la récolte avait été fort abondante cette année, et, muni de ce trésor, qu'il se proposait de déposer aux pieds de la princesse, il partit pour la résidence de la douairière, qui lui fit l'accueil le plus gracieux.

Par contre, le major se trouvait dans une situation d'esprit toute différente; les difficultés qui s'élevaient devant lui l'auraient réduit au désespoir, s'il n'avait été soutenu par ce sentiment qui fortifie un homme laborieux lorsqu'il entrevoit l'espoir de débrouiller ce qui est confus, et de jouir de ce qu'il aura débrouillé.

Heureusement l'avocat était un honnête homme, qui, surchargé d'affaires, eut bientôt terminé celle-là. Un valet de chambre du grand-maréchal offrit ses services, moyennant une rétribution modérée, ce qui permit d'espérer une solution avantageuse. Mais, quoique charmé de la bonne tournure que prenaient les choses, le major, en honnête homme qu'il était, sentit, au milieu des vicissitudes de cette affaire, qu'il fallait bien souvent employer des moyens impurs pour arriver à un but honorable.

De même que, pour les femmes, c'est un moment pénible que celui où leur beauté, jusqu'alors incontestée, commence à être mise en question, de même chez les hommes d'un certain âge, bien qu'ils soient encore dans toute leur vigueur, le plus léger sentiment de défaillance produit une impression d'extrême angoisse.

Toutefois une autre circonstance, qui aurait dû l'inquiéter, contribua au contraire à le mettre de bonne humeur. Son valet de chambre cosmétique, qui ne l'avait pas abandonné dans ses excursions, semblait, depuis quelque temps, entrer dans une autre voie ; il y était du reste obligé, car le major se levait de bonne heure, montait tous les jours à cheval, faisait de longues courses, et avait reçu, pendant le séjour du grand-maréchal, de nombreuses visites d'affaires et de cérémonies. Il avait depuis quelque temps fait grâce au major de toutes les minuties auxquelles un histrion peut seul s'assujettir ; mais il ne s'en attacha que plus rigoureusement à quelques points essentiels, qu'un futile charlatanisme avait jusque-là déguisés. Il lui prescrivit tout ce qui est propre à conserver, non pas l'apparence de la santé, mais la santé même, la mesure en toutes choses, les modifications à observer selon les circonstances, le soin des cheveux, de la peau, des sourcils, des dents, des mains et des ongles, auxquels l'habile valet de chambre avait déjà donné la forme la plus élégante, ainsi que la longueur convenable. Il lui recommanda instamment d'user modérément de tout ce qui peut faire sortir l'homme de son assiette ordinaire ; puis ce professeur de bon entretien demanda son congé, le major n'ayant plus besoin de ses services. On pouvait supposer qu'il désirait rejoindre son ancien patron, et se livrer de nouveau aux plaisirs variés de la vie de théâtre.

Le major se trouva fort bien d'être rendu à lui-même. L'homme raisonnable n'a besoin que de se modérer pour être heureux. Il pouvait se livrer à son aise à ses exercices favoris, le cheval, la chasse. Dans ces moments de solitude, l'image aimable d'Hilarie flottait devant ses yeux, et il s'accommodait à sa position de fiancé, la plus douce peut-être qu'il nous soit donné de goûter dans la vie civilisée.

Dans un moment où ses affaires lui laissaient quelque liberté, il se rendit en hâte chez lui, où, songeant à la promesse qu'il avait faite à la belle veuve et qui ne lui était pas sortie de la mémoire, il passa en revue ses poésies, qui étaient serrées en bon ordre ; il retrouva en même temps plusieurs cahiers pleins de réflexions et de souvenirs, d'extraits anciens et modernes. La plupart étaient empruntés à Horace et aux poëtes romains, ses auteurs favoris ; et il fut frappé de voir que presque tous ces passages faisaient allusion aux regrets du temps passé, de circonstances et de sensations évanouies. Choisissons-en quelques-uns dans le nombre :

Heu !
Quæ mens est hodie, cur eadem non puero fuit ?
Vel cur his animis incolumes non redeunt genæ !

De quelle humeur je suis aujourd'hui !
Combien joyeux et dispos !
Tandis qu'avec le sang frais de la jeunesse
J'étais si sombre, si sauvage.
Mais, quand les années me pressent,
Si joyeux que je sois,
Je pense à mes joues vermeilles,
Et je désirerais les ravoir.

———

Comme tous ses papiers étaient en ordre, notre ami n'eut pas de peine à retrouver son poëme sur la chasse. Il prit plaisir à voir cette copie soignée, telle qu'il l'avait faite autrefois, écrite en caractères romains, sur grand in-octavo. Le précieux portefeuille était d'assez grande dimension pour contenir le manuscrit, et, certes, un auteur s'est rarement vu aussi bien enveloppé. Quelques lignes d'envoi étaient indispensables ; mais la prose n'eût guère été de mise. Il se rappela son passage d'Ovide et ne trouva rien de mieux, pour se tirer d'affaire, que d'y faire une paraphrase en vers, comme il en avait déjà fait une en prose. La voici :

> Nec factas solum vestes spectare juvabat,
> Tum quoque dum fierent; tantus decor adfuit arti.

C'est-à-dire :

> Je l'ai vu dans ses mains magistrales,
> — Avec quel plaisir je pense à ce beau moment ! —
> D'abord se développer, puis s'achever
> Dans une magnificence inouïe.
> Je le possède maintenant, il est vrai ;
> Mais je dois le confesser à moi-même :
> Je voudrais qu'il ne fût pas encore fini ;
> Le travail était si beau !

Notre ami ne fut pas longtemps satisfait de cette traduction ; il se reprochait d'avoir remplacé l'élégante flexion du *dum fierent*, par un triste substantif abstrait, et il s'efforça en vain de corriger ce passage. Sa préférence pour les langues anciennes en fut tout à coup ranimée, et l'éclat du Parnasse allemand, vers lequel cependant il s'efforçait de s'élever, lui parut s'obscurcir.

Mais enfin, en ne le mettant pas à côté du texte original, cet aimable compliment lui sembla fort joli, et digne de plaire à une femme. Malheureusement il lui survint un second scrupule : on ne peut être galant en vers sans faire mine d'être amoureux, et, en sa qualité de futur beau-père, il jouait là un rôle assez singulier. La réflexion suivante fut encore plus fâcheuse : ces vers d'Ovide s'appliquaient à Arachné, tisseuse habile autant que belle; mais, comme elle avait été changée en araignée par Minerve jalouse, il était dangereux d'avoir l'air de comparer, même de loin, une belle femme avec une araignée suspendue au centre de sa toile. Il se trouverait bien, dans la spirituelle société qui entourait la dame, quelque savant qui découvrirait la malheureuse comparaison. Comment notre ami se tira-t-il d'embarras? Nous l'ignorons absolument, et nous mettrons ce cas au nombre de ceux sur lesquels les Muses jettent adroitement un voile. Bref, le poëme sur la chasse fut expédié; nous en dirons ici quelques mots.

Le lecteur y trouve avec plaisir l'expression d'un goût décidé pour la chasse et pour tout ce qui peut le favoriser ; la succession des saisons qui éveillent et provoquent cette passion est agréablement dépeinte : les particularités des animaux que l'on poursuit pour les abattre ; les variétés de caractère des chasseurs qui se livrent à cet exercice, à cette fatigue, les circonstances qui les favorisent ou les contrarient; tout, principalement ce qui a trait au gibier à plumes, était décrit avec autant de grâce que d'originalité.

Depuis les amours des coqs de bruyère jusqu'au second passage de la bécasse, et de là jusqu'à la chasse à l'affût, rien n'était oublié, tout était bien observé, finement suivi, conduit avec vigueur, sur un ton léger et badin, souvent même ironique.

Cependant l'ensemble du poëme avait quelque chose d'élégiaque ; c'était comme un adieu à ces plaisirs ; le poëme y gagnait la description sentimentale d'une existence agréable ; mais lorsqu'on l'avait lu, on se sentait un certain vide dans le cœur. La révision de ces feuilles ou peut-être un malaise momentané avait jeté la tristesse dans l'esprit du major. Il semblait s'apercevoir tout à coup qu'il se trouvait à cet âge décisif où les années, qui autrefois nous apportaient tour à tour les plus beaux dons, viennent ensuite les reprendre successivement. Une saison passée sans aller aux eaux, un été coulé dans la monotonie, le manque d'exercice régulier, tout lui fit éprouver un certain malaise corporel, qu'il prenait pour un mal véritable, et qu'il mettait peu de patience à endurer.

Depuis quelques mois déjà, les membres de la famille étaient restés sans nouvelles les uns des autres : le major était occupé dans la capitale à régulariser certains consentements et certaines ratifications pour son affaire ; la baronne et Hilarie employaient toute leur activité à préparer le plus élégant et le plus riche trousseau ; le lieutenant, esclave de sa passion, semblait avoir oublié tout le monde. L'hiver était venu, et enveloppait les habitations de la campagne de ses tristes orages et de ses longues nuits.

Le voyageur qui, pendant une sombre nuit de novembre, se serait égaré dans les environs du noble manoir, et, à la lueur voilée de la lune, aurait aperçu dans l'ombre les champs, les prairies, les bouquets d'arbres, les collines et les bois ; puis, arrivé au brusque détour du chemin, aurait vu tout à coup la longue ligne des fenêtres illuminées, se serait attendu assurément à trouver dans le château une nombreuse société en habits de gala. Mais quel eût été son étonnement, après avoir monté un escalier brillamment éclairé et garni de quelques rares domestiques, de ne trouver que trois femmes, la baronne, sa fille et leur femme de chambre, commodément installées dans un appartement bien chauffé, entourées de lumières et de meubles confortables !

Cependant, puisque nous croyons surprendre la baronne au milieu d'une fête, nous devons faire observer que cette splendide illumination n'a rien d'extraordinaire, mais que c'est une des originalités que la bonne dame avait conservées de son premier genre de vie. Fille d'une grande maîtresse du palais, élevée à la cour, elle était habituée à préférer l'hiver aux autres saisons, et à faire d'un somptueux éclairage l'élément de toutes ses jouissances. On ne manquait jamais de bougies, et, en outre, un de ses vieux domestiques avait un goût si prononcé pour les inventions industrielles, qu'il ne se fabriquait pas un nouveau système de lampe qu'il ne l'introduisît au château ; l'éclairage y gagnait en vivacité, mais quelquefois il en résultait une éclipse partielle.

Par affection et par raison, la baronne avait quitté sa position de dame d'honneur pour épouser un riche propriétaire, agriculteur passionné. Son prudent époux, voyant que dans les commencements la vie champêtre ne lui plaisait guère, avait, sur l'ordre du gouvernement et avec l'assentiment de ses voisins, si bien réparé les chemins à plusieurs milles à la ronde, que les communications vicinales n'étaient nulle part en aussi bon état. Toutefois ces louables travaux n'avaient d'autre but que de permettre à la baronne de rouler partout en voiture pendant la belle saison ; mais, en hiver, elle préférait rester au château, et son mari avait su l'éclairer de façon à transformer la nuit en jour. Après la mort du baron, l'éducation de sa fille chérie lui donnait assez d'occupation ; les fréquentes visites de son frère lui fournirent une tendre distraction, et ce brillant éclairage un agrément qui était pour elle une véritable satisfaction.

Cependant aujourd'hui l'illumination était de mise: car, au milieu de la chambre, nous voyons comme un étalage d'étrennes, qui charme et éblouit les yeux. L'intelligente soubrette avait recommandé au valet de chambre de renforcer l'éclairage ; elle avait disposé et déployé tout ce qui était achevé du trousseau d'Hilarie, dans le but d'amener la conversation sur ce qui manquait, plutôt que pour faire admirer ce qui était déjà fait. Tout le nécessaire était là, et les plus fines étoffes du plus gracieux travail ; on n'avait pas non plus oublié les futilités, et cependant Annette savait trouver des lacunes où d'autres auraient pensé que tout était au complet. Tandis que le linge, ingénieusement étalé, frappait les yeux par sa blancheur, que la toile, la mousseline et autres étoffes de ce genre répandaient un doux éclat, les soieries étaient encore absentes : on en avait sagement retardé l'achat, parce que, les modes étant fort changeantes, on voulait couronner le trousseau par un choix des dernières nouveautés.

Après cet intéressant examen, les dames reprirent leur conversation habituelle, mais toujours variée. La baronne, qui savait parfaitement quelles sont les qualités d'esprit qui, unies à un heureux extérieur, rendent agréable et font rechercher une jeune femme dans quelque condition que la place le sort, avait eu soin, dans sa retraite champêtre, de varier ses instructifs entretiens, au point qu'Hilarie semblait être partout chez elle, qu'aucun sujet ne lui était étranger, sans qu'elle sortît de la réserve que lui imposait son âge. Il serait trop long de dire comment la baronne était arrivée à ce résultat ; bornons-nous à dire que cette soirée n'avait pas été moins remarquable que les autres. Une lecture intéressante, un morceau de piano, un chant agréable, remplirent les heures doucement et régulièrement comme d'habitude ; mais il s'y rattachait une pensée significative : c'était celle d'un absent, d'un homme aimé et vénéré ; tous ces préparatifs étaient pour lui. C'était une émotion de fiancée qui répandait ces douces sensations dans l'âme d'Hilarie ; sa mère s'y associait de tout son cœur, et Annette elle-même, qui était d'ordinaire une fille sage et pratique, s'abandonnait à certaines espérances lointaines qui faisaient entrevoir le retour et la présence d'un ami absent. C'est ainsi que les sentiments de ces trois femmes, chacune aimable à sa manière, s'étaient mis en harmonie avec la clarté qui les environnait, avec une chaleur bienfaisante, avec la situation la plus agréable.

CHAPITRE V

Des coups violents et des cris au portail du château, des voix confuses échangeant des menaces, des torches dans la cour, vinrent interrompre le chant d'Hilarie. Mais le tumulte s'était apaisé avant que les dames en eussent appris la cause ; cependant le calme n'était pas rétabli : on entendait encore des bruits dans l'escalier, où des hommes allaient et venaient au milieu d'une vive altercation. La porte s'ouvrit avec fracas et sans annonce préalable ; les femmes tremblèrent. Flavio apparut dans un état épouvantable, les cheveux en désordre, hérissés d'horreur ou trempés par la pluie ; les habits déchirés comme s'il se fût jeté à travers les ronces et les épines, couverts de boue comme s'il eût traversé la vase et les marais.

«Mon père ! s'écria-t-il, où est mon père ?» Les femmes se levèrent terrifiées. Le vieux garde, son ancien et son dévoué domestique, qui était entré en même temps que lui, répondit : « Votre père n'est pas ici, calmez-vous ; voilà votre tante, voilà votre cousine !

— Il n'est pas ici ! eh bien, laissez-moi courir auprès

de lui ; lui seul doit m'entendre, et puis que je meure !
Laissez-moi fuir ces lumières, ce jour... il m'éblouit,
m'anéantit...»

Le médecin de la maison entra, lui prit la main et lui
tâta le pouls ; les domestiques se pressaient inquiets autour d'eux.

« Que fais-je sur ces tapis ? je les gâte, je les détruis ;
mon malheur dégoutte sur eux, mon sort maudit les
souille ! »

Il s'élança vers la porte ; on profita de ce mouvement
pour l'emmener et le conduire dans une chambre éloignée
qu'habitait ordinairement son père. La mère et la fille
étaient restées immobiles d'effroi ; elles venaient de voir
Oreste poursuivi par les Furies, non pas ennobli par le
prestige de l'art, mais dans l'affreuse et repoussante réalité, rendue plus horrible encore par le contraste avec
ces lumières, avec ce confortable intérieur. Les dames
se regardaient avec stupeur. Chacune croyait voir dans
les yeux de l'autre l'affreux tableau qui s'était si profondément gravé dans leur imagination.

La baronne se remit un peu, et envoya domestique sur
domestique savoir des nouvelles. Elles se calmèrent un
peu lorsqu'on leur apprit qu'on le déshabillait, qu'on le
lavait, qu'on le soignait ; il avait à peine conscience de
ce qui se passait, et il se laissait faire. A leurs questions
répétées, on les pria de prendre patience.

On leur annonça enfin qu'on l'avait saigné, qu'à force
de calmants on l'avait apaisé, et qu'on espérait qu'il allait
dormir.

Vers minuit, la baronne demanda à le voir ; le médecin
s'y opposa d'abord, puis finit par y consentir. Hilarie se
glissa derrière sa mère. Il faisait très-sombre dans la
chambre ; une seule bougie l'éclairait faiblement sous un

abat-jour vert ; on y voyait peu, on n'entendait rien. La baronne s'approcha du lit, Hilarie prit la bougie et éclaira le jeune homme endormi. Il avait le visage tourné vers la muraille ; mais une oreille délicate, une joue pleine, pâle en ce moment, apparaissaient entre les boucles, qui avaient repris leur pli naturel ; une main étendue, aux doigts effilés, attira les regards incertains de la jeune fille. Hilarie respirait doucement, et elle croyait entendre une douce respiration lui répondre ; elle approcha la bougie, comme Psyché, au risque de troubler ce sommeil salutaire. Le médecin prit la bougie et reconduisit les deux dames à leur appartement.

Comment ces excellentes femmes, si dignes de sympathie, passèrent cette nuit, nous l'ignorons ; mais, le lendemain matin de fort bonne heure, elles étaient en proie à une vive impatience. Elles ne cessaient de demander des nouvelles, de supplier qu'on les laissât voir le malade ; vers midi le médecin leur permit de lui faire une courte visite. La baronne entra la première ; Flavio lui tendit la main : « Pardon, chère tante, un peu de patience, cela ne sera pas long... »

Hilarie parut à son tour. Il lui tendit aussi la main : « Bonjour, chère sœur. » Ce mot perça le cœur de la jeune fille. Il n'abandonna point cette main ; tous deux se regardèrent ; c'était un couple magnifique formant le plus beau contraste. Les yeux noirs, étincelants du jeune homme, s'harmonisaient avec ses boucles brunes tombant en désordre ; tandis que la jeune fille se tenait debout devant lui, divine dans son calme apparent ; et cependant à l'émotion de la veille se mêlaient de sinistres pressentiments évoqués par la scène de ce moment. Et ce nom de sœur ! Elle était troublée jusqu'au fond de l'âme.

« Comment cela va-t-il, cher neveu ? dit la baronne.

— Aussi bien que possible ; mais on me traite fort mal.
— Et comment ?
— Ils m'ont tiré du sang, c'est cruel ; ils l'ont jeté, c'est téméraire ; il ne m'appartient pas, c'est à elle qu'il appartient ! » A ces mots, ses traits se bouleversèrent, il se mit à pleurer à chaudes larmes et cacha sa figure dans l'oreiller.

La baronne lut une effrayante expression sur le visage d'Hilarie ; on eût dit que la jeune fille voyait s'ouvrir devant elle les portes de l'enfer, qu'elle venait de voir un objet horrible pour la première fois et pour l'éternité. Éperdue, elle traversa le salon, courut jusqu'au fond du dernier cabinet et tomba sur un sofa ; sa mère, qui l'avait suivie, lui demanda ce que, hélas ! elle avait déjà deviné. Hilarie, levant vers elle un regard étrange, s'écria : « Son sang ! Tout son sang lui appartient à elle, qui n'en est pas digne ! l'infortuné, le malheureux ! » A ces mots, un torrent de larmes soulagea son cœur oppressé.

―――

Qui essayerait de décrire les situations amenées par la scène que nous venons de rapporter, de dévoiler les souffrances intimes que causa à la mère et à la fille cette première entrevue ? Elle ne fut pas moins funeste pour le malade ; c'est du moins ce que prétendit le médecin, qui, tout en leur apportant, d'instant en instant, des nouvelles et des consolations, crut nécessaire de leur interdire toute nouvelle visite. Les dames, du reste, s'y soumirent sans faire d'objections ; la fille n'osait pas demander ce que la mère n'aurait pas accordé, et l'on obéit aux ordres du sage docteur. Bientôt il leur annonça que le malade avait demandé une écritoire, et avait écrit quelque chose qu'il avait aussitôt caché sous son oreiller. La curiosité, en se mêlant à leur inquiétude et à leur impatience, rendit leur situation encore plus pénible. Quelque temps après, le médecin leur apporta une feuille sur laquelle une main habile avait tracé à la hâte les vers suivants :

> Un prodige a fait naître l'homme misérable,
> Dans des prodiges s'est perdu l'homme égaré !
> Vers quel seuil obscur, introuvable,
> Tâtonnent au hasard ses pas incertains ?
> Puis j'atteins la vivante clarté du ciel,
> Et je sens la nuit, la mort et l'enfer !

La noble poésie pouvait encore manifester ici son pouvoir salutaire. Intimement unie à la musique, elle calme les blessures de l'âme, en les surexcitant, pour les dissoudre ensuite en douleurs guérissables. Le médecin était persuadé que le jeune homme serait bientôt rétabli ; étant sain de corps, il recouvrerait bientôt sa gaieté, si l'on pouvait faire disparaître ou calmer la passion qui pesait sur son esprit. Hilarie pensa à répondre à Flavio. Elle se mit au piano, et chercha une mélodie à mettre sur les vers du malade. Elle n'y réussit pas, il n'y avait pas dans son âme d'écho pour une si profonde douleur ; mais, tandis qu'elle cherchait, le rhythme et la rime s'associèrent si bien à ses sentiments, qu'elle répondit à ces vers par la strophe suivante, qu'elle prit le temps de composer et de polir, en y mettant une consolante sérénité :

> Si profondément perdu que tu sois dans la douleur et la souffrance,
> Tu restes toujours né pour les joies de la jeunesse ;
> Prends courage et marche d'un pas assuré et fort,
> Viens dans la sérénité et l'éclat céleste de l'amitié,
> Tu te trouveras dans un milieu de bonté et de fidélité ;
> Alors jaillira pour toi la source pure de la vie !

Le docteur se chargea du message, qui fit bon effet. Déjà Flavio se modérait. Hilarie continua à le calmer ; peu à peu l'horizon s'éclaircit, le sol se raffermit, et peut-être nous sera-t-il permis plus tard de communiquer à nos lecteurs toutes les phases de cette cure charmante. Pour l'instant, disons que quelques jours s'écoulèrent fort agréablement au milieu de ces occupations ; on attendait avec impatience le moment de se revoir, que le médecin ne voulait pas différer plus qu'il n'était nécessaire.

Pendant ce temps, la baronne s'était occupée à arranger et à mettre en ordre d'anciens papiers de famille ; cette distraction, si bien en harmonie avec la situation présente, agit d'une façon étrange sur son esprit surexcité. Elle passa en revue mainte année de sa vie, mainte souffrance endurée, dont le souvenir fortifiait aujourd'hui son courage ; elle se rappela surtout avec émotion ses relations avec Macarie, qui se rattachaient à des circonstances difficiles. La noblesse des sentiments de cette femme unique lui revint à la pensée, et elle résolut de s'adresser encore cette fois à elle ; car à qui pouvait-elle mieux faire part de ses craintes et de ses espérances ?

Tout en fouillant, elle découvrit entre autres un portrait en miniature de son frère, et ne put s'empêcher de soupirer et de sourire à la fois, en voyant la ressemblance de ce portrait avec Flavio. Hilarie la surprit dans ce moment, s'empara du portrait, et fut, comme la baronne, extrêmement surprise de cette ressemblance.

Au bout de quelque temps, avec l'approbation et sous la conduite du médecin, Flavio parut au déjeuner. Les dames avaient redouté cette première entrevue. Il arrive souvent qu'un incident joyeux ou même risible survient dans les moments difficiles ; c'est ce qui eut lieu cette fois. Flavio arriva revêtu des pieds à la tête des habits de son père : tous les siens étant hors de service, on avait eu recours à la garde-robe de chasse du major, qu'il laissait pour sa plus grande commodité en dépôt chez sa sœur. La baronne sourit, mais ne perdit pas contenance. Hilarie fut saisie d'une surprise qu'elle ne pouvait s'expliquer ; elle détourna le visage, et le jeune homme ne trouva pas en ce moment un mot d'amitié à lui adresser. Pour tirer la société d'embarras, le docteur se mit à faire le parallèle de la stature des deux personnages. Le père était plus grand, et l'habit par conséquent trop long ; le fils, un peu plus large d'épaules, l'habit par conséquent gênant aux entournures. Ces deux différences firent ressortir le côté comique de ce déguisement.

Grâce à cet incident, on échappa aux difficultés du moment. Mais pour Hilarie cette ressemblance entre le portrait du père et le jeune fils, qui était devant ses yeux, conserva quelque chose de désagrable et même de pénible.

Nous aimerions à voir les événements qui suivirent retracés en détail par la main délicate d'une femme ; car notre manière de procéder nous force à ne nous arrêter qu'aux circonstances d'ensemble. Il faut donc revenir sur l'influence exercée par la poésie.

On ne pouvait refuser un certain talent à notre Flavio ; mais il avait trop besoin d'être stimulé par une passion réelle pour produire quelque chose de remarquable ; aussi presque toutes les poésies dédiées à cette femme irrésistible paraissaient-elles pleines de force et de mérite, et, lues avec enthousiasme en présence d'une jeune fille adorable, elles devaient produire un très-grand effet.

Une femme qui en voit une autre passionnément aimée se prête volontiers au rôle de confidente ; elle nourrit le sentiment secret, presque inscient, qu'il ne serait pas désagréable de se voir peu à peu substituée à l'objet adoré. Les entretiens devinrent de plus en plus significatifs. Les amoureux se plaisent à composer des poëmes dialogués, parce qu'ils se font répondre peu à peu par leurs belles ce qu'ils désirent et ce qu'ils oseraient à peine espérer recueillir d'une jolie bouche. Il lut avec Hilarie des poëmes de ce genre ; et, comme les questions et les réponses se trouvaient sur un même manuscrit, sur lequel il fallait suivre la lecture pour prendre le cahier à propos, il arriva qu'étant assis côte à côte, le lecteur se rapprochait de la lectrice, la main de la main, et qu'on finissait, chose toute naturelle, par se toucher furtivement.

Mais, au milieu de ces charmantes préoccupations et des douces familiarités qu'elles faisaient naître, Flavio était pressé par un souci pénible qu'il avait peine à dissimuler : il demandait sans cesse si son père n'allait pas revenir, ce qui donnait à supposer qu'il avait à lui faire la plus importante communication. Avec un peu de réflexion, il n'eût pas été difficile de deviner quel était ce secret. Sans doute la séduisante veuve, dans un mouvement de colère provoqué par l'insistance du jeune homme, avait donné un congé en forme au malheureux, et détruit les espérances qu'il avait obstinément nourries jusqu'alors. Nous ne nous sommes pas risqué à décrire la scène qui amena cette rupture, craignant de ne plus trouver en nous la chaleur juvénile nécessaire. Bref il fut pris d'un tel transport, qu'il quitta la garnison sans permission, et, dans l'idée de trouver son père, était accouru à travers la pluie, la tempête et la nuit au château de sa tante, dans l'état où nous l'avons vu arriver. Les conséquences d'une pareille démarche le préoccupaient vivement depuis qu'il était revenu à des pensées calmes, et, ne voyant pas revenir son père, dont l'intervention seule pouvait le sauver, il ne savait absolument que faire.

Aussi quels ne furent pas sa surprise et son saisissement lorsqu'on lui remit une lettre de son colonel ! Il brisa d'une main tremblante le cachet bien connu ; après quelques phrases bienveillantes, le colonel lui annonçait que la permission qu'on lui avait accordée était prolongée d'un mois.

Quelque inexplicable que parût cette faveur, il se sentit délivré d'un poids qui commençait à lui devenir plus pénible que le souvenir des dédains de la veuve. Il pouvait goûter maintenant le bonheur de vivre au milieu de ses aimables parents, de jouir à son aise de la société d'Hilarie ; il eut bientôt retrouvé les brillants avantages qui l'avaient rendu pendant quelques temps si nécessaire à la belle veuve et à son entourage, jusqu'au jour où il avait eu la maladresse d'exiger un engagement formel.

Dans de pareilles dispositions il leur était facile d'attendre patiemment l'arrivée du père. Du reste, des phénomènes naturels vinrent stimuler leur activité. Les pluies continuelles qui les avaient jusqu'alors tenus enfermés dans le château avaient enflé toutes les rivières; il y avait eu des digues de rompues, et le pays situé au-dessous du château était transformé en véritable lac, au milieu duquel s'élevaient comme des îles les villages, les fermes et les autres habitations occupant les collines.

Ces cas, quoique rares, étaient prévus ; la baronne prit des mesures qu'exécutèrent ses gens. Après avoir donné la première assistance aux inondés, on fit cuire du pain, on abattit des bestiaux ; des barques allaient en tous sens porter des secours et des provisions. Tout se fit, s'arrangea au mieux : ce qu'on donnait de bon cœur était reçu avec reconnaissance ; il n'y avait qu'un village où l'on ne voulut pas se fier à l'autorité chargée de faire la distribution. Flavio dut intervenir, et se rendit promptement et heureusement sur les lieux, dans une barque bien approvisionnée. La chose était fort simple, il l'arrangea à la satisfaction générale ; notre jeune homme continua sa route pour s'acquitter d'une commission dont Hilarie l'avait chargé. Une femme était accouchée précisément au moment où était survenu le désastre, et la jeune fille s'intéressait spécialement à elle. Flavio trouva l'accouchée, et rapporta au château ses remerciments et ceux de toute la population. Cet événement ne pouvait manquer de donner lieu à une foule de récits ; personne n'avait péri, mais on parlait de sauvetages miraculeux, d'incidents singuliers, plaisants, risibles même ; on fit des récits émouvants de plusieurs cas de détresse, si bien qu'Hilarie se sentit subitement prise du désir d'entreprendre à son tour une expédition, d'aller visiter l'accouchée, lui porter des cadeaux, et de s'amuser un peu.

La mère fit d'abord quelque résistance. Mais Hilarie finit par l'emporter, et nous devons avouer qu'au point de vue où l'on nous avait représenté ces événements, nous craignions jusqu'à un certain point qu'il n'y eût quelque danger : échouement, submersion de la barque, danger de mort du côté de la jeune fille, sauvetage périlleux de la part du jeune homme, ce qui eût resserré un nœud encore lâche. Mais rien de tout cela n'eut lieu : l'accouchée reçut la visite et les cadeaux ; la présence du médecin fut d'une grande utilité ; l'on ressentit bien de temps en temps quelque petit choc, par instant l'apparence d'un danger vint inquiéter les rameurs ; cela finit par des plaisanteries sur la mine inquiète et les gestes d'effroi que l'un prétendait avoir observés chez l'autre. Cependant la confiance mutuelle avait fait de sensibles progrès ; l'habitude de se voir et de se trouver ensemble dans toutes les circonstances était devenue un besoin, et chaque jour augmentait le danger d'une situation où la parenté et l'inclination se croient autorisées à un rapprochement et à une intimité réciproque.

Mais un aimable incident devait les engager encore plus avant dans les sentiers de l'amour. Le ciel s'éclaircit ; il survint une forte gelée, à laquelle on devait s'attendre à cette époque de l'année ; les eaux furent prises avant d'avoir pu se retirer. La mise en scène changea tout d'un coup. Les lieux tout à l'heure séparés par les flots étaient maintenant reliés par une plaine solide, et l'on vit alors se produire un bel art inventé par les peuples du Nord pour célébrer les beautés de l'hiver et rendre la vie à la nature engourdie. Chacun tira du fond de son armoire les patins marqués à son chiffre, désireux, sans se préoccuper du danger, de rayer le premier la surface vierge polie. Parmi les habitants du château il y en avait plusieurs d'extrêmement habiles ; car ils se livraient presque tous les ans à ce plaisir sur les lacs voisins et les canaux de jonction ; mais cette année ils avaient un champ plus vaste à parcourir.

Flavio se sentait complétement guéri ; Hilarie, qui s'était exercée dès sa jeunesse, sous la conduite de son oncle, se montra aussi agile que gracieuse sur ce sol nouvellement créé ; on glissait joyeusement, tantôt ensemble, tantôt séparément. Partir et se dire adieu, chose si pénible au cœur, n'était ici qu'un badinage : on se fuyait pour se retrouver un instant après.

Mais au milieu de ces amusements, on n'oubliait pas les malheureux ; jusque-là certains lieux n'avaient été secourus qu'imparfaitement : maintenant de solides et rapides traîneaux faisaient parvenir à tout le monde les objets de première nécessité, et, ce qui fut encore plus heureux pour la contrée, de maint endroit trop éloigné de la grande route on put facilement transporter les produits de l'agriculture dans les magasins de la ville et des villages, et en rapporter toutes sortes de marchandises. Ainsi une contrée tout à l'heure menacée de la disette se trouvait tout d'un coup approvisionnée, grâce à cette plaine unie ouverte à l'adresse et à l'audace.

Tout en se livrant à ces plaisirs, le jeune couple ne négligea point les devoirs qu'impose la charité. On se rendit auprès de l'accouchée, on eut soin qu'elle ne manquât de rien ; on visita des veillards dont la santé donnait des inquiétudes ; des ecclésiastiques avec lesquels on avait eu souvent des conversations édifiantes, et que cette épreuve rendait encore plus intéressants ; de petits propriétaires qui, ayant eu l'imprudence de s'établir dans les bas-fonds, n'avaient dû leur salut qu'à la solidité des digues, et, après des angoisses extrêmes, s'estimaient doublement heureux d'avoir échappé au danger. Chaque ferme, chaque maison, chaque famille, chaque individu, avait son histoire ; chacun était devenu pour lui-même et pour les autres un personnage important ; aussi à chaque instant le narrateur était-il interrompu par un autre plus impatient. On se hâtait de parler et d'agir, d'aller et de venir, car le danger subsistait toujours : un dégel subit pouvait détruire tout ce bel ensemble de mutuelle activité, et séparer les habitants de leurs demeures.

Si des intérêts pressants et un mouvement rapide occupaient la journée, les heures de la soirée s'écoulaient au milieu des plus aimables passe-temps ; car les courses sur la glace ont cet avantage sur les autres exercices du corps que les efforts n'échauffent pas, et qu'on peut les prolonger sans se fatiguer. Les membres s'assouplissent, l'emploi de la force donne de nouvelles forces, si bien que nous finissons par goûter un calme agité, dans lequel nous sommes tentés de nous bercer sans cesse.

Un soir, notre jeune couple ne pouvait se décider à abandonner la surface glacée ; ils arrivaient jusqu'au pied du château brillamment éclairé, où se pressait déjà une nombreuse société, puis ils s'élançaient de nouveau vers la plaine unie ; ils ne pouvaient se séparer de crainte de se perdre, ils se tenaient par la main pour être bien sûrs de la présence l'un de l'autre. Quel délicieux mouvement, lorsque les bras entrelacés se reposaient sur les épaules, et que les doigts délicats se jouaient involontairement dans les boucles de cheveux !

La pleine lune monta dans le ciel étincelant, et vint compléter le magique tableau. Ils pouvaient se voir maintenant ; ils cherchèrent dans leurs yeux voilés la réponse habituelle, mais elle semblait ne plus être la même. Une étincelle parut briller au fond de leur être, et exprimer ce que leur bouche ne voulait pas dire ; ils se sentaient dans une solennelle béatitude.

On distinguait nettement les aunes et les saules le long des fossés, les étoiles flamboyaient, le froid était devenu plus vif ; ils ne le sentaient pas et continuaient à glisser sur le reflet de la lune, comme s'ils allaient au-devant de l'astre lui-même. Puis ils levèrent les yeux, et virent dans le scintillement du reflet s'agiter une forme humaine qui semblait poursuivre son ombre, et qui, sombre par elle-même, environnée de lumière, s'avançait vers eux ; ils se détournèrent involontairement ; une rencontre en ce moment leur eût été désagréable. Ils évitaient la figure, qui continuait à se mouvoir en tous sens et paraissait ne pas les avoir aperçus. Ils se dirigèrent en droite ligne vers le château ; mais, au bout de quelques instants, l'apparition s'approcha et tourna plusieurs fois autour du couple effrayé. Ils étaient passés du côté de l'ombre ; le personnage, éclairé en plein par la lune, marcha droit sur eux ; il s'arrêta devant eux ; il était impossible de ne pas reconnaître le major.

Hilarie, arrêtant sa course, perdit l'équilibre par l'effet de la surprise, et tomba. Flavio mit un genou sur la glace et souleva la tête d'Hilarie, qui se cacha le visage ; elle ne savait ce qui lui était arrivé. « Je vais chercher un traîneau, en voilà un qui passe là-bas. J'espère qu'elle ne s'est point fait de mal ; je vous retrouverai auprès de ces trois grands aunes ! »

Ainsi parla le père, et il était déjà loin. Hilarie se releva vivement, en s'appuyant sur le jeune homme : « Fuyons, dit-elle, je ne puis supporter cela. »

Elle se dirigea d'une course si rapide du côté opposé au château, que Flavio eut bien de la peine à la rejoindre ; il lui prodigua les plus douces paroles.

Il serait impossible de dépeindre ce qui se passait dans l'âme de ces trois êtres, errants, égarés la nuit, sur la plaine glacée, à la clarté de la lune. Bref, ils revinrent tard au château, l'un après l'autre ; les jeunes gens n'osant pas se toucher, s'approcher ; le père avec le traîneau vide, qu'il avait promené vainement en tous sens pour porter secours à Hilarie. La musique et les danses avaient déjà commencé ; Hilarie prétexta des suites fâcheuses de sa chute pour se retirer dans sa chambre ; Flavio abandonna volontiers la direction du bal à quelques jeunes gens qui s'en étaient emparés en son absence. Le major ne parut point, et fut assez étonné de trouver sa chambre comme habitée, quoiqu'il ne fût pas attendu, et de voir ses propres habits, son linge, ses effets étalés, mais avec moins d'ordre que de coutume. La baronne remplit avec une contrainte polie ses devoirs de maîtresse de maison. Combien elle fut heureuse lorsque tous les hôtes, retirés dans les appartements qu'on leur avait réservés, lui laissèrent enfin la liberté de s'expliquer avec son frère ! Ce fut bientôt fait ; mais il leur fallut du temps pour se remettre de leur surprise, pour comprendre ces événements imprévus, pour lever les doutes, pour calmer l'inquiétude ; quant à dénouer la difficulté et à rétablir le calme dans les esprits, on ne pouvait y songer de sitôt.

Nos lecteurs comprendront sans doute qu'arrivé à ce point de notre narration, nous devons renoncer à décrire et nous attacher aux récits et aux réflexions, si nous voulons nous rendre bien compte de la situation d'esprit de nos personnages, qui est maintenant l'objet essentiel de cette histoire.

Nous dirons d'abord que le major, depuis que nous l'avons perdu de vue, avait consacré tout son temps à ses affaires de famille, qui, si simples qu'elles parussent, rencontrèrent encore çà et là maint obstacle inattendu ; car il n'est pas aisé de démêler une situation embrouillée depuis longtemps, et d'enrouler en un seul peloton des fils nombreux et emmêlés. Comme il était forcé de changer souvent de séjour, les lettres de sa sœur ne lui parvenaient que rarement et sans suite. Il apprit d'abord l'égarement de son fils et sa maladie, puis il reçut la nouvelle de son congé, qu'il ne comprenait pas. Il ignorait que l'amour d'Hilarie fût sur le point de changer d'objet ; comment sa sœur eût-elle pu l'en instruire ?

A la nouvelle de l'inondation, il hâta son voyage, mais il n'arriva qu'après la gelée ; il se procura des patins, envoya par la grande route ses domestiques et ses voitures au château, et d'une course rapide, se guidant sur les fenêtres illuminées, il arriva par une nuit claire comme le jour pour être témoin d'un fâcheux spectacle, qui le plongea dans une extrême perplexité.

Le passage de la vérité intérieure à la réalité extérieure est toujours douloureux par le contraste. Aimer et rester n'ont-ils pas les mêmes droits que se séparer et se fuir? Et cependant, quand un être se détache de l'autre, il se fait dans l'âme un vide affreux où plus d'un cœur s'est abîmé. L'illusion, tant qu'elle dure, possède une force invincible de vérité, et il n'y a que les esprits mâles et courageux qui gagnent à reconnaître une erreur. Cette découverte les élève au-dessus d'eux-mêmes, ils regardent alors autour d'eux, et, l'ancienne route venant de leur être fermée, ils en cherchent une nouvelle, où ils marchent avec ardeur et courage.

Innombrables sont les embarras au milieu desquels l'homme se trouve plongé dans de pareils moments; innombrables les moyens qu'une nature ingénieuse sait découvrir dans l'arsenal de ses propres forces, et, lorsque ceux-ci ne suffisent point, sait indiquer en dehors de son domaine.

Heureusement, le major, sans le savoir et sans le vouloir, était, par un demi-pressentiment, préparé dans le fond du cœur à un pareil événement. Depuis qu'il avait congédié son cosmétique valet de chambre, qu'il avait repris son ancien genre de vie, qu'il avait renoncé à paraître, il éprouvait comme une diminution dans son bien-être physique. Il sentait la désagréable transition du jeune premier au père noble; et cependant ce dernier rôle s'imposait de plus en plus à sa personne. Le désir d'assurer le sort d'Hilarie et de sa famille était toujours le premier objet qui occupât sa pensée; les sentiments d'amour, d'attachement, ne venaient qu'en second lieu ; et, lorsqu'il se figurait Hilarie dans ses bras, c'était le bonheur de la jeune femme qu'il avait à cœur, c'était ce bonheur qu'il rêvait de lui procurer, plutôt qu'il ne souhaitait de la posséder; et, s'il voulait jouir purement de son souvenir, il lui fallait se rappeler cet amour célestement avoué, le moment où elle s'était donnée à lui contre toute espérance.

Mais maintenant qu'il avait vu, dans la nuit brillante, un jeune couple enlacé, l'aimable Hilarie tomber dans les bras du jeune homme, et tous deux, quittant précipitamment le lieu où il devait leur ramener du secours, disparaître dans la nuit et l'abandonner dans la plus triste situation, n'y avait-il pas là de quoi désespérer un homme?

Les membres de cette famille, habitués à vivre dans une intime union, et qui espéraient voir ces liens se resserrer encore, s'évitaient et se fuyaient. Hilarie se tenait obstinément enfermée dans sa chambre ; le major s'arma de courage, et demanda à son fils l'explication de sa conduite antérieure. Une coquetterie de la belle veuve avait causé le mal. Pour ne pas se laisser prendre son adorateur, jusqu'alors passionné, par une autre femme qui désirait lui plaire, la veuve se livre envers lui aux démonstrations les plus marquées. Enflammé et encouragé, Flavio poursuit son dessein avec une ardeur qui dépasse les bornes de la bienséance ; il s'ensuit d'abord des scènes et des querelles, puis une rupture formelle vient mettre irrémissiblement fin à toute la liaison.

Lorsque les fautes des enfants ont de si tristes conséquences, il ne reste plus à la tendresse paternelle qu'à en gémir et à chercher à les réparer, et, si ces conséquences sont moins graves qu'on ne le croyait, à pardonner et à oublier. Après quelques discussions et quelques pourparlers, Flavio se rendit à la place de son père terminer plusieurs affaires dans les domaines dont celui-ci s'était chargé ; il devait y rester jusqu'à l'expiration de son congé, puis rejoindre son régiment, qui, dans l'intervalle, avait changé de garnison.

Le major en eut pour quelques jours à ouvrir les lettres et les paquets qui s'étaient accumulés chez sa sœur pendant son absence. Il trouva entre autres une lettre de son cosmétique ami, de l'acteur bien conservé. Il avait appris par le valet de chambre congédié la situation du major et ses projets de mariage, et lui représentait d'une façon plaisante les inconvénients auxquels on s'expose en pareil cas ; il traitait la chose à son point de vue, et faisait entendre à son ami que pour un homme d'un certain âge le plus sûr cosmétique était de renoncer au beau sexe et de vivre dans une louable et commode liberté. Le major montra, en souriant, la lettre à sa sœur, tout en faisant une allusion badine, quoique sérieuse, à l'importance du contenu. Il se souvint à cette occasion d'une poésie, dont la forme rhythmique ne nous revient pas en ce moment, mais dont l'idée se distinguait par de délicates comparaisons et par un ensemble agréable :

« La lune tardive qui brille encore dans la nuit pâlit devant le soleil qui se lève ; l'illusion amoureuse de la vieillesse disparaît en présence de la jeunesse passionnée ; le sapin qui, en hiver, semble frais et vigoureux, paraît, lorsque vient le printemps, triste et noir à côté des bouleaux verdoyants. »

Nous ne voulons cependant pas attribuer à la philosophie et à la poésie la résolution définitive que prit le major : car, de même qu'un événement insignifiant peut avoir les conséquences les plus graves, de même, quand les sentiments sont indécis, il fait pencher la balance d'un côté ou de l'autre. Le major venait de perdre une dent incisive, et il était menacé d'en perdre une seconde.

Réparer cette perte par des pièces artificielles était contre ses principes, et avec de pareilles brèches prétendre à la main d'une jeune fille commençait à lui sembler humiliant, surtout depuis qu'il habitait sous le même toit qu'elle. Quelques mois plus tôt ou plus tard un pareil événement ne l'aurait que faiblement influencé; mais il se produisait précisément à une époque où il doit être infiniment désagréable à un homme accoutumé à se voir entier ; il lui semble alors que la clef de voûte de son organisation est enlevée, et que la voûte menace de s'écrouler peu à peu.

Quoi qu'il en soit, le major s'entretint longuement et à fond avec sa sœur de l'affaire qui semblait si embrouillée. Ils finirent par reconnaître tous deux qu'ils n'avaient fait qu'arriver par un détour au but dont le hasard, des circonstances extérieures, l'erreur d'une enfant inexpérimentée, les avait éloignés inconsidérément. Rien ne leur sembla plus naturel que de persévérer dans cette voie, de ménager l'union des deux jeunes gens, et de leur consacrer avec fidélité et constance les soins paternels que leur prévoyance les avait mis en état de leur donner. S'étant mise d'accord avec son frère, la baronne se rendit chez Hilarie. Elle était à son piano, et chantait en s'accompagnant ; elle répondit par un doux regard et un mouvement de tête au salut de sa mère, et lui fit signe d'écouter. C'était un lied plein de calme et de grâce, qui annonçait chez la chanteuse des dispositions aussi favorables qu'on pouvait les désirer.

Lorsqu'elle eut terminé, elle se leva, et, avant que sa mère eût ouvert la bouche, elle prit la parole et dit : « Bonne mère! c'est bien d'avoir gardé jusqu'à présent le silence sur une affaire si importante; je vous remercie de n'avoir pas encore touché cette corde, mais maintenant il est temps de s'expliquer, si toutefois vous le permettez. Que pensez-vous de la chose ? »

La baronne, ravie de voir sa fille si calme et si paisible, commença aussitôt un sage exposé des événements antérieurs, des qualités personnelles et des mérites de son frère ; elle trouva fort naturelle l'impression qu'avait dû produire sur un cœur de jeune fille le seul homme de mérite qu'elle eût connu de près ; et qu'au lieu de la vénération et de la confiance filiale, il en eût résulté une inclination qui eût pris l'apparence de l'amour, de la passion. Hilarie écoutait attentivement, et par sa physionomie et ses gestes affirmatifs donnait à entendre qu'elle approuvait pleinement sa mère. La baronne passa ensuite au fils ; et, si elle ne trouva pas en sa faveur d'aussi bons arguments qu'en faveur du major, elle insista principalement sur la ressemblance des deux hommes, sur les avantages que le lieutenant tenait de sa jeunesse : ce serait un excellent époux, et il promettait de devenir avec le temps la parfaite image de son père. Ici encore Hilarie parut partager les sentiments de sa mère, quoiqu'un regard plus sérieux, un pudique mouvement de paupières, trahissent une émotion bien naturelle. Puis la baronne invoqua les circonstances matérielles et en quelque sorte impérieuses. L'arrangement qu'on avait conclu, les avantages qu'il assurait pour le présent, et ceux qu'il promettait pour l'avenir, tout fut mis sous les yeux d'Hilarie avec une parfaite vérité ; sa mère finit en lui rappelant qu'elle avait été autrefois, ne fût-ce que par forme de badinage, fiancée avec son cousin, son compagnon d'enfance. Par suite de toutes ces considérations, la baronne en arriva à cette conclusion toute naturelle que l'union des deux jeunes gens devait être célébrée le plus tôt possible, avec son consentement et celui de l'oncle.

Hilarie regarda sa mère d'un œil calme et lui répondit qu'elle ne pouvait admettre si vite cette conclusion ; elle fit avec beaucoup de grâce et de pureté des objections qu'une âme délicate ne manquera certainement pas de partager, et que nous n'entreprendrons pas de rendre par des paroles.

Lorsque des personnes raisonnables ont médité quelque sage projet qui permet de faire face à tel ou tel embarras, d'atteindre tel ou tel but ; lorsqu'elles ont exposé à l'appui de ce projet tous les arguments imaginables, elles se trouvent désagréablement surprises lorsque ceux dont elles veulent faire le bonheur se trouvent être d'un avis tout opposé, et, par des motifs puisés au fond de leur cœur, résistent à ce qui est aussi louable que nécessaire. On discuta sans se persuader ; la raison ne pouvait vaincre le sentiment, le sentiment ne voulait point se plier à l'utile, à l'inévitable. L'entretien s'échauffa ; le tranchant de la raison blessa le cœur déjà malade, qui dévoila alors son état, non plus modérément, mais avec passion, au point que la mère elle-même finit par reculer d'étonnement devant la hauteur et la dignité de sa fille, lorsqu'elle lui représenta avec autant d'énergie que de vérité, l'inconvenance, l'immoralité d'une pareille union.

On peut juger dans quel état de trouble la baronne revint auprès de son frère ; on peut s'imaginer ce qu'éprouva le major, qui, dans le fond du cœur, flatté de ce refus si net, écoutant sans espoir, mais consolé du moins, le récit de sa sœur, se sentait relevé de son humiliation et s'accommodait intérieurement de cet événement, qui était devenu pour lui une affaire d'amour-propre des plus délicates. Pour le moment il cacha ses sentiments à sa sœur, et dissimula sa douloureuse satisfaction sous l'allégation fort naturelle qu'il ne fallait rien précipiter, mais laisser à l'aimable enfant le temps d'entrer volontairement dans la voie qu'on venait de lui ouvrir.

Nous osons à peine demander à nos lecteurs de passer de ces événements intimes aux circonstances extérieures, devenues cependant si importantes. Tandis que la baronne laissait sa fille, en toute liberté, passer agréablement ses journées à faire de la musique, à danser, à dessiner, à broder, à lire seule ou avec sa mère, le major, voyant approcher le printemps, s'occupait à mettre en ordre les affaires de la famille. Le fils, assuré d'un riche héritage, et n'ayant plus à douter de devenir l'heureux époux d'Hilarie, se sentait pris d'un enthousiasme guerrier pour la gloire et l'avancement, en présence de la guerre qui menaçait d'éclater. Grâce à ce calme momentané, il se croyait pouvoir prédire en toute sûreté que cette énigme, qui ne semblait plus tenir qu'à un scrupule, serait bientôt éclaircie et résolue.

Par malheur, ce calme n'était qu'apparent. La baronne attendait de jour en jour, mais en vain, un changement de sentiments chez sa fille, qui donnait à entendre, avec modestie il est vrai, mais avec fermeté, qu'elle persistait dans sa résolution, avec la ténacité d'une personne pleinement convaincue et qui ne se préoccupe pas de savoir si le monde qui l'entoure partage ses sentiments. L'âme du major était en proie à la contradiction; il eût été blessé de voir Hilarie se décider pour son fils; et, si elle se décidait pour lui, il était persuadé qu'il devait refuser sa main.

Plaignons cet excellent homme, que ces soucis, ces tourments, entouraient incessamment comme un brouillard flottant, tantôt formant un fond sur lequel se détachaient les réalités et les occupations pressantes de chaque jour, tantôt s'avançant au premier plan, et enveloppant la situation présente. Ces fluctuations se promenaient sans relâche devant ses yeux, et, si la journée lui imposait une activité incessante, c'était pendant ses nuits sans sommeil que toutes ces contrariétés se formaient dans son esprit en ronde douloureuse pour s'évanouir et se reformer encore. Ces visions sans fin, dont il ne pouvait se débarrasser, le mirent dans un état voisin du désespoir; l'action et les affaires, qui sont habituellement les plus sûrs remèdes dans les situations de ce genre, loin de le calmer, lui procuraient à peine quelque soulagement.

Au milieu de ces angoisses, notre ami reçut une lettre d'une main inconnue, qui l'invitait à se rendre à la maison de poste d'un bourg voisin, où un voyageur pressé avait absolument besoin de lui parler. Accoutumé par ses nombreuses relations d'affaires et de société à de pareils rendez-vous, il hésita d'autant moins que cette écriture légère et courante ne lui semblait pas étrangère. Calme et tranquille, suivant son habitude, il se rendit au lieu désigné ; arrivé dans la chambre rustique, qu'il connaissait bien, il vit venir au-devant de lui la belle veuve, plus ravissante encore que lorsqu'il l'avait quittée. Est-ce que notre imagination est incapable de conserver et de nous représenter la perfection ? ou bien est-ce que l'émotion du moment avait prêté de nouveaux charmes à cette femme ? Quoi qu'il en soit, le major eut besoin de toute sa présence d'esprit pour dissimuler, sous l'apparence de la politesse ordinaire, son trouble et sa surprise ; il salua la veuve avec une froideur embarrassée.

« Pas ainsi, cher ami ! s'écria-t-elle, ce n'est pas pour cela que je vous ai fait appeler entre ces murailles blanchies à la chaux, dans cette misérable demeure ; si ce grossier mobilier n'invite pas aux conversations cérémonieuses, je délivre mon cœur d'un pesant fardeau, en vous disant, en vous avouant que j'ai fait beaucoup de mal à votre famille. » Le major recula surpris. « Je sais tout, reprit-elle, nous n'avons pas besoin de nous expliquer. Vous et Hilarie, Hilarie et Flavio, votre bonne sœur, je vous plains tous. »

La voix lui manqua, ses beaux cils ne purent contenir les larmes qui s'échappaient de ses yeux, ses joues se colorèrent; elle était plus belle que jamais. Le major se tenait devant elle dans un trouble extrême ; une émotion inconnue le pénétrait.

« Asseyons-nous, dit l'adorable personne en essuyant ses pleurs. Pardonnez-moi, plaignez-moi, vous voyez comme je suis punie. » Elle porta de nouveau son mouchoir brodé à ses yeux pour cacher ses larmes amères.

« Daignez m'expliquer, Madame... dit le major avec vivacité.

— Ne dites pas madame, répondit-elle avec un sourire céleste, appelez-moi votre amie, vous n'en avez pas de plus fidèle. Oui, mon ami, je sais tout : je connais parfaitement la position de votre famille, je suis initiée à tous vos sentiments, à toutes vos douleurs.

— Qui a pu vous instruire ainsi ?

— Des confessions ; cette écriture ne vous est pas étrangère? » Elle lui présenta quelques lettres ouvertes.

« La main de ma sœur ! des lettres intimes, à voir l'écriture négligée ! Avez-vous jamais été en relation avec elle?

— Non pas directement, mais d'une façon indirecte et depuis quelque temps seulement. Voyez l'adresse.

— Quelle nouvelle énigme ! A Macarie ! à Macarie, la plus discrète des femmes !

— Et par cette raison même la confidente, le confesseur de toutes les âmes affligées, de toutes celles qui se sont égarées, qui veulent se retrouver et ne savent comment s'y prendre.

— Je remercie Dieu, s'écria le major, de cette intervention ; je n'aurais pas été capable de la solliciter, et je bénis ma sœur de l'avoir fait. Moi aussi, je sais par des exemples que cette excellente femme, en se présentant à bien des malheureux comme un miroir moral, leur a fait voir, à travers leur extérieur troublé, leur âme pure et sereine, les a tout à coup réconciliés avec eux-mêmes et leur a inspiré la force de recommencer la vie.

— C'est là le service qu'elle m'a rendu, » répondit la veuve. Et dans ce moment notre ami sentit nettement, quoique sans pouvoir se rendre compte de cette sensation, qu'il y avait dans cette personne, si remarquable déjà par son individualité, un caractère d'une grande beauté morale, fait pour éprouver et pour inspirer la sympathie.

« Je n'étais pas malheureuse, reprit-elle, mais j'étais inquiète ; je ne m'appartenais plus, et cela ne s'appelle pas être heureux. Je ne me plaisais plus à moi-même ; et j'avais beau m'ajuster devant ma glace, il me semblait toujours que je me déguisais pour une mascarade ; mais, depuis que Macarie m'a présenté son miroir magique, depuis que j'ai reconnu qu'on peut tirer sa parure de son âme, je me suis retrouvée belle. » Elle disait cela, moitié souriant, moitié pleurant, et, il faut l'avouer, elle était plus qu'aimable. Elle était digne de respect, digne d'un attachement vrai et durable.

« Et maintenant, mon ami, décidons-nous promptement. Voici les lettres ; pour les lire, les relire, réfléchir, vous préparer, prenez une heure, davantage, si vous le voulez ; quelques mots ensuite suffiront pour nous résoudre. »

Elle le quitta et descendit se promener dans le jardin.

Le major lut cette correspondance entre Macarie et la baronne; nous en indiquerons sommairement le contenu. La baronne se plaint de la belle veuve : on voit comment une femme juge sévèrement les autres femmes; il n'est question que de choses extérieures et d'apparences ; on ne s'inquiète pas de ce qui est dans le cœur. Du côté de Macarie, c'est une appréciation indulgente ; la peinture des qualités intimes de cette aimable femme ; les actes extérieurs sont présentés comme résultant de circonstances accidentelles qu'il ne faut point blâmer, qu'on doit plutôt excuser. Puis la baronne fait part à son amie de la folie et de l'égarement de son fils, de l'attachement toujours croissant des jeunes gens, de l'arrivée du père, du refus positif d'Hilarie. Les réponses de Macarie sont toujours empreintes d'une équité parfaite, qui part de la ferme persuasion que tout cela doit amener une amélioration morale. Elle finit par envoyer toute la correspondance à la veuve, dont le caractère intime se dévoile dans sa céleste beauté, et commence à ennoblir sa personne extérieure. Le tout est clos par une lettre de remerciments à Macarie.

CHAPITRE VI

Wilhelm à Lénardo.

« Enfin, très-cher ami, je puis le dire, elle est retrouvée, et j'ajouterai, pour mettre le comble à votre satisfaction, dans une position qui ne laisse rien à désirer pour son bonheur. Permettez-moi de me tenir dans des termes généraux, j'écris sur les lieux mêmes, ayant sous les yeux toutes les choses dont je dois vous rendre compte.

« Un intérieur basé sur la piété, animé et maintenu par l'ordre et le travail, pas trop restreint, pas trop vaste, parfaitement proportionné aux forces et aux facultés. Autour d'elle se groupe une industrie toute primitive, bornée et influente, prévoyante, modeste, innocente et active. J'ai rarement vu un présent aussi agréable, et si plein de promesses pour le lendemain et pour l'avenir. Ces considérations me semblent devoir suffire à tranquilliser les intéressés.

« J'ose donc, en vous rappelant tout ce qui s'est dit entre nous, vous prier instamment de vous contenter de cette esquisse générale, de compléter le tableau dans votre pensée, mais de renoncer à toute recherche ultérieure, et de vous consacrer avec la plus grande ardeur à la grande entreprise à laquelle vous êtes sans doute complétement initié aujourd'hui.

« J'envoie une copie de cette lettre à Hersilie, et une autre à l'abbé, qui, je le suppose, doit savoir où vous êtes. J'écris en outre à cet ami éprouvé, également sûr pour toute affaire publique ou secrète, quelques mots qu'il vous communiquera. Je vous prie particulièrement de vous occuper de ce qui m'intéresse, de seconder mon projet de tout votre pouvoir et de toute votre fidèle amitié. »

Wilhelm à l'abbé.

« Si je ne m'abuse, l'excellent, l'estimable Lénardo doit se trouver actuellement au milieu de vous ; je vous envoie en conséquence la copie d'une lettre que je lui écris, afin qu'elle lui arrive plus sûrement. Puisse ce remarquable jeune homme vous apporter le tribut d'une noble et intéressante activité, maintenant que son cœur est apaisé !

« Pour ce qui me regarde, après m'être soumis moi-même à un examen approfondi et prolongé, je ne puis que renouveler avec plus d'insistance encore la demande que je vous ai adressée par l'entremise de Montan. Mon désir de terminer mon voyage dans des conditions plus calmes et plus stables devient toujours plus pressant. Dans l'espoir que vous voudrez bien faire droit à mes représentations, j'ai déjà terminé mes préparatifs et pris toutes mes mesures. Quand j'aurai terminé cette affaire-ci selon les désirs de mon noble ami, j'entrerai dans mon nouveau genre de vie, sous les conditions déjà exprimées. Après le pieux pèlerinage qui me reste à faire, je compte me rendre à ***. J'espère y trouver vos lettres et recommencer ma tâche d'une façon conforme à mes penchants naturels. »

CHAPITRE VII

Après avoir expédié ces lettres, notre héros poursuivit sa route à travers les montagnes voisines, et vit enfin s'ouvrir de magnifiques vallées où, avant de commencer une carrière nouvelle, il se proposa de terminer différentes affaires. Chemin faisant, il fit la rencontre d'un voyageur jeune et ardent, dont la société devait l'aider à atteindre son but et à goûter mainte jouissance. Le voilà donc associé à un peintre, à un artiste distingué, comme on en voit apparaître et circuler beaucoup dans le monde, encore plus dans les romans et dans les drames. Tous deux ne tardent pas à s'entendre; ils se confient leurs penchants, leurs projets, leurs désirs, et Wilhelm finit par découvrir que l'excellent paysagiste, qui sait orner ses aquarelles de figures aussi ingénieuses que bien dessinées, est un admirateur passionné de Mignon, de sa figure, de son caractère, de sa destinée. Il l'avait souvent reproduite, et avait entrepris ce voyage pour dessiner d'après nature les lieux où elle avait vécu, et représenter l'aimable enfant dans ses moments de bonheur comme dans ses moments de souffrance, et pour montrer cette image qui vivait dans tous les cœurs aimants.

Bientôt les deux amis arrivèrent sur les bords du grand lac ; Wilhelm tâche de retrouver les lieux dont on lui avait parlé. Riches maisons de campagne, vastes couvents, les baies, les langues de terre, les points de débarquement, il cherche tout, et n'oublie ni les demeures des bons et hardis pêcheurs, ni les gracieuses bourgades posées sur la rive, ni les châteaux bâtis sur les hauteurs voisines. L'artiste saisit tout cela, l'approprie par des effets de lumière et de tons aux dispositions que l'histoire éveillait à chaque instant dans l'esprit, de sorte que Wilhelm était sans cesse en proie à une agitation profonde.

Dans presque tous ces dessins Mignon occupait le premier plan, et elle était toujours d'une ressemblance parfaite ; Wilhelm aidait par des descriptions détaillées l'heureuse imagination de son ami, et ramenait sa pensée, qui tendait à se généraliser, dans les bornes de la personnalité. La jeune fille masculine était représentée dans les attitudes les plus diverses. Sous le haut portique de la magnifique villa, on la voyait rêveuse, considérant les statues du vestibule. Ici elle se balançait dans la barque amarrée ; là, elle grimpait au mât avec la témérité d'un matelot.

Parmi toutes ces peintures, une surtout était remarquable : l'artiste, qui l'avait faite avant d'avoir rencontré Wilhelm, s'était approprié toutes les particularités de l'original. Au milieu des montagnes brille la charmante enfant, dont on a peine à discerner le sexe; elle est entourée de débris de rochers, mouillée par la poussière des cascades, prisonnière d'une horde difficile à décrire. Jamais peut-être une gorge sombre et abrupte n'a été plus savamment et plus gracieusement animée. La troupe bigarrée des Zigeuners, en même temps sauvage et fantastique, bizarre et vulgaire, est trop grotesque pour faire peur, trop étrange pour inspirer la confiance. De vigoureuses bêtes de somme gravissent des sentiers embarrassés de branchages, descendent les degrés dans le roc, chargées d'un bagage en désordre, auquel sont accrochés les instruments d'une musique assourdissante, flottant de çà et de là, et fatiguant l'oreille de leurs sons barbares. Au milieu de tout cela l'aimable enfant, pensive sans bravade, indignée sans colère, emmenée, mais non entraînée. Qui n'aurait admiré cet admirable et expressif tableau? Cet espace étroit cerclé de rochers était empreint d'un puissant caractère; ces sombres crevasses entrecoupant les masses entassées et qui eussent paru fermer toute issue, si un pont hardiment jeté n'avait fait supposer la possibilité d'une communication avec le reste du monde. L'artiste, avec un judicieux et poétique sentiment du vrai, avait aussi indiqué une caverne qu'on pouvait prendre pour une fabrique naturelle de cristal, ou pour la retraite d'une famille de dragons.

Ce ne fut pas sans une sainte appréhension que nos deux amis visitèrent le palais du marquis; le vieillard n'était pas encore de retour de son voyage; mais ils n'en furent pas moins accueillis et traités amicalement dans le pays, parce qu'ils savaient se conduire convenablement vis-à-vis des autorités spirituelles et temporelles.

Wilhelm s'applaudit, au reste, de l'absence du maître;

il aurait eu sans doute un grand plaisir à le revoir et à le saluer, mais il redoutait sa générosité reconnaissante et les largesses qu'on l'aurait contraint d'accepter pour sa fidélité et sa tendresse, dont il avait déjà recueilli la plus douce récompense.

Nos amis, portés sur une élégante nacelle, allaient d'un bord à l'autre, parcourant le lac en tous sens. On était dans la plus belle saison de l'année; ils ne perdaient pas un lever ni un coucher de soleil, ni aucune de ces mille nuances que la lumière céleste répand avec largesse sur son firmament et de là sur la terre et l'eau, comme si elle voulait mettre toute sa magnificence dans ses derniers reflets.

Une végétation luxuriante, semée par la nature, secondée par les mains de l'homme, les enveloppait de toutes parts. Déjà les premiers bois de châtaigniers leur avaient souhaité la bienvenue, et ils ne purent s'empêcher de sourire tristement lorsque, couchés sous les cyprès, ils virent se dresser le laurier, rougir la grenade, les orangers et les citronniers fleurir, et leurs fruits briller en même temps sous le feuillage sombre.

L'artiste procura encore à Wilhelm de nouvelles jouissances. La nature n'avait pas donné à notre ancien ami l'œil du peintre. Il n'avait été jusque-là sensible qu'à la beauté visible de la forme humaine, et il s'aperçut tout d'un coup qu'un ami, doué de sentiments analogues, mais formé à de tout autres jouissances, à un tout autre genre d'activité, lui révélait le monde.

D'instructifs entretiens sur les beautés multiples de la contrée et sur la reproduction concentrée de ces beautés lui ouvrirent les yeux et le délivrèrent des doutes qu'il avait jusqu'alors si obstinément nourris. Les peintures faites d'après des paysages italiens lui avaient toujours été suspectes : le ciel lui semblait trop bleu ; les tons violacés des lointains lui paraissaient charmants, mais faux, et les différentes verdures trop bigarrées. Mais maintenant il s'identifiait avec l'artiste ; impressionnable comme il l'était, il apprit à voir le monde par les yeux de son nouvel ami, et, tandis que la nature dévoilait le mystère visible de sa beauté, il se sentait invinciblement attiré vers l'art qui en est le plus bel interprète.

Mais le peintre lui causa une surprise encore plus inattendue. Plusieurs fois Wilhelm avait entendu l'artiste entonner des chants joyeux, qui animaient et charmaient les douces heures de leurs promenades. Le hasard fit qu'il trouva un jour dans le palais un instrument à cordes tout particulier ; c'était une sorte de luth de petite dimension, sonore, portatif et commode ; il se mit aussitôt à accorder l'instrument ; il en joua d'une façon si agréable et charma si bien l'assistance, que, semblable à Orphée, il parvint à fléchir le sévère et rigide concierge, le força à lui prêter l'instrument pour quelque temps, à condition de le rendre fidèlement avant de partir, et de venir un dimanche ou un jour de fête réjouir la famille par ses chants.

Dès lors, le lac et ses rives prirent une vie toute nouvelle ; les bateaux et les nacelles se disputaient l'honneur de les approcher, les coches et les bateaux marchands s'arrêtaient en passant près d'eux, les gens les suivaient à la file sur le rivage, et, s'ils débarquaient, ils se voyaient aussitôt entourés d'une foule joyeuse ; lorsqu'il partaient, chacun les bénissait avec une satisfaction mêlée de regret.

Un tiers qui eût suivi nos amis eût aisément remarqué que leur mission était désormais accomplie ; ils avaient pris les esquisses de toutes les contrées, de tous les endroits qui avaient rapport à Mignon; les uns avec l'indication des effets de lumière, d'ombre et de couleurs ; les autres complétement achevés pendant les heures brûlantes du jour. Pour arriver à ce résultat, ils avaient dû se transporter de lieu en lieu, afin de ne pas contrevenir au vœu de Wilhelm ; mais ils surent l'éluder à l'occasion, en s'alléguant que cette loi était obligatoire sur terre, mais non applicable sur l'eau.

Wilhelm sentait fort bien que leur but était atteint ; mais il ne pouvait se dissimuler qu'avant de quitter ce pays, il lui fallait satisfaire son désir de voir Hilarie et la belle veuve. Le peintre, à qui il avait raconté leur histoire, partageait le désir de Wilhelm ; il se permit de réserver dans un de ses dessins une belle place où il ferait habilement figurer ces aimables personnes.

Ils croisaient sans cesse sur le lac, observant les endroits par où les étrangers ont coutume d'entrer dans ce paradis. Les bateliers de ces dames leur avaient fait espérer qu'elles y rencontreraient des amis. En effet, ils ne tardèrent pas à voir glisser non loin d'eux une barque élégamment décorée ; ils lui firent la chasse, et l'abordèrent hardiment. Les dames, assez effrayées, se rassurèrent dès que Wilhelm leur eut montré la petite feuille sur laquelle elles reconnurent la flèche qu'elles y avaient elle-mêmes destinée. Elles invitèrent aussitôt nos amis à passer dans leur barque, ce qu'ils firent à l'instant.

Qu'on se représente maintenant ces quatre personnages réunis dans cette barque élégante, placés les uns vis-à-vis des autres, bercés sur les vagues étincelantes par une brise légère au milieu de cette nature enchanteresse ; qu'on se figure ces deux femmes telles qu'on nous les a récemment représentées, ces deux hommes en compagnie desquels nous voyageons depuis plusieurs semaines, et, en réfléchissant un peu, nous trouverons qu'ils sont tous quatre dans la plus agréable, mais aussi dans la plus dangereuse situation.

Pour ce qui est des trois personnes qui, de force ou de gré, appartiennent à la société des Renonçants, nous n'avons plus grand'chose à craindre pour eux : mais la quatrième ne devait que trop tôt s'y voir également admise.

Après qu'on eut plusieurs fois traversé le lac et visité les parties les plus intéressantes de la rive et des îles, on conduisit les dames à la petite ville où elles devaient passer la nuit, et où un guide habile, choisi pour ce voyage, leur procura un logement aussi agréable que possible. Ici le vœu de Wilhelm fut un maître des cérémonies convenable, mais gênant ; car nos amis avaient précisément passé, peu auparavant, trois jours de suite dans cet endroit, et épuisé toutes les merveilles de la contrée. L'artiste, qu'aucun vœu ne retenait, demanda à ces dames la permission de les accompagner à terre, mais elles refusèrent, et l'on se sépara à quelque distance du port.

A peine le chanteur eut-il sauté dans son bateau qu'il s'éloigna rapidement du bord, prit son luth et entonna ce chant d'une admirable mélancolie que les bateliers vénitiens renvoient du rivage à la mer, et de la mer au rivage. Assez habile à cet exercice, qu'il exécuta cette fois avec une grâce et une expression toutes particulières, il renforçait la voix à mesure qu'il s'éloignait du bord, de façon que les personnes qui s'y trouvaient pouvaient croire qu'il se maintenait toujours à la même distance. A la fin, il cessa de s'accompagner avec son luth, se fiant aux seules forces de sa voix, et il eut la satisfaction de voir que les dames, au lieu de s'en retourner à l'auberge, restaient sur le bord à l'écouter. Il en fut tellement ravi, qu'il ne pouvait se décider à cesser, même lorsque la nuit et l'éloignement lui dérobèrent la vue des objets placés sur la rive. Son ami, plus calme, lui fit observer que, si la nuit était favorable à la musique, la barque était depuis longtemps sortie du rayon dans lequel la voix humaine peut s'entendre.

Comme on se l'était promis, on se retrouva le lendemain sur le lac. On passa en revue dans une course rapide ces sites magnifiques, qui tantôt se succédaient à la suite les uns des autres, tantôt s'étageaient sur différents plans, et qui, fidèlement réfléchis par les eaux, offraient les points de vue les plus variés. Les dessins de l'artiste donnèrent du reste aux dames un avant-goût de ce qu'on n'avait pu voir ce jour-là ; la paisible Hilarie semblait en comprendre admirablement les beautés.

Vers midi les enchantements recommencèrent. Les dames descendirent seules, les hommes restèrent à croiser devant le port. L'artiste voulut proportionner son chant à la courte distance, qui lui permettait de remplacer les accents tendres et vagues de la mélancolie par des mélodies plus vives et plus passionnées. Plus d'une fois quelques-uns des chants dont nous sommes redevables à nos amis des Années d'apprentissage avaient voltigé sur ses lèvres, sur les cordes de son luth ; mais un sentiment de délicatesse envers son ami, envers lui-même, l'avait retenu ; il préféra se jouer avec des images et des sentiments étrangers, et son chant n'en fut que plus séduisant. En bloquant ainsi le port, nos deux amis auraient oublié le boire et le manger, si les dames prévoyantes ne leur avaient envoyé de bonnes provisions, accompagnées de vins choisis.

Toute séparation, tout obstacle qui traverse une passion naissante, l'aiguise au lieu de l'émousser ; cette fois encore on devine que cette courte absence n'avait fait qu'augmenter des deux côtés le désir de se retrouver. Ce qu'il y a de certain, c'est qu'on ne tarda pas à voir revenir les dames dans leur brillante gondole. Et qu'on n'aille pas prendre le mot de gondole dans sa triste acception vénitienne : il désigne ici une barque élégante, commode, riante, qui eût pu contenir une société deux fois plus nombreuse.

Plusieurs jours se passèrent de la sorte à se rencontrer et à se séparer ; au milieu des jouissances de la plus aimable familiarité, l'idée de la séparation et du regret flottait sans cesse devant l'âme émue. En présence des nouveaux amis on se rappelait les anciens ; et, lorsque l'on quittait les nouveaux, on était forcé de s'avouer qu'ils s'étaient déjà acquis des droits au souvenir. Il fallait un esprit sûr et éprouvé comme celui de la belle veuve pour conserver dans de pareils moments un équilibre parfait.

Le cœur d'Hilarie était trop profondément blessé pour être capable d'une nouvelle et pure impression; mais, quand les charmes d'une admirable contrée adoucissent nos peines, quand la tendresse d'amis sensibles agit sur nous, il passe sur notre cœur et notre esprit quelque chose de singulier, qui évoque comme dans un songe le passé, les absents, et recule le présent dans un lointain fantastique. Bercés par ces diverses alternatives, éloignés et rapprochés, attirés et repoussés, ils voguèrent ainsi pendant plusieurs jours.

Sans se permettre de juger les relations des promeneurs, le guide intelligent avait cru remarquer un changement dans la conduite jusqu'alors si paisible de ces dames, et, lorsqu'il se fut expliqué la bizarrerie de la situation, il sut y pourvoir de la façon la plus agréable : aussi, au moment où l'on voulut amener les dames à l'endroit où elles devaient trouver leur repas préparé, on vit s'avancer une barque élégamment décorée, qui, se rangeant contre la leur, leur offrit une table servie avec profusion. On put par ce moyen rester plus longtemps ensemble et ne se séparer qu'à la nuit.

Heureusement, par un certain esprit de contradiction, Wilhelm et son compagnon avaient jusqu'alors négligé de visiter l'île la plus remarquable, et ils ne songèrent à montrer à ces dames les objets d'art un peu délabrés qu'elle renfermait que lorsqu'ils eurent épuisé toutes les magnificences que leur offrait la nature. Mais tout à coup il leur vint une idée lumineuse ; ils mirent le guide dans leur confidence ; il eut bientôt organisé cette promenade de la façon la plus satisfaisante. Après tant de jouissances interrompues, ils pouvaient donc espérer de passer trois journées divines réunis dans un espace isolé.

Nous devons ici décerner au guide des éloges sans restriction. C'était un de ces hommes alertes, actifs et adroits qui fréquentent sans cesse les mêmes routes, accompagnant des seigneurs étrangers, en connaissent les avantages et les inconvénients, sachant éviter les uns et utiliser les autres, et, sans oublier leurs petits intérêts, font parcourir à leurs patrons la contrée d'une manière plus agréable et moins coûteuse qu'ils ne l'auraient pu faire par eux-mêmes.

En même temps se présenta, pour servir les dames, une femme de chambre active et intelligente, de sorte que la belle veuve put exiger que les deux amis acceptassent chez elle une modeste hospitalité. Tout réussit pour le mieux : car, cette fois encore, le guide avait fait un si bon usage des lettres de recommandation et de crédit dont étaient pourvues ces dames, qu'en l'absence du propriétaire on leur ouvrit le château et les jardins ; on mit la cuisine à leur disposition, et on leur ménagea même quelques perspectives du côté de la cave. Tout était si bien organisé, que, dès le premier moment, nos voyageurs purent se croire les maîtres originaires et légitimes de ce paradis.

Les bagages furent immédiatement transportés dans l'île, ce qui fut extrêmement commode pour la société, et permit de réunir pour la première fois tous les portefeuilles de l'excellent artiste, qui put exposer aux dames dans un ordre suivi la route qu'il avait parcourue. Ces divers travaux furent examinés avec ravissement. Ce n'était pas de ces louanges banales que se renvoient les amateurs et les artistes : c'étaient des éloges intelligents et bien sentis qu'on adressait à un homme de talent. Mais, pour qu'on ne nous soupçonne pas de remplacer par des phrases générales ce que nous ne pouvons reproduire, nous donnerons ici le jugement d'un connaisseur, qui, plusieurs années après, a été à même d'examiner ces travaux ainsi que d'autres du même genre.

« Il excelle à rendre la sereine tranquillité des vues de lacs, où de gracieuses habitations se reflètent dans les flots limpides et semblent s'y baigner ; les rives bordées de vertes collines, derrière lesquelles s'élèvent des montagnes boisées et des cimes de glaciers. La couleur est claire et gaie ; les lointains sont comme lavés d'une douce vapeur, qui monte, grisâtre comme un nuage, des vallées et des ravins, et en indique le contours. L'artiste n'est pas moins habile à représenter les vallées voisines des hautes montagnes aux pentes rapides et couverte d'une riche végétation, et où de frais torrents roulent au pied des rochers leurs eaux vagabondes.

« Il sait admirablement, dans les arbres touffus de ses premiers plans, indiquer le caractère distinctif des différentes essences, soit par la forme de l'ensemble, soit par la direction des branches et le détail du feuillage, aussi bien que par la variété des nuances de la fraîche verdure, où semble se jouer la lumière et circuler la douce haleine des vents.

« Au second plan, les tons verts diminuent peu à peu d'intensité et se marient, au-dessus des montagnes lointaines, par une teinte violacée, au bleu du ciel. Mais ce que notre artiste traite le mieux, ce sont les sites alpestres : leur caractère de calme et de simplicité grandiose, leurs pâturages étalés sur le penchant des montagnes, revêtus de la plus fraîche verdure, les sapins qui surgissent isolés, les tapis de gazon, les ruisseaux écumants qui s'élancent des parois granitiques. Qu'il anime ses pâturages de vaches paissantes ou qu'il fasse circuler les bêtes de somme et les mulets sur le sentier étroit qui serpente au milieu des rochers, il y met toujours du talent et de l'esprit ; toujours placés à l'endroit convenable, point trop nombreux, ces animaux ornent et vivifient le paysage sans en détruire ni en altérer la paisible solitude. La hardiesse de l'exécution dénote une main de maître : c'est fait légèrement en quelques grands traits, et cependant c'est fini. Plus tard, il a employé sur le papier les brillantes couleurs anglaises, ce qui a donné à ses peintures un coloris d'un éclat particulier, frais et en même temps plein de force et d'ampleur.

« Les gorges profondes où se dresse de tous côtés la roche aride, où le torrent sauvage gronde au fond de l'abîme qu'enjambe un pont audacieux, ne plaisent pas autant que les précédents ; cependant leur vérité saisit ; on admire le puissant effet de l'ensemble, produit à peu de frais par quelques traits vigoureux et de grandes masses de couleurs.

« Il caractérise avec la même perfection les régions élevées des montagnes, où l'on ne voit plus ni arbres ni buissons, mais où quelques places favorisées entre les pics et les cimes neigeuses se couvrent d'un tendre gazon. Si beau que soit le coloris qu'il donne à ces paysages, il s'est bien gardé d'y faire paître des troupeaux; car dans ces régions les chamois seuls trouvent leur pâture, et le faucheur sauvage un périlleux butin. »

Nous ne nous éloignons pas de notre but, qui est de faire connaître aussi exactement que possible à nos lecteurs cette nature désolée, en expliquant brièvement ce qu'on entend par le mot de *faucheur sauvage*. On appelle ainsi les plus pauvres habitants des hautes montagnes, qui se hasardent à récolter du fourrage sur ces prairies inaccessibles au bétail. Les pieds armés de crampons, ils gravissent les roches les plus escarpées et les plus dangereuses, ou même au besoin se laissent glisser au moyen de cordes jusqu'à ces prairies. Lorsque le foin est coupé et fané, ils le jettent dans les vallées inférieures, où il est recueilli et vendu aux propriétaires de bestiaux, qui le recherchent beaucoup à cause de son excellente qualité.

Ces tableaux, qui devaient satisfaire et intéresser chacun de nos amis, Hilarie les considérait avec une attention particulière. Ses observations prouvèrent qu'elle n'était pas étrangère à cet art; l'artiste devait s'y tromper moins que personne, car il n'ambitionnait rien tant que le suffrage de cette aimable personne. Aussi la veuve ne lui garda-t-elle pas plus longtemps le secret; elle blâma Hilarie d'hésiter cette fois encore à laisser paraître ce qu'elle savait : il ne s'agissait pas ici d'être louée ou critiquée, il s'agissait d'apprendre; elle ne retrouverait peut-être jamais une aussi belle occasion.

On finit par la forcer à montrer ses dessins, et l'on put reconnaître qu'un véritable talent se cachait sous les dehors tendres et timides de cette jeune femme; c'était un goût inné, développé par l'étude; elle avait cette justesse d'œil, cette habileté de main, que les femmes acquièrent dans leurs travaux d'aiguille. On remarquait, il est vrai, une certaine hésitation dans le dessin, ce qui faisait que le caractère des objets n'était pas suffisamment exprimé; on ne pouvait qu'admirer l'exécution, mais l'ensemble n'était pas toujours saisi sous son point de vue le plus favorable ni traité selon les lois de l'art; on eût dit qu'elle craignait de profaner son sujet en ne lui restant pas entièrement fidèle, ce qui l'amenait à se perdre dans le détail.

Guidée par le talent large, la main hardie de l'artiste, elle sentit se réveiller en elle le sentiment du goût et de l'art qui sommeillait en elle. Elle comprend qu'elle n'a qu'à suivre courageusement et fidèlement les conseils et les maximes générales que lui fournissait le peintre avec une douce persévérance. Elle obtient la netteté du trait, elle ne s'arrête plus tant au détail; et cette femme si bien douée devient tout à coup une véritable artiste. C'est ainsi que le bouton de rose, devant lequel nous avons passé la veille sans le regarder, s'épanouit à nos yeux aux premiers rayons du soleil et qu'il nous semble voir le frémissement animé par lequel il s'ouvre à la lumière.

Ce progrès esthétique ne pouvait manquer d'être suivi d'un contre-coup moral, car la conscience d'une reconnaissance intime due à celui qui nous a fourni de grands enseignements produit toujours un effet magique sur une âme tendre. C'était la première sensation de bonheur qui fût depuis longtemps entrée dans le cœur d'Hilarie : se trouver toute la journée en présence de la magnificence du monde, et se sentir douée d'un talent de reproduction subitement révélé ! Quelle jouissance de se rapprocher de l'inexprimable au moyen du dessin et de la couleur ! Elle se sentait animée d'une nouvelle jeunesse, et ne put s'empêcher de se laisser aller à un tendre penchant pour celui à qui elle devait ce bonheur.

Lorsqu'ils étaient assis l'un à côté de l'autre, il aurait été difficile de décider lequel était le plus empressé à indiquer ou à appliquer les ressources de l'art. C'est une de ces luttes comme on en voit rarement entre écolier et maître. Parfois l'artiste voulait relever le dessin d'un trait magistral, mais la jeune fille, lui écartant doucement la main, faisait, à sa grande surprise, la correction nécessaire et qu'il s'apprêtait à lui indiquer.

Pendant ce temps, la belle veuve se promenait avec Wilhelm sous les cyprès et les pins, ou bien le long des treilles de vignes et d'orangers des terrasses ; elle ne put se retenir plus longtemps de satisfaire à la demande que Wilhelm lui avait déjà plusieurs fois délicatement exprimée ; elle lui fit connaître l'étrange concours d'événements qui avait séparé les deux amies de leurs anciennes relations, les avait intimement unies et forcées à courir ainsi le monde.

Wilhelm, qui avait l'heureuse faculté de tout recueillir exactement, écrivit plus tard cette confidence, — nous nous promettons de la mettre un jour sous les yeux de nos lecteurs telle qu'il l'a rédigée, — et l'envoya à Nathalie par l'entremise d'Hersilie.

Le dernier soir était arrivé, et l'éclat magnifique de la

pleine lune rendait insensible la transition de la nuit au jour. La société s'était installée sur la terrasse la plus élevée pour contempler dans toute sa largeur le lac recevant et renvoyant de tous côtés la clarté lunaire, tandis que sa longueur finissait par échapper au regard.

Quoi que l'on puisse avoir à se dire dans de pareils moments, on ne peut s'empêcher de répéter ce qui a été dit mille fois sur les beautés de ce ciel, de ces eaux, de cette terre, vivifiés par un soleil puissant, éclairés par une lune plus douce, d'en faire un éloge exclusif et enthousiaste.

Mais ce qu'on ne se disait pas, ce qu'on s'avouait à peine à soi-même, c'était le sentiment profond et douloureux qui, avec plus ou moins de force, causait dans tous les cœurs une agitation tendre et sincère. Le pressentiment d'une prochaine séparation dominait l'assemblée, et il en résulta un silence qui finissait par devenir inquiétant.

Le chanteur prit alors sa résolution et préluda avec vigueur sur son instrument, oubliant les ménagements qu'il avait gardés jusqu'alors. L'image de Mignon s'offrit à sa pensée avec le premier chant d'amour de l'aimable enfant. Entraîné par la passion, animant de sa main émue les cordes harmonieuses, il commença à chanter :

> Connais-tu le pays où les citrons mûrissent,
> Dans le feuillage sombre. . . . . .

Hilarie se leva en tressaillant et s'éloigna en se voilant le front. La belle veuve étendit la main vers le chanteur et de l'autre elle prit le bras de Wilhelm. Le peintre, hors de lui, suivit Hilarie. Wilhelm entraîna sur leurs pas la veuve, plus maîtresse d'elle ; et, lorsqu'ils se trouvèrent tous en face les uns des autres à la clarté de la lune, il ne leur fut plus possible de dissimuler leur émotion. Les dames s'embrassèrent, les hommes se jetèrent dans les bras l'un de l'autre, et la lune vit couler les plus nobles, les plus chastes larmes. On fut longtemps avant de se remettre ; on se sépara en silence, au milieu des sensations et des vœux les plus étranges et les plus irréalisables.

L'artiste, qu'entraînait notre ami, sentit alors, à la face du ciel, pendant les heures sérieuses de la nuit, qu'il avait subi les douloureuses épreuves de l'initiation à la société des Renonçants ; et nos amis, qui avaient déjà passé par là, se voyaient menacés de les subir une seconde fois.

Les deux jeunes gens s'étaient couchés tard ; éveillés de bon matin, ils s'armèrent de courage et se crurent assez forts pour dire adieu à ce paradis. Ils combinèrent divers plans qui leur permissent de prolonger leur séjour dans l'agréable voisinage de ces dames sans violer leurs vœux. Ils s'apprêtaient à aller leur faire part de leurs projets lorsque, à leur grande surprise, ils apprirent qu'elles étaient parties au point du jour. Une lettre de la veuve, cette souveraine des cœurs, leur donnait la raison de ce brusque départ. On ne pouvait discerner si c'était plutôt la raison que la bonté, l'amour que l'amitié, l'estime pour le mérite plutôt qu'un fonds de préjugé qui l'avaient dictée. La lettre se terminait par une défense expresse de suivre et de chercher nulle part les deux amies ; dans le cas où l'on se rencontrerait, il faudrait s'éviter mutuellement.

Dès lors le paradis fut, au yeux de nos amis, transformé en un désert, comme par un coup de baguette magique ; et ils se seraient assurément moqués d'eux-mêmes, s'ils avaient pu concevoir alors combien ils étaient tout d'un coup devenus injustes et ingrats envers ce beau, cet admirable pays. Un égoïste hypocondriaque n'eût pas critiqué et frondé avec plus de sévérité et de malveillance les bâtiments ruinés, les murs négligés, les tours délabrées par les intempéries, les allées envahies par le gazon, les arbres appauvris, les grottes artificielles pourries par la mousse, et cent autres choses de ce genre. Cependant ils finirent par se remettre un peu ; notre artiste empaqueta soigneusement ses ouvrages ; ils s'embarquèrent, Wilhelm accompagna jusqu'à la partie haute du lac son ami, qui lui avait promis de se rendre auprès de Nathalie, de lui montrer ses tableaux et de la transporter par ce moyen dans des contrées qu'elle ne verrait peut-être pas de sitôt. Il était, en outre, autorisé à déclarer la circonstance inattendue qui l'avait mis en état d'être accueilli de la façon la plus amicale par les membres de l'association du Renoncement, dont les traitements pleins de bienveillance l'avaient, sinon guéri, du moins consolé.

Wilhelm à Lénardo.

« Votre lettre, très-cher ami, m'a trouvé dans un état d'activité que je pourrais appeler de la confusion, si le but était moins grand et si j'étais moins sûr de l'atteindre. Mon union avec les vôtres est plus importante qu'on ne l'avait pensé de part et d'autre. Je n'ose pas entamer ce sujet, car, avant de commencer, je vois combien l'ensemble est immense et combien les combinaisons sont inexplicables. Agir sans parler : voilà notre mot d'ordre.

« Mille remerciments de m'avoir à demi dévoilé dans une sorte de lointain un si agréable secret ; je suis charmé de voir cette excellente femme dans une situation heureuse et tranquille, tandis qu'un tourbillon de complications m'enveloppe et m'entraîne, sans cependant me faire perdre de vue l'étoile qui me guide. L'abbé se charge de vous apprendre le surplus; je n'ai le droit de penser qu'au progrès; le désir disparaît dans le travail et l'activité. Ils m'ont... Mais je m'arrête; lorsqu'on a tant à faire, il ne reste plus de place pour les réflexions. »

L'abbé à Wilhelm.

« Peu s'en est fallu que votre lettre, si bien pensée, ne nous ait fait, contre votre intention, beaucoup de mal. Votre peinture de la femme que vous avez retrouvée est si touchante, que notre singulier ami aurait été capable de tout abandonner pour courir la chercher, si les plans que nous avons arrêtés n'étaient pas si grands et si vastes. Mais il a supporté l'épreuve, et nous sommes assurés maintenant qu'il est entièrement pénétré de cette importante affaire, et qu'il se sent détourné de tout le reste et attiré vers cet unique objet.

« Après mûr examen, nous avons reconnu que les relations avec les nouveaux amis que vous nous avez adressés présentent, pour eux comme pour nous, des avantages beaucoup plus grands que nous ne l'avions pensé d'abord.

« On a projeté dernièrement de creuser, dans une contrée peu favorisée de la nature et où se trouve une partie des biens abandonnés à Lénardo par son oncle, un canal qui doit en même temps traverser nos propriétés, et qui, si nous savons nous entendre, peut en augmenter la valeur d'une manière incalculable.

« Il trouvera là l'occasion de satisfaire son penchant dominant, qui est de prendre les choses à l'origine. Sur les deux rives de ce canal il ne manquera pas de terrains incultes et inhabités; on pourra y établir des tisseuses et des fileuses, des maçons, des charpentiers et des forgerons, et leur construire des ateliers convenables. Tout cela s'exécutera directement, tandis que, nous autres, nous nous chargerons de lever les difficultés et de seconder l'élan de l'activité.

« Telle sera la première tâche de notre ami. Nous recevons de la montagne des plaintes sur la disette toujours croissante, et la population paraît s'y augmenter hors de toute proportion. Il ira visiter les lieux, se rendre compte des hommes et de la situation, et fera un choix des gens vraiments actifs et capables d'être utiles à eux-mêmes et aux autres.

« Quant à Lothaire, je puis vous annoncer qu'il est sur le point d'arriver à une solution définitive. Il a entrepris un voyage chez les instituteurs pour leur demander des artistes, en petit nombre, mais d'un vrai talent. Les arts sont le sel de la terre; de même que le sel est indispensable dans les aliments, les arts sont nécessaires dans l'industrie. Nous ne prenons à l'art que ce qu'il faut pour maintenir le goût dans les métiers.

« En somme, une constante union avec cet établissement pédagogique nous deviendra éminemment utile et nécessaire. Nous devons agir et ne pouvons nous occuper de l'éducation ; mais notre premier devoir est d'attirer à nous ceux qui ont reçu l'éducation.

« Mille et mille réflexions se rattachent à cela ; permettez-moi, selon notre ancienne habitude, de m'en tenir à une observation générale, suggérée par un passage de votre lettre à Lénardo. Nous ne contestons pas le mérite de la piété domestique : c'est sur elle que se fonde la sécurité de l'individu, sur laquelle repose à son tour la fermeté et la dignité ; mais elle est insuffisante : il nous faut concevoir l'idée d'une piété universelle, donner à nos sentiments de probité et d'humanité une direction pratique et les appliquer, non pas seulement à nos proches, mais au genre humain tout entier.

« Pour en venir enfin à votre requête, voici ce que j'ai à vous dire. Montan nous l'a transmise en temps et lieu. Cet homme singulier n'a pas voulu nous déclarer quelle est proprement votre intention, mais il nous a donné sa parole d'ami qu'elle était sage et que, en cas de réussite, elle serait extrêmement avantageuse pour la société. On vous pardonne donc d'en faire vous-même un secret dans vos lettres. En un mot, vous êtes affranchi de toute obligation ; cela serait déjà fait, si nous avions su où vous trouver. Je vous le répète, au nom de tous : votre projet, quoique vous ne nous l'ayez pas fait connaître, est garanti par votre parole et celle de Montan. Voyagez, arrêtez-vous, errez, fixez-vous ; ce qui vous réussira sera bien. Puissiez-vous devenir l'anneau le plus nécessaire de notre chaîne.

« Je vous envoie ci-joint un petit tableau qui vous indiquera le centre mobile de nos communications. Vous y verrez marqué le lieu où selon la saison vous devrez nous adresser vos lettres ; servez-vous, de préférence, de messagers sûrs ; le tableau vous en indique un nombre suffisant pour différentes villes. Des signes vous font aussi connaître où vous pourrez trouver quelqu'un des nôtres. »

AVIS.

Nous sommes obligé de signaler ici à nos lecteurs une lacune de plusieurs années ; nous eussions volontiers terminé le volume à cet endroit, si la disposition typographique l'avait permis.

Mais l'intervalle entre deux chapitres suffira sans doute pour franchir l'espace de temps dont nous venons de parler, car nous sommes depuis longtemps accoutumé à voir de pareilles choses se passer en notre présence, entre le tomber et le lever du rideau.

Nous avons vu dans ce second livre les relations de nos anciens amis s'agrandir, nous avons fait de nouvelles connaissances. Les choses se présentent de telle sorte, que nous pouvons espérer de les voir tous réussir à souhait, s'ils savent se conduire dans la vie. Il faut donc nous attendre à les retrouver l'un après l'autre, s'entre-mêlant et se dégageant tour à tour, sur des routes frayées et non frayées.

CHAPITRE VIII

Mettons nous à la recherche de notre ami que nous avons depuis quelque temps abandonné à lui-même. Nous le retrouverons sur le point d'entrer, par la plaine, dans la province des instituteurs. Il traverse des pâturages et des prairies, longe maint petit lac bordé de gazon, rencontre des collines garnies de petits bois, au milieu d'un pays peu accidenté.

Il reconnut bientôt qu'il se trouvait dans le canton affecté à l'élève des chevaux; il remarquait çà et là de petits et de grands troupeaux de ces nobles animaux, d'âge et de sexe différents. Tout à coup un nuage de poussière obscurcit l'horizon, il grossit en approchant, couvre toute la largeur de la plaine, puis, écarté par un coup de vent, laisse voir à découvert le tumulte qu'il enveloppait.

Une grande troupe de ces nobles bêtes s'avance au grand galop, elles sont menées et contenues par des gardiens, qui les montent. Le tourbillon passe devant le voyageur; un beau garçon, qui se trouvait au nombre des gardiens, le regarde avec surprise, s'arrête, saute à bas de son cheval et embrasse son père.

Les questions et les récits commencent. Le fils raconte que, pendant la première époque d'épreuve, il a beaucoup souffert ; il regrettait son cheval, et était forcé de se traîner à pied par les champs et les prairies ; comme il l'avait annoncé d'avance, il ne s'était point particulièrement distingué dans les travaux paisibles de l'agriculture ; la fête de la moisson lui avait fort plu ; mais il n'avait pris aucun plaisir à labourer, à bêcher, à soigner la terre ; il s'était occupé des animaux domestiques, mais toujours avec nonchalance et contre son gré, jusqu'au jour où on l'avait enfin admis dans la catégorie des cavaliers. Garder les juments et les poulains était quelquefois ennuyeux ; cependant voir bondir devant soi une gentille petite bête, qui dans trois ou quatre ans portera son homme, c'est tout autre chose que d'élever des veaux et des cochons de lait, dont la destinée est d'être engraissés, et, une fois engraissés, d'être abattus.

Le développement physique de l'enfant, qui commençait à devenir un jeune homme, son aspect de santé, sa conversation aisée, animée, pour ne pas dire spirituelle, étaient de nature à charmer Wilhelm. Ils suivirent ensemble le rapide troupeau, passèrent devant plusieurs grandes métairies isolées et arrivèrent au bourg où se tenait le grand marché. Là, régnait un incroyable désordre ; on ne savait qui faisait le plus de poussière, des marchands ou de la marchandise. Les amateurs de tous pays affluaient ici pour se procurer des sujets de race pure et soigneusement dressés. On entendait parler tous les idiomes possibles, auxquels se mêlaient les sons retentissants d'instruments à vent ; tout annonçait le mouvement, la force et la vie.

Notre voyageur retrouve l'inspecteur, son ancienne connaissance, accompagné d'autres personnages, qui, sans bruit et sans qu'on s'en aperçût, maintenaient l'ordre et la discipline. Wilhelm, croyant remarquer ici un nouvel exemple d'occupation exclusive, d'éducation spécialisée, désire savoir à quoi l'on exerce encore les élèves pour empêcher que, livré à une occupation si sauvage et si rude, le jeune homme ne devienne aussi sauvage que les animaux qu'il nourrit et qu'il dresse. On lui apprit alors qu'à cette spécialité violente et rude en apparence on rattachait l'étude la plus délicate, la connaissance et la pratique des langues étrangères.

En ce moment, Félix s'éloigna de son père, qui le vit à travers la foule, marchandant quelques bagatelles à un jeune colporteur ; puis il le perdit de vue. Le surveillant lui demanda pourquoi il paraissait inquiet et troublé, et ayant appris qu'il s'agissait de son fils : « N'ayez pas peur, dit-il à Wilhelm pour le tranquilliser, il n'est pas perdu ; et, pour que vous voyiez comment nous maintenons nos élèves... » A ces mots, il tira un son aigu d'un sifflet suspendu sur sa poitrine, et plusieurs douzaines de sifflets répondirent aussitôt de tous côtés. L'inspecteur reprit : « Je m'en tiens là pour le moment ; ce n'est qu'un signal pour indiquer que l'inspecteur est dans le voisinage et qu'il veut s'assurer approximativement du nombre de ceux qui l'ont entendu. A un second coup de sifflet, ils gardent le silence et se tiennent prêts ; au troisième, ils répondent et accourent. Au reste, ces signaux sont très-variés et d'une utilité extrême. »

Tout d'un coup, un espace libre s'était formé autour d'eux ; ils purent parler plus à leur aise, tout en se dirigeant vers les hauteurs voisines. « L'idée de faire apprendre les langues étrangères, reprit l'inspecteur, nous est venue en considérant qu'il se trouve ici des jeunes gens de tous les pays du monde. Mais, pour empêcher que les compatriotes ne se liguent entre eux, comme cela leur arrive souvent en pays étranger, et que, s'isolant des autres nations, ils ne forment des coteries, nous cherchons à les rapprocher les uns des autres en les habituant à s'enseigner mutuellement leur langue.

« Cette connaissance est indispensable, parce que, dans ces marchés, chaque étranger aime à pouvoir s'entretenir et trafiquer dans sa propre langue. Cependant, de peur que la langue ne s'altère ou qu'on ne tombe dans la confusion de la tour de Babel, on ne parle qu'une seule et même langue pendant tout un mois, d'après ce principe qu'on ne doit rien apprendre en dehors de la matière qu'il s'agit de dompter.

« Nous considérons nos élèves comme des nageurs, tout surpris de se sentir portés et soutenus par l'élément qui menaçait de les engloutir ; il en est de même pour tout ce qu'entreprend l'homme. Si cependant un de nos élèves montre des dispositions particulières pour telle ou telle langue, on trouve moyen de lui fournir une instruction solide et sérieuse au milieu de cette vie en apparence si tumultueuse, et qui offre pourtant beaucoup d'heures de loisir, de solitude, d'oisiveté et même d'ennui. Vous aurez de la peine à retrouver parmi ces centaures imberbes ou barbus nos grammairiens cavaliers, dont quelques-uns même frisent le pédantisme. Votre Félix s'est consacré à la langue italienne, et comme le chant, ainsi que vous savez, est la base de notre système d'éducation, vous pourriez l'entendre, pendant les longues heures du pâturage, chanter différents lieder avec beaucoup de grâce et de sentiment. Des occupations actives et pratiques sont beaucoup plus compatibles qu'on ne le pense avec le développement de l'intelligence. »

Comme chaque région célèbre sa fête particulière, on

conduisit notre ami dans le district de la musique instrumentale. Voisin de la plaine, il offrait déjà une agréable succession de vallées, de petits bois, de paisibles ruisseaux, sur le bord desquels s'élevaient çà et là des rochers moussus. On apercevait dispersées sur les collines des chaumières, entourées de verdure ; dans les vallées, les maisons étaient plus rapprochées. Les chaumières des collines étaient assez éloignées entre elles pour que les sons et dissonances partis de l'une n'arrivassent pas à l'autre.

Ils arrivèrent sur une grande place ombragée d'arbres, où se pressait une foule compacte et attentive. Au moment où parut le voyageur, commença une grande symphonie exécutée par tous les instruments, dont il admira en même temps la force et la douceur.

A côté du spacieux orchestre, on en voyait un plus petit, qui lui fournit le sujet d'une observation particulière. Il contenait des élèves de différents âges, qui tenaient chacun son instrument sans en jouer ; c'étaient ceux qui ne pouvaient ou n'osaient encore se joindre aux exécutants ; on voyait qu'ils étaient sur le point de se risquer, et l'on assurait qu'il se passait rarement une fête de ce genre sans qu'il se révélât quelque talent nouveau.

Comme des chants vinrent se mêler aux instruments, on ne pouvait douter que la musique vocale ne fût également cultivée. Wilhelm ayant demandé si l'on rattachait d'autres enseignements à ceux-là, on lui répondit qu'on y rattachait la poésie, et principalement la poésie lyrique.

Il est indispensable que ces deux arts se développent par eux-mêmes et pour eux-mêmes, puis l'un avec l'autre. Les élèves apprennent d'abord à les connaître dans leur caractère spécial ; on leur enseigne ensuite comment ils se soutiennent mutuellement, puis s'affranchissent l'un de l'autre.

Le compositeur oppose la mesure et le mouvement à la rhythmique du poëte : c'est là que se déclare la supériorité de la musique sur la poésie ; car si le poëte s'astreint toujours aussi exactement que possible à la quantité, il y a pour le musicien peu de syllabes absolument brèves ou longues ; il détruit à sa fantaisie les combinaisons les plus consciencieuses du poëte, convertit même la prose en chant, ce qui produit les effets les plus étranges, et le poëte se verrait bientôt anéanti si, de son côté, il ne savait, par la tendance et la hardiesse de son lyrisme, inspirer respect au musicien, et provoquer des sentiments nouveaux, tantôt par de doux enchaînements, tantôt par des transitions subites.

« Les chanteurs que vous trouvez ici, ajouta l'inspecteur, sont eux-mêmes poëtes pour la plupart. On enseigne également les principes de la danse, afin que tous ces talents puissent se répandre régulièrement dans tous les districts. »

Lorsque le voyageur eut franchi les limites de la contrée voisine, il se trouva en face d'une tout autre architecture. Les maisons n'étaient plus dissimulées, elles n'avaient plus l'air de chaumières. Elles paraissaient au contraire construites régulièrement, solides et belles à l'extérieur, vastes, commodes, élégantes à l'intérieur ; c'était une ville spacieuse, bien bâtie, en proportion avec le pays. C'était le domaine des arts plastiques et des métiers qui s'y rattachent. Un silence tout particulier régnait dans ce district.

L'artiste qui se livre aux arts plastiques est toujours, il est vrai, en rapport avec la partie vivante et active de l'humanité ; mais son travail est solitaire, et, par une bizarre contradiction, il a plus que tout autre besoin d'un entourage agissant. Ici chacun compose dans le silence ce qui devra bientôt occuper pour toujours les yeux des hommes ; un silence solennel domine cette contrée, et si l'on n'avait entendu, de temps en temps, le marteau des tailleurs de pierre ou les coups mesurés des charpentiers, occupés à terminer un superbe édifice, aucun bruit n'aurait ému les airs.

Notre voyageur fut frappé de la sévérité, de l'extrême rigueur avec laquelle on traitait les commençants aussi bien que les élèves plus avancés. On eût dit qu'aucun d'eux n'agissait d'après sa propre volonté, mais qu'un esprit invisible les animait et les guidait vers un but unique. Nulle part on n'apercevait ni esquisses ni projets ; chaque ligne était raisonnée, et Wilhelm ayant demandé à l'inspecteur l'explication de cette manière d'agir, celui-ci lui répondit que l'imagination était une faculté vague et capricieuse, tandis que tout le mérite de l'artiste plastique consiste à déterminer, à maintenir l'imagination, pour arriver à l'élever enfin jusqu'à la réalité.

L'inspecteur ajouta que, dans tous les arts, des principes fixes sont également indispensables. Le musicien pardonnerait-il à son élève d'attaquer brusquement la corde, ou de se permettre des intervalles *ad libitum* ? On n'admet point ici qu'il soit rien laissé au caprice de l'élève. L'élément dans lequel il doit agir est nettement déterminé ; on lui remet l'instrument dont il doit se servir, on lui indique la manière dont il doit s'en servir, je veux dire les changements de doigts, afin qu'un membre en précède un autre et lui prépare la voie ; c'est cette coopération régulière seule qui peut rendre possible l'impossible.

Et voici ce qui justifie nos sévères exigences, nos règles absolues : c'est que le génie, le talent inné est le premier à les concevoir, à s'y soumettre avec obéissance. Il n'y a que la médiocrité qui cherche à mettre son individualité bornée à la place de l'universalité, et à déguiser ses fausses conceptions sous les apparences d'une originalité et d'une indépendance indomptables. C'est ce que nous ne souffrons pas; nous garantissons nos élèves des méprises qui troublent et dissipent une grande partie de la vie, sinon la vie tout entière.

C'est un plaisir que d'avoir affaire au génie, car il a toujours l'esprit de reconnaître ce qui lui est avantageux. Il comprend que l'art est l'art, parce qu'il n'est point la nature. Il se plie au respect, même de ce qui n'est que purement de convention. Car qu'est-ce que la convention, sinon ce que les hommes supérieurs ont reconnu comme nécessaire, indispensable pour le maintien des bons principes; et n'y trouvons-nous pas toujours notre avantage?

Pour faciliter l'œuvre des maîtres, nous avons introduit ici, comme partout, les trois respects avec les signes extérieurs, en y apportant quelques modifications conformes à la nature de l'objet.

En continuant de marcher, le voyageur s'étonnait de voir la ville s'étendre toujours, les rues se relier aux rues, offrant des points de vue variés. L'extérieur des bâtiments annonçait clairement leur destination; ils étaient dignes et imposants, plutôt beaux que somptueux. Aux plus nobles et aux plus sévères, qui se trouvaient au milieu de la ville, en succédaient de gracieux; puis venaient des faubourgs élégants, d'un style agréable, s'étendant jusqu'aux champs, et finissant par se confondre avec les maisons de campagne.

Wilhelm ne put s'empêcher de faire observer que les habitations des musiciens ne pouvaient se comparer pour la beauté et la grandeur à celles des peintres, des sculpteurs et des architectes. On lui répondit que cela tenait à la nature même de la chose. Le musicien doit toujours être renfermé en lui-même, perfectionner son intérieur pour pouvoir ensuite le produire à l'extérieur. Il n'a pas besoin de flatter l'œil. L'œil nuit facilement à l'oreille, et attire l'esprit de l'intérieur vers l'extérieur. A l'inverse, l'artiste plastique doit vivre dans le monde extérieur, et manifester son intérieur, pour ainsi dire insciemment, dans les choses du dehors. Ces artistes doivent être logés comme des dieux et des rois ; sans cela, comment pourraient-ils bâtir et décorer les demeures des dieux et des rois ? Ils doivent enfin s'élever si haut au-dessus du vulgaire, que le peuple tout entier se sente ennobli par et dans leurs œuvres.

Notre ami se fit encore expliquer un autre paradoxe : il voulait savoir pourquoi pendant ces jours de fête, tandis que le tumulte et la joie animaient les autres cantons, il régnait ici un si grand silence, et pourquoi on n'interrompait pas les travaux.

« Un artiste plastique, lui répondit-on, n'a point besoin de fête ; pour lui, c'est fête toute l'année. Lorsqu'il a produit une œuvre excellente, elle demeure sans cesse exposée à ses yeux comme à ceux du monde entier : il n'a point besoin de nouveaux efforts, de nouveaux succès, ainsi qu'il en faut au musicien, auquel on doit ménager des fêtes splendides et un auditoire nombreux.

— Il me semble pourtant, dit Wilhelm, qu'on devrait permettre ces jours-là une exposition où l'on pourrait voir et juger les progrès que les meilleurs élèves auraient faits pendant trois ans.

— Ces expositions peuvent être fort utiles ailleurs ; ici elles ne le sont nullement. Notre existence, notre système n'est qu'une exposition. Voyez ces bâtiments de toutes sortes, tous construits par les élèves, d'après des plans mille fois médités et discutés : car l'exécution n'admet pas les tâtonnements ni les essais. Ce qui doit rester debout doit être exécuté solidement, de manière à se conserver, sinon éternellement, du moins pendant un long espace de temps. On peut commettre des fautes, on ne doit pas en bâtir.

« Nous sommes plus indulgents pour les sculpteurs et encore plus pour les peintres ; ils peuvent faire dans leur genre tels ou tels essais qu'il leur plaît. Ils sont libres de choisir au dedans et au dehors des édifices, sur les places publiques, les points qu'ils désirent décorer. Ils font connaître leur idée ; et, si elle paraît digne d'approbation, on leur accorde la permission de la mettre à exécution, selon l'une des deux conditions suivantes : ou de retirer subséquemment l'ouvrage, avec autorisation préalable, dans le cas où l'artiste le reconnaîtrait insuffisant, ou de le laisser irrévocablement à sa place une fois qu'il a été exposé. La plupart des élèves choisissent le premier mode, et ils s'en trouvent bien. Le second cas est plus rare, et l'on remarque qu'alors les artistes se fient moins à eux-mêmes, qu'ils ont de longues conférences avec leurs camarades et avec les connaisseurs, et réussissent ainsi à produire des œuvres vraiment dignes d'être admirées et conservées. »

Wilhelm n'oublia pas de demander quel enseignement se rattachait à celui des art plastiques ; on lui répondit que c'était la poésie épique. Mais notre ami fut extrêmement surpris, quand on lui dit qu'on ne permettait pas aux élèves de lire ou de réciter les œuvres des poëtes anciens ou modernes. On se contentait de leur exposer brièvement un certain nombre de mythes, de traditions et de légendes. La manière dont ils convertissent ces sujets en peinture ou en vers nous donne la mesure de la faculté créatrice du talent voué à l'un ou à l'autre de ces arts. Le poëte et l'artiste puisent à une même source, et chacun doit diriger l'eau de son côté et pour son avantage, afin d'atteindre un but particulier; ce qui lui réussit beaucoup mieux que d'essayer de refaire ce qui a déjà été fait.

Le voyageur eut l'occasion de voir par lui-même l'application de ce système. Plusieurs peintres travaillaient dans une salle; un jeune homme leur racontait, en grand détail, une histoire fort simple, de manière qu'il employait presque autant de mots, que les artistes de coups de pinceau, pour arrondir son récit.

On assura à Wilhelm que les jeunes gens aimaient beaucoup ces exercices en commun, et que cette récréation avait souvent révélé des improvisateurs qui savaient inspirer un grand enthousiasme pour cette double forme d'imitation.

Notre ami fit de nouvelles questions sur les arts plastiques. « Vous n'avez point d'exposition, dit-il, et par conséquent pas de distribution de prix.

— Non pas précisément, mais, ici près, vous allez voir quelque chose qui nous semble plus utile. »

Ils entrèrent dans une grande salle, heureusement éclairée par le bout ; Wilhem vit d'abord un cercle d'artistes, travaillant avec ardeur, au milieu duquel s'élevait un groupe colossal ingénieusement exposé. De puissantes figures d'hommes et de femmes dans des poses violentes rappelaient cette lutte mémorable entre les jeunes héros et les amazones, où la haine et la fureur finissent par faire place à une tendre confiance. Cet ouvrage, admirable d'enchevêtrement, offrait de tous côtés un point de vue également satisfaisant. Les artistes, assis ou debout, travaillaient chacun à sa façon, le peintre à son chevalet, le dessinateur à sa planchette ; quelques-uns modelaient en ronde-bosse, les autres en bas-relief ; des architectes faisaient même des projets de piédestal destiné à supporter plus tard ce chef-d'œuvre. Chaque artiste suivait sa propre inspiration ; les peintres et les dessinateurs développaient les surfaces, en ayant soin de ne pas détruire l'effet de l'ensemble, et au contraire de le conserver fidèlement. Il en est de même pour les bas-reliefs. Un seul artiste avait reproduit le groupe en entier dans des dimensions réduites, et il semblait, dans certaines poses et dans les proportions des membres, avoir surpassé le modèle.

Wilhelm apprit que c'était l'auteur du groupe qui, avant de l'exécuter en marbre, le soumettait à une épreuve non point critique, mais pratique et qui, observant avec soin tout ce que ses camarades avaient vu, conservé ou changé dans l'œuvre d'après ses propres inspirations, savait en profiter pour la soumettre à un nouvel examen ; de telle sorte que ce groupe une fois traduit en marbre, quoique conçu, modelé et exécuté par un seul individu, semblerait appartenir à tous.

Le plus grand silence régnait dans cette enceinte ; mais le surveillant éleva la voix, et dit : « Y a-t-il quelqu'un ici qui, en présence de cette œuvre immobile, puisse exciter notre imagination par de sublimes paroles, au point de donner le mouvement, sans lui ôter son caractère, à ce que nous voyons là fixe et stationnaire, afin de nous persuader que la situation choisie par l'artiste était en effet la plus noble ? »

Désigné par tous ses camarades, un beau jeune homme quitta son travail et débuta par un récit plein de simplicité où il se bornait à décrire l'œuvre qu'il avait devant les yeux ; mais bientôt il s'élança dans le domaine de la poésie, se plongea en plein dans l'action et domina son sujet d'une façon admirable ; peu à peu, grâce à son excellente déclamation, sa description s'éleva si haut, que le groupe immobile sembla réellement tourner sur son axe, et le nombre des figures se doubler et se tripler. Wilhelm, enthousiasmé, s'écria : « Qui pourrait maintetenant s'empêcher de passer au véritable chant, à la poésie rhythmique !

— Je serais forcé de m'y opposer, répondit l'inspecteur, car si notre excellent sculpteur veut être sincère, il reconnaîtra que notre poëte l'a gêné, parce que les deux artistes sont aussi loin que possible l'un de l'autre ; par contre, je jurerais que plus d'un peintre a trouvé dans ce récit certains traits pleins de vie qu'il s'appropriera. Je voudrais cependant faire entendre à notre ami un chant paisible et doux, un de ces chants que vous exécutez avec une gravité pleine de charme, qui embrasse l'ensemble de l'art, et qui m'édifie chaque fois que je l'entends. »

Après un instant de silence, pendant lequel les jeunes gens échangèrent des signes d'intelligence, toute la salle retentit de ce noble chant, fait pour élever le cœur et l'esprit :

« Pour inventer, pour te résoudre, artiste, reste souvent seul ; pour jouir de ton œuvre, cours, joyeux, te mêler à la foule. Là, dans cet ensemble, observe, étudie ta vraie voie, et des travaux pour plusieurs années se révéleront pour toi dans le voisin.

« La pensée, le projet, les formes, leurs proportions, se fortifieront les uns par les autres, et à la fin tu arriveras ! Bien inventer, sagement méditer, exécuter avec talent, achever avec délicatesse, c'est ainsi que l'artiste a conquis artistement sa puissance.

« De même que la nature dans ses nombreux ouvrages ne manifeste qu'un seul Dieu, de même dans le vaste champ de l'art règne le sens de l'art éternel ; c'est le sens de la vérité qui ne veut pas d'autre parure que le beau, et fixe hardiment le plus vif éclat du jour le plus pur.

« Comme le poëte et l'orateur se déploient librement dans la prose et la rime, ainsi la rose sereine de la vie doit fleurir dans toute sa fraîcheur sur la toile du peintre, accompagnée de ses sœurs, entourée des fruits de l'automne ; en sorte qu'elle révèle le sentiment d'une vie mystérieuse.

« Que splendide et multiple la forme découle de la forme sous ses doigts, et que, en reproduisant l'image de l'homme, elle se souvienne qu'un Dieu lui a fait l'honneur de la lui emprunter. Quel que soit l'outil que vous employez, regardez-vous tous comme frères ; et que vos chants s'élèvent de l'autel comme la flamme et la fumée des sacrifices. »

Wilhelm ne pouvait qu'approuver ces maximes, quoique quelques-unes lui parussent fort paradoxales et inapplicables, s'il ne les avait vu pratiquer sous ses yeux. Comme ces choses lui étaient communiquées ouvertement, librement, dans un ordre parfait, il avait à peine besoin de faire une question pour en apprendre davantage. Cependant il ne put s'empêcher de demander ce qui suit à son guide : « Je vois, dit-il, qu'on a pourvu sagement à tout ce qu'on peut désirer dans la vie ; mais apprenez-moi dans quel district on cultive la poésie dramatique, et où je pourrai m'instruire à ce sujet ? J'ai beau considérer tous vos édifices, je n'en vois pas qui se rattachent à cette branche de l'art.

— Nous ne vous cacherons pas que vous ne trouverez rien de ce genre dans toute notre province ; car le drame suppose une foule oisive, une populace même, et nous n'en avons point ici ; ces sortes de gens, quand ils ne s'en vont pas d'eux-mêmes, nous les expédions à la frontière. Soyez certain cependant que, dans une institution aussi influente que la nôtre, ce point important a été bien médité ; mais aucune région ne s'y prêtait, nous rencontrions partout des obstacles graves. Quel est celui de nos élèves qui se résoudrait aisément à exciter dans la foule, au moyen d'une gaieté mensongère ou d'une douleur feinte, un sentiment faux et déplacé, pour produire une succession de plaisirs toujours défectueux ? Ces jongleries nous ont paru trop dangereuses, et sont incompatibles avec la gravité du but vers lequel nous tendons.

— On dit cependant, répliqua Wilhelm, que cet art si étendu développe tous les autres.

— Nullement ! Il les exploite et les gâte. Je ne blâme pas le comédien de s'associer au peintre, mais cette société perd le peintre. Le comédien mettra sans scrupule, et non sans avantage, au service de son but frivole, tout ce que lui fourniront l'art et la vie ; le peintre, au contraire, ne tirera rien du théâtre ; il en sera de même du musicien. Les arts me font l'effet de frères dont la majorité serait disposée à vivre dans une sage économie, mais dont l'un, à tête légère, cherche à s'approprier le patrimoine pour le dissiper. Le théâtre est dans ce cas ; il a une origine équivoque qu'il ne peut jamais démentir entièrement, qu'on le considère comme un art, un métier ou un amusement. »

Wilhelm baissa les yeux en poussant un profond soupir ; car les joies et les souffrances qu'il avait éprouvées auprès de la scène et sur la scène, se retracèrent à son imagination ; il bénit les hommes pieux qui épargnaient à leurs élèves de pareils tourments et, par principe et par conviction, avaient mis leur institution à l'abri de ce danger.

L'inspecteur le tira bientôt de ses réflexions. « Notre principe le plus sacré est de ne jamais négliger aucune disposition, aucun talent; nous ne pouvons nous dissimuler que, dans un si grand nombre d'élèves, il peut se produire un vrai talent mimique. Il se révèle dans un besoin irrésistible d'imiter la tournure, les mouvements, le langage d'autrui. Nous n'encourageons pas ce penchant, mais nous observons attentivement l'élève, et s'il persiste et reste fidèle à sa nature, comme nous sommes en relation avec les principaux théâtres de tous les pays, nous leur envoyons aussitôt ces individus d'une capacité éprouvée, afin que, comme les canards sur l'étang, ils puissent, le plus tôt possible, barboter et se démener à leur aise sur les planches. »

Wilhelm écoutait tout cela avec patience, mais sans se laisser entièrement convaincre et en retenant à peine un mouvement de dépit ; car telle est la bizarrerie de l'homme qu'il peut connaître à fond les défauts d'un objet préféré, y renoncer et le maudire ; mais qu'il n'aime pas à le voir traité de cette façon par les autres; l'esprit de contradiction, inné chez l'homme, ne se montre peut-être jamais avec plus de force et de vivacité que dans ce cas.

L'auteur de ce livre avoue lui-même que ce n'est pas sans un certain déplaisir qu'il laisse passer ces singulières observations. N'a-t-il pas consacré au théâtre plus de temps et de force qu'il n'en méritait? Et pourrait-on le convaincre que ç'ait été une erreur impardonnable, un travail stérile ?

Mais nous n'avons pas le temps de nous arrêter à ces souvenirs et à ces ressentiments, car notre ami se trouva agréablement surpris en voyant reparaître celui des Trois dont il avait déjà apprécié l'aménité. Sa douceur prévenante, indice d'une âme calme et pure, sa bonté communicative inspiraient la confiance ; notre voyageur alla vers lui et sentit que cette confiance lui était rendue.

Il apprit que le chef se trouvait dans les sanctuaires, occupé à enseigner, à instruire, à bénir, tandis que les Trois s'étaient partagé le travail de visiter tous les districts, et, après avoir pris tous les renseignements et avoir conféré avec les inspecteurs subordonnés, de développer les institutions déjà fondées, de donner un caractère définitif aux innovations, et de remplir ainsi avec fidélité leur noble mission.

Cet excellent homme éclaira Wilhelm sur l'ensemble de la situation intérieure et des relations extérieures de l'institution ; il lui fit connaître l'influence réciproque des différents districts les uns sur les autres ; il lui expliqua également comment, après un temps plus ou moins long, un élève peut passer d'un district à l'autre. Bref, tout ce que dit cet homme confirmait pleinement tout ce que Wilhelm avait déjà appris. Ce qui acheva de le charmer, ce fut le compte qu'on lui rendit des progrès de son fils. Le plan auquel on se proposait de soumettre l'enfant obtint l'entière approbation de Wilhelm.

CHAPITRE IX

Wilhelm fut ensuite invité, par les aides et les inspecteurs, à une fête de mineurs qui devait avoir lieu à peu de distance de l'endroit où il se trouvait. Ils gravirent péniblement la montagne ; il crut même remarquer que, vers le soir, son guide ralentissait le pas, comme si l'obscurité ne devait pas rendre leur chemin plus difficile encore. Mais, lorsqu'ils furent environnés d'une nuit profonde, le mot de l'énigme lui fut révélé ; il vit scintiller au fond des vallons et des ravins de petites flammes vacillantes qui s'allongeaient en ligne et semblaient se rouler par-dessus les cimes. Quoique moins terrible que l'éruption d'un volcan qui menace d'engloutir des provinces entières sous sa bruyante pluie, ce phénomène devenait peu à peu plus éclatant, plus vaste, plus imposant ; il étincelait comme un torrent d'étoiles, et semblait inonder toute la contrée doucement et sans bruit.

Après avoir joui quelque temps de la surprise de Wilhelm, — car ces clartés lointaines permettaient de distinguer les traits du visage et de voir le chemin, — le guide prit la parole en ces termes : « Vous avez devant vous un étrange spectacle ; ces lumières qui, pendant toute l'année, brillent et agissent nuit et jour sous terre, favorisant l'exploitation de trésors cachés, et à peine accessibles, jaillissent aujourd'hui du fond de leurs abîmes et illuminent la nuit. On a rarement le bonheur d'assister à une pareille revue, où un travail utile, dispersé sous la terre et dérobé aux regards, se montre dans toute sa plénitude, et nous révèle une grande et mystérieuse harmonie. »

En parlant de la sorte, ils étaient arrivés à un endroit où les ruisseaux de feu se réunissaient pour former un lac enflammé autour d'une île brillamment éclairée. Déjà le voyageur se trouvait dans ce cercle éblouissant où des milliers de lumières vacillantes formaient un contraste mystérieux avec les porteurs rangés sur le fond noir des rochers. Tout à coup éclata une joyeuse musique accompagnée de chants harmonieux. Des masses de rochers creux s'avancèrent, à la façon des machines de théâtre, et présentèrent aux yeux du spectateur charmé une salle étincelante. Des représentations mimiques et tous les jeux propres à divertir la foule, vinrent s'ajouter aux chants et captiver l'attention de la joyeuse assemblée.

Mais quel fut l'étonnement de notre voyageur lorsque, ayant été présenté aux chefs, il reconnut, sous le grave costume de mineur, son ami Jarno.

« Ce n'est pas sans raison, s'écrie ce dernier, que j'ai pris le nom significatif de Montan ; tu me vois initié aux montagnes et aux cavernes, et, dans cette étroite spécialité, où j'ai la terre au-dessus et au-dessous de moi, plus heureux qu'on ne saurait l'imaginer.

— Maintenant que tu es plus savant, j'espère que tu te montreras plus généreux d'explications et d'éclaircissements que tu ne l'as été au milieu des montagnes et des rochers où je t'ai rencontré naguère.

— Nullement ! répondit Montan, les montagnes sont des instituteurs muets, et font des élèves silencieux. »

Un grand repas succéda à cette solennité. Tous les convives, invités ou non, étaient du métier, de sorte qu'à la table où se trouvaient Montan et son ami il s'établit aussitôt une conversation technique ; on parla de montagnes, de filons et de gisements des métaux du pays. Puis on en arriva aux généralités, et il ne fut question de rien moins que de la création et de la formation du monde. Sur ce sujet, la conversation ne resta pas longtemps paisible, et il s'éleva une vive contestation.

Les uns voulaient expliquer la formation de notre terre par une retraite graduelle des eaux qui l'avaient submergée ; ils citèrent, à l'appui de leur système, les débris d'animaux marins qu'on retrouve sur les plus hautes montagnes et sur les plateaux. Les autres, plus ardents, commençaient par tout mettre en fusion, établissaient le règne du feu qui, après avoir suffisamment opéré à la surface, avait fini par se retirer dans les profondeurs, se manifestait par les volcans qui exercent leur fureur dans la mer ou sur la terre, et avait formé les plus hautes montagnes par des éruptions successives et des coudées de lave ; à ceux qui n'étaient pas de leur avis ils opposaient ce raisonnement, que sans le feu il n'y a pas de chaleur et qu'un feu actif suppose toujours un foyer. Si bien fondé que parût ce système, plusieurs n'en étaient pas satisfaits : ils prétendaient qu'il avait existé d'énormes corps complétement formés dans le sein même de la terre, et qu'au moyen d'une force d'élasticité irrésistible, ces corps avaient été projetés à travers l'écorce du globe, et que dans ce tumulte des parties s'en étaient détachées et dispersées çà et là ; ils s'appuyaient sur une foule de phénomènes, que cette hypothèse seule pouvait expliquer.

Un quatrième parti, qui était le moins nombreux, riait de ces efforts inutiles, et affirmait que les divers accidents de la surface terrestre ne pouvaient s'expliquer si l'on n'admettait pas que des masses, plus ou moins considérables, sont tombées de l'atmosphère et ont couvert de vastes contrées. Ils se fondaient sur les blocs de toutes grandeurs qu'on trouve disséminés dans beaucoup de pays plats et que, encore de nos jours, on recueille comme tombés du ciel.

Enfin deux ou trois convives paisibles essayèrent d'invoquer une époque de froid terrible, et imaginèrent des sortes de glissoires qui, partant des plus hautes chaînes de montagnes et se reliant à la plaine par les glaciers, avaient servi de route aux masses primitives les plus lourdes. L'époque du dégel étant arrivée, ces masses s'étaient fixées à jamais sur un sol étranger. On ne pouvait supposer alors que les glaces flottantes eussent pu amener du Nord des blocs énormes. Ces bonnes gens ne parvinrent cependant pas à imposer leurs idées un peu trop froides. On trouvait beaucoup plus conforme aux lois de la nature de faire opérer la création du monde par des craquements et soulèvements colossaux, un tumulte effroyable, des explosions enflammées. Au reste, comme les fumées des vins agissaient avec énergie, peu s'en fallut que la fête ne se terminât par une bataille générale.

Notre ami était tout à fait dérangé dans ses idées ; il n'avait jamais cru qu'il pût y avoir autre chose que l'Esprit planant au-dessus des eaux, et des flots élevés de quinze coudées au-dessus des plus hautes montagnes ; après les étranges discours qu'il venait d'entendre, il lui semblait voir s'abîmer dans le chaos ce monde qu'il s'était toujours figuré si bien ordonné, si bien planté et si vivant.

Le lendemain, il ne manqua pas d'interroger à ce sujet le grave Montan. « Hier, lui dit-il, je n'ai pu te comprendre ; au milieu de cette singulière discussion, j'espérais enfin t'entendre énoncer ton opinion ; au lieu de cela, tu te rangeais tantôt d'un côté, tantôt de l'autre, et tu cherchais toujours à soutenir l'orateur du moment. Dis-moi donc, sérieusement, ce que tu penses, ce que tu sais là-dessus.

— J'en sais autant qu'eux, répondit Montan, et je voudrais n'y pas penser.

— Mais je vois ici beaucoup d'opinions contradictoires, et l'on dit que la vérité se trouve au milieu.

— Non pas, ce qui est au milieu, c'est le problème,

peut-être insoluble, peut-être aussi abordable, si on sait l'attaquer. »

Après qu'ils eurent discuté quelque temps de la sorte, Montan reprit d'un ton de confiance : « Tu me blâmes d'avoir soutenu chacun dans son opinion ; il n'en est cependant aucune en faveur de laquelle on ne puisse trouver un argument nouveau. Je conviens que, par là, j'augmentais la confusion, mais je ne puis vraiment pas prendre ces gens au sérieux. Je suis intimement convaincu que ce qui nous est le plus cher, c'est-à-dire nos convictions, nous devons le renfermer au plus profond de notre esprit ; ce que chacun sait il ne le sait que pour lui et il doit le tenir secret ; dès qu'il l'exprime, la contradiction naît aussitôt, et, s'il se laisse aller à discuter, il sort lui-même de son assiette, et ce qu'il a de meilleur en lui est sinon anéanti, du moins ébranlé. »

Poussé par les contradictions de Wilhelm, Montan continua ainsi : « Lorsqu'on sait la chose à laquelle se rapporte tout, le reste cesse d'être communicable.

— Et quelle est cette chose ? demanda vivement Wilhelm.

— Ce n'est pas long à dire. Penser et agir, agir et penser, c'est là la somme de toute sagesse, en tout temps reconnue, en tout temps pratiquée, mais que tout le monde ne sait pas voir. L'un et l'autre doivent éternellement alterner dans la vie, comme l'aspiration et l'expiration ; elles doivent être inséparables comme la question et la réponse. Celui qui accepte comme une loi ce que le génie de la raison humaine souffle à l'oreille de chaque nouveau-né, c'est-à-dire de soumettre l'action à l'épreuve de la pensée et la pensée à l'épreuve de l'action, celui-là ne se trompera jamais et, s'il se trompe, il aura bientôt retrouvé le bon chemin. »

Montan fit ensuite visiter méthodiquement les mines à son ami ; ils étaient salués à chaque instant par la formule sacramentelle : *Bonne chance !* qu'ils rendaient avec cordialité.

« J'avais plutôt envie de leur crier : *Bon sens*, dit Montan, car le sens est plus que la chance ; mais la foule a toujours assez de sens, du moment que les chefs n'en manquent point. Comme j'ai le droit de donner ici sinon des ordres, du moins des conseils, je me suis appliqué à connaître la nature de ces montagnes. On recherche, avec passion, les métaux qu'elles renferment ; j'ai donc travaillé à découvrir facilement les gisements et j'ai réussi. La chance n'y suffit pas, il faut le bon sens pour l'évoquer et la fixer. Comment ces montagnes se trouvent-elles ici ? je ne le sais pas et je ne veux point le savoir ; mais j'en étudierai incessamment les particularités. On s'acharne après le plomb et l'argent qu'elles renferment dans leur sein. Comment sont-ils là ? c'est un secret que je garde pour moi, et je donne aux autres le moyen de trouver ce qu'ils désirent. Sur ma parole on entreprend les recherches, on réussit, et j'ai la chance. Ce que je sais, je le sais pour moi ; ce qui me réussit, me réussit pour les autres, et personne ne songe qu'il lui en arriverait autant s'il employait les mêmes moyens. Ils me soupçonnent de posséder une baguette divinatoire, mais ils ne s'aperçoivent pas qu'ils me contredisent dès que j'émets quelque opinion raisonnable, et qu'ils se ferment ainsi à eux-mêmes le chemin qui conduit à l'arbre de la science, où l'on peut cueillir ces prophétiques rameaux. »

Encouragé par ses paroles, persuadé que par son action et sa pensée il avait jusqu'à ce jour réussi à satisfaire pour l'essentiel les exigences de son ami, quoique dans un ordre de choses tout différent, Wilhelm lui rendit compte de l'emploi de son temps, depuis l'époque où il avait obtenu l'autorisation de ne plus régler son pèlerinage par jours et par heures, mais en vue d'un complet et véritable perfectionnement moral.

Le hasard rendit, du reste, toute explication inutile ; car un événement fournit à notre ami l'occasion de déployer avantageusement les talents qu'il avait acquis, et de se rendre vraiment utile à la société humaine.

Quel était cet événement, nous ne pouvons le dire pour le moment ; mais le lecteur le saura avant de fermer ce livre.

CHAPITRE X

Hersilie à Wilhelm.

« Depuis longtemps tout le monde m'accuse d'être une fille capricieuse et bizarre. Si je le suis, ce n'est pas ma faute. Les gens ont dû prendre patience avec moi, et maintenant j'ai moi-même besoin d'user de patience avec moi, avec mon imagination, qui me montre le père et le fils, tantôt ensemble, tantôt l'un après l'autre. Je me fais l'effet d'une innocente Alcmène, incessamment visitée par deux êtres absolument semblables.

« J'ai bien des choses à vous dire, et cependant je ne vous écris, je crois, que lorsque j'ai une aventure à vous raconter ; tout le reste est, j'en conviens, assez aventureux, mais ce n'est pas une aventure. Voici celle d'aujourd'hui :

« Je suis assise sous les grands tilleuls, et j'achève un petit portefeuille très-joli, sans savoir au juste qui l'aura, du père ou du fils, mais ce sera assurément l'un des deux. Je vois s'avancer vers moi un jeune colporteur, avec des corbeilles et des boîtes ; il m'exhibe respectueusement un laisser-passer du bailli qui l'autorise à circuler sur nos domaines. J'examine ces petites marchandises, ces petits riens dont personne n'a besoin et que tout le monde achète, par une fantaisie enfantine de posséder et de dissiper. Le jeune garçon paraît me considérer avec attention. De beaux yeux noirs, un peu malicieux, des sourcils bien dessinés, des cheveux abondants, des dents éblouissantes ; enfin, vous m'entendez, quelque chose d'oriental.

« Il me fait diverses questions sur les membres de ma famille, auxquels il voudrait offrir quelque chose ; puis, par des détours habiles, il m'amène à dire mon nom.

« Hersilie ! dit-il modestement ; Hersilie me permettra t-elle d'accomplir un message ? »

Je le regarde avec étonnement : il tire une petite tablette d'ardoise, encadrée de blanc, comme on en fabrique dans la montagne pour apprendre à écrire aux enfants : je la prends, j'y vois quelque chose d'écrit, et je lis cette inscription, soigneusement gravée au burin :

FÉLIX
AIME
HERSILIE.
L'ÉCUYER
VIENDRA BIENTOT.

« Je suis saisie, je suis frappée d'étonnement devant l'objet que je tiens dans ma main, devant ce que je viens de lire, et ce qui m'étonne le plus, c'est que le hasard se montre encore plus bizarre que moi-même. Qu'est-ce que cela signifie ? me dis-je ; et le petit fripon m'est plus présent que jamais, il me semble que son image s'est gravée dans mes yeux.

« Je me mets à le questionner, et je n'obtiens que des réponses étranges et obscures ; je lui fais subir un interrogatoire qui ne m'apprend rien ; je veux réfléchir, et je ne puis rassembler mes idées. Enfin, en combinant ses réponses et ses contradictions, je parviens à deviner que le petit marchand, en passant par la province des Instituteurs, a gagné la confiance de mon jeune adorateur, qui lui a acheté une tablette, y a gravé l'inscription et lui a promis une bonne récompense s'il rapportait un mot de réponse. Alors il m'a présenté une tablette semblable et un burin, me pressant et me suppliant avec tant de grâce, que j'ai pris les deux objets ; j'ai réfléchi.... j'ai réfléchi sans rien trouver, et j'ai fini par écrire ceci :

HERSILIE

SALUE

FELIX.

QUE L'ÉCUYER

SE TIENNE BIEN.

« J'ai relu ces lignes, et je suis toute fâchée de la maladresse de mes expressions. Pas de tendresse, pas d'esprit, point de finesse ! Rien que de l'embarras. Et pourquoi ? J'étais devant un enfant, j'écrivais à un enfant, il n'y avait pas là de quoi me déconcerter. Je crois que je soupirai, et que je fus sur le point d'effacer ce que j'avais écrit. Mais le petit marchand m'a si gentiment pris la tablette des mains, en me priant de lui donner quelque chose pour l'envelopper, que, — je ne sais comment cela se fit, — je serrai la tablette dans le portefeuille ; je l'entourai du ruban, et je le tendis à l'enfant qui le saisit avec grâce, et s'inclina lentement, de sorte que j'eus encore le temps de lui glisser ma petite bourse dans la main, tout en regrettant de ne pouvoir lui donner davantage. Il s'éloigna lestement, et, quand je le cherchai des yeux, il avait déjà disparu, je ne sais trop comment.

« Maintenant tout cela est passé. Me voilà revenue dans ma routine journalière et monotone, et j'ose à peine croire à la réalité de cette apparition. Cependant, est-ce que je n'ai pas la tablette dans les mains? Elle est charmante ; l'inscription est fort proprement gravée : je crois que je l'aurais baisée, si je n'avais pas craint de l'effacer.

« J'ai laissé passer quelque temps après avoir écrit ce qui précède, mais je ne puis arriver à me rendre compte de ce que j'en pense. La figure de ce colporteur avait assurément quelque chose de mystérieux ; elle est de celles dont on ne peut se passer dans les romans d'aujourd'hui ; faudrait-il donc aussi les rencontrer dans la vie! Agréable et suspect, étrange et cependant inspirant la confiance ; pourquoi s'est-il éloigné avant que je fusse sortie de mon embarras ? Pourquoi n'ai-je pas su user de présence d'esprit pour le retenir sous un prétexte plausible ?

« Après une pause, je reprends la plume pour continuer mes confessions. L'inclination décidée et constante d'un enfant qui passe à l'état d'adolescent m'avait flattée ; mais je me suis dit que de pareils attachements, pour des femmes d'un certain âge, ne sont pas rares. — Oui, les très-jeunes hommes ont un penchant mystérieux pour les femmes plus âgées qu'eux. Autrefois, quand cela ne me concernait point, j'en riais ; je disais malicieusement que c'étaient des réminiscences de tendresse de nourrisson à nourrice. Aujourd'hui, je répugne à prendre la chose ainsi; j'ai beau faire redescendre Félix jusqu'à l'enfance, je ne me vois point pour cela sous un jour plus favorable. Ah! quelle différence entre nos jugements, quand ils s'appliquent aux autres ou qu'ils s'appliquent à nous-mêmes. »

CHAPITRE XI

Wilhelm à Nathalie.

« Voilà plusieurs jours que j'hésite avant de me décider à prendre la plume ; j'ai tant de choses à te dire. De vive voix, tout cela s'enchaînerait, une chose en amènerait une autre; permets donc à l'absent de commencer par les détails les plus ordinaires ; ils finiront peut-être par me conduire au singulier récit que j'ai à te commmuniquer.

« Tu connais sans doute l'histoire de ce jeune homme qui, se promenant sur le bord de la mer, trouva une cheville à rame; l'intérêt qu'il prit à sa trouvaille le décida à faire une rame, comme en étant le complément indispensable. Mais ces deux objets ne pouvaient lui servir absolument à rien; il se mit bravement à fabriquer un bateau et y réussit. Cependant, pour avoir bateau, rame et cheville, il n'en était guère plus avancé ; il se procura un mât et des voiles et, ainsi de suite, successivement, tout ce qui est nécessaire à la rapidité et à la facilité de la navigation. Grâce à ses efforts bien dirigés, il acquiert une grande habileté, le sort le favorise, il finit par se voir patron d'un gros vaisseau, il devient riche, célèbre, et se fait un nom parmi les grands navigateurs.

« Après t'avoir procuré l'occasion de relire cette jolie histoire, je dois avouer qu'elle n'a qu'un rapport très-éloigné avec mon sujet, mais qu'elle me fraye la route qui m'amènera à l'affaire que je veux te rapporter. Il faut cependant que je fasse un nouveau détour.

« Les facultés que l'homme porte en lui peuvent se diviser en générales et en particulières : les facultés générales sont des aptitudes qui reposent paisiblement, que les circonstances réveillent et que le hasard dirige vers tel ou tel but. Le don d'imitation est inné chez l'homme, il veut reproduire, copier ce qu'il voit sans avoir aucun moyen intérieur ou extérieur d'atteindre son but. Il est donc tout naturel qu'il veuille faire ce qu'il voit faire : il serait encore naturel que le fils embrassât la carrière de son père. En ce cas tout se trouve réuni : une activité spéciale déjà innée, tendant à une direction originelle ; une pratique suivie, raisonnée, graduée, un talent formé, qui nous force à persister dans la voie qui nous est ouverte, quand d'autres penchants se développent en nous, et nous sommes tentés d'embrasser une carrière pour laquelle la nature ne nous a donné ni la capacité ni la persévérance nécessaires. En somme, les hommes les plus heureux sont ceux qui trouvent l'occasion d'exercer dans le cercle domestique un talent de famille, un talent inné. Nous avons vu, en ce genre, des générations de peintres. Il s'en trouve sans doute des médiocrités dans le nombre, ils ont cependant fait des choses passables, meilleures peut-être qu'ils n'eussent fait avec leurs facultés bornées, abandonnés à eux-mêmes, dans une carrière différente.

« Mais comme ce n'est pas encore là ce que je veux

dire, il faut que je cherche une autre voie pour me rapprocher de mon sujet.

———

« Ce qu'il y a de plus triste lorsqu'on est séparé de ses amis, c'est de ne pouvoir rendre la liaison instantanée des chaînons de nos pensées, qui s'enchevêtrent et se développent avec la rapidité de l'éclair, quand on cause ensemble. Je vais donc commencer par te raconter une histoire de ma jeunesse.

« Élevés dans une vieille et grave cité, il nous avait été facile de nous faire une idée des rues, des places, des murailles, des fossés, des glacis et des jardins enclos de murs. Mais pour ce qui est de nous conduire, ou plutôt pour aller eux-mêmes aux champs, nos parents avaient vingt fois différé une partie qu'ils avaient projeté de faire avec quelques amis qui habitaient la campagne. A la Pentecôte, les invitations devinrent si pressantes, qu'on finit par accepter, à la condition de tout arranger de manière à ce qu'on pût rentrer coucher à la ville ; car dormir dans un autre lit que celui dont ils se servaient depuis tant d'années, paraissait à mes parents une chose impossible. Concentrer dans ce court espace de temps les plaisirs de la journée était assurément difficile ; il fallait rendre visite à deux amis, d'autant plus exigeants que cette visite était plus rare. On espérait cependant en venir à bout grâce à une grande exactitude.

« Le troisième jour des fêtes de la Pentecôte, tout le monde fut prêt à la première heure ; la voiture arriva à l'heure fixée. Nous eûmes bientôt laissé derrière nous tout ce qui bornait la vue, les rues, les portes, les ponts et les fossés de la ville. Un horizon vaste et nouveau s'ouvrit devant nos yeux inexpérimentés. La pluie de la nuit avait ravivé la verdure des champs et des prairies ; les nuances variées du feuillage naissant des arbres et des arbustes, la blancheur éblouissante des arbres en fleur, tout cela nous donnait un avant-goût des joies du paradis.

« Nous arrivâmes à l'heure annoncée, à la première station, chez un vénérable pasteur. On nous fit l'accueil le plus amical ; nous ne tardâmes pas à voir que la solennité religieuse, supprimée par la loi, était restée en usage parmi ces gens amis du repos et de la liberté. Pour la première fois de ma vie, je considérais un établissement rustique avec plaisir et intérêt : les charrues, les herses, les voitures, les chariots, annonçaient d'eux-mêmes leur utilité ; le fumier même, chose peu agréable à l'œil, paraissait ici un élément indispensable ; il était soigneusement entassé et disposé avec une sorte d'élégance. Mais ces objets si nouveaux, et cependant à la portée de notre intelligence, ne retinrent pas longtemps notre curiosité ; d'appétissants gâteaux, du lait frais et mainte friandise champêtre, attirèrent notre attention. Ensuite les enfants ayant quitté le petit jardin et la treille hospitalière, coururent dans le verger voisin pour s'acquitter d'une commission dont les avait chargés leur bonne vieille tante. Il s'agissait de recueillir autant de primevères que possible et de les rapporter à la ville ; la vieille ménagère avait coutume de composer avec ces fleurs toutes sortes de boissons salutaires.

« Tandis que, livrés à cette occupation, nous courions dans les prairies, sur les bord des chemins et le long des haies, les enfants du village vinrent se joindre à nous, et l'agréable senteur de cette moisson printanière semblait toujours plus fraîche et plus embaumée.

« Nous avions déjà recueilli une telle quantité de tiges et de fleurs que nous ne savions plus qu'en faire : nous nous mîmes alors à détacher les corolles jaunes, qui étaient la seule partie de la fleur dont on fît usage : c'est à qui en amasserait le plus dans son chapeau ou dans son bonnet.

« Le plus grand de ces enfants, un peu plus âgé que moi, et fils du pêcheur, ennuyé de ce tripotage de fleurs, m'invita à venir avec lui à la rivière, assez large, qui coulait à quelque distance de là. Ce garçon m'avait plu singulièrement au premier abord. Nous nous assîmes tous deux chacun avec une ligne, à une place ombragée, où, dans une eau calme, claire et profonde, on voyait circuler une foule de petits poissons. Il me montra avec complaisance la manière de me servir de la ligne, d'attacher l'appât à l'hameçon, et je réussis à retirer de l'eau les plus petites de ces délicates créatures. Tandis que nous étions assis tranquillement, appuyés l'un contre l'autre, il parut s'ennuyer, et me fit remarquer un banc de sable qui s'avançait de notre bord dans la rivière. C'était une belle occasion pour se baigner. Enfin, se levant tout à coup, il s'écria qu'il ne pouvait résister à la tentation, et, avant que j'y prisse garde, il était descendu sur la grève, déshabillé et dans l'eau.

« Comme il était fort bon nageur, il quitta bientôt l'endroit où l'on avait pied, s'abandonna au courant, et vint jusqu'à moi, là où l'eau était le plus profonde. J'éprouvais une sensation inexprimable : les sauterelles dansaient autour de moi, les fourmis circulaient avec activité, les scarabées aux mille couleurs se balançaient aux branches, et les filles du soleil, comme mon petit ami les appelait, **voltigeaient à mes pieds, commes des esprits, tandis que** le nageur me montrait une grosse écrevisse qu'il venait de tirer d'entre les racines, et qu'il se dépêchait de remettre dans sa cachette pour la reprendre plus tard. L'air était humide et chaud, on fuyait le soleil pour l'ombre, et, après l'ombre fraîche, on désirait goûter la fraîcheur de l'eau. Aussi mon ami n'eut-il pas beaucoup de peine à me séduire : je ne pus résister à ses deux ou trois invitations ; la crainte de fâcher mes parents, à laquelle se joignait la peur d'un élément inconnu, me causait une agitation singulière. Cependant, bientôt déshabillé sur la grève, je me glissai dans l'eau, en suivant la pente douce de la rive ; mon compagnon, me laissant à cette place, s'éloigna porté par les flots, puis il revint, et lorsqu'il sortit de l'eau, qu'il se tint debout pour se sécher aux rayons du soleil, mes yeux furent éblouis à l'aspect de cette forme humaine dont je n'avais eu jusque-là aucune idée. Il parut me regarder avec une égale attention. Nous nous étions habillés à la hâte, et il nous semblait que nous étions encore nus ; nos âmes s'attirèrent, et, dans des baisers de feu, nous nous jurâmes une éternelle amitié.

« Puis nous courûmes vite, vite à la maison, et nous arrivâmes juste au moment où la société se disposait à se rendre, par les bois et les bosquets, chez le bailli, qui demeurait à une lieue et demie de là. Mon ami m'accompagna ; nous étions déjà inséparables ; mais, lorsqu'à moitié chemin, je demandai la permission de l'emmener chez le bailli, la femme du pasteur s'y opposa, en me faisant doucement observer que cela n'était pas convenable : puis elle chargea l'enfant de dire à son père, lorsqu'il rentrerait, qu'il fallait sans faute lui préparer un certain nombre de belles écrevisses ; c'était une rareté dont elle voulait faire hommage à ses hôtes. L'enfant nous quitta après m'avoir donné la main et promis de me retrouver le soir à ce coin de la forêt.

La société atteignit bientôt la maison du bailli ; c'était également une demeure champêtre, mais d'un genre plus relevé. L'excessive agitation de la maîtresse de la maison retarda le dîner ; mais je ne m'en impatientai point ; car je goûtais fort la promenade dans le jardin que me montrait la fille du bailli, un peu plus jeune que moi. Des fleurs printanières de toutes sortes remplissaient les plates-bandes élégamment dessinées ou en formaient la bordure. Ma compagne était belle, blonde et douce ; nous marchions familièrement, nous tenant par la main, paraissant ne rien souhaiter de plus. Nous passâmes devant des tulipes, devant des rangées de narcisses et de jonquilles ; elle me montra plusieurs endroits où les jacinthes étaient déjà défleuries. On avait aussi songé aux autres saisons. Déjà verdoyaient les touffes d'anémones et de renoncules ; le soin avec lequel étaient entretenus les nombreux œillets promettait une flore variée ; plus loin bourgeonnait l'espoir de tiges de lis aux nombreuses fleurs, ingénieusement mêlées parmi les roses [1]. Le chèvrefeuille, le jasmin et d'autres plantes grimpantes s'apprêtaient à recouvrir les berceaux d'un ombrage fleuri.

Quand, après tant d'années, je pense à la situation où je me trouvais alors, elle me semble vraiment digne d'envie. Dans le même instant, sans que je m'y attendisse, j'avais éprouvé le pressentiment de l'amour et de l'amitié.

---

[1] Nous n'avons pas osé toucher à cette adorable phrase, de peur de la flétrir ; nous avons préféré donner une traduction littérale, qui, malheureusement, s'éloigne déjà trop de l'original.

Car, lorsque je pris à regret congé de la belle enfant, je me consolai en pensant que je pourrais confier mes sentiments à mon jeune ami, et jouir de l'intérêt qu'il prendrait à ces sensations nouvelles.

S'il m'est permis d'ajouter encore une réflexion, je dois avouer que ce premier épanouissement du monde extérieur est toujours resté pour moi la véritable nature, l'original auprès duquel tout ce qui frappe nos sens par la suite semble n'être qu'une copie, qui, malgré sa ressemblance parfaite, n'a jamais cet esprit et ce caractère primitifs.

N'y aurait-il pas de quoi désespérer en voyant les objets extérieurs si froids, si inanimés, si nous n'avions en nous quelque chose qui donne à la nature un tout autre aspect de magnificence, en nous communiquant une force créatrice qui nous permet de nous ennoblir en elle.

Le crépuscule commençait à tomber, lorsque nous approchâmes du coin de la forêt où mon jeune ami m'avait promis de m'attendre. Je regardais de tous mes yeux pour le trouver; ne pouvant y réussir, je m'élançai en avant, impatienté de la marche lente de la société, et je me mis à battre le bois en tous sens. J'appelai, je me tourmentai; je ressentis pour la première fois une douleur passionnée.

Déjà se développait en moi le désir immodéré d'intimes affections; c'était déjà pour moi un besoin irrésistible d'affranchir mon esprit de l'image de la belle blonde en causant d'elle, de soulager mon cœur des sentiments qu'elle y avait éveillés : il était plein, ce cœur ; il allait déborder par ma bouche : j'accusai tout haut mon bon camarade d'avoir offensé l'amitié, d'avoir manqué à sa promesse.

———

Mais de plus cruelles épreuves m'étaient réservées. Lorsque nous entrâmes dans le village, nous vîmes des femmes s'élancer vers nous en poussant des cris, des enfants les suivaient en hurlant, personne ne parlait ni ne répondait à nos questions. Nous vîmes déboucher d'une rue latérale un cortége funèbre ; il s'avançait lentement dans la rue ; c'était comme un convoi, ou plutôt une suite de convois : les brancards ne finissaient pas de défiler. Les cris continuaient, redoublaient ; la foule s'augmentait : « Ils sont noyés, ils sont tous noyés ! — Lui ! — Qui ? qui donc ? » Les mères qui voyaient leurs enfants à côté d'elles semblaient plus calmes. Un homme s'avança gravement et dit à la femme du pasteur : « Je suis malheureusement rentré trop tard à la maison ; Adolphe est noyé, lui cinquième ; il a voulu tenir sa promesse et la mienne. »

L'homme, c'était le pêcheur lui-même, s'en alla rejoindre le cortége ; nous restions immobiles, glacés d'effroi. Un petit garçon s'avança, présentant un sac : « Voilà les écrevisses, madame ! » dit-il en élevant le sac au-dessus de sa tête. On recula d'horreur. On questionna, on demanda des explications et l'on apprit que ce dernier petit garçon était resté sur le bord et recueillait les écrevisses que lui jetaient ses camarades. Après de nouvelles questions on finit par apprendre qu'Adolphe était descendu dans l'eau avec deux enfants assez prudents, et que deux autres, plus jeunes, s'étaient joints à eux malgré les menaces et les réprimandes d'Adolphe. Les premiers avaient franchi une place escarpée et dangereuse ; les derniers glissèrent, cherchèrent à se rattraper et à s'accrocher les uns aux autres, de sorte que toute la bande fut précipitée dans l'eau. Adolphe, qui était bon nageur, aurait pu se sauver, mais ses camarades se tenaient à lui avec angoisse : il fut entraîné à fond. Le petit garçon avait couru au village en criant, et sans abandonner son sac d'écrevisses. Le pêcheur, qui par extraordinaire était rentré tard ce soir-là, accourut avec d'autres personnes ; on avait retiré successivement les enfants ; ils étaient morts, et on les rapportait au village.

Le pasteur et le pêcheur se rendirent en silence à la maison commune : la lune, qui venait de se lever, éclairait le funèbre cortége. Je le suivis, dans une agitation violente ; on ne voulut pas me laisser entrer ; j'étais dans un état effrayant. Je tournais autour de la maison sans pouvoir m'arrêter ; enfin je trouvai une fenêtre ouverte, et je pénétrai.

Dans la grande salle destinée aux réunions de toute espèce, les malheureux étaient étendus nus sur la paille ; l'obscure clarté d'une lampe éclairait ces corps d'une blancheur éblouissante. Je me jetai sur le plus grand, c'était mon ami ; je ne saurais dire dans quel état je me trouvais ; je pleurais amèrement, et j'inondais sa large poitrine de mes pleurs intarissables. J'avais entendu dire que des frictions étaient salutaires dans de pareils cas ; je le frictionnai avec mes larmes, et la chaleur que je provoquai me fit illusion. Dans mon égarement je voulus lui insuffler mon haleine ; mais ses dents, deux rangées de perles, étaient fortement serrées ; ses lèvres, sur lesquelles semblait reposer le dernier baiser d'adieu, refusaient de donner le plus léger signe de sentiment. N'espérant plus de secours du côté de la terre, je recourus à la prière, j'invoquai, je suppliai, il me semblait que je dusse opérer un miracle, évoquer l'âme non encore détachée du corps, ou la rappeler des régions voisines où elle flottait encore.

On m'arracha de ce lieu. Pleurant et sanglotant, je m'assis dans la voiture, et j'entendis à peine ce que disaient mes parents. Ma mère, comme je l'appris plus tard, s'en était remise à la volonté divine. J'avais fini par m'endormir, et je ne me réveillai que le lendemain matin fort tard, dans un état de trouble indéfinissable.

Lorsque je me rendis au déjeuner, je trouvai ma mère, ma tante et la cuisinière en grande discussion. On ne pouvait songer à cuire les écrevisses ni à les servir; mon père ne voulait pas revoir ce qui rappelait si directement un malheur récent. Ma tante paraissait fort empressée à s'emparer de ces bêtes, et me grondait en même temps d'avoir oublié d'apporter les primevères. Mais elle ne tarda pas à se calmer, car on lui abandonna les monstres qui grouillaient pêle-mêle, et dont le sort ultérieur fut discuté entre elle et la cuisinière.

Pour rendre cette scène intelligible, je dois donner ici quelques éclaircissements sur le caractère et la personne de cette femme. Ses qualités dominantes n'avaient, sous le rapport moral, rien de louable; et cependant, sous le rapport social et politique, elles ne manquaient pas de produire d'assez bons effets. A proprement parler, elle était avare, elle regrettait chaque pfennig qu'elle était obligée de débourser, et était toujours en quête de moyens qui lui permissent de se procurer gratis, par échange ou de quelque autre façon, ce dont elle avait besoin. Ainsi les primevères étaient destinées à faire du thé, qu'elle considérait comme plus sain que tous les thés de la Chine. « Dieu, disait-elle, a donné à chaque pays le nécessaire, et l'on n'a pas besoin d'aller chercher à l'étranger la nourriture, les racines, les drogues qu'on a chez soi. » Aussi cultivait-elle dans un petit jardin ce qui, à son idée, était propre à rendre les mets savoureux et salutaires pour les malades ; elle n'allait jamais dans les jardins des autres sans en rapporter quelque chose.

On lui passait très-volontiers ces manies, car sa fortune, assidûment amassée, devait tôt ou tard revenir à la famille ; aussi mon père et ma mère lui accordaient tout ce qu'elle voulait. Elle avait cependant une autre passion, infatigablement active ; c'était la vanité de passer pour une personne influente ou considérée. Et le fait est qu'elle avait acquis et mérité cette réputation. Elle savait employer à son profit les bavardages inutiles et souvent nuisibles qui circulent entre les femmes. Tout ce qui se passait dans la ville et dans l'intérieur des familles lui était parfaitement connu, et il ne se présentait guère d'affaire difficile dans laquelle elle n'eût trouvé moyen de se mêler, ce qui lui était d'autant plus facile qu'elle ne cherchait jamais qu'à se rendre utile, augmentant par là son crédit et sa réputation. Elle avait fait maint mariage, et des deux époux, il y en avait bien au moins un qui restait satisfait. Mais ce qui l'occupait le plus, c'étaient les secours et le concours qu'elle prêtait aux gens qui recherchaient un emploi, une position ; elle s'était formé de la sorte une nombreuse clientèle, dont ensuite elle utilisait l'influence.

Veuve d'un assez haut fonctionnaire, homme intègre et sévère, elle avait vu qu'on séduit par des bagatelles ceux qu'on ne pourrait gagner par des offres beaucoup plus importantes.

Pour ne pas nous éloigner de notre sujet, ajoutons qu'elle avait acquis une très-grande influence sur un homme qui occupait une place assez élevée. Il était aussi avare, et pour son malheur, tout aussi gourmand. Aussi le premier soin de ma tante était-il de lui servir des mets exquis, sous un prétexte quelconque. La conscience du brave homme n'était pas difficile à gagner, mais il fallait aussi s'acquérir des droits à son courage, à son audace, quand, dans des cas difficiles, il s'agissait de vaincre la résistance de ses collègues, et d'étouffer la voix du devoir qu'ils lui opposaient.

Il se trouvait que précisément dans ce moment ma tante protégeait un candidat sans mérite ; elle avait fait tout son possible pour le pousser ; la chose avait pris une tournure favorable, et les superbes écrevisses arrivaient fort à propos. Il n'y avait qu'à les nourrir soigneusement et les servir peu à peu sur la table du puissant protecteur, qui, d'ordinaire, dînait seul et fort maigrement.

Au reste, on parla beaucoup de ce funeste accident ; tout le monde en était fort ému. Mon père était du nombre de ces hommes qui, poussés par un esprit de bienveillance générale, avaient compris qu'on doit étendre sa sollicitude au delà du cercle de sa famille et de sa ville. Secondé par des médecins et des magistrats intelligents, il s'était efforcé d'écarter les obstacles qui s'opposaient à l'introduction de la vaccine. L'amélioration des hôpitaux, l'adoucissement du sort des prisonniers faisaient l'objet sinon de sa vie, du moins de ses lectures et de ses méditations ; et comme il exprimait toujours hautement ses convictions, il faisait véritablement beaucoup de bien.

Il considérait la société civile, à quelque forme de gouvernement qu'elle soit soumise, comme un état naturel, qui avait son bon et son mauvais côté, sa marche régulière, ses alternatives d'abondance et de disette, ses accidents imprévus : grêle, inondations, incendies ; le bien, il fallait l'arrêter au passage et en profiter ; le mal, le détourner ou s'y résigner ; mais, à son avis, rien n'était plus désirable que de voir la bienveillance générale se développer indépendamment de toute considération.

Par suite de ces principes, il fut porté à rappeler l'attention sur une question de bienfaisance qu'il avait déjà soulevée : il s'agissait des soins à donner pour rappeler à la vie les personnes qu'on croyait mortes, de quelque manière qu'elles eussent perdu les apparences de la vie. Ces entretiens m'apprirent qu'on avait fait à ces enfants tout le contraire de ce qu'il fallait faire, et qu'on les avait pour ainsi dire assassinés, et qu'une saignée les aurait peut-être sauvés. Dans mon ardeur juvénile, je me promis secrètement de ne négliger aucune occasion d'apprendre tout ce qui est nécessaire en pareil cas, particulièrement d'apprendre à saigner et à donner les premiers secours.

Mais le cours des événements ne tarda pas à m'entraîner. Le besoin d'amour et d'amitié s'était éveillé en moi ; je cherchais partout les moyens de le satisfaire ; bientôt mes sens, mon imagination, mon esprit furent entièrement absorbés par le théâtre. Où cela m'a conduit, je n'ose le répéter.

―――

Si je t'assurais, après ce long récit, que je ne suis pas encore arrivé à mon but, et que j'ai besoin de faire encore un détour pour l'atteindre? Que dire? Comment m'excuser? Je pourrais tout au plus alléguer que si l'on permet aux humoristes d'entasser mille choses pêle-mêle, d'abandonner hardiment à ses lecteurs le soin de découvrir sous des allusions ce qu'il en faut prendre, on doit accorder à l'homme sage et raisonnable de diriger son action d'une façon bizarre en apparence sur plusieurs points, pour qu'on les retrouve enfin concentrés et réfléchis en un seul foyer, et qu'on apprenne à reconnaître comment les influences les plus diverses entourent l'homme et le poussent à une résolution que ni une impulsion intérieure, ni une détermination étrangère ne l'auraient amené à prendre.

———

Parmi les différentes choses que j'ai encore à te dire, je puis choisir celle par laquelle je veux commencer ; toutefois l'ordre est indifférent. Arme-toi de patience, lis et relis encore, et tu finiras par voir se dégager tout naturellement ce qui t'aurait paru fort étrange si je l'avais exprimé d'un seul mot, au point que tu n'aurais pas daigné t'arrêter un moment à ces préliminaires, donnés en manière d'éclaircissements.

Mais pour abréger un peu, j'en reviens à la cheville à rame, et je veux te parler d'un entretien que j'ai eu avec notre excellent ami Jarno, que j'ai retrouvé dans la montagne sous le nom de Montan, entretien qui a éveillé en moi des sentiments tout particuliers. Les événements de la vie humaine ont quelque chose de mystérieux qui échappe à tout calcul. Tu te souviens sans doute de cette trousse que portait notre chirurgien lorsque tu vins à mon secours quand je gisais blessé dans la forêt? Elle frappa mes yeux de telle sorte et me fit une si forte impression que je fus tout ravi lorsque je la retrouvai plusieurs années après entre les mains du jeune chirurgien. Celui-ci n'y attachait pas une importance particulière. Les instruments s'étaient perfectionnés depuis lors ; il me céda d'autant plus volontiers la trousse que je lui facilitai les moyens d'en acquérir une nouvelle. Depuis lors je l'ai toujours portée sur moi ; elle ne me sert à rien, mais c'est un souvenir d'autant plus fidèle et plus consolant ; elle a été témoin de l'instant où a commencé mon bonheur, que je ne devais atteindre qu'après un long détour.

Jarno aperçut par hasard cet objet quand nous passâmes la nuit chez les charbonniers ; il le reconnut, et, sur mon aveu, me dit : « Je ne trouve rien de mal à ce qu'on garde un pareil fétiche en souvenir de quelque bonheur imprévu, de conséquences importantes résultant d'un événement inattendu ; cela nous élève en ce que cela a rapport à une chose incompréhensible, nous soutient dans les moments difficiles et fortifie nos espérances. Mais il serait plus beau cependant que ces instruments te donnassent l'idée de connaître à quoi ils servent, et de faire ce qu'ils te demandent dans leur muet langage.

— Je dois dire, répondis-je, que j'en ai eu cent fois l'intention ; il s'élevait en moi une voix intérieure qui me révélait ma véritable vocation.» Je lui racontai alors l'histoire des enfants noyés, et comme quoi, ayant su qu'on aurait pu les sauver en les saignant, j'avais résolu d'apprendre la chirurgie, et que mille circonstances m'avaient détourné de ma résolution.

« Prends-la donc sur-le-champ cette résolution, me dit-il ; voilà longtemps que je te vois occupé de choses qui concernent l'esprit, la sensibilité, le cœur de l'homme; mais qu'y as-tu gagné pour toi et pour les autres ? Des souffrances morales amenées par le malheur ou par notre propre faute ; pour les guérir, la raison ne peut rien, la sagesse peu de chose, le temps beaucoup ; une activité décidée, par contre, est toute-puissante. Chacun alors agit par lui et sur lui ; tu l'as éprouvé par toi-même et par les autres. »

Il continua à me sermonner avec son amertume habituelle, et me dit des choses fort dures, que je ne puis répéter. Il termina par ces mots : « Rien n'est plus digne de nos efforts que la connaissance d'une science qui nous permet de secourir l'homme bien portant frappé par un accident imprévu ; la santé se rétablit rapidement grâce à un traitement intelligent. Laissons les malades aux médecins, mais personne n'a plus besoin d'un chirurgien que l'homme bien portant. Dans la paisible vie de campagne, dans le cercle étroit de la famille, il est aussi bienvenu que dans le tumulte de la bataille ; dans les plus doux moments comme dans les plus affreux, partout règnent les chances d'accidents, plus cruelles et aussi brutales que la mort, empoisonnant la vie d'une façon encore plus impérieuse. »

Tu le connais, et tu croiras sans peine qu'il ne me ménagea pas plus qu'il n'a l'habitude de ménager le monde. Il s'appuya principalement sur cet argument, qu'il me présenta au nom de la grande société : « Votre culture générale et les institutions destinées à la procurer ne sont que des farces ridicules. L'important est qu'un homme possède à fond une science quelconque, qu'il puisse exécuter parfaitement ce que ne pourrait exécuter son voisin ; cela s'entend surtout de soi-même dans notre association. Tu es dans un âge où l'homme a le discernement nécessaire pour se proposer un travail qui lui convienne, juge les choses avec intelligence, en saisit le bon côté, et dirige ses facultés vers leur véritable but. »

Pourquoi t'exposer plus longtemps ce qui est évident ! Il me fit entendre clairement que je pourrais obtenir dispense de la vie nomade qu'on m'avait si singulièrement imposée ; mais j'éprouverais quelque difficulté avant d'y parvenir. « Tu es un de ces hommes, me dit-il, qui s'habituent aisément à un lieu et non à un devoir. A ceux-là nous imposons la vie errante, dans l'espoir de les amener à un genre de vie fixe. Veux-tu te consacrer sérieusement à la plus divine de toutes les professions, qui guérit sans miracle, et qui fait des miracles sans parler ? Je m'emploierai pour toi. » Il ajouta à ces paroles véhémentes toutes les considérations que lui suggéra son éloquence.

Je me décide à finir ; mais tu sauras bientôt avec détails l'usage que j'ai fait de la permission de séjourner plus longtemps en un lieu déterminé; comment j'ai su promptement me plier, me former à la profession pour laquelle j'ai toujours senti une secrète vocation. Bref, dans la grande entreprise que vous poursuivez, je serai pour la société un membre utile, indispensable, et je m'attacherai à vos pas avec une certaine assurance, avec un certain orgueil, car il n'y a pas de plus noble orgueil que celui d'être digne de vous.

LIVRE III

CHAPITRE PREMIER

Après tout ce qui s'était passé, Wilhelm ne songea plus qu'à se rapprocher des membres de la Société, et à se mettre en rapport avec quelques-unes de ses fractions. Il consulta sa tablette et prit la route qui devait le mener le plus rapidement à son but. Mais comme, pour cela, il fallait traverser le pays en droite ligne, il se vit forcé de partir à pied, et de faire porter son bagage après lui. Il fut amplement dédommagé de ses fatigues, car à chaque pas il découvrait à l'improviste les plus charmantes contrées. Elles avaient le caractère des pays où les dernières montagnes s'abaissent vers la plaine : collines boisées, pentes douces soigneusement cultivées; toutes les plaines étaient vertes, rien d'escarpé, de stérile, point de terres en friche. Puis il arriva à la vallée principale, où convergeaient les eaux ; elle était cultivée avec non moins de soin ; des arbres élancés masquaient les sinuosités de la rivière et des ruisseaux qui s'y jetaient. Lorsqu'il consulta sa carte, il vit avec surprise que la ligne tracée coupait directement cette vallée, et qu'il se trouvait dans le droit chemin.

Un vieux château, bien entretenu et réparé à différentes époques, occupait le sommet d'une hauteur boisée au pied de laquelle s'étalait un joli bourg dont l'édifice saillant était une auberge de bonne apparence. Wilhelm s'y rendit ; l'aubergiste le reçut fort gracieusement, mais s'excusa de ne pouvoir l'héberger sans la permission d'une société qui avait loué l'auberge pour plusieurs jours, ce qui l'obligeait à envoyer tous les voyageurs à l'ancienne auberge, située plus loin. Après quelques pourparlers l'homme parut se consulter et dit : « A la vérité, il n'y a maintenant personne ici ; mais c'est aujourd'hui samedi, et l'intendant ne tardera pas à arriver pour régler les comptes de la semaine et donner ses ordres pour la semaine suivante. Ces hommes sont des gens d'ordre par excellence, et c'est un plaisir d'avoir affaire à eux, quoiqu'ils soient assez serrés ; avec eux le profit n'est pas grand, mais il est sûr. » Il pria en même temps son hôte de monter dans la grande salle et d'y attendre la décision que prendrait la société à son égard.

La salle était vaste et propre, sans autres meubles que des bancs et des tables. Wilhelm n'en fut que plus surpris en voyant, fixé au-dessus de la porte, un grand tableau portant les mots suivants, écrits en lettres d'or : UBI HOMINES SUNT, SUNT MODI, ce qui veut dire que partout où les hommes sont réunis en société, il s'établit aussitôt des règles qui leur permettent d'être et de rester ensemble. Cette maxime donna à penser à notre voyageur; il en tira un bon augure, car il y trouvait la confirmation de ce qu'il avait, plusieurs fois dans sa vie, reconnu sage et utile. Quelques instants après l'intendant apparut. L'aubergiste l'avait préparé, et, après un court entretien, sans lui faire de questions indiscrètes, il accueillit notre ami aux conditions suivantes : « Rester trois jours, prendre part, sans mot dire, à tout ce qu'il verrait faire, et, quoi qu'il arrivât, n'en pas demander le motif, non plus que son compte, lorsqu'il partirait. » Le voyageur dut souscrire à tout, car l'intendant ne voulait céder sur aucun point.

L'intendant allait s'éloigner, lorsqu'on entendit retentir un chant sur l'escalier; deux beaux jeunes hommes entrèrent; le bailli leur indiqua, par un signe, que l'étranger était admis. Sans interrompre leur chant, ils le saluèrent amicalement par un aimable duo qui montrait qu'ils étaient parfaitement exercés et passés maîtres dans leur art. Comme Wilhelm paraissait les écouter avec un grand intérêt, ils s'arrêtèrent et lui demandèrent s'il n'avait pas composé, dans son voyage à pied, quelque lied qu'il chantait en poursuivant son chemin : « La nature, répondit Wilhelm, ne m'a point accordé une belle voix, mais il me semble parfois qu'un génie mystérieux me murmure des rhythmes, si bien que je marche toujours en mesure et que je crois entendre de légers sons accompagnant quelque lied qui me revient agréablement en mémoire.

— Si vous vous en rappelez un, dirent les jeunes hommes, veuillez nous l'écrire ; nous verrons si nous pouvons accompagner votre génie musical. »

Wilhelm arracha une feuille de son carnet et y traça les vers suivants :

> De la montagne aux collines,
> Et le long de la vallée,
> Résonne comme un bruit d'ailes,
> Se meut comme un chant.
> Cette impulsion infinie
> Que la joie, que la sagesse la suivent !
> Et que tes vœux soient dans l'amour,
> Et que ta vie soit à l'action.

Après s'être recueillis quelques instants, les jeunes gens entonnèrent un joyeux chant à deux parties dans un mouvement de marche qui, par ses reprises et ses variations, charma l'auditeur. Il se demandait si c'était sa propre mélodie, son premier thème, ou si elle venait seulement d'être adaptée aux paroles, de manière à rendre tout autre mouvement impossible. Les chanteurs s'étaient amusés quelque temps de la sorte, lorsque entrèrent deux robustes garçons, qu'à leurs attributs on pouvait prendre pour des maçons, puis deux autres qui devaient être des charpentiers. Ces quatre individus déposèrent sans bruit leurs outils, écoutèrent attentivement le chant, puis s'y associèrent avec aisance, au point qu'on eût dit une société de compagnons cheminant par monts et par vaux. Wilhelm n'avait rien entendu de plus aimable, rien qui élevât davantage le cœur et l'esprit. Mais il allait bientôt goûter une jouissance plus complète encore. Un personnage gigantesque monta l'escalier d'un pas ferme et lourd, qu'il s'efforçait en vain de rendre léger. Il déposa dans un coin ses crochets pesamment chargés, s'assit sur un banc qui gémit sous le poids, ce qui fit rire les autres sans cependant interrompre leur chant. Mais Wilhelm fut bien étonné lorsque, avec une formidable voix de basse, le fils d'Énac se mit à chanter aussi. La salle en tremblait et l'on s'aperçut qu'il avait aussitôt changé le refrain dans sa partie et qu'il chantait :

> Dans la vie, ne diffère rien ;
> Que ta vie soit action sur action !

On put aussi remarquer qu'il ralentissait le mouvement et forçait les autres à s'y conformer. Lorsqu'ils eurent cessé, les chanteurs reprochèrent au colosse de s'être appliqué à les troubler. « Point du tout, s'écriat-il, c'est vous qui me troubliez. Vous vouliez me faire sortir de mon allure, qui doit être ferme et mesurée, quand j'ai à gravir ou à descendre la montagne avec mon fardeau pour arriver à l'heure dite, pour vous contenter tous. »

Ils entrèrent ensuite l'un après l'autre chez l'intendant, et Wilhelm vit bien qu'il s'agissait de règlements de comptes, mais il n'osa pas demander d'explications. Dans l'intervalle, arrivèrent deux jeunes garçons, qui dressèrent vivement la table ; ils y placèrent des mets et du vin en quantité suffisante, puis le bailli rentra et invita tout le monde à s'asseoir. Les jeunes garçons servaient, mais ils ne s'oubliaient point, et mangeaient debout. Wilhelm se rappela avoir vu pareille chose lorsqu'il vivait avec les comédiens ; mais la société où il se trouvait en ce moment lui paraissait bien autrement grave et avait pour but, non pas le badinage et l'apparence, mais un sérieux emploi de la vie.

La conversation des ouvriers avec l'intendant ne lui laissa point de doute à ce sujet. Les quatre robustes jeunes gens travaillaient dans le pays, où un violent incendie avait réduit en cendres une petite ville du voisinage. Il apprit encore que le bailli s'occupait de se procurer les bois et autres matériaux, ce qui surprit fort notre ami, car tout annonçait que ces gens n'étaient point du pays et qu'ils n'étaient là qu'en passant. A la fin du dîner, Saint-Christophe, c'était le nom du géant, s'administra, en guise de potion somnifère, un grand verre de vin, mis de côté à son intention, et un chant joyeux tint quelque temps encore les convives réunis, pour l'oreille du moins, car ils avaient déjà disparu aux regards. On conduisit Wilhelm dans une chambre agréablement située. La pleine lune, éclairant une riche campagne, était déjà levée, et réveilla dans le cœur de notre voyageur des souvenirs en harmonie avec ce spectacle. Il vit passer devant lui les images de ses amis les plus chers, celle de Lénardo surtout était si vivante, qu'il lui sembla vraiment le voir. Préparé par ces douces sensations, Wilhelm allait s'endormir, lorsqu'un bruit étrange vint lui causer une sorte de terreur. Ce bruit était lointain, et cependant il paraissait partir de la maison même, car la maison tremblait et les poutres s'ébranlaient lorsqu'il parvenait à son plus haut degré d'intensité. Wilhelm, qui avait l'oreille assez fine pour distinguer tous les bruits, ne pouvait reconnaître celui-ci : il le comparait au ronflement d'un gros tuyau d'orgue, qui, en raison de son grand diamètre, ne produit aucun son distinct. Nous ne pouvons dire si ce tapage cessa au matin ou si Wilhelm, s'y étant peu à peu accoutumé, finit par ne plus l'entendre, le fait est qu'il s'endormit et qu'il fut agréablement réveillé par les œil levant.

À peine un des jeunes garçons lui eut-il apporté son déjeuner, que Wilhelm vit entrer un personnage qu'il avait vu la veille à table, sans pouvoir déterminer sa profession. C'était un homme bien taillé, large d'épaules, agile; il étala devant lui les ustensiles d'un barbier, et se mit en devoir de rendre ses services à Wilhelm. Il s'acquitta de cette tâche avec une extrême légèreté de main, sans articuler un son. Wilhelm parla donc le premier et lui dit : « Vous êtes passé maître dans votre art, et je ne crois pas avoir jamais senti sur mes joues un rasoir plus doux; mais vous semblez observer en même temps avec grande exactitude les lois de votre société. »

Le barbier silencieux sourit malicieusement et s'esquiva en se posant le doigt sur la bouche. » En vérité, lui cria Wilhelm, vous êtes le Manteau rouge ou, tout au moins, un de ses descendants; il est heureux pour vous que vous n'ayez pas besoin de moi pour vous rendre la pareille, vous vous en seriez assurément mal trouvé. »

À peine ce singulier personnage s'était-il éloigné, que le bailli survint, et transmit à Wilhelm une invitation à dîner, conçue dans des termes assez étranges : « L'*Union*, dit l'intendant, souhaite la bienvenue à l'étranger ; elle l'invite à dîner pour aujourd'hui, et se flatte de pouvoir entrer en relations plus intimes avec lui. » Le bailli s'informa en outre de la santé de Wilhelm et lui demanda s'il était satisfait de l'hospitalité qu'il avait reçue. Notre ami n'avait que des éloges à donner. Il aurait bien voulu demander à cet homme, comme tout à l'heure au barbier silencieux, ce que c'était que ce bruit effroyable qui l'avait sinon épouvanté, du moins troublé pendant la nuit ; mais il se rappela sa promesse et s'abstint de questionner, espérant que, sans être importun, il apprendrait par hasard, ou par la complaisance de la société, ce qu'il désirait savoir.

Quand notre ami se trouva seul, il songea tout d'abord au singulier personnage qui l'avait fait inviter ; il était assez embarrassé. Désigner un ou plusieurs chefs par une abstraction lui semblait par trop circonspect. Au reste il régnait autour de lui un tel silence, qu'il ne croyait pas avoir jamais vu un dimanche aussi tranquille. Il sortit de l'auberge et, guidé par le son des cloches, il se dirigea vers la petite ville. La messe venait de finir, et parmi la foule des habitants et des paysans il reconnut trois de ses connaissances de la veille, un charpentier, un maçon et un des jeunes servants. Quelques instants plus tard, il retrouva les trois autres parmi les fidèles protestants. Comment les autres avaient rempli leurs devoirs religieux, il ne put le savoir ; mais il crut pouvoir conclure qu'une parfaite liberté religieuse régnait dans cette société.

Vers midi, l'intendant vint au-devant de lui à la porte du château, et, lui faisant traverser plusieurs salles, le conduisit dans une grande antichambre, où il le pria de s'asseoir. Beaucoup de personnes passèrent devant eux et entrèrent dans une salle voisine ; celles qu'il connaissait étaient du nombre, y compris Saint-Christophe : tous saluèrent l'intendant et Wilhelm. Mais ce qui surprit le plus notre ami, c'était de ne voir que des ouvriers, tous dans leur costume ordinaire, mais proprement vêtus ; quelques-uns seulement pouvaient passer tout au plus pour des employés de chancellerie.

Comme il ne se présentait plus personne, l'intendant conduisit notre ami, par une grande porte, dans une salle spacieuse, où était servie une table à perte de vue. On lui en fit remonter toute la longueur jusqu'au haut bout, qu'occupaient trois personnes. Mais quel fut son étonnement, lorsque Lénardo lui sauta au cou, avant qu'il eût eu le temps de le reconnaître ! Il s'était à peine remis de sa surprise qu'un second personnage embrassa Wilhelm avec ardeur et effusion : c'était le bizarre Frédéric, le frère de Nathalie. La joie des trois amis se communiqua à toute l'assemblée ; un cri d'allégresse retentit dans la salle. Mais, dès qu'on se fut assis, le silence s'établit, et le dîner commença et s'acheva avec une certaine solennité.

Vers la fin du repas, Lénardo fit un signe, deux chanteurs se levèrent, et Wilhelm fut fort surpris d'entendre répéter le lied de la veille, que nous croyons devoir reproduire ici pour l'intelligence du récit :

> De la montagne aux collines,
> Et le long de la vallée,
> Résonne comme un bruit d'ailes,
> Se meut comme un chant.
> Cette impulsion infinie
> Que la joie, que la sagesse les suivent !
> Et que tes vœux soient dans l'amour,
> Et que ta vie soit à l'action.

A peine ce duo, accompagné par un chœur en sourdine, fut-il près d'être terminé, que deux autres chanteurs se levèrent brusquement et transformèrent le chant, plutôt qu'ils ne le continuèrent, avec une véhémence pleine de gravité, et à la grande surprise du voyageur ils s'exprimèrent ainsi :

> Car les liens sont brisés,
> La confiance est ébranlée ;
> Puis-je dire, puis-je savoir,
> A quels hasards exposé,
> Je dois m'éloigner, je dois partir,
> Triste comme la veuve,
> Et tantôt avec l'un, tantôt avec l'autre,
> Marcher en avant, toujours en avant !

Le chœur, qui reprit cette strophe, devenait toujours plus nombreux, plus puissant, ce qui n'empêchait pas Saint-Christophe, placé au bas bout de la table, de le dominer de sa voix. Cette plainte finit par devenir presque effrayante. Une sombre ardeur donnait à l'ensemble, grâce au talent des chanteurs, un caractère fugué qui fit tressaillir notre ami. Ils semblaient tous pénétrés du même sentiment, et déplorer leur propre sort, à l'approche d'une séparation prochaine. Les reprises capricieuses, les retours répétés d'un chant qui semblait épuisé, finirent par paraître dangereux à l'Union elle-même : Lénardo se leva, tout le monde se rassit, et l'hymne cessa. Lénardo fit entendre ces paroles affectueuses : « Je ne puis vous blâmer de vous représenter le sort qui nous attend tous, afin d'y être toujours préparés. Mais si des vieillards, las de la vie, ont dit aux leurs : « Pense à mourir ! » nous autres hommes jeunes et qui tenons à la vie, nous devons nous fortifier et nous encourager les uns les autres par ces joyeuses paroles : « Pense à voyager ! » A côté de cela, il est bon de nous rappeler, avec mesure et gaieté, ce que nous entreprenons volontairement ou ce que nous nous croyons obligés de faire. Vous savez parfaitement ce qui, chez nous, est permanent et ce qui est variable; montrez-le-nous par des accents qui inspirent la joie et la confiance, et que ce soir, en l'honneur de vos chants, je vide cette coupe de l'adieu! »

En disant cela, il vida son verre et s'assit. Les quatre chanteurs se levèrent aussitôt et firent entendre les vers suivants :

> Ne reste pas attaché au sol,
> Allons, hardi! allons, et marche!
> Une tête et un bras, avec une joyeuse vigueur,
> Sont partout chez eux!
> Partout où le soleil nous éclaire
> Nous sommes exempts de soucis;
> C'est pour que nous nous dispersions sur elle
> Que la terre est si grande!

Sur la reprise du chant, Lénardo se leva et tout le monde avec lui. A un signal qu'il donna, tous les convives se mirent en mouvement en chantant: ceux du bas, Saint-Christophe en tête, sortirent deux à deux, et le chant de voyage résonnait toujours plus joyeux et plus libre, mais il produisit encore plus d'effet lorsque l'assemblée, réunie sur les terrasses du jardin, contempla la spacieuse vallée dans laquelle on aurait aimé à se perdre. Tandis que la foule se dispersait à son gré de tous côtés, on présenta Wilhelm au troisième chef. C'était le bailli, qui avait abandonné à la société, et pour tout le temps qu'elle voudrait, cette demeure comtale, située au milieu de plusieurs seigneuries, et lui avait procuré différents avantages, mais, en homme habile, il avait su, en échange, utiliser la présence de ces singuliers hôtes. En effet, il leur livrait à très-bon marché les légumes et les objets de première nécessité, mais il profita de cette occasion pour faire regarnir les toits depuis longtemps abandonnés, réparer les combles, reprendre les murs en sous-œuvre, refaire les planchers et maint autre travail ; de sorte qu'une propriété abandonnée et ruinée d'une famille en décadence prit un air vivant et habité, et fournit la preuve de cet axiome : que la vie donne la vie, et que celui qui est utile aux autres les met dans la nécessité de lui être utiles à leur tour.

CHAPITRE II

Hersille à Wilhelm.

« L'état où je me trouve me rappelle les tragédies d'Alfieri : comme les confidents y sont absolument supprimés, tout finit par se passer forcément en monologues ; et, en vérité, une correspondance avec vous ressemble fort à un monologue ; vos réponses ne font que reprendre vaguement nos syllabes comme un écho, et les renvoient se perdre dans l'air. Avez-vous une seule fois répondu quelque chose à quoi l'on puisse répondre à son tour ? Vos lettres sont évasives, refroidissantes ! Quand je me lève pour aller au-devant de vous, vous me faites retomber sur ma chaise !

« Ces lignes étaient écrites depuis quelques jours ; un nouvel incident me presse, et il se présente une occasion favorable d'envoyer cette lettre à Lénardo : elle vous trouvera auprès de lui ou l'on saura où vous trouver. Mais, quelque part qu'elle vous atteigne, je vous dirai que si, en la lisant, vous ne bondissez pas de dessus votre siége, et vous n'accourez bien vite auprès de moi, je vous déclare le plus homme de tous les hommes, c'est-à-dire absolument dénué de la plus aimable qualité de notre sexe, j'entends par là la curiosité, qui, dans ce moment même, me tourmente furieusement.

« En un mot, la clef de votre précieuse cassette est trouvée : mais personne ne doit le savoir que vous et moi. Apprenez comment elle est venue en ma possession.

« Il y a quelques jours notre bailli reçoit une expédition d'une juridiction étrangère, où on lui demande si, à telle et telle époque, un jeune garçon n'a pas séjourné dans notre voisinage, fait mille mauvais tours, et, finalement, perdu sa jaquette dans une entreprise téméraire.

« A la façon dont ce vaurien nous était décrit, nous n'avons point douté qu'il ne s'agit de Fitz, dont Félix nous parlait toujours, et qu'il regrettait si souvent.

« Cette administration nous demandait ce vêtement dans le cas où nous l'aurions encore, parce que l'enfant, contre lequel on instruisait, invoquait cette pièce en sa faveur. Notre bailli nous parle incidemment de cette requête, et nous montre la jaquette avant de l'envoyer.

« Un bon ou mauvais génie me pousse à fouiller les poches de ce vêtement ; ma main tombe sur quelque chose d'anguleux et de tout petit ; moi, qui suis d'habitude si peureuse et si chatouilleuse, je serre la main, je la ferme, je ne dis rien, et l'on expédie la jaquette. Tout d'un coup je suis saisie du sentiment le plus singulier du monde. Au premier regard jeté à la dérobée sur cet objet, je devine que c'est la clef de votre cassette. Puis je suis assaillie de mille scrupules de conscience. Révéler ma trouvaille, la livrer, cela m'était possible : qu'importe à ces juges une chose qui peut être si utile à un ami ! Le droit et le devoir me présentèrent encore bien des arguments, mais je ne les écoutai pas.

« Voyez maintenant dans quelle situation me met l'amitié ; une faculté merveilleuse se développe en moi pour l'amour de vous : quel prodigieux événement ! Pourvu que le sentiment qui fait ainsi contre-poids à ma conscience ne soit pas quelque chose de plus fort que l'amitié !

« Je suis singulièrement inquiète, balancée entre ma faute et ma curiosité ; je me crée mille fantômes, mille contes de tout ce qui pourrait résulter de mon action. Il ne faut pas plaisanter avec la justice. Hersilie, cette fille ingénue, parfois espiègle, impliquée dans un procès criminel ! car cela finira par là. Et que me reste-t-il à faire, sinon à penser à l'ami pour lequel je souffre tout cela ! Jusqu'alors j'avais bien pensé à vous, mais avec des intermittences ; maintenant j'y songe sans cesse : lorsque le cœur me bat trop fort et que je pense au septième commandement, je m'adresse à vous comme au saint qui a fait commettre la faute et qui peut me faire pardonner : je ne serai calmée que lorsque la cassette sera ouverte. Ma curiosité est doublée. Venez au plus vite et apportez la cassette. De quel tribunal relève ce mystère, nous discuterons cela ensemble ; jusqu'à nouvel ordre, qu'il reste entre nous ; que personne au monde n'en sache rien.

« Eh bien, mon ami, que dites-vous de cette copie de l'énigme ? Ne vous fait-elle pas l'effet d'une flèche barbelée ? Que Dieu nous soit en aide ! Nous mettrons d'abord la cassette fermée, entre nous deux, puis, une fois ouverte, elle nous dira ce qu'il faudra faire ensuite. Je voudrais qu'il n'y ait rien dedans, et ce que je voudrais encore, et ce que je voudrais vous raconter encore... Non, je vous le réserve pourque vous vous mettiez plus vite en route.

——

« Et maintenant, un post-scriptum à la manière des jeunes filles ! Pourquoi nous mêlons-nous de cette cassette ? Elle appartient à Félix ; c'est lui qui l'a découverte, qui en a pris possession ; il faut le faire venir, nous ne pouvons l'ouvrir qu'en sa présence.

« Et qu'est-ce encore que ces cérémonies ! Tout cela se confond, c'est à n'en plus finir.

« Pourquoi errez-vous ainsi par le monde ? Venez ! Amenez l'aimable enfant que je voudrais tant revoir. Et voilà que cela recommence, le père et le fils ! Faites ce que vous pourrez, mais venez tous les deux. »

CHAPITRE III

La singulière lettre que nous venons de rapporter était écrite depuis longtemps ; elle avait couru de côté et d'autre avant de parvenir à son adresse. Wilhelm résolut d'y répondre avec bienveillance, mais d'une façon négative, par le premier messager, qui devait partir prochainement. Hersilie ne paraissait pas tenir compte de la distance, et il était en ce moment trop sérieusement occupé pour ressentir la moindre curiosité à l'endroit de ce que pouvait renfermer la cassette.

Quelques accidents, arrivés aux membres les plus robustes de la société, lui fournirent l'occasion de faire ses preuves dans l'art auquel il s'était consacré. De même qu'un mot en amène un autre, une action découle plus heureusement encore d'une action, et si à leur tour les actions donnent lieu à des paroles, ces paroles n'en sont que plus fructueuses et plus propres à élever l'esprit. Les conversations de l'Union étaient donc aussi instructives qu'attrayantes, car nos amis se rendaient mutuellement compte de la marche qu'ils avaient jusqu'alors suivie dans leurs études et leurs travaux, et il en était résulté un développement intellectuel qui les surprenait eux-mêmes, au point qu'ils étaient obligés de rapprendre à se connaître entre eux.

Un soir, Wilhelm commença son récit de la sorte : « Voulant étudier la médecine, je me transportai dans un grand établissement d'une ville importante : c'est là seulement qu'on peut apprendre quelque chose ; je m'appliquai tout d'abord à l'anatomie, qui est l'étude fondamentale.

« C'est d'une façon fort singulière et impossible à deviner que j'avais acquis une grande connaissance de la forme humaine; c'était dans ma carrière théâtrale : tout bien considéré, le corps est tout au théâtre... Un bel homme, une belle femme! Si le directeur est assez heureux pour se les procurer, le succès des auteurs tragiques et comiques est assuré. L'existence débraillée que mènent les comédiens permet à leurs camarades d'apprécier, mieux que partout ailleurs, la beauté propre des parties du corps qu'on laisse à découvert : souvent aussi les costumes variés forcent à mettre en évidence ce que dans la vie ordinaire on cache soigneusement. J'aurais bien des choses à dire là-dessus, comme aussi au sujet des imperfections corporelles que le comédien habile doit savoir reconnaître chez lui et chez les autres pour les corriger ou du moins les dissimuler. De cette façon, j'étais suffisamment préparé à prêter une attention raisonnée à l'enseignement anatomique qui apprend à connaître les parties extérieures du corps ; les parties intérieures ne m'étaient pas non plus étrangères, j'en avais toujours perçu une sorte de pressentiment. Nos études étaient désagréablement gênées par le manque de sujets, qui excitait des plaintes continuelles, par l'insuffisance des cadavres qu'un si noble but faisait désirer de soumettre à la dissection. Pour s'en procurer, sinon un nombre suffisant, du moins une plus grande quantité, on avait rendu des ordonnances sévères, qui nous livraient, non-seulement les criminels qui n'avaient plus aucun droit sur leur personne, mais encore tous les autres individus privés de protection matérielle ou spirituelle.

« Nos besoins croissaient toujours, et avec eux la sévérité des ordonnances et la répugnance du peuple, qui, selon ses idées morales et religieuses, ne peut faire abandon de sa personnalité et de celle des êtres qu'il aime.

« Le mal ne faisait qu'augmenter ; on finit par craindre que les paisibles tombeaux des personnes aimées ne fussent menacés à leur tour. L'âge, la dignité, les rangs les plus élevés comme les plus humbles n'étaient plus assurés du repos de la tombe. Le tertre qu'on avait paré de fleurs, l'inscription destinée à conserver le souvenir du défunt, rien ne pouvait protéger la mort contre la rapacité lucrative. La douleur des derniers adieux en était rendue plus cruelle, et on s'éloignait de la fosse en pensant que les membres des personnes chéries seraient peut-être déchirés, dispersés et profanés.

« Les plaintes se renouvelaient de part et d'autre, sans qu'on eût songé ni pu songer à trouver un remède, lorsque des jeunes gens qui avaient suivi nos cours avec attention voulurent également se convaincre par leurs yeux et leurs mains de ce que jusqu'alors ils n'avaient appris que théoriquement, et fixer d'une manière plus vive dans leur esprit des connaissances si nécessaires. Dans de pareils moments se développe comme une soif étrange de la science, qui pousse à rechercher la satisfaction la plus repoussante comme la chose la plus nécessaire et la plus agréable.

« Depuis quelque temps ces obstacles et ces longueurs occupaient les amis de l'action et de la science, lorsqu'un événement, qui mit en émoi toute la ville, donna lieu à une vive discussion. Une très-belle jeune fille, égarée par un amour malheureux, avait cherché et trouvé la mort dans la rivière; la clinique s'empara du corps. Les parents, la famille, l'amant même, sur la conduite duquel la défunte avait conçu de faux soupçons, réclamèrent en vain. L'autorité, qui venait de publier des ordonnances encore plus rigoureuses, ne voulut admettre aucune exception. D'ailleurs on s'était hâté d'utiliser et de partager cette proie. »

Wilhelm fut convoqué, comme étant le premier inscrit : il trouva, devant le siége qui lui fut assigné, sur une planche bien propre, une tâche difficile : car lorsqu'il eut enlevé le linge, il vit le plus beau bras de femme qui ait jamais enlacé le cou d'un jeune homme. Il tenait sa trousse à la main, hésitant à l'ouvrir ; il restait debout, n'osant pas s'asseoir. La répugnance à défigurer ce magnifique ouvrage de la nature luttait avec ce qu'un homme avide de science doit exiger de lui, sentiment qui était celui de tous les assistants.

A ce moment il vit s'avancer vers lui un homme de bonne mine, qu'il avait vu quelquefois assister aux cours, qu'il écoutait avec une extrême attention. Wilhelm avait souvent demandé des renseignements sur son compte ; mais personne n'avait pu lui en donner de suffisants : on s'accordait à le dire sculpteur; mais on prétendait qu'il était en même temps alchimiste, et qu'il habitait une grande et vieille maison dont le vestibule était seul accessible aux personnes qui venaient le visiter ou travailler chez lui; toutes les autres pièces étaient rigoureusement fermées. Cet homme s'était à différentes reprises rapproché de Wilhelm; il était sorti avec lui de la salle des cours, mais il paraissait éviter toute explication et toute liaison plus intime.

Cette fois, cependant, il l'aborda avec une certaine franchise. « Je vois que vous hésitez, dit-il; vous contemplez cette belle image sans pouvoir la détruire; élevez-vous au-dessus de l'esprit du corps et suivez-moi. » Là-dessus il recouvrit le bras, fit un signe au garçon de salle, et sortit avec Wilhelm. Après qu'ils eurent marché quelque temps en silence, la nouvelle connaissance de Wilhelm s'arrêta devant un grand portail, ouvrit une porte basse et fit entrer notre ami, qui se trouva dans une vaste cour couverte, comme on en voit dans les anciennes maisons de commerce, pour abriter les ballots et les caisses à leur arrivée; elle était pleine de statues et de bustes moulés en plâtre, et de caisses pleines ou vides.

« Cela a l'air bien marchand, dit l'homme; c'est un avantage inappréciable pour moi de pouvoir faire d'ici mes envois par eau. » Tout cela s'accordait fort bien avec l'état de sculpteur; Wilhelm s'affermit dans cette idée lorsque son hôte bienveillant, lui ayant fait monter quelques degrés, le conduisit dans une salle spacieuse dont tout le pourtour était garni de hauts et de bas-reliefs, de figures grandes et petites, et de modèles de membres. Notre ami considérait tous ces objets avec plaisir, il écoutait les paroles instructives de son guide, tout en remarquant qu'il y avait un abîme entre ces travaux d'art et les études scientifiques. Enfin le maître de la maison lui dit avec une certaine gravité : « Vous comprendrez aisément pourquoi je vous amène ici. Cette porte, continua-t-il, en se tournant vers un des côtés de la chambre, touche de plus près que vous ne le croyez à la salle que nous venons de quitter. »

Wilhelm entra, et certes il eut lieu de s'étonner, lorsqu'au lieu de voir, comme dans les salles précédentes, l'imitation de formes vivantes, il trouva les murailles couvertes de pièces anatomiques ; elles étaient en cire ou en quelque autre matière, et avaient l'aspect frais et coloré des préparations que l'on vient d'achever.

« Vous voyez ici, mon ami, dit l'artiste, de précieux auxiliaires pour les travaux que nous préparons à la grande répugnance du peuple, à des heures incommodes, avec beaucoup de peine et de dégoût, et qui finissent toujours par se gâter ou ne se conservent que sous une forme repoussante. Il me faut entourer ces travaux du plus profond secret, car vous en avez sans doute entendu parler avec dédain par les hommes du métier. Mais je ne me laisse pas décourager, et je prépare quelque chose qui, assurément, aura plus tard une grande influence. Le chirurgien principalement, s'il s'élève à l'idée plastique, sera certainement mieux que personne en état de venir, à chaque accident, en aide à la nature éternellement reproductrice ; le médecin lui-même trouverait dans de pareils sentiments de salutaires enseignements. Mais c'est assez de paroles. Vous apprendrez bientôt qu'on s'instruit plus à construire qu'à détruire, à unir qu'à séparer, à animer la mort qu'à tuer une seconde fois ce qui est mort. En un mot, voulez-vous être mon élève? »

Wilhelm ayant répondu affirmativement, le savant lui présenta le squelette d'un bras de femme, dans la même position que celui de la jeune fille. « J'ai remarqué, dit-il, que vous vous attachiez de préférence à l'étude des ligaments, et vous avez raison, car, pour nous, c'est par eux que la charpente osseuse reprend la forme humaine ; c'est de cette façon qu'Ézéchiel dut voir d'abord son champ d'ossements se rajuster et se relier, avant que les membres puissent se mouvoir, les bras s'étendre, les jambes se dresser. Voici un morceau de cire, des baguettes et tout ce qu'il faut ; essayez. »

Le nouveau disciple se recueillit, et, en examinant de plus près les os du squelette, il vit qu'ils étaient artistement fabriqués en bois : « J'ai, dit le maître, un habile homme qui ne faisait pas ses affaires parce que les saints et les martyrs qu'il sculptait n'avaient plus de débit : je lui ai conseillé de s'adonner à la fabrication des squelettes grands et petits. »

Notre ami fit de son mieux et obtint des encouragements de son maître. Il put en même temps observer la variété d'intensité dans le souvenir, et il reconnut, à sa grande satisfaction, que la mémoire est réveillée par l'action. Il se passionna pour ce travail et demanda au maître la permission de demeurer dans sa maison. Là, il travailla sans relâche. Les grands et les petits os du bras furent bientôt assemblés convenablement, mais il fallut ensuite les recouvrir de nerfs et de muscles, et il semblait impossible à notre ami de reconstituer de la sorte, dans leurs justes proportions, toutes les parties du corps. Le maître rendit courage à Wilhelm en lui faisant observer qu'au moyen du moulage on pouvait reproduire facilement un objet, tandis que la copie exacte des modèles demandait de nouveaux efforts, une nouvelle attention.

Toute chose à laquelle l'homme s'applique sérieusement est infinie ; mais, pour surmonter les obstacles, il a besoin d'une active émulation. Wilhelm surmonta bientôt le sentiment de son impuissance, sentiment désespérant, et finit par trouver un bonheur réel dans son travail.

« Je suis charmé, dit l'artiste, de vous voir réussir dans cette spécialité ; cela me prouve l'excellence de ma méthode, quoiqu'elle n'ait pas l'approbation des maîtres de la science. Il faut une école qui conserve soigneusement les traditions ; ce qui s'est fait jusqu'à ce jour doit se faire encore dans l'avenir ; cela est bon et cela doit être. Mais quand l'école s'arrête, il faut avoir l'esprit de s'en apercevoir ; il faut s'attacher à ce qui est vivant, et expérimenter, mais en secret ; autrement on gêne les autres et l'on est gêné par eux. Vous avez senti d'une façon vivante, et cela se voit à votre travail ; réunir vaut mieux que séparer, copier vaut mieux que regarder. »

Wilhelm apprit que ces modèles s'expédiaient sans bruit au loin, et, ce qui lui causa une grande surprise, que les pièces en réserve devaient être emballées et passer la mer. Cet artiste s'était déjà mis en rapport avec Lothaire et ses amis : on avait reconnu que la fondation d'une école de ce genre serait particulièrement convenable dans ces provinces naissantes, et même nécessaire au milieu d'hommes honnêtes et primitifs pour lesquels la dissection a toujours quelque chose du cannibalisme.

« Si vous m'accordez que la plupart des médecins et des chirurgiens ne conservent dans leur esprit qu'une notion générale de l'anatomie du corps humain, et trouvent qu'il n'en faut pas davantage, il est certain que nos modèles suffiront à rafraîchir dans leur mémoire des images qui peu à peu s'effacent, et pour y maintenir ce qui est nécessaire. Par un moyen ou par un autre nous arriverons à reproduire les effets de dissection les plus délicats. Le crayon, le pinceau, le burin y sont déjà parvenus. »

Il ouvrit une armoire et montra à Wilhelm les nerfs optiques admirablement imités :

« C'est malheureusement, dit-il, le dernier ouvrage d'un jeune élève que la mort m'a enlevé, et qui me promettait de réaliser mes idées et de développer utilement mes vœux. »

Ils parlèrent longuement des résultats multiples que pouvait amener ce système ; ses rapports avec les arts plastiques furent également le sujet d'un intéressant entretien. A l'appui de ce principe qu'il faut travailler tantôt en avançant, tantôt en revenant sur ses pas, le maître montra à Wilhelm un torse antique de jeune homme, qu'il avait moulé ; et il cherchait maintenant à dépouiller de l'épiderme la figure idéale et à transformer cette œuvre vivante en une préparation anatomique :

« Ici encore, dit-il, le moyen et le but se touchent de bien près, et j'avoue que j'ai négligé le but pour ne penser qu'au moyen ; ce n'est cependant pas tout à fait ma faute. L'homme n'est véritablement homme que dans l'état de nudité. Le sculpteur a sa place immédiatement à côté des Élohim, qui savaient convertir en la plus noble image l'informe et ignoble argile ; il doit se nourrir de ces pensées divines ; pour l'être pur, tout est pur : pourquoi le dessein direct de Dieu dans la nature ne le serait-il pas aussi ? Mais c'est ce qu'on ne peut pas demander à notre siècle. On ne peut s'en tirer sans feuilles de vigne et sans peaux de bêtes, et encore cela ne suffit pas. J'avais à peine appris quelque chose, qu'on me commanda des hommes vénérables, en robe de chambre, avec de grandes manches et de longs plis. Je me reportai alors en arrière, et, ne pouvant employer mon talent à l'expression du beau, je résolus de me rendre utile, et cela a bien son importance. Si mon vœu s'accomplit, si on trouve avantageux que, dans cette branche comme dans bien d'autres, l'acte de copier et la copie viennent au secours de l'imagination et de la mémoire, quand les facultés ont perdu quelque peu de leur fraîcheur, maint artiste suivra mon exemple, et aimera mieux travailler pour vous que de faire, contre son sentiment et ses convictions, un métier rebutant. »

Ici s'ajoute cette considération que l'art et le métier se contre-balancent toujours et se tiennent de si près que l'art ne peut descendre sans se transformer en un louable métier, et le métier s'élever sans acquérir quelque chose d'artistique.

Wilhelm et le sculpteur s'accordaient si bien ensemble et s'étaient si parfaitement accoutumés l'un à l'autre, qu'ils ne se séparèrent qu'à regret, lorsqu'ils y furent obligés, pour marcher vers leur but respectif :

« Pour qu'on ne croie pas, dit le maître, que nous voulons nous mettre en dehors de la nature et la renier, nous ouvrons une perspective nouvelle. Là-bas, au delà des mers, où se développent de nobles sentiments, l'abolition de la peine de mort nécessitera la construction de vastes prisons, la création d'espaces clos, pour protéger contre le crime les citoyens paisibles, et ne pas laisser le crime sans punition. Là, mon ami, dans ces tristes cantons, nous élèverons une chapelle à Esculape, où, isolée comme le châtiment, notre science trouvera pour se perfectionner des sujets dont la dissection ne blessera pas nos sentiments d'humanité, à la vue desquels le scalpel ne nous tombera pas des mains, comme cela vous est arrivé en face de ce beau bras innocent ; la pitié n'éteindra plus la curiosité de la science.

« Ce furent là, dit Wilhelm, nos derniers entretiens ; je vis les caisses soigneusement conditionnées descendre la rivière. Je leur souhaitai un heureux voyage, et je pensai que nous aurions le plaisir de les déballer ensemble. »

Notre ami avait fait et terminé ce récit avec esprit et enthousiasme, et même avec une certaine énergie d'expression et de langage qu'on n'était plus habitué à trouver en lui. Cependant, vers la fin de son discours, il avait cru remarquer que Lénardo, distrait et absent, semblait ne plus suivre ses paroles ; que Frédéric avait souri et même, par moments, secoué la tête. Wilhelm, appréciateur délicat du jeu des physionomies, fut tellement surpris du peu d'attention prêté à un sujet qui lui paraissait si important, qu'il ne put s'empêcher d'en demander la cause à ses amis.

Frédéric répondit avec franchise que l'entreprise lui paraissait bonne et louable, mais point si importante et surtout peu exécutable. Il chercha à soutenir son opinion par des arguments de nature à blesser, plus qu'on ne l'imagine, l'homme qui s'est passionné pour une affaire et qui s'est fait fort d'en venir à bout. Aussi notre anatomiste plastique, après avoir écouté quelque temps avec un calme apparent, répliqua vivement : « Tu as, mon bon Frédéric, des qualités que l'on ne saurait nier, moi moins que personne ; mais maintenant tu parles comme le plus vulgaire des hommes. Dans une innovation, nous ne voyons que ce qu'elle contient d'étrange ; mais pour discerner le côté important d'une chose rare, il faut déjà une certaine élévation d'esprit. Pour vous, il faut que tout existe à l'état de fait accompli, s'effectue et se produise aux yeux comme possible, comme réel ; vous l'admettez alors au même rang que le reste. Les objections que tu vas me faire, je les entends déjà répétées par les savants et les profanes ; les premiers les diront par préjugé et par nonchalance, les autres par indifférence. Un projet tel que le nôtre n'est peut-être exécutable que dans un monde nouveau, où l'esprit doit s'enhardir, rechercher de nouvelles ressources pour satisfaire des nécessités absolues, parce que les ressources traditionnelles font complétement défaut. C'est alors que doit s'éveiller l'esprit d'invention ; que la hardiesse et la persévérance doivent s'associer à la nécessité.

« Le médecin, qu'il opère au moyen des remèdes ou avec la main, n'est rien s'il ne possède pas la connaissance complète de l'intérieur et de l'extérieur du corps humain ; et il ne suffit point d'en avoir pris à l'école une notion légère, de s'être fait une idée superficielle de la forme, de la position, de la liaison des différentes parties de l'organisme impénétrable. Chaque jour, le médecin qui prend son art au sérieux doit chercher l'occasion de s'exercer dans cette science par des expériences répétées, de représenter sans cesse à son esprit et à ses yeux l'ensemble de ce miracle vivant. S'il comprenait ses intérêts, il aurait à son service, comme le temps lui manque pour de pareils travaux, un anatomiste qui, travaillant en secret sous sa direction, saurait répondre immédiatement aux questions les plus difficiles.

« Plus on se convaincra de cette vérité, plus on cultivera avec zèle, ardeur et passion l'étude de l'anatomie. Mais les moyens diminueront en proportion ; les sujets, les cadavres sur lesquels doit reposer cette étude, manqueront, ils deviendront rares, chers, et il s'ensuivra un véritable conflit entre la vie et la mort.

« Dans l'ancien monde tout est routine; on y veut tout traiter selon l'ancienne méthode, le progrès selon des procédés stationnaires. Ce conflit que je vous annonce entre la vie et la mort deviendra une lutte à la vie à la mort; on s'effrayera, on fera des enquêtes, on rendra des ordonnances et l'on n'aboutira à rien. Dans de pareils cas, les mesures de sûreté et les interdictions sont impuissantes; il faut remonter plus haut. C'est cette réforme que mon maître et moi nous espérons accomplir dans les circonstances nouvelles. Ce n'est point du reste une nouveauté; la chose existe déjà; mais ce qui est aujourd'hui un art doit devenir un métier, ce qui a lieu au particulier doit pouvoir avoir lieu au général, et il n'y a que ce qui est reconnu qui puisse se répandre. Il faut que l'on reconnaisse notre œuvre comme l'unique moyen de préserver les grandes villes de la calamité qui les menace. Je vais vous rapporter les paroles de mon maître; mais écoutez bien! Un jour, en grand secret, il me dit ce qui suit :

« Les lecteurs de gazettes trouvent intéressants et amu« sants des articles où il est question des résurrection« nistes. Les gens commencent par voler les corps en « secret; on met des gardes dans les cimetières; alors « ils viennent par bandes armées pour s'emparer de force « de leur proie. Ce qui est résulté de cela, je n'ose « le dire tout haut, car je serais impliqué, sinon comme « complice, du moins comme en ayant eu accidentelle« ment connaissance, dans la plus dangereuse enquête; je « serais, en tous cas, puni de ne pas avoir dénoncé le « crime à la justice dès que j'en ai eu connaissance. Je « vous l'avoue, mon ami, on a assassiné dans cette ville, « pour procurer des sujets à des anatomistes qui payaient « bien. Le cadavre était étendu devant nous. Je ne puis « dépeindre cette scène. Mon professeur découvrit la trace « du crime; je la découvris également; nous nous regar« dâmes tous deux et nous tûmes; nous baissâmes les yeux, « et, sans rien dire, nous nous mîmes à l'ouvrage. C'est « là, mon ami, ce qui m'a relégué dans la cire et le plâtre; « ce qui vous attachera certainement à l'art qui, tôt ou

« tard, finira par être estimé au-dessus de tous les au-
« tres. »

Frédéric se leva et battit des mains avec une telle insistance, que Wilhelm finit par se fâcher sérieusement. « Bravo ! s'écria Frédéric, je te reconnais maintenant ; voilà, depuis longtemps, la première fois que tu parles en homme qui a véritablement quelque chose à cœur ; pour la première fois le flot du discours t'a entraîné ; tu t'es montré capable de vanter et d'accomplir quelque chose. »

Lénardo prit alors la parole et accommoda pour le mieux cette petite querelle. « J'avais l'air absent, dit-il, mais uniquement parce que j'étais trop présent. Je me souvenais d'un grand cabinet de ce genre que j'ai vu dans mes voyages, et qui m'intéressa tellement, que le gardien, qui, pour se débarrasser de moi au plus vite, avait commencé à me réciter sa kyrielle, finit par sortir de son rôle et me donna sur tous ces objets les explications les plus savantes, ce qui lui était facile ; car c'était lui-même qui les avait exécutés. Quel admirable contraste de voir devant moi, au plus fort de l'été, dans des salles fraîches, tandis qu'on étouffait dehors, les mêmes objets dont on ose à peine approcher pendant les rigueurs de l'hiver. Ici l'on peut satisfaire tout à son aise sa curiosité scientifique. Le gardien me montra avec ordre les merveilles de l'organisation humaine ; il était heureux de pouvoir me convaincre que cette collection était parfaitement suffisante pour commencer les études chirurgicales et pour en conserver le souvenir ; ce qui n'empêchait pas de se reporter, dans l'intervalle, à la nature, et d'étudier à l'occasion telle ou telle partie spéciale. Il me pria de lui donner des recommandations, car il n'avait encore fourni de pareille collection qu'à un grand musée étranger. Toutes les universités étaient obstinément opposées à l'entreprise, parce que les professeurs savaient bien former des prosecteurs, mais point des proplastes.

« Jusqu'ici j'avais cru que cet habile homme était unique au monde, et voilà que j'apprends qu'un autre s'occupe des mêmes travaux. Qui sait s'il ne s'en révélera pas un troisième, un quatrième? Pour ce qui est de nous, nous devons encourager cette industrie. Les recommandations doivent venir du dehors, et nous favoriserons assurément cette utile entreprise, grâce aux nouvelles relations que nous nous sommes créées. »

CHAPITRE IV

Le lendemain, de bonne heure, Frédéric entra dans la chambre de Wilhelm avec un cahier qu'il lui présenta et lui dit : « Hier soir, vous avez fait une relation si détaillée de vos vertus, que je n'ai pas eu le temps de parler de moi ni de mes mérites, que j'ai cependant bien le droit de vanter et qui m'estampillent comme membre utile de la grande caravane. Examinez ce manuscrit, et vous verrez un échantillon de mon mérite. »

Wilhelm parcourut le cahier d'un œil rapide, et y trouva, tracée d'une écriture lisible, quoique rapide, la relation qu'il avait faite la veille de ses études anatomiques, reproduite, presque mot pour mot, dans les termes qu'il avait employés. Il ne put s'empêcher de manifester sa surprise.

« Vous connaissez, répondit Frédéric, la loi fondamentale de notre association; il faut exceller dans une spécialité quelconque pour prétendre à en faire partie. Je me suis longtemps creusé la tête pour me découvrir un talent, et je ne trouvais rien, ne m'apercevant pas que personne n'avait une meilleure mémoire ni une écriture plus lisible et plus rapide. Vous vous rappelez sans doute que je possédais déjà cet aimable talent à l'époque de notre carrière théâtrale, alors que nous tirions notre poudre aux moineaux, sans réfléchir qu'un coup de fusil adroitement tiré peut fournir un bon lièvre à la cuisine. Combien de fois ai-je soufflé sans livre! combien de fois ai-je écrit des rôles, de mémoire et en quelques heures ! Cela vous allait alors, vous pensiez que c'était chose toute naturelle ; je le pensais aussi, et je n'aurais jamais eu l'idée que cela pût me rendre un si grand service. C'est l'abbé qui a fait cette découverte ; il a trouvé de l'eau pour son moulin ; il m'a mis à l'épreuve, et j'ai trouvé fort agréable un travail qui m'était si facile et qui satisfaisait un homme sérieux ; et maintenant je remplace, au besoin, toute une chancellerie. Nous avons en outre une machine arithmétique à deux jambes, et il est peu de princes qui, avec tous leurs employés, soit mieux servi que nos chefs. »

Cette conversation joviale amena nos amis à parler des autres membres de la société.

« Croiriez-vous, dit Frédéric, que la créature la plus inutile du monde en apparence, que ma Philine est en train de devenir l'anneau le plus utile de la grande chaîne. Donnez-lui une pièce d'étoffe, amenez-lui des hommes, des femmes ; sans prendre mesure, elle coupe en pleine étoffe, et sait si bien utiliser les morceaux et les rognures, qu'il en résulte un notable profit ; et tout cela sans patrons. Un heureux coup d'œil lui dit tout, elle regarde la personne et elle coupe ; on peut aller ensuite où l'on veut, elle continue à couper et vous fait un habit qu'on dirait moulé sur votre corps. Cependant la chose serait impraticable si elle ne s'était associé une couturière, la Lydie de Montan, qui est devenue raisonnable et qui le reste ; elle coud mieux que personne, ses points sont des perles, de la broderie. Voilà à quoi l'on peut amener la créature humaine. Nous avons, dans la vie ordinaire, tant de choses inutiles autour de nous! l'habitude, le caprice, la distraction, nous affublent d'un manteau d'Arlequin; c'est pourquoi nous ne savons ni découvrir ni utiliser ce que la nature a voulu faire de nous, ce qu'elle a mis en nous de plus excellent. »

Des considérations générales sur les avantages de l'association, qui s'était si heureusement formée, leur permirent d'espérer un brillant avenir.

Lénardo étant venu les rejoindre, Wilhelm le pressa de parler de lui à son tour, de raconter en toute confiance l'existence qu'il avait menée jusqu'alors, la manière dont il avait travaillé pour lui et pour les autres.

« Vous vous rappelez sans doute, mon cher ami, répondit Lénardo, du singulier état d'irritation où je me trouvais à l'époque où nous fîmes connaissance : j'étais absorbé, abîmé dans la plus étrange recherche, le plus irrésistible désir; il ne pouvait alors être question que du moment présent, de la cruelle douleur qui m'était réservée, que je m'appliquais à rendre moi-même plus aiguë. Je ne pus vous faire connaître l'histoire de ma jeunesse, comme je dois le faire aujourd'hui pour vous montrer la voie qui m'a amené ici.

« Parmi les premières facultés qui se développaient par degré chez moi à la faveur des circonstances, il se manifesta un certain penchant vers les arts techniques, qu'entretenait l'impatience qu'on éprouve à la campagne, lorsque, dans les grandes constructions comme dans les petites réparations, les arrangements, les fantaisies, on se voit obligé de se passer d'un ouvrier, puis d'un autre, et qu'on aime mieux travailler soi-même, au hasard et maladroitement, plutôt que d'attendre l'arrivée du maître. Par bonheur, une sorte d'homme universel, qui parcourait le pays, me prêtait son concours plus volontiers qu'à tout autre, parce qu'il trouvait mieux son compte chez moi. Il installa dans ma maison un tour, dont il se servait, à chacune de ses visites, plutôt pour son propre usage que pour mon instruction. Je me procurai également des outils de menuisier, et mon goût pour ces travaux se fortifia d'autant plus qu'à cette époque l'opinion était qu'on ne peut se risquer dans la vie sans être capable de s'entretenir au moyen d'un métier quelconque. Les principes de mes instituteurs me poussaient du reste dans cette voie. Je ne me souviens pas d'avoir jamais joué ; j'employais toutes mes heures de récréations à fabriquer ou à faire quelque chose. Je puis me vanter d'avoir été, dès ma jeunesse, un habile forgeron ; j'élevais même mes prétentions jusqu'à l'art du serrurier, du tailleur de limes et de l'horloger.

« Pour exécuter tous ces travaux, il fallait nécessairement se procurer d'abord les outils, et nous tombâmes dans cette erreur commune aux commençants qui confondent le moyen avec le but, et perdent leur temps en préparatifs, au lieu de s'attaquer sérieusement à l'exécution. Mais un genre de travaux où nous pouvions montrer une activité pratique, c'étaient les embellissements de parcs, dont un propriétaire ne peut plus se passer aujourd'hui. Des cabanes d'écorce et de mousse, des ponts et des bancs de branchages témoignent encore du zèle avec lequel nous avions entrepris de reproduire, au milieu du monde civilisé, l'architecture primitive dans toute sa grossièreté

« A mesure que j'avançais en âge, ce penchant me conduisit à m'occuper sérieusement de tout ce qui est utile au monde, indispensable même, d'après son organisation actuelle; cela donna à mes voyages un intérêt tout particulier.

« D'habitude, l'homme poursuit sa marche dans la voie où il a eu quelque succès; aussi avais-je moins de goût pour la mécanique que pour les travaux immédiatement manuels, où la force et l'intelligence sont employées simultanément. Aussi m'arrêtai-je de préférence dans les cantons où, selon les circonstances, on cultive tel ou tel métier. Ces spécialités donnent à chaque famille, à chaque groupe, formé de plusieurs familles, un caractère prononcé, on sent qu'on est dans un milieu vivant.

« Je m'étais, en outre, accoutumé à tout noter, en accompagnant mes notes de figures et à passer ainsi mon temps d'une manière utile et récréative, sans savoir au juste l'emploi que je pourrais faire plus tard de ces souvenirs.

« Ce penchant, ce don inné, développé par la pratique, je m'en suis avantageusement servi dans l'importante mission que m'a confiée la société, et qui consistait à étudier la situation des habitants de la montagne et à engager les gens qui désiraient voyager et qui pouvaient nous être utiles. Voulez-vous maintenant, tandis que diverses affaires pressantes me réclament, passer cette belle soirée à parcourir une partie de mon journal? Je n'affirmerai pas qu'il soit agréable à lire; mais je le crois au moins toujours intéressant et même instructif: il est vrai que nous aimons à nous mirer dans nos productions! »

CHAPITRE V
JOURNAL DE LÉNARDO.

Lundi, 15.

« Après avoir gravi difficilement la montagne, j'atteignis, assez avant dans la nuit, une auberge passable, située à mi-côte, et, avant le point du jour, je fus tiré, à mon grand regret, d'un sommeil réparateur par un tintement prolongé de cloches et de sonnettes. Une grande file de bêtes de somme avait passé avant que j'eusse eu le temps de m'habiller et de prendre les devants. J'appris bientôt, en poursuivant ma route, combien est désagréable et fâcheuse une pareille compagnie. Le bruit monotone des clochettes étourdit les oreilles ; la charge (c'étaient de grosses balles de coton), qui dépasse les flancs des animaux, touche souvent les rochers d'un côté, et si la bête, pour éviter ce frottement, se porte de l'autre côté, la charge surplombe au-dessus de l'abîme et donne le vertige au spectateur, et, ce qui est pis dans les deux cas, il lui est impossible de se frayer un chemin et de gagner de l'avance.

« Enfin, j'atteignis un rocher isolé. Saint-Christophe, qui portait mes bagages, salua un homme qui se tenait sur ce rocher et semblait passer le convoi en revue. C'en était effectivement le chef. Un grand nombre de ces bêtes lui appartenaient, il avait loué les autres avec leurs guides : il était en outre propriétaire d'une portion de ces marchandises, dont la majeure partie lui avait été confiée par de gros marchands ; il effectuait ce transport pour leur compte. En causant, j'appris que ce coton venait de Macédoine et de Chypre par Trieste, et que, du pied de la montagne, il était transporté à dos de mulets et de chevaux sur ces hauteurs et au delà, où un grand nombre de tisserands et de fileurs, disséminés dans les vallées et les gorges, préparaient pour l'étranger des marchandises d'un grand débit. En vue de faciliter ce chargement, les balles étaient de cent cinquante à trois cents livres, ce dernier poids formant la charge entière d'une bête de somme. L'homme vanta la qualité du coton de cette provenance, et le compara avec celui des Indes orientales et occidentales, principalement avec celui de Cayenne, qui est le plus connu. Il paraissait être fort bien au courant de son affaire, et, comme je n'y étais pas non plus étranger, notre conversation fut intéressante et utile. Cependant le convoi avait fini de passer, et je considérais avec dépit la file des bêtes de somme se déroulant à perte de vue sur le sentier qui serpentait vers les hauteurs, derrière lesquelles il faudrait se traîner et rôtir par le soleil dont les rochers réverbéraient les rayons. Comme j'en faisais mes plaintes à mon guide, survint un homme trapu et joyeux, qui portait sur des crochets d'assez grande dimension un fardeau relativement léger. On se salua, et, à la vigoureuse poignée de main qu'on se donna, je vis que Saint-Christophe et lui étaient d'anciennes connaissances. Voici ce que j'appris sur son compte. Dans les contrées les plus reculées de la montagne, trop éloignées du marché pour que les ouvriers isolés puissent s'y rendre, il existe une sorte de commerçant en sous-ordre, un collecteur que l'on nomme *porteur de fil*. Cet homme parcourt principalement les vallées et les lieux écartés, va de maison en maison, apporte aux fileurs le coton en petite quantité, prend en échange du fil ou l'achète, de quelque qualité qu'il soit, et le revend en gros, avec quelque profit, aux fabricants établis plus bas.

« Comme je manifestai de nouveau l'ennui que j'éprouvais à marcher derrière les bêtes de somme, l'homme me proposa de passer dans une vallée latérale qui se détachait en cet endroit même de la vallée principale pour emmener les eaux dans une autre région. Ma résolution fut bientôt prise, et, après avoir dépassé avec quelque peine une crête escarpée, nous vîmes devant nous le versant opposé, dont l'aspect n'était, au premier abord, rien moins qu'agréable. La pierre avait changé et pris une apparence schisteuse. Nulle végétation n'animait les rochers, et l'on se voyait menacé d'avoir à effectuer une descente fort rude. Des sources jaillissaient çà et là ; on passa même auprès d'un petit lac entouré de rochers. Enfin nous vîmes paraître, d'abord isolés, puis groupés ensemble, des sapins, des mélèzes, des bouleaux ; puis, disséminées sous ces ombrages, des cabanes d'une apparence misérable, construites en poutres croisées par les habitants mêmes ; les bardeaux des toits étaient surchargés de pierres, afin que le vent ne les emportât point. Malgré ces tristes dehors, l'intérieur, dans ses étroites proportions, n'était pas désagréable. Chaud, sec, bien tenu, il répondait bien à l'aspect des habitants, avec lesquels on se sentait tout d'abord à son aise.

« On paraissait attendre le marchand ; on l'avait guetté de la petite lucarne, car il avait coutume de venir autant que possible chaque semaine le même jour. Il acheta le fil et distribua du coton ; puis nous descendîmes rapidement vers un groupe de cabanes, situé à une faible distance. Dès qu'on nous aperçoit, les habitants accourent au-devant de nous en nous saluant, les enfants se pressent autour de nous ; le bonhomme les comble de joie en leur distribuant des biscuits et du pain blanc. Le contentement était général ; il s'accrut encore lorsque Saint-Christophe tira à son tour de ses bagages des friandises, et fit, lui aussi, une récolte de remerciments enfantins, d'autant plus agréables pour lui, qu'en sa qualité de compagnon il savait parfaitement s'y prendre avec le petit peuple.

« Les vieillards, de leur côté, avaient maintes questions toutes prêtes : chacun voulait avoir des nouvelles de la guerre, dont le théâtre était heureusement très-éloigné, et qui même, s'il eût été plus près, n'eût point été dangereux pour le pays. Néanmoins, ils se réjouirent quand on leur annonça que la paix était faite ; mais ils étaient alarmés par un danger plus réel : il n'y avait pas à se dissimuler que les machines ne devinssent toujours plus nombreuses, et que les mains laborieuses ne fussent menacées d'être peu à peu réduites à l'inaction. Il y avait cependant encore mille raisons de se consoler ou d'espérer.

« Ils consultèrent notre homme sur maintes affaires. C'était non pas seulement leur ami, mais aussi leur médecin ; il avait toujours, sur lui, sels, baumes, gouttes merveilleuses.

« En pénétrant dans différentes maisons, je trouvai l'occasion de me livrer à mon ancien goût, et de me renseigner sur le travail de filature. J'observai attentivement les enfants occupés à éplucher les flocons de coton, à enlever les graines, les débris d'enveloppes et autres impuretés. C'est ce qu'on appelle *trier*. Je demandai si les enfants étaient seuls occupés à ce travail ; mais j'appris que, pendant les soirées d'hiver, les hommes et les femmes s'y livraient également.

« Les fileuses attirèrent ensuite mon attention. Voici comment se prépare la matière. Le coton, une fois trié et nettoyé, est étalé sur des cardes ; il est cardé, opération qui enlève la poussière et donne à tous les fils du coton une direction parallèle, puis on le retire ; on le met en écheveaux, et, dans cet état, on le porte au rouet pour être filé.

« On me montra la différence qui existe entre le fil qu'on tourne à gauche et celui qu'on tourne à droite ; le premier est généralement plus fin ; on l'obtient en enroulant autour du peson du fuseau la corde qui fait mouvoir la broche, ainsi que l'indique la figure ci-contre. (Nous ne pouvons malheureusement pas la donner ici, non plus que les autres.)

« La fileuse est assise devant son rouet, point trop haut; les unes le tiennent en croisant les pieds dessus, les autres n'y posent que le pied droit, rejetant l'autre jambe en arrière. Elle tourne le rouet de la main droite, allongeant le bras autant qu'elle peut, ce qui produit de beaux mouvements, et fait ressortir avantageusement une taille élancée et un bras fort et arrondi. La position des fileuses qui ne tiennent leur rouet que du pied droit forme surtout un contraste fort pittoresque, et nos dames ne perdraient rien en charme et en grâce si elles s'avisaient d'échanger la guitare contre le rouet.

« La société où je me trouvais m'inspirait des sentiments tout nouveaux : le ronflement des rouets a une certaine éloquence, des jeunes filles chantent des psaumes, quelquefois même des chansons. Des serins et des chardonnerets, suspendus dans des cages, gazouillent à travers tout cela, et on trouverait difficilement un tableau plus animé que celui d'une chambre où travaillent plusieurs fileuses.

« Au *fil de rouet*, que nous venons de décrire, on préfère cependant le fil de cornet, pour lequel on réserve le meilleur coton, celui qui a les plus longues soies. Lorsqu'il est bien trié, on le porte, au lieu de le carder, sur des peignes, qui consistent en une rangée de longues pointes d'acier; lorsqu'il est peigné, on enlève par bandes la partie la plus longue et la plus fine avec un couteau émoussé; on le pelotonne et on l'enferme dans un sac de papier qu'on fixe à la quenouille. C'est de ce sac qu'on tire le coton à la main pour le filer au fuseau. Cela s'appelle *filer au cornet*, et le fil qu'on obtient ainsi se nomme *fil au cornet*.

« Ce travail, qui n'est fait que par des personnes soigneuses et paisibles, donne à la fileuse un aspect plus calme que le rouet. L'un sied mieux à une taille grande et élancée, l'autre est avantageux pour une personne calme et délicate. Je voyais ces différents caractères appliqués aux différents travaux dans une même chambre, et je ne savais plus à la fin à qui donner mon attention, aux ouvrières ou à l'ouvrage.

« Mais je ne dois pas dissimuler que les habitantes des montagnes, qui reçoivent peu de visites, se montrent fort aimables et fort obligeantes. Elles étaient surtout heureuses de me voir m'enquérir de tout si exactement, écouter attentivement leurs explications, dessinant leurs outils et leurs simples machines, et esquissant à la dérobée leurs formes élégantes. Quand vint le soir, chacune apporta son ouvrage de la journée, les fuseaux pleins furent déposés dans une boîte spéciale. Nous étions déjà plus intimes. Cependant le travail poursuivit son cours. On se mit à dévider, en me montrant sans réserve les machines et la manutention ; je notais soigneusement chaque chose. Le dévidoir a une roue et un indicateur : à chaque tour se lève un ressort qui retombe quand la roue en a fait cent. Mille tours font un écheveau ; d'après le poids duquel on juge de la finesse du fil.

« Le fil tourné à droite donne de vingt-cinq à trente écheveaux pour une livre ; celui tourné à gauche en donne de soixante à quatre-vingts, quelquefois même quatre-vingt-dix. La circonférence du dévidoir est d'environ une aune et trois quarts ou un peu plus. Une habile fileuse assurait qu'elle filait au rouet quatre ou cinq écheveaux, c'est-à-dire cinq mille tours de dévidoir, soit huit ou neuf mille aunes de fil ; elle offrit d'en faire le pari si nous voulions rester un jour de plus.

« Là-dessus une paisible et modeste ouvrière affirma à son tour que, dans un temps convenable, elle tirait cent vingt écheveaux d'une livre. Le filage au cornet est plus lent que le filage au rouet, mais il est mieux payé. Le rouet fait presque le double d'ouvrage : cependant elle avait le même nombre de tours au dévidoir. Elle me fit voir l'extrémité du fil enroulé une couple de fois autour de l'écheveau, puis elle prit l'écheveau, le replia sur lui-même, et put me montrer avec un innocent orgueil l'ouvrage complet d'une habile fileuse.

« Comme il ne me restait plus rien à apprendre sur cette matière, la mère se leva et dit que, puisque le jeune monsieur désirait tout voir, elle voulait lui montrer le tissage à sec. Elle lui expliqua, en se plaçant au métier, que c'était le seul mode de tissage employé chez eux; il ne convenait qu'aux cotonnades grossières, où la trame est passée à sec et peu serrée. Elle me montra des pièces de ces tissus ; il est toujours uni, sans rayures ni dessins, et ne porte guère plus d'une aune et un quart de largeur.

« La lune brillait au ciel, et notre porteur de fil m'avertit qu'il allait continuer sa tournée, devant se trouver en chaque endroit à jour et à heure fixes. Les sentiers étaient bons et clairs, disait-il, surtout avec un pareil éclairage. Nous, de notre côté, nous fîmes nos adieux, en donnant des rubans et des cravates de soie, dont Saint-Christophe avait un ample assortiment ; je remis ces cadeaux à la mère, en la priant de les distribuer à son monde. »

Mardi, 16, au matin.

« Cette marche, par une nuit claire et magnifique, fut pleine de charme et d'agrément. Nous arrivâmes à une agglomération de maisons un peu plus considérable qu'on aurait pu qualifier de village. A quelque distance, sur une colline découverte, s'élevait une chapelle ; tout prenait un aspect plus humain et plus habité. Nous longeâmes des haies qui entouraient, sinon des jardins, au moins de petites prairies gardées avec soin. Ici on pratiquait le tissage à côté du filage dans de plus grandes proportions. Notre marche de la veille, prolongée jusque dans la nuit, avait lassé les forces de l'homme robuste et celles des jeunes gens. Le porteur de fil grimpa dans le grenier à foin, et je m'apprêtais à le suivre, lorsque Saint-Christophe me recommanda ses crochets et sortit de la maison. Je connaissais sa louable intention, et je le laissai faire.

« Le lendemain matin toute la famille était en émoi ; on défendait sévèrement aux enfants de passer la porte, parce qu'un ours ou quelque autre animal féroce devait se trouver dans le voisinage, car on avait entendu pendant la nuit, du côté de la chapelle, de tels mugissements, que les rochers et les maisons en avaient tremblé, et l'on nous conseilla de nous tenir bien sur nos gardes pendant notre longue étape. Nous fîmes notre possible pour rassurer ces braves gens.

« Le porteur de fil nous dit qu'il allait se hâter de terminer ses affaires et qu'ensuite il reviendrait nous chercher, car nous avions à faire ce jour-là une course longue et fatigante : il ne s'agissait plus de descendre vers les vallées, mais de gravir une montagne qui se dressait devant nous comme une barrière. Je résolus donc d'utiliser mon temps aussi bien que possible, et de me faire initier par mes hôtes à l'industrie du tissage.

« C'étaient deux vieillards à qui Dieu avait accordé dans un âge assez avancé trois enfants ; leurs sentiments religieux et leurs idées superstitieuses se révélaient dans leur intérieur, leurs actions et leurs discours. J'arrivai précisément au début du travail, à la transition du filage au tissage, et, comme je n'avais pas d'autre sujet de distraction, je me fis dicter pour ainsi dire l'opération, exactement comme elle s'exécutait en ce moment.

« Le premier travail, qui est de coller le fil, avait eu lieu la veille. On le fait bouillir dans un mélange d'amidon et de colle-forte pour lui donner plus de consistance. Dès le matin les écheveaux étaient secs, et l'on s'apprêtait à les bobiner, c'est-à-dire à enrouler le fil aux bobines au moyen du rouet. Le vieux grand-père, assis près du poêle, exécutait ce travail facile ; un de ses petits-fils, debout à côté de lui, semblait vouloir tourner aussi le rouet. Cependant le père, s'apprêtant à ourdir, disposait les bobines sur un cadre divisé par des baguettes transversales, en sorte qu'elles se mouvaient librement entre de gros fils d'archal placés perpendiculairement, et laissaient courir leurs fils. Elles sont garnies de fil grossier et fin dans l'ordre commandé par le modèle, ou plutôt par les rayures du tissu. Un instrument appelé planchette, ayant un peu la forme d'un sistre, est percé des deux côtés de trous par lesquels on passe les fils ; cet instrument se trouve dans la main droite de l'ouvrier ; de la gauche, il saisit les fils et, par un travail de va-et-vient, les place sur l'ourdissoir. Une allée et une venue, de haut en bas et de bas en haut, s'appelle une portée, et le nombre des portées dépend de l'épaisseur et de la largeur du tissu. La longueur est de soixante-quatre ou seulement de trente-deux aunes. Au commencement de chaque portée, on mène avec la main gauche un ou deux fils en haut et autant en bas, c'est ce qu'on appelle *croiser* ; de la sorte, les fils entrelacés sont posés sur deux chevilles plantées dans la partie supérieure de l'ourdissoir, afin que le tisserand puisse toujours maintenir les fils dans un ordre égal. Lorsque l'ourdissage est terminé, on attache en dessous la croisée, chaque portée est mise à part pour éviter la confusion, puis on fait avec une solution de vert-de-gris une marque à la dernière portée, pour que le tisserand rapporte la quantité livrée ; enfin on enlève le tout, et on l'enroule en forme de grosse pelote qu'on nomme la chaîne. »

Mercredi, 17.

« Nous nous sommes mis en route bien avant le jour, et nous avons joui d'un magnifique clair de lune. L'aube naissante, le soleil levant nous ont fait voir une contrée mieux habitée et mieux cultivée. Tandis que là-haut nous n'avions, pour passer les ruisseaux, que des pierres jetées çà et là dans l'eau ou de petites planches n'ayant d'appui que d'un seul côté, nous trouvions ici de beaux ponts de pierre jetés sur ces ruisseaux devenus des rivières. A mesure que nous avancions, le sauvage se transformait en gracieux, et l'impression des voyageurs s'améliorait à chaque pas.

« Sur l'autre versant de la montagne, nous vîmes arriver un garçon élancé, aux cheveux noirs et bouclés, qui nous cria de loin, en homme qui a bon œil et bonne voix : « Dieu vous garde, compère porteur de fil ! » Celui-ci le laissa s'approcher, puis lui répondit d'un air joyeux : « Dieu vous le rende, compère appareilleur ! D'où venez- « vous donc ! Quelle rencontre inattendue ! » L'autre répondit en s'avançant : « Voilà deux mois que je cours dans la « montagne pour repasser les outils et remettre en état « les métiers de ces braves gens, en sorte qu'ils vont pou- « voir reprendre sans encombre leurs travaux pour un « peu de temps. » Le porteur de fil, se tournant alors vers

moi, me dit : « Puisque vous témoignez, jeune homme,
« tant d'intérêt pour ces travaux, cet homme vient bien à
« propos, et depuis plusieurs jours je désirais pour vous
« de le voir arriver. Il vous aurait expliqué tout mieux que
« ces jeunes filles avec toute leur bonne volonté. Il est
« passé maître dans son métier et est en état d'expliquer
« tout ce qui a rapport au tissage et au filage, d'exécuter,
« d'entretenir, de réparer tout ce dont on peut avoir be-
« soin. »

« Je me mis à causer avec cet homme et je le trouvai
très-intelligent, instruit dans un certain sens et très-ex-
périmenté dans son art ; je repassai avec lui les choses
que j'avais apprises les jours précédents, et je le priai
d'éclaircir quelques incertitudes qui me restaient : je lui
dis aussi ce que j'avais vu la veille des premières opérations du tissage. Il s'écria alors d'un ton joyeux : « J'arrive
« à propos pour donner à un aussi aimable monsieur les
« notions nécessaires sur l'art le plus ancien et le plus
« noble, qui suffirait pour distinguer l'homme de la brute.
« Nous arrivons précisément chez d'habiles et braves
« gens, et je ne suis pas un appareilleur, si en quelques
« instants vous ne comprenez pas ce travail aussi bien
« que moi ! »

« Je lui exprimai ma reconnaissance. Nous continuâmes à causer, et, après nous être arrêtés quelque
temps pour déjeuner, nous atteignîmes un groupe de
maisons disséminées au hasard, mais mieux construites
que les autres. Il nous conduisit à la meilleure. Comme
cela était convenu, le porteur de fil, Saint-Christophe et
moi entrâmes les premiers ; dès que nous eûmes salué
gaiement les gens de la maison, l'appareilleur nous rejoignit, et son entrée causa dans la famille une explosion générale de joie et de surprise. Le père, la mère, les filles et

les enfants se pressèrent autour de lui Une belle jeune fille, assise devant le métier, laissa immobile dans sa main la navette qui allait courir à travers la trame, elle se leva et vint après les autres, avec un certain embarras, tendre la main au brave homme. Le porteur de fil et l'appareilleur se mirent à plaisanter et à raconter des histoires, c'est le droit des vieux amis de la maison ; quand on eut bavardé quelque temps, le maître de la maison se tourna vers moi et me dit : « Il ne faut, pas mon bon mon-
« sieur, que le bonheur que nous éprouvons à revoir nos
« amis nous fasse vous oublier ; nous avons tout le temps
« de causer ensemble, tandis que vous, vous partez demain ;
« initions monsieur aux secrets de notre industrie. Il
« connaît le collage et l'ourdissage, montrons-lui le reste,
« voilà des jeunes filles qui vont m'aider. Je vois que l'on
« va monter une pièce sur ce métier. » C'était en effet à quoi était occupée la cadette, dont nous nous approchâmes. L'aînée se remit à son métier, et reprit son travail d'un air aimable et tranquille.

« J'examinai soigneusement le montage. Pour l'exécuter, on fait passer en ordre les portées à travers un grand peigne, aussi large que l'ensouple sur laquelle on doit tisser. Cette ensouple est garnie d'une rainure dans laquelle s'insère une baguette ronde, qui est passée à travers l'extrémité de la chaîne et assujettie dans la rainure. Un enfant ou une jeune fille est assis sous le métier, et tient fortement la chaîne, tandis que la tisseuse tourne vivement l'ensouple avec un levier et veille à ce que tout se dispose en bon ordre. Lorsque tout est monté, on pousse à travers la croisée un bâton rond et deux plats, afin qu'elle se maintienne ferme, et alors on commence à nouer.

« Il est resté à la seconde ensouple environ un quart

d'aune de la pièce précédente, avec des fils longs d'à peu près trois quarts d'aune ; à ces fils le tisserand rattache soigneusement, l'un après l'autre, les fils de la nouvelle chaîne, et, quand il a fini, il les passe tous à la fois à travers les lames, de façon que les nouveaux fils arrivent jusqu'à l'ensouple antérieure encore vide. On renoue les fils rompus, la trame est roulée sur de petites bobines proportionnées à la navette, et l'on passe à la dernière opération, qui est le collage.

Sur toute la longueur du métier, on humecte la chaîne, au moyen de brosses, avec une colle de peau de gants ; puis on retire les baguettes qui retiennent la croisée ; on range tous les fils avec le plus grand soin, et avec une aile d'oie, fixée à un bâton, on évente le tout jusqu'à ce que ce soit bien sec : alors on peut commencer le tissage, et le continuer jusqu'à ce qu'il soit de nouveau nécessaire de coller.

« Le collage et l'éventage sont ordinairement abandonnés aux jeunes apprentis ; mais, dans les loisirs de l'hiver, un frère ou un amant rend souvent ce service à la jolie tisseuse, ou du moins enroule la trame sur les petites bobines.

« La mousseline fine est tissée humide ; c'est-à-dire que le fil de la trame est humecté d'eau collée, qu'on l'enroule encore humide sur les bobines, et qu'on le travaille sur-le-champ ; le tissu en est plus uni et plus brillant. »

Jeudi, 18 septembre.

« Cet ateliers de tisserands ont quelque chose d'animé, d'intime, de paisible, qu'il est difficile de décrire. Plusieurs métiers étaient en mouvement ; les roues et les bobines marchaient, et auprès du poêle les vieillards causaient doucement avec leurs voisins ou leurs connaissances qui étaient venues leur rendre visite. Par moments on entendait chanter : c'était la plupart du temps les psaumes à quatre parties d'Ambrosius Lobwasser, rarement des chants mondains ; de temps en temps, aussi, un joyeux rire éclatait du côté des jeunes filles, lorsque le cousin Jacques avait dit quelque chose de plaisant.

« Une ouvrière habile et laborieuse peut, quand elle est secondée, faire dans sa semaine une pièce de trente-deux aunes de mousseline commune ; mais cela est rare, et, si elle a quelque occupation domestique, ce travail exige ordinairement quinze jours.

« La beauté du tissu dépend de la marche régulière du métier, de l'égalité du coup de chasse, et aussi de l'humidité ou de la siccité de la trame. Une tension bien égale et en même temps forte y contribue beaucoup aussi ; à cet effet, la tisseuse de cotonnade fine suspend une pierre pesante à la cheville de l'ensouple antérieure. Si le tissu est fortement tendu pendant le travail, il s'étend de trois quarts d'aune sur trente-deux, et d'environ une aune et demie sur soixante-quatre ; cet excédant appartient à la tisseuse, on le lui paye à part, ou elle s'en fait des mouchoirs, des tabliers ou quelque autre objet de toilette à son usage. »

Il faisait un de ces clairs de lune comme on n'en voit que dans les hautes montagnes ; la famille était assise avec ses hôtes sur le devant de la porte et causait avec animation, tandis que Lénardo était plongé dans une profonde rêverie. Au milieu de ses occupations diverses, de ses études industrielles, la lettre que l'ami Wilhelm lui avait écrite pour le tranquilliser lui revenait en mémoire. Ces mots qu'il avait lus et relus, ces lignes qu'il avait cent fois contemplées, se représentaient à son imagination. De même qu'une mélodie favorite résonne malgré nous au fond de notre oreille, cette nouvelle, qui le touchait si agréablement, se représentait comme un écho dans son âme paisible.

« Un intérieur basé sur la piété, animé et maintenu par l'ordre et le travail, pas trop restreint, pas trop vaste, parfaitement proportionné aux forces et aux facultés ; autour d'elle se groupe une industrie toute primitive, bornée et influente, prévoyante, modeste, innocente et active. »

Mais, dans les circonstances présentes, ce souvenir était plutôt de nature à le stimuler qu'à le calmer. « Cette description vague et laconique s'accorde parfaitement avec tout ce qui m'entoure. N'est-ce pas ici que règnent la paix, la piété, une activité incessante ? Je ne retrouve pas bien clairement, il est vrai, cette existence qui étend ses effets au loin. La bonne Nachodine doit animer un cercle semblable à celui-ci, mais plus vaste ; elle doit être aussi heureuse que ces gens-là, plus heureuse peut-être, vivre dans une plus grande liberté, une plus grande sérénité. »

A ce moment Lénardo fut tiré de sa rêverie par la conversation devenue plus animée et plus vive ; et, prêtant plus d'attention à ce qui se disait, il fut tout d'un coup saisi d'une pensée, que depuis quelque temps il roulait dans son esprit : Cet homme si habile, qui allait de tous côtés réparant les outils et les métiers, ne pourrait-il pas devenir le membre le plus utile de notre société ? Lénardo réfléchissait à la chose, pensant aux talents de cet adroit ouvrier. Il dirigea la conversation dans ce sens, et demanda au jeune homme, moitié en plaisantant, moitié sérieusement, s'il ne consentirait pas à s'affilier à une association importante, et à prendre le parti d'émigrer outre-mer.

Le jeune homme s'excusa, assurant que son métier lui réussissait et qu'il attendait encore mieux ; qu'il était né dans le pays, qu'il y était habitué, connu partout et partout bien reçu. Il ajouta qu'en général on rencontrerait dans les vallées peu de goût pour l'émigration ; aucune nécessité n'y poussait les habitants, et la montagne garde son monde.

« C'est pourquoi je m'étonne, reprit le porteur de fil, d'un bruit qui dit que mademoiselle Suzanne va épouser son facteur, vendre ses propriétés et passer la mer avec son bel argent. »

En questionnant, notre ami apprit que mademoiselle Suzanne était une jeune veuve qui faisait dans d'excellentes conditions un trafic avantageux des produits de la montagne, ce dont il pourrait s'assurer par lui-même, car, d'après leur itinéraire, ils devaient arriver bientôt chez elle. « Je l'ai plusieurs fois entendu citer, répondit Lénardo, comme une personne qui fait beaucoup de bien à cette vallée ; j'avais négligé de vous parler d'elle.

— Allons nous reposer, dit le porteur de fil, pour mettre à profit la journée de demain, qui promet d'être belle. »

———

Ici se terminait le manuscrit, et, lorsque Wilhelm en demanda la suite, on lui répondit qu'elle n'était pas en ce moment entre les mains de ses amis. On l'avait envoyée à Macarie, dont l'esprit et la bonté devaient aplanir certaines difficultés qui s'y trouvaient mentionnées et démêler de graves complications. Notre ami dut se résigner à cette interruption, et se préparer à goûter, le soir, le charme d'une joyeuse conversation avec l'intéressante société.

CHAPITRE VI

Le soir venu, les amis étant assis sous un berceau d'où la vue s'étendait au loin, un personnage, d'aspect imposant, parut sur le seuil ; Wilhelm reconnut aussitôt le barbier du matin.

Cet homme salua silencieusement Lénardo, qui lui dit : « Vous venez, comme toujours, fort à propos, et vous ne tarderez pas à déployer vos talents. Je puis bien, continua-t-il en se tournant vers Wilhelm, vous révéler quelques particularités de la société dont je puis me vanter d'être le lien. Personne n'y entre s'il ne possède un talent quelconque qui puisse servir à l'utilité ou au plaisir de toute société. Cet homme est un hardi chirurgien, qui, dans les cas difficiles et qui exigent de la résolution et de la force musculaires, est en état de seconder parfaitement son maître. Pour ce qui est de la barbe, vous avez apprécié par vous-même son talent. Pour ces raisons, il nous est aussi agréable que nécessaire ; mais, comme cette profession est généralement accompagnée d'une grande et importune loquacité, il s'est imposé, pour s'exercer lui-même, une condition ; car celui qui veut vivre au milieu de nous doit être gêné d'une façon quelconque, si, sous d'autres rapports, on lui laisse la plus grande liberté. Cet homme a donc renoncé à la parole, tant qu'elle ne sert qu'à exprimer des choses communes ou accidentelles. Il en est résulté chez lui une faculté oratoire toute particulière, qui agit d'une façon sage et agréable, je veux dire un grand talent de narrateur.

« Sa vie est riche en souvenirs singuliers, qu'autrefois il dissipait en bavardages intempestifs, et qu'aujourd'hui son silence l'oblige à repasser et à classer dans sa pensée. Par là l'imagination se résume et communique aux événements passés la vie et l'animation. Il sait débiter avec un art et une habileté tout particuliers des contes vrais et des histoires fabuleuses, et par là charme nos loisirs lorsque je lui délie la langue, comme je le fais maintenant. Je dois dire encore ceci à sa louange que, depuis que je le connais, il ne s'est jamais répété : J'espère que, cette fois, pour faire honneur à notre cher hôte, il saura se distinguer. »

Un air de gaieté spirituelle se répandit sur le visage du manteau-rouge, et aussitôt il commença le récit suivant :

LA NOUVELLE MÉLUSINE.

Très-honorés Messieurs, comme je sais que les longs préambules ne sont pas de votre goût, je me contenterai de vous assurer que j'espère réussir cette fois particulièrement bien. J'ai déjà raconté bien des histoires vraies, à la grande satisfaction de tous; mais aujourd'hui je puis me vanter d'en avoir une qui surpasse de beaucoup les précédentes, et qui, bien qu'elle me soit arrivée, il y a plusieurs années déjà, me trouble encore quand je me la rappelle, et me fait même attendre un dénoûment définitif. On trouverait difficilement sa pareille.

Avant tout, je vous avouerai que je n'ai pas toujours arrangé ma vie de façon à savoir comment je vivrais plus tard, comment je vivrais le lendemain. J'étais fort mauvais économe dans ma jeunesse, et je me trouvai mainte fois dans de graves embarras. Un jour j'entrepris un voyage qui devait me procurer un bon profit ; mais j'avais pris trop largement mes mesures, et, après avoir commencé ma route en poste et l'avoir continuée quelque temps en diligence, je me trouvai forcé finalement de la poursuivre à pied.

———

En joyeux compagnon, j'avais alors l'habitude, dès que j'entrais dans une auberge, de faire connaissance avec l'hôtelière ou la cuisinière et de me mettre dans leurs bonnes grâces, de sorte que ma dépense en était le plus souvent diminuée.

Une fois, comme j'arrivais à la maison de poste d'une petite ville, et que je m'apprêtais à faire mon manége habituel, j'entendis rouler derrière moi une jolie chaise à deux places, attelée de quatre chevaux. Je me retournai et je vis une dame seule, sans femme de chambre, sans domestique. Je courus aussitôt lui ouvrir la portière, et je lui demandai si elle avait besoin de quelque chose. En descendant de voiture, elle laissa voir une taille élégante ; son aimable visage, lorsqu'on le considérait de près, était empreint d'une légère teinte de mélancolie. Je lui demandai une seconde fois si je pouvais lui être utile. « Oui, me dit-elle, veuillez prendre avec toutes les précautions possibles cette cassette posée sur la banquette ; mais, je vous en prie, tenez-la bien d'aplomb, sans la remuer ni la secouer. » Je pris la cassette avec soin ; la dame ferma la portière, nous montâmes ensemble l'escalier, et elle dit aux gens qu'elle passerait la nuit à l'auberge.

Nous étions seuls dans la chambre ; elle me dit de poser la cassette sur la table appuyée contre la muraille ; et, voyant à ses mouvements qu'elle désirait rester seule, je pris congé d'elle, en lui baisant la main respectueusement, mais avec effusion.

« Commandez le souper pour nous deux, » me dit-elle. Je vous laisse à penser avec quelle joie je m'acquittai de la commission ; dans mon orgueil je ne faisais plus aucun cas de l'hôtelière ni de la cuisinière. J'attendis avec impatience le moment qui devait me ramener auprès de la dame. On servit ; nous nous plaçâmes en face l'un de l'autre ; pour la première fois, depuis longtemps, je me régalais d'un bon repas, accompagné d'un aimable vis-à-vis ; il me semblait même qu'elle paraissait plus jolie d'instant en instant.

Sa conversation était agréable, mais elle paraissait éviter tout ce qui avait trait au sentiment et à l'amour. On avait desservi ; j'hésitais ; j'essayais de toutes les ruses pour me rapprocher d'elle, mais c'était en vain ; elle me tenait à distance par une certaine dignité à laquelle je ne pouvais résister ; et je dus, malgré moi, me séparer d'elle de bonne heure.

Après avoir passé une nuit entre l'insomnie et les rêves inquiets, je me levai dès l'aurore, et je demandai si elle avait commandé des chevaux : on me dit que non, et je me rendis au jardin ; je l'aperçus habillée, debout devant sa fenêtre, et je courus chez elle. Quand je la vis si belle, plus belle encore que la veille, un mouvement de passion, d'étourderie et de témérité me prit tout à coup : je m'élançai vers elle et je la saisis dans mes bras : « Créature angélique, irrésistible ! m'écriai-je, pardonne-moi, mais c'est impossible ! » Elle se dégagea de mes bras avec une incroyable agilité ; je n'avais pas pu appliquer un baiser ses joues.

« Réprimez, me dit-elle, ces emportements d'une passion soudaine, si vous ne voulez pas perdre un bonheur

« qui est près de vous, mais que vous ne pourrez at-
« teindre qu'après quelques épreuves.

« — Ordonne ce que tu veux, être céleste! m'écriai-je,
« mais ne me réduis pas au désespoir !

« — Voulez-vous vous consacrer à mon service ? me
« répondit-elle en souriant ; voici les conditions : Je viens
« ici pour visiter une amie auprès de laquelle je compte
« passer quelques jours ; je désire que pendant ce temps
« ma voiture et ma cassette soient transportées plus loin.
« Voulez-vous vous en charger ? Vous n'avez pas autre
« chose à faire qu'à mettre la cassette dans la voiture,
« vous asseoir à côté et en prendre le plus grand soin.
« Lorsque vous arriverez dans une auberge, vous placerez
« l'objet sur une table, dans une chambre à part, où vous
« ne devez ni rester ni coucher. Vous fermerez la cham-
« bre avec cette clef, qui ouvre et ferme toutes les ser-
« rures, et a la singulière propriété d'empêcher que per-
« sonne puisse les ouvrir dans l'intervalle. »

« Je la regardai, j'étais étrangement ému ; je promis de tout faire, si je pouvais espérer de la revoir bientôt, et si elle daignait sceller cet espoir d'un baiser. Elle le fit, et dès ce moment je lui fus dévoué de corps et d'âme. « Commandez les chevaux, » me dit-elle. Nous convînmes de la route que je devais suivre, des endroits où il fallait m'arrêter et où je devais l'attendre. Elle me glissa dans la main une bourse pleine d'or, et je pressai sa main sur mes lèvres. Elle parut émue en me disant adieu, et moi, je ne savais ce que je faisais ni ce que je devais faire.

« Lorsque je revins de commander les chevaux, je trouvai la porte fermée, j'essayai aussitôt mon passe-partout et l'épreuve réussit parfaitement. La porte s'ouvrit ; la chambre était vide, la cassette encore sur la table où je l'avais placée.

« La voiture était avancée, j'y portai soigneusement la cassette et je m'assis à côté. L'hôtelière me demanda : « Où est donc la dame ?

« — Elle est allée en ville, » répondit un enfant.

« Je saluai les gens et je partis triomphant, moi qui étais arrivé la veille en guêtres poudreuses ! Vous pensez bien que, tout en rêvant à mon aventure, je me mis à compter mon or, à faire maint projet, en lorgnant de temps en temps la cassette. Je poursuivis tout droit ma route ; je passai plusieurs stations sans descendre, et je ne m'arrêtai pas avant d'être arrivé à une grande ville, où la dame m'avait donné rendez-vous. J'exécutai ponctuellement ses ordres : je plaçai la cassette dans une chambre séparée, où j'allumai deux bougies, ainsi qu'elle me l'avait commandé. Je fermai la chambre, je m'établis dans la mienne, et je pris du bon temps.

« Pendant quelques jours son souvenir m'occupa suffisamment ; mais le temps finit par me paraître long. Je n'étais pas habitué à vivre sans société : je n'eus pas de peine à en trouver dans la table d'hôte et dans les lieux publics. Mon argent commença à se fondre, et un soir, que je m'étais échauffé au jeu, je perdis tout ce qui restait dans ma bourse. Je rentrai dans ma chambre hors de moi. Sans le sou, menacé d'une note que ma bonne apparence devait rendre exagérée, ne sachant si la belle inconnue reviendrait, je me trouvais dans le plus grand embarras. Je soupirais doublement après elle, et je ne croyais plus pouvoir vivre sans elle ni sans son or.

« Après un souper qui m'avait paru insipide, parce que j'étais obligé de le manger seul, je me promenais fiévreusement dans ma chambre, je me parlais à moi-même, je me maudissais, je me roulais à terre, je m'arrachais les cheveux, je me démenais comme un possédé.

Tout d'un coup, j'entends dans la chambre fermée, voisine de la mienne, un léger bruit, et quelques instants après on frappe à la porte bien close. Je me lève en sursaut, je prends mon passe-partout, mais les battants s'ouvrent d'eux-mêmes, et, éclairée par les deux bougies, je vois apparaître ma belle. Je me jette à ses pieds, je baise sa robe, ses mains ; elle me relève, je n'ose pas l'embrasser, à peine la regarder : cependant je lui confesse franchement ma faute.

« Elle est pardonnable, dit-elle ; mais elle recule malheureusement votre bonheur et le mien. Il faut que
« vous voyagiez encore, avant de pouvoir me revoir.
« Voici encore de l'or ; j'espère qu'il vous suffira si vous
« voulez vivre avec quelque économie. C'est le vin et le
« jeu qui vous ont mis cette fois dans l'embarras, gardez-
« vous dorénavant du vin et des femmes, et laissez-moi
« espérer de vous revoir bientôt. »

« Elle retourna dans sa chambre, les battants se refermèrent, je frappai, je priai, mais je n'entendis plus rien. Lorsque le lendemain matin je demandai mon compte, le garçon sourit et me dit : « Nous savons maintenant
« pourquoi vous fermez vos portes d'une façon si habile
« et si incompréhensible, qu'aucun passe-partout ne peut
« les ouvrir. Nous nous doutions bien qu'il y avait chez
« vous beaucoup d'argent et de choses précieuses, mais
« nous avons vu le trésor descendre l'escalier, et de toute
« manière il nous a paru digne d'être bien gardé. »

« Je ne lui répondis pas, je payai ma note et je montai en voiture avec ma cassette. Je poursuivis ma route en me promettant bien d'observer exactement les recommandations de ma mystérieuse amie. Cependant, dès que je fus arrivé dans une autre ville, je fis connaissance avec d'aimables femmes dont je ne pouvais me débarrasser

Elles parurent vouloir me faire payer cher leurs bonnes grâces, car en me tenant toujours à une certaine distance elles m'entraînaient d'une dépense à une autre, et, comme je ne cherchais qu'à leur faire plaisir, je ne pensais plus à ma bourse et je payai et dépensai toujours. Quels furent mon étonnement et ma joie, lorsqu'au bout de quelques semaines je m'aperçus que ma bourse ne s'était pas vidée et qu'elle était tout aussi ronde, tout aussi dodue qu'au commencement. Voulant m'assurer de cette propriété merveilleuse, je comptai mon argent et notai exactement la somme, et je recommençai à mener joyeuse vie. La campagne, la rivière, la danse, le chant, nous fournissaient ample matière à distraction. Mais il ne fallut pas une grande perspicacité pour remarquer que la bourse diminuait sensiblement, comme si la mauvaise idée que j'avais eue d'en compter l'or lui avait enlevé sa vertu. Cependant mon existence de plaisirs allait toujours son train, je ne pouvais plus reculer, et je fus bientôt au bout de mes ressources. Je maudissais ma situation, je blâmais mon amie, qui m'avait induit en tentation; je lui en voulais de n'avoir plus reparu; dans mon dépit, je me considérais comme quitte envers elle, et je résolus d'ouvrir la cassette, dans l'espoir d'y trouver quelque chose qui pût me tirer d'embarras. Car, bien qu'elle ne fût pas assez lourde pour contenir de l'argent, il s'y trouvait peut-être des bijoux qui eussent assurément été les bienvenus. J'étais sur le point de mettre mon projet à exécution; cependant je remis l'opération à la nuit pour ne pas être inquiété, et je courus à un banquet auquel on m'avait invité. Les choses allèrent à merveille; nous étions fort montés par le vin et le bruit des fanfares, lorsqu'au dessert j'eus la désagréable surprise de voir entrer à l'improviste un ancien amant de ma maîtresse. Il s'assit à côté d'elle et voulut sans plus de façons faire valoir ses anciens droits. Je manifestai mon dépit, il s'ensuivit une querelle, un combat. Nous dégaînâmes, on me rapporta chez moi, percé de plusieurs blessures et à demi mort.

Le chirurgien m'avait quitté après m'avoir pansé ; la nuit était avancée ; ma garde dormait ; la porte de la chambre voisine s'ouvrit, ma mystérieuse amie entra et vint s'asseoir auprès de mon lit. Elle me demanda comment je me trouvais ; je ne lui répondis rien, j'étais accablé et mécontent. Elle continua à me parler avec affection, me frotta les tempes avec un certain baume, dont l'effet fut si efficace et si prompt, que je me sentis aussitôt plus fort, assez fort pour m'emporter et la quereller. Dans une apostrophe violente, je rejetai toute la faute de mon malheur sur elle, sur la passion qu'elle m'avait inspirée, sur ses apparitions, ses disparitions, sur l'ennui, le désir que je devais éprouver. Je m'échauffai de plus en plus, comme si la fièvre m'eût pris, et je finis par lui jurer que si elle ne voulait pas être à moi, si elle ne voulait pas m'appartenir, s'unir à moi, je renonçais à la vie ; sur quoi je lui demandai de se prononcer. Comme elle hésitait à se déclarer, j'entrai en fureur, j'arrachais mon appareil avec la ferme intention de laisser couler tout mon sang. Mais quelle fut ma surprise en sentant toutes mes blessures guéries, mon corps resplendissant et la belle entre mes bras !

Nous faisions le plus heureux couple du monde ; nous nous demandions réciproquement pardon, sans savoir au juste pourquoi. Elle me promit de voyager désormais avec moi, et bientôt nous fûmes assis l'un à côté de l'autre dans la voiture, avec la cassette en face de nous, sur la banquette de devant. Je n'avais jamais parlé de la cassette en sa présence, et même alors j'évitai d'en faire mention, quoique nous l'eussions devant les yeux et que, par une secrète entente, nous en prissions soin à l'occasion ; seulement c'était toujours moi qui la retirais de la voiture, qui l'y remettais, et qui veillais comme auparavant à fermer les portes.

Tant qu'il y avait eu quelque chose dans la bourse, j'avais toujours payé. Mais lorsque l'argent tira à sa fin, j'en fis l'observation à la dame.

« Le remède est facile, » dit-elle, et elle me montra deux poches pratiquées sur les côtés de la voiture ; je les avais déjà aperçues, mais je n'en avais pas fait usage. Elle mit la main dans l'une et en tira quelques pièces d'or ; elle fit de même pour l'autre et en tira de la monnaie d'argent. Il nous était donc possible de continuer à dépenser à notre guise. Nous voyageâmes ainsi de ville en ville, de contrée en contrée, heureux d'être ensemble, et je n'avais pas l'idée qu'elle pût me quitter de nouveau, d'autant plus que depuis quelque temps elle était enceinte, ce qui ne faisait qu'augmenter notre joie et notre amour. Mais, un matin, je ne la trouvai plus ; et, comme il ne m'était pas possible de séjourner quelque part sans elle, je me remis en route avec ma cassette ; j'éprouvai la vertu des deux poches ; elles étaient suffisamment garnies.

Le voyage se continua sans encombre, et, jusque-là, je ne m'étais pas inquiété outre mesure de mon aventure, parce que je m'attendais à voir cet événement étrange se résoudre d'une façon toute naturelle. Il survint quelque chose qui me remplit de surprise et même de frayeur. Comme je ne pouvais rester en place, et que j'étais habitué à voyager jour et nuit, il m'arrivait souvent d'être plongé dans les ténèbres, et lorsque, par hasard, les lanternes s'éteignaient, je me trouvais dans une complète obscurité. Une nuit, je m'étais endormi, et, en m'é-

veillant, je vis une lueur briller sur le dessus de ma voiture.
Je l'observai, et je reconnus qu'elle provenait de la cassette, qui paraissait avoir une fissure comme si la sécheresse de la température eût fait jouer le bois. Mes idées
de bijoux me revinrent ; je supposai que la cassette contenait une escarboucle, et je résolus de m'en assurer. Je
me tournai comme je pus, et je parvins à appliquer mon
œil à la fissure. Quel fut mon étonnement lorsque j'aperçus
une chambre meublée avec beaucoup de goût, avec luxe
même, brillamment éclairée, comme si j'avais vu une salle
royale par l'ouverture d'une voûte. Je ne pouvais voir
qu'une partie de la chambre, mais cela me suffisait pour
juger du reste. Un feu paraissait brûler dans la cheminée,
auprès de laquelle se trouvait un fauteuil. Je retins mon
haleine et je continuai à observer. Alors je vis s'avancer
de l'autre côté de la salle une dame tenant un livre à la
main ; je reconnus aussitôt ma femme, quoique sa figure
fût réduite aux plus petites proportions. La belle s'assit
dans le fauteuil, contre la cheminée, arrangea les tisons
avec les plus mignonnes pincettes du monde ; je pus remarquer que cette charmante personne était enceinte. En
ce moment je fus forcé de modifier un peu mon attitude
incommode, et, lorsque je voulus regarder de nouveau et
me convaincre que ce n'était pas un rêve, la lueur avait
disparu et je me retrouvai dans l'obscurité.

Je vous laisse à penser combien j'étais surpris, effrayé.
Je fis mille suppositions sans rien trouver de raisonnable ; puis je m'endormis, et, lorsque je m'éveillai, je crus
n'avoir fait qu'un rêve. Je ressentais pour ma belle une
sorte d'éloignement, et, tout en portant la cassette avec
plus de précautions que jamais, je ne savais s'il me fallait
souhaiter ou craindre de revoir ma femme reparaître devant moi en grandeur naturelle.

Au bout de quelque temps elle revint en effet, vers le soir, vêtue de blanc, et, comme il commençait à faire sombre dans la chambre, elle me sembla plus grande que d'habitude ; je me souvins d'avoir entendu dire que les nixes et les gnomes devenaient beaucoup plus grands à l'entrée de la nuit. Elle vola dans mes bras, mais je ne pus la serrer avec une joie sincère contre ma poitrine oppressée.

« Mon cher ami, dit-elle, ton accueil m'apprend ce que je sais déjà malheureusement. Tu m'as vue depuis ma dernière visite ; tu connais l'état où je me trouve à certaines époques : cette découverte interrompt ton bonheur et le mien, il est même sur le point de périr complétement. Il faut que je te quitte, et je ne sais plus maintenant quand je te reverrai. »

Sa présence, la grâce avec laquelle elle me parlait, éloignèrent presque entièrement le souvenir de cette image, qui du reste m'avait toujours paru n'être qu'un songe. Je l'accueillis avec vivacité ; je la convainquis de ma passion, je protestai de mon innocence, je lui racontai comment j'avais fait cette découverte par hasard ; enfin je fis tant, qu'elle finit elle-même par se rassurer, et s'efforça de me rassurer à son tour.

« Penses-y bien, me dit-elle ; vois si cette découverte n'a point porté atteinte à ton amour, si tu peux oublier que je suis auprès de toi sous deux formes, si la diminution de mon être ne diminuera pas ta tendresse. »

Je la regardai ; elle était plus belle que jamais, et je me dis à moi-même : « Est-ce donc un si grand malheur de posséder une femme qui devient naine de temps en temps, en sorte qu'on peut la porter dans une cassette ? Ne serait-ce pas bien pis si c'était une géante, et qu'elle mît son mari dans la boîte ? » Ma gaieté était revenue ; pour rien au monde je ne l'aurais laissée partir.

« Cher cœur, lui répondis-je, restons comme nous sommes. Pourrions-nous trouver mieux ? Ne te gêne pas ; je te promets de traiter la cassette avec plus de précautions que jamais. Comment la chose la plus mignonne que j'aie vue de ma vie pourrait-elle m'avoir laissé une mauvaise impression ? Que les amants seraient heureux de pouvoir posséder de pareilles miniatures ! Et puis, au bout du compte, cette figurine, ce n'était qu'un tour de prestidigitation ; tu m'éprouves et me lutines, mais tu verras comme je saurai me tenir.

— La chose est plus sérieuse que tu ne le crois, dit la belle. Cependant je suis charmée que tu la prennes légèrement ; cela peut amener pour nous les résultats les plus heureux. Je me fie à toi ; je ferai de mon côté tout mon possible ; mais jure-moi de ne jamais me reprocher cette découverte. De plus, je t'en supplie, garde-toi plus que jamais de la colère et du vin. »

Je promis ce qu'elle demandait ; j'aurais tout promis ; mais elle changea elle-même le tour de la conversation et tout rentra dans l'ornière. Nous n'avions pas de raisons pour changer le lieu de notre séjour ; la ville était grande, la société variée, la saison invitait aux parties de campagne et aux fêtes en plein air.

Dans tous ces divertissements ma femme était très-bien accueillie et fort recherchée des hommes et des femmes. Ses manières douces et caressantes, mêlées à une certaine dignité, la faisaient aimer et respecter de tout le monde. En outre, elle jouait admirablement du luth, dont elle accompagnait son chant, et son talent était le complément indispensable de ces soirées.

J'avouerai que je n'ai jamais beaucoup aimé la musique ; elle produit plutôt sur moi un effet désagréable. Ma belle, qui l'avait remarqué, ne cherchait jamais à m'offrir cette distraction lorsque nous étions seuls ; mais elle semblait se dédommager dans le monde, où elle ne manquait pas d'admirateurs.

Et pourquoi le nier? Notre dernière conférence, malgré toute ma bonne volonté, n'avait pu me satisfaire entièrement ; bien plus, mon humeur avait pris une tournure étrange, sans que j'en eusse moi-même conscience. Mais un jour, dans une nombreuse société, mon mécontentement finit par éclater, et j'en fus sévèrement puni.

A parler franchement, j'aimais beaucoup moins ma belle depuis cette malencontreuse découverte ; j'en étais devenu jaloux, ce qui, jusqu'alors, ne m'était jamais venu à l'esprit. Un soir, à table, que nous étions assez éloignés l'un de l'autre, je me trouvais fort bien placé entre mes deux voisines, deux femmes qui, depuis quelque temps, me semblaient charmantes. Au milieu des badinages et des propos galants on ne ménageait pas le vin, tandis que de l'autre côté, deux amateurs de musique s'étaient emparés de ma femme, et encourageaient la société à chanter des solos et des chœurs. Cela me fâcha : les deux amateurs semblaient devenir pressants ; les chants m'agaçaient, et comme on me demanda de dire aussi mon couplet, j'entrai dans une véritable colère ; je vidai mon verre et je le posai rudement sur la table.

La grâce de mes voisines m'apaisa soudain. Mais c'est une mauvaise chose que la colère une fois qu'elle est en chemin. Elle couvait en secret, quoique tout fût de nature à me disposer à l'indulgence, à la gaieté. Au contraire, je devins encore plus morose, lorsqu'on apporta le luth et que ma belle se mit à s'accompagner, aux applaudissements de l'assistance. On eut le malheur de réclamer le silence ; je ne pouvais plus bavarder et la musique me faisait grincer les dents. N'était-il pas tout simple que la plus petite étincelle mît le feu à la mine ?

La belle venait d'achever un chant vivement applaudi, lorsqu'elle tourna les yeux vers moi, et, je dois le dire, d'un air plein de tendresse. Malheureusement ses regards ne produisirent aucun effet. Elle me vit vider mon verre d'un trait et le remplir de nouveau. Elle me fit amicalement signe du petit doigt.

« Prenez garde, c'est du vin ! me dit-elle, juste assez haut pour que je l'entendisse.

— L'eau est pour les naines ! m'écriai-je.

— Mesdames, dit-elle à mes voisines, couronnez son verre de toutes vos grâces, pour qu'il ne le vide pas trop souvent.

— Vous laisserez-vous donc faire la loi ? me murmura à l'oreille l'une de ces dames.

— Que veut la naine ? m'écriai-je en gesticulant, ce qui fit que mon verre se renversa.

— Voilà bien du gâchis, » dit ma femme; puis elle toucha un accord, comme pour ramener sur elle l'attention de la société, troublée par cet incident. Elle y réussit d'autant plus qu'elle se leva, mais comme pour se mettre plus à son aise, et continua à préluder.

Lorsque je vis le vin couler et rougir la nappe, je revins à moi ; je reconnus l'énormité de la faute que j'avais commise, j'étais honteux et confus. Pour la première fois la musique me disait quelque chose ; la première strophe que chanta ma femme était un adieu à la société, qui cependant ne semblait pas prête à se disperser. A la strophe suivante, chacun se sentit comme isolé, nul ne se sentait présent à la fête. Mais que dire de la dernière strophe ? Elle ne s'adressait qu'à moi, c'était la voix de l'amour blessé, qui prend congé de la colère et de l'orgueil.

Je la ramenai sans mot dire à la maison, ne m'attendant à rien de bon. Mais à peine étions-nous arrivés dans notre chambre qu'elle se montra extrêmement aimable, caressante, espiègle même, et me rendit le plus heureux des hommes.

Le lendemain matin je lui dis, plein de confiance et de tendresse : « Tu as souvent chanté sur l'invitation des sociétés où tu te trouvais ; hier soir, par exemple, cet adieu si touchant ; chante donc, pour l'amour de moi, un chant de bienvenue à cette heure matinale, comme si nous étions encore au premier jour que nous nous sommes connus.

— Je ne le puis, mon ami, me répondit-elle d'un air grave. Le chant d'hier au soir était une allusion à notre séparation, qui doit s'accomplir incessamment : car, je ne puis te dire que cela, la violation de ta promesse et de ton serment aura pour nous les conséquences les plus funestes ; tu sacrifies un grand bonheur, et moi aussi, il faut que je renonce à mes vœux les plus chers. »

Comme je la priais et la suppliais de s'expliquer plus clairement, elle me répondit : « Je peux tout te dire, hélas ! puisque c'en est fait, puisque je ne peux plus rester avec toi ! Apprends donc ce que j'aurais voulu te tenir toujours caché. La forme sous laquelle tu m'as vue dans la cassette est réellement une forme native et naturelle ; car je suis de la famille du roi Eckwald, le puissant souverain des nains, dont l'histoire véridique rapporte tant de choses. Notre peuple est toujours, comme autrefois, actif et laborieux, par conséquent facile à gouverner. Ne te figure pas que les nains soient restés dans leurs travaux en arrière des hommes. Jadis ils avaient pour spécialité les épées qui poursuivent l'ennemi contre lequel on les jette, les chaînes mystérieuses et invisibles qui l'enlaçaient, les boucliers impénétrables et autres choses de ce genre. Aujourd'hui ils fabriquent de préférence des objets de luxe et de toilette, et surpassent, dans cette branche, tous les peuples de la terre. Tu serais stupéfait si tu parcourais nos ateliers et nos magasins. Tout serait au mieux si toute la nation et principalement la famille royale n'étaient sous le poids d'une fatalité particulière. »

Comme elle se tut un instant, je cherchai à obtenir des éclaircissements plus amples à l'endroit de ce mystérieux secret. Elle reprit aussitôt son récit :

« On sait que Dieu, dès qu'il eut créé le monde, que la terre fut séchée et que les puissantes montagnes se dressèrent, on sait, dis-je, que Dieu forma, avant toutes choses, la race des nains, afin qu'il y eût des êtres raisonnables qui pussent admirer et vénérer ses merveilles dans l'intérieur de la terre, dans les mines et les cavernes. On sait encore que cette petite race finit par s'enorgueillir et prétendre à l'empire du monde; pour contenir et refouler les nains dans leurs montagnes, Dieu créa alors les dragons. Mais comme les dragons s'établissaient dans les grottes, les crevasses, qu'un grand nombre d'entre eux vomissaient du feu et commettaient maint ravage, la race des nains se trouva dans une position fort dangereuse, au point qu'elle ne savait plus que devenir, et s'adressa humblement à son Seigneur et Dieu, le suppliant de faire rentrer dans le néant cette impure engeance de dragons. Mais comme, dans sa sagesse, il ne pouvait se résoudre à détruire sa créature, et que cependant l'état misérable des nains lui faisait pitié, il fit les géants, qui combattirent les dragons, sinon pour les exterminer, du moins pour en diminuer le nombre.

« Mais lorsque les géants furent à bout des dragons, ils s'enflèrent à leur tour d'orgueil et d'audace ; ils se livraient à des actes de violence, surtout contre les pauvres nains, qui, dans leur détresse, s'adressèrent de nouveau au Seigneur. Dieu, par sa toute-puissance, créa aussitôt les chevaliers qui devaient combattre les dragons et les géants, et vivre en bonne intelligence avec les nains. L'œuvre de la création fut de la sorte achevée de ce côté, et dès lors les dragons et les géants, comme les chevaliers et les nains, furent constamment unis. Tu vois maintenant, mon ami, que nous sommes de la plus ancienne race du monde, ce qui nous fait assurément beaucoup d'honneur, mais nous vaut aussi de grands inconvénients.

« Rien ne peut subsister éternellement dans le monde, et tout ce qui a été grand depuis la création du monde doit diminuer et se rapetisser; nous aussi nous sommes condamnés à nous voir devenir de plus en plus petits : la famille royale, à cause de la pureté de son sang, est plus que toute autre soumise à cette fatalité. Nos sages ont trouvé que le seul remède à ce mal était d'envoyer de temps en temps sur la terre une princesse de la famille royale pour épouser un honorable chevalier, afin que la race des nains soit ravivée et sauvée d'une complète décadence. »

Tandis que ma belle me parlait ainsi, je l'observais avec défiance, car il me semblait qu'elle voulût m'en faire accroire. Pour ce qui était de sa mignonne origine, je n'avais plus aucun doute. Mais quant à croire qu'elle m'avait choisi en place d'un chevalier, cela ne me paraissait pas clair; je me connaissais trop bien pour me figurer que mes ancêtres eussent été immédiatement créés par Dieu.

Je dissimulai mon étonnement et mon incrédulité, et je lui dis affectueusement : « Mais, ma chère enfant, comment as-tu pu atteindre cette grande et majestueuse stature ? Car je connais peu de femmes d'une aussi magnifique tournure !

— Je vais te l'expliquer, répondit ma belle. Il a été de tout temps dans les principes de la famille royale de se garder aussi longtemps que possible de toute démarche extraordinaire, ce que, du reste, je trouve fort naturel et fort raisonnable. On aurait peut-être beaucoup tardé encore à envoyer une princesse sur la terre, si mon frère puîné n'eût été tellement petit que sa nourrice l'égara dans ses langes, et qu'il fut impossible de le retrouver. A la suite de cet événement inouï dans nos annales, les sages s'assemblèrent, et on résolut de m'envoyer à la recherche d'un mari.

— On a résolu ! m'écriai-je, c'est fort bien ; on peut prendre une résolution, on peut décider quelque chose; mais donner cette forme divine à une naine, comment vos sages y sont-ils parvenus ?

— Le cas était prévu par nos ancêtres. Dans le trésor royal se trouve un énorme anneau d'or. Je le qualifie ainsi parce qu'il me parut tel lorsque, dans mon enfance, on me montra la place où on le conservait : car c'est le même que j'ai là à mon doigt. On procéda de la façon suivante :

« On m'instruisit de tout ce qui devait se passer, on m'apprit ce que j'avais à faire et à ne pas faire. On construisit un riche palais, sur le modèle de la résidence d'été de mes parents : un corps de logis principal, des ailes, et tout ce qu'on peut souhaiter. Il était placé à l'entrée d'une grande crevasse, et y faisait le meilleur effet. Au jour marqué la cour s'y rendit, et mes parents avec moi. Il y eut une grande parade, et vingt-quatre prêtres apportèrent sur un riche brancard le pesant et merveilleux anneau. On le déposa sur le seuil de l'édifice, un peu en dedans. Après maintes cérémonies, après de tendres adieux, je me mis à l'œuvre. Je m'avançai, je mis la main sur l'anneau, et je commençai aussitôt à grandir sensiblement. Au bout de quelques instants j'avais atteint la taille que j'ai maintenant, et je passai aussitôt l'anneau à mon doigt. En un clin d'œil les fenêtres et les portes se fermèrent, les ailes se replièrent sur le corps de logis, et au lieu du palais j'avais à côté de moi une cassette que je soulevai et que j'emportai, non sans éprouver une agréable sensation en me voyant si grande et si forte, toujours naine à côté des arbres et des montagnes, des rivières et des plaines, mais géante auprès du gazon et des herbes, et surtout des fourmis, avec lesquelles nous autres nains ne sommes pas toujours en bonne intelligence, et dont nous avons souvent à nous plaindre.

« Te raconter ce qui m'est arrivé dans mon pèlerinage avant de t'avoir rencontré, cela serait trop long. J'ai éprouvé bien des hommes, mais nul ne m'a paru plus digne que toi de renouveler et de perpétuer la race du noble roi Eckwald. »

Pendant tout ce récit la tête me branlait sur les épaules, quoique je ne l'eusse pas secouée de façon à ce que ma belle s'en aperçût. Je lui fis différentes questions, mais je n'obtins pas de réponses précises ; j'appris à mon regret, qu'après ce qui était arrivé, elle était forcée de retourner auprès de ses parents. Elle espérait, il est vrai, pouvoir revenir me rejoindre, mais pour le moment il fallait absolument qu'elle se présentât devant eux. La bourse cesserait de payer, et il surviendrait mille autres inconvénients.

Quand j'appris que l'argent allait nous manquer, je n'en demandai pas plus long. Je haussai les épaules, je me tus, et elle parut me comprendre.

Nous fîmes nos paquets et nous montâmes en voiture, plaçant devant nous la cassette, que je pouvais m'habituer à prendre pour un palais. Nous passâmes ainsi plusieurs stations; puisant à notre aise à droite et à gauche de quoi payer les frais de poste et les pourboires. Nous arrivâmes enfin dans une contrée montagneuse; dès que nous fûmes descendus, ma belle partit en avant, je la suivis sur son invitation avec la cassette. Elle me conduisit par un sentier assez escarpé sur une étroite pelouse, au milieu de laquelle bondissait et serpentait un clair ruisseau. Puis elle me montra un tertre, où elle me fit déposer la cassette, et me dit : « Adieu ! tu retrouveras facilement ton chemin ; pense à moi, j'espère te revoir. »

Dans ce moment il me sembla que je ne pourrais la quitter. Elle était dans son beau jour, ou, si vous voulez, dans sa belle heure. Seul, avec un être si charmant, sur une verte pelouse, au milieu du gazon et des fleurs, entouré de rochers, de ruisseaux murmurants, est-il un cœur qui fût resté insensible? Je voulus lui serrer la main, l'embrasser, mais elle me repoussa, et, sans cesser d'être aimable, elle me menaça d'un grand danger, si je ne m'éloignais pas à l'instant.

« N'est-il donc pas possible que je reste avec toi, que tu me gardes auprès de toi? » J'accompagnai ces paroles de gestes si désespérés qu'elle parut émue, et, après quelque hésitation, m'avoua qu'il y avait un moyen d'empêcher notre séparation. Quel homme plus heureux que moi ! Mes instances, toujours plus pressantes, finirent par la forcer à s'expliquer et à me dire que, si je me décidais à devenir aussi petit que je l'avais vue, je pourrais vivre auprès d'elle, et la suivre dans son palais, dans son royaume, dans sa famille. Cette proposition n'était pas entièrement de mon goût, mais dans ce moment je ne pouvais me séparer d'elle, et, accoutumé depuis quelque temps au merveilleux, naturellement disposé aux résolutions soudaines, j'acceptai et je lui dis qu'elle pourrait faire de moi ce qu'elle voulait.

Aussitôt elle me fit allonger le petit doigt de la main droite, elle y appuya le sien, tira tout doucement avec la main gauche l'anneau qui se trouvait à sa main droite, et le laissa glisser à mon petit doigt. A peine cette opération était-elle terminée, que je ressentis au doigt une violente douleur, l'anneau se resserra et me tortura cruellement. Je poussai un grand cri et j'étendis machinalement les mains autour de moi pour chercher ma belle, mais elle avait disparu. Ce que j'éprouvai dans ce moment, je ne saurais trouver d'expressions pour le rendre; tout ce que je peux vous dire, c'est que j'étais devenu un petit personnage, et me trouvai avec ma belle dans une forêt de gazon. La joie que nous ressentîmes en nous revoyant après une si courte mais si étrange séparation, ou si vous voulez,cette reconnaissance sans séparation, dépasse toute idée. Je lui sautai au cou, elle me rendit mes caresses, et le petit couple ne se trouva pas moins heureux que le grand.

Nous gravîmes ensuite avec quelque difficulté une petite colline; car la prairie était devenue pour nous une forêt presque impénétrable. Cependant nous parvînmes à une clairière, et quel fut mon étonnement d'y voir une grande masse régulière ! je reconnus la cassette dans la position où je l'avais placée.

« Avance, mon ami, et frappe avec l'anneau, tu vas voir des choses merveilleuses, » me dit ma maîtresse. J'avançai, et à peine avais-je frappé, que je vis en effet quelque chose de merveilleux. Les deux ailes se déployèrent, il tomba comme des écailles et des débris, et je pus con-

templer des portails, des fenêtres, des colonnades, tout
ce qui constitue un palais complet.

Si vous avez vu un de ces ingénieux secrétaires où
une seule pression fait jouer de nombreux ressorts, et où
se présentent successivement l'encrier, le pupitre, le tiroir aux lettres et le tiroir à l'argent, vous pouvez vous
faire, d'après cela, une idée de la façon dont se développa
ce palais où je pénétrai avec mon adorable compagne.
Dans la grande salle je reconnus aussitôt la cheminée que
j'avais auparavant vue d'en haut ; la chaise sur laquelle
ma belle s'était assise. En levant la tête, il me sembla
apercevoir la trace de l'ouverture par laquelle mes regards
avaient pénétré. Je vous fais grâce de la description du
reste : sachez seulement que tout était vaste, riche et
plein de goût. J'étais à peine revenu de ma surprise que
j'entendis retentir dans le lointain une musique militaire.
Ma belle moitié sauta de joie, et m'annonça avec transport l'arrivée de son père. Nous nous avançâmes au-devant de la porte, et nous vîmes un brillant cortège qui
débouchait d'une large crevasse. Soldats, domestiques,
officiers, et une cour magnifique se suivaient en bon
ordre. Enfin j'aperçus une foule dorée au milieu de laquelle se détachait le roi. Sa tendre fille courut au-devant
de lui, en m'entraînant avec elle : nous nous jetâmes aux
pieds du roi ; il me releva gracieusement, et, quand je me
vis debout devant lui, je m'aperçus que, dans ce petit
monde, j'avais encore la plus haute stature. Nous entrâmes
ensemble dans le palais, où le roi, en présence de toute
sa cour, me souhaita la bienvenue dans un discours savamment étudié, s'étonnant de nous trouver en cet endroit, me reconnaissant pour gendre, et fixant au lendemain la cérémonie du mariage.

Je fus saisi d'une terreur subite en entendant parler

de mariage : j'en avais encore plus horreur que de la musique, qui me semblait cependant la chose la plus odieuse du monde. Ceux qui font de la musique, me disais-je, s'imaginent au moins qu'ils sont d'accord, car, après avoir longuement accordé leurs instruments et nous avoir déchiré les oreilles par mille dissonances, ils croient fermement que tout va marcher et qu'un instrument ira avec l'autre. Le chef d'orchestre lui-même partage cette illusion, et on commence gaiement, et les oreilles continuent à nous tinter. Mais ce n'est pas le cas dans le mariage : car, bien que ce ne soit qu'un duo et qu'il soit permis de penser que deux voix, ou même deux instruments peuvent s'accorder jusqu'à un certain point, cela arrive rarement ; car lorsque l'homme donne le ton, la femme le prend aussitôt plus haut, et ainsi de suite, de sorte qu'ils passent du ton de la musique de chambre à celui de la musique d'ensemble, et finissent par aller si haut que les instruments à vent ne peuvent plus les suivre. Et moi, qui ai horreur de la musique harmonieuse, je suis bien excusable de ne pouvoir souffrir la musique discordante.

Je ne puis ni ne veux rien vous dire de toutes les solennités dans lesquelles se passa la journée, car j'y fis peu attention. Le repas splendide, les vins précieux, rien ne me plaisait. Je pensais et je réfléchissais à ce que j'avais à faire. Il n'y avait cependant guère à réfléchir. Je résolus tout simplement de m'esquiver dès qu'il serait nuit et d'aller me cacher quelque part. J'eus le bonheur de découvrir une fissure dans laquelle je me glissai et où je me cachai de mon mieux. Mon premier soin fut d'essayer de me débarrasser de mon anneau ; mais cela ne me réussit point ; je sentis, au contraire, qu'il devenait plus étroit dès que je voulais le retirer, et je ressentais une violente douleur qui cessa dès que je renonçai à mon projet.

Je me réveillai de grand matin — car ma petite personne avait fort bien dormi — et je songeai à m'en aller plus loin, lorsqu'il me sembla qu'il pleuvait sur moi. En effet il tombait autour de moi, à travers le gazon, les feuilles et les fleurs, quelque chose comme du sable et du gravier. Mais quelle fut ma frayeur, lorsque je vis se mouvoir de tous côtés une innombrable armée de fourmis qui se précipitait sur moi ! A peine m'eurent-elles reconnu qu'elles m'attaquèrent de tous les côtés, et, quoique je me défendisse avec courage et vigueur, elles finirent par me couvrir, me pincer et me harceler tellement que je fus bien heureux de m'entendre dire qu'il fallait me rendre prisonnier. Je me rendis aussitôt ; alors une fourmi de haute taille s'approcha de moi avec politesse et même avec respect, en se recommandant à moi. J'appris que les fourmis étaient devenues les alliées de mon beau-père, qu'il les avait convoquées et leur avait ordonné de s'emparer de ma personne. Me voilà donc, moi petit, entre les mains de plus petits encore. Je me voyais en face du mariage, et je devais remercier le ciel si mon beau-père n'était pas furieux, et si ma belle n'était pas fort mécontente de moi.

Je passe sous silence toutes les cérémonies : bref, nous étions mariés. Mais si joyeux et si gai que l'on fût chez ces gens, il se trouvait cependant de ces heures solitaires où l'on se laisse aller à la rêverie, et il m'arriva ce qui ne m'était jamais arrivé. — Quoi donc, et comment ?... C'est ce que je vais vous dire.

Tout ce qui m'environnait était parfaitement assorti à ma taille et à mes besoins, les bouteilles et les verres en rapport avec la petitesse du buveur, et même, en proportion, la mesure était plus forte que chez nous. Mon petit palais savourait parfaitement les mets délicats, un baiser de la petite bouche de mon épouse était vraiment charmant; et je dois avouer que la nouveauté de la chose m'amusait beaucoup. Cependant je n'avais pas oublié mon état précédent. Je sentais en moi l'échelle de ma grandeur passée, cela me rendait inquiet et malheureux. Pour la première fois, je compris ce que les philosophes entendent par leur idéal, qui tourmente tant les hommes. J'avais un idéal de moi-même, et souvent je m'apparaissais en rêves sous la forme d'un géant. Enfin, ma femme, l'anneau, ma taille de nain, tous ces liens me rendaient fort malheureux, si bien que je songeai sérieusement à ma délivrance.

Comme j'étais persuadé que tout le charme résidait dans l'anneau, je résolus de le limer. Dans ce but je dérobai quelques limes au bijoutier de la cour. Heureusement pour moi, j'étais gaucher. Je me mis bravement à l'ouvrage : ce n'était pas peu de chose, car le petit cercle d'or, si mince qu'il parût, avait gagné en densité, en proportion de sa diminution de volume. Je consacrai à ce travail les heures où j'étais libre, et j'eus l'adresse, lorsque le métal fut presque entièrement limé, de me placer devant la porte du palais. Bien m'en prit, car tout d'un coup l'anneau se détacha brusquement de mon doigt, et je grandis avec une telle rapidité que je crus que j'allais heurter le ciel, et j'eusse assurément effondré la voûte de notre palais d'été, et même détruit la résidence entière, par ma croissance subite et disproportionnée.

J'étais donc revenu à mon état primitif, j'étais même un peu plus grand, mais, à ce qu'il me sembla, d'autant plus lourd et maladroit. Lorsque je fus remis de mon étourdissement, je vis la cassette auprès de moi. Elle me parut assez lourde ; je l'enlevai, et je descendis le sentier pour regagner la station où je fis aussitôt atteler. Une fois en route je commençai par faire l'essai des deux poches. A la place de l'argent qui avait disparu, je trouvai une petite clef, qui était celle de la cassette. J'y trouvai un assez joli dédommagement. Tant qu'il dura je me servis de la voiture ; puis je la vendis pour continuer ma route en diligence. Je ne me défis qu'en dernier lieu de la cassette, car j'espérais toujours qu'elle se remplirait encore une fois. Et c'est ainsi que je revins, après un assez long détour, auprès du fourneau de la cuisinière où vous avez fait connaissance avec moi.

CHAPITRE VII
Hersilie à Wilhelm.

« Les connaissances, même lorsqu'elles s'annoncent comme devant être indifférentes, ont souvent les conséquences les plus graves ; à plus forte raison la vôtre qui, dès le début, n'était pas indifférente. La clef merveilleuse était tombée entre mes mains comme un gage singulier ; maintenant j'ai la cassette. La clef et la cassette, qu'en dites-vous ? Qu'en pouvez-vous dire ? Écoutez comment cela s'est passé :

« Un jeune homme de bonne mine se fait annoncer chez mon oncle et raconte que l'antiquaire, avec lequel vous avez été longtemps en relation, est mort récemment et lui a légué sa précieuse collection tout entière, en lui imposant l'obligation de restituer sans délai tous les objets qu'il avait reçus en dépôt. On n'est jamais inquiet pour son propre bien, car sa perte ne regarde que nous ; mais pour ce qui est de garder le bien des autres, il ne se le permettait que dans des cas particuliers, il ne voulait pas lui transmettre ce fardeau, et le priait même, au nom de son amitié et de son autorité paternelle, de ne jamais le faire. Après ce préambule, le jeune homme montre la cassette que je connaissais déjà par votre description, mais qui ne m'en frappa pas moins.

« Mon oncle, après l'avoir examinée en toussens, la lui rendit en disant qu'il s'était fait également un devoir d'agir de la même façon et de ne se charger d'aucune antiquité, si belle et si merveilleuse qu'elle fût, sans savoir à qui elle avait appartenu, s'il s'y rattachait quelque intérêt historique. Cette cassette ne portant ni inscription, ni chiffre, ni date, ni aucune indication de nature à faire deviner l'auteur ou l'ancien possesseur de l'objet, lui était absolument inutile.

« Le jeune homme était fort embarrassé et, après avoir réfléchi, il demanda si on ne lui permettrait pas de déposer l'objet chez le bailli. Mon oncle sourit, se tourna vers moi, et me dit : « Ce serait une jolie affaire pour « toi, Hersilie ; tu possèdes déjà une jolie collection de « raretés, ajoutes-y celle-ci ; car je gagerais que notre « ami, qui ne t'est pas resté indifférent, reviendra un jour « la reprendre. »

« J'écris tout cela pour rester fidèle à l'histoire ; je dois avouer que je considérais la cassette avec un œil d'envie, avec avidité. Il me répugnait de voir la magnifique cassette que le hasard avait donnée au beau Félix, enfouie dans le vieux coffre rouillé des dépôts du tribunal. Elle attirait la main comme la baguette divinatoire : ma faible raison me retenait ; j'avais déjà la clef et je n'osais le dire ; fallait-il m'imposer le tourment de laisser la serrure fermée ou m'abandonner à la coupable témérité de l'ouvrir? Mais, je ne sais, était-ce pressentiment ou désir, je m'imaginais que vous viendriez et que vous seriez là quand je rentrerais dans ma chambre ; bref, j'étais étrangement troublée comme cela m'arrive toujours, lorsque quelque chose vient m'arracher à ma gaieté habituelle. Je n'en dis pas davantage, je n'écris pas, je ne m'excuse pas : le fait est que la cassette est là, devant moi, dans mon coffre, la clef à côté, et si vous avez quelque chose qui ressemble à un cœur, figurez-vous ce que j'éprouve, combien de passions s'agitent en moi, comme je vous souhaite ici et Félix avec vous pour que cela finisse, ou du moins que nous sachions à quoi nous en tenir à l'endroit de cet objet trouvé, retrouvé, ces rencontres, ces séparations. Et quand je ne devrais pas être tirée de tous mes embarras, je désire ardemment que celui-ci au moins s'explique, dût-il m'arriver, comme j'en ai bien peur, quelque chose de plus pénible encore. »

CHAPITRE VIII

Parmi les papiers que nous avons sous les yeux en rédigeant cet ouvrage, nous trouvons une facétie que nous insérons ici sans autre préambule, car les événements deviennent de plus en plus graves, et nous ne trouverions pas, plus tard, de place pour de pareils écarts.

En somme, cette histoire ne déplaira point au lecteur ; elle fut racontée une fois par Saint-Christophe à une société de gais compagnons.

LA GAGEURE DANGEREUSE

C'est un fait acquis que les hommes, dès qu'ils jouissent d'un peu de bien-être et que les choses vont à leur gré, ne savent plus se modérer ni se contenir. De joyeux étudiants avaient pris l'habitude de parcourir le pays pendant les vacances et de faire, à leur manière, des farces qui n'avaient pas toujours les plus heureuses conséquences. C'était une société très-mêlée, comme en produit la vie d'étudiant. Différents de naissance, de fortune, d'esprit et d'éducation, mais tous bons compagnons, ils allaient et couraient avec le désir de s'amuser. Ils me choisissaient souvent pour les accompagner, car je portais des fardeaux plus lourds que pas un d'eux, et ils m'avaient décerné le titre honorable de grand farceur, probablement parce que mes plaisanteries, pour être rares, n'en étaient que plus fortes, comme on va en avoir la preuve.

Nous avions atteint dans nos pérégrinations un agréable village situé dans la montagne, et qui, malgré sa situation écartée, avait l'avantage de posséder une station de poste, habitée par deux fort jolies filles. On voulut s'y reposer, y passer le temps, faire l'amour, y vivre quelques jours à bon marché, et, par conséquent, dissiper plus d'argent.

On sortait de table ; quelques-uns étaient surexcités, les autres fort abattus. Les uns cuvaient leur vin sous la table ; les autres l'auraient volontiers évaporé dans quelque escapade extravagante. Nous occupions deux grandes chambres dans une aile qui donnait sur la cour. Un bel équipage, attelé de quatre chevaux vigoureux, nous attire aux fenêtres. Des domestiques s'élancent du siége et aident à descendre un seigneur de noble et belle apparence, qui, malgré les années, paraissait encore leste. Son grand nez, bien fait, me frappa tout d'abord, et je ne sais quel mauvais génie me souffla dans ce moment l'idée la plus folle, que, sans plus réfléchir, je commençai aussitôt à mettre à exécution.

« Que vous semble de ce seigneur ? demandai-je à la compagnie.

— Je crois qu'il ne ferait pas bon de plaisanter avec lui, répondit quelqu'un.

— Oui, oui, dit un autre, il a tout l'air d'un respectable ne-me-touchez-pas.

— Et malgré cela, m'écriai-je audacieusement, qu'est-ce que vous me pariez que je le tire par le bout du nez, sans qu'il m'arrive aucun mal ; je veux même qu'il soit mon obligé.

— Si tu fais cela, dit Raufbold, chacun de nous te donnera un louis d'or.

— Encaissez l'argent pour moi, m'écriai-je, je m'en remets à vous.

— J'aimerais mieux, dit un petit étudiant, arracher un poil à la moustache d'un lion.

— Je n'ai plus de temps à perdre, » répondis-je, et je descendis l'escalier.

Au premier coup d'œil, j'avais remarqué que l'étranger avait la barbe forte, et je supposai qu'aucun de ses gens ne savait raser. Je rencontrai le sommelier et je lui dis : L'étranger n'a-t-il pas demandé un barbier ?

— En effet, répondit le sommelier, et il en a grand besoin. Son valet de chambre est resté en arrière de deux journées. Le monsieur veut absolument être débarrassé de sa barbe, et Dieu sait dans quelle partie des environs se trouve notre unique barbier.

— Eh bien ! annoncez-moi ; présentez-moi à ce seigneur en qualité de barbier, je vous ferai honneur. » Je pris les instruments que je trouvai dans la maison, et je suivis le sommelier.

Le vieux seigneur me reçut avec une grande gravité, me considéra des pieds jusqu'à la tête, comme s'il eût voulu juger de mon habileté sur ma physionomie. « Savez-vous votre métier ? me dit-il.

— Sans me vanter, répondis-je, je cherche mon pareil. » Le fait est que j'étais sûr de mon affaire, car j'avais dès ma jeunesse exercé ce noble art, et j'étais surtout renommé, parce que je rasais de la main gauche.

La chambre dans laquelle le seigneur faisait sa toilette donnait sur la cour, et était placée de telle façon, que nos amis pouvaient voir parfaitement ce qui s'y passait, surtout quand les fenêtres étaient ouvertes. Mes préparatifs étaient terminés. Mon client étant assis, la serviette au cou, je m'avançai humblement vers lui, et lui dis : « Excellence, l'exercice de mon art m'a révélé que je rase plus volontiers et mieux les gens de peu que les personnes de qualité, j'en ai longtemps cherché la cause, et j'ai enfin trouvé que c'est parce que je suis beaucoup plus adroit au grand air, que dans une chambre fermée. Si Votre Excellence veut permettre que j'ouvre la fenêtre, elle en éprouvera bientôt les effets à sa propre satisfaction. »

Il y consentit ; j'ouvris la fenêtre, je fis signe à mes amis et je commençai à savonner cette forte barbe avec beaucoup de grâce. Avec non moins de prestesse et de légèreté je fauchai le chaume, et je ne manquai pas, lorsque je fus arrivé à la lèvre supérieure, de prendre mon noble client par le nez et de l'incliner ostensiblement de droite et de gauche, en me plaçant de telle façon, que les parieurs durent, à leur grande joie, reconnaître qu'ils avaient perdu.

Le vieux seigneur se dirigea avec gravité vers la glace ; on voyait qu'il se considérait avec une certaine complaisance, et, vraiment, c'était un fort bel homme. Puis il se tourna vers moi, et, me jetant de ses yeux noirs un regard étincelant, mais gracieux, il me dit : « Vous méritez, mon ami, plus d'éloges que bien de vos confrères, car je remarque chez vous beaucoup moins de mauvaises habitudes que chez les autres. Ainsi, vous ne passez pas deux ou trois fois sur la même place, c'est fait du premier coup ; vous ne frottez pas, comme font les autres, votre rasoir sur la paume de la main, et vous ne promenez pas, sous le nez de la personne, les débris de la barbe. Ce que j'admire surtout, c'est l'adresse de votre main gauche. Voici pour votre peine, continua-t-il, en me donnant un florin. Rappelez-vous seulement une chose : c'est qu'on ne prend pas les gens de qualité par le nez. Si vous vous débarrassez de cette habitude rustique, vous pourrez bien faire votre chemin dans le monde. »

Je m'inclinai profondément, je le priai, dans le cas où il repasserait, de vouloir bien m'honorer de sa confiance, et je courus au plus vite vers nos jeunes camarades, qui avaient fini par m'inquiéter sérieusement. Ils poussaient de tels cris et de tels éclats de rire, sautant comme des fous dans la chambre, battant des mains, réveillant les endormis, racontant l'aventure avec de nouveaux rires et un nouveau tapage, que, lorsque j'entrai dans la chambre, je commençai par fermer les fenêtres et par les prier, au nom de Dieu, de se tenir tranquilles : mais il me fallut rire avec les autres, à l'idée de cette folle action, que j'avais accomplie avec tant de gravité.

Au bout de quelque temps, la bruyante tempête de rire s'étant un peu apaisée, je me félicitai de mon bonheur : je sentais dans ma poche mes louis d'or et mon florin que j'avais bien gagnés. J'étais suffisamment lesté, ce qui me faisait d'autant plus plaisir que la société devait se séparer le lendemain. Mais nous n'étions pas destinés à nous quitter d'une façon paisible. L'aventure était trop plaisante pour que mes amis pussent la garder pour eux, quoique je les eusse suppliés de la tenir secrète jusqu'au départ du vieux seigneur. Un de nous, surnommé le Marcheur, avait une intrigue d'amour avec la fille de la maison. Ils eurent un rendez-vous; Dieu sait s'il n'aurait pas eu autre chose à lui dire : bref, il lui raconta la farce, et ils en rirent à gorge déployée. Mais cela n'en resta pas là. La jeune fille colporta l'histoire qui finit par arriver aux oreilles du vieux seigneur au moment où il allait se coucher. Nous étions assis, plus tranquilles que de coutume, car nous avions fait assez de tapage tout le jour, lorsque le petit sommelier, qui nous était dévoué, accourut en criant : « Sauvez-vous, on veut vous tuer. » Nous nous levâmes et lui demandâmes de s'expliquer ; mais il avait déjà disparu. Je m'élançai pour pousser le verrou. Déjà nous entendions heurter et frapper à la porte, il nous semblait même qu'on l'attaquait avec la hache. Nous nous retirâmes machinalement dans la seconde chambre ; nous étions stupéfaits. « Nous sommes trahis, m'écriai-je, c'est le diable qui nous tient par le nez. »

Raufbold saisit son épée, je déployai ma force de géant et je poussai une lourde commode contre la porte qui, par bonheur, s'ouvrait en dedans. Déjà nous entendions le tumulte dans la première chambre et des coups violents qui ébranlaient notre porte.

Le baron semblait résolu à se défendre, mais je lui criai, à plusieurs reprises, à lui et aux autres : « Sauvez-vous ! Ce ne sont pas seulement des coups que vous avez à craindre ici, c'est un affront, la pire chose qui puisse arriver à un gentilhomme. »

La jeune fille, celle-là même qui nous avait trahis, entra, désespérée de voir son amant en danger de mort : « Partez, partez ! s'écria-t-elle en l'embrassant. Partez, je vais vous conduire par les greniers, les granges et les corridors. Venez tous, le dernier retirera l'échelle. »

Tous se précipitent vers la porte de derrière ; je place encore une caisse sur la commode pour raffermir les panneaux déjà enfoncés de la porte assiégée ; mais mon opiniâtreté, mon obstination faillirent m'être fatales.

Quand je m'élançai pour rejoindre les autres, je trouvai l'échelle enlevée et je vis qu'il ne me restait plus aucun espoir de me sauver. Me voilà donc là, moi le vrai coupable, désespérant de m'en tirer la peau saine et sauve et avec tous mes os et qui sait... Enfin ne déplorez pas trop mon sort, puisque je suis encore en état de vous raconter moi-même l'aventure. Sachez cependant que cette farce insensée a eu les conséquences les plus funestes.

Le vieux seigneur, profondément humilié de n'avoir pu tirer vengeance de cet affront, prit la chose à cœur, et l'on prétend que cet événement, s'il n'a pas causé directement sa mort, n'y fut cependant pas étranger. Son fils, qui se mit à la recherche des coupables, vint malheureusement à savoir la part que le baron y avait prise, et, ayant éclairci la chose au bout de plusieurs années, il le provoqua et fit à ce beau garçon une blessure qui le défigura pour le reste de sa vie. Par suite du concours fortuit des circonstances qui s'y rattachèrent, le fils vit également ses plus belles années empoisonnées par ce duel.

Toute fable doit avoir une morale : l'histoire que je viens de vous raconter porte assez clairement la sienne, pour que vous l'ayez trouvée vous-même.

CHAPITRE IX

L'importante journée était arrivée, où devaient se faire les premiers pas vers une émigration générale ; on allait décider qui partirait pour le nouveau monde, et qui resterait de ce côté, et chercherait fortune sur le continent de ce vieux monde.

Un chant joyeux retentissait dans toutes les rues du bourg; des groupes se formaient; les membres de chaque corporation se rassemblaient entre eux, et ils se dirigeaient, en chantant à l'unisson, vers le château, dans un ordre fixé par le sort.

Les chefs, c'est-à-dire Lénardo, Frédéric et le bailli, s'apprêtaient à les suivre et à prendre la place qui leur était réservée, lorsqu'un homme d'un extérieur agréable s'avança vers eux et leur demanda la permission de prendre part à la réunion. On ne pouvait le lui refuser, tant ses manières étaient polies, prévenantes et affables, ce qui rendait fort agréable son allure imposante, qui annonçait à la fois un militaire, un homme de cour et un homme du monde. Il entra avec la société et on lui offrit une place d'honneur. Tout le monde s'était assis ; Lénardo, resté debout, prononça le discours suivant :

« Mes amis, si nous considérons les provinces et les empires les plus peuplés du continent, nous le trouvons, partout où le sol est exploitable, cultivé, planté, embelli, et par suite désiré, possédé, fortifié et défendu. Cela nous fait comprendre l'extrême importance de la propriété territoriale, et nous sommes obligés de la considérer comme le premier, le plus grand des biens auxquels l'homme puisse aspirer. En examinant la chose de plus près, nous trouvons que l'amour filial et l'amour paternel, l'intime union des habitants d'une même ville, d'un même pays, les sentiments de patriotisme se fondent immédiatement sur le sol; dès lors cette occupation et cette possession d'une part quelconque du sol, grande ou petite, nous paraît encore plus importante et plus sacrée. Ainsi l'a voulu la nature. Un homme né sur la glèbe lui appartient par l'habitude, tous deux se confondent et s'enlacent par les plus doux liens. Qui voudrait attaquer ces lois fondamentales de toute existence, et méconnaître le prix et la dignité de ce don céleste ?

« Et pourtant, il est permis de le dire, si ce que l'homme possède a une grande valeur, il faut en attribuer une plus grande encore à ce qu'il fait et à ce qu'il produit. L'observation nous démontrera donc que la propriété foncière n'est qu'une petite partie des biens qui nous sont accordés. Les plus considérables et les plus importants de ces biens consistent proprement en propriétés mobilières, et dans les choses que produit le mouvement de la vie.

« C'est de ce côté que, nous autres jeunes gens, nous sommes obligés de nous rejeter; car, eussions-nous le désir de rester et de nous fixer sur l'héritage de nos pères, nous sommes entraînés de mille manières à ne pas fermer nos yeux aux perspectives lointaines et aux vastes horizons. Courons donc au rivage de la mer, et, d'un regard, comprenons quelle carrière infinie s'ouvre à notre activité, et à cette seule pensée nous ressentirons une ardeur toute nouvelle.

« Mais ne nous perdons pas dans ces espaces sans limites; maintenons notre attention sur le sol vaste et continu de tant de pays, de tant de royaumes. Nous y voyons d'immenses contrées parcourues par des populations nomades, dont les villes sont mobiles, dont les troupeaux veulent être conduits en tous lieux. Nous les voyons au milieu du désert, sur les grandes et vastes prairies, y stationnant à l'ancre comme dans un port commode. Ces déplacements, ces émigrations sont pour elles une habitude, un besoin. Elles finissent par oublier que la surface du globe est coupée par des fleuves, par des montagnes.

Nous avons vu, pourtant, le Nord-Ouest se porter contre le Sud-Ouest, un peuple en chasser un autre devant lui et, par suite, l'autorité et la propriété se modifier profondément.

« Ce même fait se reproduira évidemment à l'endroit des nations dont la population est excessive. Il serait difficile de dire ce que nous devons attendre de l'étranger : mais il est à remarquer que, par suite de l'excès de notre population, nous nous serrons chez nous, et, sans attendre d'être chassés, nous nous chassons nous-mêmes, prononçant les uns contre les autres la sentence d'exil.

« Voici donc le moment de donner, sans dépit ni découragement, place dans notre cœur à une certaine mobilité, de ne point réprimer l'ardeur impatiente qui nous pousse à changer de place. Il ne faut pas cependant que nos pensées et nos projets soient dictés par la passion ni par aucune autre pression, mais par une conviction mûrement raisonnée.

« On a dit et répété : « Là où je suis bien, là est ma pa- « trie ! » Cette maxime consolante serait plus juste encore, si on la formulait ainsi : « Là où je suis utile, là « est ma patrie ! » Dans son pays, un homme peut être inutile, sans que cela se remarque d'abord ; à l'étranger l'homme inutile se reconnaît tout de suite. Si je dis maintenant : « Que chacun s'applique en tous lieux à être utile « à lui et aux autres, » ce n'est pas là un conseil ou une maxime, c'est l'expression même de la vie.

« Considérons maintenant la terre, oublions la mer, ne nous laissons pas entraîner par le mouvement de la navigation : fixons nos regards sur la terre ferme, admirons cette immense fourmilière dont la turbulente population tourbillonne et s'entre-croise sans repos. Dieu, le maître, l'a voulu ainsi lorsque, en empêchant la tour de Babel de s'achever, il a dispersé la race humaine sur la surface du globe. Remercions-le ! Car cette bénédiction s'est transmise à toutes les générations.

« Remarquez avec quel entrain la jeunesse se met en mouvement. Ne trouvant ni chez elle ni à sa porte l'instruction dont elle est avide, elle court aussitôt vers les pays, les villes où l'attire la renommée de leurs savants et de leurs sages. Après avoir été suffisamment et rapidement instruite, elle se sent poussée à promener plus loin ses regards dans le monde, dans l'espoir d'y puiser une utile expérience qui la rapprochera de son but. Qu'ils aillent donc tenter la fortune ! Mais nous, pensons à ces hommes accomplis, éminents, à ces nobles explorateurs de la nature, qui bravent des difficultés, des dangers, dont ils connaissent la gravité, pour ouvrir le monde au monde, et pour préparer des chemins dans les lieux les plus impraticables.

« Mais voyez, sur les grandes routes, cette poussière qui s'élève en longs nuages, marquant la trace de voitures commodes, surchargées de bagages, dans lesquelles roulent les puissants, les riches, et tant d'autres dont Yorick nous dépeint si aimablement les pensées et les projets divers.

« Il peut les regarder sans honte, le brave ouvrier qui poursuit sa route à pied, à qui son pays a fait un devoir de s'approprier l'habileté étrangère, et de ne revenir au foyer paternel qu'après l'avoir acquise. Plus nombreux encore sont les marchands et les trafiquants que nous rencontrons sur le chemin. Un petit détaillant ne peut faire autrement que d'abandonner de temps en temps sa boutique, de visiter les foires et les marchés pour se mettre en relation directe avec le gros marchand, et prendre l'exemple des grands centres industriels pour augmenter ses petits profits. Voyez cette foule de voyageurs isolés qui se croisent sur les grandes routes et les chemins de traverse, ces gens qui s'appliquent à nous tirer notre argent contre notre volonté. Les échantillons de tous genres et des prix courants nous poursuivent à la ville et à la campagne, et, n'importe où nous nous réfugions, ils sont là, nous offrant des occasions que de nous-mêmes nous ne pensions nullement à chercher.

« Mais que dire de ce peuple qui s'approprie plus que tout autre les bénédictions de l'éternel pèlerinage et qui, grâce à son infatigable activité, sait abuser les gens paisibles et dépasser ceux qui voyagent à côté de lui? N'en disons ni bien ni mal : pas de bien, parce que notre Union doit se mettre en garde contre lui ; pas de mal, parce que le voyageur est tenu de toujours bien traiter celui qu'il rencontre sur son chemin, en songeant à l'avantage qu'il peut en tirer.

« Mais, avant tout, nous devons porter notre intérêt sur les artistes en général, car ils participent intimement au mouvement du monde. Le peintre ne voyage-t-il pas, avec son chevalet et sa palette, de rivage en rivage? Et ses confrères ne sont-ils pas appelés ici et là, parce qu'il y a partout besoin d'architectes et de sculpteurs? Le musicien marche encore plus vite que les précédents ; car c'est lui, à proprement parler, qui prépare une nouvelle surprise à une nouvelle oreille, un étonnement frais à un sens frais. Les comédiens, quoiqu'ils dédaignent le char de Thespis, voyagent en petits groupes, et leur monde mobile est assez promptement bâti à chaque endroit où ils s'arrêtent. Sacrifiant des engagements sérieux et avantageux, ils aiment quelquefois à se transporter isolément de lieux en lieux ; un talent dont les appointements s'accroissent à mesure que s'accroissent les besoins en esl'occasion et le prétexte. Par suite, il n'est guère dans leur patrie de théâtre important où ils ne se soient montrés.

« Ces considérations nous amènent à parler de l'enseignement ; vous le trouverez aussi dans un mouvement continuel. On passe d'une chaire à une autre, afin de répandre abondamment de tous côtés les semences de connaissances spéciales. Plus ardentes et plus entreprenantes encore sont ces âmes pieuses, qui se dispersent dans toutes les parties du monde pour porter le salut chez les peuples. D'autres, en revanche, vont en pèlerinage pour leur propre salut : ils se rendent en troupes nombreuses vers des lieux consacrés par des miracles, chercher et recevoir ce que leur pays ne pouvait procurer à leur âme.

« Tous ces gens-là peuvent ne point exciter notre étonnement, parce que leurs actions ne sauraient la plupart du temps se concevoir sans voyage ; mais ceux qui consacrent leur activité au sol, ne faut-il pas au moins les y tenir enchaînés? Nullement ! On peut fort bien concevoir l'usage sans la possession, et nous voyons l'agriculteur quitter une campagne où il a trouvé, pendant de longues années, comme fermier, la joie et l'aisance ; il cherche avec impatience, à côté ou plus loin, des avantages égaux ou plus considérables. Le propriétaire même quitte ses terres à peines défrichées, dès qu'il a pu les céder à un possesseur moins habile : puis il s'élance de nouveau dans le désert, se fraye un chemin à travers les bois, et, récompensé de ses premiers efforts, il occupe un espace deux ou trois fois plus vaste sur lequel il ne compte peut-être pas non plus se fixer.

« Laissons-le se débattre avec les ours et autres bêtes féroces, et rentrons dans le monde civilisé, où nous ne trouverons pas les choses dans un état plus stable. Prenons un grand empire bien organisé ; là, plus un homme est capable, plus il est exposé à changer de résidence à chaque instant. Sur un signe du prince, sur un ordre du conseil, le fonctionnaire utile se transporte d'un lieu dans un autre. A lui aussi on peut dire : « Cherchez à vous « rendre utile partout, vous serez partout à votre place. » Mais quand nous voyons des hommes d'État éminents abandonner, quoique à regret, des postes élevés, nous avons sujet de les plaindre, car nous ne pouvons les considérer ni comme des voyageurs ni comme des émigrants : ce ne sont pas des émigrants, parce qu'ils perdent une position enviable, sans avoir la perspective de retrouver une situation meilleure ; ce ne sont pas des voyageurs, parce qu'il leur est rarement donné d'être, d'une façon quelconque, utiles en d'autres lieux.

« Cependant le soldat est appelé à une vie errante d'une nature particulière. Même pendant la paix, on le dirige tantôt sur un point, tantôt sur un autre. Dans le but de combattre tôt ou tard pour sa patrie, il doit se tenir toujours en haleine ; et ce n'est pas seulement pour le salut immédiat, c'est aussi pour seconder les desseins des peuples et des souverains qu'il porte ses pas dans toutes les parties du monde ; il n'est donné qu'à quelques-uns de pouvoir se fixer quelque part. Si la bravoure est la première qualité du soldat, on la suppose toujours accompagnée de la fidélité ; c'est pourquoi nous voyons certains peuples, célèbres par leur loyauté, appelés hors de leur patrie pour former la garde de princes séculiers et ecclésiastiques.

« Il existe encore une classe très-mobile, indispensable à l'État : c'est celle de ces hommes d'affaires qui, envoyés de cour à cour, assiégent les princes et les ministres et enlacent de fils invisibles le monde habité. Ceux-là ne sont jamais assurés de rester à la place où ils se trouvent : pendant la paix, on envoie les plus habiles d'un bout du monde à l'autre ; en guerre, ils suivent l'armée victorieuse, facilitent la retraite à l'armée battue ; ils sont toujours prêts à quitter un lieu pour un autre; aussi portent-ils toujours avec eux une ample provision de cartes de congé.

« Nous avons su jusqu'à présent nous faire honneur à chaque pas, en réclamant, pour en faire les compagnons de notre fortune, l'élite des hommes actifs ; je conclus et je vous dis : songez, mes chers amis, que la plus haute faveur vous attend, car vous allez vous trouver les confrères des empereurs, des rois et des princes. Pensons d'abord, en le bénissant, à l'impérial voyageur, à Adrien, qui, à pied, à la tête de son armée, parcourut la terre habitée qui lui était soumise, et, de la sorte, en prit possession d'une manière effective.

« Pensons avec horreur au conquérant, ce voyageur armé, contre qui la résistance ne peut secourir, les murs et les boulevards ne peuvent défendre les peuples paisibles : accompagnons enfin de nos regrets ces infortunés princes bannis qui, précipités du faîte des grandeurs, ne peuvent même pas trouver une place dans la modeste association des voyageurs actifs.

« Maintenant que nous avons passé en revue et élucidé tous ces points, ne nous laissons point envahir par une mélancolie bornée, par une vanité maladive. Le temps est passé où l'on courait le monde à l'aventure ; grâce aux travaux scientifiques, sagement écrits, pittoresquement rédigés des voyageurs, nous connaissons assez la terre pour savoir à peu près à quoi nous devons nous attendre.

« Cependant l'individu isolé ne peut parvenir à une connaissance complète. Notre société a pour but d'éclairer chacun selon ses moyens et selon son but. Quelqu'un des nôtres a-t-il en vue un pays où l'appellent ses vœux, nous cherchons à lui faire voir nettement l'objet précis qui flottait dans le vague de son imagination : nous donner mutuellement un aperçu du monde habité et habitable, c'est une occupation aussi agréable qu'intéressante.

« Dans ce sens, nous pouvons nous considérer comme faisant partie d'une association cosmopolite. Simple et grande est l'idée, facile est l'exécution, si elle est secondée par la raison et la force. L'union est toute-puissante ; aussi point de scission, point d'opposition entre nous. Du moment que nous avons des principes, ils doivent être communs à tous. Que l'homme apprenne à se connaître, abstraction faite de toute relation extérieure et durable ; qu'il cherche sa logique, non pas dans les circonstances, mais en lui-même : il l'y trouvera, et s'y attachera avec amour. Il se formera de telle sorte qu'il soit partout chez lui. Celui qui se consacre aux travaux les plus indispensables peut toujours marcher, sûr d'atteindre son but ; ceux qui aspirent aux choses plus élevées, plus délicates, doivent être plus circonspects dans le choix de la route. Mais, quoi que l'homme entreprenne ou exécute, s'il est seul, il ne peut se suffire ; la société est toujours le premier besoin d'un homme laborieux. Tous les hommes utiles doivent être en rapport les uns avec les autres, de même que celui qui fait bâtir se pourvoit d'un architecte, et celui-ci d'un maçon et d'un charpentier.

« Nous savons donc tous comment et de quelle façon est organisée notre Union ; nous ne voyons parmi nous personne qui ne puisse, à tout instant, exercer utilement son activité, qui ne soit assuré que partout où le hasard, l'inclination, la passion même, le porteront, il sera toujours bien recommandé, bien accueilli, soutenu et relevé, si c'est possible, dans le cas où il serait dans le malheur.

« Il est en outre deux obligations que nous nous sommes rigoureusement imposées : respecter tous les cultes, car ils sont tous plus ou moins contenus dans le *Credo;* puis, admettre indifféremment toute forme de gouvernement, et, comme toutes exigent et encouragent une activité salutaire, agir dans les limites de ces institutions, suivant leur volonté et leurs vœux, si explicites qu'ils soient. Enfin nous nous faisons un devoir de pratiquer et d'encourager la moralité, mais sans pédanterie ni rigueur, telle que nous l'enseigne le respect de nous-mêmes, qui résulte des trois formes de respect que nous professons tous ; car nous avons tous le bonheur et la joie d'être initiés à cette sublime et universelle sagesse. Toutes ces choses, nous avons voulu les méditer, les expliquer, les proclamer encore une fois à l'heure solennelle de la séparation, et les sceller par un adieu fraternel. »

> Ne reste pas attaché au sol,
> Allons, hardi ! allons, marche.
> Une tête et un bras, avec une joyeuse vigueur,
> Sont partout chez eux !
> Partout où le soleil nous éclaire,
> Nous sommes exempts de soucis ;
> C'est pour que nous nous dispersions sur elle
> Que la terre est si grande !

CHAPITRE X

Pendant ce chant final, la plupart des assistants s'étaient levés brusquement et avaient quitté la salle deux à deux, au bruit des acclamations qui retentissaient au loin. Lénardo, s'asseyant, demanda à l'étranger s'il voulait faire sa proposition publiquement ou s'il désirait une séance particulière. L'étranger se leva, salua la société et s'exprima en ces termes :

« C'est ici, en présence d'une pareille assemblée, que je désire d'abord m'expliquer. Ces hommes restés immobiles, tous braves travailleurs, à les juger par leur extérieur, manifestent clairement, en demeurant à leur place, leur désir et leur intention de continuer à vivre sur le sol natal. Je les salue de tout mon cœur, car je puis leur déclarer que je suis en état de leur offrir à tous du travail pour plusieurs années. Je demanderai toutefois, dans un court délai, une nouvelle assemblée, parce qu'il est nécessaire avant tout que j'oppose confidentiellement mon affaire aux dignes chefs qui ont jusqu'à présent dirigé tant de braves gens; il est nécessaire que je les convainque de la gravité de ma mission. Il faudra ensuite que je m'entretienne en particulier avec chacun des hommes qui restent, pour savoir par quels services ils se proposent de répondre à mes offres. »

Lénardo demanda à l'étranger la permission de régler quelques affaires urgentes; puis les assistants se levèrent décemment, et se retirèrent comme les autres, deux à deux, chantant un hymne grave et mesuré.

Odoard exposa aux deux chefs présents ses vues et ses projets, et produisit ses pouvoirs; mais avec des hommes si distingués, il ne put s'entretenir longtemps des détails de l'affaire, sans qu'il fût question de la base humanitaire sur laquelle reposait l'ensemble. Cette conversation les amena à des explications mutuelles et à des confidences, touchant leurs intérêts les plus grands et les plus personnels. Ils restèrent ensemble une grande partie de la nuit, et se perdirent de plus en plus dans le labyrinthe des sentiments et des destinées humaines. Odoard fut entraîné peu à peu à exposer, par fragments, les secrets de son esprit et de son cœur. C'est pourquoi il ne nous est parvenu de cette conversation qu'une relation incomplète et insuffisante. Cependant, nous devons aux talents de Frédéric la reproduction de scènes intéressantes, et quelques éclaircissements sur l'existence d'un homme excellent, qui commence à nous intéresser, ne serait-ce que par l'indication de faits dont nous aurons sans doute plus tard l'explication.

PAS TROP LOIN

Dix heures du soir venaient de sonner ; tout était prêt pour le moment convenu. Dans une petite salle, décorée de guirlandes, était dressée, pour quatre personnes, une table élégamment servie ; un friand dessert était disposé au milieu des fleurs et des candélabres éblouissants. Quelle joie pour les enfants que ce dessert ! car ils devaient s'asseoir à table. Ils sautillaient à l'entour, parés et masqués ; et, comme on ne saurait défigurer les enfants, ils avaient l'air des deux plus mignons jumeaux nains. Le père les appela auprès de lui, et, avec un peu d'aide, ils récitèrent fort gentiment le compliment composé pour l'anniversaire de naissance de leur mère.

Le temps s'écoulait. De quart d'heure en quart d'heure la vieille ménagère ne pouvait s'empêcher de venir mettre le comble à l'impatience de son maître. « Les lampes de l'escalier sont près de s'éteindre, disait-elle ; les plats favoris de l'héroïne de la fête ne pouvaient se conserver à point. » L'ennui avait déjà rendu les enfants mutins, l'impatience les rendit insupportables. Le père se contenait, et cependant son calme accoutumé l'abandonnait. Il écoutait avidement le roulement des voitures ; quelques-unes passèrent, qui ne s'arrêtèrent pas à la porte ; il commençait à avoir du dépit. Pour tuer le temps, il fit faire aux enfants une seconde répétition ; mais ceux-ci, rendus inattentifs, distraits et maussades par l'ennui, jouaient faux, leurs gestes n'avaient plus de rapports avec les paroles ; ils exagéraient comme des acteurs qui ne sentent pas ce qu'ils disent. L'angoisse du brave homme croissait à chaque moment. Il était dix heures et demie passées. Laissons-le parler lui-même.

« L'horloge sonna onze heures ; mon impatience était devenue du désespoir ; je n'espérais plus, je craignais. Je tremblais de la voir entrer, avec sa grâce facile, s'excuser légèrement, me dire qu'elle était fatiguée, et me reprocher de gêner ses plaisirs. Tout ce que j'avais souffert depuis tant d'années me revenait à l'esprit ; je commençais à la haïr, et je ne savais plus de quelle façon je devais la recevoir. Mes pauvres enfants, parés comme de petits anges, dormaient paisiblement sur le sofa. Le sol brûlait sous mes pieds ; j'étais hors de moi, et il ne me restait plus qu'à sortir pour laisser passer les premiers moments de ma colère. Vêtu légèrement, je courus à la porte de la maison ; je balbutiai je ne sais quel prétexte à la vieille, qui me jeta un manteau sur les épaules, et je me trouvai dans la rue, en un état que je n'avais pas senti depuis longtemps. Comme un jeune homme emporté par la passion et qui ne sait ce qu'il fait, je courais au hasard dans les rues. J'aurais gagné la campagne si un vent froid et humide, qui me coupait la figure, n'était venu modérer mon dépit. »

On remarquera sans doute que, dans ce passage, nous arrogeant les droits du poëte épique, nous avons, trop brusquement peut-être, transporté le lecteur bénévole en pleine action. Nous voyons un homme éminent en proie à un chagrin domestique, sans avoir rien dit sur son compte ; aussi, pour le moment, afin d'éclaircir un peu la situation, nous rejoindrons la vieille ménagère, et nous écouterons ce que, dans son trouble et dans son émotion, elle va murmurant ou déclamant tout haut.

« Je l'ai prévu depuis longtemps ! je l'ai prédit ; je n'ai pas épargné les observations à madame ; je l'ai souvent prévenue ; mais c'est plus fort qu'elle. Lorsque monsieur s'est fatigué toute la journée à la chancellerie, dans la ville, à la campagne, il rentre le soir et trouve la maison vide, ou bien une société qui ne lui plaît pas. Elle ne peut s'en passer : quand elle n'a pas du monde, des hommes autour d'elle, qu'elle ne circule pas, qu'elle ne peut pas s'habiller et se déshabiller, on dirait qu'elle va étouffer. Aujourd'hui, anniversaire de sa naissance, elle part dès le matin à la campagne. Bon ! Pendant ce temps nous arrangeons tout ici ; elle promet d'être de retour à neuf heures. Nous sommes prêts. Monsieur fait réciter aux enfants un joli compliment qu'ils ont appris par cœur ; ils sont en toilette ; les lampes, les bougies, le bouilli, le rôti, rien ne manque ; elle ne vient pas. Monsieur a bien de l'empire sur lui-même ; il dissimule son impatience ; elle éclate. Il sort de la maison à une pareille heure ! Pourquoi ? Je le sais bien ! Mais où est-il allé ? J'ai souvent dit à madame qu'il pourrait bien lui donner une rivale ; je n'ai fait que mon devoir. Je n'ai, jusqu'à présent, encore rien remarqué chez monsieur ; mais je sais qu'il y a une belle dame qui lui fait depuis longtemps des avances, qui le guette. Qui sait s'il a résisté ? Maintenant voilà qu'il éclate ; poussé par le désespoir de voir sa bonne volonté méconnue, il sort la nuit de la maison ; tout est perdu, assurément ! J'ai déjà dit bien souvent à madame de ne pas aller trop loin. »

Maintenant revenons à notre ami, et écoutons-le.

« En passant devant la principale auberge, je vis de la lumière au rez-de-chaussée, je frappai à la fenêtre et je demandai au garçon, qui entr'ouvrait le battant, s'il n'était pas arrivé ou si l'on n'attendait pas des étrangers. Ayant reconnu ma voix, il vint m'ouvrir la porte, me répondit négativement et me pria d'entrer. Je trouvai à propos de continuer cette fable : je lui demandai une chambre, il m'en donna aussitôt une au second étage. Je lui dis qu'il fallait réserver le premier pour les étrangers. Il se hâta de préparer les appartements ; je le laissai faire, et me portai garant du payement. Cela fait, je retombai dans mes douleurs ; je me représentais chaque circonstance, l'aggravant et l'atténuant ; je me grondais, j'essayais de me remettre, de me calmer ; demain matin tout s'arrangera, me disais-je ; je voyais déjà les choses ayant repris leur train habituel : puis le dépit éclatait de nouveau ; je n'aurais jamais cru que je pusse être aussi malheureux. »

Nos lecteurs s'intéressent sans doute vivement à cet homme qu'un événement insignifiant a si violemment ému. Ils désirent assurément avoir quelques détails sur la personne : utilisons donc ce moment de silence pendant lequel notre ami se promène dans sa chambre, silencieux et agité.

Odoard était issu d'une ancienne famille ; une longue suite de générations lui avait transmis en héritage les plus nobles qualités. Élevé à l'école militaire, il y avait pris une tenue élégante qui, unie à ses remarquables facultés, donnait à ses manières un charme tout particulier. Un emploi qu'il occupa pendant quelque temps à la cour lui permit de connaître de près les plus hauts personnages, et comme la faveur qu'il obtint rapidement lui donna l'occasion de se faire attacher à une mission diplomatique et de visiter les cours étrangères, il fit paraître en toutes choses la lucidité de son esprit et son heureuse mémoire, mais surtout un zèle remarquable dans les entreprises de tous genres. Sa facilité à s'exprimer en plusieurs langues, ses manières franches quoique sans importunité, le firent rapidement avancer; il réussit dans toutes ses missions, parce qu'il captivait la bienveillance de chacun, et se mettait par là en état d'aplanir les différends : il avait surtout l'art de satisfaire les intérêts des partis opposés, par une juste appréciation de leurs droits respectifs.

Le premier ministre voulut s'attacher un homme si remarquable. Il lui fit épouser sa fille, personne de la plus grande beauté et douée de toutes les qualités qui font le charme de la société. Mais le cours des félicités humaines finit toujours par rencontrer une digue qui le refoule. La princesse Sophronie avait été élevée à la cour en qualité de pupille ; elle était le dernier rejeton de sa race, ses biens et ses prétentions étaient encore assez considérables, quoique la couronne fût revenue à son oncle ; aussi, pour éviter tout démêlé, on voulait la marier au prince héritier, qui était beaucoup plus jeune qu'elle.

On soupçonna Odoard d'une passion pour la princesse. On trouvait qu'il l'avait célébrée trop passionnément dans un poëme, sous le nom d'Aurore ; de son côté la princesse avait commis une imprudence : avec la fermeté naturelle de son caractère, elle avait relevé fièrement certaines plaisanteries de ses dames, en disant qu'il fallait être aveugle pour ne pas apprécier un pareil mérite.

Le mariage d'Odoard fit, il est vrai, taire ces soupçons ; mais des ennemis secrets les entretenaient pour les faire revivre à l'occasion.

La question d'hérédité, quoiqu'on évitât autant que

possible d'en parler, revenait cependant de temps en temps sur le tapis. Le prince ainsi que ses plus sages conseillers estimaient que le plus prudent était de laisser dormir cette affaire ; tandis que les partisans de la princesse désiraient la voir terminée et la noble dame rendue à une plus grande liberté; d'autant plus que le vieux roi de l'État voisin, parent et protecteur de Sophronie, était encore en vie et s'était montré disposé à mettre à son service son influence paternelle.

A l'occasion d'une mission de pure cérémonie, Odoard fut soupçonné d'avoir tenté de réveiller l'affaire qu'on voulait assoupir. Ses ennemis exploitèrent cet événement, et son beau-père, qui le savait innocent, eut besoin d'employer tout son crédit pour lui faire obtenir une sorte d'intendance dans une province éloignée. Il s'y trouvait heureux : il y pouvait déployer toutes ses facultés : il trouvait à faire une foule de choses indispensables, utiles, bonnes, belles et grandes; à accomplir des œuvres durables sans se sacrifier, tandis que dans sa précédente position, en s'occupant, contre sa propre conviction, de choses passagères, il risquait à tous moments sa perte.

Sa femme n'était pas du même avis : elle ne pouvait vivre que dans le tourbillon du monde, et ne suivit son mari que plus tard, et lorsqu'elle y fut forcée. Il usa envers elle de tous les ménagements possibles, fit tout ce qu'il put pour la dédommager de ce sacrifice : en été, parties de campagne dans le voisinage; en hiver, théâtres de société, bals et ce qui s'ensuit. Il souffrit même l'introduction, dans le ménage, d'un ami de la maison, un étranger qui ne lui plaisait nullement, car avec son coup d'œil pénétrant il avait reconnu en lui une certaine fausseté.

On comprend, d'après ce que nous venons de rapporter,

que dans cette grave conjoncture l'esprit d'Odoard fût alternativement encombré de nuages sombres et éclairé de vives lueurs.

Bref, si après cette confidence, dont l'heureuse mémoire de Frédéric nous a fourni le canevas, nous revenons à Odoard, nous le trouvons se promenant de long en large dans la chambre, révélant par ses gestes et ses exclamations le combat qui se passait en lui.

« En proie à ces réflexions, j'allais et venais dans la chambre; le garçon m'avait apporté une tasse de bouillon, dont j'avais grand besoin : car, tout occupé des préparatifs de la fête, je n'avais rien pris chez moi, où m'attendait un souper exquis qui était resté intact. »

Dans ce moment nous entendîmes résonner dans la rue la fanfare d'un postillon. « Il vient de la montagne, » dit le garçon. Nous nous mîmes à la fenêtre, et nous vîmes à la lueur des deux lanternes brillantes s'avancer une voiture de maître, attelée de quatre chevaux. Les domestiques s'élancèrent du siége. « Les voilà ! » s'écria le garçon en courant à la porte. Je le retins pour lui recommander de ne point dire que j'étais là, et que j'avais fait faire des préparatifs ; il me le promit et descendit au plus vite.

Cependant, j'avais négligé d'observer qui était descendu ; une nouvelle inquiétude s'empara de moi; il me semblait que le garçon tardait beaucoup à m'apporter des nouvelles. Enfin il vint me dire que cette société se composait de trois femmes, l'une d'un certain âge et d'un aspect vénérable, l'autre d'une grâce incroyable ; la troisième était une femme de chambre ravissante. « Elle a commencé par me donner des ordres, puis elle m'a parlé d'un ton caressant, et, quand je me suis mis à faire l'aimable, elle a pris un air fripon, qui lui sied à mer-

46.

veille. J'ai remarqué sur-le-champ, continua-t-il, la surprise de ces dames de me voir si alerte et de trouver tout préparé pour les recevoir : les chambres éclairées, les feux flambants ; elles se sont mises à leur aise, et ont trouvé dans la salle à manger un souper froid ; je leur ai offert un bouillon qu'elles ont accepté avec plaisir. »

Les dames se mirent à table. La plus âgée mangea peu, la jeune ne prit rien ; la femme de chambre, qui s'appelait Lucie, mangea de fort bon appétit, et vanta l'excellence de l'auberge, admirant l'éclairage, le linge de table, la porcelaine, le service. Après s'être chauffée à la cheminée, elle demanda au garçon, qui venait d'entrer, si on était toujours prêt, à toute heure du jour et de la nuit, à recevoir ainsi les hôtes qui survenaient à l'improviste. Le garçon fit comme les enfants qui savent bien taire un secret, mais ne peuvent s'empêcher de dire qu'on leur en a confié un. Il répondit d'abord d'une façon équivoque, puis en se rapprochant de la vérité, et enfin, poussé à bout par la vivacité de la soubrette, il avoua qu'un domestique... qu'un monsieur était venu, était parti, revenu ; finit par déclarer que ce monsieur était en haut et se promenait avec impatience dans sa chambre. La jeune dame se leva, les autres en firent autant : « Ce doit être un vieux monsieur, » s'écrièrent-elles. Le garçon affirma qu'au contraire il était jeune. Elles parurent douter ; il jura qu'il avait dit vrai. Leur embarras, leur inquiétude ne faisaient que croître. « Ce doit être mon oncle, dit la jeune.

— Ce n'est pas dans ses habitudes, répondit la plus âgée.

— Personne que lui n'a pu savoir que nous arriverions à cette heure. » Le garçon continua à assurer que le monsieur était jeune, grand et de bonne mine. Lucie jura que ce devait être l'oncle ; et qu'il ne fallait pas écouter ce farceur de garçon, qui se contredisait depuis une demi-heure.

Bref, le garçon fut obligé de monter pour prier instamment le monsieur de descendre, sinon les dames viendraient elles-mêmes le remercier. « C'est un vrai brouillamini, ajouta le garçon ; je ne comprends pas pourquoi vous hésitez à vous montrer ; on vous prend pour un vieil oncle, que l'on veut absolument embrasser. Descendez, je vous en prie. Est-ce que ce ne sont pas les personnes que vous attendiez ? L'aventure n'est pas à dédaigner. La jeune dame vaut la peine qu'on la voie et qu'on l'entende : ce sont des personnes de qualité. Descendez, sans cela elles vont venir vous relancer dans votre chambre. »

La passion engendre la passion. Ému comme il l'était, Odoard aspirait à quelque chose de nouveau, de singulier. Il descendit, espérant s'expliquer avec les dames dans un agréable entretien, savoir quelque chose d'inattendu, se distraire ; et cependant il avait le pressentiment qu'il allait au-devant d'une ancienne connaissance. Il était sur le seuil : les dames, qui avaient cru reconnaître le pas de l'oncle, s'élancèrent au-devant de lui : il entra. Quelle rencontre ! La jeune femme poussa un cri et se jeta au cou de la vieille ; notre ami les reconnut toutes deux, et recula d'étonnement ; puis il s'avança de nouveau, se jeta à ses pieds, lui saisit la main, qu'il abandonna aussitôt après y avoir déposé le plus respectueux baiser. Il murmura lentement le nom d'Aurore.

Reportons maintenant nos regards sur la maison de notre ami ; nous y verrons des choses fort singulières. La bonne vieille ne savait plus que faire. Elle entretenait les lampes du vestibule et de l'escalier, et avait retiré du feu le souper, dont une partie était absolument perdue. La femme de chambre était restée auprès des enfants endormis, et surveillait les nombreuses bougies de la salle à manger, aussi calme et aussi patiente que la vieille était irritée et agitée.

Enfin on entendit rouler un équipage. La dame en descendit, et on lui apprit qu'on avait mandé son mari, qui était sorti quelques heures auparavant. En montant l'escalier, elle ne parut pas prendre garde à cette illumination de fête. La vieille sut par un laquais qu'il leur était arrivé un accident en route, que la voiture avait versé dans un fossé.

La dame entra dans la salle à manger : « Quelle est cette mascarade ? dit-elle en montrant les enfants.

— Madame aurait eu beaucoup de plaisir, répondit la femme de chambre, si elle était venue quelques heures plus tôt. » Les enfants, tirés de leur sommeil, se levèrent aussitôt et, voyant leur mère, se mirent à réciter leur compliment, tous deux assez embarrassés ; puis, n'étant ni encouragés ni secourus, ils hésitèrent, et finirent par s'arrêter court : on les envoya au lit, après quelques caresses. La dame, se voyant seule, se jeta sur le sofa et éclata en sanglots.

Il est indispensable de donner ici quelques détails sur la dame et sur cette partie de campagne qui paraît avoir eu une si fâcheuse issue. Albertine était une de ces femmes auxquelles on ne saurait que dire dans le tête-à-tête, mais qu'on aime à rencontrer dans le monde. Là elles paraissent le vrai ornement de la réunion, leurs charmes empêchent les jeux et les conversations de languir. Leur grâce, pour se produire, pour se mouvoir à son aise, a besoin d'un certain espace ; leurs actions demandent un public nombreux, il leur faut un élément qui les soutienne, qui les force à être aimables ; dans le particulier elles sont à peine supportables.

L'ami de la maison n'avait gagné et ne conservait ses bonnes grâces que parce qu'il savait lui fournir du mouvement et toujours du mouvement, maintenir autour d'elle une société, sinon nombreuse, du moins remuante. Quand on jouait la comédie, il choisissait les rôles des pères nobles, ce qui ne l'empêchait pas, grâce à ses bonnes manières, de se tenir au-dessus des jeunes gens qui faisaient les premiers, les seconds et les troisièmes amoureux.

Florine, qui possédait un grand domaine dans le voisinage et vivait à la ville pendant l'hiver, avait de grandes obligations à Odoard, dont l'administration se trouvait, par hasard, faire beaucoup de bien à ses propriétés et promettait d'en augmenter dans la suite les revenus d'une façon notable; elle passait l'été à sa maison de campagne, et y multipliait les amusements. On n'avait garde de laisser passer un anniversaire de naissance sans organiser quelque fête.

Florine était gaie et badine, ne paraissant tenir à rien, n'exigeant ni ne faisant naître aucun attachement. Danseuse passionnée, elle n'estimait les hommes qu'autant qu'ils allaient en mesure ; pleine d'entrain dans la conversation, elle trouvait insupportable qu'on fût distrait, qu'on parût réfléchir un instant. Au reste, elle jouait fort agréablement, dans les pièces et les opéras, les rôles d'amoureuse, en sorte qu'il n'y avait jamais de rivalité entre elle et Albertine, qui jouait les ingénues.

On avait rassemblé la meilleure compagnie de la ville et de la campagne pour fêter dignement cet anniversaire. Les danses, qui avaient commencé après le déjeuner, s'étaient continuées après le dîner; le bal se prolongea; on partit trop tard, et, surpris par la nuit dans un mauvais chemin, d'autant plus mauvais qu'on était en train de

le réparer, le cocher se trompa et versa dans un fossé.
Albertine se trouva, avec Florine et l'ami de la maison,
dans le plus fâcheux embarras. Ce dernier se tira promptement d'affaire, puis, se penchant vers la voiture, il s'écria : « Florine, où es-tu ? » Albertine crut rêver. Il retira
Florine évanouie, et l'emporta dans ses bras sur le chemin. Albertine était restée dans la voiture ; le cocher et
le laquais l'aidèrent à en sortir, et, s'appuyant sur ce dernier, elle essaya de continuer sa route. Le chemin était
affreux, peu fait pour des souliers de bal ; quoique soutenue par son domestique, elle trébuchait à chaque pas.
Cependant son cœur était encore plus désolé, plus malade. Elle ne comprenait pas ce qu'elle éprouvait.

Mais lorsqu'elle arriva dans l'auberge, qu'elle vit dans
la petite chambre Florine étendue sur un lit, l'hôtesse et
Lélio s'empressant autour d'elle, elle fut certaine de son
malheur. Avec la rapidité de l'éclair elle comprit qu'il
existait une liaison secrète entre l'infidèle ami et la perfide amie. Quel supplice pour elle de voir Florine, rouvrant les yeux, se jeter au cou de Lélio, de la voir s'abandonner à la joie de le retrouver après cet événement
funeste ! ses yeux noirs avaient repris leur éclat, une fraîcheur nouvelle colora ses joues pâlies ; enfin Florine paraissait rajeunie, charmante, adorable.

Albertine était debout, les yeux baissés, seule dans un
coin ; on ne songeait pas à elle. Les amants revinrent à
eux, reprirent contenance, mais le mal était fait. On fut
cependant obligé de remonter en voiture, et l'enfer même
n'aurait pu entasser dans un espace plus étroit des
traîtres et leur victime.

CHAPITRE XI

Lénardo et Odoard furent très-occupés pendant quelques jours, le premier à approvisionner les émigrants du nécessaire, le second à faire connaissance avec les ouvriers qui restaient, à étudier leurs capacités, pour savoir ceux qu'il instruirait de son but. Wilhelm et Frédéric profitèrent de cet intervalle pour se livrer à de paisibles entretiens. Wilhelm se fit exposer le plan général de l'Union ; et, lorsqu'ils se furent suffisamment familiarisés avec la contrée, qu'ils eurent exprimé l'espérance de voir une nombreuse population se développer dans un vaste territoire, la conversation se porta naturellement sur ce qui unit proprement les hommes, c'est-à-dire la religion et la morale. Le joyeux Frédéric sut donner à ce sujet des explications suffisantes, et l'on nous serait sans doute obligé, si nous pouvions rapporter au complet la conversation qui, de questions en réponses, finit par atteindre, après divers détours, son véritable but. Mais nous n'osons pas nous arrêter si longtemps, et nous aimons mieux donner seulement les résultats que de nous attacher à les faire naître peu à peu dans l'esprit de nos lecteurs. Voici la quintessence de cet entretien :

« Toutes les religions ont pour but de faire accepter l'inévitable à l'homme ; chacune cherche à remplir cette mission à sa manière. La religion chrétienne opère par la foi, l'espérance et la charité, ce qui produit la résignation, doux sentiment qui nous fait attacher du prix à l'existence, même lorsque au lieu des jouissances désirées nous sommes accablés par les souffrances les plus écrasantes. Nous nous attachons fortement à cette religion, mais d'une façon particulière : nous indiquons à nos élèves, dès leur jeunesse, les grands avantages qu'elle nous a procurés ; ce n'est qu'en dernier lieu que nous lui apprenons son origine et son développement. C'est alors seulement que son fondateur nous devient cher, et que tous les détails qui se rapportent à lui sont sacrés pour nous. Dans cette idée, qu'on trouvera peut-être un peu pédantesque, mais qu'on doit reconnaître comme logique, nous ne souffrons point de Juifs parmi nous ; en effet, comment pourrions-nous les faire participer aux avantages de la plus haute civilisation, dont ils nient la source et l'origine ?

« Notre morale est complétement distincte de la religion ; elle est purement active, et peut se formuler dans ces axiomes : « Modération dans ce qui dépend de notre volonté, diligence dans ce qui nous est imposé. » Chacun peut faire, à sa manière, usage de ces maximes laconiques ; c'est un texte qui prête à des développements infinis.

« Nous imprimons à tous nos élèves un extrême respect pour le temps, don suprême de Dieu et de la nature, compagnon vigilant de l'existence.

« Nous avons multiplié chez nous les horloges ; les aiguilles et la sonnerie marquent les quarts d'heure, et les télégraphes établis dans notre province indiquent, lorsqu'ils ne sont pas endommagés, les heures de jour et de nuit, au moyen d'un appareil fort ingénieux.

« Notre doctrine morale, qui est par conséquent toute pratique, insiste principalement sur la circonspection, qui est stimulée par la division du temps, par l'attention qu'on est forcé de donner à chaque heure Il faut que chaque moment soit occupé, et comment cela se pourrait-il, si l'on n'était pas attentif à l'ouvrage et à l'heure ?

« Comme nous n'en sommes encore qu'à notre début,

nous attachons une grande importance aux liens de famille. Nous songeons donc à imposer de grands devoirs aux pères et aux mères de famille ; l'éducation est du reste facile chez nous, car chacun doit se fournir de serviteurs et de servantes.

« Certaines choses doivent être enseignées suivant une règle uniforme : l'abbé se charge d'apprendre à la masse, d'une manière simple et facile, la lecture, l'écriture et le calcul. La méthode se rapproche de celle de l'enseignement mutuel, mais elle est plus ingénieuse ; l'essentiel est proprement de former en même temps des maîtres et des élèves.

« Mais je dois citer encore une sorte d'enseignement mutuel ; c'est l'exercice de l'attaque et de la défense. Lothaire est là sur son terrain. Ses manœuvres ont quelque analogie avec celles de nos chasseurs ; mais, dirigées par lui, elles ne peuvent être qu'originales.

« J'ajouterai que dans la vie civile nous n'avons point de cloches, dans la vie militaire point de tambours. La voix humaine secondée par les instruments à vent nous tient lieu de ces deux genres de signaux. Tout cela a déjà existé et existe ; mais en faire un emploi intelligent, c'est l'œuvre de l'esprit qui, d'ailleurs, eût été fort bien en état de les inventer.

« Ce qu'il y a de plus nécessaire dans un État, ce sont des chefs courageux ; le nôtre n'en manquera pas ; nous sommes tous impatients de nous mettre à l'œuvre, persuadés qu'il faut commencer simplement. C'est pourquoi nous ne nous occupons pas encore de la justice, mais seulement de la police. Son principe est exprimé énergiquement dans ces mots : « Nul ne doit incommoder autrui. » Celui qui se rend incommode est mis à l'écart jusqu'à ce qu'il ait compris comment on doit se conduire pour être supporté par les autres. S'il s'agit d'une chose privée de vie ou de raison, elle est également mise à l'écart.

« Il y a dans chaque arrondissement trois directeurs de police qui se relèvent de huit heures en huit heures, comme dans les mines, où le travail ne chôme jamais, et un de nos hommes doit toujours être disponible pendant la nuit.

«Ces directeurs ont le droit de réprimander, de blâmer, de censurer et d'arrêter; s'ils le trouvent nécessaire, ils convoquent un certain nombre de jurés. Lorsque les voix sont partagées, ce n'est pas le président qui décide; on tire au sort, parce que nous sommes convaincus que, lorsque les opinions se divisent en deux parties égales, il est indifférent de se ranger à l'une ou à l'autre. A l'endroit de la majorité nous avons des idées toutes particulières : nous la laissons faire dans les circonstances nécessaires et ordinaires de la vie ; mais pour les choses graves nous n'avons pas grande confiance en elle. Au reste, je ne dois point m'expliquer davantage sur ce point.

« L'autorité supérieure, qui dirige tout, ne se fixe jamais en un lieu unique; elle circule sans cesse, pour maintenir l'équilibre dans les grandes choses qui sont de son ressort, et laisser à chacun sa liberté dans les choses facultatives. Cela a du reste son précédent dans l'histoire : les empereurs d'Allemagne voyageaient, et cette institution est très-conforme à l'esprit des États libres. Nous redoutons une capitale, quoique nous prévoyions déjà le point de notre territoire où affluera la plus grande quantité d'habitants. Mais nous en parlerons le moins possible ; cela viendra peu à peu, et toujours trop tôt.

«Voilà les points principaux sur lesquels nous sommes à peu près d'accord; mais les membres de la société, réunis en petit ou en grand comité pourront toujours les discuter à nouveau. L'essentiel est que nous soyons sur les lieux. C'est proprement la loi qui doit déterminer la nouvelle situation de la société et ses conditions de durée. Nos peines sont douces ; tout homme arrivé à l'âge mûr aura le droit de blâmer : les vieillards pourront désapprouver, réprimander : l'application de la peine est réservée à un certain nombre d'hommes convoqués à cet effet.

« On observe que les lois sévères perdent peu à peu de leur efficacité, qu'elles finissent par tomber en désuétude, parce que, la nature maintenant toujours ses droits, nos lois sont libérales, afin de pouvoir devenir plus sévères. Nos peines consistent d'abord à exclure le coupable de la société civile, d'une manière plus ou moins stricte, pendant un temps plus ou moins long, selon le cas. Quand la fortune des citoyens se sera accrue, on leur en retranchera une portion proportionnée à la gravité de leur faute.

« Tout cela a été porté à la connaissance des membres de l'Union, et l'examen auquel on a procédé a démontré que chacun fait sur lui-même la plus ingénieuse application de ces points principaux. L'essentiel est, pour nous, d'emporter au delà des mers les avantages de la civilisation et d'en laisser les abus derrière nous. Nous ne souffrirons ni cabarets ni cabinets de lecture ; je ne vous dirai point à quel régime nous soumettrons les bouteilles et les livres ; ces choses ont besoin d'être appliquées pour être jugées. »

Les mêmes motifs empêchent le rédacteur de ces documents de parler d'autres ordonnances que la société regarde elle-même comme problématiques, et qu'elle ne jugera peut-être pas à propos d'appliquer sur son territoire : les exposer en détail ici, ce serait leur faire courir le risque d'être désapprouvées.

CHAPITRE XII

Le jour où Odoard devait présenter sa proposition était arrivé. Tout le monde étant réuni et le silence s'étant établi, Odoard parla ainsi :

« L'œuvre importante à laquelle je viens appeler ces hommes laborieux ne vous est pas entièrement inconnue, car je vous en ai déjà parlé d'une façon générale. Il ressort de mes paroles qu'il y a dans l'ancien monde, comme dans le nouveau, des terres qui réclament une meilleure culture que celle qu'elles ont eue jusqu'à présent. Là-bas, la nature a déployé de grandes et vastes régions où elle règne, vierge et sauvage, dans une telle toute-puissance qu'on n'ose pas l'attaquer ni engager la lutte. Il est cependant facile à des hommes résolus de gagner peu à peu sur elle les solitudes, et de s'en partager la possession. Dans l'ancien monde, c'est l'inverse. Ici la propriété est occupée, divisée, sanctionnée par le temps ; et si là-bas l'indéfini forme seul une limite infranchissable, ici la délimitation nous présente des obstacles beaucoup plus difficiles à surmonter. Pour dompter la nature, il faut l'industrie des hommes, la force ou la persuasion.

« Si la propriété particulière est sacrée pour la société, il en est à plus forte raison de même pour le possesseur. L'habitude, les impressions de jeunesse, le respect des aïeux, l'aversion pour le voisin et mille autres choses rendent le possesseur ennemi de toute réforme. Plus une pareille organisation est ancienne, compliquée, subdivisée, plus il est difficile d'obtenir la généralisation qui, en prenant quelque chose à l'individu, profite à la société tout entière, et, par une suite de contre-coups, vient réagir sur celui qu'elle a d'abord froissé.

« Depuis plusieurs années déjà je gouverne, au nom de mon prince une province qui, séparée de ses États, n'est pas exploitée comme elle pourrait l'être. Son isolement, ou, si l'on veut, son enclavement, empêche de prendre aucune disposition qui donne aux habitants la facilité de répandre au dehors ce qu'ils produisent et de recevoir du dehors ce dont ils ont besoin.

« Mes pouvoirs sont illimités. Il y avait beaucoup de bien à faire, mais l'espace moral manquait ; partout l'accès était fermé au perfectionnement, et les réformes les plus désirables semblaient reléguées dans un autre monde.

« Je n'avais pas d'autre obligation que de bien administrer. Et quoi de plus facile ? quoi de plus facile que de détruire les abus, utiliser les facultés de l'homme, seconder son activité ? Pour cela, il suffit du bon sens et de la fermeté ; tout cela s'est fait pour ainsi dire de soi-même. Mais l'objet plus particulier de mon attention, de mes soucis, ce furent les voisins, qui gouvernaient et faisaient gouverner leurs provinces dans des vues, avec des convictions différentes.

« J'allais me résigner, me renfermer de mon mieux dans ma situation et utiliser tant bien que mal la vieille routine, lorsque je m'aperçus tout à coup que le siècle venait à mon secours. On plaça dans le voisinage des employés plus jeunes : ils étaient animés des mêmes sentiments que moi ; mais ce n'était, à proprement parler, qu'une bienveillance générale ; et ils n'ont adopté peu à peu mes plans de fusion que parce que je pris à ma charge les plus grands sacrifices, sans que personne remarquât que les plus grands avantages venaient également de mon côté.

« Nous sommes trois qui gouvernons des provinces considérables reliées entre elles d'après mes principes.

Nos princes et nos ministres sont pénétrés de l'honnêteté et de l'utilité de nos projets, car il est plus difficile de comprendre ses intérêts en grand qu'en petit. Ici, la nécessité nous indique toujours ce que nous devons faire et ce que nous devons éviter, et il nous suffit d'appliquer cette mesure au présent. Mais, là-bas, il faut créer un avenir, et, quand même un esprit pénétrant en trouverait le plan, peut-on espérer de le faire adopter par les autres ?

« Cela ne réussirait pas non plus à un individu isolé : le temps, qui affranchit les esprits, ouvre également leurs yeux vers le lointain, et dans le lointain ce qui est grand se distingue facilement ; par là aussi il devient aisé d'écarter un des plus puissants obstacles que rencontre l'activité humaine. Cet obstacle consiste en ce que les hommes sont en général d'accord sur le but, mais rarement sur les moyens. Car la véritable grandeur nous élève au-dessus de nous-mêmes, c'est une étoile qui brille au-devant de nous : mais le choix des moyens nous rappelle en nous-mêmes, et alors l'individu se retrouve tel qu'il était, il se sent aussi isolé que s'il n'avait jamais fait partie de l'ensemble.

« Nous le répéterons donc : il faut que le siècle nous vienne en aide, que le temps prenne la place du raisonnement, et que dans un esprit intelligent l'intérêt restreint cède la place à l'intérêt général.

« Cet exposé suffit ; et si aujourd'hui il semble superflu, j'aurai, dans la suite, à le rappeler à chaque associé. Toutes nos mesures sont prises : les routes sont tracées, les points déterminés où l'on établira des auberges, et peut-être plus tard des villages. L'opportunité, le besoin de constructions de tous genres se fait sentir. D'excellents architectes préparent tout ; les plans, les projets sont achevés; notre dessein est de conclure de grands et de petits traités et d'employer ainsi les sommes disponibles, en soumettant ces dépenses à un contrôle rigoureux, de façon à exciter l'étonnement de la mère patrie, car nous espérons que notre exemple donnera à l'activité une impulsion générale.

« Mais il est un point sur lequel je dois appeler l'attention des associés, parce qu'il influera peut-être sur leur détermination; ce point, c'est l'organisation, la forme en laquelle nous voulons réunir tous nos coopérateurs, et par laquelle nous leur créerons une position honorable entre eux et vis-à-vis du reste de la société civile.

« Dès que nous serons arrivés sur le territoire désigné, les métiers seront immédiatement déclarés des arts, et nettement qualifiés par la désignation d'arts *positifs*, pour ne pas les confondre avec les arts libéraux. Il ne peut être question ici que des travaux qui se rapportent à la construction : tous les hommes qui se trouvent ici, jeunes et vieux, appartiennent à cette classe d'industrie.

« Énumérons-les ici, en suivant l'ordre où ils se suivent dans l'édifice, pour en faire par degrés une demeure habitable.

« Je nomme, avant tout, les tailleurs de pierre, qui préparent les fondations et les pierres angulaires : avec l'aide des maçons, ils les descendent en la place exacte suivant une mesure indiquée d'avance. Puis viennent les maçons, qui, sur les fondations solidement éprouvées, assurent le présent et l'avenir. Bientôt le charpentier place ses bois enchevêtrés, et ainsi le bâtiment s'élève selon le plan arrêté. Nous appelons bien vite le couvreur; pour l'intérieur, nous avons besoin du menuisier, du vitrier, du serrurier, et si je ne parle du peintre qu'en dernier lieu, c'est que son ouvrage peut se faire aux moments les plus divers, pour donner à l'ensemble, au dedans et au dehors, un aspect satisfaisant. Je passe sous silence maints travaux accessoires, car je ne veux m'attacher qu'à l'objet principal.

« Il faudra observer scrupuleusement les degrés d'apprentis, de compagnons et de maîtres, qu'on pourra encore subdiviser après les examens les plus sérieux. Celui qui entre dans ma société sait qu'il se voue à un art positif, et qu'il ne lui sera pas permis de se laisser aller à sa fantaisie. Dans une grande chaîne un seul anneau qui se rompt anéantit le tout. Dans les grandes entreprises, comme dans les grands dangers, la légèreté doit être proscrite.

« C'est précisément en cela que les arts positifs doivent donner l'exemple aux arts libéraux, et chercher à les surpasser. Si l'on considère les arts dits libéraux, on trouve qu'il est indifférent qu'ils soient bien ou mal cultivés. La plus mauvaise statue se tient sur ses pieds aussi bien que la meilleure; une figure peinte marche hardiment sur des pieds incorrects, ses bras difformes embrassent vigoureusement, les figures ne sont pas sur le plan convenable, sans pour cela enfoncer le sol. Dans la musique, c'est encore plus frappant : le violon criard d'un cabaret de village met en mouvement les membres les plus robustes, et nous avons entendu des fidèles s'édifier au vacarme de la plus détestable musique d'église! Si vous voulez ranger la poésie parmi les arts libéraux, vous reconnaîtrez facilement qu'elle ne sait pas elle-même où se trouvent ses limites. Et cependant tout art libéral a ses lois particulières, mais la non-observation de ces lois ne porte aucun tort à l'humanité : les arts positifs, au contraire, ne peuvent jamais s'affranchir de leurs règles. On peut louer celui qui cultive les arts libéraux, on peut prendre plaisir à ses talents, quand même son travail observé de près ne soutient pas l'examen.

« Mais si nous considérons ces deux catégories d'arts dans leur perfection, nous trouvons que l'une doit se garder de la pédanterie et de l'afféterie, l'autre de la frivolité et du bousillage. Celui qui les dirige doit porter son attention sur ce point : par là on évitera les abus et les défectuosités.

« Je ne me répète point, car toute notre vie sera la répétition de ce que je viens de dire ; je n'ajoute plus qu'une observation : celui qui se voue à un art positif doit s'y consacrer pour la vie. Jusqu'à présent on le nommait travail manuel ; c'était logique et juste ; les ouvriers doivent travailler avec la main ; mais il faut qu'une vie propre anime cette main, il faut qu'elle soit à elle-même une nature, qu'elle ait une pensée, une volonté à elle ; elle n'a pas plusieurs manières d'y parvenir. »

L'orateur ayant terminé son discours par quelques bonnes paroles, tous les assistants se levèrent, et les ouvriers, au lieu de se retirer, se rangèrent en cercle régulier devant la table des chefs qu'ils acceptaient. Odoard leur fit passer une feuille imprimée, sur laquelle se trouvait le lied suivant, qu'ils chantèrent dans un mouvement modulé, dans une mélodie connue :

> Rester, partir, partir, rester,
> Que ce soit désormais indifférant aux hommes courageux.
> Là où nous faisons quelque chose d'utile,
> Là sera notre plus digne séjour.
> Te suivre nous sera facile,
> Celui qui obéit arrive au but ;
> Montre à nos yeux une patrie certaine !
> Honneur au guide ! Honneur à l'Union !
>
> Tu répartis les forces et le fardeau,
> Tu les mesures avec équité,

Tu donnes au vieillard repos et dignité,
Au jeune homme travail et femme.
La confiance naturelle
Construira une jolie maisonnette,
Enclora la cour et le jardin,
Puis s'en remettra au voisin.

Là, où, sur des routes aplanies,
On s'arrête dans une auberge nouvelle,
Où, dans une large mesure,
L'étranger reçoit un champ à cultiver,
Nous nous établirons avec les autres.
Hâtez-vous, hâtez-vous d'entrer
Dans la patrie certaine !
Honneur à toi, guide ! Honneur à toi, Union !

CHAPITRE XIII

Un calme complet succéda à l'activité des jours précédents. Les trois amis étaient seuls, et il était facile de voir que deux d'entre eux, Lénardo et Frédéric, étaient agités d'une singulière inquiétude; ils ne cachaient point combien ils étaient fâchés de ne pouvoir quitter ces lieux. Ils attendaient, assuraient-ils, un messager, et leur impatience les empêcha de rien dire de remarquable ni de décisif.

Enfin le messager arrive, porteur d'un gros paquet sur lequel Frédéric se jette aussitôt pour l'ouvrir. Mais Lénardo le retient et lui dit: « N'y touche pas, pose-le devant nous sur la table; il faut penser, deviner ce qu'il peut contenir. Notre sort est sur le point de se décider, et, puisque nous ne sommes pas les maîtres, qu'il dépend de la raison, des sentiments d'autres personnes, que nous attendons qu'on nous dise oui ou non, comme ceci ou comme cela, il convient de demeurer calmes, de rester maîtres de soi, de nous demander si nous sommes capables de supporter cette épreuve, comme s'il s'agissait d'un jugement de Dieu, où il nous est commandé de tenir la raison captive.

— Tu n'es pas aussi calme que tu voudrais le paraître, répliqua Frédéric : reste donc seul avec tes secrets, et fais-en ce qu'il te plaira ; en tout cas ils ne me concernent point. Mais laisse-moi découvrir à notre ancien et solide ami les circonstances critiques que nous lui avons si longtemps cachées. »

En disant cela, il entraîna Wilhelm, et, chemin faisant, il s'écria : « Elle est retrouvée, retrouvée depuis longtemps ! Il ne s'agit plus que de savoir ce qu'elle deviendra.

— Je le savais déjà, dit Wilhelm ; car les amis ne se révèlent rien plus clairement que ce qu'ils ne se disent pas ; le dernier passage du journal où Lénardo se souvient, au milieu des montagnes, de la lettre que je lui écrivis, a rendu présente à ma mémoire, avec tout son esprit et sa sensibilité, cette aimable créature. Je le voyais le lendemain matin la retrouver, la reconnaître, et le reste. Mais je dois avouer que ce n'est pas la curiosité, c'est la sincère affection que j'ai vouée à Lénardo, qui me faisait regretter votre silence et votre réserve envers moi.

— Aussi, répondit Frédéric, ce paquet qui vient d'arriver doit t'intéresser au plus haut point. On avait envoyé à Macarie la suite du journal, et l'on ne voulait point te gâter par un récit cette aventure à la fois grave et charmante. Tu vas l'avoir à l'instant ; Lénardo a assurément ouvert le paquet, et il n'a pas besoin du journal pour apprendre ce qu'il veut savoir. »

Frédéric s'élança avec sa pétulance d'autrefois et rapporta le manuscrit : « Maintenant je vais apprendre, moi aussi, ce que nous allons devenir. » Il repartit aussitôt et Wilhelm lut ce qui suit :

JOURNAL DE LÉNARDO (suite).

Vendredi, 19.

Comme nous n'avions pas de temps à perdre pour arriver à temps chez madame Susanne, nous déjeunâmes à la hâte avec toute la famille, que nous remerciâmes et félicitâmes à demi-mot, et nous laissâmes à l'appareilleur, qui restait, les cadeaux destinés aux jeunes filles, cadeaux un peu plus riches et un peu plus nuptiaux que ceux de l'avant-veille, et, les glissant à la dérobée dans les mains de ce brave garçon, nous le rendîmes le plus heureux du monde.

Cette fois, nous eûmes bientôt achevé notre course ; au bout de quelques heures, nous vîmes dans une vallée paisible, peu étendue et unie, dont une des parois se reflétait dans les ondes limpides d'un lac, des maisons bien bâties, autour desquelles un sol plus fertile et mieux cultivé favorisait les travaux du jardinage. Le porteur de fil m'introduisit dans la principale maison et me présenta à madame Susanne. J'éprouvai une sensation toute particulière lorsqu'elle nous adressa la parole avec amabilité et nous dit qu'elle était très-heureuse de nous voir arriver le vendredi, qui était un des jours les moins occupés de la semaine, parce que les marchandises étaient expédiées le jeudi soir, par le lac, à la ville.

« C'est toujours Daniel qui les porte, dit mon compagnon.

— Oui, répondit-elle, et il remplit sa commission aussi fidèlement que s'il s'agissait de ses propres affaires.

— La différence n'est pas déjà si grande, » ajouta le porteur de fil. Après avoir pris les commissions de l'aimable hôtesse, il partit pour faire ses affaires dans les vallées latérales, et promit de venir me reprendre dans quelques jours.

Je me trouvais cependant dans une situation d'esprit singulière. Dès en entrant, j'avais eu un pressentiment que c'était là celle que je cherchais ; en la considérant plus longtemps, je me disais que ce n'était pas elle, et si je détournais les yeux, ou qu'elle tournât la tête, je la retrouvais de nouveau ; de même, dans un songe, le souvenir et la fantaisie se combattent et se chassent l'un l'autre.

Quelques fileuses en retard apportèrent leur travail de la semaine. La maîtresse, tout en les réprimandant doucement, marchandait avec elles ; puis, pour pouvoir causer avec son hôte, elle remit la chose à deux jeunes filles, qu'elle appela Gretchen et Lischen et que je considérai avec d'autant plus d'attention que je voulais me rendre compte si elles s'accordaient avec la description de l'appareilleur. Ces deux personnes me troublaient complétement, et détruisaient toute ressemblance entre la maîtresse de la maison et la femme que je cherchais.

Je n'en observai que plus attentivement Susanne, et elle me parut de tous points la plus digne, la plus aimable personne que j'eusse jusqu'à présent rencontrée dans la montagne. Je connaissais assez son industrie pour en causer pertinemment avec elle ; l'intérêt intelligent que j'y apportais lui fit plaisir, et comme je lui demandai d'où elle tirait ses cotons, — dont j'avais vu, quelques jours auparavant, de grands convois traverser la montagne, — elle me répondit que ce même convoi lui en avait apporté une quantité assez considérable. La situation de sa demeure était très-avantageuse sous ce rapport, parce que la grande route qui conduisait au lac passait à un quart de lieue au-dessus de sa vallée, et qu'elle pouvait y recevoir, soit en personne, soit par un facteur, les balles qui lui étaient adressées de Trieste : c'est ce qui avait eu lieu l'avant-veille.

Elle conduisit son nouvel ami dans une grande cave aérée où l'on conserve les provisions de coton, afin qu'il ne sèche pas trop, qu'il ne perde pas de son poids et de sa souplesse. Je trouvais rassemblé chez elle ce que j'avais déjà vu disséminé ailleurs. Elle me montrait chaque chose successivement, et je la suivais avec intérêt. Cependant elle devint silencieuse : à ses questions, je pus deviner qu'elle me croyait du métier. Elle me dit que, le coton étant arrivé, elle attendait un commis ou un associé de la maison de Trieste qui devait venir toucher l'argent qu'elle devait. Cet argent était prêt à être livré contre quittance.

Un peu embarrassé, je répondis d'une manière évasive, et je la regardai circuler dans la salle pour donner quelques ordres : il me sembla voir Pénélope au milieu de ses femmes.

Elle revint auprès de moi, et il me parut qu'il s'était passé en elle quelque chose de particulier. « Vous n'êtes donc pas marchand? me dit-elle. Je ne sais d'où me vient la confiance que vous m'inspirez, et d'où me vient la liberté que je prends de vous demander la vôtre. Je ne veux pas vous forcer la main, mais accordez-moi cette confiance comme vous le dira votre cœur. »

En disant cela, cette figure étrangère me regarda d'un œil si connu, si profond, que je m'en sentis tout pénétré, et que j'eus peine à ne pas perdre contenance. Mes genoux et ma raison fléchissaient ; heureusement on vint l'appeler en hâte. J'eus le temps de me remettre et de m'affermir dans ma résolution de me contenir le plus longtemps possible : car j'avais comme un pressentiment qu'il allait se passer quelque événement malheureux.

Gretchen, aimable et paisible enfant, m'emmena pour me montrer les élégants tissus ; elle le fit avec calme et intelligence ; pour lui témoigner que je l'écoutais, j'écrivais ce qu'elle me disait sur mes tablettes, où ces notes se trouvent encore comme exemple d'une action purement machinale, car j'avais alors toute autre chose dans l'esprit. Voici ces notes :

« La trame d'un tissu *marché*, aussi bien que d'un tissu *tiré*, se fait, selon que l'exige le modèle, avec du fil blanc assez lâche, nommé *fil de mouche*, ou bien encore avec des fils colorés en rouge ou en bleu, qui servent à reproduire les rayures et les fleurs. Pour tondre l'étoffe, on l'enroule sur des cylindres qui forment un cadre en forme de table, autour duquel sont assises plusieurs ouvrières. »

Lischen, qui se trouvait au nombre des tondeuses, se leva, se joignit à nous, se mêla à notre conversation de manière à embrouiller Gretchen par ses contradictions ; et comme malgré moi je prêtais toute mon attention à celle-ci, Lischen se tourna de côté et d'autre pour chercher, pour apporter quelque chose, et, sans y être forcée par le défaut de place, effleura deux fois fort sensiblement mon bras de son coude délicat, ce qui ne me plut pas.

Belle-et-Bonne (elle mérite bien ce nom, surtout si on la compare aux autres femmes) me conduisit dans le jardin pour jouir des derniers rayons du soleil qui disparaissait derrière la montagne. Un sourire voltigeait sur ses lèvres, comme il arrive lorsqu'on hésite à émettre quelque aimable pensée. J'étais moi-même dans un doux embarras. Nous marchions côte à côte ; je n'osais lui tendre ma main, quoique je l'eusse fait bien volontiers ; nous paraissions avoir tous deux peur des paroles et des signes, qui eussent pu nous éclairer trop tôt sur cette heureuse rencontre. Elle me montra quelques caisses de fleurs, où je reconnus des cotonniers qui avaient bravement poussé là : « Nous nourrissons et nous cultivons ces graines inutiles, et même gênantes dans nos travaux, qui nous arrivent avec le coton des pays lointains. Nous le faisons par reconnaissance : c'est un plaisir de voir à l'état vivant la plante dont les débris morts animent notre existence. Vous voyez ici le commencement ; le milieu vous est connu, et j'espère avoir le bonheur de vous donner ce soir le spectacle d'une heureuse conclusion.

« Le jeudi soir, les fabricants, ou un facteur à leur place, portent au coche d'eau les marchandises qui nous rentrent pendant la semaine, et, en compagnie d'autres personnes qui font le même commerce, ils arrivent le vendredi matin à la ville. Chacun porte ses étoffes au marchand en gros et cherche à les placer aussi avantageusement que possible, et prend souvent en payement le coton brut dont il a besoin.

« Mais les gens qui vont au marché ne rapportent pas seulement de l'argent et du coton brut nécessaire à la fabrication ; avec l'argent, ils font provision de divers objets d'utilité ou d'agrément. Quand un des membres de la famille s'est rendu au marché, l'attente, les espérances, les vœux, les craintes des siens l'accompagnent. Survient-il une tempête, on craint qu'il n'arrive malheur au bateau. Les gens âpres au gain brûlent de savoir si la vente a été bonne, et comptent par avance leurs bénéfices nets ; les curieux attendent les nouvelles de la ville ; ceux qui sont coquets, les objets de toilette et de mode qu'ils ont donné au voyageur commission de rapporter ; les gourmands, et les enfants surtout, espèrent quelque friandise, ne serait-ce que du pain blanc.

« On ne part généralement de la ville que le soir ; alors le lac s'anime ; les bateaux glissent sur la surface, à la voile ou à la rame ; on cherche à se dépasser, et celui qui devance les autres raille ceux qui sont forcés de rester en arrière.

« C'est un charmant spectacle que cette navigation. Le lac et les montagnes qui l'entourent s'illuminent de la pourpre du soir, s'estompent de teintes de plus en plus foncées; les étoiles paraissent, l'Angélus sonne, les lumières s'allument dans les villages riverains et se reflètent dans l'eau : puis la lune se lève et répand sa clarté sur la surface à peine agitée du lac. Les riches paysages fuient devant vous ; on laisse derrière soi les villages, les fermes; enfin, quand on est près d'arriver, on sonne du cor ; aussitôt on voit apparaître çà et là sur la montagne des lumières qui se dirigent vers la rive ; chaque famille envoie quelqu'un au bateau pour aider celui des siens qui s'y trouve à rapporter le bagage.

« Nous habitons un peu plus au-dessus du lac, mais chacun de nous a fait souvent ce trajet, et pour ce qui regarde les affaires, tous les gens de la contrée y ont les mêmes intérêts. »

Je l'avais écoutée avec surprise, comme elle disait tout cela avec art et élégance, et je ne pus m'empêcher de lui demander comment, dans cette contrée sauvage, au milieu d'occupations matérielles, elle avait acquis une pareille instruction. Elle répondit en baissant les yeux avec un sourire aimable et presque malin : « Je suis née dans un pays plus beau et plus aimable, qu'habitent et qu'administrent des gens de grand mérite, et, quoique je fusse une enfant sauvage et indépendante, on ne pouvait méconnaître l'influence bienfaisante que ces maîtres intelligents répandaient sur ce qui les entourait. Mais ce qui a produit le plus d'effet sur mon jeune cœur, ç'a été une éducation pieuse, qui développa en moi un certain sentiment du juste et de l'honnête.

« Nous quittâmes le pays, continua-t-elle, — et le fin sourire abandonna ses lèvres, une larme réprimée mouilla ses yeux; — nous allâmes loin, bien loin, d'un pays à un autre, soutenus par des indications pieuses et par des recommandations; enfin nous arrivâmes ici, dans cette contrée éminemment active; la maison où vous me trouvez était habitée par des gens doués des mêmes sentiments que nous, et on nous reçut en toute confiance. Mon père parlait le même langage, dans le même esprit; nous fûmes bientôt de la famille.

« Je me dressai rapidement aux travaux de la maison et de la fabrique; j'appris, j'étudiai, je pratiquai par degrés toutes les choses auxquelles vous me voyez présider aujourd'hui. Le fils de la maison, de quelques années plus âgé que moi, garçon de bonne mine, gagna mon amitié et me donna sa confiance. Il était d'un caractère à la fois franc et fin; la piété, telle qu'on la pratiquait dans la maison, n'avait aucun attrait pour lui, elle ne le satisfaisait pas; il lisait en cachette des livres qu'il s'était procurés à la ville, de ces ouvrages qui donnent une direction indépendante à l'esprit; et comme il remarqua en moi le même penchant, le même caractère, il s'efforça peu à peu de me communiquer ce qui l'occupait si fort. Enfin, comme je partageais toutes ses idées, il ne put se retenir plus longtemps de me découvrir son secret tout entier: nous faisions un singulier couple, qui ne s'entretenait dans ses promenades solitaires que des principes qui rendent les hommes indépendants et dont l'inclination mutuelle ne semblait avoir pour but que de nous fortifier réciproquement dans des sentiments qui tendent ordinairement à isoler les hommes. »

Quoique je n'eusse point les yeux fixés sur elle, je la regardais de temps en temps, et je pus voir que sa physionomie concordait parfaitement avec ses paroles. Après un moment de silence, sa figure reprit une expression plus sereine : « La question que vous m'avez posée me force à vous faire un aveu qui vous donnera la raison de mon langage, un peu prétentieux peut-être.

« Nous étions, par malheur, obligés de dissimuler en présence des autres, et, tout en nous gardant de mentir et d'être faux, dans le sens grossier du mot, nous l'étions dans un sens plus délicat, en ce que nous ne pouvions jamais trouver d'excuses pour éviter d'assister aux réunions très-fréquentées des frères et des sœurs. Mais comme nous y entendions dire beaucoup de choses contraires à nos convictions, il me démontra bientôt que tout cela ne venait point du cœur ; que c'était la plupart du temps du verbiage, des images, des allégories, des formules traditionnelles, des refrains sonores qui tournaient autour d'un axe commun. Je redoublai d'attention, et je m'appropriai si bien cette langue que j'aurais été en état de prononcer un discours aussi bien qu'un des présidents de ces réunions. D'abord, mon ami s'en amusa, puis cela finit par le dégoûter et l'impatienter ; pour l'apaiser, je suivis la route opposée, je l'écoutai attentivement, et au bout de huit jours je lui parlai sa langue, cordiale et franche, mais en y apportant les modifications que m'inspirait mon esprit.

« Ainsi se resserrait notre liaison ; la passion du vrai et du bon, sous quelques formes qu'ils se manifestassent et le désir de les mettre en pratique, c'était là ce qui nous unissait.

« En cherchant ce qui a pu vous conduire à provoquer de ma part un pareil récit, je vois que c'est la vive description que je vous ai faite du retour du marché : c'était en effet notre plus agréable délassement pendant nos heures de repos et de loisir que de contempler les douces et sublimes scènes de la nature. D'excellents poëtes nationaux avaient éveillé et nourri ce sentiment dans notre âme : nous relisions souvent les *Alpes* de Haller, les *Idylles* de Gessner, le *Printemps* de Kleist, et nous nous plaisions à considérer alternativement la contrée que nous habitions sous ses aspects aimables et sous ses aspects sublimes.

« J'aime encore à me rappeler avec quelle émulation, quelle ardeur, doués tous deux d'une vue longue et perçante, nous cherchions à découvrir les phénomènes du ciel et de la terre, à nous devancer, à nous surpasser l'un l'autre. C'était la plus agréable diversion, non-seulement à nos occupations journalières, mais aussi à ces entretiens sérieux qui ne nous faisaient que trop descendre dans le fond de notre âme et y portaient le trouble.

« Vers cette époque un étranger s'arrêta chez nous. Il se cachait sous un nom supposé ; mais nous ne cherchâmes point à démêler ce mystère, car il gagna tout d'abord notre confiance par l'affabilité de ses manières : il montrait en toutes choses une grande élévation morale et suivait attentivement nos conférences. Mon ami, qui lui fit parcourir la montagne, le trouva sérieux, plein de savoir et d'intelligence. Je pris part à leurs conversations philosophiques, et l'on examina successivement tout ce qui doit intéresser l'homme intérieur. Il remarqua bientôt une certaine incertitude dans nos idées relatives aux choses divines. Les expressions religieuses étaient devenues banales pour nous, le noyau qu'elles enveloppent nous était échappé. Il nous fit remarquer le danger de notre état ; la gravité qu'il y a à s'éloigner des traditions auxquelles se rattachent tous nos souvenirs d'enfance ; le péril était d'autant plus grand que notre esprit était incomplétement développé. A la vérité, une piété qui s'exerce à jours et à heures fixes, finit par n'être plus qu'un passe-temps et agit comme une espèce de police sur nos façons extérieures et non plus sur notre âme ; le seul remède à cela est de puiser en soi-même des sentiments aussi efficaces, aussi consolants.

« Nos parents avaient tacitement arrêté notre mariage, et je ne sais comment il se fit que la présence de notre nouvel ami hâta les fiançailles. Il paraissait désireux de célébrer, dans le cercle intime de notre famille, la confirmation de notre bonheur : il dut entendre avec nous notre chef spirituel nous rappeler l'évêque de Laodicée, et les grands dangers de la tiédeur qu'on prétendait avoir observée chez nous. Nous eûmes encore plusieurs entretiens sur ce sujet ; et l'étranger nous a laissé un écrit qui traite de ces matières et que j'ai eu souvent occasion de relire dans la suite.

« Il nous quitta, et l'on eût dit que les bons génies s'étaient envolés avec lui. Ce n'est pas une observation nouvelle que l'apparition d'un homme distingué dans une société quelconque y fait époque, et que son départ produit un vide que souvent viennent combler des circonstances malheureuses. Jetons un voile sur ce qui suivit. Un accident trancha la précieuse existence de mon fiancé ; il employa ses dernières heures à m'unir à lui et à assurer mes droits à son héritage. Ce coup fut d'autant plus douloureux pour les parents qu'ils avaient perdu une fille peu de temps auparavant ; aussi ces pauvres gens en furent-ils si profondément affectés que leur vie en fut abrégée. Ils suivirent de près leurs chers enfants, et un nouveau malheur vint me frapper : mon père fut atteint de paralysie ; il ne vit plus que d'une existence purement animale, toute activité morale ou physique l'a abandonné. C'est alors que, tombée dans le malheur et l'isolement, j'ai eu besoin de cette fermeté de caractère que j'avais essayé d'acquérir dans l'espoir d'une heureuse union, d'une félicité partagée, et qui s'était fortifiée par les discours vivifiants du mystérieux voyageur.

« Mais je ne dois pas être ingrate : car dans la position où je me trouvais, il m'est resté un aide excellent qui, en qualité de facteur, s'occupe de tout ce qui exige l'activité d'un homme. S'il revient ce soir de la ville, vous ferez connaissance avec lui, et je vous expliquerai ensuite les circonstances bizarres qui me rattachent à lui. »

J'avais, çà et là, interrompu le récit de Susanne, et par le tendre intérêt que je manifestais je l'avais amenée à m'ouvrir son cœur avec une confiance toujours croissante. Je ne manquai pas de m'attacher à ce qui n'était pas encore complétement exprimé : elle s'en approchait toujours davantage, et nous étions si avancés qu'à la moindre occasion le secret allait s'échapper.

Elle se leva et me dit : « Allons trouver mon père. » Elle courait en avant, et je la suivis lentement. Je secouais la tête en pensant à la singulière position où je me trouvais. Elle me fit entrer dans une chambre très-propre, où le bon vieillard était assis immobile dans un fauteuil. Il était peu changé. Je m'approchai de lui, il me regarda fixement, puis son œil s'anima, ses traits s'éclaircirent, il essaya de remuer les lèvres ; comme j'avançais le bras pour prendre sa main inerte, il saisit lui-même la mienne, la serra, et se leva en tendant les bras vers moi. « O Dieu !

s'écriait-il, monsieur Lénardo! c'est lui, c'est lui-même!»
Je ne pus m'empêcher de le presser sur mon cœur. Il
retomba sur son fauteuil, sa fille s'empressa de le secourir, en s'écriant à son tour : « C'est lui ! vous êtes Lénardo ! »

La plus jeune nièce était accourue ; elles emmenèrent
le vieux père qui avait tout d'un coup retrouvé l'usage
de ses jambes et qui, se tournant vers moi, me dit fort
distinctement : « Que je suis heureux ! que je suis heureux ! nous nous reverrons bientôt ! »

J'étais resté seul, immobile. La petite Marie entra et me
présenta une feuille en me disant que c'était ce dont
m'avait parlé Suzanne. Je reconnus aussitôt l'écriture de
Wilhelm, tout comme je l'avais reconnu lui-même d'après
la description qu'on m'avait faite de sa personne. Plusieurs figures étrangères passèrent rapidement auprès de
moi ; il y avait un singulier mouvement dans le vestibule.
C'est toujours une sensation pénible d'être arraché à
l'enthousiasme d'une pure reconnaissance, à l'idée d'un
souvenir affectueux, à la découverte d'une destinée singulière, à toute la chaleur que ces événements développent en nous, par la choquante réalité qui nous ramène
brusquement à la banalité turbulente de la vie.

La soirée du vendredi ne fut pas aussi gaie que d'habitude. Le facteur n'était pas revenu avec le coche ; il annonçait dans une lettre que ses affaires ne lui permettraient de revenir que le lendemain ou le surlendemain ;
qu'il profiterait d'une autre occasion, et qu'il rapporterait
tout ce qu'on lui avait commandé et tout ce qu'il avait
promis. Les voisins jeunes et vieux, qui s'étaient réunis
comme à l'ordinaire pour l'attendre, faisaient triste figure.
Lischen surtout, qui était allée à sa rencontre, paraissait
de fort mauvaise humeur.

Je m'étais réfugié dans ma chambre, tenant le papier à la main sans le lire, car j'avais ressenti un secret dépit en entendant raconter que Wilhelm avait hâté le mariage de Susanne. « Tous les amis sont comme cela, me disais-je ; tous diplomates ! au lieu de répondre loyalement à notre confiance, ils suivent leurs vues ; ils contrarient nos vœux et gâtent notre sort ! »

Je revins bientôt de mon injustice ; je donnai raison à mon ami, surtout en pensant à la situation présente, et je me mis à lire les réflexions suivantes :

———

En entrant dans la vie, l'homme n'a pas conscience de lui-même, puis il se connaît à demi, puis entièrement. Il se trouve continuellement gêné, resserré dans sa position ; mais comme il ne connaît jamais le but et l'objet de son existence, ou plutôt que le mystère en est caché par une main suprême, il tâtonne, saisit, laisse échapper, s'arrête, se meut, hésite et va trop vite, et tombe de mille manières dans toutes les erreurs qui nous égarent.

———

Le plus sage lui-même est généralement forcé d'appliquer sa sagesse aux choses du moment et par conséquent ne peut arriver à la vérité générale. Rarement il sait de quel côté il devra se diriger dans la suite, et ce qu'il devra proprement faire et éviter.

———

Heureusement la réponse à ces questions singulières et à cent autres encore plus étranges se trouve dans votre existence incessamment active. Persévérez dans l'observation immédiate des devoirs du jour, et éprouvez par là la pureté de votre cœur et la sûreté de votre esprit. Puis, lorsque vous reprendrez haleine, dans vos heures de repos, et que vous aurez le loisir de vous édifier, soyez assurés que vous vous trouverez dans une bonne situation vis-à-vis du Très-Haut, auquel nous devons nous abandonner en toute chose, acceptant chaque événement avec respect, et y reconnaissant une direction suprême.

———

Samedi, 20.

Perdu dans un labyrinthe d'étranges pensées où une âme sensible ne refusera pas de m'accompagner, je descendis, au point du jour, me promener au bord du lac. La maîtresse de la maison — je me sentais heureux de ne pas être obligé de la regarder comme veuve — se montra d'abord à la fenêtre, puis sur le seuil de sa porte. Elle m'apprit que son père avait bien dormi : qu'il s'était réveillé joyeux et lui avait exprimé fort distinctement son désir de rester au lit, et de me voir non pas aujourd'hui, mais demain après le service divin, parce qu'il pensait être plus fort. Elle ajouta qu'elle me laisserait souvent seul aujourd'hui, sa journée étant fort remplie ; elle descendit et m'en donna le détail.

Je l'écoutai, uniquement pour l'entendre ; je me convainquis en même temps qu'elle était pénétrée de son affaire, qui l'attirait comme un devoir sacré, et qu'elle travaillait avec amour. Elle continua ainsi : « L'habitude et la règle sont que les tissus soient terminés vers la fin de la semaine, et portés dans l'après-midi du samedi chez le chef du dépôt, qui les examine, les mesure et les pèse pour juger si l'ouvrage est en bon état et sans défauts, si on lui a rendu une quantité correspondante au poids et à la mesure annoncée ; enfin, si tout est trouvé en règle, il paye au tisserand le prix convenu. De son côté, il est chargé de débarrasser la pièce des fils et des nœuds qui dépassent, de la disposer de la façon la plus élégante en mettant en dehors le plus beau côté, celui qui n'a point de défauts, afin de rendre la marchandise aussi attrayante que possible. »

Pendant cet entretien plusieurs tisseuses arrivèrent de la montagne, apportant leur ouvrage à la maison ; je reconnus dans le nombre celle qui préoccupait tant l'appareilleur. Elle me remercia fort gentiment du cadeau que j'avais laissé pour elle, elle raconta que M. l'appareilleur était chez eux, qui raccommodait aujourd'hui leur métier qui chômait, et lui avait dit que madame Suzanne reconnaîtrait tout de suite à l'ouvrage la réparation qu'il faisait à l'instrument.

Là-dessus elle entra avec les autres dans la maison, et je ne pus m'empêcher de dire à mon aimable hôtesse : « Au nom du ciel, d'où vient ce nom singulier ?

— C'est le troisième dont on me baptise, répondit-elle ; je m'y suis prêtée volontiers, parce que les parents de mon fiancé le désiraient ; c'était le nom de la fille qu'ils avaient perdue et dont je prenais la place ; le nom est toujours le meilleur et le plus vivant représentant de la personne.

— J'en ai trouvé un quatrième ; pour ce qui est de moi, je vous appellerai Belle-et-Bonne. »

Elle me fit une gracieuse et modeste révérence, et sut si bien mêler le ravissement que lui causait la guérison de son père avec la joie de me revoir, qu'il me semblait n'avoir de ma vie jamais rien entendu, rien éprouvé de plus flatteur et de plus doux.

Belle-et-Bonne, rappelée deux ou trois fois dans la maison, me remit à un homme intelligent et instruit qui devait me montrer les curiosités de la montagne. Le temps était superbe ; nous parcourûmes une contrée extrêmement variée d'aspect. Mais on pense bien que ni les rochers, ni les bois, ni les cascades, encore moins les moulins et les forges, pas même les familles qui travaillent artistement le bois ne fixèrent nullement mon attention. Cependant la promenade devait durer tout le jour : le guide portait un fin déjeuner dans son sac : à midi nous trouvâmes un bon dîner à la cantine d'une mine où l'on ne sut au juste que penser de moi, car il n'est rien de plus pénible pour des braves gens que des compliments qui simulent maladroitement un intérêt qu'on ne sent pas.

Mais le guide me comprenait moins que personne : le porteur de fil m'avait annoncé comme plein de connaissances techniques et d'intérêt pour les industries de la montagne. Ce brave homme avait beaucoup parlé également des notes que je prenais sans cesse : aussi le chef des mineurs avait-il pris ses précautions en conséquence. Mon guide attendit longtemps que je tirasse mes tablettes, puis il finit par s'impatienter et m'invita à les prendre.

Dimanche, 21.

Il était près de midi, et je n'avais pas encore pu voir Suzanne. On avait célébré le service divin, auquel elle avait désiré ne pas me voir paraître. Le père y avait assisté, et dans un discours des plus édifiants, prononcé d'une voix fort nette et fort intelligible, il avait ému jusqu'aux larmes tous les assistants, et même sa fille. « C'était, disait-elle, des sentences, des versets, des expressions, des formules que j'avais entendues cent fois et dont la vide sonorité m'avait choquée; mais, aujourd'hui, cela était fondu d'une manière touchante, brillant d'un éclat doux, pur de toutes scories, comme le métal en fusion qui descend dans la coulée. Je tremblais qu'il ne s'épuisât dans ces épanchements; mais il ne tarda pas à se faire ramener à son lit : il voulait prendre quelque repos et quelques forces avant de recevoir son hôte. »

Après le dîner, notre conversation fut plus intime et plus animée : il ne m'en fut que plus facile de voir qu'elle me cachait quelque chose, qu'elle luttait contre une émotion : elle ne pouvait ramener sur son visage la sérénité habituelle. Après mainte tentative pour la faire parler, je lui dis avec franchise que je croyais remarquer en elle une certaine mélancolie, une expression soucieuse ; que si la cause en était dans quelque gêne domestique ou commerciale, elle devait me le dire : que j'étais assez riche pour m'acquitter envers elle d'une vieille dette.

Elle m'assura en souriant qu'il ne s'agissait point de cela. « Lorsque vous êtes arrivé, me dit-elle, je vous ai pris pour un des négociants de Trieste avec lesquels je suis en rapport, et j'en étais même satisfaite, car j'avais mon argent tout prêt, qu'on me demandât ou tout ou partie de la somme. C'est cependant un intérêt de commerce qui me rend triste, non pas pour le moment, malheureusement ! mais pour l'avenir. Le développement des machines m'inquiète et me tourmente : il menace au-dessus de nous, lentement, lentement comme un orage : mais il a pris son cours, il va nous atteindre. Mon mari était déjà pénétré de ce triste pressentiment. On y pense, on en parle, mais pensées et paroles ne sont d'aucun secours. Et qui oserait se représenter les calamités que cela amènera ! Figurez-vous que beaucoup de vallées semblables à celles d'où vous venez sillonnent nos montagnes, vous avez encore devant les yeux le spectacle de cette existence heureuse et calme dont la foule parée accourant de tous côtés vous a donné la preuve ; pensez que tout cela va déchoir peu à peu, dépérir ; que le désert, animé et peuplé par les siècles, retombera dans sa primitive désolation.

« Dans un pareil cas, il n'y a que deux routes à suivre, aussi tristes l'une que l'autre : ou aller au-devant de l'innovation et hâter le désastre, ou bien partir d'ici, emmener avec soi les meilleurs ouvriers et aller chercher au delà des mers un sort plus heureux. Chacun de ces partis a ses dangers ; mais qui nous aidera à peser les motifs qui doivent nous décider ? Je sais fort bien qu'on songe dans le voisinage à établir des machines et à s'approprier les bénéfices des malheureux ouvriers. Je ne puis reprocher à personne de penser d'abord à ses intérêts : mais je me croirais bien digne de mépris, s'il me fallait dépouiller ces braves gens et les voir ensuite émigrer pauvres et sans ressources ; et cependant il faudra qu'ils émigrent tôt ou tard. Ils le savent, ils le disent, mais personne ne se résout à faire une démarche décisive et salutaire. D'où viendra donc cette résolution ? Ne sera-t-elle pas aussi pénible pour les autres que pour moi ?

« Mon fiancé avait résolu d'émigrer avec moi. Il parlait souvent des moyens de s'en aller d'ici. Il jetait les yeux sur les meilleurs ouvriers dont il voulait s'entourer, avec lesquels il voulait faire cause commune, qu'on pouvait emmener avec soi. Nous soupirions, dans l'excès de nos espérances juvéniles, après ces contrées où ce qui est un crime ici est considéré comme un droit et un devoir. Maintenant je suis dans une position toute différente : l'honnête compagnon qui m'est resté après la mort de mon mari, parfait à tous égards, et qui m'est attaché par l'amitié la plus vive, est d'un avis entièrement opposé.

« J'en viens à vous parler de lui avant que vous l'ayez vu ; j'aurais préféré le faire après, parce que la présence des gens explique bien des choses. A peu près du même âge que mon fiancé, il s'attacha, pauvre petit enfant, à ce riche camarade, à la famille, à la maison, à notre industrie ; ils grandirent ensemble et restèrent unis ; ils étaient pourtant bien différents de caractères : l'un ouvert et expansif ; l'autre, dès son enfance, réservé, contenu, s'attachant avec opiniâtreté à la possession de l'objet le plus minime, animé de sentiments pieux, mais pensant à lui plus qu'aux autres.

« Je sais fort bien que dès les premiers temps de mon arrivée il jeta les yeux sur moi. Il le pouvait, car j'étais plus pauvre que lui ; cependant il se retira dès qu'il s'aperçut que son ami m'aimait. Par sa persévérance, son activité, sa fidélité il devint bientôt associé de la maison. Mon mari avait le projet de l'établir ici lorsque nous émigrerions et de lui confier le reste de nos affaires. Peu après la mort de son ami, il se rapprocha de moi, et il y a quelque temps, il m'avoua qu'il aspirait à ma main. Maintenant un double obstacle s'élève entre nous : il s'est ouvertement prononcé contre l'émigration et il insiste pour que nous introduisions ici les machines. Ses motifs sont de poids, car il existe dans nos montagnes un homme qui, s'il voulait abandonner nos simples métiers pour en construire de plus compliqués, pourrait nous ruiner. Cet homme, fort habile dans sa partie — nous l'appelons l'appareilleur — appartient à une famille aisée des environs, et on suppose qu'il a l'intention de faire un usage avantageux de ces machines perfectionnées. Il n'y a rien à objecter aux raisons de mon associé, car on a peut-être perdu déjà trop de temps : si les autres prennent les devants, il nous faudra bien les suivre et avec désavantage. Voilà ce qui m'inquiète et me tourmente ; c'est ce qui fait, cher Monsieur, que je vous regarde comme un ange descendu du ciel. »

Je n'avais rien de consolant à lui répondre ; le cas me parut si embarrassant que je demandai quelque temps pour réfléchir. Elle continua : « J'ai encore bien des aveux à vous faire, et ma position ne vous en paraîtra que plus singulière. Ce jeune homme, pour lequel personnellement je n'ai pas d'éloignement, mais qui ne saurait remplacer mon mari ni m'inspirer un véritable attachement — elle soupira en disant cela — devient de jour en jour plus pressant ; ses propositions sont aussi tendres que raisonnables. La nécessité où je suis de lui donner ma main, l'imprudence qu'il y aurait à émigrer et à sacrifier le vrai moyen de salut qui nous reste, sont deux choses évidentes. Ma résistance et mon désir d'émigrer lui semblent si peu s'accorder avec mes autres idées économiques, que, dans une dernière explication, il m'a laissé entendre qu'il soupçonnait que mon cœur était ailleurs. »

Elle prononça cette dernière phrase avec quelque hésitation et en baissant les yeux.

Ce qui me traversa l'esprit en ce moment, on peut se l'imaginer ; et cependant une réflexion aussi prompte que l'éclair me fit comprendre que chaque mot ne ferait qu'augmenter notre embarras. Debout devant elle, je sentis clairement que je l'aimais au dernier point, et je dus employer tout ce qui me restait de force morale et raisonnable pour me retenir de lui offrir ma main. « Abandonnerait-

« elle tout pour me suivre ? » me demandai-je. Mais les souffrances du temps passé m'arrêtèrent. « Vas-tu nourrir « encore une trompeuse espérance pour l'expier toute « ta vie ? »

Nous restions silencieux depuis quelques moments, lorsque Lischen, que je n'avais pas vue s'approcher, vint demander la permission d'aller passer la soirée à la forge voisine. On la lui accorda sans difficulté. Pendant ce temps je m'étais remis, et je commençai à dire, en termes généraux, que j'avais vu, dans mes voyages, tout cela se préparer depuis longtemps ; que le goût et la nécessité de l'émigration augmentaient de jour en jour ; mais que cette extrémité était toujours fort dangereuse ; qu'un départ précipité amène un retour malheureux ; que nulle entreprise n'exigeait plus de prévoyance et de conduite.

Ces considérations n'étaient pas neuves pour Suzanne ; elle avait beaucoup médité sur tout cela. A la fin elle me dit avec un profond soupir : « J'avais espéré, pendant votre séjour, puiser du courage dans des épanchements intimes ; mais je me sens plus désolée qu'avant, je sens profondément combien je suis malheureuse. »

Elle leva les yeux vers moi ; mais, pour cacher les pleurs qui s'en échappaient, elle détourna la tête et recula de quelques pas.

Je ne cherche pas à m'excuser ; mais je dois dire que le désir de consoler ou tout au moins de distraire cette noble âme me donna l'idée de lui faire connaître la singulière association d'émigrants dont je faisais partie depuis quelque temps déjà. Sans m'en apercevoir, je m'étais laissé entraîner si loin, qu'il m'eût été difficile de m'arrêter quand je m'aperçus combien ma confiance pouvait être imprudente. Suzanne se calma, et manifesta une surprise pleine de sérénité ; tout son être s'épanouit, et elle m'interrogea avec tant d'intérêt et d'intelligence, que je lui expliquai tout sans détour.

En ce moment Gretchen entra et nous annonça que nous pouvions passer chez le père. La jeune fille paraissait rêveuse et mécontente. Comme elle se retirait, Belle-et-Bonne lui dit : « Lischen a congé ce soir, prends soin de tout.

— Vous n'auriez pas dû lui donner congé, répondit Gretchen ; elle ne médite rien de bon. Vous avez trop d'indulgence pour elle ; vous lui accordez plus de confiance qu'il ne faudrait. Je viens d'apprendre qu'elle a écrit hier une lettre au facteur ; elle a épié votre conversation, et elle va le retrouver. »

Un enfant qui était resté auprès du vieillard vint me prier de me dépêcher, parce qu'il s'impatientait. Nous entrâmes. Il était sur son séant, serein, presque radieux : « Mes enfants, dit-il, j'ai passé ces heures dans une prière continuelle ; j'ai récité tous les psaumes de David, et j'ajoute ici de moi-même et avec une foi plus forte : Pourquoi l'homme n'a-t-il d'espoir que dans ce qui est prochain ? Le prochain appartient à l'action et au travail ; c'est dans ce qui est lointain qu'il doit espérer et se confier en Dieu ! » Il prit la main de Lénardo et celle de sa fille, et, les plaçant l'une dans l'autre, il dit : « Ceci ne doit pas être un lien terrestre, ce doit être un lien céleste ; aimez-vous, servez-vous, secourez-vous comme frère et sœur, sans arrière-pensée, comme Dieu secourt ses enfants. »

A peine avait-il prononcé ces mots qu'il retomba sur son lit avec un sourire céleste ; il était mort. Suzanne tomba à genoux au pied du lit, Lénardo s'agenouilla comme elle ; leurs joues se touchèrent et leurs larmes se réunirent sur les mains du vieillard.

Le facteur entre en ce moment ; il est saisi d'effroi à la vue de ce spectacle. L'œil égaré, il secoue sa noire chevelure ; le beau jeune homme s'écrie : « Il est mort ! Il est mort au moment où je voulais faire appel à la parole qu'il venait de reconquérir, pour prononcer sur mon sort, sur le sort de sa fille, de l'être que j'aime le plus après Dieu, à qui je souhaitais un cœur pur, un cœur capable de sentir le prix de mon amour. Elle est perdue pour moi ! Elle est à genoux à côté d'un autre ! Vous a-t-il bénis ? Avouez-le ! »

Suzanne s'était relevée, Lénardo était debout et s'était un peu remis de son émotion. Elle prit la parole. « Je ne vous reconnais plus, dit-elle, vous, le doux, le pieux, devenu tout à coup furieux ? Vous savez cependant ma reconnaissance, mon estime pour vous.

— Il ne s'agit pas ici de reconnaissance et d'estime, répondit-il, il s'agit du bonheur ou du malheur de ma vie. Cet étranger m'inquiète. Tel que je le vois, je ne me flatte pas de pouvoir l'emporter sur lui ; je ne puis contester des droits antérieurs, briser d'anciens engagements.

— Quand tu seras revenu à toi-même, dit Suzanne plus belle que jamais, lorsqu'on pourra te parler comme à l'ordinaire, je te dirai, je te jurerai sur la dépouille mortelle de mon bienheureux père, que je n'ai avec ce monsieur, cet ami, d'autre liaison que celle que tu peux connaître, approuver et partager, et dont tu n'aies à te réjouir. »

Lénardo tressaillit jusqu'au fond de l'âme ; tous trois étaient debout, immobiles, muets. Le jeune homme prit le premier la parole et dit : « Le moment est trop grave pour ne pas être décisif. Ce que je dis, je ne l'improvise pas, j'ai eu le temps de réfléchir ; écoutez-moi donc : Tu me refusais ta main parce que je refusais de te suivre si, par fantaisie ou par nécessité, tu te décidais à émigrer. Je déclare ici solennellement, devant ce vénérable témoin, ne plus mettre aucun obstacle à ton émigration ; je veux la seconder et te suivre partout où tu iras.

« En échange de cette déclaration, qui ne m'est point arrachée, mais que des circonstances étranges ont hâtée, je te demande à l'instant même ta main. »

Il tendit la main d'un geste noble et ferme ; Lénardo et Suzanne reculèrent involontairement.

« C'en est fait ! dit le jeune homme avec une certaine majesté pieuse ; cela devait arriver, c'est pour notre bien, Dieu l'a voulu ainsi. Mais, pour que tu ne croies pas que ce fût précipitation et fantaisie, apprends que pour l'amour j'avais renoncé aux rochers et aux montagnes, que j'ai tout disposé à la ville pour vivre selon ta volonté. Maintenant je pars seul ; tu ne refuseras pas de m'en fournir les moyens ; il te restera toujours assez d'argent pour le perdre, comme tu le crains et comme tu as raison de le craindre. Car je me suis enfin assuré moi-même que l'habile, l'ingénieux coquin a porté ses vues sur la vallée supérieure, qu'il y installe des machines ; tu le verras attirer à lui toutes les ressources ; peut-être alors rappelleras-tu l'ami fidèle que tu chasses aujourd'hui. »

Rarement trois personnes se sont trouvées en présence dans une situation plus pénible ; tous trois craignaient de se perdre l'un l'autre et ne savaient dans ce moment comment éviter ce malheur.

Avec une résolution impétueuse le jeune homme s'élança hors de la maison. Belle-et-Bonne étendit la main sur la poitrine refroidie de son père : « Ce n'est pas dans ce qui est prochain qu'il faut espérer, s'écria-t-elle, mais dans ce qui est loin. Ça été sa dernière bénédiction. Confions-nous en Dieu, confions-nous en nous et dans les autres, et tout ira bien. »

CHAPITRE XIV

La lecture de ce que nous venons de rapporter intéressa vivement notre ami, mais il dut avouer qu'il avait dès la fin du cahier précédent deviné que la bonne créature était retrouvée. La description des sauvages montagnes lui avait d'abord donné l'éveil, puis le pressentiment de Lénardo pendant la nuit du clair de lune, et la répétition des termes de sa lettre l'avaient mis sur la trace. Frédéric, auquel il exposa ses impressions, ne le contredit point.

Mais voici que notre obligation de raconter, de représenter, de développer et d'abréger devient de plus en plus difficile. Qui ne sent pas que nous approchons de la fin, et que nous sommes partagé entre la crainte de nous attarder à des longueurs et le désir de ne rien laisser d'indécis derrière nous? Les dépêches récemment arrivées nous apprennent beaucoup de choses, il est vrai, mais les lettres et les nombreuses pièces renfermaient divers détails qui ne sont point d'un intérêt général. Nous avons donc pris le parti de combiner ce que nous avons appris alors avec ce qui est venu plus tard à notre connaissance, et de remplir ainsi jusqu'au bout le grave devoir d'un narrateur fidèle.

Avant toutes choses nous dirons que Lothaire ainsi que Thérèse, sa femme, et Nathalie, qui n'a pas voulu se séparer de son frère, se sont embarqués avec l'abbé. Ils sont partis avec d'heureux présages, et un vent favorable enfle sans doute les voiles de leur vaisseau. Ils n'emportent avec eux qu'un seul sentiment pénible, un véritable deuil moral : ils n'ont pu, avant de partir, rendre visite à Macarie. Le détour était trop grand, l'entreprise trop importante. On trouvait déjà qu'on était en retard, et l'on s'était vu obligé de sacrifier un devoir sacré à la nécessité.

Ce serait sans doute notre devoir de narrateur de ne pas laisser des personnes si chères, qui ont gagné depuis longtemps notre affection, partir pour des pays si lointains sans rapporter ce qu'elles ont entrepris et exécuté jusqu'à ce jour, d'autant plus que nous les avons depuis longtemps perdues de vue. Cependant nous passerons ces choses sous silence, parce que tous leurs travaux ont eu pour objet la grande entreprise pour laquelle nous les voyons s'embarquer. Espérons que nous les retrouverons un jour, dans une activité régulière, déployant les vrais mérites de leurs différents caractères.

Juliette, la bonne et sensée Juliette, que nous n'avons pas oubliée, avait épousé un homme selon le cœur de son oncle, partageant et poursuivant son œuvre selon les idées du brave homme. Dans les derniers temps elle avait beaucoup vécu auprès de la tante, où se rencontraient la plupart des membres de la société sur lesquels elle avait exercé une influence bienfaisante, soit qu'ils fussent au nombre de ceux qui restèrent sur le continent, soit qu'ils fissent partie de la fraction de l'émigration. Lénardo et Frédéric avaient déjà pris congé d'elle. Les communications par messagers n'en étaient devenues que plus actives.

Si l'on avait à regretter parmi les hôtes de Macarie l'absence des nobles amis que nous venons de nommer, il se trouvait chez elle bien des personnes intéressantes et déjà connues de nous. Hilarie vint avec son mari, qui était devenu capitaine et possesseur de domaines considérables.

Là, comme partout, sa grâce et son amabilité lui firent pardonner son extrême facilité à passer d'une affection à une autre, défaut que nous avons eu l'occasion de constater dans le cours de notre récit. Les hommes surtout étaient loin de lui en faire un crime. Ce défaut, si c'en est un, ne les choque point, parce que chacun peut désirer et espérer d'en être l'objet.

Flavio, son mari, vif gai, aimable, semblait posséder toute son affection; elle s'était peut-être pardonné à elle-même le passé, et Macarie ne chercha point à le lui rappeler. Flavio, toujours passionné pour la poésie, demanda, avant son départ, la permission de lire un poëme qu'il avait composé, pendant son court séjour, en l'honneur de Macarie et de sa société. On le voyait se promener dans les campagnes, s'arrêter par instants, puis reprendre sa marche en gesticulant, écrire sur ses tablettes, réfléchir et écrire de nouveau. Enfin il considéra son poëme comme achevé, et exprima son désir par l'entremise d'Angéla.

La bonne dame se soumit, quoique à regret, à cette lecture: cela se laissait écouter sans rien apprendre que ce que l'on savait déjà, sans rien faire éprouver que ce que l'on avait déjà éprouvé. Cependant le débit était facile et agréable, on rencontrait çà et là quelques tournures, quelques rimes neuves au milieu de longueurs regrettables. Il offrit ensuite son œuvre soigneusement copiée sur du papier à bordure, et l'on se sépara dans des sentiments de satisfaction réciproque.

Ce couple était revenu d'un grand et intéressant voyage dans le Midi, pour relever, au château, le major qui était devenu l'époux de l'irrésistible veuve, et désirait à son tour respirer un peu l'air de ce paradis terrestre.

Ces derniers vinrent donc remplacer Flavio et Hilarie; et l'adorable dame reçut chez Macarie, comme partout, le plus favorable accueil, ce qui parut surtout en ce qu'elle fut admise seule dans les appartements intimes, faveur qui

fut également accordée plus tard au major. On retrouva
en lui le militaire de bon ton, l'homme versé dans l'économie domestique et agricole, l'ami des lettres, le poëte
didactique que nous connaissons ; il fut fort bien accueilli
par l'astronome et par les autres personnes de la maison.

Il fut particulièrement distingué par le vieux seigneur,
l'oncle vénérable qui, demeurant à quelque distance de
Macarie, vint au château plus fréquemment qu'il n'avait
coutume ; mais il n'y restait que quelques heures, sa santé
lui défendant de passer la nuit hors de chez lui.

Pendant ses courtes visites, sa présence faisait toujours
plaisir, car il était toujours homme du monde et de cour,
indulgent et communicatif ; on lui pardonnait une nuance
de morgue aristocratique qui ne lui seyait pas mal. Au
reste, il était vraiment heureux, comme on l'est toujours
lorsqu'on a de graves affaires à traiter avec des gens intelligents et sages. L'entreprise gigantesque était en
pleine voie d'exécution ; elle marchait régulièrement.

Ne parlons que de l'essentiel. Il est propriétaire de domaines d'outre-mer, laissés par ses ancêtres. Comment
cela s'est fait, les personnes qui connaissent les affaires
du pays l'expliqueront à leurs amis, car cela nous mènerait
trop loin. Ces propriétés avaient été jusqu'alors affermées
et rapportaient fort peu de chose. La société que nous
connaissons est maintenant autorisée à en prendre possession, au sein de l'organisation civile la plus complète.
De là elle peut agir suivant ses intérêts comme membre
influent de l'État, et s'étendre dans le désert encore in-
culte. C'est à cela surtout que Lénardo et Frédéric veulent s'appliquer, pour montrer comment on peut remonter à l'origine et suivre les voies de la nature.

A peine les personnes que nous avons citées eurent-
elles quitté le château, qu'elles furent remplacées par des

hôtes d'un tout autre genre, mais qui ne furent pas moins bien reçus. Nous ne nous serions pas attendus à voir Philine et Lydie paraître dans ce saint asile, et cependant elles y vinrent. Montan, qui se trouvait encore dans les montagnes, devait venir les prendre et les conduire, par le plus court chemin, au port d'embarquement. Elles furent fort bien accueillies par les femmes du château. Philine avait avec elle un couple de charmants enfants ; simplement mais élégamment vêtue, elle se faisait remarquer par une ceinture brodée de fleurs à laquelle pendait une grande chaîne d'argent terminée par une paire de ciseaux anglais, avec lesquels elle taillait et coupait l'air, comme pour donner de l'expression à ses paroles, ce qui ne manquait jamais d'égayer les assistants. Elle ne tarda pas à demander s'il n'y avait rien à tailler dans la maison. Il se trouva, pour satisfaire son activité, qu'on avait à faire le trousseau de deux fiancées. Alors Philine observe les costumes du pays, fait marcher les jeunes filles devant elle, et se met à tailler ; mais, agissant avec esprit et goût, n'ôtant rien du caractère du costume, elle sait si bien donner de la grâce à la roideur barbare que les fiancées s'en trouvent mieux et en sont trouvées mieux par les autres, et qu'on n'a pas à se plaindre, comme on le craignait, que Philine se soit écartée de la tradition.

Puis ce fut le tour de Lydie, l'habile et prompte couturière, et l'on put espérer qu'avec l'aide des autres femmes les fiancées seraient habillées plus tôt qu'on ne l'aurait supposé. Au reste, ces jeunes filles n'étaient guère libres de s'éloigner longtemps. Philine s'occupait des plus petits détails, et les traitait comme des poupées ou des figurantes. Des masses de rubans et d'ornements en usage dans le pays, habilement distribués, mirent en évidence ces belles formes et ces jolis visages, dissimulés d'ordinaire sous une barbare pruderie, et donnèrent quelque grâce à ces vigoureuses paysannes.

Mais des personnes trop actives finissent par devenir importunes dans une maison bien réglée. Philine avait pénétré avec ses avides ciseaux dans les chambres où étaient entassées les provisions d'étoffes destinées à habiller la grande famille. Elle souriait d'avance à la perspective de tailler tout cela. On fut obligé de l'écarter du magasin et de le tenir fermé, car elle ne savait se modérer. Angéla ne voulut pas être traitée en fiancée ; elle redoutait une pareille coupeuse; du reste, ces deux femmes ne parvinrent point à établir entre elles de bonnes relations ; nous aurons peut-être occasion d'en reparler.

Montan tardait à arriver plus longtemps qu'on ne pensait, et Philine insistait pour être présentée à Macarie. On lui céda, dans l'espoir d'être plus tôt débarrassé d'elle, et ce fut un spectacle assez curieux de voir les deux pécheresses aux pieds de la sainte. Elles étaient toutes deux à genoux, Philine entre ses deux enfants ; elle dit avec sa gaieté accoutumée : « J'adore mon mari, mes enfants, j'aime à travailler pour eux et pour les autres ; le reste, tu me le pardonneras ! »

Macarie la bénit ; Philine se retira en faisant une modeste révérence.

Lydie était à la gauche de la sainte, le visage caché dans ses genoux; elle pleurait amèrement, sans pouvoir prononcer une parole. Macarie lui frappa sur l'épaule comme pour la calmer, puis la baisa à plusieurs reprises, dans une intention pieuse, sur son front qu'inondait sa chevelure dénouée.

Lydie se redressa, d'abord sur ses genoux, puis sur les pieds, et regarda sa bienfaitrice avec une joie pure.

« Qu'est-ce que j'éprouve ? dit-elle, que m'arive-t-il ? Le

pesant fardeau qui m'ôtait sinon tout sentiment, du moins toute réflexion, disparaît soudain ; je puis lever la tête maintenant, diriger mes pensées vers le ciel, et, ajouta-t-elle avec un profond soupir, je crois que mon cœur les suivra ! »

En ce moment la porte s'ouvrit, et Montan entra, comme il arrive souvent que la personne longtemps attendue arrive alors qu'on l'on ne l'espérait plus. Lydie s'en alla à lui, l'embrassa tendrement, et, le conduisant vers Macarie, s'écria : « Il faut qu'il apprenne ce qu'il doit à cette femme divine, et qu'il se prosterne avec moi devant elle pour la remercier. »

Montan, surpris et assez embarrassé, contre sa coutume, dit, en s'inclinant profondément : « Je lui dois beaucoup, car c'est toi que je lui devrai ; c'est la première fois que tu m'accueilles avec tendresse et franchise, la première fois que tu me presses sur ton cœur, quoique je le mérite depuis longtemps. »

Nous devons cette confidence à nos lecteurs que Montan, dès sa première jeunesse, aimait Lydie ; que Lothaire, plus séduisant, la lui avait ravie, mais que Montan était resté fidèle à son ami et à Lydie, qu'il avait fini par épouser, ce qui surprendra sans doute ceux qui ont lu le commencement de cette histoire.

Ces trois personnages, qui ne pouvaient se sentir à leur aise dans la société européenne, avaient peine à modérer leur joie lorsqu'on parlait du sort qui les attendait en Amérique. Les ciseaux de Philine en frémissaient d'avance, car on songeait à se réserver le monopole de fournir les vêtements à la nouvelle colonie. Philine faisait le tableau des grands approvisionnements de drap et de toile et taillait dans l'air, voyant déjà, disait-elle, la récolte prête pour la famille.

Lydie, de son côté, ramenée aux sentiments affectueux par les bénédictions de Macarie, voyait déjà, en esprit, ses élèves se multiplier par centaines, et tout un peuple de ménagères pratiquer les principes de l'exactitude et de l'activité. Le grave Montan ne rêvait qu'aux riches mines de cuivre, de plomb, de fer, de charbon de terre, si bien qu'il était souvent sur le point de déclarer que toute sa science n'avait été qu'un tâtonnement timide, dont il recueillerait les fruits dans le nouveau monde.

On comprendra sans peine que Montan se lia promptement avec l'astronome. Les conversations qu'ils eurent en présence de Macarie furent extrêmement intéressantes ; mais nous ne trouvons que peu de documents à ce sujet, parce que, depuis quelque temps, elle était devenue un auditeur moins attentif, et se négligeait dans son office de secrétaire ; peut-être aussi la plupart de ces idées étaient-elles trop générales et peu saisissables pour une femme. Nous nous contenterons donc d'intercaler en passant quelques-unes des pensées émises dans ces entretiens, et qui ne sont pas de la main d'Angéla.

« Dans l'étude des sciences, surtout de celles qui traitent de la nature, il est aussi nécessaire que difficile d'examiner si ce qui nous est transmis par la tradition et ce qui a été admis comme vérité par nos ancêtres est effectivement digne de foi, à ce point que l'on puisse le prendre pour base certaine de ses travaux, ou bien si une croyance traditionnelle ne constitue pas plutôt la stagnation, et n'a pas occasionné un temps d'arrêt plutôt qu'un progrès ? Un indice facilite cet examen ; il faut rechercher si l'opinion reçue a été et est restée vivante, productive d'activité.

« Pour l'épreuve des idées nouvelles, on doit procéder d'une façon tout opposée et se demander si elles sont véritablement avantageuses, ou si elles ne sont qu'une affaire de mode. Car une opinion, émanée de gens énergiques, se répand dans les masses avec une rapidité contagieuse, et alors on la nomme dominante, prétention qui n'a aucun sens pour le fidèle explorateur. L'État et l'Église peuvent avoir des raisons de se déclarer dominants, car ils ont affaire à une foule rebelle, et, du moment que l'ordre est maintenu, il est complétement indifférent que ce soit par tel ou tel moyen. Mais dans les sciences une liberté absolue est indispensable ; car ce n'est plus seulement pour aujourd'hui et pour demain qu'on travaille, c'est pour la suite infinie des temps.

« Quand même, dans les sciences, le faux viendrait à avoir la haute main, il restera toujours une minorité attachée à la vérité, et cette minorité, se réduisît-elle à un seul esprit, cela serait encore égal; il continuera à agir en silence, en secret, puis un temps viendra où l'on s'informera de lui et de ses opinions; ou bien elles se produiront d'elles-mêmes, encouragées par la propagation des lumières. »

A la suite de ces conversations, Montan fit à l'astronome la confidence d'un fait incompréhensible et merveilleux. Pendant ses explorations minéralogiques, il était accompagné d'une personne douée de facultés toutes particulières, et qui se trouvait en relation directe avec tout ce qui est pierre, minéral, et même avec tout ce qu'on nomme élément. Non-seulement elle était impressionnée par les cours d'eau souterrains, par les gisements et les filons métallifères aussi bien que par les charbons et les grands dépôts de matière minérale, mais, ce qui est plus étrange, ses sensations se modifiaient suivant la nature du sol. Les différents systèmes de montagnes exerçaient sur elle une influence particulière ; Montan s'entendait parfaitement avec elle sur tout cela depuis qu'ils avaient imaginé un langage bizarre, mais suffisant. Il pouvait également l'éprouver dans les cas particuliers, car elle soutenait cette épreuve d'une façon remarquable, sachant reconnaître au toucher les propriétés physiques et les propriétés chimiques des éléments, et distinguer à première vue si un corps était pesant ou léger. Cette personne, sur le sexe de laquelle il ne voulait pas s'expliquer, il l'avait fait partir en avant avec ses amis, et il en attendait de grands services pour ses explorations futures.

Cette confiance fit sortir l'astronome de sa réserve, et, avec l'agrément de Macarie, il révéla à Montan les rapports de la vénérable dame avec le système solaire. Grâce aux communications de l'astronome, nous sommes en état de donner sinon tout ce qu'on pourrait demander, du moins les points les plus importants.

Admirons d'abord quelle était, avec une extrême diversité, la ressemblance des deux cas. L'un de ces deux amis, pour ne pas devenir un Timon, s'était enseveli dans les plus profonds abîmes de la terre, et là il avait appris qu'il y a dans la nature humaine des analogies avec les corps les plus bruts ; l'autre trouvait dans l'esprit de Macarie l'exemple que, tout comme ailleurs, les objets prochains, les objets éloignés sont du domaine d'une nature bien douée ; qu'on n'avait nullement besoin de pénétrer jusqu'au centre de la terre, ni s'élancer au delà des limites du système solaire, mais qu'on trouvait dans l'action assez de sujets d'études et de recherches. Sur le sol et dans le sol on trouve les éléments nécessaires pour satisfaire les besoins terrestres, un monde de matériaux qui appellent l'emploi des plus hautes facultés humaines. Mais sur la voie spirituelle on rencontrera toujours la sympathie, l'amour l'activité libre et réglée. Faire agir ces deux mondes l'un sur l'autre, en manifester, dans la courte apparition que nous faisons sur la terre, les propriétés respectives, c'est là le plus haut degré de perfection que puisse atteindre la créature humaine.

A la suite de ces confidences nos amis formèrent une alliance, et décidèrent de ne plus tenir leurs découvertes secrètes, parce que l'homme, qu'elles feraient peut-être sourire et qui les traiterait de fable digne d'entrer dans un roman, ne pourrait cependant s'empêcher de les considérer comme un emblème du bien idéal.

Montan ne tarda pas à partir avec les deux femmes; on aurait bien voulu le retenir, lui et Lydie, mais la turbulente Philine était à charge aux femmes de la maison, habituées au calme et à la réserve, surtout Angéla; des causes toutes particulières augmentaient, du reste, l'inquiétude de cette noble fille.

Nous avons déjà eu à remarquer qu'elle ne remplissait plus ses devoirs de rédactrice avec autant de joie qu'autrefois, et son esprit paraissait occupé ailleurs. Pour expliquer cette anomalie chez une personne si ordonnée et agissant dans une sphère si pure, nous sommes forcé d'introduire un nouveau personnage dans ce drame complexe.

Notre ancien et fidèle associé Werner, dont les affaires s'accroissaient et se multipliaient à l'infini, avait dû se pourvoir de représentants actifs, qu'il ne s'attachait qu'après les avoir bien éprouvés. Il avait envoyé un de ses agents à Macarie pour s'entendre avec elle sur le payement des sommes considérables que cette noble dame avait résolu et promis de consacrer à la nouvelle entreprise, surtout en considération de Lénardo, son favori. Ce jeune homme intelligent, devenu l'aide et l'associé de Werner, nature simple et franche, se fait remarquer par un talent particulier, une extrême habileté dans le calcul de tête, qualité précieuse dans l'entreprise actuelle, où il faut grouper et partager les articles si divers d'un compte de société. Même dans la vie de tous les jours, où la conversation amène à parler de comptes, de chiffres, de balances, un pareil homme est excessivement utile. De plus, il joue fort agréablement du piano ; en cela ses facultés mathématiques et son naturel aimable le secondent admirablement. Les sons naissent sous sa main faciles et harmonieux ; quelquefois aussi il laisse voir qu'il n'est pas étranger aux spéculations plus élevées ; si bien que c'est un homme fort attrayant, quoiqu'il parle peu et laisse à peine percer dans sa conversation quelque nuance de sentimentalité. Il est plus jeune que son âge, on pourrait presque lui trouver quelque chose d'enfantin. Quoi qu'il en soit, il a gagné le cœur d'Angéla, et elle le sien, ce dont Macarie est fort satisfaite, car depuis longtemps elle désirait voir mariée cette noble jeune fille.

Cependant Angéla, sentant combien il serait difficile de la remplacer, avait déjà repoussé plusieurs fois de tendres ouvertures ; elle avait peut-être même fait violence à un penchant secret ; mais, depuis qu'elle savait qu'on pouvait mettre à sa place une personne qui était déjà désignée, elle paraissait s'abandonner avec complaisance, avec passion même à une impression soudaine.

Nous arrivons maintenant à révéler la chose la plus importante ; car tout ce dont nous nous occupons depuis si longtemps s'est peu à peu produit, dénoué et arrangé. Il est décidé maintenant que Belle-et-Bonne, autrefois la brune jeune fille, s'établira auprès de Macarie. Le plan, dont les principaux points ont été posés, et qui est approuvé par Lénardo, touche à l'exécution ; tous les intéressés sont d'accord. Belle-et-Bonne remet tous ses biens à son associé. Il épouse la seconde fille de la famille laborieuse, et devient le beau-frère de l'appareilleur. Cette association dispose dès lors d'un local qui permet d'établir une nouvelle fabrication, et d'occuper d'une autre façon les habitants de cette industrieuse vallée. Par suite de cette combinaison, Belle-et-Bonne devient libre et prend auprès de Macarie la place d'Angéla, qui est déjà fiancée au jeune associé de Werner. De la sorte tout est arrangé pour le moment ; ce qui ne peut pas être encore décidé demeure en suspens.

Belle-et-Bonne demande que Wilhelm vienne la chercher; il y a encore certaines choses à régler, et elle tient à ce qu'il termine ce qu'il a commencé : c'est lui qui l'a découverte, et un hasard singulier a mis Lénardo sur ses traces. Il faut maintenant que Wilhelm lui facilite le départ, et qu'il ait la satisfaction de ressaisir et de renouer une partie des fils entrelacés de sa destinée.

Mais, pour éclairer le lecteur d'une façon plus complète sur ce qui touche au cœur, à l'esprit de nos personnages, nous avons encore un secret à lui révéler. Lénardo n'avait jamais manifesté le moins du monde le désir d'une union avec Belle-et-Bonne ; mais dans le cours des négociations, dans la longue correspondance à laquelle elles avaient donné lieu, on la sondait d'une façon délicate pour savoir comment elle envisagerait cette liaison, et ce qu'elle serait disposée à faire dans le cas où on viendrait à en parler. On peut conclure de ses réponses qu'elle ne se sentait pas digne de répondre à un amour tel que celui de son noble ami, en lui rendant un cœur partagé. Une pareille bonté méritait une âme tout entière, une femme qui lui appartînt complétement : c'est ce qu'elle ne pouvait lui donner. Le souvenir de son fiancé, de son mari, de leur intime union la possédait trop encore pour qu'il y eût chez elle place pour l'amour et la passion : elle ne pouvait pas donner autre chose qu'une pure affection, qu'une entière reconnaissance. On n'insista pas et, comme Lénardo n'avait point soulevé la question, on ne fut pas obligé de lui donner une réponse et des éclaircissements.

Quelques considérations générales trouveront leur place ici. Les rapports des habitants du château avec Macarie étaient empreints de respect, de confiance : tous sentaient qu'ils se trouvaient en présence d'une nature supérieure, qui laissait cependant à chacun le libre exercice de son propre caractère. Chacun se montrait tel qu'il était avec plus de confiance qu'il ne l'avait jamais fait vis-à-vis de ses parents et de ses amis, car on était porté et invité à ne faire paraître que ce qu'on avait de bon, que ce qu'on avait de meilleur, ce qui produisait une satisfaction générale. Mais nous ne pouvons taire qu'au milieu de tant d'événements propres à la distraire, Macarie ne cessa de s'occuper de la situation de Lénardo ; elle s'en expliqua avec ses intimes, Angéla et l'astronome. Ils croyaient lire clairement dans le cœur du jeune homme : il est tranquille pour le moment, son avenir étant assuré. L'objet de sa sollicitude va être heureux. Il n'avait plus qu'à se mettre courageusement à l'œuvre et à commencer la grande entreprise, s'en remettant pour le reste aux événements et à la destinée. On pouvait soupçonner cependant qu'il était soutenu dans ses travaux par l'idée de rappeler et peut-être de venir chercher lui-même Belle-et-Bonne dès qu'il serait solidement établi.

A cette occasion, les trois amis ne purent s'abstenir de faire quelques observations philosophiques ; ils se trouvaient en présence d'un cas rare : la passion naissant du repentir. Ils se rappelaient d'autres exemples d'impressions ainsi transformées, d'inclinations natives mystérieusement développées ; ils regrettaient que, dans de pareils cas, les conseils fussent de peu de poids ; mais ils disaient qu'il est nécessaire de savoir toujours à quoi s'en tenir sur son propre compte pour ne pas s'abandonner inconsidérément à tel ou tel penchant.

Arrivés au point où nous en sommes, nous ne pouvons résister au désir de transcrire une feuille de nos archives, qui concerne Macarie et les singulières particularités de son esprit. Par malheur ce document n'a été rédigé que de mémoire et longtemps après que le fond nous en eut été communiqué, et il n'est pas, comme on devrait le souhaiter dans une pareille circonstance, d'une complète authenticité. Quoi qu'il en soit, nous n'en rapportons ici que ce qu'il en faut pour éveiller la méditation et attirer l'attention du lecteur, si toutefois il n'a pas observé ailleurs un fait semblable ou analogue.

CHAPITRE XV

Macarie se trouve avec notre système solaire dans un rapport qu'on ose à peine exprimer. Non-seulement elle le porte, elle le voit dans son esprit, son âme, son imagination, mais elle en fait pour ainsi dire partie : elle se voit entraînée avec lui dans ces orbites célestes, mais d'une façon toute particulière ; depuis son enfance elle gravite autour du soleil, et, comme cela est constaté maintenant, en spirale, s'éloignant toujours du centre, et tendant vers les régions extérieures.

Il est possible d'admettre que les êtres, en tant qu'ils sont corporels, tendent vers le centre et, en tant qu'ils sont spirituels, tendent vers la périphérie. Macarie paraît n'avoir été créée que pour s'éloigner des choses terrestres et pour pénétrer dans les espaces les plus prochains et les plus lointains de l'existence. Cette particularité, si admirable qu'elle soit, devint cependant pour elle, dès ses premières années, un pénible fardeau. Elle se rappelle avoir vu, encore tout enfant, pénétrer dans l'intérieur de son être une matière lumineuse, plus brillante que les plus brillants rayons du soleil. Souvent elle voyait deux soleils, l'un au dedans d'elle, l'autre dans le ciel ; deux lunes, dont l'extérieure restait toujours égale à elle-même à travers ses phases, et l'intérieure paraissait se rapetisser de plus en plus.

Cette faculté la rendait indifférente aux choses de la vie ordinaire : mais ses parents firent tout pour son éducation ; ses facultés s'animèrent, son activité devint productive, de sorte qu'elle put remplir ses devoirs extérieurs ; et tandis que son esprit, son cœur, étaient pleins de visions célestes, ses actions, ses manières restaient toujours conformes aux principes les plus élevés de la morale. Elle grandissait, semblable à un ange sur la terre, toujours bienfaisante, toujours prête à rendre service aux petits et aux grands, tandis que son esprit se mouvait, non-seulement autour du soleil, mais s'élevait en cercles toujours s'élargissant vers les espaces supermondains.

L'ivresse de cet état était en quelque sorte tempérée par cette circonstance que, chez elle comme dans le monde, il faisait la nuit succéder au jour ; quand la lumière intérieure s'affaiblissait, elle s'appliquait fidèlement à ses devoirs extérieurs, puis, lorsque son âme s'illuminait de nouveau, elle s'abandonnait au plus délicieux repos. Elle assure avoir remarqué que des sortes de nuages l'enveloppaient par instants, et lui cachaient pendant quelque temps ses compagnons célestes, intervalle qu'elle savait toujours employer au profit de son entourage.

Tant qu'elle tint ces visions secrètes, il lui fallut beaucoup de force pour les supporter ; ce qu'elle en révéla fut ou méconnu ou mal interprété ; aussi, pendant le cours de sa longue existence, elle fit passer cet état pour un état maladif, et c'est toujours ainsi qu'on le considère dans sa famille. Enfin sa bonne fortune avait amené auprès d'elle l'homme que nous connaissons, aussi précieux comme médecin que comme mathématicien et comme astronome, noble caractère, qui ne l'avait d'abord recherchée que dans un intérêt de curiosité. Mais lorsqu'il eut gagné sa confiance, qu'elle lui eut peu à peu décrit sa situation, relié le présent au passé, établi l'ensemble des événements, il prit un tel intérêt à ce phénomène qu'il ne put plus se séparer d'elle, et chercha de jour en jour à pénétrer plus avant dans ce mystère.

Il avoue qu'au commencement il prenait la chose pour une illusion ; car Macarie ne cachait point que, dès sa première jeunesse, elle s'était ardemment occupée d'astronomie et de cosmographie, qu'elle avait reçu de bonnes leçons, et qu'elle n'avait négligé aucune occasion de se familiariser au moyen des livres et des instruments avec la structure de l'univers. Aussi persista-t-il à dire que c'étaient choses apprises ; qu'il ne fallait voir là dedans que l'effet d'une imagination admirablement réglée, d'une mémoire excellente, une coopération du jugement, et surtout d'un calcul secret.

Il est mathématicien et par conséquent opiniâtre, éclairé et par conséquent incrédule ; il résista longtemps, observa attentivement ce qu'elle affirmait, chercha à com-

parer les résultats de plusieurs séries d'années, s'attacha principalement aux données les plus récentes et qui s'accordaient avec la position des astres, et finit par s'écrier :
« Et pourquoi Dieu et la nature n'auraient pas construit une sphère armillaire vivante, un rouage spirituel qui fût en état de suivre de lui-même et d'une façon particulière la marche des astres, comme les montres nous indiquent la marche des jours et des heures ? »

Nous n'osons pas continuer : l'incroyable perd tout son prix lorsqu'on cherche à l'examiner de près et en détail.

Nous dirons seulement quelle était la base sur laquelle devaient s'établir les calculs de l'astronome. Dans ses visions, Macarie voyait notre soleil beaucoup plus petit qu'elle ne le voyait dans le jour ; le signe du zodiaque où elle plaçait l'astre, et qui n'était pas celui fixé par la science, donnait lieu à une foule d'inductions.

Par contre, la visionnaire provoquait du doute et des erreurs, parce qu'elle indiquait comme devant se trouver dans le zodiaque tel ou tel astre, qu'on ne connaissait pas au ciel. C'était sans doute les petites planètes qui n'étaient pas encore découvertes. Car on pouvait conclure de ses indications qu'elle avait depuis longtemps dépassé l'orbite de Mars, et qu'elle s'approchait de celui de Jupiter. Elle avait manifestement contemplé cette planète dans toute sa splendeur, on ne sait au juste à quelle distance, et observé les phases de ses lunes, puis elle l'avait vue à l'état de lune décroissante, puis, à l'inverse, avec l'aspect qu'a pour nous la nouvelle lune. On en conclut qu'elle voyait l'astre de côté, et qu'elle était sur le point d'en dépasser l'orbite, pour s'élancer dans l'espace infini au-devant de Saturne. L'imagination ne saurait la suivre jusque-là, mais nous espérons qu'une pareille entéléchie ne quittera pas tout à fait notre système solaire, mais qu'une fois parvenue à ses limites, elle reviendra sur ses pas, pour recommencer en faveur de nos arrière-neveux sa vie terrestre, et exercer sur eux son influence bienfaisante.

Terminons cette fiction éthérée, pour laquelle nous réclamons l'indulgence du lecteur, et revenons à la fable terrestre dont nous avons dit quelques mots en passant.

Montan avait assuré, avec toutes les apparences de la sincérité, que cette étrange personne dont les sens indiquaient si bien la différence des terrains était partie avec les autres émigrants, ce qui aurait dû cependant paraître invraisemblable à ceux qui le connaissaient. En effet, comment un homme comme Montan se serait-il séparé d'une pareille baguette divinatoire! Peu de temps après son départ, divers propos, de singuliers récits rapportés par les domestiques de la maison éveillèrent des soupçons. Philine et Lydie avaient amené une troisième femme, la donnant comme domestique, quoiqu'elle n'en fît pas le service : car on ne la mandait jamais pour habiller ou déshabiller ses maîtresses. Son costume simple seyait parfaitement à son corps robuste et bien bâti, mais il avait, comme toute sa personne, quelque chose de campagnard. Sans être grossière, cette fille ne semblait avoir aucune trace de cette éducation dont les femmes de chambre nous donnent la caricature. Aussi trouva-t-elle bientôt sa place parmi les domestiques : elle se mit avec les jardiniers et les laboureurs, prit la bêche, et travailla pour trois. Dans ses mains le râteau volait lestement sur la terre fraîchement remuée. Elle était, du reste, fort paisible et vivait en bonne intelligence avec tout le monde. On racontait qu'on l'avait vue souvent quitter son outil et courir droit devant elle à travers champs, par-dessus les pierres et les broussailles, vers une source cachée, où elle

avait apaiser sa soif. Elle avait recommencé chaque jour
ce manége, et, en quelque endroit qu'elle se trouvât, elle
avait toujours su découvrir, lorsqu'elle avait soif, quelque source pure.

Il était donc resté un témoignage en faveur de l'assertion de Montan ; c'était vraisemblablement pour éviter des
essais pénibles et des épreuves insuffisantes qu'il avait
résolu de ne pas révéler la présence d'un si merveilleux
personnage à sa noble hôtesse, qui aurait cependant mérité une pareille confiance. Nous avons voulu faire connaître, tout incomplets qu'ils sont, les faits tels qu'on
nous les a rapportés, afin d'attirer l'attention des observateurs sur des cas de ce genre qui se présentent plus souvent qu'on ne croit.

CHAPITRE XVI

Le bailli de ce château que nous avons vu naguère
animé par la présence de nos émigrants, homme naturellement actif et habile, sans cesse préoccupé des intérêts
de son maître et des siens propres, était assis devant son
bureau, mettant au net avec satisfaction les comptes et
les mémoires dans lesquels il s'efforçait d'exposer et de
faire ressortir les grands bénéfices qu'il avait procurés à son
canton pendant le séjour de ces hôtes. Toutefois, dans
son idée, ce n'était là que la moindre chose : il avait remarqué les grands résultats qu'on obtient d'hommes actifs,
habiles, intelligents et hardis. Les uns avaient pris congé
de lui pour passer la mer, les autres pour chercher fortune sur le continent ; mais il en était resté d'autres, retenus par des liaisons secrètes ; le bailli résolut de tirer
son profit de cette circonstance.

Au moment du départ il se trouva — ce n'était pas

difficile à prévoir — que plusieurs de ces robustes jeunes gens s'étaient plus ou moins engagés avec les jeunes filles du bourg et du pays. Quelques-uns eurent le courage, lorsque Odoard parut avec les siens, de déclarer ouvertement qu'ils restaient ; aucun des émigrants de Lénardo n'était demeuré ; seulement plusieurs d'entre eux avaient promis de revenir sous peu et de s'établir dans la contrée, si on leur assurait une existence convenable et des sûretés pour l'avenir.

Le bailli, qui connaissait tout le personnel et toutes les affaires domestiques de la petite population soumise à son administration, riait en lui-même, en véritable égoïste, de voir qu'on faisait de grands préparatifs et de grands frais pour aller déployer librement son activité en Amérique et sur le continent, et que par cela même on lui procurait, à lui qui était resté tranquillement dans ses terres, les plus grands avantages pour son domaine, et qu'on lui donnait l'occasion de retenir et de grouper autour de lui quelques-uns des meilleurs ouvriers. Il trouvait fort naturel qu'une libéralité bien placée eût les plus heureuses conséquences. Il prit aussitôt la résolution d'entreprendre dans son petit canton quelque chose de pareil. Les habitants aisés s'étaient vus presque forcés d'unir légitimement leurs filles à leurs époux prématurés : le bailli leur fit comprendre que ce qui leur paraissait un accident domestique était au contraire un bonheur ; et comme c'était réellement un bonheur, en ce sens que le sort était tombé sur les meilleurs ouvriers, il ne lui fut pas difficile d'établir une fabrique de meubles, industrie qui n'exige ni grands locaux ni grands embarras, mais seulement de l'habileté et des matériaux suffisants. Le bailli promit les matériaux, les habitants fournirent les femmes, les locaux et les magasins, les ouvriers leur adresse.

L'habile homme d'affaires avait déjà médité mûrement toutes ces choses, au milieu du tumulte de la foule, et, maintenant que le calme était rétabli, il s'apprêtait à se mettre à l'œuvre.

Le torrent s'était écoulé et un silence de mort régnait dans les rues de la petite ville et dans la cour du château; notre bailli était enfoncé dans ses comptes et ses calculs, quand un cavalier accourut au galop et, poussant des cris, vint le tirer de sa tranquillité. Le sabot du cheval ne sonnait pas, car il n'était pas ferré; mais le cavalier s'étant élancé de la couverte — car la bête était sans selle et sans étrier, et menée par un filet — se mit à jurer contre les habitants du château, fort étonné de trouver tout muet et silencieux.

Le domestique du bailli ne savait que faire de cet étranger; au bruit de la discussion, le bailli survint en personne et ne put rien lui dire, sinon que tout le monde était parti: « Où sont-ils allés? » demanda le jeune homme avec vivacité. Le bailli lui indiqua tranquillement le chemin qu'avaient suivi Lénardo, Odoard et un troisième personnage problématique qu'ils appelaient tantôt Wilhelm, tantôt Meister. Ce dernier s'était embarqué sur la rivière, éloignée de quelques milles, il la descendait pour aller d'abord voir son fils et poursuivre ensuite une importante affaire.

Le jeune homme était déjà remonté sur son cheval et s'était fait indiquer le plus court chemin pour rejoindre la rivière, puis il s'élança hors de la cour et s'enfuit avec une telle rapidité que le bailli, qui de sa fenêtre le suivait des yeux, distingua à peine, au nuage de poussière dont il était enveloppé, que le turbulent cavalier avait pris la bonne route.

Le bailli allait se remettre au travail, lorsqu'un messager

à pied se présenta à la porte du château et demanda pareillement la société de l'Union, auprès de laquelle on l'avait expédié pour lui remettre des dépêches. Il avait pour elle un gros paquet et de plus une lettre adressée à Wilhelm, dit Meister. Une jeune dame l'avait expressément recommandée au porteur, et lui avait enjoint de la remettre le plus promptement possible. Par malheur on ne put lui répondre autre chose, sinon que le nid était vide, et qu'il lui fallait poursuivre sa route au plus vite pour gagner l'endroit où il pourrait les trouver tous, ou au moins avoir des renseignements sur l'itinéraire qu'ils auraient suivi.

Mais la lettre que nous retrouvons parmi les nombreux papiers qu'on nous a confiés est trop importante pour que nous la tenions secrète. Elle était d'Hersilie, cette femme aussi singulière qu'aimable, qui n'apparut que rarement dans nos récits, mais qui, chaque fois qu'elle se montre, attire irrésistiblement les esprits fins et délicats. Son sort est, du reste, le plus bizarre que puisse subir un cœur tendre.

CHAPITRE XVII
Hersilie à Wilhelm.

« J'étais assise, rêveuse, et je ne saurais dire à quoi je pensais. Mais souvent je me surprends à penser sans penser, c'est une sorte d'indifférence sentie. Un cheval s'élance dans la cour et me tire de ma rêverie, la porte s'ouvre et Félix apparaît comme une divinité dans tout l'éclat de sa jeunesse. Il accourt au-devant de moi, veut m'embrasser, je le repousse; il ne s'émeut pas de cet accueil, s'arrête à quelque distance de moi, et se met à me vanter le cheval qui l'a amené, me parle de ses travaux, de ses plaisirs, avec détail et abandon. De souvenirs en souvenirs, nous arrivons à parler de la cassette : il sait que je la possède, et demande à la voir ; je cède, il était impossible de refuser. Il l'examine, me raconte comment il l'a trouvée ; je me trouble et je lui révèle que j'en ai la clef. Sa curiosité est piquée, il veut la voir, ne serait-ce que de loin. On n'a jamais vu prières plus gracieuses et plus pressantes : il supplie, il se met à genoux, il m'implore avec des yeux si brûlants et si purs, des paroles si douces, si caressantes, que je suis encore une fois séduite. Je lui montre ce merveilleux secret, mais à distance ; mais aussitôt il me prend la main, m'arrache la clef et se met à sauter joyeusement autour de la table.

« Qu'ai-je à faire de la cassette et de la clef ! s'écrie-
« t-il, c'est ton cœur que je veux ouvrir ; je voudrais qu'il
« s'ouvrît de lui-même, qu'il vînt au-devant de moi, qu'il
« me pressât contre lui, qu'il me permît de le serrer sur
« ma poitrine ! » Il était infiniment beau et aimable, et, comme je voulus courir à lui, il poussait toujours la cassette sur la table ; il avait déjà introduit la clef dans la serrure, il allait la tourner, il la tourna en effet : la petite clef était brisée, l'anneau tomba sur la table.

« J'étais plus troublée qu'il n'est possible ni permis de l'être. Il profite de ma distraction, laisse la cassette, s'élance vers moi et me serre dans ses bras. Je luttais en vain, ses yeux s'approchèrent des miens : qu'il est beau de voir son image dans un œil aimant ! Je l'ai vue pour la première fois au moment où il appuya sa bouche sur ma bouche. Je l'avouerai, je lui rendis son baiser : c'est si beau de faire un heureux ! Je me dégageai : je ne vis que trop clairement l'abîme qui nous sépare. Au lieu de me contenir, j'ai dépassé la mesure : je l'ai repoussé avec colère : mon trouble me donnait du courage et de la raison ; je l'ai menacé, je l'ai réprimandé, je lui ai défendu de jamais reparaître devant mes yeux ; il m'a crue sincère.

« C'est bien ! me dit-il, je vais courir le monde jus-« qu'à ce que j'y trouve la mort. » Il s'élança sur son cheval et partit au galop. A peine revenue de mon rêve, je veux serrer la cassette : la moitié de la clef est là, brisée ; je me trouve dans une affreuse perplexité. »

———

« O espèce humaine ! ô hommes ! Ne vous transmettez-vous donc jamais la raison ? N'était-ce pas assez que le père eût déjà fait tant de mal, fallait-il encore que le fils vînt mettre le comble à la confusion ? »

———

« Ces aveux sont là devant moi depuis plusieurs jours déjà ; voici qu'il survient un événement étrange qu'il faut que je vous mande, car il éclaircit et obscurcit ce qui précède. »

———

« Un vieil orfévre et bijoutier, que mon oncle estime, vient chez nous, et nous montre quelques objets de haute curiosité. Cela m'engage à lui porter la cassette ; il en examine la clef brisée et me fait voir, ce que je n'avais pas encore remarqué, que la cassure est tout à fait unie. Au simple attouchement, les deux fragments se réunissent ; il retire la clef ainsi reconstituée ; les deux morceaux sont aimantés, ils tiennent ensemble solidement, mais n'ouvrent que pour les initiés. L'orfévre recule de quelques pas, la cassette s'ouvre, il la referme aussitôt : « Il ne fait pas bon toucher à de semblables secrets, » dit-il.

« Vous ne pouvez, Dieu merci, vous représenter mon inexplicable situation ! En effet, hors de l'égarement, l'égarement peut-il se comprendre ? La cassette est là, j'ai dans la main la clef qui n'ouvre pas. Je laisserais volontiers la cassette fermée, si elle ne doit me révéler que l'avenir !

« Ne vous inquiétez pas un seul instant de moi. Mais, je vous en prie instamment, je vous en supplie, je vous l'ordonne : courez à la recherche de Félix ; j'ai en vain envoyé de tous côtés pour retrouver ses traces ; je ne sais si je dois bénir ou pleurer le jour qui nous réunira. »

« Enfin ! enfin ! le messager réclame sa lettre ; on l'a assez longtemps retenu ici ; il est chargé de dépêches importantes et pressées pour les émigrants. Il vous trouvera probablement avec eux, ou on lui dira où vous êtes. Je vais être bien agitée jusqu'à ce que j'aie reçu votre réponse. »

CHAPITRE XVIII

La barque, éclairée par les ardents rayons du soleil de midi, descendait la rivière ; un vent léger rafraîchissait l'atmosphère brûlante ; les rives basses offraient de part et d'autre une perspective agréable, quoiqu'un peu monotone. Les champs de blé côtoyaient la rivière ; en plusieurs endroits l'eau avait attaqué en dessous le sol cultivé, et entraîné la terre, ce qui avait formé çà et là des escarpements assez élevés.

Tout au bout de ces escarpements, là sans doute où avait passé le chemin de halage, notre ami voyait galoper un jeune homme de bonne mine, à la tournure robuste. Mais au moment où l'on s'apprêtait à le regarder plus attentivement, la berge gazonnée qui surplombait s'éboula, et le malheureux fut précipité dans l'eau avec son cheval. Ce n'était pas le moment de discourir : les bateliers ramèrent, avec la rapidité de la flèche, vers le tourbillon, et eurent bientôt ravi leur proie à l'élément. Le beau jeune homme était étendu sans vie dans la barque ; après avoir réfléchi un instant, les intelligents bateliers dirigèrent la barque vers une saussaie graveleuse qui s'était formée au milieu de l'eau. Aborder, porter le corps à terre, le déshabiller, l'essuyer, ce fut l'affaire d'un instant. Mais la vie ne revenait pas ; l'admirable fleur se penchait insensible sur leurs bras !

Wilhelm saisit sa lancette, il ouvrit la veine du bras : le sang jaillit en abondance, et, mêlé avec la vague qui se jouait et carressait la rive, suivit avec elle les ondulations de la rivière. La vie reparut. Le chirurgien avait à peine eu le temps d'affermir le bandage que le jeune homme se dressa bravement sur ses pieds, fixa sur Wilhelm son œil pénétrant et s'écria : « Si je dois vivre, que ce soit avec toi ! » En disant cela il se jeta au cou de son sauveur en pleurant amèrement. Ils se tenaient embrassés comme Castor et Pollux qui se rencontrent sur les bords de l'Orcus.

On pria Félix de se calmer. Les braves gens lui avaient préparé sous de légers buissons une couche commode, à demi ombragée, à demi chauffée par le soleil. Il s'y coucha, le beau jeune homme, étendu sur le manteau de son père; ses boucles brunes, promptement séchées, commencèrent à reprendre leurs contours; il sourit doucement et s'endormit. Notre ami le regardait avec joie et le recouvrait du manteau.

« Seras-tu donc sans cesse reproduite, sublime image de Dieu, et seras-tu toujours aussitôt attaquée, blessée par le dedans ou par le dehors? »

La chaleur du soleil réchauffa doucement les membres du jeune homme; le coloris de la santé reparut sur ses joues; il semblait déjà complétement remis.

Les diligents bateliers, s'applaudissant d'avoir accompli un heureux sauvetage et se réjouissant d'avance de la riche récompense qu'ils espéraient, avaient déjà fait sécher presque entièrement, sur le sable brûlant, les vêtements du jeune homme, pour qu'à son réveil il fût en état de se présenter décemment.

FIN.

www.ingramcontent.com/pod-product-compliance
Lightning Source LLC
Chambersburg PA
CBHW060400230426
43663CB00008B/1339